ハイエク・自生的秩序の研究

経済と哲学の接点

山﨑 弘之

成文堂

まえがき

　まず，この研究を上梓することになった理由を述べておかねばならない。これまでもハイエクを研究する人々は多くはないけれどもおられた。もちろん，日本だけではなく世界を視野に入れての話である。筆者がそれら全てを検討したなどと述べるつもりは毛頭ない。ただ，少なくとも筆者の視野に入った中でハイエクの中心的論題，「自生的秩序」を哲学的に研究した書物は無かったように思うし，たとえ哲学に触れていても不十分であったと思われる。この著書が完成されていく途上で，Fleetwood, S., *Hayek's Political Economy* (1995)[1] を見るに至った。この著作は確かに哲学的見地をもって書かれており，これまでに無かったものである。それでも筆者を満足させるものではなかった。

　それにしても，オーストリア学派経済学への哲学的アプローチに関して筆者を含め学界は遅きに失した感否めない。しかし，それは仕方のないことである。オーストリア学派，メンガーを出発点とした経済学は哲学を極めなければその真相を捉えることはできないというのが私の見解であるが，彼ら自身がそれを明らかにしてこなかったのである。オーストリア学派経済学の人々は，「哲学をまともに議論したことは一度もない[2]。」というのである。

　それだけに日本においてはさらに理解が進まないのである。日本でも「自生的秩序」と題した著書も無くはなかった。しかし，それらに哲学的言及は皆無と言っていいほど無い。筆者の意図ははっきりしている。この際「自生的秩序」を哲学的に徹底的に解明してみようと考えたのである。そうでなければ，ハイエクの思想とりわけ「自生的秩序」は疑問を残したまま進むことになる。これでは忍びない。だとするならば，「自生的秩序」の解明にハイエクが巨匠と仰ぐヒュームおよびカント，そして場合によってはスミスから学

---

1) Fleetwood, S., *Hayek's Political Economy*, London Routledge, 1995（佐々木憲介／西部忠／原伸子訳『ハイエクのポリティカル・エコノミー』法政大学出版局 2006 年 2 月）
2) *HH*, p.60.（『ハイエク，ハイエクを語る』41 頁）

ばねばならない。そして彼らからどれだけのことが言えるのか，またどれだけのことを言わねばならないのか，学んでみたかったのである。そしてこれに挑戦してみたのである。

　ハイエクはどこまでも経済学者であったしあり続けた。しかし，単なる経済学者ではなかった。彼が「社会現象の分野では，経済学と言語学だけが一貫した理論を作り上げることに成功したように思われる。」と述べたとき，その立場は経済という事象には調和や秩序が自生している，という判断に立ってのことであった。これは古典派経済学者，ケネーやスミスが持っていた思想と共通する立場である。筆者はその判断をもう一度現代に移してハイエクに代わって述べてみたかったのである。ハイエクが常々口にしていたように，経済は「自生的秩序」を含むにも拘わらず，人為的政策を施せば施すほど「自生的秩序」は壊れてしまい取り返しのつかないことになる，という公害にも似た危機感を筆者は共有するからである。

　現に，ここ10年以上日本が病んできたデフレ現象はこれまでわれわれが学んできた，オーソドックスな経済学では解けなかった。ハイエクなら言うであろう。所詮現代の経済学者はどこまでも自然科学的手法で短期的に解こうとしているからであると。そして，その手法が何の違和感もなく現代の経済学界を支配している。ハイエクはチョムスキーの文章を引用して自然科学的方法を批判している。「彼（チョムスキー）が…理論を作り上げることに成功したのは，帰納主義的『発見手続き』を求めて努力することを率直にあきらめ，それを『評価手続き』への追求に代えた後のことであるように思われる。『評価手続き』は，まちがった文法理論を排除することを可能にする手続きである。」（傍点，かっこ内は筆者）と。必要なことは，経済学がいわゆる帰納主義的な方法と決別することである。そして，社会科学全般が必要としていることは，反革命となってわれわれを席巻している自然科学的方法と決別することである。

　にも拘わらず，残念なことにハイエクを研究してきた人々の多くもまた自

---

3) *PPE*, pp.22-42., *The Theory of Complex Phenomena*, p.34.（『現代思想特集＝ハイエク』1991年12月号，杉田秀一訳「複雑現象の理論」130頁）

4) *PPE*, p.34., note20. および Chomsky, N. *Syntactic Structures*, Mouton & Co., B.V. The Hague twelfth printing 1976, p.56.（勇康雄訳『文法の構造』研究社，1963年44頁）を見よ。

然科学的な方法で彼の業績を見続けてきたのである。違和感を覚えたとしたら，必ずや疑問点を述べたはずである。しかし経済学へあるべき真の方法論を問う人は少なかった。ハイエクはそれを厳粛に受け止めてきた。多くの人々がこの人間の身近な「無知」や「限られた知識」という告白を深遠な哲学と受け止めずにきたのである。それだけに筆者は，日本におけるハイエク研究者の多くが謎を残したまま研究を続けてきたのではなかろうか，と思わずにはおられない。現に，学会において，ハイエク研究の発表を何度も聞いてきたが，背後にある哲学にはほとんど触れられずにきた。

　その一つを提示しておこう。ハイエクは『感覚秩序』の中で述べている。「系統発生的側面と個体発生的側面との間，あるいは，遺伝する結合と個体が獲得した結合の間には区別がある。しかし，われわれの知識の現状では，この問題について多くをいうことはできない。われわれは，全体としては，こうした区別を無視して，感覚秩序を作りあげている過程を，それが個体の一生を通して起こるかのように，いい表すことになるであろう。」[5] これに対して，上山は次のように述べてハイエクを批判する。「『感覚秩序』は，その包括的な議論にもかかわらず，個体発生のレベルにとどまっているという批判を免れないように思われる。ハイエクはしばしば，『個体発生と系統発生の区別は無視する』[6]と述べて，この問題を曖昧なままに残そうとしている。」しかし，この批判はハイエクの演繹の哲学，一元論をまったく理解しない理由からきていると思われる。残念ながら学会においても同様の間違った理解が今日も続いている。

　理解が進まないのは，察するに次のような立場にあると思われる。上山の理解は確固たる根拠や原因を探そうとする立場にたっている。しかし，これこそハイエクが最も避けてきた自然科学的手法，論理実証主義的態度に他ならないのである。『科学による反革命』はその自然科学による反革命を批判した批判書ではなかったのか。つまり，上山が「自生的な発生の連鎖をたどろうとするハイエク」と述べるが，この連鎖とは確固たる原因や発生の根拠を探そうとしての連鎖ではない。連鎖とは，関係構造もしくは一元論としての

---

[5] *SO*, p.81. 4・7（『感覚秩序』96 頁 4・7）
[6] 上山隆大「秩序論の背後にあるもの」（『思想』1989 年 4 月に所収，岩波書店 88 頁）

連鎖である。ドゥルーズが述べるように，「人間に関する科学としての哲学は原因を求めるべきではない。そうした哲学は効果〔結果〕を探らねばならないのだ。原因は認識され得ない。」のである。上山の個体に原因があるのか，後天的なところに原因があるのかという議論は自然科学における議論であり，論理実証主義的な「発見手続き」に留まることとなる。ハイエクの真意を理解していない。残念なことに，このようなハイエク批判に筆者は何度となく遭遇してきた。『自生的秩序—F・A・ハイエクの法理論とその基礎—』の著者，嶋津も同様の議論をしている。強調しておかねばならないことは，この関係構造的理解つまり一元論はマッハをはじめウィーンに共有されていた哲学である。当時のウィーンには「オッカムの剃刀」（箴言）に見られるような演繹，一元論，イソモルフィズムが支配していたのである。

そのハイエクの一元論に触れておこう。ハイエクはあくまでも間主観や共同主観という一元論で世界を連鎖の中で見ている。『感覚秩序』はその連鎖を脳の神経網の中に理論的に見ようとした著作である。それは数学ではなく哲

---

7) *ES*, p.6.（『ヒュームあるいは人間的自然』，17頁）
8) 嶋津格『自生的秩序—F・A・ハイエクの法理論とその基礎—』（木鐸社 1985年），25-26頁で次のように述べている。「神経の結合によるシステムの生成についてハイエクは，系統発生的なものと個体発生的なものを区別しないで論じている。このことは，彼の議論がごく原理的なモデルにとどまる原因でもあるが，同時に個体にとって生来的なものと後天的なものの境界をどこに求めるべきかという専門家の間での現在まで続く激しい論争にまき込まれず，また当時の知識の限界からくるこの点での明白な誤りを避けることを可能にしている。全く構造を持たない神経が，同時に起こる刺戟の頻度に応じて結合されてゆくという彼のモデルは，いくら刺戟の中に内的環境（milieu interieur）からの刺戟を含めるとしても，個体発生的に見るかぎり全くの誤りである。脳生理学上の知識が多くなればなるほど，人間の脳の構造がいかに詳しく先天的に決定されているかが明らかになってきている。つまり人は世界についての多くの仮説を，初めから脳の構造の中にもって生まれてくるのである。しかしハイエクは，たとえ個体発生的な現象のようにしてその原理を述べていても，それが後の知見に従って系統発生における現象として翻訳されることを期待している。」と。嶋津の誤りは明白である。まず，嶋津は一元論の哲学をまったく理解していない。ハイエクの主張は決して個体発生的か系統発生的かの「激しい論争にまき込まれない」ためにものではない。固体発生的な現象と系統発生における現象は同時進行である。ハイエクの進化は一元論の中にある。現にある現象が個体発生的であり，かつ系統的発生なのである。人間の脳の発達は一元論の世界の産物なのである。嶋津の「世界についての多くの仮説を，初めから脳の構造の中にもって生まれてくる」という設定は自然科学的な立場からのものである。それはハイエクが最も避けてきたところである。また，個体発生と系統発生の区別をとりながら「個体発生は系統発生を繰り返す。」という見解をとった，ヘッケル（Haeckel, E. H. 1834-1919）はウィーン大学で学んだ一元論者である。彼の進化論はネオ・ダーウィニズムと呼ばれた。
9) *SO*, p.38. 2・4（『感覚秩序』48頁2・4）

学を背景におく一種の理論物理学と言えよう。その意味でマッハの「感覚の分析」と共通している。ハイエクが一元論の中にいると言ったとき、二元論と一元論とが相対的に存在しその一方の一元論の中にいることを指しているのではない。二元論を包み込む一元論ただひとつである。注意しなければならないことは、われわれはあくまでも二元論の世界に生きている。その二元論の世界であるがゆえにわれわれは思惟し対象化が可能なのである。しかし、その対象はわれわれ個人の采配を超えているのである。その意味で対象はメンガーやハイエクが形容しきた「意図せざる結果」なのである。現にある世界が既に一元論の世界なのである。この世界はヒュームのものであり、カントのものである。その一元論の世界に個体発生を原因付けようとしてもできるはずがない。これではハイエクが伝えようとした真意は決して伝わる筈がない。

　ハイエクは、この二元論にありながら一元論に生きている人間を何度となく説明し、強調してきた。ハイエクは言う。「われわれの理論は、精神界と物理的な世界とをそれぞれ支配する力の二元論は、どのようなものも否定することになるが、同時に、実際的な目的のためには、常に二元論を採らざるを得ないといわねばならない。[10]」そして「『経験論』と『生得論』との論争には、二つの異なる問題が含まれているとおもわれる。第一は、個体に関する限りで、感覚の質の秩序は先天的であるか、それとも個体の経験によって獲得されるかということである。おそらく一般的な答えは不可能であろう。第二に、感覚秩序の全体を、種もしくは個体の経験によってつくり上げられたものと見なすことができるかどうか。すなわち外的世界によってつくられる諸効果はそれ自体に及び、その結合の保存に基づいているのかどうかということである。この第二の問題について、答えははっきりと経験論である[11]。」

　人間は一元論の世界に生きていると主張し得る。「意図せざる結果」が表すように、経済は個人の意図が反映される世界であるが意図した世界ではない。それは漸次的な構築の世界である。個人はこの構築の世界で決してやぶさかであってはならない。そもそも世界はフィードバック現象の世界だからであ

---

[10] *SO*, p.179. 8・46（『感覚秩序』201頁 8・46）
[11] *SO*, p.42. 2・16, p.106. 5・15（『感覚秩序』52-53頁 2・16, 124-125頁 5・15）

る。この構築の哲学は社会現象すべてに援用されるべきである。「経済学と言語学だけが一貫して理論を作り上げることに成功した」のは幸いであった。しかし，そのお膝元の経済学者自身が自覚しないできている。

　つまり，ハイエクが言いたいことは，思考する主体と外界は異種でありつつも現象や表象は動態的構築において実体であり一つである，ということである。ハイエクはヒュームの経験的実在論もしくはカントの超越論的観念論に生きているのである。経済は構築という動態にのみ生きているシステムなのである。したがって，ハイエクが言う，「カントの物自体という概念についてマッハが書いていることと似た経験をして，マッハが知覚体系の分析を展開するにしたがい，感覚要素という考えが余計なもので無用になり，マッハのたいていの心理学的分析と矛盾するむだな考えであることを悟ったことを，私は今でもまざまざと思い出す。[12]」はマッハの一元論に同調してのことである。しかし，マッハとハイエクには大いなる相違がある。マッハはカントの「物自体」と現象界という二つから「物自体」を否定して感覚知覚の一元論を築いてきた。その限りにおいて，マッハは静態論に留まる危険をはらんでいる。しかし，ハイエクは感覚知覚を相対的に見ているのではないし，「物自体」を否定したりはしていない。あくまでも「物自体」はわれわれの分からない何かでありつづける。「物自体」は相対の'対'にできる何ものかではない。「物自体」とはわれわれと完全に乖離しつつもわれわれに有限の自覚を限りなく促す源泉である。ひるがえって，「物自体」は構築の潜勢力である。「物自体」は二元論的人間を一元論に組み入れを要請する絶対的根拠である。いわば主体に「無知」，「限られた知識」そして動態を強いる源泉である。同時に「物自体」があってはじめて主体は一元論の間主観や共同主観で思考，構築することができるのである。そうして主体は非人格の社会で生きることができる。そこで主体は要素になりうる。その一元論の世界に自生的秩序は機能している。

　この一元論において，自生的秩序とはどのようなものかが解かれねばならなかったが，これまでのハイエク研究者はこの難問に真っ正面から立ち向かっ

---

[12] *SO*, p. vi.（『感覚秩序』4 頁）

ていかなかったように思われる。自生的秩序は哲学の分野に入らなければ解けない課題を多く背負っている。ハイエクが自ら述べているように,「私の主要関心事であるこれらの問題に関する限り,デヴィット・ヒュームやイマヌエル・カント以降,ものの考え方はほとんど進歩しておらず,いくつかの点については,われわれの分析は彼らが筆をおいたところから再開されねばならないであろう。」[13] したがって,筆者は素直にそして愚直にもただこの一点に生涯かけてみることにしたのである。

それだけに,経済学者がハイエク理論を扱うこととなると既存の経済学を棄てて新たな領域に入らねばならないということになる。その意味で,ハイエク経済学(いなむしろ社会科学全体に波及する科学)は経済学者が立ち入ることのできにくい領域をもつこととなる。しかし,これは解かれねばなるまい。なぜなら,そもそも経済現象とは哲学的立場,一元論,換言すれば演繹的な立場で展開されるに最も適した科学なのだから。

ポパーが述べたように,あらゆる科学が演繹的立場で考えられねばならないのである。ハイエクはポパーとともにこの考え方を共有してきた。この考え方は,重農学派のケネーや古典学派のアダム・スミスが既にもっていたものである。スミスは述べている。「哲学は,自然の綜合諸原理の科学である。」そして,「自然のさまざまな現象を結合している隠された関連を解明しようとする科学」[14] である。スミスは既に『道徳感情論』の中で人間科学として共同主観,間主観の構造,一元論の世界を看取していた。そして経済の自然な姿にその演繹的機構を見出していたのである。その点で,重農学派,古典学派は経済学に多大な貢献をしたことになる。残念ながら,これまでこれはあまり強調されてこなかった。オーストリア経済学はその点に目覚めていたのである。

そのなかにあって,ハイエクの貢献は調和や秩序という社会機構に組み込まれている個人の姿をよりはっきりさせてきた。そして,真の科学はその演繹的機構の下で育まれることを明らかにした。その意味で,科学が強調され

---

13) *LLL1*, p.6.(矢島鈞次/水吉俊彦訳『法と立法と自由Ⅰ』14 頁)
14) Smith, A., *Essays on Philosophical Subjects*, edited by W. P. D. Wightman and J. C. Bryce with Dugald Stewart's Account of Adam Smith, 1980, p.51.(水田洋ほか訳『アダム・スミス哲学論文集』の「天文史」,名古屋大学出版会 1993 年 32 頁)

てきたのである。科学は真の個人主義，開放の哲学でなければならない。それはまたヒューム，カントが解明してきたことである。したがって，自生的秩序の解明は彼らの哲学の解明であり，経済のみならず社会的な事象すべてに横たわる基底の解明という課題を背負っている。もとより，この基底は経済学が道を開いていかねばならない使命をもっている，と言うのがハイエクの見解である。これがまたこの本の意図である。

　この研究は6章よりなっているが，6つの章によって自生的秩序の説明が完成されているというよりもそれぞれの章が自生的秩序論と言った方がよい。どの章一つをとって読んでいただいても，自生的秩序は理解されるという構成になっている。それほどまでに自生的秩序にはいくつもの視点を与えることができる。したがって，引用文献内容も重複している。その点は，どうぞお赦しいただきたい。

目　次

まえがき (i)

主要文献と参考資料 (xiii)

第1章　オーストリア経済学の基礎にあるもの
はじめに …………………………………………………………………1
1　普遍的な経済学を求めて ……………………………………………2
2　メンガーの課題はミーゼスやハイエクに委ねられた ……………5
3　「見えざる手」としての靱帯の確認…………………………………8
4　ウィーンの環境1―修正カント主義者・ヘルバルト― ………12
5　ウィーンの環境2―形而上学と実証主義の狭間で― …………19
6　科学的に宇宙の機能を理解する……………………………………26
7　ヘルバルトにあったイソモルフィズム……………………………34
8　イソモルフィズム……………………………………………………41

第2章　経済と調和論との接点
1　演繹の前提に自然な調和がある……………………………………48
2　調和の立役者は個人と諸個人………………………………………56
3　自然法則………………………………………………………………60
4　経済と崇高の概念……………………………………………………71
5　崇高の概念とハイエク………………………………………………76
6　自動制御としての経済………………………………………………83
7　経済は真の科学を語る………………………………………………88

第3章　ヒューム哲学とハイエク
1　ヒューム哲学の背景…………………………………………………91
2　社会的功利に基づく演繹……………………………………………99
3　演繹される道徳 ……………………………………………………105

4　自生的形成としての進化と秩序 …………………………………113
　5　人間的自然 ………………………………………………………119
　6　理性破棄の根拠 …………………………………………………128
　7　社会に開口した情緒 ……………………………………………134
　8　自己と非人格的な世界 …………………………………………145
　9　動態の中の理性 …………………………………………………151
　10　正義とは何か …………………………………………………158
　11　穏やかな決定論 ………………………………………………164
　12　自由と必然性 …………………………………………………170
　13　遠心的な思惟 …………………………………………………177
　14　個物主義と抽象 ………………………………………………185
　15　平面に展開される抽象 ………………………………………192
　16　抽象が機能する ………………………………………………199

第4章　カント哲学とハイエク

　1　予定調和論とハイエク …………………………………………210
　2　オーストリア学派経済学の主観主義 …………………………217
　　　主観主義1（217）
　　　主観主義2（221）
　　　主観主義3（225）
　　　主観主義4（228）
　3　演繹と概念 ………………………………………………………232
　　　(1) 純粋悟性概念（カテゴリー）（233）
　　　(2) 経験的概念（237）
　　　(3) 物自体としての概念（245）
　4　構築の哲学 ………………………………………………………248
　5　判断力批判と自生的秩序 ………………………………………256
　　　(1) 趣味判断（美学的判断力）とは（256）
　　　(2) 目的論的判断力とは（263）

　　　　(3) カテゴリー (268)
　　　　　　a) 性質のカテゴリー (268)　　b) 分量のカテゴリー (269)
　　　　　　c) 関係のカテゴリー (270)　　d) 様相のカテゴリー (273)
　6　アンチノミーと自生的秩序 ……………………………………………280
　　　(1) アンチノミーの必要性 (280)
　　　(2) 自然法則と自由との対立 (285)
　　　(3) 自由と可想的性格 (290)
　　　(4) 可想的性格と抽象 (296)
　　　(5) 徳の研鑽と幸福との対立 (299)
　　　(6) 判断力におけるアンチノミー (305)
　　　　　（イ）美学的判断力（趣味判断）のアンチノミー (305)　　（ロ）目的論的判断力のアンチノミー (313)
　7　反省的判断力の意味 ……………………………………………………322
　8　「唯一の可能な経験」と全体性 ………………………………………328
　9　趣味判断と抽象 …………………………………………………………334

第5章　一元論としての統合

　1　オーストリア学派と自生的秩序論 ……………………………………344
　2　主観主義と経験 …………………………………………………………346
　3　パタン認識と抽象の優位性 ……………………………………………354
　4　二元論から一元論へ ……………………………………………………363
　5　二元論を組み込む一元論 ………………………………………………367
　6　演繹と帰納 ………………………………………………………………376
　7　分析と綜合 ………………………………………………………………383
　　　(1) カントとミーゼスの誤解 (384)
　　　(2) 要素関係の意味 (389)
　　　(3) 主観の関係構造 (394)
　8　アプリオリズムとアポステリオリズム ………………………………397
　9　「偉大な社会」の論理 …………………………………………………405

第 6 章　自生的秩序

1　自生的秩序と判断の哲学 …………………………………… 412
2　美（趣味）の判断は普遍への契機 ………………………… 415
3　普遍代表説と抽象 …………………………………………… 421
4　抽象の科学性 ………………………………………………… 427
5　機構としての抽象 …………………………………………… 433
6　知覚と様相の概念 …………………………………………… 440
7　抽象と類概念の構造 ………………………………………… 445
8　自生的秩序の環境 …………………………………………… 451
9　原理から原理へ ……………………………………………… 456

あとがき（463）

事項索引（468）

人名索引（474）

主要文献と参考資料

外国の文献で多く使用されるものは，以下のように略して記号注（abbreviation）で使用した．（ただし翻訳があるものについては，その都度翻訳のタイトル名を記して，引用著書が分かるようにした．）

Hayek, F. A.

- **RS** *The Road to Serfdom*, London：Routledge and Sons；Chicago：University of Chicago Press, 1944（一谷藤一郎/一谷絵里子訳『隷従への道-全体主義と自由-』，東京創元社，1992年）
- **IEO** *Individualism and Economic Order*, London：Routledge & Kegan Paul；Chicago：University of Chicago Press, 1948（ハイエク全集 3，嘉治元郎・嘉治佐代訳『個人主義と経済秩序』，春秋社，1990年）
- **CRS** *The Counter-Revolution of Science*, Glencoe, Illinois The Free Press, 1952（佐藤茂行訳『科学による反革命-理性の濫用-』，木鐸社，1979年）
- **SO** *The Sensory Order*, Chicago：University of Chicago Press, 1952（ハイエク全集 4，穐山貞登訳『感覚秩序』，春秋社，1987年）
- **CL** *The Constitution of Liberty*, London：Routledge & Kegan Paul；Chicago：University of Chicago Press, 1960（ハイエク全集 5，6，7，気賀健三/古賀勝次郎訳『自由の条件Ⅰ，Ⅱ，Ⅲ』，春秋社，1987年）
- **PPE** *Studies in Philosophy, Politics, and Economics*, The University of Chicago Press, Chicago；Routledge & Kegan Paul London, 1967
- **DM** *Denationalisation of Money-The Argument Refined-*, 1976（川口慎二訳『貨幣発行自由化論』，東洋経済新報社，昭和63年）
- **NPP** *New Studies in Philosophy, Politics, and Economics and the History of Ideas*, Routledge & Kegan Paul London, 1978
- **LLL** *Law, Legislation and Liberty*, 3 vols. London：Routledge & Kegan Paul；Chicago：University of Chicago Press, 1973-1979（ハイエク全集 8，9，10，矢島鈞次/水吉俊彦訳『法と立法と自由Ⅰ第一部ルールと秩序』，1987年，篠塚慎吾訳『法と立法と自由Ⅱ第二部社会正義の幻想』，1987年，渡部茂訳『法と立法と自由Ⅲ第三部自由人の政治的秩序』，1988年）
- **HH** *Hayek on Hayek An Autobiographical Dialogue*, edited by Stephen Kresge and Leif Wenar, Routledge London, 1994（嶋津格訳『ハイエク，ハイエクを語る』，名古屋大学出版会，2000年）

以上の論文から重要な論文を集めた田中真晴/田中秀夫編訳『F・A・ハイエク市場・知識・自由』，ミネルヴァ書房，1986年を用いた．

Mises, L. von

- **TMC** *Theorie des Geldes und der Umlaufsmittel*, 1912 Zweite, Neubearbeitete Auflage münchen and Leipzig Verlag von Duncker & Humblot 1924（*The Theory of Money and Credit*, Translated from the German by H. E. Batson, Jonathan Cape, London 1934）（東米雄訳『貨幣及

び流通手段の理論』，実業之日本社，1949 年，近代経済学古典選集⑬，日本経済評論社，1980 年）

HA   *Human Action*, Third revised edition published by Henry Regnery Company in 1966, by arrangement with Yale University Press.（村田稔雄訳『ヒューマン・アクション』，春秋社，1991 年）

EPE   *Epistemological Problems of Economics*, Translated by George Reisman D. Van Nostrand Company, Inc. Princeton, New Jersey Toronto New York London 1960

UFE   *The Ultimate Foundation of Economic Science, An Essay on Method*, 1962, Liberty Fund, Inc. 2006（村田稔雄訳『経済科学の根底』，日本経済評論社，2002 年）

Menger, C.

Carl Menger Gesammelte Werke Herausgegenben mit einer Einleitung und einem Schriftenverzeichnis von F. A. HAYEK J. C. B. mohr（Paul Siebeck）Tuebingen 1969

GV   Band 1 *Grundsätz der Volkswirtschaftslehre*, Erster, allgemeiner Theil, 1871（安井琢磨訳『国民経済学原理』，日本評論社，昭和 12 年）

UMS   Band 2 *Untersuchungen über die Methode der Socialwissenshaften, und der Politischen Oekonomie insbesondere*, 1883（福井孝治・吉田昇三訳/吉田昇三改訳『経済学の方法』〔近代経済学古典選集⑤〕，日本経済評論社，1986 年）

GVK   *Grundsätz der Volkswirtschaftslehre*, 2. Aufl., mit einem Geleitwort von Richard Schueller, aus dem Nachlass herausgegeben von Karl Menger, 1923（八木紀一郎/中村友太郎/中島芳郎訳『一般理論経済学 1, 2』，みすず書房 1984 年）

Hume, D.

A Treatise of Human Nature, Analytical Index by L. A. SELBY-BIGGE, Second Edition with text revised and notes by P. H. Nidditch, *Enquiries concerning Human Understanding and concerning the principles of Morals*, Reprinted from the 1777 edition with Introduction and Analytical Index by L. A. Selby-Bigge third edition with text revised and notes by P. H. Nidditch

これらの二冊を用いた．ただし後者については，「知性論」と「道徳論」を分けて示すことにした．*A Treatise of Human Nature* の訳であるが，大槻春彦訳，土岐邦夫訳（抄訳）は『人性論』，木曾好能訳は『人間本性論』とした．ただし，一般的に取り上げるときは『人間本性論』とした．また大槻訳（岩波文庫）は古い訳なので，筆者が随時今の言葉に直して訳した．

THN   *A Treatise of Human Nature*, 1739（大槻春彦訳『人性論（一），（二），（三），（四）』，岩波書店 1952 年，土岐邦夫訳（抄訳）『人性論』（『世界の名著 32 ヒューム・ロック』に所収），中央公論社昭和 55 年，木曾好能訳『人間本性論』（ただし「第四部懐疑論およびその他の哲学大系について」まで），法政大学出版局 1995 年

EHU   *Enquiries concerning Human Understanding and concerning the principles of Morals An Enquiry concerning Human Understanding*, 1758（渡部峻明訳『人間知性の研究情念論』，哲書房，1990 年）

EM   *An Enquiry concerning the Principles of Morals*, 1751（渡部峻明訳『道徳原理の研究』，哲書房，1993 年）

PWH *Eassays, Moral and Political. and Literary,* edited by T. H. Green and T. H. Grose 1882, Vol Ⅰ．
その他ヒュームについては何人かの編者が全集を編纂しているので，その都度ヒュームが付けた原文のタイトルで挙げることとした．

Kant, I.

カッシレル（C）版を用いて原文の頁とした．『判断力批判の第一序論』（*Die erste Einleitung in die Kritik der Urteilskraft*）もC 版を用いた．またアカデミー版の場合は巻数（ローマ数字）の前に A を付けた．

カント哲学を代表する言葉 transzendental の訳語について述べておかねばならない．篠田訳は「先験的」と訳してきたし，経済学者もまたそれに従ってきた？ …．しかし，九鬼周造の指摘の通り「先験的」には生得的な意味が含まれるので不適切と判断され，今日では「超越論的」という訳語が一般的である．筆者もそれにあわせおき換えた．

さらに，『判断力批判』と『判断力批判・第一序論』（*Die erste Einleitung in die Kritik der Urteilskraft*）はそもそも書かれた時期が異なったものである．『判断力批判』に合わせて訳されているが，それぞれ別な略号（abbreviation）とした．

GSE *Beobachtung über das Gefühl des Schönen und Erhabenen*, 1764（久保光志訳『美と崇高の感情にかんする観察』，「カント全集 2」2000 年に所収）

KrV *Kritik der reinen Vernunft*,（A）1781,（B）1787（篠田英雄訳『純粋理性批判（上），（中），（下）』，岩波書店，1962 年）A 版には付けず B 版にのみ B をつけた．

PM   *Prolegomena zu einer jeden künftigen Metaphysik, die als Wissenschaft wird auftreten können,* 1783（篠田英雄訳『プロレゴメナ』，岩波書店，1977 年）

GMS *Grundlegung zur Metaphysik der Sitten,* 1785（篠田英雄訳『道徳形而上学原論』，岩波書店，1960 年）

KpV *Kritik der praktischen Vernunft,* 1788（波多野精一・宮本和吉・篠田英雄訳『実践理性批判』，岩波書店，1979 年）

KU   *Kritik der Urteilskraft,* 1790（篠田英雄訳『判断力批判（上），（下）』，岩波書店，1964 年，カント全集 8，9 牧野英二訳『判断力批判上，下』，岩波書店，2000 年）

EKU *Die erste Einleitung in die Kritik der Urteilskraft,* 1789〜1790? Nach der Handschrift herausgegeben von Gerhard Lehmann 1927（篠田英雄訳『判断力批判・第一序論』）
また篠田英雄訳に加えて牧野英二訳を適宜に用いた．

Die Metaphysik der Sitten, 1797（カント全集 11 増井正義/池尾恭一訳『人倫の形而上学』，岩波書店，2002 年）これを法論と徳論に分け以下の略号とした．

MSR *Metaphysische Anfangsgruende der Rechtslehre*

MST *Metaphysische Anfangsgruende der Tugendlehre*

AH   *Anthropologie in pragmatischer Hinsicht,* 1798（世界の大思想 2，塚崎智訳『実際的見地における人間学』，河出書房新社，1983 年）

LV   *Immanuel Kant's Logik：Ein Handbuch zu Volesungen.* Herausgegenben von Gottlob Benjamin Jäsche, Königsberg, Friedrich Nicolovius, 1800.（『カント全集 17 論理学・教育学』，2001 年 6 月，岩波書店に所収，湯浅正彦・井上善彦訳『論理学』）

Popper, K.

LSD　　*The Logic of Scientific Discovery*,（*Logik der Forshung*, 1934）1959 Reprinted by Routledge 1992（大内義一・森　博訳『科学的発見の論理（上），（下）』，恒星社厚生閣，1972 年）

OSE　　*The Open Society and Its Enemies*, Routledge & Kegan Paul Ltd, 1945（武田弘道訳『自由社会の哲学とその論敵』世界思想社，1973 年および小河原誠・内田昭夫訳『開かれた社会とその敵・第一部，第二部』，未来社，1980 年）

PH　　*The Poverty of Histricism*, 1957（久野収・市井三郎訳『歴史主義の貧困-社会科学の方法と実践-』，中央公論社，1961 年）

CR　　*Conjectures and Refutations, The Growth of Scientific Knowledge*, London, Routlege & Kegan Paul Ltd., 1963（藤本隆志/石垣良志郎/森博訳『推測と反駁-科学的知識の発展-』，法政大学出版局，1980 年）

Arendt, H.

BPF　　*Between Past and Future : Six Excercises in Political Thought*,. Viking Press, New York 1961, *Eight Excercises in Political Thought*, Enlarged Edition, 1968（引田隆也・齋藤純一共訳『過去と未来の間』，みすず書房，1994 年）

KPP　　*Lectures on Kant's Political Philosophy*, Edited and with an Ieterpretive Essay by Ronald Beiner, The University of Chicago Press 1982（浜田義文監訳『カント政治哲学の講義』，法政大学出版局，1987 年）

Mach E.

AE　　*Die Analyse der Empfindungen und das Verhaeltnis des Physichen zum Psychischen*, Jena Verlag von Gustav Fischer, 1922（須藤吾之助/廣松渉訳『感覚の分析』，法政大学出版局 1971 年）

Deleuze, G.

ES　　*Empirise et subjectivité—essai sur la nature humaine selon Hume, 1re édition*, P.U.F., 1953（木田元＋財津理＝訳『ヒュームあるいは人間的自然』，朝日出版社，1980 年）

Kraft, V.

WK　　*Der Wiener Kreis, Der Ursprungdes Neopositivismus, Ein Kapitel der jüngsten Philosophiegeschichte*, Springer-Verlag Wien・New York, 1968（飛田就一里見軍之監訳『ウィーン学団-論理実証主義の起源-』，富士書店，1990 年）

その他参考文献は次の通り。

Smith, A.,
　　The Theory of Moral Sentiments, 1759,（水田洋訳『道徳感情論』，筑摩書房，1973 年）

An Inquiry into the Nature and Causes of the Wealth of Nations, 1776,（大内兵衛／松川七郎訳『諸国民の富（一），（二），（三），（四），（五）』，岩波書店，昭和 47 年）
これら二つの著作に出てくるかの有名な an invisible hand は「見えない手」と訳されているが，筆者は一貫して「見えざる手」とした。
Essays on Philosophical Subujicts, 1795, ed by Wightman, W. P. D. and Bryce, J. C. 1980（水田洋ほか訳『アダム・スミス哲学論文集』，名古屋大学出版会，1993 年）

Stephen, L.
History of English Thought in the Eighteenth Century, 2vol., 1876-1881（中野好之訳『十八世紀イギリス思想史上，下』，筑摩書房，1970 年）

Keynes, J. M.,
The Collected Writings., Vol. Ⅶ（*The General Theory of Employment, Interest and Money*, 1936）（ケインズ全集第 7 巻，塩野谷祐一訳『雇用・利子および貨幣の一般理論』東洋経済，1983 年）
The Collected Writings., Vol. Ⅷ（*A Treatise on Probability*, 1921）
The Collected Writings., Vol. Ⅸ（*Essays in Persuasion*, 1931）（ケインズ全集第 9 巻，宮崎義一訳『説得論集』東洋経済，1981 年）
The Collected Writings., Vol. Ⅹ（*Essays in Biography*, 1933）（ケインズ全集第 10 巻，大野忠男訳『人物評伝』東洋経済，1980 年）

Morrow, G. R.
The Ethical and Economic Theories of Adam Smith, New York：Longmans Green & Company, 1923, Reprinted by AUGUSTUS M. KELLEY・PUBLISHERS, New York 1969（鈴木信雄・市岡義章訳『アダム・スミスにおける倫理と経済』，未来社 1992 年）

Cranston, M.
Freedom A New Analysis, Longmans London 1953.（小松茂夫訳『自由』，岩波書店，1976 年）

Davis, William H.
Peirce's Epistemology, Martinus Nijhoff, The Hague, 1972（赤木昭夫訳『パースの認識論』，産業図書，1990 年）

Johnston, W. M.
The Austrian Mind An Intellectual and Social History 1848-1938, University of California Press 1972（井上修一・岩切正介・林部圭一訳『ウィーン精神 1，2』，みすず書房，1986 年）

Gray, J.
Hayek on Liberty, 1984 Third ed. 1998 by Routledge（照屋佳男・古賀勝次郎訳『ハイエクの自由論』，行人社，1985 年）

Shand, A. H.
Free Market Morality：The political economy of the Austrian school, 1990 by Routledge London（中村秀一＋池上修訳『自由市場の道徳性』，勁草書房，1994 年）

Hayek a commemorative album, LONDON, 1998, ADAM SMITH INSTITUTE（compiled by John Raybould）

邦文論文

小林英夫『言語学論集Ⅰ』, みすず書房, 1976年
中村雄二郎『共通感覚論』, 岩波書店, 1979年
丸山圭三郎『ソシュールの思想』, 岩波書店, 1981年
神野慧一郎『ヒューム研究』, ミネルヴァ書房, 1984年
　　　　　『モラル・サイエンスの形成―ヒューム哲学の基本構造―』, 名古屋大学出版会, 1996年
高久清吉『ヘルバルトとその時代』玉川大学出版部, 1984年
廣松渉/増山眞緒子『共同主観性の現象学』, 世界書院, 1986年
上山隆大『F・A・ハイエクの『感覚秩序』(上) 1986年, 同 (下) 1987年, 紀要『大阪大学経済学』, vol. 36 No. 1-2, No. 3--4 に所収
　　　　　『秩序論の背後にあるもの―F・A・ハイエクの『感覚秩序』をめぐって―』(『思想 vol. 778』に所収), 岩波書店, 1989年
木曾好能『Ⅱヒューム『人間本性論』の理論哲学』(木曾好能訳『デビッド・ヒューム・人間本性論―第一巻　知性について―』に所収), 法政大学出版局, 1995年
浜田栄夫『表象理論とヘルバルト』, 玉川大学出版部, 1995年
山口祐弘『カントにおける人間観の探究』, 勁草書房, 1996年
牧野英二『遠近法主義の哲学』, 弘文堂, 1996年
伊藤邦武『ケインズの哲学』, 岩波書店, 1999年
中島義道『カントの時間論』, 岩波書店, 2001年
杉山精一『初期ヘルバルトの思想形成に関する研究―教授研究の哲学的背景を中心として―』, 風間書房, 2001年

第 1 章　オーストリア経済学の基礎にあるもの

> エミール・カウダーはボヘミアンの自然秩序における改革的なカトリック主義の信仰と経済学者の抽象的な規則正しさにおける信条との間に，ある類似点を自明のこととして仮定していた。ボルツアーノやステッフティにとって，同様にメンガーやベーム・バヴェルクにとっても，政治家や学者の仕事は同じように社会の階層に組み立てられた永遠の真理を承認することだった。——Johonston, W. M., *The Austrian Mind*, 1972, p.86.——

はじめに

　経済すなわち貨幣，市場（のみならず法，言語を含める）が自生的秩序であるということは，経済は所詮われわれ人間の意思に直接関係なく自助作用をもち，自然に秩序を形成しうる機能を含意している，というものである。したがって，経済はわれわれ個人にとって常に「意図せざる結果」でありつつも，その社会的かつ全体的な，自然な秩序に導かれる，ということになる。つまり，経済学は，「個人が自己の行為を理論化した結果からではなく個人を行為に導いている概念から体系的に出発する」（『科学による反革命』）ということになる。この秩序ある体系的概念に従うことを演繹と言ってきた。したがって，オーストリア経済学が言う方法論の演繹とは現代の自然科学が基礎におく帰納と対をなす演繹ではない。

　オーストリア学派の演繹という方法は，どのような歴史的経緯の中で生起してきたのであろうか。その演繹は「予定調和論」や自然の理法を信じるライプニッツ（Leibniz, G.W. von）にあることがわかる。しかしながら，オーストリア学派の人々はどのようにしてそのような思想に至ったのであろうか。キリスト教・カトリック思想にその淵源を求めることができる。この世界はなまじ人間が采配をふるったところでどうにもならない，という自然崇拝が

ある。それには宇宙の理法が厳然と存在する。

　経済は社会科学の中でとりわけその自然の理法を感じ取ることができるというものである。なぜなら，財を作る者はそれがどのような人々に使われるかを知らずに作る。しかし，経済は価格を通じて多くの人々が所得と効用の恩恵に浴する，という体系に外ならない。これは宇宙論的な理法と言う外ない。オーストリア学派の経済学には経済をその自然の理法の中において研究してはじめて科学的研究となる，という信念が支配している。

1　普遍的な経済学を求めて

　ミーゼス（Mises, L. von）やハイエク（Hayek, F. A.）は哲学に造詣が深かったもののどこまでも経済学から出発した社会科学者であり，哲学者ではなかった。しかしながら，それ故にこそ彼らを経済学者や社会科学者における新たな意義ある人物として取り上げなければならない。また場合によっては，彼らは哲学の分野においても何らかの貢献があった人々ではなかろうか。それほどに彼らには深い哲学的洞察を感じる。しかしながら，現実の科学は自然科学のみならず社会科学においても分化が進み，社会科学者は哲学に疎い方向へと進む。科学を目指す者は人間を忘れて科学することができないことを知るべきであるが，現実は難しいところである。社会科学者が哲学に疎いことは当然である。しかし，この分化した溝を埋めねばならないと感じるのは筆者だけではないだろう。

　ノーベル（Nobel, A. B.）がダイナマイトを発明し社会的貢献をしたのと裏腹に人類殺戮の手段に使われたことを自己懺悔して，ノーベル賞を作ったように，すべての科学は真に人間が求めるものに返る必要がある。本来なら，自然科学のみならず社会科学者も哲学に精通し，同様に哲学者も社会科学に精通していなければならない。その収束の焦点はもちろん人間である。オーストリア経済学の人々はまさに経済学者でありながら，哲学的にも造詣が深い希な人々であると言えよう。このことに関して強調し過ぎることはないであろう。社会科学者もまた哲学者であれ，ということは，ミーゼスやハイエ

クが教えてくれた。経済学者も真に人間の求めるものは何かを希求しなければならない。その意味で，オーストリア経済学は現代経済学者に大いなる警鐘を鳴らしているように思える。

　ミーゼスやハイエクが課題にしていたことは，次のようにまとめられよう。彼らの師，メンガー（Menger, C.）は述べている。「『国民経済』の現象はけっして国民そのものの直接的な生の発現，『経済する国民』の直接的な結果ではなくて，国民のなかでの無数の個別経済的努力のすべての合成果」である[2]。「国民経済の現象」（経済学）は人間行為を対象とする人間の科学である[3]。その「合成果」には調和としてのカタラクティクス的競争（catallactic competition）[4]や自生的秩序（spontaneous order）が含意されている。すなわち，「社会理論は，多くの人の行為の所産ではあるが人間的設計の結果ではない秩序だった構造」[5]である。この「人間的設計の結果ではない」が，自生的な秩序を成立させている，という看取，その思想の起源が課題として浮上する。

　オーストリア学派経済学の環境は二つの世界観の中にあった。一つは，予定調和論であり，普遍主義に根ざしている。同時，科学的に見ていこうする態度，つまり，個物主義もしくは唯名論に根ざした経験主義である。これらは鋭く対立するものであった。ハイエクやミーゼスはその対立の中で成長したと思われる。ジョンスントン（Johonston, W.M.）はプリーブラム（Pribram, K.）から引用して述べている。

---

1) ヴェブレン（Veblen, T. B.）が哲学に造詣が深かったことは周知の通りである。しかし，彼がカント哲学を理解したとは言えなかった。ヴェブレンは述べている。「必要とされるこの種の判断は帰納的推理である。このことにおいて十分すぎるほど単純である…」「今日，どんな科学においても帰納法をもたらさないどんな試みも何の役にも立たないし，『判断力批判』の最も重要な役割としてなすべきことはこの帰納的推論の力である」と。このことから分かるようにカントの「超越論的演繹」の決定的な内容，すなわち体系的な機能としての理性や判断力を理解し得なかったと言わざるをえない。Veblen, T., *Essays in our Changing Order*, 1934, Reprinted 1964 by special arrangement with Viking Press. p.176-177. を見よ。またマルクス（Marx, K.）はヘーゲルからの影響を受けつつも，経済学と哲学とのしっかりした結びつきを著作として残さなかった。そういえば，ケインズもまた *A Treatise on Probability*, 1921（『確率論』）を上梓しているものの，その結びつきについての著作は残さなかった。
2)　*UM*, S.87.（『経済学の方法』89 頁）
3)　*LLL1*, p.39.（『法と立法と自由Ⅰ』53 頁）「機能」している人間が問題になり，「知性によって跡をたどる」ことになる。*LLL1*, p.38.（『法と立法と自由Ⅰ』51 頁）を見よ。
4)　*HA*, p.673.（『ヒューマン・アクション』680 頁）
5)　*LLL1*, p.37.（『法と立法と自由Ⅰ』51 頁）

「プリーブラムは，著書のなかで，世界観には二つのタイプがあることを指摘し，それを個別主義（individualism＝個物主義，個体主義そして個人主義とも言う）と普遍主義（universalism）と呼んだ。そしてこの二つの世界観の起源を中世に求め，その後の推移をアダム・スミスまでたどっている。個別主義は，中世の唯名論から出た考え方であり，啓蒙主義に似て，経験的理性を尊重する。仮説を立て，それを検証することによって真理を確かめようとする。それに対して普遍主義は，この言葉自体がトマス・アクィナスのアリストテレス流の実在論から来たもので，真偽の検証を受けつけぬ，精神外の，永遠の真理の存在を前提とする。個別主義が真理を発見しようとするのに対して，普遍主義は真理に服従するのである。」（かっこ内引用者）

　中世に息づいていて動かし難い世界観は個別主義と普遍主義である。前者は経験とそれに対応する理性の役割を信じる信仰である。それに対して，後はこの世に永遠の真理が厳然と存在するという信仰である。これらはともに人間精神に関わりをもつものの，真理を探究する上で緊張を孕む。もし，理性を優先させれば永遠の真理はわれわれ人間が獲得し得るものとなるし，逆に永遠の真理がどこかに存在するとするならば理性は譲らねばならない。したがって，理性（ratiō）よりは知性（intellēctus）が台頭していた。しかし，西洋の哲学は程度の差こそあれこの緊張の中に展開されてきた。

　ジョンストンはさらに述べている。「1882年に経験主義のカール・メンガーと歴史主義のグスタフ・シュモラー（Schmoller, G.）との間で『方法論争（Methodenstreit）』が闘わされたが，プリーブラムはこの論争からヒントを得て，新しい両極概念を考え出すとともにそれを社会理論の歴史に，しかもその細部にまであてはめたのである。…プリーブラムの普遍主義はヘルバルト学派の実在論（リアリズム）と同じものである。」と。つまり，プリーブラムはメン

---

6) Pribram, K., *Die Entstehung der individualistischen Sozialphilosophie* Leipzig, 1912（『個別主義的な社会哲学の生成』）
7) Johonston, W. M., *The Austrian Mind An Intellectual and Social History 1848-1998*, University of California Press 1972, p.77.（『ウィーン精神1』1986年，117頁）
8) オーストリア経済学の創始者・メンガー（Menger, C.）の *Untersuchungen über die Methode der Socialwissenschaften, und der Politischen Ökonomie insbesondere*, 1883（『経済学の方法』）を読んで，誰もが直観することは背景にあるヒューム哲学とカント哲学である。
9) Johonston, W. M., *Ibid.*, p.78.（『ウィーン精神1』118-119頁）

ガーの「合成果」という普遍的な体系の存在を知ったところから始まる。人間が意図しない「合成果」であるにも拘わらず人間が合成している，という事実である。つまり，人間は二つにして一つの世界に生きている。ここに個人（諸個人）に照準を当てた科学が展開されることになる。その個人（諸個人）は昇華された個人であるに違いない。われわれが解明しなければならないのは，その個人であると同時にその場を看取してきた経験主義である。

その意味で，「限界経済学ほど，仮説中心の唯名論的立場をとる人たちを惹きつけたものは他になかった。[10]」のである。いわば，リアリズムに徹した一期一会の価値論である。「合成果」の解明に道を開くに違いない価値意識である。そしてヒューム（Hume, D.）もカント（Kant, I.）もこの視点で哲学を試みていたのである。プリーブラムだけではない，ハイエクもまた普遍主義と個別主義の中にあって，さらなる展開を試みたのである。その前に，オーストリア学派経済学はなぜこのように普遍主義の思想を持ち合わせることとなったのであろうか，それを見ることにしよう。

2　メンガーの課題はミーゼスやハイエクに委ねられた

オーストリア学派の経済学者は社会全体の調和（や秩序）を壊さずに，その中で個人の能力を最大限に発揮する方法とは何かを究めようとしてきた。この演繹が信仰や仮説（モデル）に基づく演繹なら，学問として市民権を得ることはできない。なぜなら，調和は把握できるという立場に誰一人として立ち得ないからである。しかしながら，それでも調和はあくまでも個人と諸個人が構築するという立場である。この一見して矛盾するふたつの命題は強いリアリズムに支えられている。現に，存在するのは個人であり，われわれ諸個人である。そのわれわれは経験的に経済に調和を感じ取ってきた，そして経済をつくりだしている。そこに演繹的方法を採らねばならない理由がある。[11]

---

10)　Johonston, W. M., *Ibid.*, pp.80-81.（『ウィーン精神 1』123 頁）

ここに調和（秩序）という概念に個人が組み込まれ，原理が予定されることになる。これがオーストリア経済学に課せられた課題すなわち演繹あるいは個人主義である。ミーゼスやハイエクはこれに真っ正面から取り組んだ数少ない経済学者である。この演繹的方法（あるいは信念）を解明をしなければならない。個人と調和との間に学的紐帯を見出し，それに肉付けをすることが要請される。これがオーストリア学派経済学の創始者メンガーから頂いた課題であった。

　しかしながら，言えることは，，オーストリア学派経済学がなぜ形而上学的立場に立って経済が自然法則に導かれているのを見て美的喜びを感じるのか，また神に創造された自然と社会法則との間には一定の調和関係が存在する，と感じるようになったか，言葉を換えれば，なぜ方法論として演繹や個人主義を採るようになったか，はっきりしないのである。むしろ，オーストリア学派経済学はきわめて実証性の強い論理実証主義を背景にして誕生しているのである。とにかく実証主義と形而上学の狭間に方法論的個人主義が生まれたことだけは確かである。しかしその環境の人々を説得できなかったのであるから，それは未完成である。言えることは，メンガー（1882年の方法論争）以後もこの点について哲学的にも経済学的にも市民権を得るほどに解明が進んだ訳ではない。現にオーストリア学派経済学は必ずしも一枚岩ではなかった。周知のように，シュンペーター（Schumpeter, J.A.）はメンガーの思想から大きく離れ，論理実証主義の立場で経済学を立ち上げていった。[12] そのような中で，メンガーの立場に忠実に従って経済学を支える方法すなわち演繹や方法論的個人主義についてさらなる根拠を求め続けたのは，ミーゼスとハイエクである。

　メンガーは『経済学の方法』で言う。

　　「これら（市場価格，賃金，利子率）の現象もまた，通例，社会的・目的論的

---

11) ヒュームもカントも演繹に自然を置いている。ヒュームの場合，自然の原理や自然の関係に表れているし，カントもまた自然法則を得ようとしている。*THN*, p.170., p.175.（『人性論（一）』262頁，269頁）．*KU*, S.312.（『判断力批判（下）』56頁）

12) Schumpeter, J.A. *Das Wesen und der Hauptinhalt der theoretischen Nationalökonomie*, Duncker & Humblot, Berlin 1970 S.43ff.（大野忠男・木村健康・安井琢磨訳『理論経済学の本質と主要内容』岩波書店（上）1983年 102-105頁。）

な作用の結果ではなくて，経済主体の個人的利益を追求する，無数の努力の意図されない合成果であって，したがってその理論的理解，その本質とその働きの理論的理解もまた，前述の社会形象のそれと同じやり方ではじめて，すなわち，それらをその要素に，それらを生む個別的要因に，還元し，そして，ここに問題となっている，人間経済の複雑な現象がこうした，その要素から組成される法則を研究することによってはじめて，精密的にこれを獲得することができる。」(かっこ内引用者)[13]

明らかなように，社会は個々人の構成からなるものであるが，社会現象は個人の意図したものではない。しかし，その意図しない複雑な社会現象，すなわちその本質も「意図せざる結果」として個人から乖離されたものでありながら，個別的要因（要素もしくは個人）に還元してはじめて解けるものである，というのである。もちろん，「個別的要因に還元する」と言っても，要素は機械的な要素ではなく，価値意識を持ちつつ演繹的に組み込まれた体系の中の要素である。このような視点を方法論的個人主義と呼んできたのはシュンペーターである[14]。では，この複雑な社会現象，マクロ的な経済秩序と個人はどのように繋がるのであろうか。メンガーは歴史学派を批判して演繹的視点，つまり方法論的個人主義を次のように述べる。

「歴史は，現象の一般的本質と一般的連関とをわれわれに意識させなければならない理論的科学と反対に，現象一般，とくに人間現象の個別的本質と個別的連関とを研究し，叙述するという課題をもっている。歴史はこうした，その広汎な課題を，人間生活の無限に多くの単一現象を研究し，記録するというやり方で解決することはできない。むしろ，歴史は，現実的世界の個別的なものを集合現象の観点にたって総括し，国民，国家，社会とよばれるあの大きな集合現象にあっての上記の現象の本質と連関とをわれわれに意識させるというやり方で，こうした課題をうまくこなすことができるにすぎない。」[15]

われわれ個人と社会現象との紐帯の解明は，社会現象という「大きな集合現象にあっての上記の現象の本質と連関とをわれわれに意識させる」という方

---

13) *UMS*, S.183.（『経済学の方法』167頁）
14) Schumperter, J., *Ibid*., S.94f.（前掲書（上）176-177頁）
15) *UMS*, S.122.（『経済学の方法』117頁）

法で「うまくこなすことができる」と言う。ミーゼスは言う。そもそも「国家の構成員を認識することなく国家を認識できた者はだれ一人いない。この意味において，社会的集団は個人の行為を通して生まれる」[16]のである。同時に，ミーゼスは続けて言う。「人間行為学は（したがって経済学もまた）演繹的体系である」[17]と。その演繹は「われわれに意識させる」ことから始まる。「国民，国家，社会」というような全体性を意識的に理解することから始まる。その演繹の下で行為が議論される。「その本質と連関」にあたって，ミーゼスは「アプリオリなカテゴリーから出発して演繹的推理を進めていく」[18]と言う。人間行為がアプリオリなカテゴリーを経るということは，客観化であり体系化である。そしてこのプロセスが既に演繹なのである。ハイエクもまた言っている。「個人が自己の行為を理論化した結果からではなく個人を行為に導いている概念から体系的に出発する」[19]と。

　その意味において，経済学は実証科学に依存する科学においてのみ議論されてはならない。社会科学は蓋然性が課題になるのではない，演繹に基づく理論科学でなくてはならない。言葉を換えれば，推論と構築の科学である。これらはメンガーに倣っていることは間違いない。これこそメンガーから継承した方法論的個人主義，演繹的論法であることは明らかである。社会的現象は，個人と乖離したものでありながら，個人に還元しかつ同時に社会という体系に演繹的に結びつけられて考えなければならないというものである。これは神に代わって人間の「見えざる手」を確認したことになる。

3　「見えざる手」としての靱帯の確認

　ハイエクの自生的秩序はどこまでも個人（もしくは諸個人）が作りだしながら，個人にとって「意図せざる結果」であった。しかし，これは個人と「意図せざる結果」が分裂していたのでは答えは得られない。これは二つであり

---

16) *HA*, p.43.（『ヒューマン・アクション』66 頁）
17) *HA*, p.68.（『ヒューマン・アクション』91 頁）
18) *UFE*, p.64.（『経済科学の根底』81 頁）
19) *CRS*, p.64.（『科学による反革命』42 頁）

ながら，一つであるという個体（個物）に返ることでしかない。ケインズ（Keynes, J. M.）やウェーバー（Weber, M.）もこれに気付いていた。ある意味で，社会科学は自然科学よりは有利な条件に置かれていることだけは確かである。しかし言うほど簡単ではない。

所詮あるがままの個人から普遍的なものは得られず，普遍たらしめる方法としての個体（主観や個人）を見つめなければならない。換言すれば，この個体（もしくは主観）と社会（体系の世界）という二つの世界を結びつける靭帯を求めねばならない。その靭帯は，ヒュームの場合慣習や共感そして黙約によって醸成されるものであった。カントの場合は超越論的なもの（「根源的獲得」）であった。確かに，ミーゼスは後者に従って人間行為における先験性（哲学的にはアプリオリもしくは超越論的なもの）を強調したのに対して，ハイエクは前者に従って行為を生起させる感覚を契機として抽象性を取り上げたようと思われる。しかし，むしろミーゼスもハイエクもヒュームおよびカントの壮大な全哲学に依存していた，と言った方がよいであろう。

確かに，人間行為について，ミーゼスは先験的（超越論的）立場で見たのに対して，ハイエクはあくまでも経験的立場で見ていた。しかし，究極的に考えて経験主義のヒュームと主観主義のカントに相違はない，というのが筆者の結論である。課題は社会と人間である。'人間は社会的な人間である' と

---

20) ウェーバーは述べている。「『社会現象』と呼んでいる現象のすべてをともなっている，根本的事態」とは「ある現象が『社会的経済的な』現象であるというのは，その性格がその現象そのものに『客観的に』付着しているがためではない。むしろその性格は，われわれがその現象にたいして，ひとつひとつのばあいに，帰属される特殊な文化的意義が生じるわれわれの認識関心の方向によって，つくりだされているのである。」 *Gesammelte Aufsaetze zur Wissenshaftslehre* von Max Weber Tuebingen Verlag von J. C. B. Mohr（Paul Siebeck）1922, *Die 'Objektivität' sozialwissenshaftlicher und sozialpolitischer Erkenntnis,* S.161.（『世界の大思想 23（ウェーバー政治・社会論集）』河出書房，1969 年，に所収，出口勇蔵訳『社会科学および社会政策の認識の「客観性」』65 頁）を見よ。またケインズも『若き日の信条』で述べている。「私は先に，われわれはベンサム主義から最初に抜け出した者に属していた，と言った。けれども，もう一つの 18 世紀の異端については，われわれはその悔い改めぬ継承者であり，最後の擁護者であった。われわれは最後のユートピアン，あるいは，往々にしていわゆる世界改善論者（meliorist）に属していた。この者たちは，道徳的進歩の連続と，そのおかげで人類は，真理と客観的基準に左右されるために，因襲と伝統的な基準と融通のきかぬ行動のルールといった外面的拘束から完全に解放され，これから先は，自分たちの作った気のきいた仕組みや，純粋な動機や，信頼するに足る善の直観などに委ねられる人々だと，信じているのである。…」 *The Collected Writings., Vol. IX,*（*Essays in Persuasion*）, p. 447.（『説得評論集』, 583 頁）を見よ。

いう命題について，社会的に見つめるのか，人間的に見つめるのかの相違である。ポスト構造主義の哲学者・ドゥルーズ（Deleuze, G.）がヒュームをして「人間的自然」と言うならば，筆者はカントの視点を「自然的人間」と言いたい。求めるものは体系的なものであり演繹的人間である。それはまた自然でありつつも人間である。かつ人間でありつつも自然である。

したがって，ヒュームにしてもカントにしても体系的である人間行為は因果律の世界と意志自由の世界とは対峙せず，想像や理性の中に調停を見るというものである。いわば，スミス（Smith, A.）の命題，「見えざる手」という調停された世界であり，その世界の解明であった。このことにおいて，ヒュームとカントそしてミーゼスとハイエクとの間に何の相違もない。もとより，視点の相違が強調されれば相違は顕著になる。ヒュームの場合，社会的な能力，慣習，共感や黙約を用いて調停が委ねられ，カントの場合は人間に内在する能力，理性のアンチノミー（Antinomie）によって調停されてきた。当然のこと，前者は非人格の世界，後者は主観の世界である。両者は人間において不可欠である。ハイエクはこれら二つの舞台に立っていた。

では，あらためて「見えざる手」としての靭帯とは何か。答えは，まずヒュームが個人に内在する価値意識を社会的価値意識として取り上げた。いわば，人間の社会的な存在契機を「三つの基本的自然法（所有の安定，同意による財産の移転そして約束の履行）」に見い出している。その自然法があって，はじめて社会の安寧と個人の安定した生活が保障される。自然法の根拠は問題にならない与えられたものである。一方，カントの視点は異なっていた，あくまでも主観的な価値意識が如何にして普遍的な価値意識に上り詰めるかを思考した。いわば，所詮われわれにとって判断は主観的である。その典型的な主観判断に趣味を添えた。しかし，その趣味判断も普遍的（社会的）判断力となり得るのである。もちろん，このプロセスが課題である。

ミーゼスやハイエクはこれらヒュームとカントの二つの視点を合わせ持っている。どうやら靭帯は個人から社会に向けられたプロセスにある個人的（かつ社会的）同意にあるようである。では，同意は如何にして可能かが問わ

---

21) *ES*, p.121.（『ヒュームあるいは人間的自然』197-198 頁）人間的自然とは，諸連合原理（「経験を超出しうる主体を経験のうちで構成する」）が人間に存在すること。

れねばならない。既述の通り，これはメンガーから引き継いだ課題であった。
　いわば，如何にして調和（秩序）は可能かという調和（秩序）論である。その調和（秩序）に人間行為は如何に係わるかである。行為の世界は，多元的かつ多様な価値意識の世界と社会の判断との統合である。言葉を換えれば，経済という世界は，個人が直観に基づく交換行為の世界（感覚秩序）と全体性における調和（もしくは秩序）の世界である。これらは分かれていながら一つである。それは体系として一つであり，「見えざる手」が支配する，調和や秩序の世界である。これを古典派経済学から受けて再確認をしたのが，メンガーであり，オーストリア学派経済学である。
　この課題に厳密に取り組んで人間行為に知悉な立場から答えてきたのは，ミーゼスやハイエクを除いて他にいないのではなかろうか[22]。ハイエクは自ら述べてきたように，一見したところハイエク理論は経験主義的かつヒューム的に見える，しかし一歩分析に入ればミーゼスのみならずハイエクもまたすこぶるカント的である[23]。それは当然の帰結である。そこには経済学者であるが故に価値意識に根ざした具体的な人間行為，換言すれば思惟を分析せざるを得なかったからである。同時に経済には自然に調和や秩序に支配されるメカニズムが存在するからである。この組織的分析においてヒューム哲学のみならずカント哲学もまた優れている。彼等は調和に基づく個人と社会をつなぐ根本問題を扱ったからである。
　メンガーが限界効用に気づいたこともいわゆる哲学における主観主義と密接に結びついたものなのである。近世の哲学者・ヒュームやカントの強い影響を受けた結果にちがいない。したがって，この深遠な哲学が語られなければ，メンガー，ミーゼスそしてハイエクの理論は，真に理解されたことにはならい。しかしながら，今日の経済学の学界はオーストリア経済学を経済学の範囲内でのみ理解してきた。したがって解けないできてしまった。この点について理解が進まないことに長い間危惧の念を持ちつづけてきたのは筆者

---

[22]　もちろん，この中にケインズを入れねばなるまい。彼は『確率論』（*A Treatise on Probability*, 1921）を書いているからである。だが，経済学と哲学を直結した著述を残すことはなかった。もちろん，彼の経済学理論に哲学が散見されることは言うまでもない。

[23]　いわば，ハイエクが教えてくれたことは，経験主義に立ってヒューム哲学とカント哲学が補完的に扱われていることである。

だけではない筈である。

　もちろん，経済学は一つの学派にのみ係わって理論が展開される必要もないし，現にそのようなことはない方向へと進んできた。しかし，オーストリア学派経済学が追求してきた方法論とは，そのような学派に囚われる，というようなものではない。オーストリア学派の経済学に含意されたものは，経済学を越えて哲学の根本問題に及ぶ。そして，時代と場所を越え普遍的な社会科学を求めるべく留意してきたと言えよう。これに対して，現代の経済学は事象に表われた因果律に基づく仮説モデルをもって対応してきた。その短期的な場にあって何ほどかの貢献をなし得たことは間違いない。しかし，その貢献は一時的なものに留まらざるを得ない。それを避けて個体に体系と普遍を求めてリアリズムに徹したのがオーストリア学派である。

4　ウィーンの環境 1 ―修正カント主義者・ヘルバルト―

　しかしながら，オーストリア学派経済学[24]が当初から哲学的に見てしっかりした根拠をもって確立されていたわけではない。ではどのような背景があったのであろうか。演繹や方法論的個人主義はどのようにして生まれたものであろうか。その背景を探ってみよう。

　オーストリア学派の環境は貴族的であって政策や実用主義に直接結びつけ

---

[24]　オーストリア学派（経済学）に属する人々は，メンガー（Menger, C.）を第 1 世代とすると，ボェーム-バヴェルク（BoemBawerk, E. von），ヴィーザー（Wieser, F. F. von）は第 2 世代，ミーゼス（Mises, L. E. von），ハイエク（Hayek, F. A.），ハーバラー（Haberler, G. von），マハループ（Machlup, F.），モルゲンシュテルン（Morgenstern, O.）は第 3 世代である。そして第 4 世代はラックマン（Lachmann, L.），カーズナー（Kirzner, I.），ロスバード（Rothbard, M.）である。ハイエクを第 4 世代に入れる場合もある。またウイーン学派とは狭義の意味で第 3 世代だけを指して言う人もいるが，筆者はオーストリア学派経済学とウイーン学派を同義として用いた。Shand, Alexander H., *Free Market Morality : The political Economy of the Austrian school*, 1990, p.7.（『自由市場の道徳性』3-4 頁）を見よ。

　また哲学分野の集団でウイーン大学にはウイーン学団（Der Wiener Kreis）がある。1895 年ごろ哲学者・マッハから 1938 年までの論理実証主義の人々を指している。第 2 世代以後の経済学者は少なからず影響を受けてきたと思われるが，ウイーン学団に入った経済学者は 1 人もいなかった。Kraft, V., *Der Wiener Kreis, Der Ursprung des Neopositivismus, Ein Kapitel der jüngsten Pilosophiegeschichte*, 1968.（『ウィーン学団』）を参照した。以後 *WK* とする。

るのではなく，あくまでも事実に基づく直視を重視し，論理的展開に徹し理論を構築[25]するという立場であった，と説明するのはジョンストンである。これはゆとりある環境から，どこからも干渉を受けない干渉もしないという孤高の精神を意味している。この不干渉主義の背後に自然主義そして個人主義が存在していたと思われる。ジョンストンはその状況を説明する。少々長い文章であるが引用する。

「オーストリア学派が…不干渉主義をとることになった理由を…説明する人がいる。ベルリン生まれのオーストリア人エミール・カウダー[26]である。カウダーは，ボヘミア人の改革派カトリックが自然の理法の存在を信じているのと，経済学者たちが抽象的な法則の存在を信じているのとは同じことだと言う。宗教哲学者のベルナルト・ボルツァーノや小説家のアーダルベルト・シュティフターと同じように経済学者のメンガーやベーム＝バヴェルクにとっても，社会の秩序のなかには永遠の真理があらわれているのであり，この永遠の真理をまもっていくことこそ政治家や学者の役目であった。カウダーによれば，ベーム＝バヴェルクがマルクスを否定したのは，マルクスが人間に，生半可な術をもてあそんでひどい目に会う『魔法使いの弟子』の役を演じさせようとしたからである。個々の目標が達成できるからといって自然の秩序を変えるのは，わずかな利点をちらつかす鬼火に誘われて全体的な安定調和を売り渡すことになる。またカウダーは，ヴィーザーが『力の法則』(1926) のなかで最高善として讃えた隣人愛とシュティフターが言う「おだやかな法則 (das sante Gesetz)」との間には共通点があると見た。ヴィーザーもシュティフターも同じように，全体の秩序を壊さずにどの人間にも能力を最大限に発揮させる方法を考えていた。ちょうどシュティフターやボルツァーノが自然や社会のなかに神の御業を認めて讃えたのと同じように，オーストリア学派の人たちも，経済が自然法則に導かれているのを見て美的喜びを感じた。経済の世界では人間には見えない手がうまく働いているというアダム・スミスが考えたように，かれらもまた，神に創造された自然と社会法則との間には一定の調和が存在するとい

---

25) ヒューム哲学もカント哲学を構築の哲学と呼ぶことができる。詳細は第3章，第4章に譲る。ハイエクは言う。「《科学》の目的は外部世界にかんするわれわれのあらゆる経験についてのある新しい体系を生み出すことにある。」*CRS*, p.38.（『科学による反革命』17頁）を見よ。

26) ハイエクもメンガーについて調べるにあたりエミール・カウダー (Kauder E. 1901年生まれ) 教授の刊行物に負っている，と述べている。*NPP*, p.273.（『経済思想史におけるメンガー『原理』の地位』170-171頁）を見よ。

うライプニッツの説を取り入れたのである。さらに，カウダーによれば，オーストリア学派の中でも，市場経済には目に見えない理法が働いて秩序を維持しているのだという考えをもっとも強く持っていたのが，ルードヴッヒ・フォン・ミーゼスだった。どんな形にせよ市場への介入は市場を崩壊させるとかれは主張している。しかしひとりシュンペーターだけは考えがべつで，かれはこのような静的な経済観に，英国流の変革への意欲を持ち込んだ。企業家が先頭に立って技術を発展させ商取引を拡大していかなければ，経済は停滞してしまうという。」

「カウダーのこの解釈は魅力的ではあるが，論証することがむずかしい。もし，メンガー，ヴィーザー，ベーム＝バヴェルクなどの人たちが，カウダーの言う通り，ライプニッツの見解を取り入れたのだとしたら，いったいどこからその考えを得たのだろう。1850年代，60年代にギムナージウムで読まれていたヘルバルト学派の教科書からであろうか。あるいは自然と社会を結びつける不可侵の秩序に対する自分たちの考えを裏づけてくれる哲学を，かれらが意識的に選び取ったのであろうか。かれらの経済学はヘルバルト学派の思想の生まれ変わりだとする主張には，遺憾ながら証拠がない。オーストリア学派の自然法則信仰とヘルバルトの実在論との間に一見あるかに見てとれる類似性に対しては，直接的な影響関係を資料面から証明することはできないのである。ただこれは推測の域を出ないが，かれらが，ヨーゼフ主義官僚制度に伝統的に備わる不偏不党性から不干渉主義の姿勢をとるようになったことだけは大いに考えられる。むろん規範的な官僚の大半はヘルバルトのことなど考えもしなかった。しかしなかには，自分の理想像を描いてくれる哲学を学んで，いっそう自分の確信を深めた人もいたにちがいない。ライプニッツ風のものの考え方が一度制度化されると，その基本的な考え方は，多かれ少なかれ，どの官僚にも影響をおよぼしたのである。[27]」

　※ライプニッツの説：彼の予定調和説は無数の自立的なモナドが相互に内部で関係を保ちながら全体として調和，実現しているとする。同時にこの調和の世界とは神が選んで創造した最善のものだという。

　※ヘルバルト学派の思想：ヘルバルト（Herbart, J. F., 1776-1841）はケーニヒスベルク大学のカントの講座を引き継ぎ25年間勤めた哲学者である。カントの超越論的認識論を継承しながらも経験を重んじ，社会的現象は経験による漸次的改善過程に依存すると考えた。その意味で現実主義（リアリズム），実在論者であった。ヘルバルトはライプニッツに通じ，「存在とは絶対的に単純な実在者の集まりである。[28]」とした。したがって，認識論はカテゴリーによるなら実体化の傾向がありと

---

27) Johnston, W. M., *Ibid.*, pp.86-87.（『ウィーン精神1』131-132頁）

してカントに反対し，表象と表象の結合に依る統覚を重んじた[29]。いわば，認識もまたカントの趣味判断が要求する普遍性への経過を辿ることとなる。この経過を巡って，ヘルバルトの業績は哲学のみならず心理学，哲学，教育学等多岐に渡っている。カントの主観主義が経験の面から強調されるに従い，観念論が台頭するドイツでは認められず，彼が一度も訪れたことのないオーストリアで評価された。オーストリア学派・ブレンターノの経験心理学やマッハの感覚の要素論に批判的に継承された[30]。後に述べるように，ハイエクの『感覚秩序』はこのヘルバルトの心理学に依存していることは明らかである。日本におけるヘルバルトは教育学で有名である。

　※ヨーゼフ主義：ヨーゼフとはマリーア・テレージアとその子ヨーゼフ二世（1780-1790）である。彼は「国家体制における官僚主義と反教権的カトリシズムとを柱とした」社会改革運動を推進した。自由主義と保守主義の源泉として述べられている[31]。

「カトリックが自然の理法の存在を信じているのと，経済学者たちが抽象的な法則の存在を信じている」ことは，同じことであるという。これがオーストリア学派経済学の方法（演繹）の淵源であろう。つまり「社会秩序のなかには永遠の真理があらわれている，その永遠の真理を護っていくことが政治家や学者の役目[32]」であり，その「全体の秩序を壊さずにどの人間にも能力を最大限に発揮させる方法」がある。演繹が推論であるだけにリアリズムが必要である。全体の秩序を確認することであり個人を確認することでもある。そのリアリズムは一時的にリアリズムではなく長期的にリアリズムでなければならない。そのような忍耐の科学的態度を培ったのは貴族主義そして官僚主義ではなかろうか。確かに経済学はその社会全体の秩序が他の社会科学に比較して経験しやすい科学である。しかし当時のウィーン大学は一枚岩ではなかった。メンガーは述べている。「部分的にはうわべだけの実用主義，すなわち，その主張者たちの意図に反して社会主義にすすまざるをえない実用主

---

28) Johnston, W. M. *Ibid*, p.281.（『ウィーン精神 1』483 頁）
29) Johnston, W. M. *Ibid*, pp.281-282.（『ウィーン精神 1』483-484 頁）
30) マッハは述べている。「感官生理学的研究とヘルバルトとを通じて，私は―当時まだヒュームを識らなかったのだが―ヒュームのそれに近い観方を採るようになった。今日においても，私は以前，バークレーやヒュームの方が，カントよりもはるかに整合的な思想家だと見なさざるをえない。カントのような，その時代との関係に即して評価さるべき哲学者を，批判したり論駁したりすることは，一介の自然科学者の課題たりえない。」Mach, E., *Die Analyse der Empfindungen und das Verhältnis des Physischen zum Psychischen*, S.299.（『感覚の分析』300 頁）を見よ。
31) Johnston, W. M. *Ibid*, pp.15-18.（『ウィーン精神 1』21-26 頁）
32) Johnston, W. M. *Ibid*, p.86.（『ウィーン精神 1』131 頁）

義によって，有機的に生成した国民経済が解体することを防ぐことが必要であった。」対極にある社会主義を目の前にして，メンガーの悠然としたゆとりある態度を感じるのは筆者だけではないはずである。その環境と意識だけが，諸個人は隣人愛に徹したなかで「おだやかな法則」を見出し得ると言うことができる。これこそ貴族主義で官僚主義ではないだろうか。

それには，ボルツァーノ（Bolzano, B.）やヘルバルトがライプニッツ（予定調和論），カント（主観主義哲学）を論じたことが重要である，とジョンストンは述べている。つまり自然理法（永遠の真理）の解明である。ジョンストンは「オーストリア学派の自然法則信仰とヘルバルトの実在論との間に一見あるかに見てとれる類似性に対しては，直接的な影響関係を資料面から証明することはできないのである。」と言うが，オーストリア学派（もとより経済学もまた）がヘルバルトの哲学，心理学から受けた影響は甚大なものがあると思われる。筆者は，後に述べるようにハイエクの理論から見てヘルバルトの実在論，現実主義がオーストリア学派に大きく貢献してきた，と主張したい。確かに，直接的な証明は難しいとしても影響は明らかである。ジョンストンは言う。

> 「カントと同じように，実在者の本性を知ることはできない…しかしカントと違ってヘルバルトは，われわれは実在者の存在自体は間違いなく知ることができる…。われわれの意識に実在者の集合が表象されるから，その存在が分かる…。ヘルバルトは，さらに人間は生まれながらにして本有概念をもっているというデカルトの考えにも，カントのアプリオリ〔経験に依存しない，本有的な〕という概念にも反対している。」

ヘルバルトはライプニッツと同じく，宇宙を一元論的に捉えて無数の自立的なモナドからなるとする。存在とは単純な実在者（Reale）の集まりであると。実在者はけっして部分に分けられることはなく，変化もしないという。この

---

33) *UMS*, S.207f.（『経済学の方法』190頁）
34) これはハイエクのカタラクシー（敵から味方に変わること）に表れている。*LLL2*, p.108.（『法と立法と自由（II）』152頁）を見よ。
35) Johnston, W. M. *Ibid*, pp.274-289.（『ウィーン精神2』の「19 ライプニッツの調和の世界」472-495頁）を見よ。
36) Johnston, W. M. *Ibid*, p.281.（『ウィーン精神2』483頁）

ヘルバルトの言説があってはじめてマッハの哲学と物理学，心理学の融合という視点の根拠が解けよう。ハイエクもまたカントの「物自体」を認めながらもアプリオリなものを議論することはほとんど無かった理由も解ける。それはヘルバルトを抜きにして考えられない。ハイエクの心理学，つまり感覚における秩序論はヘルバルトの影響を受けていることは明らかである。

　こうして，ヘルバルトの議論，つまり分かり易くかつ単純なモナドの議論は分かり難く厄介な個人意識を受け入れるプロテスタントの議論とは違い，カトリックに受け入れられたと言う。カトリックという直線的敬虔な信仰が演繹という従順なスタイルに結び付き易かったのも否めないであろう。ジョンストンはヘルバルトの議論を評して言う。「宇宙は不壊不滅のモナドが階層を成したものであり，その階層の頂点には『もっとも実在的な実在者（reale realissimum）』たる神が立っているとライプニッツは信じたが，ヘルバルトのいう実在者は，この信仰の復活だった…。」と言う。視点を換えれば，「観念論と経験論との中間を行く道」であったし，このような形而上学の中道的な立場が，トマス・アクィナスの中庸の道（via media of Aquinas）に等しく，ヨーゼフ主義体制下の官僚の不偏不党性と似ていたのである。こうして，ヘルバルト学派は現状維持という保守性を身につけることとなる。以後，オーストリア学派は正面からカントを受け入れることを閉ざすこととなる。しかし，ヘルバルトの哲学はライプニッツの哲学の酷似でありつつ，同時に自らを修正カント主義者と言った。

　オーストリア学派の思想は明らかにヘルバルトの哲学，観念論と経験論の中間，中庸の哲学に依存していた。存在とは単純な実在者の集まりであり，けっして部分に分けられることもなく，変化もない。ということは個物主義の確認でもある。心や自我という実在者は別種の実在者の集合と結びついている。こうして実在者の互いの自己保存という努力が社会的表象を生むという。カウダーのいう，「メンガーは，科学主題は我々の精神構造ではなくて，

---

37) Johnston, W. M. *Ibid*, p.284.（『ウィーン精神2』487頁）
38) Johnston, W. M. *Ibid*, p.284.（『ウィーン精神2』487頁）
39) Johnston, W. M. *Ibid*, p.285.（『ウィーン精神2』488頁）
40) Johnston, W. M. *Ibid*, p.285.（『ウィーン精神2』489頁）
41) Johnston, W. M. *Ibid*, p.281.（『ウィーン精神2』483頁）

むしろ社会的本質である，…本質は現象の下に横たわっている現実を意味する。かくれた現実を探究するメンガーのような経済学者は，社会的事業や社会構造の永遠の型を追跡しなければならない。本質（ハイエクの自生的秩序）を確信することは哲学的現実主義の原理である。」(かっこ内筆者) が理解されよう。社会という全体に視点を置くメンガーもまたヘルバルト哲学の中に入れることができる。もとより，この全体論はあくまでも自立的な実在者が構成しているという個物主義がかかえる議論である。

マッハが言う「マッハ哲学なるものは存在しない。」とは，どの学問も独立してはあり得ないという意味である。学問という学問全ては全体という体系と個物がもつ根本性の探求を抱えているからである。「ウィーン学団」のクラフト (Kraft, v.) は述べている。

> 「認識の統一をもたらすことは，哲学の歴史的な課題である。ウィーン学団もあきらかにこの課題に直面していた。物理学，生物学，心理学，社会学そして歴史科学の概念体系が，それぞれ共約できないまま並立することはできず，またこれらの科学がそれぞれ固有の言語をはなすこともできない。」
>
> 「さまざまな個別科学に由来する法則を，自然の法則や人間の行為の法則を，それに使用することが必要である。しかしそのためには，専門諸科学の法則と概念とが一つの体系に属していなければならず，おのおのが関連ももたないまま並立していてはならない。専門諸科学は共通の概念体系（共通の言語）を備えた統一科学を形成しなければならない。」

決してミーゼスやハイエクは「ウィーン学団」に与したことはないけれども，この体系的視点を堅持してきたように思われる。この精神はすべての科学に貫かれており，科学は既成ジャンルの範囲に囚われない越境の学である。マッハのように哲学と物理学，フロイド (Freud, S.) のように医学と心理学（のみならず哲学，社会学，人類学へ影響を与える），ハイエクのように経済学，社会学と心理学という既成の学問に囚われない貢献が目立つのも，このウィーン

---

42) Kauder, E. *A History of Marginal Utility Theory*, Princeton University Press 1965, pp.106-107.（斧田好雄訳『限界効用理論の歴史』104 頁）ハイエクもカウダーのメンガー研究に大いに依存したと言う。*NPP*, p.273.（『F. A. ハイエク市場・知識・自由』171 頁）を見よ。
43) *AE*, S.299.（『感覚の分析』300 頁）
44) *WK*, S.147.（『ウィーン学団』134 頁）

の精神に帰着する。諸科学のジャンルなどあり得ない，それだけに科学の科学性を理論的に極めなければ進めない独特の環境を育んでいた。これはウィーン独自のものである。ジョンストンは，これを視野の広さからくる総合的思考であると述べ，その人々に哲学者・ポパー（Popper, R.）や社会科学者・ハイエクをあげている。[45] その体系的思考は「科学的な宇宙論」[46]に淵源することは言うまでもない。

5 ウィーンの環境2 ―形而上学と実証主義の狭間で―

ハイエクは『ハイエク，ハイエクを語る』で述べている。「私たちがまともに哲学を論じあったことは一度もないのです。[47]」と。しかし，それと裏腹にハイエクの思想は確信に満ちた哲学を含んでいる。この納得しがたい事実はどうしてか。ハイエクが言う通り論じたことがないとするならば，ウィーンの中に深く根付いた思想が既に存在していて，あらためて学ばなくとも共通の哲学的理解があったに違いない，というものである。それが前節で述べられてきた，カトリック信仰，貴族主義（ヨーゼフ主義）そしてヘルバルト（1776-1841年）のライプニッツに酷似した予定調和論（演繹）の世界という共通認識にあったのではないだろうか。これらが一貫して貫かれていたと思われる。ただ，ヘルバルトがそうであったように，その予定調和の世界を形而上学的に見るのか，それとも実証的に見るのかの違いであった。事実，これら二つの視点のどちらか一方が強調されることによって体系の場が大きく揺れることも事実である。その淵源はヘルバルトの思想が合わせ持っていたものである。換言すれば，それはまたヒューム哲学とカント哲学の相違であり，彼らに返ることであった。

---

45) Johnston, W. M. *Ibid*, p.401.（『ウィーン精神2』658頁）
46) *LSD*, p.15.（『科学的発見の論理（上）』13頁）
47) *HH*, p.60.（『ハイエク，ハイエクを語る』41頁）確かに，以前筆者はミーゼスの日本人唯一の弟子，村田稔雄先生に質問したことがある，ミーゼスはオーストリア学派経済学が背景に抱える哲学の問題（たとえばミーゼスが主張した「先験的行為」）をどのように説明したのですかと。村田先生曰く，ミーゼスは事実そうなのだから哲学に触れる必要はない，と素っ気ない答えであったと。

ハイエクがどのようにして深遠な哲学（しかもカントの物自体を認める形而上学）をもつことになったのであろうか。メンガー（1840-1921年）の生きた時代はこれら二つが折り重なっていた。ジョンストンは述べている。「メンガーは…マッハの思惟経済の原則にも親近感を寄せていた。[48]」マッハの影響は強かったのである。ハイエクも述べている。「32年後に『感覚秩序』としてやっと出版したアイデアを私が得たのは，マッハの哲学的著作を読む中からであった。」当然ヘルバルトにその淵源を求めることができる。ハイエクは言っていた，はじめのころ自分は心理学を学ぼうか経済学を学ぼうか大変迷ったと。「その頃私は，心理学に関する知識を，実質上独力で得ていた。[49]」そのマッハの心理学かつ物理学めいた哲学の概要はどのようなものであったのであろうか。

　マッハが展開した哲学の概要（マッハは自らの思考を哲学と呼んではいなかったから適切ではない，むしろ心理学もしくは物理学的心理学）は，①カントの超越論的哲学を認めない。②経験唯一の要素は感覚である。③自我という仮説は意味をもたない。④意識とは秩序だって連続的に流れる感覚である。⑤実体と現象との区別はつかず人間を現象の大海原に委ねる。したがって，⑥自然，魂，意識，精神，感覚という言葉は同じ意味である[50]。こうして，マッハ哲学そして心理学の結論は「現象の不変性だけが重要である。それを見てわれわれがどう思うかは，どうでもよい。[51]」という結論に達する。これらを綜合すると，マッハ自らが述べたようにヒュームの経験主義により依存していることが分かる[52]。いわば，マッハはヒュームが潜在的にもっていた学的欲求の一つ，経験的心理学を実際に証明してきたのである。

　しかし，既述のようにこの言説はそもそも超越論的なもの（アプリオリなもの）を認めなかったヘルバルトの心理学とそれほど相違するものではない。浜田は述べている。「魂や精神や自我などの概念を単純でしかも自発性をもつ

---

48) Johnston, W. M. *Ibid*, p.80.（『ウィーン精神1』123頁）
49) *HH*, p.62.（『ハイエク，ハイエクを語る』44頁）
50) Johnston, W. M. *Ibid*, p.184.（『ウィーン精神1』282-283頁）
51) Johnston, W. M. *Ibid*, p.183.（『ウィーン精神1』281頁）ウィーンで物理学を学んだプラハ大学の物理学者，フリップ・フランク（1884-1966）はマッハを表すのにゲーテの言葉が適切だとして引用している。
52) *AE*, S.299.（『感覚の分析』300頁）

実体に還元して，そこからそれらの諸概念を再構築しようとするライプニッツの哲学的態度を，ヘルバルトは高く評価している。[53]」しかし，ヘルバルトはライプニッツの予定調和を認めず，表象理論に徹した。それは構築であり，人間教育となる。現にヘルバルト（教育学者として）の心理学の教科書は1850年以降プラハ大学を巻き込んでオーストリア全域で使われた。[54] ヘルバルト，すなわちヘルバルト学派の影響力の強さを物語るものである。

これと同様な影響力をもって次の時代の思想界を席巻したのがマッハである。しかもマッハはヘルバルト学派を批判することで，つまり心理学という同じ土壌で登場した。こうして，ヘルバルト学派はマッハによって1880年前後以降完全に駆逐されることになる。[55] しかし，ヘルバルト学派がマッハに変わったとしても，それは批判的摂取であり脈々と流れる，変わらないものを持ち続けていた，ということが事実である。そして次に登場するのがマッハ協会（The Ernst Mach Society）[56] であり，それが「ウィーン学団」[57] の前身となる。こうしてウィーンの論理実証主義がつくられた。ここに一貫して流れる思想，変わらないものを見なければならない。ウィーンの思想界における重鎮，ヘルバルトの貢献を見るのである。

そもそも形而上学と実証主義はヘルバルト自身がもっていた思想であり，彼がライプニッツのモナドによる調和論，秩序論をリアリズムの立場で展開したことに起源を見ることができる。実体とはあくまでも個人であった。カントの超越論的なものは認めなかったから，経験からくる個人の描く表象が頼りであった。ここに表象心理学が展開される。同時にヘルバルトは教育学者として完全な表象を要請し，カントの趣味判断を必要とした。[58] いわば，超越論的なものを否定したところに，経験主義者マッハの批判を招く余地をヘ

---

53) 浜田栄夫『表象理論とヘルバルト』40-41頁，浜田は言う。「ヘルバルトは，ロックとライプニッツの両者からそれぞれ多くのものを学びつつも，両者のさらなる統一を進めるところにこそ彼の認識論的立場を見出したのである。」
54) Johnston, W. M. *Ibid*, p.284.（『ウィーン精神2』487頁）
55) Johnston, W. M. *Ibid*, p.186.（『ウィーン精神1』285頁）
56) Johnston, W. M. *Ibid*, p.186.（『ウィーン精神1』285頁）
57) ノイラート（Neurath O.）がウィーン大学に創設した論理実習主義者の集団。彼は唯物論的社会科学者であった。
58) 高久清吉『ヘルバルトとその時代』玉川大学出版部，1984年，115-124頁

ルバルト自身がもっていたと言えよう。よりリアリズムなマッハは表象を感覚に替えたのである。マッハによって，モナドは実体として人間から完全に感覚に変わることとなる。ヘルバルトが軸足を形而上学において実証主義を説いたのに対して，マッハは軸足を完全に実証主義におくことになる。そこには形而上学が後退し感覚を通した実証主義と関数関係が際立つことになる。もとよりこの現象は物理的にして不変的である。しかしマッハから調和（秩序）論が消えたわけではない[59]。

　ハイエクは『感覚秩序』でこのようなマッハを批判して言う。「現象的な世界（あるいは，それを作っている感覚的な質）は，それ自体が不変なものではなく，われわれが説明をしようとして行わなければならない再分類の過程そのものの結果として，ある程度表れ方を変えるからである。」[60] さらにハイエクは続ける。「世界の究極の構成物としての基本的で不変の感覚という考えを崩すことによって，感覚がわれわれに提示している世界とは客観的な物理的世界があるという信念が必要である[61]。」つまり「客観的な物理的世界があるという信念」とは演繹の前提であり，超越論的ものを認めるカントの立場である。ハイエクはマッハの①と②に反対することになる。このハイエクの言説はヘルバルトに戻ることであり，さらには超越論的なものを認めることによってヘルバルトを飛び越えてカントに回帰することである。ハイエクは形而上学があってはじめて実証主義があるという立場であって，この逆ではない。ハイエクは形而上学を堅持するところであるが，その表現がいかにもウィーンの伝統に従った「客観的な物理的世界があるという信念」であって，われわれ日本人ならずとも誰もが見逃すところである。つまり「客観的な物理的世界」とはカントの「物自体」である。

---

[59] *AE*, S.280f.（『感覚の分析』278 頁）「われわれは純粋な空間を測定するのではない。われわれは物的な物差しを用いる。これによって多種多様な感覚の全体系が，再び持ち込まれることになる。感性的直観的表象のみが，物理方程式の設定を導きうるのであり，方程式の解釈が存するのもまさしく感性的直観的表象においてである。だからして，方程式は空間的数量しか含んでいないとはいえ，感性的諸要素の系列のどの項から世界を組み立てるべきか，これを指示する秩序づけの原理たるにすぎない。」「思惟の経済」にしても一元論にしても，マッハの背後には調和や秩序の世界がある。
[60] *SO*, p.174., 8・33（『感覚秩序』197 頁，8・33）
[61] *SO*, p.176., 8・37（『感覚秩序』198 頁，8・37）

「客観的な物理的世界」とは，脳における生得的な機構である。現象の本質を秩序だって考えている機構，すなわち感覚におけるインパルスという物理的現象（微弱な電気信号）が現に存在して働いているからである。しかしその機構は対象に対応した物理的現象をもたらしている。それは生得的な経験に働くアプリオリな側面，精神の何かである。確かにエーレンフェルス（Ehrenfels, C. F.）はマッハからヒントを得てゲシュタルト（形態）心理学（Gestalt Psychology）を獲得した[62]。しかしマッハが形態の性質をたんに知覚する精神を考えていたのに対して，エーレンフェルスは「この形態という統一的理念は，基礎がなければ生まれないが，基礎のなかには含まれていない。精神が与えるものだ」[63]と考えていた。ハイエクが述べてきたように，ラディカルな経験主義は主観主義を呼び起こすように，ポパーも述べている。徹底した実証主義は「形而上学を科学の領域に侵入させるのである[64]。」ポパーとヘルバルトは直接結びつけられる痕跡は何もないが，ヘルバルトがもっていた形而上学的色彩を感じるのである。ヘルバルトの哲学は実証主義と形而上学との間で軸足が揺れる要素をもっていたのである。

　それではウィーンに一貫して流れているものは何であろうか。まず，演繹的立場である。それはまた一元論と言ってもよい。換言すれば，ライプニッツの調和秩序の世界であり一元論の世界である。それはマクロコスモスとして社会的な全体性をもち，ミクロコスモスとしては心理学のイソモルフィズムの世界（「感覚（あるいは精神の）質のシステムの秩序を決定する関係の複合体」[65]）である。それは心理学から見た個物主義の一元論の世界である。ハイエクが『感覚秩序』で「社会科学の方法論の問題を扱うにあたっては，しばしば後援となったのであった。つまり，理論心理学について，私の考えを体系的に検討しなおすことを迫ったのは，社会的な理論の論理的性格に関することがらである[66]。」と述べたのも，単にマクロコスモスの世界をミクロコスモスの世界に見るということではなく，一元論の世界への徹底した同化にあった

---

62) Johnston, W. M. *Ibid*, p.302.（『ウィーン精神 2』514 頁）
63) Johnston, W. M. *Ibid*, p.303.（『ウィーン精神 2』516 頁）
64) *LSD*, p.37.（『科学的発見の論理（下）』44 頁）
65) *SO*, p.37., 2・1（『感覚秩序』47 頁，2・1）
66) *SO*, p.v.（『感覚秩序』3 頁）

のである。それを現実の中に発見しようとしたとろにウィーンの哲学を見る。その意味で、ウィーンの哲学というよりも、彼らが獲得した方法である、と言えよう。マッハはその意味で、哲学を問うことをしなかった。あらためて哲学を語る必要を感じなかった。

しかし、哲学が力なら社会的かつ主観的に分析を進める必要性が生じる。社会科学者ハイエクが捉えた哲学はマッハとは異なり形而上学であった。したがって、経験的かつ実証的なヒュームの世界のみならず形而上学的なカントの世界が不可欠である。ハイエクが自ら述べてきたように二人の巨匠が通奏低音として不可欠に結びつく。メンガーをはじめとするオーストリア学派経済学が培ってきた思想はハイエクに凝縮して見ることができる。

ジョンストンはウィーン学派を形容する。実証主義はどこまでも形而上学と「仲は悪いが兄弟」である。[67]「ヤーヌスの二つの顔をもつのがハプスブルク社会であった。それが最もよく現れているのがユダヤ人達の状況であった。」その中で「フロイト、マッハなどの実証的傾向の人たちは、雑然とした細かい事実の背後に潜む自然法則を探り出した。」[68]のである。このような環境下からクラフトも述べる。「ウィーン学団」の共通の見地は「哲学の科学性」[69]であると。その哲学とは「個々の学問分野を広げ、関係づけ、統合する批判的仕事である」[70]となる。それが象徴的に語られるのが、後に述べるように個人が諸個人になりえるプロトコル機能、すなわちハイエクの抽象である。つまり、形而上学を実証主義が支え、実証主義を形而上学が支えている。

オーストリア学派は、そもそも実証主義的なヒュームと形而上学的なカントが互いに支え合う世界に生きていた。それはヘルバルトが既にもっていたように思われる。マッハがカントの「物自体」を否定しようとも彼の一元論の世界はヒュームの一元論、自然の世界であった。マッハの場合、それは「思惟の経済（Die Ökonomie des Denkens）」[71]という記述の方法に現れている。

---

67) Johnston, W. M. *Ibid*, p.181.（『ウィーン精神 1』278 頁）
68) Johnston, W. M. *Ibid*, p.397.（『ウィーン精神 2』653 頁）
69) *WK*, S.11.（『ウィーン学団』16 頁）
70) Johnston, W. M. *Ibid*, pp.183-184.（『ウィーン精神』281 頁）
71) *AE*, S.40f.（『感覚の分析』44 頁）マッハは述べている。「思惟の経済」は「事実の経済的叙述、これが科学の本質的課題」である。

「思惟の経済」とは最も簡単で完全な記述のことであり、それはスミスの「見えざる手」すなわち価格という調和や秩序の顕現になぞらえているのである。[72] 求めるものは自然法則、つまり調和や秩序の世界である。マッハにしてみれば、「思惟の経済」は演繹や秩序を現す心理的かつ物理的な異性体である。マッハはそれが科学的課題であると言う。つまり自然は形而上学的何かではなく、実証的で記述としての何かである。マッハにとって、人間の経験とは、もろもろの感覚や印象の物理的秩序なのである。[73] しかし、「ウィーン学団」のクラフトは述べる。「物理学主義では、心的体験の存在が否定されるのではなく、心的体験について語ることがまったくできない、とみなされる。なぜなら、それができるのは、形而上学だからである。[74]」マッハには限界がある。心をすべて言語に翻訳できはしない。[75]

その自然を宇宙論や演繹で捉え直したのがポパーである。それが「科学的な宇宙論」である。宇宙の摂理に従う科学である。それを演繹的立場と言ってきた。この宇宙や自然、もしくはカントの「物自体」は質の差こそあれウィーンの一部に貫かれていたように思われる。それは総合的視野となって学を包み込む。[76] ハイエクもまたこの環境を受け継いでいる。

マッハのみならず、ポパー、ミーゼスやハイエクもまたこの「ウィーン学団」[77]の精神に包まれていた。ハイエクは科学主義を「ウィーン学団」から学んだのである。ハイエク自身は「ウィーン学団」に入ったことはないが、「私は大学生活のほとんど最初から、ウィーンの最良のタイプのユダヤ人インテリグループに属する一群の同時代人とつき合い始めたが、このことがどれほ

---

72) マッハの訳者・廣松渉は『感覚の分析』の「マッハの哲学—紹介と解説に代えて—」で述べている。「経験の総和を可及的に小さな思惟の支出によって律しようとする欲求が、経済的に秩序付けへと駆り立てる。」(350頁) この「小さな思惟の支出」は「オッカムの剃刀」を思い起される。
73) *AE*, S.280f. (『感覚の分析』278頁) マッハは言う。「方程式は空間的数量しか含んでいないとはいえ、感性的諸要素の系列のどの項から世界像を組み立てるべきか、これを支持する秩序付けの原理たるにすぎないのである。」ジョンストンも述べている。「マッハは、人間の経験とは、もろもろの印象の、秩序ある連続のことだ。」また「意識とは秩序だって連続的に流れる感覚のことであり、回想は過去の感覚の復活である。」Johnston, W. M. *Ibid*, p.149., p.282. (『ウィーン精神』226頁および282頁)を見よ。
74) *WK*, S.154. (『ウィーン学団』140頁)
75) *WK*, S.161f. (『ウィーン学団』147頁)
76) Johnston, W. M. *Ibid*, p.401. (『ウィーン精神』658頁)

ど私の助けになったか，いくら評価しても評価しすぎることはない。」[78](一部引用者訳)と述べている。ポパーも述べている。「私にとって言語分析学者(ウィーン学団の人々，特にCarnap, R.)は，敵手としてばかりでなく，同盟者として――合理主義哲学の伝統のいくつかをなお生き生きと保ち続けているほとんど唯一の哲学者だと考えられるかぎりにおいて――重要な存在である。」[79](かっこ内引用者)

6 科学的に宇宙の機能を理解する

既述のように，そもそも不干渉主義を採る理由とは，「社会の秩序のなかには永遠の真理が現れているのであり，この永遠の真理を守ってこそ政治学者や学者の役目であった。」[80]に求められる。不干渉主義は国家のリーダー，宗教家や政治家そして学者が社会現象の中に自然理法を一貫して信じることから出発している。つまり誰にも与しないという不干渉主義に基づいており，より確かなものを見つめて自然理法（宇宙論）を形而上学だけに頼らず科学に

---

77) WK, S.120.（『ウィーン学団』111-112頁）ウィーン学団とポパーが一致を見ていた点を詳細に述べるならば次の点である。「経験的言明の妥当は，帰納にではなく，試験的に立てられた仮説についての後からの検証に基づいている。この仮説から帰結する命題が，『後の観察命題と同じことを言明するとき，仮説から演繹された命題と矛盾する観察言明が生じない限りで，仮説は確証されたものとして妥当する』。『帰納主義』と『演繹主義』に関して，ウィーン学団では，ポパーと意見が一致していた。…仮説は，仮説に先行する観察によって一度でその妥当性を手に入れるのではなく，むしろ仮説は後の検証において常に繰り返し確証されねばならない。仮説の検証は，相互主義的に承認された経験的言明との一致に依存している。常に更新される再吟味可能性のゆえに，経験的な言明には最終的な妥当性は存在しない。むしろ常に暫定的で撤回可能な妥当性しか存在しない。…さまざまな主観にとって確定可能な経験的事実，検証を規定する経験的事実のなかには合法則性がある。したがって妥当性は，経験を根拠にして規定されるが，帰納的な見解とは区別される。」もちろんポパーとハイエクには若干の相違がある。経済学者ハイエクにとっては仮説は立てることはできない相談である。また「物自体」を否定したマッハは科学的蓋然性でより高いものに到達し得ると考えていたであろうか，ハイエクとは著しい相違がある。これについては岩崎武雄『カント『純粋理性批判』の研究』493-495頁，高島弘文『カール＝ポパーの哲学』69頁，拙著『F. A. ハイエク思想の哲学的背景』（国士舘大学政経論叢99号-平成9年3月1日号-）を参照。
78) HAD, p.57-58.（『ハイエク，ハイエクを語る』36-37頁）
79) LSD, p.15.（『科学的発見の論理（上）』13頁）
80) Johnston, W. M. Ibid. p.86.『ウィーン精神』131-132頁）

よって理解するという気風を醸成してきた。筆者はこれをポパーにならって「科学的な宇宙論」と呼びたい。既述のように，哲学は「個々の学問分野を広げ，関係づけ，統合する批判的仕事」であり，科学主義，現実主義，実証主義が採られることとなった。言うまでもなく，これをメンガーが受け継いでいた。メンガーは言う。「自然現象の相似の観察の結果であるあの理論的諸科学が自然現象についてのわれわれの理解を開いたと同じやり方で，人間現象を理解させてくれるだろう。」その科学性が典型的に現れているのがまさにマッハの『感覚の分析』である。その一元論や実証主義から「ウィーン学団」や論理実証主義が生起したのである。したがって，形而上学は希薄くにならざるをえなかった。マッハの科学哲学はその証である。ウィーンの精神には各人に温度差はあるものの，この傾向が流れている。したがって，「ウィーン学団」に批判的で，決して入らなかったミーゼスやハイエクだが，カント哲学に近い議論になっても形而上学的立場を表面に出して議論することは場違いとなったであろうことは想像に難くない。そして，既述のように，純哲の議論を敢えて避けてきたのではなかろうか。この科学主義，現実主義そして実証主義という通奏低音はウィーン学派の土壌であった。ミーゼスやハイエクは決して実証主義や論理実証主義に与することはなかったが，現実主義，科学主義であり，ある意味では，これらと紙一重の部分をなしてきた。問題は，宇宙論は調和論や秩序論と同義であり，実証主義では解決のつかない問題を含んでいるということである。そこには人間を対象とする，存在論，形而上学が深く潜在している。

　ハイエクが自ら述べているように，ハイエクの実証主義への批判は専らポパーとともになされてきた。「それは，経験科学であるためには，反証可能でなければならなず，自らが反証不能であると主張する体系的理論はどれも，定義上科学的ではないのである。」それが周知の「漸次的工学（piecemeal technology）[82]」もしくは「漸次的社会技術（piecemeal social engineering）[83]」であった。「様々な哲学の問題について，他の誰よりもポパーとともにしている[84]」のであり，ポパーとハイエクとの間に相違はないと思われる[85]。いわば，これは

---

81)　*UMS*, S.44.（『経済学の方法』52 頁）
82)　*PH*, p.58.（『歴史主義の貧困』94 頁）

「科学的な宇宙論」に生きていたのである。

　ポパーはマッハの主催した「ウィーン学団」のメンバーと強い絆をもちながら，後の論理実証主義を批判することとなる[86]。その批判的摂取の中に「科学的な宇宙論」があり，「漸次的工学」が生まれている。ハイエクも同様である。ハイエクの『感覚秩序』もまたマッハの要素を批判的に摂取するところから出発している[87]。彼らが摂取した部分はどこまでも科学主義である。では，マッハとポパーやハイエクとの決定的相違は何であろうか。それは宇宙論（調和論や秩序論）を鮮明にしているかどうかであった。（なぜなら，ヒューム哲学により多く帰依するマッハには予定調和が隠されていると思われるからである。）

---

83) PH, p.64.（『歴史主義の貧困』102-103頁）ポパーは，必ずしもこの技術（engineering）という語（「いやな連想」）に賛成していない。ポパーは同箇所でハイエクのこの語に対する批判をもっともだとして挙げている。「ハイエク教授は次のような反対意見を述べている。つまり典型的な技術の仕事というものは，ただ1人の人間の頭に関連するすべての知識を集中することを含んでいるが，そのようなやり方で集中することのできない知識を使わねばならない，…。」

84) HAD, p.51.（『ハイエク，ハイエクを語る』24頁）

85) LLL2, p.25., p.157. note25（『法と立法と自由 II』40頁，218頁の注の（25））を見よ。また，PH, p.64.（『歴史主義の貧困』102-103頁）も見よ。

86) ポパーは LSD（Logik der Forschung, 1963.）S.XXV.（大内義一・森　博訳『科学的発見の論理（上）』25頁）で述べている，「この書物は，その成り立ちからすれば，認識論の二つの根本問題というタイトルをもつ，…叙述の形式は，一部分，「ウィーン学団」—エルンスト・マッハの影響によって伝統的に科学哲学に没頭してきたウィーン大学でその当時教授の席にあった友人モーリッツ・シュリックの哲学的討論集団—のいわゆる論理実証主義との対決のかたちをとっている。…私はシュリックの一聴講者ではあったけれども，けっして彼のグループのメンバーではなかった。しかし，私は1924年来，のちの学団メンバーの何人かハインリッヒ・ゴムベルツ，ヴィクトール・クラフト，エドガー・ツィルセル，オットー・ノイラートなどとの個人的接触をもっていた。そして1931年に私は学団メンバーの一人であるヘルバート・ファイグルに会った。彼は，私が長年追究してきた考えを書物にして公刊するようにすすめた。そこで私は認識論の二つの根本問題を書いた。ファイグルは私をカルナップとゲーデルに引き合わせ，私は自分の考えのいくつかをウイーン学団のメンバーたちの前で説明する機会をもったのである。」

　またクラフトは Kraft, V, Ibid, S.113., S.116f.（『ウィーン学団』105頁，108-109頁）で述べている。「ポパーが，ウィーン学団の思想的発展に決定的な影響を及ぼした著作『探求の論理』（The Logic of Scientific Discovery, 1959）のなかで，重大な異議をはさみ，新しい観点を提起した。ポパーは，要素命題についてのヴィットゲンシュタインの理論やプロトコル命題（protocol sentence）についてのウィーン学団の理論のなかで表現されていた基本的な見解に対して，まったく別の見解を対置した。科学的認識がその上に立てられ，それへと還元される命題，科学的認識の本来的な意味をなす命題は，決して経験についての単称命題ではない。」（かっこ内筆者，筆者注：プロトコル命題とはノイラートとカルナップの用語で，科学の基礎にある観察命題のこと。）

87) CRS, p.30., note3.（『科学による反革命』11頁，19頁の注（3））マッハの擬人観的要素を棄てることは是非とも必要であるとしても，「すべての《科学》が目指すべきことは自然を完璧に記述することでなくてはならない」のである。HAD, p.62.（『ハイエク，ハイエクを語る』44頁）

それは同じくカントとマッハとの相違でもある。

　それは，ジョンストンが述べたウィーンの傾向の一つ「自然理法」の解明からも明らかだが，あらためて，ポパーの言説を『科学的発見の論理』から見てみよう。つまり，自然理法（宇宙論）を科学的に解明する「科学的な宇宙論」である。[88]

　　「それは宇宙論（cosmology）の問題：世界――われわれ自身およびわれわれの知識をその一部として包含しているところの世界――を理解する問題である。すべての科学は〔この意味における〕宇宙論だと私は信じるものであり，私にとって科学ならびに哲学への関心は，ひとえにそれらが，宇宙論のためになした貢献にある。いずれにせよ，私にとっては，哲学も科学も，もしそれらがこの追究を断念するならば，まったく魅力のないものとなるだろう。」[89]

既述の通り，自然理法，宇宙論の解明という課題こそ当初からウィーンの社会科学者の基底に流れていた。「ウィーン学団」を去った，ポパーにとって問題は論理実証主義や言語学派が課題としてきた論理や概念ではなく，高次の宇宙論（調和論や秩序論）が前提であり，演繹の下での議論である。それは存在論であり，形而上学である。つまりポパーは論理実証主義に与せず科学的な宇宙論を全面に押し出した。「ウィーン学団」から見ればポパーは異端の哲学者ではなかったのか。もちろん，ハイエクも軌を一にしている。ハイエクは「複雑現象の理論」で述べている。

　　「かかる構造がもっぱら，『開放的』あるいは『閉鎖的』システムかどうかという角度から，この課題に接近するのはいささか人を誤りに導きやすい。厳密に言えば，宇宙内に閉鎖的システムなど存在しない。われわれが問えるのは，はたして特定の事例において，われわれの選びだそうとしているシステムに未知の宇宙の部分（the rest of the universe）が作用し，その通路となる（そしてその理論にとってデータとなる）接点が多いか少ないか，ということだけである。」[90]

---

88)　ポパーの『歴史主義の貧困』を訳した久野収・市井三郎両氏が「訳者あとがき」で「科学的世界把握」と言っていることに同意する。ただ筆者が「科学的世界把握」としなかったのは，ポパーの立場もまたあくまでも演繹に基づく哲学であり，（マッハには言えるが）「把握」は不適切と考えたからである。同訳書 244 頁を参照。

89)　*LSD*, p.15.（『科学的発見の論理（上）』13 頁）

90)　*PPE*, p.27.（『特集＝ハイエク』に所収，杉田秀一訳「複雑現象の理論」124 頁）

(かっこ内および一部修正引用者)

　科学的に理解するということは、データをいかにして宇宙論（調和論や秩序論）との接点で理解するか、ということにかかっている。科学的な理解とは宇宙論を基にする演繹論である。

　ハイエクは述べている。「経済学は応用論理学の一分野であるという性格から、直接導き出されるものである。我々は我々自身の知性の持つ知識から『先験的』、『演繹的』、もしくは『分析的』な方式ですべての理解しうる行動の網羅的な分類を（少なくとも原理的には）引き出しうるということなのである。」そして、われわれは「理解しうる個人の行動の型を分類し、それらを発展させること—われわれのより進んだ段階の仕事において使用しなければならない材料の秩序ある配列を用意すること—である。」[91] この言説から、「経済学はその推理に内在するものの力によって、すべての社会科学の中心的問題に対する解答に、他のどの社会科学よりも近づいているということを、私は今でも信じている。」[92] そして、「社会現象の分野では、経済学と言語学だけが一貫した理論を作りあげることに成功したように思われる。」[93] と言わしめるのである。経済の世界こそ宇宙論（調和論、秩序論、自然の理法）を自ずと感じるものはない。

　ポパーやハイエクはどのように宇宙論を描くのであろうか。まず、この宇宙が世界であるとするならば、世界は調和や秩序そしてハイエクの自生的秩序である。もとより、理性に従って設計や計画を避けたハイエクは自生的秩序を理念とすることはあり得なかった。ハイエクの描く宇宙、世界すなわち自生的秩序は筆者が形容してきた「…からの自由」という志向でありつつ、あくまでもわれわれには把握できないものであった。[94] われわれは動態の中に置かれ「空洞への前進」として進むしかなかった。自生的秩序は社会という非人格的な世界で描かれる目標であって、個人が把握も到達も出来ないとい

---

91) *IEO*, p.68., p.67.（『個人主義と経済秩序』94頁，93頁）
92) *IEO*, p.54.（『個人主義と経済秩序』70頁）
93) *PPE*, pp.34-35.（「複雑現象の理論」130頁）
94) *CRS*, p.66.（『科学による反革命』43頁）ハイエクは言う。「与えられているものは要素であり，それによってかれはこの複雑な現象を構成するが，しかしそれは全体として観察できないという方向である。」

うものである。これが説明されねばならない。
　まずポパーは宇宙論をかく述べる。

> 「日常語の研究に専門的にたずさわることをもってみずから任じている哲学者たちが，それにもかかわらず，宇宙論は本質的に哲学とはいちじるしく異なっているので，哲学はそれに何の貢献もなしえないという宇宙論を，十分よく知っていると信じているのは，私には背理法にみえる。そして実際，彼らは間違っているのだ。なぜなら，純形而上学的諸観念——それゆえ，哲学的諸観念——が，宇宙論にとってこのうえなく重要な意義をもち続けてきたというのが，事の真相だからである。タレスからアインシュタインまで，古代の原子論からから物質に関するデカルトの思弁まで，力に関するギルバート，ニュートン，ライプニッツ，ボスコヴッチの思弁から電磁波についてのファラデーおよびアインシュタインの思弁に至るまで，形而上学的観念は科学の道案内をしてきたのである。[95]」

「純形而上学的諸観念」とは，カントが展開した形而上学的対象（神，世界，霊魂[96]）であり，宇宙論もその中の一つ世界（理念）に当たるであろう。ポパーは明らかにカント哲学の領域で述べている。カントは言う。「宇宙論的課題の解決は，もともと経験においてはまったく不可能なのであるから，…この対象はまったく諸君の脳裡にのみあり，それ以外のどこにも与えられているのではないからである。[97]」カントの世界（目的の王国，道徳的世界，叡智界）はあくまでも超越論的理念であった。そして，このポパーの「科学の道案内」もまた理念による。しかしながら，カント，ポパーとハイエクには若干の相違がある。

　ハイエクの宇宙，世界（自生的秩序）は既述のように決して理念ではない。ハイエクは述べている。「われわれが世界について知るところのすべては，理論の性質であり，われわれの『経験』が可能にすることのすべては，この理論を変えることである。[98]」あくまでも経験的スタンスにおいて，理論を変える

---

95) *LSD*, p.19.（『科学的発見の論理（上）』20頁）
96) *KrV*, S.378., S.699.（『純粋理性批判（中）』39頁，330頁）
97) *KrV*, S.512.（『純粋理性批判（中）』163）
98) *SO*, p.143., 6・37（『感覚秩序』164頁の6・37）

ことであり，普遍的な方法など見あたらないのである。われわれはまさに動態の大海原に泳ぐ小魚に過ぎないのである。それでも経験的でなければならないのはわれわれは常に社会的動物だからである。ハイエクはポパーとの相違を言う。理念といわず理論という「言いかえは，友人ポパーに負うが，彼は，このような使い方をする私の考えに全面的には賛成ではない。」[99] これはポパーがカントに習って宇宙を理念としているのに対して，ハイエクは理念は計画や設計を呼ぶものとして退けている。この相違はポパーが哲学者であるのに対してハイエクは経験的かつ動態的な宇宙を目指す経済学者であるからである。経済学者アダム・スミスに流れていた自然調和（宇宙）の哲学と軌を一にするものである。[100] ハイエクの宇宙（自生的秩序）は，ばらばらな「主観（主体，主語）」の機能に依存する。それはハイエクの次の文章に明らかに現れている。ハイエクは「社会科学のデータの主観的性格」と題して言う。

> 「社会を構成している個々人の行為は，感覚的性質と概念の体系に基づく事物や事象の分類に従っており，この体系は共通の構造をもっていて，われわれもまた人間であるが故にこの体系を知っているという事実，そしてさまざまな個人がもっている具体的知識は重要な点で相違するだろうという事実がそれである。外部の対象に対する人間の働きかけばかりでなく人びとの間のあらゆる関係そしてあらゆる社会制度もまた，それについて人びとが考えていることによってのみ理解できるのである。知られているように，社会は言うなれば，人びとが抱いている概念とか観念によって作り上げられている。そして社会現象は人間の意識の中で反省されることによってのみ認知され，意味をもちうるのである。」[101]

社会は，言わずもがな人間諸個人という共通理解者の上におかれている。しかし，概念や観念は理念ではなく，構築の対象である。共通理解は構築という意味でしかない。したがって，それを推進するものは反省であると言う。

---

99) *SO*, p.143., note2（『感覚秩序』231頁の注（10））
100) Smith, A., *ADAM SMITH* Ⅲ *Essays on Philosophical Subjects* edited by W. P. D. Wightman, J. C. Bryce and I. S. Ross 1980., *Principles which Lead and Direct Philosophical Inquiries, as Illustrated by the History of Astronomy*, in *Essays*, London, 1869,（水田洋ほか訳『アダム・スミス哲学論集』のなかの「哲学的研究を導き指導する諸原理―天文学の歴史によって例証される」）を見よ。
101) *CRS*, pp.57-58.（『科学による反革命』33-34頁）

つまり，社会とは諸個人が抱く意見が織りなす現象である。われわれはその現象を経験することにある。したがって，筆者は，この自生的秩序はあくまでも経験から出発し，反省を通して過去の経験に戻らないということから，自生的秩序を「…からの自由」と形容してきた。[102] もとより，この反省は理念に基づくものでもない。同時に，漸次的な「…からの自由」を含意しているからと言って，自生的秩序には「社会研究は事物の間の関係ではなく人と事物の関係または人と人との関係を取り扱う。社会研究は人間の行為に関心をもち，その目的は多くの人びとの志向せざる，または意図せざる結果を説明する」[103]，という課題が課せられている。したがって，自生的秩序は「意図せざる結果」，永遠に到達不可能な彼岸におかれている。設計主義や計画主義を断罪してきたハイエクにとって，宇宙論を含む自生的秩序を理念にとして扱うことはできなかったのである。ハイエクは自生的秩序を知覚しているのであるが，あくまでも「意図せざる結果」として見ている。もとよりハイエクはカントの「限界概念」[104]の思想を受け容れていると言えよう。

　経済学は他の社会科学に比較して宇宙論をより感じさせる科学である。「経済学は応用論理学の一分野であるという性格から，直接に導き出されるのである。」[105] もとより，「直接に導き出される」ものは秩序や調和である。ハイエクの言う「応用論理学」とはカントの「超越論的論理学」を意味している。いわゆる形式論理学ではない。「超越論的論理学」とは「可能的経験全体の関係するところに，超越論的真理が成立する。かかる…真理は一切の経験的真理よりも前にあってこれを可能ならしめる」[106]と。前にある「超越論的真理」は秩序であり調和（ハイエクで言えば自生的秩序）である。これは宇宙論である。もとよりこの真理は「超越論的仮象」[107]（ハイエクが恐れてきた全体主義，共

---

102) SO, pp.169-172. 8・17-8・26, and pp.193-194. 8・93-8・95（『感覚秩序』191-194頁の8・17から8・26および216-217頁の8・93から8・95）の経緯に表現されている。
103) CRS, p.41.（『科学による反革命』22頁）
104) PM,§59（『プロレゴメナ』231頁）カントは述べている，「我々の理性は，現象と物自体とを併せ包括している…この両者の領域に関して悟性に限界を付するためには，理性はどのように対処するのか」と。それに対する答えは「経験に限界を付するものは，まったく経験のそとになければならない，そしてこれがすなわち純粋な悟性的存在者の領域である。」
105) IEO, p.68.（『個人主義と経済秩序』94頁）
106) KrV, S.185.（『純粋理性批判（上）』222頁）

産主義）に脅かされない為のものである。ここにカントの弁証論，構築の哲学がある。これはそのままハイエクに継承されている。ハイエクは主観と主観に不可欠な「物自体」を認めることによって，マッハよりも調和（自生的秩序）の構築の哲学に及んでいる。[108]

だが，ハイエクが試みている感覚の秩序は自ら述べているように小宇宙である。その小宇宙は即大宇宙にはならない。しかしハイエクは「ラプラスの魔（Laplace's demon）」を信じる，つまり（絶対者に依存せずとも生得的な）要素の力学的関係に依るところ，知性の力を信じるのである。この検討に果敢に挑戦しているのがまさに『感覚秩序』（特に第5章）に他ならない。[109] ハイエクは科学主義の立場から，『純粋理性批判』における図式を持ち出しているが，第三批判の『判断力批判』に求めねばならないことになるであろう。[110][111] 宇宙の問題はあくまでも経験的に要素の小宇宙に端を発し，全体の大宇宙に進まねばならないからである。それは理性であるよりは知性の世界である。つまり，主観でありつつも自然調和を受容する社会的な諸主観を想定している。

7　ヘルバルトにあったイソモルフィズム

まず，結論を先取りすれば，ウィーンの基底に流れているイソモルフィズ

---

107)　*KrV*, S.86.（『純粋理性批判（上）』133頁）
108)　ハイエクは世界を描くとしてもアプリオリなものすなわち「不変の感覚」という客観的な方法論に基礎をおき，学習による不断の発見的方法に中心をおかざるをえなかった。いわば科学がとりうるあらゆる可能な超越論的諸条件に重きがある。カントの超越論的観念論すなわち経験的実在論に依存してきたのである。これに対して，マッハの目的は物理的世界（秩序）そのものの獲得であった。マッハの言う，科学は「物自体」を不要にして可能である。「自我はわれわれにとっての所与であり，われわれはそれを超出することができない。従って，思弁哲学者が『独我論こそ唯一の整合的な立場である』と主張するとき，こうした言葉は，彼らが完結した，一切を包括する，出来あがった世界観の体系を求めて努力しているのだということに鑑みれば，理解できる。」（*AE*, S.292.『感覚の分析』292頁）と言う。どちらが正しいのであろうか。マッハは感覚そのものに超出を委ねる。マッハはハイエクが苦労しているような高次に至る秩序の契機を取り込んでいない。この単なる経験的批判主義こそ独我論に陥るのではないか。これに対して，ハイエクやポパーはあくまでも感覚は手段であり，それに科学性をおくしかないのである。
109)　*SO*, p.128., 5・79（『感覚秩序』147頁の5・79）
110)　*SO*, p.4., 1・10（『感覚秩序』12頁の1・10）
111)　*SO*, pp.130-131., 5・89（『感覚秩序』150頁の5・89）

ム（isomorphism）[112]は本来心理学の分野の専門用語，精神物質並行論もしくは位相同型説のことである。マッハは述べている。

> 「心理学は物理学の補助学である。これら二つの領域は互いに支え合っており，両者が結合されてはじめて完全な学問が形成される。われわれの観点に立てば普通の意味での主体と客体との対立は存在しない。表象によって，事実を多かれ少なかれ正確に模写するという問題は，自他の諸問題と同様，自然科学の問題である。」[113]（一部現代語へ修正引用者）

マッハは言う。「物理的なものと心理的なものとの関係の把え方における一致である。これこそ私にとっては核心である。」つまり，物体と精神との二元論はない。「素朴実在論の立場では，自我つまり自分の身体に属する構成分は，環境の構成分と徹頭徹尾比較可能だからである。物体と精神との完き本質的差別が生じるわけではない。」[114] イソモルフィズムは実証主義と形而上学の「仲の悪い兄弟」のみならず，一元論と二元論，帰納法と演繹法，経験主義と超越論的方法等，緊張を矛盾無く解く核心的手段であった。そのウィーン独特の考え方の原点を見ることにしよう。

筆者は，ヒューム哲学とカント哲学とは視点の相違であって，極論すれば同じであると述べてきた。つまり，自然に従う個人（諸個人）には変わりはない。ただ，ヒュームの場合主体が自然に従うのに対して，カントの場合自然が人間の超越論的な諸原理に従うのである。換言すれば，前者においては個人は慣習，共感そして黙約というような自然に従い，後者においては主観に内在するアプリオリなものに従うのである。

しかしながら，彼らには共に課題が存在していた。ヒュームの場合自然があまりにも曖昧であった。自然とは何かに答えてはいない。自然は分析を加えず用いられてきた。ヒューム哲学の自然とはおそらく慣習，共感そして黙

---

112) イソモルフィズムがゲシュタルト心理学から出た言葉とすれば，トポロジー心理学のトポロジーと同義である。ハイエクは自分の立場から，イソモルフィズムを「神経の秩序と現象的な秩序との間の関係を言う。」と述べている。外界の対象（神経の物理的秩序）と心理における秩序（精神の秩序）に位相同型（イソモルフィズム）があると見る。SO, pp.39-40., 2・7, 2・9（『感覚秩序』49-50 頁の 2・7, 2・9）これについては次節で詳しく述べる。
113) AE, S.278f.（『感覚の分析』276 頁）
114) AE, S.41f.（『感覚の分析』45-46 頁）

約がもつ諸原理のことであろう[115]。課題はそれらを作り出す諸個人である。諸個人とはどのように醸成されるのであろうか，相変わらず課題が投げられる。カントがヒュームからもらった覚醒と批判はこの視点にある。カントの場合人間主観の中に超越論的な諸原理を見出してきた。それもまた自然である。知性に理性が入れ替わったのは至極当然であった。同時に諸原理を司る理性を如何にして誤謬か仮象から護るべきか努力を払った。そのために，カントは三つの批判を展開したことは今さら述べるまでもないことである。

　ヒューム哲学にしてもカント哲学にしてもそれぞれ弱点を抱えていたことは明らかである。メンガー以来，人々はヒューム哲学とカント哲学それぞれの弱点を補完するべく運命づけられていたように見える。そもそも「ヤーヌスの二つの顔をもつのがハプスブルク社会であった。」そして実証主義と形而上学は「仲の悪い兄弟」をかかえる，ウィーンはそれらに融合が図られるべく何らかの考え方が要請されていた。

　その融合の基本は（後に詳しく触れることになるが）バークリーの個物主義にある。彼の個物主義とは，観念は感官を通した感覚であり，知覚されるものとは別に知覚されない物質があることを否定した人である。マッハは彼の個物主義に同調する。まず，マッハの言説に触れねばならない。そして，もちろんハイエクはマッハから影響を受けている。ハイエクは言う。「『感覚秩序』として出版したアイデアを私が得たのは，マッハの哲学的著作を読む中からであった[116]。」から。マッハは言う。

　　「私の立場はカントの立場とは相容れないということに対しても全く異存はない。勿論，カントの立場とは相容れないからといって，哲学者の全部私の立場は維持しがたいと考えるわけでもあるまい。カントに対する私の関係はまことに特異である。彼の批判的観念論は，私の全批判的考察の出発点であった。私は無上の謝意をもってこのことを承認する。しかしながら，私は批判的観念論に留まることはできなかった。むしろ，私は間もなく，カントの著作に含まれるバークレー（バークリーに同じ）の見解に接近した。感官生理学的研究と

---

115) ヒューム哲学の背後にはキリスト教・カルヴァン派の神への信仰が自然への演繹に変化している。したがって，ヒュームもカントも自然主義である。神野慧一郎『モラル・サイエンスの形成-ヒューム哲学の基本構造-』145-156頁「補章インテルメッツォ」を見よ。
116) *HH*, p.62.（『ハイエク，ハイエクを語る』44頁）

ヘルバルトを通じて，私は，——当時まだヒュームを識らなかったのだが——ヒュームのそれに近い観方を採るようになった。」(傍点およびかっこ内引用者)

マッハはカントの立場（物自体）を受け入れないとしても，「カントの批判的観念論は，私の批判的考察の出発点であった」のであるから，カント哲学を受け入れている部分があるということである。それは何か。バークリーやヘルバルトを通してヒューム哲学に遡った。すなわち，カントとヒュームに共通する全体の中の個物という視点である。

まず，マッハがカント哲学を引き継いでいる部分は何なのであろうか。それは「物自体」を拒絶しつつも「コペルニクス的転回」は受け入れるというものである。すなわち，認識の鍵はわれわれの側にあるというものである。ハイエクも述べている。「人間的行為の対象は物理的用語によってはまったく規定できないのである。人間的行為にかかわる限り，行為する人間がそう考えるものが事物なのである。」ミーゼスも述べている。「正しい人間行為学的推論（praxeological reasoning）によって得られた定理は，正しい数学的定理と同じように完全に確実で疑う余地のないのみでなく，あくまでも確固たる必然的確実性と否定不可能性をもって，生活と歴史に現れるままの行為の実在について述べる。人間行為学は実在するものについて正確かつ明確な知識を伝える。」(かっこ内引用者) 普遍性は構築にあって一つである，という哲学である。そもそもこの言説は既にバークリーがもっていたものである。つまり，認識の対象は観念（知覚の一元論）であるという言説である。この点でマッハはバークリーに同調する。もちろん，だからと言ってカントがもっていた「物自体」はマッハの受け入れるところではない。つまり，カント哲学の「コペルニクス的転回」は受け入れるが「物自体」（現象を限界付ける不可欠の機能を果たすもの）は拒絶するというものである。その意味で，マッハは特異な立

---

117) *AE*, S.299.（『感覚の分析』299-300頁）
118) *CRS*, p.44.（『科学による反革命』24頁）
119) *HA*, p.39.（『ヒューマン・アクション』63頁）
120) カントの立場は，「物自体」をもつ超越論的観念論と経験的実在論，二つを展開するから二元論であるというのではなく，あくまでも思考する主体と対象との間で，これら異種の関係でありつつも現象や表象において一つの実体を展開するところに二元論であるという立場である。これについてはヒュームもハイエクも同じである。*KrV*, S. A379.（『純粋理性批判（下）』202-203頁）を見よ。

場でバークリー，カントを受け入れているのである。このマッハの「物自体」を拒絶して，認識はわれわれの側にあるという言説は，ヒューム哲学を受け入れる道筋となる。それが要素一元論の原点である。換言すれば，ヒューム哲学とカント哲学それぞれを批判的に摂取していることになる。もちろんマッハとハイエクはその仕方が相違する。

しかも，この言説はヘルバルトがもっていたものであるというのである。ジョンストンは「ヨーハン・フリードリヒ・ヘルバルト—オーストリア人の心を捉えたドイツの思想家」と題して述べている。

> 「宇宙を一元論的に『自然即ち神（natura sivedeus）』から説明するスピノザに反対し，無数の自立的なモナドから成るとするライプニッツの説と同じだった。しかしライプニッツと違うところは，かれがカントと同じように，われわれは実在者の本性を知ることができないと考えた点である。しかしまたカントと違ってヘルバルトは，われわれは実在者の存在自体は間違いなく知ることができると考えた。われわれの意識に実在者の集合が表象されるから，その存在が分かるのだという。ヘルバルトは，さらに人間が生まれながらにして本有観念をもっているというデカルトの考えにも，カントのア・プリオリ〔経験に依存しない，本有的な〕という概念にも反対している。」[121]

この言説がマッハに流れていた。それは要素一元論の原点である。そして一度もオーストリアの土を踏んだことのないドイツ人，ヘルバルトの思想がオーストリアの人々の心を捉えたのである。[122] ヘルバルトの思想は「観念論と経験論との中間を行く道だった。」そして「宇宙は不壊不滅のモナドが階級を成したものであり，その階級の頂点には『もっとも実在的な実在者（reale realissimum）』たる神が立っているとライプニッツは信じたが，ヘルバルトのいう実在者は，この信仰の復活だったことである」[123] それは，またヘルバルトが当時のドイツ観念論の人，シェリング（Schelling, F. W. J. von），フィヒテ（Fichte, J. G.）そしてスピノザ（Spinoza, B.）に対する批判者でもあったからである。[124] つまり絶対的自我を克服して，モナドは経験界にかつ社会的に存在し

---

121) Johnston, W. M. *Ibid*, p.281.（『ウィーン精神』483 頁）
122) Johnston, W. M. *Ibid*, p.281.（『ウィーン精神』482 頁）
123) Johnston, W. M. *Ibid*, p.284.（『ウィーン精神』487 頁）

実在するというものである。ヘルバルトの研究者，杉山は述べている。「経験世界と関わる多様な自我活動がどのようなプロセスを経て法を確信し，自らの意志に基づいてそれを遵守することができるのか。またそのプロセスをいかにして学として準備できるのか。いずれにせよそれは絶対的なる自我ではなく，ヘルバルトにとってはあくまでも個人の内面的な自己形成を実現する教育と深く結びついていた。[125]」カントが統覚を自己意識の統一機能としたのに対して，ヘルバルトの統覚は「新しく意識に入ってくる内容が，既存の表象によって統一化されること[126]」を指していた。もちろん元をただせば，「観念論にも経験論にも偏らぬかれの形而上学の中道的立場が，ヨーゼフ主義体制下の官僚の不偏不党性とに似ていたこと[127]」にあるのであろう。

　統覚は新しい構築にある。それではじめて自己であり，要素である。この要素一元論の思想がメンガーにも流れていた。ハイエクもまたマッハから批判的に摂取したところである。こうして，中世から尾を引いている「普遍論争 Universalienstreit）[128]」は「堂々めぐりをせずに[129]」解決の糸口を見い出すこととなる。ハイエクはそれをマッハの要素一元論から受け継いでいる。というよりも，その一元論はヘルバルトがもっていたものである。ヘルバルトは能力心理学[130]もしくは表象心理学として[131]（ヒューム哲学の甚大な影響を受けた）カントを経由して経験的心理学を確立した。[132]そのなかで一元論の心理学を展開してきたのである。マッハはヘルバルトの影響を受けてのことであること

---

124) 杉山精一『初期ヘルバルトの思想形成に関する研究―教授研究の哲学的背景を中心として―』風間書房，12頁，30-38頁，119頁　ヘルバルトはヒュームと同様に絶対的自我を認めなかった。杉山は言う。「彼（ヘルバルト）はまず最初の論文で，シェリングとスピノザがその学の統一性において極端なイデアリズムに陥ってしまったと批判し，…自我が決してそれ自体完成された唯一の絶対的なる存在ではなく，様々な矛盾に満ちた活動に満ちていることを指摘する。」（かっこ内引用者）同書34頁を見よ。
125) 杉山，同書39頁
126) 『新版心理学事典』平凡社，1981年，621頁「統覚」の項を見よ。
127) Johnston, W. M. *Ibid*, p.285.（『ウィーン精神』488頁）
128) 中性のスコラ学の論争。普遍者の存在について，普遍は個物に先だって存在するのか，それとも普遍は人間がつくった名称に過ぎないのか，この二つの間の論争。前者を実在論，後者を唯名論と言う。
129) *SO*, p.37. 2・1（『感覚秩序』47頁 2・1）
130) 「ヘルバルトは表象と表象との機械的結合を考えるにいたった。能力心理学は，歴史的に見れば，精神現象の分類記述をうながして，経験的心理学への道を開いた点に意義が認められる。」『新版心理学事典』677頁「能力心理学」の項を見よ。

は想像に難くない。ハイエクはそれをあらためて科学性として心理学のイソモルフィズムとして解いてみせる。ハイエクは言う。

> 「感覚の質を相互関係によって論じながら，われわれが長い間続けてきた堂々めぐりを脱することができて，感覚の質が生じるのもその一部であるような過程の説明に達する希望がもてる唯一の道は，感覚の質のシステムと『トポロジー的に等価な』，あるいは，『同型である』ような物理的な質のシステムを構成することである。これは，物理的な質の関係が感覚の質に成立している関係を正確に再現するならば，前者のどのような事象の効果も，それに相当する後者の事象の効果に対応するであろうことを意味する。」[133]
> 「本書を通じて記憶しておかなければならないことは，われわれが例えば，『脳の内部のパターン』というときには，いつでも，パターンという言葉は，トポロジーの上で理解されねばならず，空間的な意味でいわれるのではないことである。」[134]

ハイエクが言う，「われわれが長い間続けてきた堂々めぐり」とは，既述の実証主義と形而上学のことである。いわば，二元論と一元論，帰納法と演繹法，経験主義哲学と超越論的哲学，さしてそれらを代表する個物主義（individualism＝個別主義，個体主義とも訳される）と普遍主義（universalism）[135]というような二手に分かれた哲学の方法に解決の糸口がある，というである。[136]その鍵はわれわれの側に握られた構築の心理学（哲学）であり，イソモルフィズムとして

---

131) 『新版心理学事典』732頁「表象心理学」の項を見よ。「赤と青のような相対立する表象相互は禁止度が大きいので，合わせても不完全表象しか作れず，極端な場合，意識の閾より下に押さえ込まれてしまう。これに対して，水流の光景とせせらぎの音のような表象相互の禁止は少なく，複合表象とか融合表象として意識することができる。閾下に抑制された表象は裏面に潜在するだけで消滅したわけではないから，対立表象が去れば閾上に再浮上することもある。」この言説はハイエクのインターモーダルな関係（モダリティー），共感覚と同じである。もとよりモダリティーはイソモルフィズムを成立させる動力である。SO, p.22. 1・6, pp.161-162. 7・48（『感覚秩序』31頁 1・6, 182-183, 7・48）を見よ。
132) 浜田栄夫『表象理論とヘルバルト』，57頁
133) SO, p.37. 2・2（『感覚秩序』47-48頁 2・2）
134) SO, p.38. 2・4（『感覚秩序』48頁 2・4）
135) Johnston, W. M. Ibid, p.77. 『ウィーン精神』117頁）言うまでもなく，個物主義は中世の唯名論に起源をもつ。
136) これらについては第5章で詳しく触れる。イソモルフィズムの起源はヒュームの一元論に求められる。その意味でウィーンにはカント哲学のみならずヒューム哲学が浸透していた。

理解される心理学である。ゲシュタルト心理学（トポロジー心理学）との相違で説明される。つまり，その理解はあくまでも空間構図を描くのではない。つまり，被写体が三次元の空間構図をもっていても，フイルムは二次元である。イソモルフィズムが位相同型を意味するとしても，被写体の立体的な構図とそれに対応するおのおのの神経が描く地図との間に同型であるかどうかは問題にならない。[137] いわば，対応するのはただ脳における平面的神経地図である。なぜ立体ではなく平面か。それはどのような異質にあっても即座に結びつく可能性の譬えである。[138]

そして，イソモルフィズムが可能なのは次節で述べる全体としての宇宙（調和や秩序）を試行のなかで見いだしてはじめて可能なのである。

8　イソモルフィズム

「ウィーン学団」のクラフトもまたそのイソモルフィズム（位相同型）というウィーンの思考方法に気付いている。それを帰納法と演繹法で述べている。それはまた試行の中で漸次進む高次の秩序（自生的秩序）との関係において述べられる。否，イソモルフィズムは漸次的に進む高次の宇宙論においてはじめて可能になると考えられるのである。ハイエクも述べていた。

> 「社会科学は『与えられた』全体を扱うことはしない。社会科学の課題は周知の要素に基づいてモデルを構築し，これによって全体を『構成』することである。」[139]

> 「われわれにできるのは多くの個人の初期変化への反応とその結果を追求することによって全体を再編成することだけである。」[140]

これが解かれねばならない。

　クラフトは述べている。

---

137) *SO*, p.39. 2・6（『感覚秩序』49頁2・6）
138) *SO*, p.38. 2・4（『感覚秩序』48頁2・4）
139) *CRS*, p.98.（『科学による反革命』73頁）
140) *CRS*, p.100.（『科学による反革命』74頁）

「経験言明を，それが従来の経験主義において支配的であったような形式で，認識の基礎として理解するのを，ポパーは『帰納主義』とみなして反論したが，こうした理解は，放棄されなければならない。この理解によれば，経験言明は論理的に端緒にあり，帰納における経験言明の秩序や関連によって経験的認識が成立し，また普遍的命題が成立する。しかし，帰納を厳密で論理的な手続きとして根拠づけることができるのは，特殊な命題から普遍的命題を演繹するための，もっとも普遍的な前提，つまり帰納の原理が与えられているときだけである。この原理は，現実についての，つまり自然の出来事の同型性についての普遍的で総合的な言明でなければならない。もちろんそのような言明をそれ自身再び帰納的に根拠づけることは，論点先取りの虚偽になるからできない。しかしまた，その場合は後で反駁されることになる端緒の普遍化によってそれ自身反駁されるから，そのような言明を公理として導入することもできない。帰納を演繹的な方法で根拠づけることができず，また一般に論理的に根拠づけることができないということは，ウィーン学団では草創期の原則的な洞察の一つであった。科学の法則が経験言明から『帰納と呼ばれる例のプロセスによって漸次的に生じ，このプロセスは，私がプロトコル命題によって刺激され，誘われて，普遍的命題（仮説）を試験的にたてることにおいて成立する』とシュリックが言うときも，彼はこのプロセスの非-論理的で単に心理学的な性格を，完全に，明晰に認識している。『帰納は方法的に管理された分割払い，あるいはその扱いが論理学とまったく無関係の心理学的生物学的プロセスにほかならない』。経験的言明の妥当は，帰納にではなく，試験的に立てられた仮説についての後からの検証に基づいている。この仮説から帰結する命題が，『後の観察命題と同じことを言明するとき，仮説から演繹された命題と矛盾する観察言明が生じない限りで，仮説は確証されたものとして妥当する』。『帰納主義』と『演繹主義』に関して，ウィーン学団では，ポパーと意見が一致していた。」(傍点引用者)[141]

クラフトが述べている言説を纏めてみよう。帰納は単純枚挙法によってやみくもに法則を見い出すことではない。それには，「自然の出来事の同型性についての普遍的で総合的な言明」という宇宙論として「もっとも普遍的な前提」としなければならない。換言すれば，帰納は普遍的命題，つまり全体論を伴っ

---

[141]　*WK*, S.119-120.（『ウィーン学団』111 頁）

たものである。すなわち「帰納の原理」でなければならない。いわば帰納には普遍（原理）が内包されている。しかし帰納すると言っても、それは演繹することに他ならない。[142] したがって、普遍性や全体論無しの帰納にも演繹にも与することはできなかった。もとより、その自然や超越論的な体系を目指すものの、宇宙の体系はわれわれには把握できない。つまり、把握できないが故に、演繹はそのプロセスに帰納（特殊な命題から普遍的命題を取り出す）を含むのであった。事実の中に宇宙の体系は見えにくいのである。われわれは有限であるが故に、帰納と演繹とは同時進行である。

　もちろん、クラフトと相違して経済学者、メンガー、ミーゼス、ハイエクそして哲学者、ポパーも宇宙論が前提であり、宇宙論が背後にある。その意味でどこまでも演繹である。（ヒューム哲学もカント哲学も自然や超越論的な体系の下で演繹することであった。）言うまでもなく、彼らがその宇宙を自然と呼ぼうが、調和、秩序そして自生的秩序と呼ぼうが、同じことである。帰納であれ、演繹であれ、宇宙という全体性を志向している。結論的に言えば、一方で、宇宙という体系、その全体的理解や認識（決して可能ではないが）の前提をもつから演繹の方法と呼んできたが、他方では、またその全体はわれわれには把握されないが故に帰納という方法もまた避けられないのである。その意味で、演繹は原理にあり、帰納は経験にある、と言える。大切なことは、ポパー（の漸次的工学）にしてもハイエク（の自生的秩序）にしても、これら両方を兼ね備えているのである。彼らはヒューム哲学とカント哲学とを補完している。要は、宇宙の全体性へのプロセスで相違するものの、全体性を共通に持ち合わせていたことがウィーンの特徴の一つである。ジョンストンは述べている。「元来、シュパン（Spann, O.）[143]は、ボヘミヤの改革派カトリシズムを培った全体論的な思想の継承者であった。ライプニッツ、ボルツァーノそしてヘルバルトの紛れもない嫡子である。マッハ、ノイラート、カール・メンガーもこの伝統の記念すべき代表者だが、シュパンもまたその一人であっ

---

142)　ポパーにとっては、この全体性の下で普遍に向かうことが演繹なのである。ポパーは述べている。「私は帰納の原理なしですますことができるという結論に達するのだ。この原理が事実としてけっして科学において用いられていないという理由からでなく、私はそれが不必要であり、われわれを助けず、むしろ矛盾をさえもたらすと考えるからである。」LSD, pp.52-53.（『科学的発見の原理（上）』63頁）を見よ。

た。」(注，かっこ内引用者)[144)]

このプロセスの性格をもう一度確認しておこう。帰納と言えども「原理が与えられているときだけである。」しかし，原理は先取りすることもできないし，すればおおかた虚偽になる。それはプロトコル命題（間主観性をともなった観察命題）でなければならない。そうなると，科学の課題は言明が命題になるためには仮説を立てねばならないのである。仮説において演繹されるのだが，仮説であるが故に帰納でもある。その仮説はあくまでも仮説であるが故に，プロセスにおいて検証されねばならないからである。仮説は反証される限り妥当性をもたず，反証がなされない限り妥当性をもつ。宇宙（調和，秩序）という体系は妥当性を与えるカギである。このプロセスはヒュームが考えていたことであり，むしろ心理学的になし得ることである[145)]。ここに心理学と哲学に若干の乖離が生じている。これについてヒュームは熟知しているかのようである[146)]。どちらかというと心理学的にプロトコルを見い出し得る。

ハイエクの心理学，『感覚秩序』に還元してみよう。「自然の出来事の同型性についての普遍的で総合的な言明」とは調和や秩序である。既述のように，帰納法は演繹をともなったものであり，演繹法は帰納をともなったものであ

---

143) Johnston, W. M. *Ibid*, p.313.（『ウィーン精神』532 頁）ジョンストンは述べている。「彼（シュパン）が提唱したのは，かってのアリストテレスやアクィナスを思わせる演繹的な方法による社会科学である。おおもとの全体は，順に，さらに下位の全体に分かれていく，とかれはいう。もとの全体は，下位の全体が目的を引き出す究極の根拠になる。社会科学は下位の全体に関する認識を経験から獲得することはできない。より高い全体から推論してこれを得る。たとえば，ある社会の経済の仕組みは，それが仕えている社会体制から演繹されなくてはならない。シュパンは，経験的な社会科学が帰納的に得た法則は認めない。それに代えて，規範を置く。あるものの役割や機能を説明するには，まずそれが何たろうとしているのか，規範面からの理解が不可欠だ，とかれはいう。機能は，目的 (telos) に従うのである。」「ある社会の経済の仕組みは，それが仕えている社会体制から演繹されなくてはならない。」という言説である。ここにナチへの協力者という烙印（たぶんに誤解）がおされる。かれの根底にはカトリック神学があった。ハイエクとの相違は明らかである。ハイエクは真の個人主義を唱えて，個人をすべて出発点としている。Johnston, W. M. *Ibid*, pp.311-315.（『ウィーン精神』529-535 頁）の「オトマル・シュパン―協調社会理論」を見よ。

144) Johnston, W. M. *Ibid*, p.314.（『ウィーン精神』534 頁）

145) *THN*,. 490.（『人性論（四）』63 頁）ヒューム述べている。「所有の安定に関する規則も人間の黙約から来る。けだし，この規則は漸次におこり，その力は徐々に，すなわち規則違背の不都合を反復して経験することによって，獲られるのである。」

146) *THN*,. 503.（『人性論（四）』81 頁）「もっとも私は気づいているが，かように次序正しく進むのは全く自然ではない。このような省察は実際には気づかれずに漸次に起こるのである。が，私はここではただ，それらの省察が一時に行われると仮定する。」

る。どちらも単独では成立しないと言うことになる。クラフトが言うように，この件に関して「ウィーン学団」とポパーは一致していた。そのことはポパーとハイエクとで一致していた。「ウィーン学団」とハイエクも一致していた。それを次のハイエクの言明に見出すことができる。

「イソモルフィズムの概念を心理学の問題に適用するときには，同型といわれる言葉，あるいは，そういわれる構造について，きわめて多くの混乱があった。三つの異なる構造があるとして，そのなかの二つをとりあげると，イソモルフィズムがあるというように，この言葉が使われてきた。そこで次のことが言える。」

「1 外的世界の物理的な秩序，あるいは，物理的刺激の秩序がある。この秩序についての知識は，もちろん，不完全なのであるが，当面の目的のために，われわれは知っているものと仮定しなければならない。」

「2 神経繊維の秩序，および，この神経繊維のなかを移動するインパルスの神経的秩序がある。この秩序は，確かに完全な物理的秩序の一部であるが，しかし，直接には知ることができず，ただ再構成することができるだけである。」

「3 精神的な秩序，あるいは，感覚（および他の精神的な質）の現象的な秩序がある。この秩序は，直接には知られているのではあるが，しかし，それについての知識がもっぱら『いかにを知る（knowing how）』だけで『そのものを知る（knowing that）』のではなく，また，この秩序を決める関係のすべてを分析によって明らかにすることはできないでいる。」（かっこ内引用者）[147]

1は外界の（物理的）秩序で，知っていると仮定する。2は神経の秩序であるが，1の物理的秩序の一部である。3は精神的秩序（現象的秩序）である。認識や判断は1と3の相違から始まる。しかし「この二つの秩序の相違が事実であるかどうかを知るには到らないであろう。…ある尺度で類似しており，類似に負うているのであるが，なお二つの秩序は，…同一と到底いえない。」[148] われわれが言うイソモルフィズムは2と3の関係，すなわち神経の秩序と現象的な秩序との関係である。3はもっぱら感覚つまり「他の精神的な質」と述べられるように社会にある現象的な秩序である。いわば経済や法そして言

---

[147] *SO*, p.39. 2・7（『感覚秩序』49-50 頁の 2・7）
[148] *SO*, p.39. 2・8（『感覚秩序』50 頁の 2・8）

語に自生的秩序があるとするならば，その自生的秩序には2と3との関係で育まねばならない。育む政策として（多分に消極的選択を通して）進むとするならば，このイソモルフィズムを通してである。秩序という全体論はイソモルフィズムを通してである。プロトコルもここに生起している。

　換言すれば，ハイエクの秩序論も全体性の中におかれてイソモルフィズムが解かれている[149]。3における，イソモルフィズムは現象的な（すなわち全体的，社会的なと言ってもよい）秩序に合わせることを意味している。漸次同型をつくり上げるということに，既存の物理的秩序（1）を基に神経秩序（2）が，現象的秩序（3）との間で学びつつ育むという構図であり，プロセスである。つまり，構図として捉えれば演繹であり，プロセスと捉えれば帰納である。そしてこの構図とプロセスを実証的立場で理解すれば，それは心理学である。ハイエクは『感覚秩序』について述べていた。「これが心理学的問題よりも哲学的問題を扱っていると思われることを，私は心配している[150]。」

　さらにハイエクは述べている。

　　「われわれが精神と呼ぶ秩序は，したがって，物理的な宇宙―われわれ自身もその一部である―の特殊な部分に行きわたっている秩序である。それは，われわれが物理的な宇宙の秩序を知るのとは異なる方法で『知る』秩序である。ここでわれわれが試みたことは，われわれの周囲に見出すことを学んできた規則性と同種のものが，原則的には，われわれの精神を構成するような秩序をも作りあげ得ることを示すことである。しかし，このような下位秩序が外界に発見してきた秩序の中に作られるということは，精神を構成する特殊な秩序が，より包括的な秩序の中にどのように位置づけられているかを，われわれが説明することができるという意味ではない。この説明をするためには，人間の精神について特殊な意味づけをして，一般的な原則を説明するためには，われわれが図式的に描いたようなモデル-対象関係の詳細な再現をする必要がある[151]。」

確かに，精神と呼ぶ秩序は物理的な宇宙の秩序とは異なる方法で知る秩序で

---

149) *SO*, p.42. 2・15（『感覚秩序』52頁の2・15）
150) *SO*, p. vii.（『感覚秩序』5頁）
151) *SO*, pp.178-179., 8・45（『感覚秩序』201頁の8・45）ハイエクは第5章「精神的秩序の構造」のθ「モデル-対象関係」を参照せよとして，p.127.（146頁）2・77からp.131.（151頁）5・91を示している。

ある[152]。いわば哲学（宇宙というより広い全体論）と心理学と間に乖離がある。しかし，ハイエクは下位の秩序からより包括的な高次の秩序が作り上げられると信じている。それはウィーンが伝統にもっていた全体論に結びつけられるから可能なのであろう。ハイエクもまたその伝統を踏襲している。もちろん，それは演繹と帰納が同時進行する世界である。その意味で，クラフトが述べたように，「『帰納主義』と『演繹主義』に関して，ウィーン学団では，ポパーと意見が一致していた。」のである。帰納主義と演繹主義は全体性において，「いかに知るか」をイソモルフィズムが契機になって，統合されている。

　イソモルフィズムは心理学で，プロトコルは言語学で確認され，全体論すなわち調和論や秩序論は哲学で展開されている。ここに乖離があることは事実である。むしろハイエクは乖離であるよりはイソモルフィズムやプロトコルを科学的な証として社会科学に援用しているのである。

---

[152] *CRS*, pp.85-86.（『科学による反革命』60 頁）も見よ。

第2章　経済と調和論との接点

「それは宇宙論という課題である：世界の構成としてわれわれの知識，およびわれわれ自身を含んでいる世界を引き受けるという課題である。」
—K. R. ポパー，『科学的発見の論理』—p.15.

1　演繹の前提に自然な調和がある

　ハイエクの自生的秩序は自然な調和[1]（や予定調和[2]）を含意していることは明らかである。モロウ（Morrow, G. R.）が述べている。「18世紀におけるほとんどすべての社会思想ならびに倫理思想は，その議論の究極的基礎を，神の法として見做されるか，あるいは，その固有な合理性ゆえにそれ自身の権利において自存的に存在するものとして見做されていた抽象的な自然的秩序の考察に置いていたのである。…経済学の歴史においては，"自然的秩序" という考えが格別重要である[3]」と。オーストリア学派経済学の創始者メンガー，そしてミーゼスやハイエクの経済学もこの自然的秩序の考察に置いていることは言うまでもない。彼らはそれをより科学的に解明しようとしたのである。それは既述の「科学的な宇宙論」と同義である。
　ハイエクはどこまでも経済学者であった。したがって，アダム・スミスがヒュームやカントと結びつけられ議論されねばならなかった，と同様にミー

---

1) この「自然」の意味は「『発明され』たり，熟慮の上で設計されたものではなく，情況の必要性に対する反応の中で進化したものを叙述するための専門用語として使った。」に従う。〔*LLL1*, p.84.（『法と立法と自由 I』111頁）を見よ。〕同時に，人間個人には理性があり，その理性は社会的に共通する（つまり批判の中に）何らかの本質を持つとする。それを契機としてその諸個人間が織りなす社会に永遠不滅の秩序の構築が可能であり演繹的に推論がなされる。
2) この語はライプニッツ（Leibniz, G. W., 1646-1716）のものである。彼に従えばモナド（単純実体）は他のモナドとの直接の影響下にはない，しかし外界の出来事には完全に適合しているとする。個体と世界の間には調和が与えられているとする。ランプニッツは背景に神を考えていた。
3) Morrow, G. R., *The Ethical and Economic Theories of Adam Smith*, New York : Longmans Green & Company, 1923, Reprinted 1969 by AUGUST M. KELLEY PUBLISHERS New York, p.16.（鈴木信雄・市岡義章訳『アダム・スミスにおける倫理と経済』33-34頁）

ゼスやハイエクも（自ら示唆し触れているように[4]）また近世の哲学者と結びつけて議論しなければならなかった。しかしながら，まことに皮肉なことに，現実は経済学という経済学ほとんどがヒューム哲学やカント哲学に近づけるどころか遠ざかるばかりであった。その結果，現代経済学のほとんどが自然科学的手法を採るばかりである。それを改めなければならない。自然な調和を生態としてもつ経済はその認識論においてもそして実践の政策においても体系的なすなわち演繹的な論法で進めなければならない。

　その演繹の論法の理由はどのようなところにあるのであろうか。ハイエクは経済という市場メカニズムに隠れた真理を次のように述べる。

　　「広範に分散した情報に基づく，この多方面にわたる社会的分業が可能となったのは，まさに，非人格的な信号，つまり，市場過程から発生し，人々に対して，かれらが直接知らない事象にかれらの活動を適合させるには，どうしたらよいかを教えてくれる信号の利用によってである[5]」

「非人格的な信号」のなせる業（ワザ）をフリードマン（Friedman, M.）もしばしば強調してきた。原材料をつくり出している生産者はその財がどのような完成品になるかを知らないで製造している[6]。しかし生産量は価格というシグナルで需要量に一致する。経済は「富を生産するゲームである。製造業者は，何某さんがそれを望んでいるかを知っているから靴を生産するのではない[7]。」つまり最も簡単なことであるが，経済には生産と需要の一致という自然調整力がある。のみならず，自然調整力の延長に自然治癒力があると考えられる。

　この自然調整力や自然治癒力の解明にあたってきたのは他ならぬヒュームやカントであり，彼らの演繹的方法に立ち入らざるを得ないのである[8]。彼らが宇宙論的に調和や秩序を探究してきたように，オーストリア経済学もまた既述のように「科学的な宇宙論」の立場にあった。その宇宙論は古くはライプニッツに述べられた予定調和である。メンガーが『経済学の方法』で述べたことは，まさにその自然な調和に気づくことであった。その立場に立って

---

4) *LLL1*, p.6.（『法と立法と自由Ⅰ』14 頁）
5) *LLL3*, p.162.（『法と立法と自由Ⅲ』225 頁）
6) Friedman, M. & R., *Free to Choose*, 1979, Chapter1（西山千明訳『選択の自由』第 1 章）を参照。
7) *LLL2*, pp.115-116.（『法と立法と自由Ⅱ』161-162 頁）

こそ，社会科学は正しい方法を獲得することができるというものである。換言すれば，その自然な調和という前提に立って原理を立てることである。すなわち，それは全体論的な演繹論である。もちろん誤解されてはならないことは，この全体論的な演繹は為政者のような個人が進めるものではなく，社会的な諸個人が推進するものだということである。国民経済が調和や秩序を含むならば，単なる既存の因果律だけではなく諸個人の自由意志が相即不離として論じられねばならない。

しかし人間は為政者を通して人為的な政策を常々重ねこの自然の力を見えなくしてきた，というのが自由主義経済学者の一致した考えである。そして，一旦人為的政策を実施してしまうともう取り返しのつかない狭隘な理性の世界に至ってしまうと危惧してきたし，これを理性の驕りとして批判してきたのは，他ならぬハイエクである。

ここに自然科学が専らとする因果律だけでは解決のつかない課題がある。

---

8) ハイエクがヒュームやカントを評価する理由は，彼らの哲学がこの世界を調和の世界と見ていることにある。結果的に彼らは演繹の前提，調和に従って当時驚異の的となっていた自然科学の普遍妥当性（因果律）を厳密に問い直す結果となった。

ヒュームは，キリスト教の神に対する義務は否定する立場である。しかしながら，近世哲学の根底にはキリスト教の影響が必ずある。つまり創造主神に対する畏敬の念はこの世界を調和の実現可能な対象として見ている。それが予定調和論であり，ライプニッツ (Leibnitz, G. W., 1646-1716) の哲学である。ライプニッツは実体観の調和，精神と物体との調和，自然と恩寵との調和，これらは創造主神がこの世界の事象を見通して創られた結果との認識である。Aiton, E. J., *Leibniz*：*A Biography*, Bristol and Boston：Adam Hilger Ltd., 1985（渡辺・原・左柳訳『ライプニッツの普遍計画』工作舎 1990 年 238 頁）を参照。

9) 全体論的演繹は全体論と誤解されがちである。しかし特定の為政者や特定の個人が進められるものではないことはハイエクが強く戒めてきたところである。この転轍機を一歩間違うとミーゼスやハイエクが最も批判した社会主義や全体主義へ転落する。これを避けるため，ハイエクは個人主義を常に個人ではなく諸個人で進める。

10) *CL*, p.261., p.305.（『自由の条件Ⅲ』15 頁，73 頁）これまでに経済学者と言われる人々は何人存在してきたか分からないが，その大半の人々は，経済学に自然科学と変わらない手法を用いてきたと言ってよいであろう。その手法とは，自然科学的つまり実証的かつ因果律に従った法則や規則の探究であった。いわゆる帰納法の単純枚挙法や三段論法的な演繹によって法則を獲得してきた。その法則に従い仮説モデルを作り直ちに実証し，計量的に検証し，蓋然性が高ければ演繹的にそれを政策として実施してきた。このような自然科学的手法に異議を唱えてきた経済学者はまことに少ない。そのような中で，この手法に猛然と反論をしてきたのはオーストリア経済学者の面々である。その創始者・メンガー，ミーゼスそしてハイエクがあげられる。また彼らとは異なる立場に立ちながらも，つまりケンブリッジ学派を代表する経済学者・ケインズ (Keynes, J. M.) もまたこの点では軌を一にする数少ない経済学者であった。その意味で，彼らは孤高の経済学者と言ってよいかもしれない。

結論を先取りすれば，個人の内面に葛藤する因果律対自由意志という哲学が長年課題としてきたところに立ち帰らざるを得ないのである。その哲学の背景を知らねばならない。決してミーゼスやハイエクは論理実証主義者ではないが，ウィーン学団の「共通の基本的見地…，それは…ほかの学問の場合と同じように，一義的な明晰さや論理的厳密性や十分な根拠づけは，哲学にとっても不可欠である。」という土壌を共有してきた。この「一義的な明晰さ」は取りも直さず調和論や宇宙論である。もちろん，因果律対自由意志という対立は調和論や宇宙論によって解かれねばならない。

　経済が把握されたわけではない。経済において分かったことは，われわれの活動は信号に基づくのであり，「非人格的信号」への適合であるということである。そこに調和や秩序がある。もちろんこのメカニズムは人間が自分の生来の願望に奉仕して社会の秩序を意識的に構築してきたのではない。つまり「人間が賢明であったために，新しいルールを採用した結果ではなかった。人間は新しいルールに服従することによって，賢明になった。」のである。課題は「本能と理性的設計の能力をつなぐ文化的進化」が問われなければならない。ここに自生的秩序と個人の靭帯が確認される。まさに経済の事象を経験することによって靭帯が係わる演繹的推論が可能であるということである。ハイエクはメンガーの思想を受け継いで，社会科学は「個人が自己の行為を

---

11) *WK*, S. 11.（『ウィーン学団』16頁）マッハのような一元論，経験主義は科学的な主観主義に反転せざるを得ない。ハイエクとマッハの相違は生得的な何かを置く前者と置かない後者である。
12) ミーゼスやハイエクとウィーン学団の溝は次の点にある。クラフトは言う。「経験言明は論理的に端初にあり，帰納における経験言明の秩序や関連によって経験的認識が成立し，また普遍的命題が成立する。しかし，帰納を厳密で論理的な手続きとして根拠づけることができるのは，特殊な命題から普遍命題を演繹するための，もっとも普遍的な大前提，つまり帰納の原理が与えられているときだけである。この原理は，現実についての，つまり自然の出来事の同型性についての普遍的で綜合的言明でなければならない。もちろんそのような言明をそれ自身再び帰納的に根拠づけることは，論点先取りの虚偽になるからできない。」しかしこの言明は自然科学を前提にしている。社会科学は諸個人によって「同型性」をつくり出していかねばならない。社会科学は社会における調和という前提（高次に秩序）を確かに帰納的に経験する。同時にその前提が要素（人間）の分析においてカテゴリーという演繹的概念を通して構築されていることを知る。高次の秩序とカテゴリーとが靭帯で結ばれている。ここに帰納のみに任せられない演繹がある。仮説は常に後の検証おいて常に繰り返し確証されねばならない，常に再吟味を常に求められるということにおいて，自然科学と社会科学とに相違はない。課題は明確である。社会科学も自然科学も人間の根本構造に返えることである。*WK*, S. 119f.（『ウィーン学団』110-111頁）を見よ。
13) *LLL3*, p.162.（『法と立法と自由Ⅲ』225頁）

理論化した結果からではなく個人を行為に導いている概念から体系的に出発する[14]」と述べてきた。そして「経済学はその推論に内在するものの力によって，すべての社会科学の中心的問題に対する解答に，他のどの社会科学よりも近づいている[15]」のである。

では，個人に課せられた靭帯とは何か。それを解くのは体系的考察であり，演繹的考察（もしくは演繹的推論，演繹的態度，演繹的方法）である[16]。カントは『判断力批判』でみごとに述べている。「演繹とは，或る種の判断の合法性を保証することである。そして演繹が是非とも必要になるのは，判断が必然性を要求する場合だけである。そこで判断が主観的普遍性，即ちすべての人の同意を要求する場合にも，演繹が必要になる[17]。」いわば，経済学はまずもって調和や秩序の下に演繹的に考察されねばならないのである。なぜなら自然な調和は，後述するように仮定されるのではなく知覚され経験されるからである。だとするならば，自然な調和はわれわれの人間社会に実現が可能であると考えられる。したがって，知覚され経験される自然な調和を分析し，その内容によって条件が整い綜合すれば自然な秩序は実現されるというものである。そして「必然性を要求する」判断とは何か，述べねばならない。

これは演繹的推論である。もちろんそれは自然科学が採ってきた帰納法や三段論法的演繹に基づく推論ではない。その演繹とはヒュームやカントが採ってきた哲学のスタンスである。とりわけカントが提起した「趣味判断」や「崇高の概念」に求められるのであり，個人と社会（組織）との間に形成される間主観的合意，規則や道徳がなければならない。カントは多くの著作を残しながら経済について一言も語らなかった，と言って過言ではない。しかしカント哲学と経済は意外にも結びつく，否結びつけねばならない。これまで結ばれてこなかったことがむしろ不自然である。

ハイエクは述べてきた，経済は社会科学の中で最もその自然な調和を知覚

---

14) *CRS*, p.64.（『科学による反革命』42頁）
15) *IEO*, p.54.（『個人主義と経済秩序』70頁）
16) これをヒューム的に見れば，「行動原理が情念と利害に奉仕するものとされる社会」，「つまり社会組織が社会のなかの人々の利害と情念の協同を前提として作られている社会の」解明である。神野慧一郎『モラル・サイエンスの形成-ヒューム哲学の基本構造-』147頁を見よ。カントはあくまでもその社会を作る，主観に内在するアプリオリな部分の解明であった。
17) *UK*, SS. 133-134.（『判断力批判（上）』209頁）

し経験しうる科学であり，課題はその方法を採る条件にあると述べてきた。その最大の条件は自由である[18]。それではどのように知覚，経験し，かつ条件としての規則や道徳が要請されるのであろうか。換言すれば，どのような体系的分析と演繹的推論が可能なのか。それには，既述のようにヒュームやカントが課題としていた自然な調和の解明とその実現という分析と総合の哲学に遡及しなければならない。

　メンガーはドイツ歴史学派が追究してきた歴史法則を批判しながらこれを展開してきた。経済学は「国民経済的」な性質をもつと同時に「一般的な本質ばかりではなく，人間の単一現象の本質も…研究しなければならない[19]。」これは因果律と自由意志の世界に置き換えられよう。いわば国民経済全体と人間個人の間に何らかの靱帯を想定している。そしてその全体と個人との靱帯は"有限な個人[20]"によって結ばれている。その靱帯が直面する演繹的推論が課題となる。メンガーは述べている。

　　「国民経済の歴史だけを理論経済学の経済的基礎とみとめるひとびとの誤謬は，全般的な自然記述…を基礎として物理学または化学の法則をでっち上げようとする物理学者または化学者，あるいは，民族誌的な叙述だけを基礎として人体の生理学をでっち上げようとする生理学者の誤謬に負けず劣らずであるように思われる。」

　　「どうして経済学は歴史だけを源泉とすることができようか？　歴史を社会科学のもっぱら経験的基礎と解釈することは明白な誤謬である。――サン・シモンとその弟子たちがすでに同じ誤謬におちいっている。コントも社会科学を本質的には歴史からの一般化の結果だと考えている。だが，かれらは，すくなくとも，歴史を人間の本質についての法則からの演繹でもって確証する必要を感じている[21]。」

経済学は因果律が支配する自然科学と同じく扱えないということである。メンガーは「理論的社会研究の特殊的・経験的方針の結果に精密的自然研究の

---

[18]　ハイエクの著作 *The Constitution of Liberty* の Constitution は条件（もしくは組織）である。
[19]　*UMS*, SS. 123-124., Anm. 41（『経済学の方法』118 頁及び 118-119 頁の注の 41）
[20]　カントはこれを「限界概念」と言った。感性においても理性においても積極的に設定するわけにはいかないと言う。*KrV*, S. 311.（『純粋理性批判（上）』333 頁）を見よ。
[21]　*UMS*, S. 123f., Anm. 41（『経済学の方法』118 頁及び 118-119 頁の注の 41）

尺度をおしあてるというまちがいを犯している。」と言う。メンガーの言う演繹的推論は自然科学が採っている帰納的推理や演繹的推理とは異なったものであると述べている。つまり演繹的推論はあくまでも調和や秩序という目的に向かって諸個人が進めるものである。

　自然科学は帰納的推論から法則を得，演繹的推論に至るのであるが，それから得られる法則は「特殊的・経験的方針の結果」であり，社会科学にはなじまない，というのである。自然科学と社会科学とを同じく扱い自然科学の法則を「精密的自然研究の尺度」に接ぎ木している。メンガーが言う「精密的」とはヒュームやカントが設定した宇宙論（調和や秩序そして自然の理法という全体性）としての演繹的推論である。いわば，メンガーが求めるものは自然科学が得る法則ではなしに高次の宇宙論的調和や秩序そして自然の理法という全体性に基づく判断や推論であり，その法則でなければならない，というのである。サン・シモンとその弟子たちは自然科学的な立場に立ち帰納法によって得られた法則が高次の調和（全体性）に至ると誤解している。現代でもそれが言える。『ソシオ・エコノミックス』を表した西部邁氏でさえ，社会科学（経済＝社会学）の方法について曖昧である。いわば，構築の哲学，演繹の哲学が理解されずじまいである。

　それに対して，「国民経済の領域」（経済）には「見えざる手」に象徴されるように，調和論や宇宙論的視点が要請されねばならない。経済において調和や秩序が直観されるのである。ケインズもまたこの直観や演繹に気づいて

22）　UMS, S. 124., Anm. 41（『経済学の方法』119 頁の注の 41）
23）　そして J. S. ミルまでも誤解しているとメンガーは言う。
24）　西部邁『ソシオ・エコノミックス-集団の経済行動-』中央公論社 1975 年を見よ。西部は言う，経済学の方法は「科学の論理は，科学は仮説された客観的な実在世界の模写であるという前提（おそらくは理性に目覚めたものの逃れられない信仰）に立つ。それに対して想像力の力は，人々が不確実な未来に企投していく場合の『ダイナミック・パターン』であり，主観世界に属する。―両者は，分析を押し進めていけば限りなく接近するだろうが，漸近線で隔てられているとでもいえよう。」（254 頁）として，二元論の克服する方途はないしている。漸近線を置く以上は別ものに扱われることになる。そして「誰も成功していない。」と見ている。西部の結論は「想像力における全体性はどのようにして獲得されるのだろうか。…著者には，とてもいまそれについて語る余裕はない。とりあえず，科学と想像力との相乗作用に期待したいと思う。全体性をめざす科学が想像力の拡散を抑制し，逆に，結晶化をめざす想像力が科学の断片化に歯止めを与える。」（256 頁）に帰着すると思われる。既述のように，18 世紀にヒュームとカントにおいて二元論を克服する論理は完了している。

いた。彼の『確率論』にもそれが表れている。ケインズとハイエクは直観や演繹において一致していたことは明らかである。ハイエクは言う。「社会科学においては，演繹的推論は直接に既知の経験的諸要素から出発し…，直接の観察が確定し得ない複雑な現象の中の規則性を発見する[27]」ことにある。経済学は「意図せざる結果」の解明をなし得るのである。換言すれば，人間がヒュームとカントが基礎におく自然な調和に従うとしたら，「見えざる手」は個人そして諸個人をして何をなし得ているのか，見せてくれることになる。

しかしながら，メンガー，ミーゼスそしてハイエクという経済学者に共通している特徴は，経済や社会的問題を哲学的背景をもちながら決して哲学を表面に出さず説いてきたところにある。難解の原因はまさにその哲学的背景の説明を付け加えてくれれば容易に理解できるところ，それを加えないところにある[28]。むしろ，それは彼らに当然理解されているという前提に立っている[29]。西洋哲学はターム一つを取り出してもギリシャ哲学にまで遡る壮大な体系と歴史の産物であることがそうさせている。経済学を専攻する者，とりわけわれわれ日本人にとっては容易ならざるところである。そしてその哲学的背景の説明が是非必要なのである。

---

25) ケインズは述べている。「私たちは，時間と空間における単なる位置が決定因として何らかの他の諸性質に影響を及ぼすことはあり得ないと判断する。そして，この信念は，どのように経験に基づいているか確かめることは難しいけれども，大変強力かつ確かなものであるように見えるから，私たちが到達する判断はおそらく直接的であると思われる。」Keynes, J. M., *The Collected Writings., Vol. VIII* (*A Treatise on Probability*) p.284.

26) ケインズは述べる。「なぜ私は彼〔ニュートン〕を魔術師と呼ぶか。それは彼が全宇宙とその中にあるものを謎として，秘密として考えていたからであって，その秘密は，ある一定の証跡，すなわち，秘教的兄弟団に一種の哲学者の宝探しを許すために神が世界のあちらこちら置いた，ある一定の神秘的な手掛かりに，純粋思惟を適用することによって読み取ることができるものである。彼の考えるところでは，これらの手掛かりは，一部は天空の証跡や元素の構造のうちに見出され（そのことが彼は実験物理学者であるという誤った示唆を与えるものとなっている），…。彼は宇宙を全能の神によって課せられた暗号と見なしていた，一あたかも彼自身，ライプニッツと通信したさいに微分法の発見を暗号文に包んだのと同じように。純粋思惟によって，精神の集中によって，秘伝を受けた者にはその謎が明らかにされるだろうと彼は信じていたのである。」（〔ニュートン〕は引用者）Keynes, J. M., *The Collected Writings., Vol. X* (*Essays in Biography*), p.366.（大野忠男訳『ケインズ全集第10巻人物評伝』483頁）したがって，多くの経済学者が引用してきたかの有名な「経済学は本質的に精神科学であって，自然科学ではない。それはつまり洞察と価値判断とを用いるということである。」は経済学が演繹論であることを深く思惟してのことである。*The Collected Writings., Vol. XIV*, pp.296-297. を見よ。伊藤邦武氏の『ケインズの哲学』にこの視点からの言及が見られないのは残念である。伊藤邦武『ケインズの哲学』113-129頁を見よ。

27) *IEO*, p.126.（『個人主義と経済秩序』172頁）

その前に自然な調和の意識をメンガーに見ておこう。そのことによって，演繹を支えるのは諸個人であり，個人の主体的思惟の内部に入らねばならないことがわかる。

2 調和の立役者は個人と諸個人

カントの『判断力批判』がわれわれにとって必要なのは，その美的判断力や崇高の概念が経済の「見えざる手」として調和や秩序に通じるものをもっているからである。美的判断力そして崇高の概念は主観でありながら他者との係わりから調和や秩序という普遍性をもつからである。そこに靭帯が内在されている。メンガーの『経済学の方法』は，調和（秩序）に導かれる個人に何らかの普遍的な靭帯があると見て，その解明に向けられたのである。メンガーはその決意を述べている。「こうした考えの実現は前途遼遠だとしても，──この大きな目標の達成に通じる道はほかにまったくないのである。」それはどんな困難を伴うともやり遂げねばならない。それが要素の分析を含め

---

28) 同時にハイエクほど幅広く具体的問題を扱ってきた経済学者は他にはいないのではなかろうか。その視野の広さは哲学を背景にすることのできる者の特権であろう。それだけに難解な点は多岐に渡り，理解をさらに離してきたように思われる。ハイエクを読む者にとっては誤解や分からずじまいに終始してきた点が多いと思われるが，そのような理由からであろう，私の知る限り，多くのハイエク研究者が挫折もしくは放棄を余儀なくされてきたし，誤解してきた。理解したとしても，単に新自由主義やリバタリアン（libertarian）で，完全自由主義者や自由至上主義者に留めるものであった。CL, p.408.（『自由の条件Ⅲ』206 頁）を見よ。これはハイエクが主張する経済学の真の意味を理解していない現れである。ハイエクの背景にあるヒュームとカントの哲学を考えれば単なる自由主義者とは言えない。
29) しかし，だからと言って欧米の経済学者がそのような哲学を既知としていたかというとそうではない。ハイエクをロンドン大学に招聘したロビンズ（Robins, C. L.）は最後までミーゼスのプラクシオロジー（praxeology）を十分理解できなかった。またハイエクもそれに気づいていた。NPP, p.90. note21（『新研究』）を見よ。
30) ここで述べられている，調和の実現に「最高善として讃えた隣人愛とシュティフターが言う『おだやかな法則（das sante Gesetz）』との間には共通点」とは，ハイエクのカタラクシー（「交換する」のみならず「敵から味方に変わること」）に通じる。この信仰の「隣人愛」は諸個人を結びつける絆であり，換言すれば調和（秩序）と個人を結びつける靭帯になるであろう。ハイエクにも神学的かつ形而上学的気風が感じられないでもない。LLL2, pp.108.（『法と立法と自由Ⅱ』152 頁）を見よ。
31) UMS, S. 44.（『経済学の方法』52 頁）

るがゆえに「精密的方針」であり,「精密的経済学[32]」であった。その「精密的方針」を確立することが経済学の課題であった[33]。メンガーは言う。

　「これら（市場価格，賃金，利子率）の現象もまた，通例，社会的・目的論的な作用の結果ではなくて，経済主体の個人的利益を追求する，無数の努力の意図されない合成果であって，したがってその理論的理解，その本質とその働きの理論的理解もまた，…社会形象のそれと同じやり方ではじめて，すなわち，それらをその要素に，それらを生む個別的要因に，還元し，そして，ここに問題となっている，人間経済の複雑な現象がこうした，その要素から組成される法則を研究することによってはじめて，精密的にこれを獲得することができる[34]。」

明らかなように，社会は個々人の構成からなるものであるが，その社会の現象は個人の意図したものではない。すなわち，その本質は,「意図せざる結果」は個人から乖離されたものでありながら，何らかの個別的要因，要素（個人）に還元してはじめて解けるに違いない。ここに何らかの靱帯が必ずや存在する。スミスが「体系の人[35]」として述べたことに通じる。体系（原理）はあくまでも諸個人が作るのであって，個人が作るものではない。スミスが「公共精神がまったく人間愛と慈愛によって促進されている人は，既成の諸権力と諸特権を，個々人のものであっても尊重する[36]」と言うのも，体系が諸慣行によって調整され匡正されるからである。このスミスの見解は，ハイエクが「個人が自己の行為を理論化した結果からではなく個人を行為に導いている概念から体系的に出発するというのが，かの方法論的個人主義に特有な特徴なのであって，それは社会科学の主観主義と密接に結びついているのである[37]。」と述べたことと同じである。ミーゼスもまた述べていた。「個人の行為以外

---

32) *UMS*, S. 49f.（『経済学の方法』56-65 頁）
33) *UMS*, S. 38f.（『経済学の方法』47 頁）
34) *UMS*, S. 182f.（『経済学の方法』167 頁）
35) Smith, A., *The Theory of Moral Sentiments*, 6th edition, vol. 2. p.110.（水田洋訳『道徳感情論』468 頁）スミスは次のような譬えで言っている。「かれ（体系の人）は，自分が，ひとつの大きな社会のさまざま成員を，手がチェス盤のうえのさまざまな駒を手が配置するのとおなじく容易に，配置できると想像しているように思われる。」（かっこ内引用者）
36) Smith, A. *Ibid.*, p.110.（水田洋訳『道徳感情論』467 頁）
37) *CRS*, p.64.（『科学による反革命』42 頁）このオーストリア経済学の個人還元主義をケインズが批判した新古典派経済学に登場する経済人と理解してはならないことは既に述べてきた。

に，社会の実体はない。…国家の構成員を認識することなく国家を認識できた者はだれ一人いない[38]」という立場に立ち，「人間行為学は（したがって経済学もまた）演繹的体系である[39]」と。あらためて演繹的体系に組み込まれる個人が確認され課題となる。経済学とは「精密的経済学」であって「意図せざる結果」に個人が組み込まれる体系（原理）に焦点が当てられる。

これには既に解決済みの「アダム・スミス問題[40]」を述べておく必要がある。「アダム・スミス問題」とは，ドイツ歴史学派の一人クニース（Knies, K. G. A.）が指摘したように『国富論』にある利己心と『道徳感情論』にある同感（利他心）とは所詮異質なもので矛盾するものであると。しかし既にスミスが『道徳感情論』のなかで述べたように，人間の行為は利己心によって動機づけられているものの，人間の同感は幅広く，第三者の同感が得られるかどうかを推測しつつ，自己の行為を規制するのである。しかも，利己心が無ければすべての行為は始まらない。利己心は社会に向け人間の意思や行為に端緒を開くものである。いわば，同感の概念は利己心を含む行為一般の判断を助けるものである[41]。もちろん自生的秩序にあるハイエクにとっても解決済みである[42]。モロウ（Morrow, G. R.）も述べている。「倫理と経済理論との間には根本的対立が存在するという非難は，まったく不当なものであることは明らかである[43]。」確かに同感は道徳を含み間主観の立場にある第三者的感情である。ハイエクは「経済学者の関心は，社会の非人格的な過程にある[44]。」として，彼岸を此岸に見出していたし，逆に政治学者・アーレントは此岸に埋めるべく

---

38) *HA*, p.43.（『ヒューマン・アクション』66頁）

39) *HA*, p.68.（『ヒューマン・アクション』91頁）ミーゼスは人間行為学をプラクシオロジー（praxeology）という語を用いている。

40) 「アダム・スミス問題」はドイツの経済学者・オンケン（Oncken, A. 1844-1911）によって提示された問題である。Morrow, G. R. *Ibid*., p.6.（『アダム・スミスにおける倫理と経済』17頁）

41) Smith, A. *Ibid*., p.386.（『道徳感情論』503頁）スミスは述べている。「自己規制の諸徳性は，たいていのばあいに，主として，ほとんどまったく，ひとつの原理によって，すなわち適宜性の感覚によって，想定された中立的な観察者の諸感情への顧慮によって，われわれにたいして勧告される。……他の人びとの感情がどうであるか，あるいはどうであるべきか，あるいは一定の条件のもとでどうであろうかということへの顧慮が，たいていのばあいに，それらすべての反逆的な騒乱的な情念を威圧して，中立的な観察者がついていくことができ同感することができるような，調子と度合いにする，唯一の原理である。」

42) ハイエクが「アダム・スミス問題」を意識して書いているところは『法と立法と自由Ⅰ』「諸原理と便宜主義」の冒頭である。*LLL*, pp.55-56.（『法と立法と自由Ⅰ』74頁）を見よ。

43) Morrow, G. R., *Ibid*., p.8.（『アダム・スミスにおける倫理と経済』20頁）

「裂け目（gaps）[45]」を見出していた。

　ハイエクもスミスと同様の認識を得ていた。「個人が自己の行為を理論化した結果からではなく個人を行為に導いている概念から体系的に出発する」のである。そして「社会の自生的秩序は個人と組織でつくられる[46]」と述べてきたし、「自生的秩序は、みずからに作用する様々な諸要因の全てをバランスさせる各要素から生じるのであり、いろいろな行為全てを互いに調整することによって、つまり行為の一部が異なる知識にもとづいて異なる目的に資するように別の主体によって決められるとするならばこわれてしまうバランスによって、生まれるのである[47]。」諸個人の活動、利害は違っていてもよい。まさに「原理とは相対立する諸目的間の衝突を防止する手段なのであって、一連の固定された目標ではないのである[48]。」調和を希求する諸個人はまさに「法と自由は相手なしには存在しえなかったのである[49]。」ばらばらな目的に基づく人間行為が不思議にも調和や秩序をつくりだしているというものである。

　確かに、法と自由があるところにはコスモスが展開される。ハイエクは言う。「コスモスはそのコスモスが含む諸要素行為を規制することからもたらされるであろう。その意味で、それは内在的かつ生得的もしくは、サイバネティッシャン（cyberneticians）が言うように'自己規制'もしくは'自己組織'システムなのである[50]。」

　こうしてハイエクはカタラクシーを提示する。

---

44)　*CL*, p.4.（『自由の条件Ⅰ』11頁）、その他 *CRS*, p.161.（『科学による反革命』128頁）、*IEO*, p.8.（『個人主義と経済秩序』12頁）を見よ。
45)　*BPF*, p.13.（『過去と未来の間』14頁）アーレントはユダヤ人実存哲学者・カフカ（Kafka, F. 1883-1924）の文章を引用して、この非人格の世界の「人間を『彼』と呼び『誰かある人』としていない」と。「裂け目」は精神の領域であり、「歴史の時間や個人の生の時間にもち込んでも、無意味である。こうした時間には裂け目が生じないからである。」ではどうすればよいか、「思考の活動様式は死すべき人間が住まう時間の空間のなかにこの非時間の小径を踏み固める。そして思考の歩み、つまり想起と予期の歩みは、触れるものすべてをこの非時間の小径に保存することで、歴史の時間と個人の生の時間による破壊から救うのである。」それはハイエクの非人格の世界であり、スミスの同感の世界である。
46)　*LLL1*, p.46.（『法と立法と自由Ⅰ』62頁）
47)　*LLL1*, p.51.（『法と立法と自由Ⅰ』68頁）
48)　*IEO*, p.19.（『個人主義と経済秩序』23頁）
49)　*LLL1*, p.69.（『法と立法と自由Ⅰ』52頁）
50)　*NPP*, p.74.

「市場秩序を扱う科学のために提案されたことが相当昔にあったし、またその後に復活されたこともあったから、市場秩序自身についての対応する用語を採用するのが適当であるように思う。catallastics という用語は、『交換する』だけではなく『コミュニティーに入れること』とが『敵から味方に変わること』をも意味した…。われわれは、市場における多数の個別経済の相互調整によってもたらされる秩序を叙述するために、英語 *catallaxy* を作ることができる。[51]」

「コミュニティーに入れること」とが「敵から味方に変わること」で大まかに意味は理解される。しかし、なぜ「コミュニティーに入れること」や「敵から味方に変わること」ができるのであろうか。これだけでは概念的で十分ではない。市場秩序を分析しなければならない。

これらのハイエクの叙述には自ら述べていたようにヒューム、とりわけカントの『判断力批判』に学ばねばならない。彼らは人間を分析してきた哲学者、エキスパートであるからである。要素としての靱帯は何を構成し得るか。それは個人全てに内在されている何かである。メンガーが主張してきたように「精密的方法」であり、それに内在している「精密的法則」を求めねばならない。換言すれば演繹的推論から得られる法則である。結論を先取りすれば、それは一度経験するだけで十分であるという強い確信である。調和(秩序)という概念に個人が組み込まれる演繹的な原理は、条件さえ整えば高い確率で保証されるからである。ここにヒュームやカントが開いてきた方法を辿らねばならない理由がある。

3 自然法則

メンガーの経済学の背景に潜む哲学は強力な演繹の哲学である。その背景にヒューム哲学があると言ってもよく、またカント哲学があると言ってもよい。それは国民経済に「自然法則(Naturgesetz)」として思考されている。もちろん、その「自然法則」とは自然科学の法則のみならず、社会科学の法則

---

51) *LLL2*, p.108.(『法と立法と自由Ⅱ』152 頁)

をも包むものである[52]。つまり，演繹的な論法に「自然法則」として科学の方法を確認することができる，というものである。

メンガーは述べている。国民経済（経済学）は「一般に『自然法則』とよばれているが，『精密的法則』とよんだほうが正しいだろう現象の法則を確立すること[53]」にあると。そして，その「国民経済の領域での研究活動の性質」は明確だと言い，次のよう述べている。

「一般に可能な限り，経験によって確認されるばかりではなく，まさにわれわれの思考法則によって疑いの余地なく確認されており，したがって理論的研究の精密的方針にとってもっとも基礎的な意義をもっている，理論的真理にたいするただ一つの認識原則は，ただ一回だけでも観察されたことは，厳密に同じ事実的条件のもとでは，絶えず繰り返し現象とならなければならない，という命題，または本質上同じことだが，一定種類の厳密に定型的現象が，しかもわれわれの思考法則からしてまさに必然的に，継起しなければならない，という命題である。……この原則は現象の本質（Wesen）についてばかりではなく，程度（Masse）についてもあてはまるのであって，経験はこの原則の例外を決して与えないばかりではなく，批判的な悟性には例外といったものはむしろまったく考えることのできないものとさえ思われるのである。」

「理論的研究の精密的方針にとって同じくはなはだ重要な，もう一つの認識

---

52) *UMS*, S. 260. Anm. 145)（『経済学の方法』241頁，注の145））を見よ。メンガーは述べている。「精密的自然研究は，その基本的性格上，社会現象の領域での精密的研究と相似のものである。」「人間活動の現象の領域での精密的研究が行為主体の一定の意志の方向という仮定から出発するということは精密的社会科学の一つの特徴ではあるが，けっして精密的自然研究と精密的社会研究との本質的なちがいを基礎づけるものではない。というのも，精密的自然研究もまた精密的社会科学と形式的な相似を示す前提から出発するからである。」

53) メンガーは注でいわゆる「自然科学の法則（経験的法則）」と「演繹に基づく体系的原理（精密的法則）」に基づく自然法則とを区別して次のように述べている。「認識論的研究で慣用されている『経験的法則』および『自然法則』という言葉はけっして正確に理論的研究の現実主義的方針の結果と精密的方針の結果との対立をいい表していない。自然現象の領域でも（たとえば有機界，気象などの領域では）現実主義的研究方針はたんに『経験的法則』に到達するにすぎない。そこで『経験的法則』にすぎず，したがってけっして上記の専門用語としての意味での『自然法則』ではない自然法則（本来の語義での）がある。他方，現象界の他の領域でも（たんに自然現象の領域でばかりではなく），厳密な法則，すなわちふたたび自然法則（自然現象の法則 Gesetze der Naturersheinungen）ではない『自然法則』（Naturgesetz）に到達することができる。ここで問題になっている対立は，現象の『経験的』法則と『精密的』法則という言葉でもってはるかに正確に表現される。理論経済学の法則は実際上けっして本来の語義での自然法則ではない。その法則はむしろ倫理的世界の経験的法則であるか，または精密的法則であるか，のどちらかであるほかはない。」*UMS*, S. 38.（『経済学の方法』47頁）を見よ。

原則—すなわち，或る現象継起についてただの一回だけでも重要でないと認識された事情は，厳密に同じ事実的条件のもとでは，同じ成果について，いつも，また必然的に，重要でないことが証明されるだろうという命題—は上記の命題の相関命題（ein Correlat）にすぎない。」[54]（かっこ内引用者）

最初の部分と改行の部分とは同じこと，相関命題とは後者は前者の裏返しのことである。これは前者を強調するために述べられたものである。一回の重要な経験を採り上げる，と同時に一回の重要でない経験は採り上げないというものである。その一回だけの経験を採り上げるという意味合いはヒュームやカントが強調してきたところである。その出所は，ヒュームでは「一度で十分の原理」[55]，カントでは「唯一の可能な経験」[56]に求められよう。メンガーは彼らの哲学を意識してこのような記述に至ったのではなかろうか。まずその前に厳密な科学性を述べておこう。

メンガーは経験主義に立ちながらも演繹の立場に立っていることは既述の通りである[57]。それは，認識原則としてメンガーは帰納法によって法則を求めるというよりも，「定型現象」の確立にあり，大切なことはその条件（「厳密

---

[54] *UMS*, S. 40.（『経済学の方法』48頁）これと同様な叙述をヒュームの『人間本性論』に発見する。比較のために，ヒュームの自然の斉一性の原理に関する部分をあげてみる。ヒュームは言う。「経験されなかった事例は，経験された事例に必ず類似し，自然の歩みは常に一様に同じであり続ける」として，原理を明らかにしようとする。さらに「われわれは，或る対象から一度帰結することを観察したものは，その対象から常に帰結するであろうと結論する。」（*THN*, p.131.『人間本性論』159頁）その原理は自然の斉一性であり，自然な調和や秩序を含意している。その原理の解明が課題である。これはカントが神を背景に因果律を解明しようとしたのと同様である。なお自然の斉一性の原理を「一度で十分の原理」と言い換えたのは木曾好能氏である。（木曾好能『人間本性論の解説』523頁を見よ。）この「一度で十分の原理」は調和や秩序の解明であることは明らかである。
ヒュームの文章とメンガーの文章との酷似に誰もが気づくであろう。表面を見る限り，メンガーがヒューム哲学の生まれ変わりと言えるほどである。ヒュームの言説がそのまま受け入れられているように見える。

[55] 木曾好能（訳『人間本性論』に所収）『解説』513頁「一度で十分の原理（一度の経験から因果律を判定できる）」と主張したのは木曾好能である。

[56] *KrV*, S. 185., S. 610.（『純粋理性批判（上）』222頁，『純粋理性批判（中）』250頁）*KU*, S. XLVIf.（『判断力批判（上）』56-57頁）

[57] Johnston, W. M. *Ibid*, p.77.（『ウィーン精神』117頁）メンガーは二つの立場を持ち合わせていた。「世界観には二つのタイプがある…それを個別主義（個物主義）と普遍主義と呼んだ。そしてこの二つの世界観の起源を中世初期に求め，その後の推移をアダム・スミスまでたどっている。個別主義は，中世の唯名論から出た考え方であり，啓蒙主義に似て経験的理性を重視する。」（かっこ内筆者）メンガーはこの間にあった。

3 自然法則　　63

に同じ事実的条件」)にあるとしていることである。焦点はこの条件にある。それが解かれねばならない。われわれが科学で求めることは単純枚挙や三段論法によって，すなわち目的や目標のないところで法則を得ることは決してない。ポパーがいみじくも述べたように，「科学は…観察もしくは『与件の捕集』から出発する，といったものではありえない。われわれが与件（データ）を捕集する前に，ある種の与件へのわれわれの関心が喚起されねばならないのである。問題というものが，まっ先にやってくる。」（かっこ内引用者）ハイエクも同様に言う。「疑問は，われわれがその出来事に関する何らかの暫定的な仮説または理論を形成していることを前提にするのである。」もちろん，自然科学でさえ疑問や課題無しに探求が進められるものではない。ましてや，社会科学においてはまずはじめに課題や疑問そして目的が前提されることは当然である。そのことを考えるならば，科学は必ずある仮説やモデルをもって臨んでいる。ポパーが，科学はすべて演繹であるという理由がここにある。いわば，前提となる仮説（概念）の無い方法をとることはない。もとより，その仮説の検証はなされる。その検証が帰納法であると言えなくもない。しかし，仮説（モデルや概念）をもって臨んでいるということは，個々の特殊をある普遍（あるいは目的）へ包摂させているのである。それは演繹である。この意味で自然科学も社会科学も同じ立場に立つ。メンガーもこれに気づいていた（前掲注の 52)を見よ)。

　ヒュームの「一度で十分の原理」から見てみよう。科学はまずその仮説やモデルといった条件や素材を整えることに注意が注がれる。メンガーの主張

---

58) *PH*, p.121.（『歴史主義の貧困』184 頁），*LSD*, p.59. note1（『科学的論理の発見（上）』70 頁　注の 1) でも，ポパーは述べている，「観察はつねに理論の光に照らされた観察ということ…,」
59) *PPE*, p.22.（『特集＝ハイエク』に所収，杉田秀一訳「複雑現象の理論」122 頁）
60) *LSD*, pp.52-53.（『科学的発見の論理（上）』63 頁）
61) では自然科学と社会科学との根本的相違はどこにあるのであろうか。それは対象の相違，制約の違いにある。社会科学はその対象に人間の意思，心理そして倫理が挙げられる。まさに制約は人間自らに課せられる。それは社会すなわち一元論の世界である。これに対して，自然科学は自然の物質が対象である。制約は対象の素材に求められる。その意味で二元論である。しかし応用の面では即一元論の世界に入らねばならず，哲学や社会科学と同様である。したがって医学は対象が物質であっても人間の心に深く関わるから一元論の世界に入りやすい。医学はより深刻に心理学や哲学に関わり続けると言えよう。いわば，科学は全体論，秩序論として演繹もしくは一元論の世界にあることに何の相違もない。

もそのことを語っていたのである。「厳密に同じ事実的条件」の下ならば，斉一性は間違いなく成立する。換言すれば，科学はその条件の設定に向けられねばならない。この斉一性は因果律を呼び込むことではない。それは調和や秩序が実現可能な一元論の世界である。いわば，自然科学には見られない，斉一性の原理は一度経験するだけで可能である。メンガーはヒュームにならって調和や秩序，一元論の世界を斉一性の原理をもって表現したのである。これを「一度で十分の原理」と呼ぶことにする。斉一性はおかれた条件がもっぱら問題となることを示している。いわば，個人が担う，条件に議論が移される。ヒュームの叙述を取り上げ確認しておこう。

ヒュームは『人間本性論』の第3部の12節「原因に基づく蓋然性（確率）について」で，「第二種の蓋然性（the second species of probability）[62]」に多くの頁を割いている。ヒュームは「第二種の蓋然性」から「第二種第二の蓋然的推論」を抽出する。

ヒュームにおいて，この「自然法則」（「一般的原則（general maxim）もしくは一般的規則（general rule）[63]」として語られる），すなわち「一般的原則」に出会えないのは「十分な数の実験が欠けているからではなくて，われわれがしばしば〔当の事例とは〕逆の事例に出会うからである。このことは，われわれの経験と観察のうちに反対が認められるところの，第二種の蓋然性へと，われわれを導く[64]」と。換言すれば，条件が整わねば逆の事例に出会うのである。メンガーが示した「相関命題」を思い起こす。ヒュームは「この原理は，この種類の推論（第二種のすなわち反対の諸現象からの蓋然的推論）においてもっとも普通に精神に影響を及ぼす原理ではないことが，分かるであろう[65]」と述べて，この「第二種の蓋然性」を二つに分け「第二種第二の蓋然的推論」を解く。その「第二種第二の蓋然的推論」とは「われわれは普通，過去の事象の反対性を，意識的に考慮する」とし，第一の蓋然性が習慣を考慮したの

---

62) *THN*, pp.1301-142.（『人間本性論』158-170頁）
63) *THN*, p.98.（『人間本性論』122-123頁）神野慧一郎『ヒューム研究』78頁を見よ。maximとruleとの相違は前者が行為の原則を意味するからruleよりも内面的秩序を意味する。もちろんヒュームはこれらを使い分けている。
64) *THN*, p.131.（『人間本性論』159頁）
65) *THN*, p.133.（『人間本性論』161頁）

に対して,「第二種第二の蓋然的推論」,すなわち「習慣から,直接生じるのではなく,間接的な仕方で生じる。」と言う。では,この「間接的な仕方で生じる」とは何か。ヒュームはこの部分を次のように説明する。

　　「或る対象がたがいに反対の結果を伴っているときには,われわれが,結果を過去の経験によってのみ判断し,その対象に後続することを観察したことのある結果を,可能な(あり得る)ものと常に見なすということは,明らかである。過去の経験は,〔このように〕これらの結果の可能性(あり得ること)についてのわれわれの判断を規制するばかりでなく,それらの結果の蓋然性(ありそうなこと)についてのわれわれの判断をも規制するのであり,われわれは,もっともよく起こった結果を,もっともありそうであると,常に見なすのである。してみるとここには,考察さるべき二つのことがあることになる。すなわち,過去を未来の基準とするようにわれわれをして決定する理由と,われわれがたがいに反対の過去の事象から単一の判断を抽出する仕方とである。」(傍点引用者)

ヒュームは判断の「規制」をもって,つまりあるべきもの(言うまでもなく,秩序や調和の世界)を求めて臨んでいる。それは過去を未来の基準とすることであり,それには完全無欠な「想像力」を働かすと。それは選択の裏返し棄却すべきものを棄却することによって,抽出するという仕方である。それを反証や間接証明と言ってもよい。それは慣習ではなく「間接的な仕方で生じる」のである。もとより,この「間接な仕方」は人間主体へ,いわばカント哲学へ余地を残すことになる。

　だが,この「間接な仕方」もまた習慣の中におかれる。ヒュームは言う。

　　「ただ一度のこの種の実験ののちに,精神は,原因または結果のいずれかが現れれば,それの相関物(結果または原因)の存在について推理することができるのであり,習慣(habit)はただ一つの事例からはけっして獲得できないのであるから,信念は,この場合,習慣(custom)の結果とは見なされ得ない,と思われるかもしれない。しかしながら,この困難は,われわれが,ここでは

---

66) *THN*, p.133.(『人間本性論』161 頁)
67) *THN*, p.133.(『人間本性論』161 頁)
68) *THN*, p.134.(『人間本性論』162 頁)

特定の結果のただ一度の実験しかもっていなかったと仮定されるが，『似た対象は似た条件のもとでは常に似た結果を生み出す』という原理を確信させる無数の実験をもっているということ，そして，この原理が，十分な習慣によって確立されている[69]…。」

「似た対象は似た条件のもとでは常に似た結果を生み出す」とは，われわれが条件を整えることを含む。科学における蓋然性は無目的に生じているわけではない。条件としての仮設やモデルがなければ始まらないのである。科学はわれわれが課題や疑問を持って始まる。科学の「原理」は常に「似た対象は似た条件のもとでは常に似た結果を生み出す」という条件設定のなかにある。ここに「一度で十分の原理」の根拠が述べられている。それは，既述のようにメンガーに継承されていた。換言すれば，条件としての仮設やモデルの設定は人間主体におかれるということである。

科学は経験に頼っている。しかし，やみくもに経験する科学はあり得ない。科学は自然な対象を経験するなかに，目的や目標を伴って生起する。その目的はわれわれがつくる仮設やモデルである。蓋然性が高い，低いは二次的なものである。むしろ，注意が注がれるのは究極の「単一の判断」，つまり調和や秩序としての蓋然性である。この「単一の判断」に「オッカムの剃刀」を想像するのは，筆者だけではない筈である。

蓋然性の低さはもっぱら条件の貧弱さ，すなわち仮設やモデルの不充分さにあるとしている。ポパーやハイエクが主張したことは，科学はまず条件である仮設やモデルの問題であり，それが先行する。言葉を換えれば，科学は仮設やモデルを厳密に用意するところに，より確かに成立する。しかし，そのことは当然のこととして，仮設やモデルが先行しかつ用意されるものの，原理や体系はその仮設やモデルの構築のなかにある。人間科学，社会科学は，原理は仮設と共にあり，仮設は原理と共にある。この点に関して，自然科学に比して社会科学は意を強くする。

いわば蓋然性の高さのカギはわれわれの側にある（カント哲学の「コペルニクス的転回」により確かな途が開かれる）。前述のメンガーの議論はまさにヒュー

---

69)　*THN*, p.105.（『人間本性論』130 頁）

3 自然法則

ムの議論と一致する[70]。言うまでもなく，メンガーはこのヒュームの文章を援用したと言えるであろう。

ここで確認できたことは，メンガーは演繹を「一度で十分の原理」として表したこと，さらにその演繹を支えるのはあくまでも人間主体であり，個人の主観の構造の分析にならざるを得ない。それは個人であると同時にあくまでも諸個人の主観に共通するものでなくてはならない。それだけに自然法則とは1節で記述した「必然性を要求する」判断でなければならない。

ここでもう一つの出所，カントの「唯一の可能な経験」が語られねばならない。メンガーの「定型的現象」は「唯一の可能な経験」をも含意している。というよりも，ヒュームの「一度で十分の原理」はカントの「唯一の可能な経験」に置き換えられる。カントは『純粋理性批判』で言う。

> 「一切の知覚が法則に従って完全な連関をなすのは，一つの経験においてのみ可能である。そしてそれは，現象の一切の形式と存在あるいは非存在の一切の関係とが，一つの空間および時間においてのみ可能であるのとまったく同様である。種々な経験というのは，それと同じ数だけの知覚——これらの知覚が同一の全般的経験に属する限りにおいて，——ということにほかならない。つまり知覚の全般的な綜合的統一が，取りも直さず経験の形式なのである，そしてまたこの経験の形式は，概念に従うところの現象の綜合的統一にほかならない。」[71]
> （傍点引用者）

カントにおいて，可能的経験（唯一の可能な経験）とは「可能な経験」との厳密な区別において見られる[72]。もとより，後者「可能な経験」にアプリオリな

---

70) ヒュームは言う。「どれほど進んだ知識のある人々でも，多くの個別的な事象の不完全な経験しか獲得していないということは，もっとも普通のことである。そしてこの不完全な経験は，当然，ただ不完全な習慣と移行とを生み出すだけである。しかしながら，その際考えるべきことは，精神が，原因と結果の結合について，それとは別の観察（「『似た対象は似た条件のもとでは常に似た結果を生み出す』という原理を確信させる無数の実験をもっているということ）を得ていて，この観察に基づいて，推論に新たな力を加え，このことによって，実験がしかるべく準備され吟味されたものである場合には，単一の実験に基づいて議論を組み立てることができる，ということである。われわれは，或る対象から一度帰結することを観察したものは，その対象から常に帰結するであろうと結論する。」（かっこ内は木曾氏の訳者注同訳書348頁の1・3・12の1）を引用した。THN, p.131.（木曾好能訳『人間本性論』158-159頁）

71) KrV, S. A110.（『純粋理性批判（下）』158頁）

72) これについては『カント事典』所収，513-514頁，福谷茂「唯一可能な経験」の項目を参考のこと。

直観の形式やカテゴリーといった制約の下にあることは言うまでもない。これに対して，前者は唯一（eine）を付けることによって制約に強調が付けられることとなる[73]。いわば，この個所は前述のヒュームが述べていた個所，条件さえ満たされれば「特定の結果のただ一度の実験（経験）…『似た対象は似た条件のもとでは常に似た結果を生み出す』という原理を確信させる無数の実験（経験）をもっている。」（かっこ内引用者）と同義であろう。それが『判断力批判』において展開される[74]。これについては，第4章「カント哲学とハイエク」8節「反省的判断力と唯一の可能な経験」において，あらためて述べることとする。

かくして，メンガーの「定型的現象」にはヒュームの「一度で十分の原理」そしてカントの「唯一の可能な経験」が含意されていたということができよう。そして，メンガーの叙述，自然法則を得るにあたっての「原則は現象の本質についてばかりではなく，程度にもあてはまるのであって，経験はこの原則の例外をけっして与えないばかりではなく，批判的な悟性には例外といったものはむしろまったく考えることのできないものとさえ思われるのである。」も理解されよう。すなわち，「本質」という表現は人間が科学する態度，すなわち仮説や概念をもって臨むこと，そしてそれには人間に課せられた制約，条件があることを指しているのではなかろうか。さらに，「程度」という表現は似た条件下での無数の経験を指しているのではなかろうか。メンガーが，人間の意志や行為における制約を二人の視点で見ていたのではなかろうか。

言うまでもなく，このようなメンガーが受け入れていた哲学（「一度で十分の原理」もしくは「唯一の可能な経験」）はハイエクにも踏襲されている。それを見てみよう。ハイエクは言う。

> 「科学の進歩は，二つの方向に進まねばならないだろう。われわれの理論をできるだけ反証可能にするようにするのは確かに望ましいことである。同時にわれわれは，前進するにつれて，反証可能性の程度が必然的に低下するような

---

73) *KrV*, S. A101f.（『純粋理性批判（下）』158-159頁）
74) *KU*, S. XLVIf.（『判断力批判（上）』56-57頁）カントは全体性に向け「唯一の可能な経験」に反省を入れる。こうして無限の反省が開かれる。
75) *PPE*, p.29.（「複雑現象の理論」126頁）

領域にも進まねばならない。」[75]

　自然法則を得るにあたって，原則的に反証するという方法は続くであろう，しかし条件（制約）さえ整えられれば反証への機会は少なくて進むのではないか。それは「一度で十分の原理」もしくは「唯一の可能な経験」の可能性を見ていたのではなかろうか。

　ハイエクはヒュームの文章を採り上げて述べている。

> 「正義の規則が生じるのと同じ仕方で『言語は約束なしに，人間の慣習（convention）によって次第に確立される。同じようにして金銀は交換の共通尺度となる』とヒュームは指摘する。…人びとがこのような制度を採用したのはその効用を予見したからだといわんがために，ヒュームは証明された効用を強調しているのだ，との印象を与えないように，…効用に言及するときはつねに『実際には，知らず識らずのうちに，また漸次的に生じているのだけれども，こうした効用の認識はいちどに（at once）形成されるものと想定するだけである』ことを強調している。」[76]（傍点およびかっこ内引用者）

　ヒュームは効用は人々に漸次起こるものであっても「意識的につくり出したものではない」[77]ことを強調する。ハイエクはヒュームに従って，それは「いちどに形成される」と捉えることに価値からの自由を見ている。確かに，社会科学の場合自然科学とは異なり，仮説やモデルを構築するのは科学者（経済学者）ではなく市民それぞれであり，その市民が仮説やモデルを社会的効用として気づくのである[78]。しかしこのように考えるのは「まったく自然ではない」[79]，「いちどに形成される」のである，と敢えてヒュームは言う。この点についてカントの詳細な言説がわれわれを納得させる。

> 「我々のあらゆる認識は，一切の可能的経験の全体のうちにある。そしてあ

---

76) *PPE*, pp.113-114.（田中秀夫/田中真晴編訳『F・A・ハイエク市場・知識・自由』に所収，「デイヴィッド・ヒュームの法哲学と政治哲学」147頁）*THN*, p.105.（『人性論（四）』130頁）をも見よ。
77) *PPE*, p.113.（『F・A・ハイエク市場・知識・自由』に所収，「デイヴィッド・ヒュームの法哲学と政治哲学」146頁）
78) *PPE*, pp.22-25.（「複雑現象の理論」122-123頁）
79) *THN*, p.503.（『人性論（四）』81頁）

らゆる個々の認識がこの可能的経験全体と関係するところに,超越論的真理が成立する。そしてかかる超越論的意味における真理は,一切の経験的真理よりも前にあって,これを可能ならしめるのである。」[80]

既に第1章6節(「科学的に宇宙の機能を理解する」)で述べたように,経済学は(超越論的)論理学であった。それは経済が可能的経験全体の中におかれていることからであり,最初から真であるとか偽である可能性を少しももっていない,ただ未来に向け調和や秩序を築くだけである。それが超越論的真理であり,それが「唯一の可能な経験」にあり,それに気づくことが「一度で十分の原理」であった。それが,自然法則である。いわば人間は常に経験に臨み制約の中にある。それ故にこそ経験は感覚に求めねばならない。ハイエクの『感覚秩序』の意図はその理論的証明であった。自然法則(調和や秩序)は感覚による直観に依存している[81]。つまりカントの「直観的悟性」である[82]。この「直観的悟性」は無知を前提とするハイエクには認めがたいものであろう。しかし,あくまでも無知の知としての「直観的悟性」である。

イギリス経験論はまずは時間的にそして空間的に見ざるを得ない。「効用」があるならば自覚される仕方が課題である。「金銀交換の共通尺度」という制度はまず仮説やモデルであり,社会的効用を担って実現する。いわば,それは「結果として生じる行為秩序の効率性」[83]という全体性である。その「行為秩序の効率性」は順序だって述べるのは科学者である。しかし「いちどに形成される」という「一度で十分の原理」は諸個人に内在し調和や秩序を知覚してのことである。つまりカントの理解(主観主義)においては「現象の一切の形式と存在あるいは非存在の一切の関係とが,一つの空間および時間において」既に実現している。これは時間と空間を超えて正しい。論理学として扱うことができる。これにヒュームは気づいていた。このことにおいて,カントとヒュームとの間に相違はない。相違があるというならば,経験論と主観主義の表現の相違である。メンガーもまたハイエクもそれに気づいてい

---

80) *KrV*, S. 185.(『純粋理性批判(上)』222頁)
81) *PPE*, p.22.(「複雑現象の理論」122頁)
82) *KU*, S. 340f.(『判断力批判(下)』94-95頁)
83) *LLL1*, p.74.(『法と立法と自由Ⅰ』98頁)

るのである。

　この「一度で十分の原理」という演繹の原理は，アダム・スミスの『道徳感情論』の同感にも見られることを付け加えてこの説を終わろう。スミスは言う。

> 「つぎのことは，一般的規則として確信しうる。すなわち，観察者がひじょうに同感したい気持になる情念，そして，その理由で適宜点が高いところにあるといわれる諸情念は，それについての直接の気分または感動が，主要当事者にとって，多かれ少なかれ快適であるような諸情念であること，また，反対に，観察者がひじょうに同感したくない気持になる諸情念，そしてその理由で適宜に低いところにあるといわれうる諸情念は，それについての直接の気分または感動が，主要当事者にとって，多かれ少なかれ不快であるか，あるいは苦痛でさえあるような諸情念であることである。この一般規則は，わたくしがこれまで観察しえたかぎりでは，ただひとつの例外さえ許さない。少数の事例がただちに，それを十分に説明し，かつ，それの真実性を証明するであろう。」[84]

4　経済と崇高の概念

　既に述べたように，ヒュームの「一度で十分の原理」とは「或る対象から一度帰結することを観察したものは，その対象から常に帰結するであろうと結論する」ことであった[85]。しかしながら，なぜ一度の経験から因果律を判定できるのかが曖昧であった。ヒュームは「その実験は，・判・断・力（judgement）を働かせ，すべての無関係で余計な条件を注意深く取り除いたのちに，なされなければならない。」（かっこ内，傍点引用者）と言うのみであった[86]。これだけでは，この原理ははなはだ不明瞭の感拭い去れない。しかし，既述のよう

---

[84] Smith, A., *Ibid*, pp.356-357.（『道徳感情論』478頁）
[85] *THN*, p.131.（『人間本性論』159頁）ヒュームはまた「同じ原因は，常に同じ結果を生み出し，同じ結果は，同じ原因以外からはけっして生じない。」とも述べている。これはメンガーも挙げていた「相関命題」である。*THN*, p.173.（『人間本性論』204頁）および *UMS*, S. 40.)（『経済学の方法』48-49頁）を見よ。
[86] *THN*, p.104.（『人間本性論』129-130頁）

にこの原理は「第二種第二の蓋然的推論」として抽出され多くの頁を費やし，習慣とは離れた条件（今で言うところの仮説やモデル）に向けられていた。ヒュームが並々ならぬ努力を払っていることが分かる。そのことから，分かることは，一度の経験が単なる（閉じた）因果律を求めるのではなく，予定調和や予定秩序，すなわち体系や原理に開口したものであることが分かる。因果律は自由の意志を含意してのことである。しかも，それは「狭い意味での経験論を捨てる[87]」ことであったから，それらのカギはわれわれ諸個人の側に寄せられた議論となる。ヒュームが個物主義を踏まえ社会的な演繹論に立っていたことを考えれば，何に一つ無理のない推論と言えよう。だが，相変わらず因果律と調和や秩序がどのように結びつけられるのか。すなわち「一度で十分の原理」の強い要請をさらに解明してみなければならない。

　このヒュームの見解を継承したカントが超越論的演繹に至ったことは至極当然な帰結であった。カントはヒュームの「第二種第二の蓋然的推論」（習慣から直接生じるのではなく間接的に生じる推論）に焦点を当てたのである。（もちろん，このヒュームの言説に直接カントが答えたということではない。そうではなく，あくまでもカントは主観に焦点をあて主観に内在する超越論的真理を問題にする。）その哲学は第3批判・『判断力批判』で展開されることになる。自然法則はあくまでも経験的でなければならないものの調和や秩序に従う自然法則でなければならない。これを否定的側面で見て「弁証論」として展開する。一種の背理法である。なぜなら，判断力は自然に合目的性を見出す能力であったが，確かな合目的性（調和や秩序）が得られているわけではない。主観から客観へ，特殊から普遍へと進める方法でしかない。しかしながら，社会科学にとっての不可欠な議論であり，『判断力批判』（「美的判断力の弁証論」と「目的論的判断力の弁証論」）はまさにそれに答えるものであった。ヒューム的に言えば，因果律を「一度で十分」だと駆り立てる動力である。カント的には，経験的な自然法則から駆り立てられるアプリオリな判断力の解明であった。結論を先取りすれば，その駆り立てる動力は崇高の概念である。いわば，調和や秩序は崇高の概念を含意しなければならないであろう。

---

[87]　木曾好能『人間本性論』の『解説』517頁

それはハイエクが述べる次の箇所に現れていることから始めなければならない。

「人は驚きと必要によって社会的探求へと駆り立てられてきた。このうち圧倒的に多くを生み出してきたのは驚きであった。それには正当な理由がある。われわれは驚く場合，すでに尋ねる問いをもっている。しかしわれわれが見つけるべきものを知らないかぎり，ただ混沌としか見えないようなものの中にわれわれの進路を見出したいとどんなに焦ろうとも，ありのままの事実なるものをどれほど注意深く執拗に観察しようとも，それで事実がよりよく理解できるということにはならないだろう。事実に親しく接することは確かに重要である。しかし体系的な観察を開始できるのは，問題が生まれた後に限られる。尋ねるべき明確な問いをもつまで，われわれは知性を使用できない。疑問は，われわれがその出来事に関する何らかの暫定的な仮説または理論を形成していることを前提にするのである。」（傍点引用者）

「疑問は，われわれの感覚が出来事に繰り返し現れる何らかのパタンまたは秩序を認めた後にのみ，はじめて生まれるだろう。ある類似の特徴をもつある規則性（または繰り返し現れるパタンまたは秩序）を他の点では異なる状況において再認知すること〔re-cognition〕，それこそがわれわれを驚かせ，『なぜ？』と問わせる。われわれは，そのような相違の中の規則性に気づくとき，同じ作用因の存在を疑い，それを捜すことに興味をもつようになる。このようにわれわれの精神は造られている。われわれの達成した環境に関する理解と支配は，その内容がどんなものであれ，われわれの精神のこの特徴に負っているのである。」[88]

科学はあるがままの事実からは出ない，まず問題意識が必要である。その問題意識は「驚き」からきている。「驚き」である以上，疑問は概念を持たざるを得ない。しばしば人間は天体や人体に不思議さや驚きを感じてきたが，それは何らかの概念（システム）を感じてのことである。その意味で経済はあますことなく「驚き」と概念をわれわれにもたらしてきた。いわば，それに対する体系的観察もまた「われわれの精神のこの特徴に負っているのである。」方法論的個人主義であると同時にカントの主観主義がハイエクに浸透してい

---

[88] *PPE*, pp.22-23.（「複雑現象の理論」122 頁）

ると言えよう。もとより，メンガーにもである。だからと言って，経験から少しも乖離したりはしない。調和や秩序は「ある類似の特徴をもつある規則性」をもち，われわれはそれを「再認知」している。ここに，われわれがもつ崇高の概念がある。

このハイエクの言説はメンガーからのものであろう。メンガーはスミスの『天文学の歴史』[89]から文章を引用して，ドイツ歴史学派の人々の開放性と演繹的方法の欠如を批判している。メンガーはスミスを引用して言う。

> 「概して有能な歴史家ではあるが，貧弱な理論家であるこれらの研究者たちにたいしては，経済学の偉大な建設者（スミス）がある種の科学的体系について，『一般にその起源を，1つの学術には精通しているが，他の学術には無知であったひとびと，したがってかれらの未知な学術においての現象をかれらの熟知する学術においての現象によって自分に説明したひとびと，の苦心に負うところの体系』とおりにふれて言っている言葉がなんと適切にあてはまることか。」[90]（かっこ内引用者）

> 「『諸国民の富と性質と原因についての研究』の著者は，適切な言葉をもっている。『多くの著者に個々のたくみな比較をおこなう動機を与える類比は，この種の著作者たちではあらゆるものがめぐる枢軸になる』とかれは言っている。」[91]

天体にも経済にも崇高なシステムが感じられるというのがスミスの弁であり，メンガーの弁でもある。スミスは哲学者であったがゆえにこの崇高なシステムを求めて経済の分析に入ったことは明らかである。類似は科学者の分析を進める原動力になってきたのである。いわばメタファーは単なる隠喩ではなく類推とを可能にする。ハイエクもまたそのメンガーの類似，類推に従ってきた。

メンガーが歴史学派の人々に対して議論を可能にさせたのはこの類似と類

---

89) Smith, A., *ADAM SMITH* III *Essays on Philosophical Subjects*, edited by W. P. D. Wightman, J. C. Bryce and I. S. Ross 1980., *Principles which lead and direct Philosophical Inquiries, illustrated by the History of Astronomy*, Reprint by the Oxford University Press, 1980（水田洋ほか訳『アダム・スミス哲学論集』1993 年に所収，只腰親和訳「哲学的研究を導き指導する諸原理―天文学の歴史によって例証される」）．
90) *UMS*, S. 24.（『経済学の方法』36 頁）
91) *UMS*, S. 152.（『経済学の方法』141 頁）にも述べられている。

推である。経済を演繹の世界（この場合天体の現象と運動，宇宙の調和や秩序）に転化して論じるべく，より開放された立場から論したのである。天体の調和や秩序は，地球上で与えられた因果律の関係構造にだけ閉ざされるのではなく，より広範な（調和や秩序の）世界という視点に立つべく（スミスがそうであったように），いわば天体の崇高な調和や秩序が語られることによって，経済の自然な調和や秩序の世界が喚起されたのである。経済の世界と天体の現象と運動とは自然の類似として見ることができる。崇高の概念こそ，社会性，開放性，演繹という視点を惹起せしめたものに他ならない。

　ハイエクはこのメンガーの演繹的立場をさらに進めてきた。それはその調和の世界は規則性において類似しており類比が可能であり，再認知されるというのである。その再認知がなされて，はじめてわれわれは「なぜ？」と驚きをもって科学を始めると言う。それは因果律が単に閉じられた因果律に留まるのではなく，調和や秩序は常に開放性を与えるものであり，そこではじめて「一度で十分の原理」や「唯一の可能な経験」が意味をもつ。経済における規則が宇宙天体の運行規則になぞらえるからである。崇高な運動の類似を再認知することによって，「なぜ？」という驚きは勢い演繹的な視点に向かわざるを得ない。これはヒュームに含意された「狭い意味での経験論を捨てる」契機を意味するものであり，「判断力を働かせ，すべての無関係で余計な条件を注意深く取り除」き，条件を整える「第二種第二の蓋然的推論」を生起させる契機であった。その意味で，カントの判断力の内容をなすものでもあった。まさに驚きからの疑問と観察そして探求は「社会現象の分野では，経済学と言語学だけが一貫した理論を作りあげることに成功した[92]」と言われる所以である。経済には自ずと自然な調和や秩序を概念的に読み取ることができるからである。それは崇高の概念を見なければならない。バーク，ヒューム，スミスそしてカント，さらにメンガー，ハイエク，ポパーにおいても彼らの哲学の背後には崇高の概念が貫かれ調和論，秩序論が展開されている。次に若干その崇高の起源を辿ってみよう。

---

92) *PPE*, pp.34-35.（「複雑現象の理論」130 頁）

5　崇高の概念とハイエク

　かくして，驚きからくる「なぜ？」という疑問，探求の理由を崇高の概念に求めることになる。それはまた科学する原点，真の科学的方法に途を開く契機となってきたのである。ハイエクは，既述のように『研究』・第2章「複雑現象の理論」の冒頭の文章に注を付けて引用している。ソクラテスは言う。「人間が哲学〔知を愛求〕しはじめるのは，その創始のときも現在においても，驚きを通じてである。」，アダム・スミスは言う。「驚きこそが人類に哲学，すなわち自然の多様な現れを統一する隠された統合を明らかにすると標榜する学問の研究を促した第一原理である。[93]」この「驚き」は崇高に遭遇したときの驚きであろう。それが真の科学的態度を開いてきたのではないか。なぜなら，崇高な概念こそ人間をして有限な人間でありながら無限や普遍を希求させてきたのである。幸いにも，経済は崇高な概念，調和や秩序が概念的に，経験的に感じ捉えられる唯一の社会科学である。その点が経済学をして演繹的思惟を可能にしたのである。言葉を換えれば，そのことがスミスをして経済と天文学との関係を課題にさせ可能にさせたのであろう。スミスは述べている。

　　「哲学は，…ばらばらな対象をいっしょにする見えない鎖を示すことによって，この不協和で支離滅裂な諸現象の混乱状態に，秩序を導入し，想像力のこの乱れをしずめ，そして，想像力が宇宙の大回転をながめる時には，それ自体で最も快適で想像力の本性にも最もふさわしい，平穏と落ち着きの調子を取り戻させようと努力する。それ故，哲学は，想像力に語りかける学芸（アーツ）のひとつとみなされよう[94]。」

スミスは哲学を科学と捉え「哲学は自然の結合諸原理の科学である[95]。」と。そ

---

93)　*PPE*, p.22. note1（「複雑現象の理論」136頁の注（1））を見よ。Smith, A. *Ibid*, pp.50-51.（同書32頁）
94)　Smith, A. *Ibid*, pp.45-46.（同書26頁）
95)　Smith, A. *Ibid*, p.45.（同書25頁）
96)　Smith, A. *Ibid*, p.46.（同書26頁）

して「哲学は，すべての快適な学芸のうちで最も崇高なものであり，その諸変革は，文芸世界で起こったもののうちで最大かつ最もひんぱんで，最も際だっている。[96]」と述べていた。古典派経済学の科学性はまさに崇高の概念を契機としたところにその基盤があったのである[97]。

したがって，少しばかり崇高の概念を辿らねばならない。それにはバーク（Burke, E.）からカントへの流れの中で崇高を見る必要があると思われる。なぜなら，バークは『崇高と美の観念の起源に関する哲学的研究』[98]を1757年に上梓している。そして，この著書がカントの『美と崇高の感情に関する考察』（1764年）や『判断力批判』（1790年）に多大な影響を与えたことは，周知の事実だからである。したがって，そもそもバークが持っていた崇高の概念に遡って述べることにしよう。興味あることに，バークがどこまでも生理学的かつ経験的な立場で議論していたからである。

バークは言う。われわれの情念の契機は自己維持（self-preservation）と社交性（society）という二つであると。そして，専ら前者の自己維持が崇高に係わると言う。「自己維持にかかわる情念は，大抵が苦もしくは危険にもとづいている。[99]」として，実に逆説的ではあるが，われわれには苦，危険そして恐怖という対象があるからこそ，反動的に崇高の情緒が生起すると説くのである[100]。バークは述べている。

> 「苦の一様態に他ならぬ普通の労働が身体組織内の粗大な部分の運動であるのと対応して，恐怖という様態はこの組織の精妙な部分の運動に他ならない。そして苦の或る様態が例えば目とか耳というような最も繊細な器官と言われるものに作用する本性を持っている場合には，それが惹き起こす感情は心的な原

---

97) Smith, A. *Ibid*, p.48., p.49.（同書 28 頁，30 頁）スミスは述べている。「人類は，法，秩序，安全が確立される前の社会の初期の時代には，自然のばらばらな諸現象を統合している，諸事情のかくれた鎖を発見しようとする好奇心をあまりもたなかった。」「だが，法が秩序と安全を確立し，生計の不安がなくなると，人類の好奇心が増大し，恐れは減少する。今や彼らが享受できる余暇が，彼らを自然諸現象にまえより注意深くさせ，最もとるに足りない不規則性にさえ気づかせ，それらすべてを連接している鎖が何であるかを一層知りたがるようにする。」

98) Burke, Edmund. *A Philosophical Enquiry into the Origin of our Ideas of the Sublime and Beatiful*, 1756, Edited by DAVID WOMERSLEY PENGUIN BOOKS, 1998.（中野好之訳『崇高と美の観念の起源』，1999 年）

99) Burke, E. *Ibid*, pp.85-86.（『崇高と美の観念の起源』43 頁）

100) Burke, E. *Ibid*, pp.163-164.（『崇高と美の観念の起源』145 頁）

因を持つ感情に一層近づく。これら種々の事例においてもしも苦と恐怖が実際に危害を与ええない程度まで変形されるならば，つまり苦が暴力の域にまで到達せず恐怖もその人間の現実的な破滅を招来しないならば，この種の情緒はこの精妙もしくは粗大な器官にまつわる危険で厄介な邪魔物を取り除くことになってそれらが喜悦（delight）を生み出す結果になるわけである。喜悦は快ではなく一種の喜ばしい戦慄，つまり恐怖に色染められた一種の平静心であって，それは自己維持に属するもの故にあらゆる情念の中で最も強力なものの一つであり，その対象が即ち崇高である。その最高の極致を私は驚愕と呼び，それに及ばぬ程度のものはそれぞれ畏怖，崇敬，尊敬などであるが，これらは言葉の語源自体がそれの由来する源泉とそれが他の積極的な快から区別される点とを示している[101]。」（かっこ内，傍点引用者）

一言で言えば，崇高はわれわれを超えて畏敬である。崇高はわれわれが畏れ敬う感情である。その点ではカントも同様である[102]。喜悦は「快ではなく一種の喜ばしい戦慄」である。もちろん，この戦慄や恐怖が限度を越えない限り喜悦となる。この喜悦，「喜ばしい戦慄」という対象が崇高である。なぜ戦慄が崇高の対象にそして喜悦になるのであろうか。バークは人間が生理的かつ生得的にもつ進化機構，すなわち戦慄を乗り越えるプロトコルを看取しているのである。われわれ人間は必要な調整を自ら施すというのである。換言すれば，社会は消極的快でできている。確かに，社会には優しい積極的快楽，一次的快，および激しい効果からの二次的快とからできている。しかし，激しさの効果から編み出された二次的快楽の崇高が市民権を得ることになる。なぜなら，二次的快楽は乗り越えようとするが故に永続的かつ建設的であるからである。これに対して，社交性という情念の契機はもっぱら美の対象となる。その美は人間の異性愛に典型的に現れている[103]。そして，「これが如何な

---

101) Burke, E. *Ibid*, p.165.（『崇高と美の観念の起源』147頁）
102) *UK*, S. 76.（『判断力批判（上）』146頁）カントは述べている。「自然美自体が適意の対象を成すわけである。ところが我々のうちにあり，また思弁によるのではなくてただ捕捉されるだけで崇高の感情を喚起するところのものは，その形式に関して言えば，なるほど我々の判断力にとっては目的に反し，また我々の表示能力にとっては不適切であり，更にまた構想力にとっては強圧的であるように見えるかも知れないが，しかしそれだからこそますます崇高であると判断されるのである。」
103) Burke, E. *Ibid*, p.89.（『崇高と美の観念の起源』47頁）

る目的を目指しているかは，私として見極めることができない。」とバークは言う。要は，「積極的本源的な快を生み出すものは何によらず必ずそこに美が接ぎ木される適正[105]」でしかないと退ける。つまり崇高を美によって表すことはなし得ないとした。

バークはその根拠を生理学的かつ心理学的に説明する。喜悦は「現実的積極的な快とはその原因ならびに本性上全く見紛うべくもないほど異なっているからである。[106]」「恐怖は神経の不自然な緊張と或る種の激烈な情緒を生み出す…この種の緊張を生み出すに適した事物は必ず恐怖に似た情念を生み出すはずであり，従ってたとえ如何なる危険の観念がそこに伴わぬとしても当然に崇高の源泉となるに違いない…。[107]」そして，恐怖や戦慄からくる喜悦は労働の喜悦と酷似しているではないか，と言う。労働の苦と同様に，恐怖や戦慄は人間にとって必要なのである。世界が「正しい秩序を保つためには適当に揺られ動かされねばならない」のは人間である[108]。喜悦を戦慄に求め二次的が消極的な快であるとしたことはバークの功績である。

かくして，カントも言う。崇高は絶大なもので「感性的形式に含まれるのではなくて理性理念だけに関するもの[109]」である。「そこで崇高なものは，自然の事物において求められるのではなくて，我々の理念のうちにのみ求められねばならない[110]」。崇高な自然は美に限定されてはいない。崇高は無限なもの，恐ろしいものである。「ひたすら対象に引きつけられるのではなくて，…突き放される」のである。すると「崇高にかんする適意は積極的な快を含むというよりは，むしろ感嘆或いは尊敬の念を含むのである，消極的な快と呼ばれて然るべきであろう。[111]」カントもまた崇高は消極的快として無限なものと位置づ

---

[104] Burke, E. *Ibid*, pp.89-90.（『崇高と美の観念の起源』47-48 頁）
[105] Burke, E. *Ibid*, p.161.（『崇高と美の観念の起源』142 頁）
[106] Burke, E. *Ibid*, pp.163-164.（『崇高と美の観念の起源』145 頁）
[107] Burke, E. *Ibid*, p.16.（『崇高と美の観念の起源』144 頁）
[108] Burke, E. *Ibid*, p.16.（『崇高と美の観念の起源』146 頁）確かに，われわれの中に恐怖や戦慄だからこそ喜悦を生起する感情がある，それを自然として見れば調和や秩序を構築している潜勢力である。経済における未曾有のデフレなどによって却って人間は学ぶのかもしれない。しかしながら，それにしても失敗が繰り返されることも事実である。世代が交代していくことによって過去の忌まわしい経験が体験としてよみがえらないのかもしれない。そこに経済は長期のスパンで見なければならない特徴を見る。
[109] *UK*, S. 77.（『判断力批判（上）』145 頁）

けることとなった。カントの崇高の概念，ハイエクの驚きはバークの崇高と同起源，同種であるに違いない。しかしながら，これでは十分ではない。バークの崇高の概念は単に生理学的分析に終始している，とカントは批判する[112]。だが，カントとハイエクにも相違を見る。

カントは言う。

「我々は，嵐のなかの怒濤逆巻く大洋そのものを，崇高と呼ぶことはできない。かかる海洋そのものは怖ろしい光景である，そして我々がこのような怖ろしい光景を観て或る種の感情―換言すれば，それ自身崇高であるような感情にふさわしい心的状態をもつためには，我々の心意識をすでにさまざまな理念で充たしておかねばならない，即ちその場合に心意識は感性を捨てて，いっそう高い合目的性を含むような理念を事とするように鼓舞されるのである。」

「自存的な自然美は，我々に自然の技巧を開顕する。この技巧は，自然を〔特殊的自然〕法則に従って組み立てられた体系として我々に提示するが，しかしかかる法則の原理は，我々の悟性能力のどこを探しても見出され得ないのである。即ちこの原理は，判断力を現象に適用するに必要な合目的性の原理にほかならない。そこで現象は，単なる無目的な機械的組織としての自然に属するばかりではなく，類比によって技術と見なされた自然も属することになるのである。それだから〔反省的〕判断力は，なるほど自然における対象に関する我々の〔理論的〕認識を実際に拡張するものではないが，しかし単なる機械的組織としての自然の概念を拡張して，技術としての自然の概念に到らしめる，

---

110) *UK*, S. 84.（『判断力批判（上）』154 頁）および *UK*, S. 78.（『判断力批判（上）』148 頁）カントは言う。「崇高の概念は自然そのものにおける合目的なものを表示するのではなくて……自然にまったくかかわりない合目的性が我々自身のうちに存することを感知せしめる…。自然の美…はその根拠を我々のそとに求めねばならない。これに反して崇高…はその根拠を我々のうちに，即ち我々の心意に求めねばならない―要するに我々の心意が，自然の表象のなかへ崇高性を持ち込むのである。以上は…述べておかねばならない極めて必要な事柄である。」確かに，崇高なもの（並はずれて大きいもの，自然の驚異）を感嘆するのは日本人も西洋人も同じである。しかし西洋人が日本人と異なるのはこの崇高を捕捉して人間の精神に訴えかけてくるところである。対象化されたものが彼ら人間に訴えかけるのである。この対立関係をつくりながらそれを乗り越えようとする西洋人に日本人との相違を感じるのは筆者だけではないはずである。日本人は富士山を見て美しいとして同化するだけである。山岳信仰の対象とはなるがそれで喚起されることはない。メンガーの演繹を理解しにくいのは，根本に自然を見て喚起される，鼓舞されるという精神風土が日本人にはないからであろう。

111) *UK*, S. 75f.（『判断力批判（上）』145 頁）

112) *UK*, S. 128f.（『判断力批判（上）』202-203 頁）

5 崇高の概念とハイエク　*81*

そしてこのことがまた我々を，かかる自然形式の可能に関する深遠な研究に誘うのである。」[113]

バークにおいては，崇高（自然現象）と美とは結合する部分をもつものの，その区別は十分ではなかった[114]。しかし，カントにおいては崇高が不快をもつものであっても，合目的と見なされるならば快に変わることを見出した[115]。その意味で崇高もまた美的現象である。それだけに「さまざまな理念」を持ち合わせねばならないとする。この理念とは超越論的理念である。理性（悟性）がカテゴリーに従って認識を進め概念を構成するのに対して，理念は全体性，ないしは無制約性に基づき経験的に対象を統制し，体系を課題とする[116]。こうして理念には合目的が生じる。合目的性には条件が課題となる。これをカントは超越論的論理学と言い，（普遍から特殊への）理性には委せられず，（特殊から普遍への）判断力にその能力を開いてきた[117]。判断力は趣味のような主観的なものでありながら，アプリオリとして普遍性への機能を担うこととなる。だが，このような理念を置く崇高の議論をハイエクは受け入れるだろうか。

ハイエクが述べていた，「疑問は，われわれがその出来事に関する何らかの暫定的な仮説または理論を形成していることを前提にするのである。」や「類似の特徴をもつある規則性（または繰り返し現れるパタンまたは秩序）を他の点では異なる状況において再認知する」という言説と，カントが言う，「我々の心意識をすでにさまざまな理念で充たしておかねばならない」とを比較しなければならない。ハイエクの仮説や規則性（パタンや秩序）はカントの技術（もしくは理念）とは互いに近傍の関係にあるであろう。しかしながら，ハイエクがポパーの社会工学という表現を嫌ったように[118]，規則性と理念とは明らかに同一のものではない。ハイエクはカントの技術という表現は所詮好まなかった。技術には個人の目的や設計というニュアンスを伴うからである。カ

---

113) *UK*, S. 77f.（『判断力批判（上）』146-147 頁）
114) Burke, E. *Ibid*, p.157.（『崇高と美の観念の起源』137-138 頁）
115) *UK*, S. 100f.（『判断力批判（上）』169-171 頁）
116) *KrV*, S. 671., S. 714f.（『純粋理性批判（中）』306-308 頁，343-344 頁）
117) *KrV*, S. 174.（『純粋理性批判（上）』213 頁）
118) *LLL3*, p.167. note50（『法と立法と自由Ⅲ』231 頁，275 頁），*OSE*, vol. 2, p.159., pp.622-623. notes 4.（『自由社会の哲学とその論敵』140 頁及び「注の部」124-125 頁）を見よ。

ントは述べていた。「崇高は本来，判断者の心境にのみ帰せられねばならない。[119]」，そして「崇高なものは，自然事物において求められるのではなくて，我々の理念のうちにのみ求められねばならないということが判る。」と。しかし，ハイエクはこれらに即同意するだろうか。判断者は判断者でも諸個人の判断でなければならない。技術というよりも人間自らが含まれるフィードバックの現象，社会が織りなすより多くの経験が要請されよう。カントの自然の崇高を技術として表現したことに個人への依存を危惧する。理性の驕りを危惧する[120]。ここに間主観的経緯の中にいるハイエクとカントの表現の間に差を見ることができる。むしろハイエクはバークに近い。

ハイエクは市場にカタラクシーを見ていた。その意味で，カントが批判してきたバークの崇高の分析，すなわち生理学的分析とハイエクの心理学的分析に共通点を見ることができる。バークの言う，戦慄を越えようとするプロトコルすなわち消極的快はカタラクシーが含意する「敵から味方に変わること[121]」と軌を一にするものである。同時にバークとハイエクの相違も明らかである。

ハイエクは個人が出会う経験（感覚の世界）を末梢におろし，その末梢神経にも物理的な秩序があることを発見した。筆者はこれをしてハイエクを哲学の理論物理学者と言った。この秩序をミクロコスモスと呼ぶなら，対照的にバークの崇高の概念はマクロコスモスである。バークは一気にマクロコスモスに登りつめようとした。もちろん，その神経は崇高の概念に上りつめたり，直接結びつけることはできない相談である。『感覚秩序』に見られる[122]「感覚間にわたる属性（intersensory attributes）[123]」は「異なる質の対」すなわち「インターモーダルな関係[124]」である。ハイエクは述べている。「このレベルの関係の

---

119) UK, S. 124. S. 132f. (『判断力批判（上）』197 頁，207-208 頁)
120) ハイエクは『隷従への道』が示すように，第二次世界大戦という全体主義の苦い経験やその後の社会主義というような体制には断固反対してきた。その理由は限られた人間が理念を描き体制を計画し，現代に至っては手厚い福祉国家を設計するからであった。ハイエクには所詮理想や理念などの持ち合わせはないのである。人間が理念をもつならば，ごく一部の人々による立案の成立を可能にし計画主義や設計主義の温床になるからである。
121) LLL2, p.108. (『法と立法と自由Ⅱ』152 頁)
122) SO, p.131. 5・90, pp.178-179. 8・45 (『感覚秩序』151 頁 5・90, 200-201 頁 8・45)
123) SO, p.21. 1・61 (『感覚秩序』30 頁 1・61)
124) SO, p.21. 1・62 (『感覚秩序』30 頁 1・62)

システムがとくに総合的な性格をもつのは，この最高のレベルでのインパルスのすべてのクラスが，共通の秩序を形成するからであって，個々の刺激のシンボリックな表象が最高のレベルに達するからではない。」感覚秩序の秩序と自生的秩序の秩序では次元に相違がある。人間の感覚はあくまでも間主観的もしくは現象学的要素である。誰もが危惧するように，カントが言う理念はしばしばこの「最高のレベル」を意味することになりかねない。この一気に駆け上がる点ではバークとカントは共通している。大切なことは，崇高の概念をわれわれ個人が直接心に抱くことができないことを自覚することである。ハイエクの「意図せざる結果」はその意味で個人を戒めるものであった。もちろん，崇高という驚きはわれわれ個人をして何らかの「社会的探求」の契機になっている。崇高の概念はパタンまたは秩序を作り出す契機になっている。そのことにおいて彼れらに何ら異論はない。

6　自動制御としての経済

　これまでのメンガーの議論から，経済は「自然法則」を含意していることを理解してきた。経済がコスモスや自生的秩序を含意しているとして，ハイエクは次のように言う。

　　「コスモスもしくは自生的秩序は…何の目的も持たない。他方タクシス（調整や組織）は予め特定の目的を持ち，そしてこの組織を形づくる人々は同様な諸目的のために尽くさねばならない。コスモスはそのコスモスが構成する諸要素の行為を規定することから結果したものである。その意味において，コスモスは内在的，生得的もしくは，サイバネティッシャンが言ってきたように，自動制御的もしくは自己組織的組織である。」[126]

さらにハイエクは注を付けて説明を加える。

　　「自生的秩序もしくは自己決定的秩序の形をとる考えは，血縁にある進化の

---

125)　*SO*, p.137. 6・17（『感覚秩序』158頁6・17）
126)　*NPP*, p.74.

考えと同じように，自然科学によって採用されそしてサイバネティックスとして発展を見る以前に社会科学によって発展を見てきたのである。…アダム・スミスはまさにサイバネティックスの考えを明確に使用していた。厳密に価格を調整する『見えざる手』は明らかにこの考えである。自由市場において，スミスは効果として言う，価格はネガティヴ・フィードバックによって調整されているとJ[127]

経済学は初歩的に需要と供給が価格を決定すると言う。しかし価格は需要と供給を決定しているとも言える。いわば決定因と被決定因との区別のない，三者は相互関係にある。経済全体として見るならば，経済は目的を持たずまさに「自己制御的もしくは自己組織的組織である。」最適な価格は確かにあろう，しかしそれに到達しているという確信はわれわれにはない。その意味で「ネガティブ」である。

　最適な価格は崇高の概念に置き換えることができる。カントの崇高の分析をもう一度確認しよう。「崇高の場合には，心意識はひたすら対象に引きつけられるのではなくて，むしろ対象と互いに反発し合い，また絶えず対象から突き放されるのである。してみると崇高に関する適意は，積極的快を含むというよりは，むしろ感嘆或いは尊敬の念を含むものである。一換言すれば，消極的快と呼ばれて然るべきであろう。[128]」崇高は価格システムにメタファーとしてのみならずそのものとして置き換えられよう。この「ネガティヴ」の発見は個人と自生的秩序を結ぶ紐帯の大切な遺産である。これはそのままハイエクに受け継がれていることは述べてきたとおりである。自然科学者に先がけてサイバネティックスを経験（知覚）してきた。

　「一度で十分の原理」や「唯一の可能な経験」として「自然法則」がさらに確認される。われわれは経済を通してネガティヴ・フィードバックが機能している生態を現に経験しているのである。この機能している需要と供給そして価格の相互作用として，原理は一度経験されるなら，疑う必要はないというものである。[129]したがって，ハイエクをして次のように言わしめる。

---

127)　*NPP*, p.74. note5, *LLL3*, p.158.（『法と立法と自由Ⅲ』220頁）も見よ。
128)　既に挙げた箇所であるか，あらためて *UK*, S. 75f.（『判断力批判（上）』145頁）を見よ。
129)　力学的な相互性ををを見よ。注の76)を見よ。

6 自動制御としての経済

「こんにちでも，残念ながら，経済学者と想定される多くの優れた人々を含めて，圧倒的に大多数の人々がまだ次のことを理解していない。すなわち，広範に分散した情報に基づく，この多方面にわたる社会的分業が可能となったのは，まさに，非人格的な信号，つまり，市場過程から発生し，人々に対して，かれらが直接知らない事象にかれらの活動を適合させるには，どうしたらよいかを教えてくれる信号の利用によってである，ということである。広範な分業を含む経済秩序において，問題となりうるのは，もはや，知覚された共通目的の追究ではなく，抽象的な行動ルール―および，そのような個人的行動ルールと，…ある秩序の形成との間の関係全体―だけである。ということは，大部分の人々が未だに受けいれることを拒絶している洞察である。本能的に正しいと認識されるものでもなく，既知の特定目的に役立つと合理的に認知されるものでもなく，受け継がれてきた伝統的なルールがしばしば，社会の機能にとってもっとも有益なものであるということは，現代の支配的設計主義観が受けいれることを拒絶している一つの真理である。[130]」

今現在多くの経済学者が存在する。彼らは経済に「見えざる手」を感じるとしても，しかしそれをして人知を越えた自然理法が支配している，と感じることはほとんどない。これを感じることが演繹であり，経済学は社会科学の中で演繹的科学として有利な科学である。すなわちこの現実的真理（サイバネティックス）から，洞察は可能であり，「一度で十分の原理」や「唯一の可能な経験」として「自然法則」が感得される。だが残念ながら，多くの経済学者がこのことに気づかずにきてしまったと言うのである。

このように，需要も供給もそして価格もネガティヴ（消極的選択）として選ばれたものである。これが経済の特徴である。経済学ほどコペルニクス的転回（天動説ではなく地動説という自らがカギを握る説）を見せてくれるものはないのではないか。あらためて，この構造の経緯をカントの「背進（Regressus）[131]」

---

130) *LLL3*, p.162.（『法と立法と自由Ⅲ』225 頁）
131) Smith, A. *Ibid*. p.77.（同書 65 頁）スミスは述べている。「学識者たちが，想像力における諸観念のまとまりを保持するためには，感覚の明証をどれほど容易に放棄するかを，以下のことほど明白に証明しうるものはない。それは，当時世界に知られていた物理学のあらゆる体系と一致しないにもかかわらず，コペルニクスが残したとおりの事物のこの説明がきわめて当然にもさらされた，多数のより現実的な反論にもかかわらず，多くのすぐれた天文学者が，あらゆる哲学（＝科学者）のなかで最も乱暴なこの逆説を受け入れた，ということである。」（かっこ内筆者）

として説明することが可能である。それは「与えられた条件の系列において背進する[132]」ことである。「背進」は判断力の方法すなわち演繹的方法の一つの特徴と言える。もとより自生的秩序を進める条件であると理解できよう。カントは「背進」について次のように言う。

> 「或る空間の測定（捕捉としての）は，同時にその空間を描くことであり，従ってまた構想力における客観的運動であって，前進（progressus）を意味する。これに反して多くのものを直観における単一なもの（思考における単一なものではなくて）に総括すること，従ってまた継続的に捕捉されたものを瞬間的に総括することは背進（Regressus）である。かかる背進は，構想力の前進における時間的条件を廃して同時的存在を直観的に表示することにほかならない。それだからかかる総括は，構想力の主観的運動であり，（時間的継起は，内感および直観の条件であるから）構想力はこれによって内感に強制を加えることになる。そしてこの強制は，構想力が一つの直観のなかへ総括するところの量が大であればあるほど，ますます顕著にならざるを得ない。このような場合に，量を判定するための尺度を捕捉するにはかなりの時間を必要とする，それだからこの尺度を一個の直観の中へ取り入れようとする努力は，一種の表象の仕方になる。かかる表象の仕方は，主観的に考えれば目的に反するが，しかし客観的には量の測定にとって必要であり，従ってまた合目的である。そこで構想力によって主観に加えられる強制そのものが，心意識の全体的規定にとっては合目的なものと判定されるわけである。[133]」（かっこ内，引用者）

カントは，世界は相互に結びついているから存在すると考えていた。すなわち力学的相互性がないと世界は認識できないのである[134]。確かに知覚は有限である。しかしカントはこの力学的相互性を疑うことはしない。丁度ニュートンの万有引力の法則やワルラス（Walras, L.）の一般均衡理論と同じである。問題は，その相互性の世界を測定として描けば前進であり，直観的に総括すれば背進である。カントはこの背進的方法が「構想力の主観的運動」だとする。まさに，ハイエクは「構想力の前進における時間的条件を廃して同時的存在を直観的に表示」してきたのである。要請されることは，自動制御の経

---

132) *KrV*, S. 536f.（『純粋理性批判（中）』185 頁）
133) *UK*, S. 99f.（『判断力批判（上）』160-170 頁）
134) *KrV*, S. 260.（『純粋理性批判（上）』289 頁）

済すなわちハイエクの自生的秩序に気づくことである。

　スミスがいち早く，経済は自動制御作用が見られると述べてきた代表的な人の一人である[135]。このくだりは，まさにスミスの「見えざる手」もしくは「ばらばらな対象をいっしょにする見えない鎖[136]」をカントが丁寧に説明していると理解できよう。「見えざる手」そして「見えない鎖」はカントの「多くのものを直観における単一なものに総括すること」によって説明ができる。その意味においてカントは分析と綜合の王者である。経済行為の「思考における単一なもの」はない，むしろその「偉大な社会では，めいめいの狙いが違っているにもかかわらず，そしてしばしば違っていればこそ，様々な構成員はお互いの努力から便益を受けるのである[137]。」カントはその経済の仕組みを「背進」として説明している。

　経済は要素がもつ「尺度を一個の直観の中へ取り入れようとする」ことができる。特殊から普遍へ進むと言い換えられる。そのばらばらな要素はある条件下におかれれば便益を受けるのである。（言うまでもないことだが，前進は普遍から特殊へ進んでいるから客観的な運動であるが。）その便宜は新たな発見であろう，カントはこの背進を「発見の方法」とあらためて呼び直している[138]。

135）自然な調和を科学的に捉えようとしたスミスは「見えざる手」をそれぞれの著書（『道徳感情論』と『国富論』）で一回づつ述べるに止まった。それはカントの背進的綜合が欠けていたからである。これに対して，ハイエクは背信的綜合に徹したと言える。無知を前面に出して体系に従う諸個人はその現われである。また『感覚秩序』は脳のミクロの世界でも背進的綜合が機能していることを理論物理学的に狙ったものである。つまりカントの立場を強く踏んでいる。

　もとより，メンガーも既に背進の立場にあった。メンガーの以下のスミス批判はそれを表している。「アダム・スミスとその弟子たちは政治経済学にとっての歴史研究の意義や社会制度の相対性，その（時間的・場所的状況の相違に応じての）必然的な相違をけっして見逃さなかった。その代わりに，……かれらに正当に非難を加えることのできるのは，その実用主義，すなわち，主としてただ公的権力の積極的な創造物にたいする理解だけしかもたず，社会一般，とりわけ国民経済にとっての『有機的な』社会形態の意義を評価することができず，したがってこうした社会形態を保持することになんら考慮を払わなかったその実用主義である。一面的な合理主義的自由主義，現存するもの，必ずしも充分に理解されているとは言えないもの，を除去しようとする往々性急な努力，国家的制度の領域で新しいものを創造しようとする同じように性急な衝動——しばしば充分な専門的知識と経験とをもたずに——こそスミスとその弟子たちの特徴である。」*UMS*, S. 207.（『経済学の方法』189 頁）を見よ。その意味で，吉田昇三氏の翻訳後解説（『経済学の方法』390-391 頁）におけるメンガーのスミス批判はあたらない。

136）Smith, A. *Ibid*, pp.45-46.（同書 26 頁）
137）*LLL2*, p.110.（『法と立法と自由 II』154 頁）
138）*Immanuel Kant's Logik : Ein Handbuch zu Vorlesungen*. S. 452.（湯浅正彦・井上義彦訳『イエッシェ論理学』205 頁）

経済における事象的特徴「見えざる手」は背進的洞察によって観察される。経済から得られた自動制御の作用はあらゆる科学を真の科学たらしめる方法と言えよう。それは科学が人間のための人間の科学となり得る潜勢力と言えよう。

7　経済は真の科学を語る

　既述のように，スミスが自然な調和を求めた経済学者であったと言うならば，経済学はスミスと同思想体系にあったヒューム哲学やカント哲学にもっと結びつけて考えていかねばならなかった。メンガーは確かにその端緒を開いた。ヒューム哲学，とりわけ経済にほとんど触れることがなかったカント哲学でさえ経済に置き換えて多くを語ることができる。彼らが同世代にいたことを考えれば，カントもまた経済と身近なところで議論していた，と言って過言ではない。それはカント哲学が人間が関わる一切の現象に自然な調和，秩序そして体系を求める演繹的構造に満ちているからである。バーク，ヒューム，スミスそしてカントはまさに同じ磁場の中にいた。ウィーンの経済学・メンガー，ミーゼスそしてハイエクはまさにその磁場に戻して議論しなければならない，と言っているようである。

　ハイエクはどこまでも経済学者であった。その経済学者が語るところは，社会科学の中で経済が最も自然な調和，すなわち演繹を体現させてくれる科学であるというのである。その意味で，経済学は社会科学を代表してそのことに気づかせる科学でなければならないのかもしれない。スミスが見ていたように，それは経済それ自体に自己制御作用を含んでいるからである。経済学は他の社会科学よりも恵まれた科学であることは確かであろう。しかしながら，現実は全く逆であって，経済学は自然科学と同様に扱われ，その視点から一番遠いところにおかれてきた。それを早くから危惧して，メンガーは経済学の方法を「精密的方法」や「一度で十分の原理」として強調してきた，と考えられる。メンガーは言う。「精密的と呼ぶこの研究方針の目標」はあくまでも「現象界のすべての領域に一様に追究される1つの研究目標である」[139)]

と。にもかかわらず，以後の大半の経済学者に理解されずに今日に至っている。経済学は社会科学における方法の端緒を開けなかったのである。メンガーの説明不足もあろうが，これははなはだ不幸なことである。原因はどこにあるのであろうか。

　それはスミスの研究に見られる。スミスは哲学者であるよりは経済学者もしくは自然法学者として理解されてきた[140]。経済に自然調和の視点を当てたからである。その洞察はすばらしいものである。それだけに後世の人々ほとんどがスミスに「前進的」な部分にのみ焦点を当てて研究をしてきたことはまことに不幸なことと言う他ない。確かにスミスは「前進的」な体系をもつ最初の経済学者であった。それだけに純哲の立場から見られることはほとんどなかった。これは世界的傾向かも知れない。しかし，スミスを哲学者として見れば「背進的」方法を採っていることが窺い知れる。その意味で，スミスを哲学者として見ることは是非とも必要なことである。同様にメンガーやハイエクも哲学的視点で見なければ彼らの真の姿を捉えることはできないというのが筆者の強い印象である。

　ヒュームにしてもカントにしても彼らは法学，政治学（あるいは社会学）に対して多くを語ってきた。したがって，その分野で間接的に援用されてきた。もちろん，調和の構造を分析的かつ体系的に取り扱ったのはヒュームであるよりはカントである。しかしながら，カントに関しては，こと経済についてほとんど触れることはなかった。その結果多くの人々がカント哲学と経済学との間に完全な溝を設けてきたのである。それは不幸なことであり，それが解かれねばならない。

　ポパーがいみじくも述べていた。「私は帰納の原理なしですますことができるという結論に達するのだ。この原理が事実としてけっして科学において用いられてはいないという理由からではなく，私はそれが不必要であり，われわれを助けず，むしろ矛盾さえもたらすと考えるからである[141]。」が達意として妥当する。この帰納に反対する態度，即ち演繹的態度はヒューム，カントの

---

139) *UMS*, S. 38.（『経済学の方法』47頁）
140) Morrow, G. *Ibid*, pp. ⅲ-ⅳ.（『アダム・スミスにおける倫理と経済』6頁）
141) *LSD*, pp.52-53.（『科学的発見の論理』63頁）

影響を強く受けていると思われる。ハイエクもその中にいる。いわばフィードバックやサイバネティックスの現象をなまに感得できるのはこと経済学である。経済学は自然科学を含め科学の代表者になる資格があったのである。少なくともポパーはハイエクという経済学者から科学のあるべき姿を学んだからであろうし，それを基に科学の真なる方法を解き明かしてきた。ポパーは述べている。

> 「ハイエク教授がいっているように，『経済学的分析はこれまで，社会現象の理由に関する超然とした知的好奇心の所産であったことは一度もない。それは，深刻な不満を惹起する世界をつくり直そうという，強い衝動の所産だったのである。』そしてこのような見地をまだ採っていない社会諸科学―経済学以外の―のあるものは，その結果の不毛性によって，当の諸科学における思弁が実践的に抑制されることがどれほど緊急に必要であるかを示している。」[142]

経済は自動制御作用を通して演繹的方法を示唆しうる多くの現象を提示しているではないか。それはある意味で経済学が科学の代表者になれる資格を秘めたものである，と言って過言ではない。哲学者にあらずして科学のあるべき姿とその方法は経済が示している，というものである。経済はあまた諸現象の中で自負するものをもっている。その意味で，経済学者は自らの手で新たな科学の途を開くべく権利と義務をもっている。

ハイエクは法学や政治学の分野に足を踏み入れ，真の個人主義や真の経済学のみならず真の法学や真の政治学を説いてきた[143]。それは人間が自らもっている自動制御の作用を気づかせたことに尽きる。それは自然に帰ることである。われわれはそれを感得しなければならない。

---

142) *PH*, p.56.（『歴史主義の貧困』91-92 頁）および *Economica*, vol. XIII, 1933, p.122 を見よ。
143) にも拘わらず，未だに気づいていない経済学者の人々が多くいるとハイエクは嘆くのである。換言すれば，経済は演繹的方法を採ることができることを気づかせる科学であった。演繹的方法とはまさにその自動制御作用をわれわれ個人そして諸個人が自覚することに始まる。だとするならば，経済のみならず他の社会科学，社会学，政治学，法学もまた自動制御作用のあることを自覚させねばならない。

第3章　ヒューム哲学とハイエク

「政策とは，私にとって心の底からの反省の結果であり，より正しく言えば反省無しにそして反省を超えた賢明さであるところの自然に従うという幸運な成果であると思われる。」——Burke, E.,『フランス革命における諸反省』——WorkⅢ, London 1792, p.58.

1　ヒューム哲学の背景

　中世を支配してきたものは，大宇宙としての自然と小宇宙としての人間が一体となった思弁的自然哲学（当時は自然科学を含む）や精神哲学（狭義の道徳哲学のみならず人文諸科学を含む）そして宗教（理性を介在させたカトリックとスコラ哲学との融合）であった。ヒュームはこれらの矢面に立たねばならなかった。ハイエクはヒューム研究者のモスナー（Mossner, E. C.）の言葉を引いている。「理性の時代に，ヒュームは，体系的な反合理主義者として，自分自身を他のものから区別したのだ[1]」と。人間理性に焦点を当てその能力すなわち限界を吟味したことは，当時としては，勇気ある行為であると称えられるべきであった。しかし人々に理解されることはなかった。予想通りの不人気と誤解は，ヒューム自らが認めているように「『人間本性論』は印刷機から死産した」と吐露せざるを得なかった。そしてヒュームの真意は到底理解されず今日まで来てしまった。ヒューム哲学を編纂したグリーン（Green, T. H.）でさえ正しい評価を為し得なかった[2]。

　時勢に乗らず，正しいことを正しいとして忠実に述べるということほど難しいことはない。そして誰にでもできることではない。これは「啓蒙に対して啓蒙の武器を向け」，憚ることなく理性批判を展開した。そうであるが故に，学界はもとより政治，宗教と各界から社会的制裁を受けることになった

---

1)　*CL*, p.437.（『自由の条件Ⅰ』220頁）

と言えまいか。「啓蒙に対する啓蒙」という厳密な哲学が受け入れられなかったのであろう。現にヒュームは自らの志望にもかかわらず，終生大学の教職を授かることはなかった。しかし一切ヒュームはその利害にとらわれず主張を貫いた。ここにヒュームの真摯な態度を読みとることができる。ハイエクはこの孤独な環境にあったヒュームの主張を忠実に踏襲してきたように思える。このようなヒュームの心境を語らずして彼の正しい評価はできない。

　ヒュームは「理性は情緒の奴隷だ」[3]，そして道徳論において「理性自体はまったく無力である」[4]，「道徳性は理性の対象ではないと〔最終的に〕結論してよい」[5]と言って憚らなかった。もちろんヒュームは理性を放棄したのではない，「理性の要求を合理的分析によって減らそう」[6]としたのである。誰もが理性をもって謳歌している時勢に敢えて逆らい，適切な理性を求めて批判する勇敢さと努力が評価されねばならない。この主張を貫くために『人間本性論』は若干の視点を変えて改版を重ねたことは周知の通りである。『十八世紀イギリス思想史』の著書で有名なスティーヴン（Stephen, L.）は，ヒュームが受けた疑惑を当時の時代背景に照らして述べている。

　　「少なくともヒュームはあらゆる問題の中で最も深遠なこの問題（推論）をいささかも恐れひるむことなく掘り下げ，その分析結果を何の恐れも偏見も抜きにして敢然と世に問うたという比肩するものなき功績を挙げたという事実である。……この世紀後半のイギリス的思弁の理論的空虚さと実践的無気力さとは，彼らイギリス人思想家が現実を見すえる勇猛な気概を喪失したことの必然的結果にすぎない。偽善，見せかけの信仰，不活性な懐疑主義などのとほうもない蔓延は，ヒュームがそして１人ヒュームのみが心臆せず表明したかかる疑

2）ハイエクは述べている。「ジョン・ステュアート・ミルは，有名になった書物『自由論』（1859年）で，政府の行為より世論の暴政に主として批判を向けた。そしてミルは配分的正義を擁護し，他のいくつかの著書において社会主義的願望に対する全般的に共感的な態度をとることによって，大多数の自由主義的知識人が穏健な社会主義に次第に移行する準備を整えたのである。この傾向はＴ・Ｈ・グリーンの影響によって著しく強められたのであって，グリーンは古い自由主義のきわめて消極的な自由概念に反対して，国家の積極的機能を強調した。」，*NPP*, p.130.（『Ｆ・Ａ・ハイエク市場・知識・自由』に所収，第８章「自由主義」218頁）を見よ。

3）　*THN*, p.195.（『人性論（三）』205頁）

4）　*THN*, p.235.（『人性論（四）』14頁）

5）　*THN*, p.245.（『人性論（四）』32頁）

6）　*CL*, p.69.（『自由の条件Ⅰ』103頁）

1 ヒューム哲学の背景　93

念を，彼らが自分の身に引き受ける勇気を持たなかったことの当然の報いにほかならないのである。」(傍点及びかっこ内は引用者)

　ハイエクは，イギリス (Great Britain) の思想を高く評価していてやまなかったが，その中でとりわけヒュームをあげたのは，まさにこの理性批判一点にあると言って過言ではない。ヒュームはハイエクにとって真の啓蒙主義の端緒を開いた最も偉大な思想家なのである。ヒュームの理性批判はそのままハイエクに引き継がれていることは確かである。

　理性批判の経緯を見てみよう。確かに理性的態度は科学的態度を生んだ。事実の分析は諸原理を引き出すことが可能である。この理性的方法がアリストテレス的な自然観—人も自然も一つに捉える—の解体に決定的な役割を果たしたことは評価できる。かくして人間と自然とは峻別された。だが，これは限度を超え理性の驕りを生む素地をつくることになってしまったことも確かである。

　啓蒙主義とは，周知のように，18世紀中葉を最盛期とする西ヨーロッパで

---

7) Stephen, L., *History of English Thought in Eighteenth Century*, by Sir Leslie Stephen, K. C. B. vol. 1. London Smith, Elder & Co., 1902. pp.314-315. chap. 6 *Hume*（中野好之訳『十八世紀イギリス思想史 中』8-9 頁）

8) 1707年にスコットランド議会とイングランド議会は合同し，グレイト・ブリテンの名の下に一体となった（しかしながら，300年経った今日ブレアー首相の下で再び独立した議会を持つこととなった）。つまり 1707年は「合同法 Act of Union」の成立の年である。ヒュームが生まれた 1711年はスコットランドとイングランドとの統一のすぐ後と言える。厳密に言えば，スコットランドとイングランドとは「経済的政治的な面のみならず，文化的にも，かなり異なったものを持っていた。」しかしながら，ハイエクの立場は「イングランド化したスコットランド人である。」つまり「原理から演繹するという発想」の持ち主のスコットランド人と「行動原理が情念と利害に奉仕するものとされる社会」を身につけたイングランド人の融合にあると思われる。原理を社会的な秩序や調和におきその下に演繹が進められる。これについては，神野慧一郎『モラル・サイエンスの形成-ヒューム哲学の基本構造-』2頁，145-148頁を見よ。もちろん，このことにおいてヒュームとカントに相違はない。

9) *IEO*, p.9.（『個人主義と経済秩序』8頁）しかし，だからといってヒュームもハイエクも全面的に理性を放逐することはない。それがイングランド的スコットランド人である。神野慧一郎『モラル・サイエンスの形成-ヒューム哲学の基本構造-』155頁を見よ。それがヒュームであり，モラル・サイエンスに含意されている。

10) *NPP*, p.264.（同書「医学博士バーナード・マンデヴィル」123頁）ここでハイエクは言う。「私は私のマンデヴィル擁護論を，かれがヒュームを可能にしたのだと主張するのをこえてもっと高く掲げるつもりはない。私はマンデヴィルをきわめて重要だと思わせているのは，実際，精神と社会を研究したすべての近代の思想家のなかで，おそらくヒュームが最も偉大だと考える私の評価なのである。」

起こった反合理主義の革新的思想運動である。哲学（当時は自然哲学で自然科学を含む）においては自然主義と対決を，社会科学（当時は精神哲学で人文諸科学を含む）においては強権国家からの自由を獲得し，そして宗教においてはその権威からの解放をもたらした。中世約 200 年に渡って貫かれていた体制は，政治的には絶対主義（王政），宗教的にはコルプス・クリスチアヌム（キリスト教的社会有機体）であった。[11] 啓蒙主義は，これらに対する挑戦であり人間解放思想であった。そこで確認されたことは，人間の自由と基本的人権であった。この人間解放には理性の権威付けが不可欠であった。人間が民主主義や自由そして道徳を基盤とするかぎり，共通の磁場が必要であった。つまり社会に共有される人間主体の確立つまり個の自立である。これを人間の内面から見れば理性の確認である。国家社会，王政そして宗教的権威に隷従していた時代から見れば，大いなる精神的覚醒，進歩であった。理性の確認は人間解放を勝ち取った中世社会の当然の要請であった。

　ハイエクはこの啓蒙主義の内容を哲学的かつ歴史的に厳密に区別していく。合理主義（合理論しばしば大陸合理論ともいう）と反合理主義（啓蒙主義）の区別だけではない。啓蒙主義と真の啓蒙主義を区別しておかねばならい。まず啓蒙主義は合理主義に反対する反合理主義と見てよい。しかし合理主義に反対するものが全て真の啓蒙主義かと言えば，ハイエクはそうではないという。ここに難しい問題が横たわる。一般的に，合理主義に反対する反合理主義は啓蒙主義即イギリスの経験主義と言われてきた。これはこれで正しい。つまり啓蒙主義はイギリスから興ったからである。合理主義は，知識の獲得は生得的かつ明証的な原理（理性）によるとする立場である。これに対して，反合理主義（啓蒙主義）すなわちイギリス経験主義は知識の起源を感覚的経験に求めた。いわゆる実念論（実在論）と唯名論との論争である。前者を代表する人々はデカルト（Descartes, R.），スピノザ（Spinoza, de B.），ライプニッツ（Leibniz, G. W. von）であり，後者を代表する人々はニュートン（Newton, I.），ロック（Locke, J.）である。この意味において，ニュートンもロックも反合理主義者であり啓蒙主義者であった。

11）　大木英夫『ピューリタン』中公新書，1972 年，16-17 頁

1 ヒューム哲学の背景

しかしハイエクはニュートンやロックは真の啓蒙主義者ではないという。真の啓蒙主義とは何か。確かに，彼らは感覚的経験に基礎をおくことにおいて合理主義者ではない。この意味では実証主義の立場に立つフランスのヴォルテール（Voltaire），コンドルセ（Condorcet, J. A. N. de C.）も反合理主義者に入れなければいけない。[12] 彼らも経験的だからである。しかし，ハイエクは彼らは皆設計を志す理性を携えている。その意味で，彼らは真の反合理主義者・真の啓蒙主義者でない。真の反合理主義者・真の啓蒙主義者はマンデヴル（Mandeville, B.），ヒューム（Hume, D.），スミス（Smith, A.），バーク（Burke, E.）といったスコットランドとイングランドの思想家達である。経験主義や実証主義は即啓蒙主義と理解してはいけないというのがハイエクの主張である。[13] 一般に反合理主義・啓蒙主義と言われてきた人々とスコットランド及びイングランドの思想家達との間には大きな開きがあると言う。ハイエクは言う。

「デカルトにとっては，理性とは明示的前提からの論理的演繹であったから，合理的行為も，既知の証明可能な真理によって完全に決定されるような行為のみを意味するようになった。ここからほとんど必然的に引き出されてくるのは，……推論の産物であるという結論である。かかる仕方で設計されなかった制度や実践が有用性をもつのは，まったく偶然に過ぎないのである。このような考え方が，伝統，慣習，歴史一般を軽視するデカルト派設計主義の特徴的態度となった。人間理性のみが新社会の建設を可能にするというのである。」[14]

問題は個人が理性の衣を着ると行き着くところ設計主義に至るというところにある。またハイエクは言う。

「17世紀にイギリス海峡の両側で，この設計主義的合理主義が支配した時代があった。フランシス・ベーコンとトマス・ホッブズはデカルトやライプニッツにおとらずこの合理主義の代弁者であったし，ジョン・ロックでさえ必ずしもその影響を免れることができなかった。この合理主義は，これまた合理主義と言われているヨリ古い時代の思想様式と混同されてはならない新しい現象で

---

12) *PPE*, p.106.（同書「デヴィッド・ヒュームの法哲学と政治哲学」135頁）
13) 既述のように，神野慧一郎『モラル・サイエンスの形成-ヒューム哲学の基本構造-』を参照せよ。
14) *LLL1*, p.10.（『法と立法と自由I』18頁）

あった。理性は合理主義者にとって，真理の発見を見出したときにその真理を認識する能力ではもはやなく，明確な前提から演繹的推論によって真理へと到達する能力であった。[15]」

ハイエクに言わせれば，イギリスのベーコンとホッブズそしてロックにおいてもフランスのヴォルテール，コンドルセと同様であって，設計主義的合理主義であったと言う。理性が演繹の頭になり具体性を支配する。大陸合理主義に反することとしては，確かにロックやニュートンは反合理主義者である。しかし人間個人が理性の能力を信じて設計主義に走っているではないか。これでは，合理主義と同様であり何の相違もないと言うのがハイエクの主張である。設計主義を機に彼らとマンデヴィル，スミス，バークそしてドイツのカントとを峻別する。ここにハイエク独特の論法がある。ハイエクは注釈の中でロックの文章を挙げて区別している。

「理性という語によってここで意味されているのは，思想系列をつくり証明を演繹する理解力だとは私は考えていないのであって，すべての徳と，道徳の適切な形成に必要なありとあらゆるものを生み出す源泉となる特定の明確な行動原理のことである。[16]」

理性に「思想系列をつくり証明を演繹する理解力」を認めなかったことは正しい。拡張的な視野の確保は理性ではなく知性である。しかし，ハイエクはロック哲学には相変わらず理性に演繹的機能があり，危うさがあると指摘する。明確な前提「道徳の適切な形成」から推論することは演繹であり理性に重大な誤謬を見る。そもそも道徳であろうと認識そして判断であろうと明確な前提などありはしないのである。このようなロックの理性に対する見解とヒュームのそれとの間には，同じ経験主義であっても大きな相違がある，とハイエクは言う。では，このような理性がなぜ培われたのであろうか。

自然科学もしくは数学における驚異的発展が理性をして威信へとかき立てたのである。太陽系の運動法則の発見は数学に能力において権威を与え自然を支配する原理，哲学に仕立てたのであった。これは人間理性をいやが上に

15) *PPE*, p.107.（同書『デヴィッド・ヒュームの法哲学と政治哲学』136-137 頁）
16) *PPE*, p.107.（同書『デヴィッド・ヒュームの法哲学と政治哲学』159 頁）

も高めることになった。人々が自然を征服する裏に理性の能力を信じて疑わない信仰を生起させたのである。これを当時は理性の錯覚と考えなかつたのである。ニュートンの『プリンキピア』(『自然哲学の数学的基礎』) はこのころの典型的な啓蒙書であった。結果的に，ニュートンはデカルトの「合理論」から一歩も外に出られなかったのである。ケインズ（Keynse, J. M.）は『人物評伝』の中の一節「人間ニュートン」で述べている。引用された人物は，啓蒙思想家であるが故にフランスを追放されイギリスに滞在した百科全書派の詩人ヴォルテールである。ケインズは言う。

> 「ロンドンへの旅から帰ったヴォルテールはサー・アイザック（ニュートン）についてこう報告することができた。――『自由な国に生まれたというだけでなく，一切のスコラ的な愚劣事（カトリックの教義をギリシャ哲学の助けで体系化した）が世界から追い払われていた時代に生まれたことが，彼の格別な幸いであった。ひとり理性のみが陶冶されて，人類はただ理性の教え子たりうるのみで，その敵となることはできなかった』と。そのニュートンは，彼の秘密な異端とスコラ的迷信とを隠そうとして一生苦心したのであった！」[17]（かっこ内は引用者注）

ニュートンが数学を介して合理主義であったことは既述の通りである。つまり設計主義的合主義である。反合理主義を唱えながら実のところ何ら払拭されていないニュートンをヴォルテールもケインズも批判しているのである。しかしながら，そのヴォルテールもケインズも合理主義を払拭しきれなかったと，ハイエクはさらに批判を重ねる[18]。ハイエクは言う。「この関連においては『合理主義』と『反合理主義』の区別ではなく，設計主義的合理主義と進化論的合理主義，カール・ポパーの言葉を借りれば，素朴な合理主義と批判的合理主義を区別するほうがよい」[19]のである。つまり合理主義にも誤謬が潜んでいた。

カントもまた数学を哲学と並んで認識論を意味しかつアプリオリな（先天的）総合判断だと理解していたことはあまりにも有名である[20]。これはひとえ

---

17) *The Collected Writing, Vol. X*（*Essays in Biography*）, *Newton, The Man* p.363.（ケインズ全集第10巻・『人物評伝』「人間ニュートン」492頁）

にニュートンの影響下すなわち自然科学の驚異的発展にある。そして数学への信頼ひいては理性へのおおいなる威信である。こうした状況が現代と比較しても何ら変わらないと思うのは筆者だけではあるまい。ここにハイエクがカントよりはヒュームに重きをおく理由の一つを見る。[21]

　ハイエクに言わせれば，啓蒙主義は合理論に似た理性のひとり歩きが始まり，新しい衣を身につけた派へと生まれ変わっているだけであると。しかも「設計主義的合理主義の極端な形態は，なぜ定期的に理性の反乱を導くのか」[22]（修正訳引用者）で示されるように，現代にも理性の驕りはいつでも息を吹き返す，そのことにおいて，何の変わりもないのである。理性批判の起源はヒュームにある。この理性批判においてヒュームに優るものはない。ハイエクはこうしてイギリス経験主義やフランスの反合理主義に甚大な弊害を見ている。理性の権威付けによって，不遜な驕りを人間に惹起せしめたこと。とりわけ，ハイエクはフランスの啓蒙思想家・ダランベール（D'Alembert, J. Le R.）の指導の下にあったアンリ・ド・サン・シモン（Saint-Simon）やオーギュスト・コント（Comte, A.）を批判的に分析している。こうして，多くの啓蒙主義思

---

18) *LLL1*, pp.24-26.（『法と立法と自由 I』36-37 頁）ハイエクは，ヴォルテールとケインズについて次のような例証を示している。まずヴォルテールについては「われわれの研究課題に関する彼の見解は次の勧告に見られる。『もしあなたがよい法を望むなら，今のを焼き捨てて新しいのをつくることである。』」と。ケインズについては，『若き日の信条』の一節「われわれは，一般的ルールに従うべしというわれわれに課せられた個人的責任を全面的に拒否した。われわれは，個々のケースを全てそのメリットにもとづいて判断する権利を主張し，また立派に判断できる知恵と経験と自制心を備えていると主張した。これはわれわれの信念のなかでも非常に重要な部分であり，強引に喧嘩腰で主張した点であって，外部の人々にとっては，それは最も明白で，危険なわれわれの特徴であった。われわれは慣習的な道徳，因習，そして伝統的な叡智を全面的に拒否した。換言すれば，われわれは，言葉の厳密な意味における不道徳主義者であった…。われわれは順応するとか従うとかいう，道徳的責務や内面的拘束はいっさい認めなかった。神を前にして，己れの事件は己れで裁くのだとわれわれは主張した。」をあげている。

19) *LLL1*, p.29.（『法と立法と自由 I』42 頁）

20) 数学の課題は，数学に直観主義を採り入れているところにある。物理学や天文学のように直観主義がもつ約束が成立する科学にはいまだに新たに発見が可能であろう。しかし社会科学のように直観主義が成り立たない科学には数学は所詮無理である。カントは幾何学に公理を認めたものの算術には認めなかった。いわば，「負量」を一般的約束とすることはできなかった。とりわけ社会科学に目を向ければ明らかである。*KrV*, S. 204.（『純粋理性批判（上）』238-239 頁）を見よ。

21) もとより，カントを真の啓蒙主義者として入れねばならないことに変わりはない。それはカントが設計主義者ではなかったこと，徹底した理性批判をし，理性の独走を許さなかったことがあげられる。

22) *LLL1*, p.31.（『法と立法と自由 I』44 頁）

想家の中からヒュームおよび（次章で見る）カントを峻別させたところに経済学者，ハイエクの立場がある。

2 社会的功利に基づく演繹

　これまで，（純哲の人々を含め）社会科学者の多くはカント哲学を演繹であると言っても，おそらくヒューム哲学を演繹とは言わないであろう。ヒューム哲学を演繹の哲学とする理由を述べておかねばならない。ハイエクは演繹を「個人を行為に導いている概念から体系的に出発する[23]」，「社会科学は，既知の諸要素から直接的には確立し得ない複雑な現象の中の規則性を目指して進む，いわば経験的な演繹的科学なのである[24]」と説明する。確かに，この「演繹的科学」の説明はカント哲学に淵源をもとめることができよう。

　カントは『判断力批判』で言う。「美学的判断がどうして必然性を要求し得るか」，この課題に統制的かつ反省の判断力が対応すると[25]。いわば，演繹とは構成的かつ客観的妥当性に基づく推論を意味するのではなく，美学的（趣味）判断に見られるような多様な認識のもとで可能な限り視野を拡大し，そのなかで体系的統一（原理）を求めるという態度を意味している[26]。このような演繹の見解なら，ヒュームに一貫して流れる哲学そして科学と一致する。ただ，ヒュームの場合多様な認識のもとで可能な限り視野を拡大して体系的統一（原理）を求める場を非人格的な社会で展開する。いわば，社会的経験が習慣，黙約（convention）[27]そして共感[28]をつくりだし，それらを基にして自然な体系

---

23) *CRS*, p.64.（『科学による反革命』42頁）
24) *IEO*, pp.126-127.（『個人主義と経済秩序』172頁）
25) *KU*, S.147f.（『判断力批判（上）』222-223頁）
26) *KU*, S.145f.（『判断力批判（上）』220頁）カントはこの主観的（普遍的必然性と比較して）必然性も類比的に演繹とした。オーストリア学派経済学はこの統制的かつ反省的判断力という立場を採ってきた。これについては次章で詳しく論じる。
27) *THN*, p.490.（『人性論（四）』63頁）黙約について述べている。「黙約には約束という性質はない。なぜなら，約束でさえ人間の黙約から生起する。黙約は単に共通利害の一般的な観念（sense）である。社会の全成員はこの観念を互いに表示し合い，この観念に誘発されて，各人の行為を若干の規則によって規制するのである。」（かっこ内，及び一部修正引用者）また「正義は人間本性の黙約から起こる」とも述べる。*THN*, p.494.（『人性論（四）』69頁）

(調和や秩序) がもたらされる，というものである。したがって，ヒュームとカントの相違は，「諸要素」としての人間が自然な体系に向けてどのような可能性を持ち合わせているか，という課題に非人格的な社会で応えるか，主観で応えるか，という視点の相違である。ヒュームとカントとの相違は社会に基づく哲学と主観に基づく哲学の違いであって，ともに経験の中で展開されているということにおいて何ら相違はない。演繹が意味するところ，つまり人間主体が規制されるということにおいてヒュームもカントも変わらない。

　ヒュームは言う。

　　「理性とは，われわれを或る特定の観念の連鎖に沿って運び，それらの観念にそれらの状況と関係に応じて特定の性質を与えるところの，われわれ〔人間〕の魂における驚くべき理解不可能な本能にほかならない。なるほど，この本能は，過去の観察と経験から生じる。しかし，なぜ過去の経験と観察がこのような結果を生み出すのかについては，なぜ自然が単独で（経験によらずに）このような結果（本能）を生み出し得るのかについてと同様に，その究極の理由を誰も与えることができないのである。自然は，確かに（実際），習慣から生じ得るものは何であれ，生み出すことができる。習慣とは，自然の諸原理の一つにほかならず，その力のすべてを，自然という起源から得ているのである[29]。」

経験論者，ヒュームは確かに帰納の中で生きている。しかし，ヒュームは対象から原理を獲得しているのではない。経験における随伴は原理をわれわれに抱かせる，その意味で習慣は自然の原理の一つである。筆者はこのような自然の原理に基づくヒュームの科学的態度を演繹と呼ぶ。相違は明らかである。カントは人間が超越論的諸原理に従うのに対して，ヒュームは自然に従うのである。カントの超越論的諸原理は人間が根源的に獲得したものであり，それは主体に内在する自然ということができよう。これに対して，ヒューム

---

28) *THN*, p.577.（『人性論（四）』188頁）
29) *THN*, p.179.（『人間本性論』209-210頁，）ヒュームは言う。「経験は，過去における対象の何度もの随伴を，私に知らせる原理である。習慣は，同じ随伴を未来に期待するように私を決定する。これら二つの原理が，協働して想像力に働きかけて，私に，或る特定の諸観念を，同じ長所を伴っていない諸観念よりも，より強くより生き生きとした仕方で，いだかせるのである。」*THN*, p.265.（300頁）を見よ。

は社会的かつ経験的自然である。この相違は前者が「人間的自然[30]」であり，後者が「自然的人間[31]」である，と言うことができよう。筆者は一貫して前者を人間的自然の哲学，後者を自然的人間の哲学と言う。いわば，演繹に対するアプローチの仕方が違うのである。ヒュームは自然を慣習，共感[32]そして黙約に求めたのに対して，カントは徹頭徹尾超越論的諸原理，アプリオリなもの（理性，悟性や判断力）に求めたのである。

　では，ヒューム哲学の自然に従う演繹とはどのようなものであろうか。結論を先取りすれば，社会的，全体的に培われる功利に従うことである。ヒュームの功利主義はメンガー，ミーゼスそしてハイエクに引き継がれている。ハイエクは述べている。

　　「人が生活を営む社会的秩序の種類から独立した絶対的道徳体系は存在し得ないのであり，われわれに負わされている一定のルールに従うべき責務は，われわれが住む秩序に負っている便益（the benefits）から導き出されてくる[33]。」
　　（かっこ内引用者）

ミーゼスも述べていた。

　　「功利主義哲学は，人間にとって何らそれ以上の疑問を問うことなく従属的であねばならない，専制的な至上者の一人が恣意的な法則を人間に課すると同様に，道徳のルールを考えたりはしない。社会的協業の維持に必要な規則に従って行動することは，人間が求めている一切の目的を安全に達成するための唯一の手段である[34]。」（引用者修正訳）

---

30) *ES*（『ヒュームあるいは人間的自然―経験論と主体性―』）に従った。なお，この「人間的自然」については5節で詳しく扱っている。（119頁）
31) *KrV*, S. 776.（『純粋理性批判（下）』47頁）この「自然的人間」は「人間の自然的性質…」のような表現に見る。
32) 「共感（sympathy）」が『人間本性論』に最初に表れるところは第4部6節であると思われる。*THN*, p.257.（『人性論（二）』109頁，木曽はこの「共感（sympathy）」を「親和性」と訳している。（『人間本性論』292頁）を見よ。これはこの「共感（sympathy）」が自然哲学（現代の物理学）的意味で述べられているからである。『人間本性論』の後半で情緒や道徳で言及される「共感」は，語彙 sympathy は同じである意味が異なるためである。しかし，ヒュームは物理学も社会科学も自然調和の中で現象を調和や秩序として見ていることに変わりはないことを知らねばならない。
33) *LLL2*, p.27.（『法と立法と自由Ⅱ』41-42頁）
34) *UFE*, p.105.（『経済科学の根底』132-133頁）

これら2人の文章は調和や自生的秩序を実現するために，われわれが臨まねばならない演繹的態度を端的に示している。それにはルールや道徳律が必要であり，同時にそれは社会的な功利に裏付けられてのことであると言う。そして培われたルールや道徳にわれわれは従っていかねばならないことを示している。もとより道徳のための道徳はあり得ない。換言すれば，これらの言明は社会的な功利が道徳をも編み出しているのである。つまり，個人がもつ功利の立場を棄てた社会的な功利への重要性を教えている。ヒュームの道徳はそのような社会的かつ全体的な立場に立とうとする演繹から自然にもたらされたものである。同じ演繹であってもカントの道徳律，主体に内在されたものとは相違する。もとより，カントの道徳律はミーゼスの「専制的な至上者の一人が恣意的な法則を人間に課する」や，ハイエクがことあるごとに警鐘を鳴らしてきた「神人同型同性論」に与するものではない。カントの道徳律は自由を背景にしたものである。その意味で功利を越えている。これに対して，ヒュームの場合は社会的な功利に基づくものであった。そこには心情倫理よりは責任倫理，動機主義よりは帰結主義をもたらす素地があった。それはまた社会的功利とは何かに答えることになる。

　その価値意識は自然主義の下でつくられたものである。もとより，われわれはその全体的かつ社会的な功利（正義や福祉もちろん経済）を把握したり支配することなどできはしない。言うまでもなく，この社会的な功利はあくまでも「人間の行為の結果ではあるが人間の設計の結果ではない[35]」のである。ハイエクはベイ（Bay, C.）の文章を引用してその功利主義を説明する。「それぞれの道徳的規則が人間の幸福の促進にどの程度実績を証しうるかというその効用だけである[36]。」つまり，道徳と正義の基準は人為の所産であり，人類の実験の結果であるが，この効用は私的な立場を越えている。それだけに緩慢な検証で時間はかかるが，道徳もまた「最大の社会的効用」を指針として進化の対象である。これはヒュームの次のような言説に基づくものであろう。

---

35) *NPP*, p.264.（同書「医学博士バーナード・マンデヴィル」123-124頁）そして，この人間にとって都合のよい「意図せざる結果」を創りだしたのは真の個人主義である。この主題を共有した人々はジョサイア・タッカーとアダム・スミス，アダム・ファーガスンとエドマンド・バークであったと言う。いわば，筆者が言う演繹に立っていたのはこれらの人々である。*IEO*, p.7.（『個人主義と経済秩序』11頁）を見よ。

「或る人物が，社会に福利をもたらす自然的傾向を有する或る性格を所持するとき，我々はこの人物を以て有徳と見なして，この性格を見れば喜ぶ。」その性格とは，ヒュームは続ける。

> 「共感は我々をして人類の善福に関心を抱かせる。…この称賛の心持ちは，徳が現実にその目的を達して人類に福利をもたらしたときに限って，起こることができるであろう。徳は，その目的を達しないとき，単に不完全な手段に止まる。従って，この目的から値打ちを獲ることは決してできない。目的の善さがかような手段に値打を付与できるのは，ただ手段が完全無欠で，現実に目的を産むときだけである。」

個人の行為は情緒や感情に端を発するというある価値観から出発する。それは避けられない。もとよりその価値観は決して徳と直結するものではない。目的そのものからは共感を勝ち取ることはできない。しかし，その情緒や感情がなければ徳もまた生まれまい。大切なことは，個人がもつ価値観は徳を編み出すべく努力の対象であり，重ねるに値し進化を含意しているという事実である。その手段に私利が含まれないという条件が付く。その乗り越えはひとえに社会的功利が優先されるときである。大切なことは，ヒュームの言う社会的功利とは明らかに個人から離れる何かである。

しかし，注意しなければならないことがある。それは，ヒューム哲学が功利主義の総帥，ベンサム（Bentham, J.）を生み出したことである。ベンサムは極端な功利主義者となって，ハイエクが一貫して批判してきた法実証主義

---

36) *PPE*, p.111.（「デイヴィッド・ヒュームの法哲学と政治哲学」143-144 頁）また *LLL1*, p.6.（『法と立法と自由 I』14 頁）で述べている。「デヴィッド・ヒュームやイマヌエル・カント以降，ものの考え方はほとんど進歩しておらず，いくつかの点については，我々の分析は彼等が筆をおいたところから再開されねばならないであろう。価値の地位を全ての合理的構築物から独立した指針的条件としてはっきり認識したのは彼等で，その後，彼等の線を越えたものはいない。」この中で，「価値の地位を全ての合理的構築物から独立した指針的条件としてはっきり認識」する，ということはヒューム的には自然，カント的には超越論的なものも従うということである。つまり，自生的秩序に価値をおくということである。そこに真の社会的個人，真の個人主義が存在する。
37) *THN*, p.584.（『人性論（四）』197-198 頁）
38) *THN*, p.584.（『人性論（四）』198 頁）
39) ハイエクは批判の対象として数多くベンサムを批判の対象としているが，その中で *LLL1*, p.22.（『法と立法と自由 I』32-33 頁）を見よ。とくに付けられた注の (28)，すなわち *LLL1*, pp.151-152.（『法と立法と自由 I』194 頁）を見よ。

者，設計主義者的合理主義者の1人となっているからである。[40] 功利主義は所詮また逆戻りしかねない危惧を孕むものであった。[41] 必要なことは，どこまでも人間は所詮無知であるという自覚から出発することである。無知の自覚はヒューム理解からきている。ヒューム哲学は無知の自覚を全面に押し出している。ところが，それまでのヒューム解釈もまた不十分であった。ケインズ経済学の台頭によって国家の意志は経済政策や社会政策の道へと突き進んでいった。第二次大戦後の経済学者は社会正義を信じて疑わなかったし，為政者は「ゆりかごから墓場まで」，福祉国家の実現に進んで行った。[42] 国家は国民の支持を得て財政の肥大化と権力の増大へと進んで行った。それはケインズのベンサム流の功利主義の評価にあった。[43] 同様に，ウィーン学派のおひざもとである「歴史学派」もまた功利主義を採っていた。まさに，ハイエクは定期的に「理性の驕り」を経験してきたのである。

しかし，マンデヴィルやヒュームが堅持していた真の功利主義そして真の個人主義はヘルダー（Herder, J. G.）やサヴィニー（Savigny, F. G. von,）を通してメンガーに正しく伝えられたと言う。[44] それは，真の功利主義と真の個人主義を確立するに当たって，ヒューム哲学が一時経験を離れるということを満たしてのことである。ここにカント哲学に道を与えてきた。カント哲学がオーストリア学派経済学に補完的に機能していたことは後に見ることにする。換言すれば，（決してハイエクが明確にしてきたことではないが）メンガーが真の功利主義，真の個人主義を感得したのはカント哲学のおかげでもある。[45] とも

---

40) 功利主義の総帥，ベンサムは『人間本性論』の第三巻を読み終えた時「突然目から鱗が落ちてきた」という有名な言葉を残している。

41) カントの後継者にドイツ観念論者ヘーゲル（Hegel, G. W. F.），フィヒテ（Ficte, J. G.），シェリング（Schelling, F. W. J. von）を生み出したことと同様に合理主義への逆戻りを見る。

42) *LLL2*, pp.17-27.（『法と立法と自由Ⅱ』29-42頁）を見よ。

43) ケインズは「自由放任の終焉」で述べている。「今日なお呼吸している空気」として「ペイリ（Paley, W.）とベンサムは，ヒュームとその先駆者たちの手から，功利主義的快楽主義を受け継いで，それを社会的効用にまで拡大した。」「〔功利計算の〕機械から神に近づくことによって，みずからの快楽主義が利己的な結論を導くことを回避した。彼（ペイリ）は言う，『徳とは，神の意志の命じるままに，そして永遠の幸福のために，善をつくすことである。』このようにして，自己と他者と間の平等が回復される。ベンサムは純粋理性を介して同じ結果に到達した。」（かっこ内引用者）ケインズは，彼らがヒュームの肝心な部分（理性の破棄）を見落としている，と述べながらも「自由放任の終焉」として賛同していたことは確かである。Keynes, J. M., *The Collected Writings., Vol. IX (Essays in Persuasion)*, p.273.（ケインズ全集第9巻・『説得論集』，324-325頁）

44) *NPP*, p.265.（同書「医学博士バーナード・マンデヴィル」124頁）

あれ，筆者は功利主義に対して真の功利主義を提示する。

　ヒュームの功利主義は私利私欲を離れたところで展開されている。徳を編み出す素地をもっていた。徳は社会的徳であると同時にカント哲学にも道を開けた。こうして真の功利主義は道徳に移ることができる。

3　演繹される道徳

　シャンドは指摘する。ミーゼスは「倫理学において功利主義であったことは確かである[46]」。これに対してハイエクは「功利主義は設計主義の特殊な形態である[47]」として，功利主義を退けている。対照的にミーゼスはベンサムに対して好意的である[48]。確かにハイエクは『法と立法と自由』において，「自由は原理に従うことによってのみ維持が可能で，便宜主義に従うと破壊される[49]」というタイトルを挙げている。便宜や功利が個人の価値意識に置かれると自由は破壊されるのである。ただ，ヒューム自身も揺れている。徳は公共的功利として考えねばならないことは必定だが，「我々はある行動を賞讃するとき…動機のみを考慮して…心の気性のうちにある原理[50]」を課題にするとも述べる。要は，その動機が「他の自然的動機ないし，原理でなければならないのである[51]。」したがって，シャンドは言う。「しかしながら，いくつかの点で，かれ（ハイエク）が功利主義的アプローチを受け入れ可能と見ているふしがあり，そして実際，それが『正しい正義に適う行動ルール』の進化にたいするかれの基本的アプローチに本来的にふくまれているように思われるふしが

---

45)　真の功利主義とは合理主義的功利主義でないことを意味する。ミーゼスが後者になってしまったのはカント哲学をよく理解していなかったからである。これについては HH, p.73.（『ハイエク，ハイエクを語る』60-62 頁）を見よ。
46)　Shand, A. H., *Free Market Morality : The political economy of the Austrian school*, p.65.（『自由市場の道徳性』107 頁）
47)　Shand, A. H., *Ibid.*, p.67.（『自由市場の道徳性』110 頁）および前記の HH, p.73.（『ハイエク，ハイエクを語る』60-62 頁）を合わせ見よ。
48)　HA, p.175.（『ヒューマン・アクション』199 頁）
49)　LLL1, p.56.（『法と立法と自由Ⅰ』75 頁）
50)　THN, p.477.（『人性論（四）』44 頁）
51)　THN, p.478.（『人性論（四）』45 頁）

ある。」そこには社会的な功利や便宜を自然な進化に委ねるという演繹的な意識や態度がある。カントが趣味判断に普遍妥当性を要求したように，所詮端緒を開くのは個人の価値意識であり，進んで調和や秩序という価値意識である。要は，演繹を解く「自然的動機ないし原理」にある。

　シャンドやハイエク自らが指摘している，ハイエクとミーゼスの相違を見よう。ハイエクはミーゼスを批判して言う。

　　　「ミーゼスの公準─もしわれわれが厳密に合理的であり，すべての基礎的〔社会制度〕を〔合理的に〕決定するなら，社会主義が間違いであると理解することができる─は誤っています。もしわれわれが厳密な意味で合理主義者，功利主義者であり続けるなら，それは，われわれがすべてを自分の快にしたがって配置することができる，ということを意味します。だからミーゼスは，理性は何事も単なる習慣よりよく行えるのだ，というわれわれがみんなその中で成長した基本的哲学から，決して自由になることができなかったのです。」

　これまで見てきたように，ミーゼスもハイエクもどこまでも社会的な功利に前提をおいて演繹していたことは認められる。ただミーゼスにはヒューム的視点，社会的功利が色濃く漂っている。ミーゼスはヒュームに従って功利主義の立場で論じていることは確かである。それは個人の価値意識を契機としているからである。しかし公共的功利がリードする限り「自然的動機ないし原理」として昇華されねばならない。その意味でヒュームは功利主義から離れようとしている。その階梯を認識していることで，ハイエクはミーゼスを凌駕していた。

　ヒュームのいう社会的全体性，すなわち現象界の調和や秩序，その「自然的動機ないし原理」はわれわれには把握できない何かである。ハイエクは述べている。「ヒュームは，特定の行為にどんな認識可能な有用性があるか，関心を持ったのではない，ただある抽象的諸ルールの普遍的適用の有用性のみに関心を持ったのである。もとより，その諸ルールは，それに従うことで直接知られた結果が生じるが，（個人には）望まれない特定の事例を含んでいる

---

52)　Shand, A. H., *Ibid.*, p.67.（『自由市場の道徳性』111 頁）
53)　*HH*, p.73.（『ハイエク，ハイエクを語る』61 頁）

のである[54]。」と。そして「あるルールの効果は，それが常に遵守されていることだけではなく，行為している人間によって遵守されている他のルールや社会の他の構成員全員によって守られているルールにも依存する…。」[55]「自然的動機ないし原理」は常に開かれた間主観の世界の中で展開されている。そこに真の功利主義が開かれている。

　ヒュームは言う。「公共的仁愛ないし人類の利害への考慮は正義の根源的動機であることができない。もしそうだとすれば，私的仁愛すなわち〔我々に〕かかわる関係者の利害に対する考慮は，なおさらこの動機であることはできない[56]。」大切なことは，ヒュームの功利主義は経験から離れたところで真の功利主義が培われるということである。彼が（そしてハイエクも）理性を回避しようとした意図もここにある。その演繹は「…からの自由」であり「空洞への前進」を含意する。明らかに理性の射程範囲を越えている。つまり，この時点で合理主義者，功利主義者は消え失せる。これはカントの「目的無き合目的性」と軌を一にする。個人の利害は消滅する。これがヒュームの演繹を支える受動的な「自然的動機ないし原理」である。ハイエクがミーゼスを批判する哲学は有限なわれわれを導くべく社会に常に開口されている世界にある。人間個人は常に経験という地に足がついている。その経験を乗り越える潜勢力の頂点は秩序という予定調和に立つことである。ヒュームの予定調和論は功利や便宜に基づくものの社会に開口された諸個人の行為の演繹論である。もとより，その社会的かつ全体的な便宜や功利の世界は，ハイエクが述べてきた経済，市場，貨幣そして法や言語の世界である。ハイエクの主張はヒュームに従ってのことであった。

　ハイエクは普遍的な意味を込めて言う。「全ての既存の価値を疑う余地のないものとみなすことをせずに，それがなぜ維持されているかと尋ねてみる用意のある人は，誰でも，功利主義者として叙述されねばならない。かくて，アリストテレス（Aristotle）もトマス・アクィナス（Thomas Aquinas）もデヴィッド・ヒュームも功利主義者として叙述されなければならず，…。」[57] いわば，社

---

54) *PPE*, p.88.
55) *LLL2*, p.20.（『法と立法と自由Ⅱ』32頁）
56) *THN*, p.482.（『人性論（四）』51頁）

会的な功利や便宜を前提に検討するものは，換言すれば演繹を支えるものは個人に培われる正得的な「自然的動機ないし原理」ということになる。ヒュームも既に述べている。「美などが，我々に具える直接の快感のうちに内包される」判断そして「判断力のある人」を勧め，その背後に自然を認める[58]。そして道徳もその中で進むことができよう。

ヒュームは真の功利主義に従って，「徳から起こる印象が快適で，悪徳から生じる印象は不快である。」そして「道徳性は，判定されるというより，いっそう適切に…感じられるのである[59]。」と言う。ヒュームは『道徳原理の研究』，第5章「なぜ効用は喜ばれるか」と題して述べている。

> 「それ故に，社会的美徳は，自然的な美と愛すべき性質とを有することが承認されねばならない。そしてそれらが先ず初めに，あらゆる訓戒あるいは教育に先立って，無教育な人間に社会的美徳に対し敬意を払わせる，また彼等の愛情を引き寄せるのである。そして，これらの美徳の公共的功利性 (the public utility) は，そこから美徳の価値を引き出させる主たる事情であるから，美徳が促進しようとする目的は，とにもかくにも我々には快く，そして或る種の自然的愛情を把えるものでなければならないことになる。それが喜ばれるのは，私利の考慮からか，それともより崇高な動機 (generous motives) と関心からか，そのいずれかでなければならない[60]。」（一部修正訳，かっこ内引用者）

ヒュームが主張したいことは，あくまでも体系（「社会的美徳」，「美徳の公共的効用」）に従っていかねばならない個人なのである。「社会的美徳」を絶対的条件とするところに，ヒュームの演繹的体系がある。その意味で，既述のようにヒュームは決していわゆる単なる功利主義者ではない。功利主義の統帥としての資格はベンサムに与えられる。ベンサムの「最大多数の最大幸福」という「公共的功利性」は実体，全体性となって現れるからである。しかも，あくまでも動機が私利にあるからである。もとより，ヒュームの真意はそうではない。ただ人間本性は「社会的美徳」に無条件に服従する。したがって，

---

57) *LLL2*, p.17.（『法と立法と自由Ⅱ』29頁）
58) *THN*, p.471. pp.473-476.（『人性論（四）』36-37頁，40頁）カントの判断力―次章で述べるが―もまたヒュームからの覚醒によるに相違ない。
59) *THN*, p.470.（『人性論（四）』35頁，34頁）
60) *EM*, p.214.（『道徳原理の研究』61頁）

「それを演繹するのに困惑する必要は何もない」のである。すなわち「社会的美徳」の功利性を解くことが「人間本性において最も知られ，また公然と認められる諸原理」になる。同時にそれは「自然的動機ないし原理」である。ヒュームはその「社会的美徳」という体系に導かれる個人に何の迷いもない。そして，あくまでもその体系に価値を見いだすのは個人であるが故に，その体系（社会的価値）は私利との契機として理解される。ヒュームをして「正義の法の真の母は自愛である。」，「自愛こそ正義の規則を遵守する最初の動機なのである。」と言わしめるゆえんである。同時に，個人はどこまでもその体系（社会的価値）を取り出すことはできない。ここに「最大多数の最大幸福」を唱えるベンサムとの相違を見ることができる。筆者が，ヒュームの演繹論を「…からの自由」や「空洞への前進」と位置づけてきたゆえんである。これをハイエクはそのまま継承していることは言うまでもない。

　ヒュームの道徳論は社会的な功利として演繹されることは既に述べてきた。ヒュームは確かにカントに先立って当為（ought）と存在（is）を厳密に区別してきた。その議論の中に社会的功利性へ，単なる功利主義からの離脱が見られる。ヒュームは言う。

　　「どの道徳体系ででも…その著者は，しばらくは通常の仕方で論究を進め，それから神の存在を立証し，人間に関する事がらについて所見を述べる。ところが，このときに突然，である，ではないという普通の連辞で命題を結ぶのではなく，出会うどの命題も，べきである，べきでないで結ばれていないものはないことに気づいて私は驚くのである。この変化は目につきにくいが，きわめて重要である。なぜなら，このべきである，べきでないというのは，ある新しい関係，断言を表すのだから，…この新しい関係が全然異なる他の関係からいかにして導出されうるか，…その理由を与えることが必要だからである」

ヒュームは無知の自覚に立って連辞（である）を考えている。未知の部分を含む当為と明らかな既存の存在を厳密に区別したのである。既に述べてきたが，

---

61) *EM*, p.213.（『道徳原理の研究』60 頁）
62) *THN*, p.529.（『人性論（四）』119 頁）
63) *THN*, p.543.（『人性論（四）』139 頁）
64) *THN*, p.469.（『人性論（四）』33 頁）
65) *THN*, p.469.（土岐邦夫訳『人性論』抄訳，中央公論社，520-521 頁）

「道徳は行為や感情に影響を及ぼすのであるから，道徳は理性に起因し得ない…道徳の規則は理性の決定なのではない。[66]」道徳は培っていくものであって，即理解されたものではない。ヒュームは嘆く，「〔道徳性〕の学を幾何学や代数学と等しい絶対確実性にまでもたらすことができるという点は，最初から前提にされている。」そうではなく「徳および悪徳は或る関係に依存しなければならない。[67]」のであり，当為が存在から区別されたのはあくまでも存在から当為に進むためである。道徳は当為であり，未知の部分を含む，社会的功利である。

われわれの無知の自覚を排除してはならない。ヒュームは『人間本性論』の第3編「道徳について」第1部1節で「道徳的な区別は理性に起因しない[68]」とタイトルを付けている。逆に理性への信頼はすべてが既知という前提に立っていることを意味している。しかし必要なことは無知である。われわれが立たされているところは「最初から前提にされている」という状況ではない。理性が無力なのは開口されているミリューに起こる新たな関係に対処できないことである。道徳とは無知を前提にしてある関係の中で規範を推理していかねばならないことを意味している。その端緒を開いてきたのは感覚や感性である。

このことを受けて，ハイエクは述べている。「カントは定言命法という自己の道徳的概念を社会問題に適用することによって，その法治国家の理論を展開した，としばしば示唆されている。それはたぶん逆であって，カントは出来上がったものとして見つけた法の支配という概念を道徳に適用することによって，かれの定言命法を展開したのである。[69]」法も道徳も共に理性の対象ではない。相違を言えば，前者が社会的な一般性を含意し，後者はあくまでも個人主体である。それだけに定言命法は道徳でなく，法に適用されるべきである。すなわち，ヒュームは事実命題から規範命題を推理するという立場をとる。ハイエクも同様である。したがって当為（定言命法）は演繹の前提でしかありえないというのである。ここにカントへの誤解が生じていることも

---

66) *THN*, p.457.（土岐邦夫訳『人性論』抄訳，519 頁）
67) *THN*, p.463.（『人性論（四）』24 頁）
68) *THN*, p.455.（『人性論（四）』11 頁）
69) *PPE*, p.117.（同書「デイヴィッド・ヒュームの法哲学と政治哲学」151-152 頁）

確かである。ヒュームにおいてもカントにおいても確定的な当為などありはしない。これについては，グレガー（Greger, M.）の論文が寄与している。ヒュームの特色は，道徳という社会的功利が諸個人の功利を抑えて未知の部分へ進むの契機となっていることである。

言うまでもなく，ヒュームの演繹は認識論においても展開されている。「われわれが確信している唯一の存在者は，諸知覚である。」（傍点引用者）ヒュームの認識は他の諸知覚や諸観念に常に開口している。認識は「観念連合」や「知覚の束」に基づくものである。その意味で，「私は，自分のうちにはそのような〔単純に持続する〕原理がないことを，確信している。」と言う，ヒュームの自己は消えかねない。したがって，認識論においても存在論においてもあらゆる面で複数の観察者で展開される。思惟は非人格の世界に置かれ生起している。ヒューム哲学の要諦は常に経験的に観察者が如何に見ているかにかかっている。その意味で，個人に展開される「観念連合」や「知覚の束」は慣習や共感そして黙約を培い，育む源泉なのである。換言すれば，ヒュームの演繹は社会的了解に従う諸個人のミリューを意味している。そこには，社会的かつ全体的な慣習や共感そして黙約という功利や便宜が走っている。

---

70) カントが展開してきた道徳律は神に似せたわれわれに内在する絶対的な道徳律という部分を含むことも確かである。カントの道徳律はヘーゲルの絶対精神を編み出すようなものではなかったが，誤解される部分が残っていた。カントの道徳律を『実践理性批判』ではなく『人倫の形而上学の基礎づけ』に求め社会的に途を開き解いているのはグレガーである。Gregor, M. J., "Laws of Freedom-A Study of Kant's Method of Applying the Categorical Imperative in the *Metaphysik der Sitten*-", Oxford Basil Blackwell, 1963. pp.42-43. を見よ。

71) *NPP*, p.77. ハイエクはここでグレガー（*ibid*. pp.38-42. and 81.）を引用しているが，筆者はグレガーの次の箇所を引用する。「カントが義務的な目的から離れて私たちの格率すべてが自己愛に基づいているということを当然のこととしている。カントは暗示している，私たちが他人の幸福を私たちの慈善的傾向に基づいた私たちの目的と考えるときでさえ，結局私たちの傾向の充足にあるということである。」p.82. を見よ。

72) *THN*, p.212.（『人間本性論』244 頁）

73) *THN*, p.97.（『人間本性論』120 頁）「われわれが一方の印象から他方の観念または信念に移行するとき，われわれは，理性によってではなくて，習慣（custom）すなわち連合の原理（a principle of association）によって，〔そうするように〕決定されているのである。」

74) *THN*, p.252.（『人間本性論』287 頁）

75) *THN*, p.260.（『人間本性論』295 頁）人格の「同一性とはこれらの異なる諸知覚に実際に（真に）属しそれらを結びつけているようなものではなくて，単に，われわれがそれらの諸知覚を反省する際にそれら諸知覚の観念が想像力において結びつく（連合する）がゆえにわれわれがそれらの諸知覚に帰する，或る性質に過ぎない，ということが，帰結することが明らかであるからである。」

もちろん，この功利や便宜は個人がもつ便宜や功利ではない。個人が持つ便宜や功利は慣習や共感，黙約を破壊する。諸個人は非人格の世界の中で慣習，共感そして黙約を作り出している[76]。大切なことは，人間は個人一人では何も為し得ない，有限な社会的動物という原点にある[77]。あくまでも慣習や共感そして黙約という快に絶対的価値観が置かれねばならない。換言すれば，それは未知でありつつも希求において絶対である。
　では，ヒュームそしてハイエクは道徳において相対主義なのであろうか。確かに「絶対的な道徳体系は存在し得ない[78]」のである。しかし，だからと言って決して相対主義に流れたりはしない。ヒュームはあくまでも理性に依存せず，経験を棄却の対象としている。すなわち「…からの自由」や「空洞への前進」が確認されたことで相対主義は払拭される，と述べられるであろう。ハイエクは言う。

　　「自発的協調が自由の有利な作用の条件であることを意味している。合理主義学派を除いて，すべての偉大なる自由の使徒たちがあきることなく強調したのは，自由は深くしみこんだ道徳的信仰なしには決して作用しないということ，それから強制を最小限に押さえることができるのは，個人が一般にある種の原理に自発的に従うことを期待される場合だけだ，ということである。これはまさに真実である[79]。」（傍点引用者）

　　「強制されないで，…規則に従うことに利益がある。というのは，そのような強制自体が悪であるだけでなく，実際単に多くの場合だけ規則は守られることが時には望ましく，だからまた規則を犯すことによって反感を引き起こすことがみずからにとって価値あると思われるときには，個人が規則を破ることができるということも，事実，望ましい。社会的圧力と習慣との力によって規則

---

76)　*THN*, p.486.（『人性論（四）』57頁）
77)　*THN*, p.485.（『人性論（四）』56頁）ヒュームは言う。「人間がその欠陥を補え得て，同じ他の生物と等しい程度にまで高まることができ，他の生物に優ることさえできるのは，偏に社会のおかげである。社会によって人間のあらゆる虚弱は補償される。すなわち，この〔社会という〕状況にあってもいろいろな要求は一瞬間ごとに人間の上に積み重ねられるが，しかも人間の能力は，未開で孤独な状態のときに至り得る最大限以上に増大して，あらゆる点で人間を満足させ，幸福にするのである。」
78)　*LLL2*, p.27.（『法と立法と自由Ⅱ』41頁）
79)　*CL*, p.62.（『自由の条件Ⅰ』93頁）特にハイエクは注でバーク，マディソン（Madison, James），トクヴィルからの引用をもって道徳の絶対主義を述べている。pp.435-436. note36（217頁の注(36)）を見よ。

の遵守を確実にするその強さが変化しやすいということもまた重要である。自発的な規則のこの弾力性こそが道徳の領域における漸進的な進化と自生的成長を可能にし，それがさらに経験を通して修正と改良に導かせることになる。そのような進化は強制されるのでもなく，恣意的に課せられるのでもない規則…によってのみ可能である。仲間の非難に立ち向かうだけの十分に強固な理由をもっていると感じている人によって破ることができるものである。」(傍点引用者)

ハイエクは道徳相対主義に立っていないことは明らかである。しかもこの道徳相対主義に陥らない理由はヒュームに求められるというのである。つまりヒュームの進化論に淵源するという。ハイエクはヒュームのすなわち「我々はある行動を賞讃するとき動機のみを考慮して…心の気性のうちにある原理」を課題にしつつ，同時にその動機が「他の自然的動機ないし原理でなければならないのである。」を支持する。「すべてのほかの価値と同様に，われわれの道徳は理性の産物ではなく，前提であり，目的の一部であって，われわれの知性という道具はそれに役立つよう発展してきたのである。進化のいずれの段階においても，われわれの生まれたとき存在している価値体系がわれわれの理性の奉仕すべき目的を与えるのである。」正義が自生的秩序に含まれたように，道徳もまた自生的秩序の体系に含まれて進化するものである。

分かったことは，ヒューム哲学とカント哲学の融合が企図されずにはおかないということである。ハイエク体系にはヒューム哲学と同時にカントの分析哲学が欠かせないことが分かる。

4 自生的形成としての進化と秩序

ハイエクはマンデヴィルの言葉を高く評価して，経済とは「人間行為の結果であるが人間的設計の結果でないもの」，さらに「個々人が利己的であろう

---

80) CL, pp.62-63.(『自由の条件Ⅰ』93-94頁) 同様な言説は CRS, pp.162-164.(『科学による反革命』129-130頁) および IEO, p.24., note23 (『個人主義と経済秩序』28頁および46頁の注 (23)) を見よ。
81) CL, p.63.(『自由の条件Ⅰ』94頁)

114　第3章　ヒューム哲学とハイエク

となかろうと，人によって大きく違っている様々な知識や意図をそれが調和させる」,と言ってきた。経済には自生的もしくは自動的機能を有している,と定義してきた。経済とは調和や秩序が機能する自生的（自動制御）システムを持ち合わせているのである。ハイエクは，またこれらの命題は既に18世紀にマンデヴィルやスコットランドの偉大な道徳哲学者，ヒューム，アダム・ファーガスンそしてアダム・スミス等によって共通して堅持されてきた，と言う。とりわけハイエクはスミスの「見えざる手」による調和の世界を「偉大な社会」として強調してきた。この神への畏敬にも似た形容をハイエクは踏襲する。もちろん「偉大な社会」における調和（秩序）は経験的にしばしば知覚（perceive）されるのであり，科学として理解されるとしてきた。この古典派の哲学者や経済学者の思想に立って，メンガーやハイエクは経済学という「社会研究は人間の行為に関心をもち，その目的は多くの人々との志向せざる，または意図せざる結果を説明するところにある。」と言ってきた。こうして「個人を行為に導いている概念から体系的に出発する」という，スミスの「見えざる手」もしくは自然な理法に従うという演繹の論法が生まれた。

　ハイエクは「この種の思想に完全な形態（form）を与えたのはヒュームだけである」と断定し，それだけに「ヒュームが最も偉大だ」としてヒューム哲学を高く評価する。しかしながら，この「設計によらない『成長して成った』制度」に最初に気づいたのはむしろマンデヴィルであると言う。確かに，自生的構造を社会や経済に最初に見出したのは，マンデヴィルであった。その「完全な形態」とは何であろうか。そして，ハイエクがヒュームを評価す

---

82)　*LLL1*, p.20.（『法と立法と自由Ⅰ』30頁）
83)　*LLL2*, p.110.（『法と立法と自由Ⅱ』154頁）
84)　*PPE*, p.107.（同書第5章「デイヴィッド・ヒュームの法哲学と政治哲学」142頁）
85)　*LLL2*, pp.112.-113.（『法と立法と自由Ⅱ』156-158頁）
86)　*NPP*, p.254.（同書「医学博士バーナード・マンデヴィル」108頁）
87)　*UMS*, S. 87.（『経済学の方法』89頁），*CRS*, p.41.（『科学による反革命』22頁）
88)　*CRS*, p.64.（『科学による反革命』42頁）
89)　*PPE*, p.108.（同書「デイヴィッド・ヒュームの法哲学と政治哲学」138頁）
90)　*NPP*, p.264.（同書「医学博士バーナード・マンデヴィル」123頁）
91)　*PPE*, p.108.（同書「デイヴィッド・ヒュームの法哲学と政治哲学」137頁）
92)　*NPP*, p.250., 253.（同書「医学博士バーナード・マンデヴィル」102頁，107頁）

4 自生的形成としての進化と秩序　　*115*

る，この「設計によらない」制度に「完全な形態」を与えた，ヒュームの貢献とは何であろうか[93]。

　しかしながら，ヒュームは大陸のみならず当のイギリスにおいてさえ評価されなかった哲学者であった。にもかかわらず，注目すべきことは，ヒュームはまさに法と政治哲学において「たぶんただひとつの包括的な論述を私たちに与えた[94]」，とハイエクは言うのである。ハイエクはあらためてヒュームを哲学者というよりむしろ法哲学者もしくは政治哲学者として高く評価する。

　当時 18 世紀のイギリスを考えてみよう。イギリスは世界に先がけ，はじめて人格的自由という自由主義理念を定式化した国家である。これがホィッグ党（Whig Party）の学説であり，名誉革命の教義であった。つまり，ジェームズⅠ世の時代王権神授説を振りかざして国会と一緒になって専制政治を支配してきたステュアート絶対王政に対して，議会がよりどころとしたのはコモン・ロー（慣習法）であった。名誉革命（1688〜89 年）から得たものは実に自由主義とコモン・ローであった。このイギリスの政治制度と政治学説が他国の理論化にとってモデルとなってきたことは，周知の通りである。そして，その「名誉革命の正当化を行ったのはロックではなく，ヒュームにおいてなのである」。ハイエクはフリードリッヒ・マイネッケ（Friedrich Meinecke）の[95]『歴史主義の成立』の文章を引用して，ヒューム哲学は「イギリス史の意味は人〔意志〕の統治から法の統治への転換にあった」事情を明確に述べている[96]。これがスコットランド歴史学派の先がけとなったのであると。

　ハイエクはコモン・ローについて言う。

　　「コモン・ローは『特定の事例ではなく，一般原理で構成されるのであり，この一般原理はこれらの事例によって例証され，説明される』ことを強調した 18 世紀の偉大な判事，マンスフィールド卿（Mansfield, Lord）の有名な言明に[97]

---

93)　*PPE*, p.108.（同書「デイヴィッド・ヒュームの法哲学と政治哲学」138 頁）と同時に，この分析と解明には後発のカントの貢献をも含んでいる。ハイエクは表面的に言ったことはないが，この「設計によらない」制度の構築，すなわち自生的秩序の構築についてはカントからも多くの影響を受けている。
94)　*PPE*, p.109.（同書「デイヴィッド・ヒュームの法哲学と政治哲学」140 頁）
95)　*PPE*, p.109.（同書「デイヴィッド・ヒュームの法哲学と政治哲学」140 頁）
96)　*PPE*, p.111.（同書「デイヴィッド・ヒュームの法哲学と政治哲学」141 頁 164 頁の注〔-〕）

つきるだろう。これが意味するのは，コモン・ローの判事は彼が導く前例から新しい事例に適用できる普遍的意義をもったルールを引き出すことができなければならず，それは判事のテクニックの一部である。[98]」（かっこ内および注引用者）

いわば，ハイエクが経済学に援用してきた自生的秩序の原形は何にも優ってコモン・ロー[99]にあったというのである。コモン・ローはイギリスの法のみならず文化のなかで自生してきた経験的遺産である。そして，そのコモン・ローの理論的立役者はヒュームである，と言うのである。確かに「マンデヴィルが秩序をもった社会の諸構造の自生的成長のすべての古典的諸事例―法と道徳，言語，市場及び貨幣，さらにまた技術的知識の成長―をはじめて展開したのはこのヨリ広い命題の彫琢においてであった。[100]」しかし，経験を背景にしたその理論付けはヒュームの功績であり，この分野を指して法哲学，政治哲学であると言ったのである。[101]このコモン・ローの制度が自生的構造の「完全な形態」というのである。であるから，法はコモン・ローの精神を取り込まれねばならない。

「完全な形態」はヒューム哲学からもたらされた。ヒュームは『道徳および政治に関するエッセイ集』の中で「政治を科学に高めるため」（That Politics may be reduced to a Science）と題して述べている。

---

97) マンスフィールド卿（Mansfield, Lord）については，エクイティー（衡平法）との問題で登場する。田中正司『アダム・スミスの自然法学―スコットランド啓蒙と経済学の誕生―』90-97 頁を参照せよ。
98) *LLL1*, p.86.（『法と立法と自由Ⅰ』113 頁）
99) イギリスにはもう一つの法がある。それはコモン・ローを補うエクイティー（equity）すなわち衡平法である。
100) *NPP*, p.253.（同書「医学博士バーナード・マンデヴィル」107 頁）訳に「社会の諸構造の自成的成長」とあるのは「社会の諸構造の自生的成長（the spontaneous growth）」の間違い。
101) イングランドとスコットランドとは経済，政治のみならず文化の面でも異なったものをもっていた。ヒュームはスコットランド人である。ヒュームは 1707 年の合同法（Act of Union）の制定直後の 1711 年に生まれている。スコットランドはカルヴァン派の信仰をもちかつ法は大陸法の立場を採っていた。これに対して，イングランドはアングリカン・チャーチ（英国国教会，聖公会）であり，法はコモンローの立場であった。神野は言う。「精神主義的で原理主義的な発想法を伝統とするスコットランドは，利害と情念に基づく相互関係を中心にし市場的な発想を基にするイングランド的なやり方をどのように受け止めるか，という問題を突きつけられたのである。」（4・5 頁）ヒュームも人々もこの観点に立っていた。神野慧一郎『モラル・サイエンスの形成』1-12 頁を見よ。

4 自生的形成としての進化と秩序　117

　「失政に対する救済手段を用意していてはじめて，その政治組織はよいといえるものです。したがって，ブリテンの政治組織が最大の活力をもっており，それに，昔からの王家を我が国の政治組織のために犠牲にしたあの名誉革命と王位継承令という二大事件による補強を終えておりながら，―あえてわたしはいいましょう―そのように非常な長所をもちながら，しかも，実際には，失敗を防ぐ救済手段を全然用意していないとすれば，わたくしたちは，我が国の政治組織を破壊し，それに代わるよりよい組織をこしらえあげる機会を与える大臣ならどんな大臣にでも，むしろ，恩恵を負うているわけではありませんか？[102]」

　筆者は，この文章を，ハイエクが言うところの「名誉革命の正当化はロックではなく，ヒュームにおいてなのである。」を表している一つの例として挙げたい。「失政に対する救済手段を用意して」とは，われわれ人間は所詮全能ではなく失敗を犯すものであることを前提としている。必要なことは，失敗や悪から解放されることである。誰れが大臣になってもよりよい組織を既にもっており，またもたねばならないのである。いわば，コモン・ローや自生的秩序に含意された「…からの自由」，「経験はもっぱら棄却の対象となる」を確認することができる。ヒュームは言う。「それらの基準は神の定めたもうたものでもなければ，元来の人間本性の不可欠の一部でもなく，純粋理性によって開示されたものでもないからである。それらは人類の実践的経験の結果である。[103]」その人類の実践について述べねばならない。

　ハイエクは述べている。

　　「ヒュームが，自分の『イギリス史』にふれて，『ことがらについての私の意見はウィッグ（ホイッグに同じ）の原理にヨリ一致していますが，人物についての私の描写はトーリーに偏しています』と書いたとき，ヒューム自身が自らの立場をきわめて公正に説明したのであった。この点で，かってヒュームを『すべての代々のウィッグの父』と述べたトマス・カーライル（Carlyle, T.）のような極右こそ，19，20世紀の民主主義的自由の大部分より，ヒュームの立場をはるかに正確に理解していた。[104]」（かっこ内引用者）

---

102)　*EMP,* pp.24-25.（小松茂夫訳『市民の国について（上）』岩波文庫，1952年，223頁）
103)　*PPE,* p.111.（同書「デイヴィッド・ヒュームの法哲学と政治哲学」143頁）
104)　*PPE,* p.110.（同書「デイヴィッド・ヒュームの法哲学と政治哲学」141頁）

「ことがら」とはトーリーのカトリックの容認とウィッグの清教徒支持との対立である。「人物」とは議会の人々である。ヒュームの立場はあくまでもウィッグ党の原理，議会の権利と民衆の尊重にあった。そうかといって，王権を支持していたのである。ヒュームは名誉革命を次のように評価している。

> 「政府の解体ほどに恐ろしい出来事はない。そこでは，群衆に自由が与えられ，新政府の決定ないし選択権は人民に，人民の頭数にほぼ等しい数…に委ねられてしまう。そんな事態になれば，思慮深い人たちは皆，俊敏な将軍が出現して，強力かつ忠実な軍隊を統帥して，独力ではとうてい支配者を選べそうにない人民に支配者を与えてくれることを望むようになる。現実に起こってくることは，…哲学的意見と，こんなにもかけ離れてくるのである。[105]」

こうして，ヒュームは政府に実践を委ねるのである。いわば，ノーブレス・オブリージ（noblesse oblige）である。「名誉革命でさえ，…精妙な理論には一致するどころではなかった」のである。この革命を決定したのは1000万の国民の内たった700人であった。しかし，1000万の大部分の人々がこの決定を支持したと思うが，国民には支持しなかったら処罰されただろうから従わざるを得なかったところがあると思われる，とヒュームは考えていた。改革という政治に国民全体を入れることへの難しさをリアリズムに見ている。同時に，それは多くの人々（700人）の議会運営あってはじめて実現できることである。[106]こうして，ハイエクは「完全な形態」を議会に見出している。羅針盤にある磁石の針は確かに揺れているけれども確実に北を指している。その「完全な形態」を姿勢として議会に見ることができる。これがヒュームの見てきた名誉革命であった。

以上がヒュームが看取した名誉革命についての「完全な形態」である。ヒュームが言う，実践は消極的選択に基づく動態の世界であることが確認される。こうして，ヒュームがタイトルで掲げたように「政治を科学に高める」ことができるのである。コモン・ローを編み出した社会的な精神を議会に見ることができる。そして「実り豊かならしめたものが生き残り，効果の劣るもの

---

105) *EMP,* p.501.（大槻春彦訳『原始契約について』，中央公論社『世界の名著27』に所収，542頁）
106) *EMP,* p.501.（『原始契約について』542頁）

は廃され」るのであり，それは社会にとって進化と秩序を維持していくための不可欠な条件である．進化と秩序は自生的形成に基づく社会的な演繹の原因と結果でなのである．

　こうして，ヒュームは反合理主義の下で「法・政治哲学のたぶんただひとつの包括的な論述」として「完全な形態」を与えたのである．ヒュームは単なる哲学者としてではなく法哲学と政治哲学の人であった，とハイエクは言いたいのである．コモン・ローは「人為の所産」であるもののその構築のメカニズムとして非人格的な社会における実践的人間に焦点が当てられる．したがって，ハイエクは自生的秩序を解くに当たって，経済学者でありながら法を問題としなければならなかったのである．ハイエクの経験主義は進化や秩序の下にある．経験主義は演繹の中にあると言えよう．それには条件の中にある人間が課題となる．それはまた動態における経験を受け入れる人間を看取しなければならなかった．

5　人間的自然

　ハイエクがヒューム哲学とカント哲学に依存していることは既に述べてきたところである．そして，彼らの哲学は自然な調和もしくは予定調和の解明，換言すれば「科学的な宇宙論」において一致していた．既に述べてきたように，「科学的」とは観察や経験から決して離れることのないスタンスを堅持するところにあった．それはまた理性の制約を伴うところでもあった．[107] 彼らの哲学はその点で一致していた．ハイエクがあらためて真の個人主義や真の科学を唱えたのも彼らが共有していたものであった．

　しかしヒュームとカントと間に相違もあった．彼らの相違を，既述のようにヒューム哲学が「人間的自然」の解明と表すことができるのに対して，カント哲学は「自然的人間」の解明と表すことができた．この相違は，ヒュー

---

[107]　*EHU*, p.44. note1（『人間知性の研究・情念論』66 頁の注）ヒュームは言う．「理性は…特定の事情…特定の行為の帰結について極めて尤もらしい推理をする…けれども経験の助力なしには理性はやはり不完全である．経験だけが学習と反省…から格率に安定性と確実性とを与える…．」

ムが社会的全体性や慣習に自然に溶け込む人間を見ているのに対して，カントはあくまでも人間主観の中の自然すなわちアプリオリを発見しているところにある。もとより，彼らの哲学は優劣が付くようなものではなかった。ただ，ハイエクは自ら述べたようにヒューム哲学を高く評価してきた。これに対して，ミーゼスは功利主義を堅持しつつもカント哲学に依存していたと言うことができる[108]。ハイエクにおける「人間的自然」を見よう。

それは次の表現に表れている。「『政府』とか『貿易』，『軍隊』，『見聞』といった言葉は観察されるものを何ひとつ表してはいない。それらは関係の構造を表している。…その構造は，…絶えず変化する要素間の関係の一貫した体系に関する『理論』によってのみ記述されうるのである[109]」。この「観察されるものを何一つ表していない。」は演繹的アプローチを表現している。その演繹の前提，全体性は「関係の構造」である。いわば「見出しうる要素のうち，どれがある結合した全体の一部であるかを，観察によってではなく，再構成の『理論的』作業によってのみ知ることができるのである[110]。」この「結合した全体の部分」において，要素にどのような持ち合わせがあるか，その主観の分析を課題としたのがカントであり，また要素を自然な社会性や全体性の中で課題としたのがヒュームである。この点で，ハイエクはヒューム的であった。つまり，その「結合した全体の部分」，すなわち慣習や黙約に組み込まれる要素（人間本性としての知性と情緒）としての個人に視点がおかれていた。

ヒュームの調和論を見よう。ヒュームは観念連合（association of ideas）と観念の継起の哲学を重んじる[111]。ヒュームは言う。

「自然の課程（the course of nature）と我々の観念の継起（the succession of our ideas）との間には，一種の予め設定された調和（a kind of pre-established harmony）が

---

[108] なぜなら，ミーゼスに合理主義的功利主義を認めることができるからである。その意味でヒュームに通じるものをも感じる。もとより，ハイエクにもカント的なところがある。ハイエクはウィーンの伝統として「偶然の伝統，本質的には宗教的な伝統」と「道徳的伝統」を認めるからである。HH, p.73.（『ハイエク，ハイエクを語る』60-61 頁）を見よ。
[109] CRS, p.124.（『科学による反革命』94-95 頁）
[110] CRS, p.127.（『科学による反革命』97 頁）
[111] THN, pp.11-13., p.93.（『人間本性論』22-25 頁，115 頁）「観念連合」は「観念間の連合（an association among ideas）」や「観念の連合原理（a principle of union among ideas）」に表現さている。

存在する。そして前者を支配する諸力と諸勢力とは，我々には全く知られていないけれども，我々の思惟と思念とは，依然として自然の他の作品（the other works of nature）と同一の順序で進行することが認められる。習慣は，それによってこの対応がもたらされてきた原理であり，それゆえに我々の種族の生存に，また人間生活に関するすべての事情および事象のなかで，我々の行為を規整するために必須なのである。」[112]

だが，人間の内的自然も看過したりはしない。ヒュームは続ける。

「このように必要不可欠な心の活動を，作用においては間違いなく生活と思惟との最初の出現に際して現れ，知性の苦心による演繹のすべてから独立しているであろう或る本能（instinct）または機械的な性癖（mechanical tendency）によって確実なものとすることは，自然の通常の知識に一層適っていることである。自然は我々に手足の使用を，それらを動かす筋肉や神経の知識を我々に与えることなしに教えたのと同様に，自然が外的対象の間に設定したいものに対応する過程に従って思惟を進める本能を，我々の内部に植え付けたのである。」[113]

ヒュームの懐疑主義は機械的な性癖，本能で克服される。もとより，ヒューム哲学とカント哲学との接点でもあり，分岐点でもある。前者の引用はもっぱらヒュームの視点であり，後者はカントへその視点を渡たした，と言えよう。要は彼らが経験論の中にあるということである。われわれの人間社会も慣習が司るならば諸個人が抱く思惟と思念は「自然の他の作品」と同様に調和の下にあり同一である。いわば，この調和や秩序を社会的に看取するのか，主観的に看取するのかの相違である。マッハ（Mach, E.）の『感覚の分析』や[114]ハイエクの『感覚秩序』[115]はヒュームの観念連合を含意していることは言うまでもない。これに対して，カントは普遍的なアプリオリなカテゴリーとして自然的本性における（in der Natur）主観（感性的存在者即ち人間としての主観）[116]

---

112) *EHU*, p.54.（『人間知性の研究・情念論』79頁）
113) *EHU*, p.55.（『人間知性の研究・情念論』80頁）
114) *AE*, S. 38.（『感覚の分析』41頁），マッハは述べている。「私の出発点がヒュームのそれと本質的に異なっていないということ，これは全く明白である。」この「それ」とは「心理学的事実は物理学的事実と少なくとも同程度に，重要な認識源泉である。」
115) *SO*, p.102f.（『感覚秩序』120頁）の第五章「精神的秩序の構造」における「リンケージ」。『感覚秩序』にヒュームは登場しないが，ヒュームが合理的心理学に反対して経験的心理学の立場であることは明白である。

を見出していた。

　カントはあくまでも人間主観を対象としてきた。自然な調和に向けて社会的にかつ観念連合に規制される人間を求めたヒュームに対して，カントは社会に諮らずともあくまでも主観の中に自然な普遍的本性，すなわちアプリオリな部分を発見したのである。いわば，次元の相違である。ヒュームは社会的次元に human nature（人間本性すなわち既述の「人間的自然」）すなわち社会的人間を発見しようとしてきた。これに対して，カントは「自然的人間」すなわち主観の中に自然（超越論的なもの）を発見しようとした。ドゥルーズが述べていたように，ヒュームもカントも調和（秩序）という帰着点は同じであり，視点やアプローチの仕方の相違と理解されよう。ハイエクはそれらの相違をうまく補完しながら援用しているように見える。そして，表面的にはハイエクはヒューム哲学，「人間的自然」の哲学を高く評価してきた。その理由が解かれねばならない。

　オーストリア学派経済学の創始者メンガーもまたイギリス経験主義とカント哲学を互いの補完として援用している。それが科学主義をもたらしたのである。ハイエクもまたその上に立っている。自然な調和論（もしくは予定調和論）を「科学的な宇宙論」として改めて問うこととなった。その結果，ウィーンの学者達はカントの「物自体」の洗礼を受けて，客観はわれわれによって構築されることが確認され，イソモルフィズムを共有することとなった。それは社会科学においても同様である。社会的メカニズムが存在するのも，われわれの主観にその位相型が存在するからである。もとより，こと社会科学に関する限りその手法は社会的な，非人格的なそして演繹の場で培われるものでなければならない。その下地はスコットランド啓蒙主義やイギリス経験主義に育まれていた「意図せざる結果」，「人間が意識的に作ったのではない制度…が，諸個人の異なる利害の一致をもたらす」こと，つまり無意識であ

---

116) *KU*, S. LV.（『判断力批判（上）』64 頁）カントは言う。「自由概念に従うところの結果は究極目的である，この究極目的（或いは感覚界におけるその現象〔究極目的の現れとしての〕）は実在すべきものであり，そのためにかかる究極目的を可能ならしめる条件が，（感性的存在者即ち人間としての主観の）自然的本性のうちに前提されるのである。」

117) *ES*（『ヒュームあるいは人間的自然―経験論と主体性―』）を見よ。特に 272 頁の訳者木田元氏，財津理氏の注☆19 を見よ。

りつつも個人的自覚をともなうことの解明であった。いわば，その磁場は共同主観としてのミリューである。ここにヒュームとカントが互いに補完されねばならない理由が存在する。しかし，同時にこのミリューを強調すればするほどまずヒューム的でなければならないことはいうまでもない。なぜなら，この動力は個人的自覚だけではなく無意識そして動物の知性[119]をも含むからである。無意識と動物の知性という開かれたミリュー，すなわち，自然の中に開かれた科学性を要請するからである。ここにヒューム哲学ならではの社会的かつ科学的論理が問われる理由がある。

　ハイエクがヒューム哲学から得た核心は社会的に培われたものへの演繹である。つまり，経済は全体的概念であり体系であるが把握できないというものである。にも拘わらず，人間行為はその全体的概念，体系に組み込まれなければならない。構築の視点は社会的であるものの，構築主はあくまでも個人である。ヒュームは社会について述べている。

> 「人間の欠陥を補い得て，同じ他の生物と等しい程度にまで高まることができ，他の生物に優ることさえできるのは，ひとえに社会のおかげである。社会によって人間のあらゆる虚弱は補償される。すなわち，この〔社会という〕状況にあってもいろいろな要求は一瞬間ごとに人間の上に積み重ねられるが，しかも人間の能力は，未開で孤独な状態のときに至り得る最大限以上に増大して，あらゆる点で人間を満足させるのである。[120]」

人間は他の動物に比して社会的依存度が高い動物であることがいやが上にも強調される。主観の哲学に基盤をおいたカントよりも，ヒュームが優れている理由である。ハイエクも述べていた。「弱い動物である人間にたぐいのない力を与えるのは社会生活だけである。[121]」したがって，われわれはその社会的動物としての人間に気づかねばならない。社会的人間が真の個人であり，またその社会が真の救済を個人にもたらす。ヒューム哲学には人間がその社会人

---

118) *NPP*, p.260.（同書「医学博士バーナード・マンデヴィル」117 頁）
119) *THN*, pp.176-179.（『人間本性論』206-209 頁），*THN*, pp.397-398.（『人性論（三）』80-84 頁）および *NPP*, p.260.（『還元主義を超えて』に所収，吉岡佳子訳「抽象の第一義性」427 頁）を見よ。
120) *THN*, p.485.（『人性論（四）』56 頁）
121) *PPE*, p.112.（同書「デイヴィッド・ヒュームの法哲学と政治哲学」145 頁）

間を醸成する過程が説かれている。ヒュームの社会は慣習や黙約そして共感（同感）[122]に満ちている。それらは人間の関係の中で，換言すれば観念の連合と継起の中で醸成される。それらは人間を支えている。ドゥルーズは述べている。「関係とは諸連合原理の効果，すなわち経験を超出しうる主体を経験のうちで構成する人間的自然の諸原理の効果である[123]」と。

周知のように，このヒュームの社会的展開はホッブズ（Hobbes, T.）やロック（Locke, J.）にも見られなかったものである。ヒューム哲学が人間の社会性に核心をおいた哲学であることが分かる。ヒュームは黙約について述べている。（既引用と重なるが引用する。）

> 「黙約には約束という性質はない。なぜなら，約束でさえ人間の黙約から生起する。黙約は単に共通利害の一般的な観念（sense）である。社会の全成員はこの観念を互いに表示し合い，この観念に誘発されて，各人の行為を若干の規則によって規制するのである。…他人は…自己の行為を規制することに似かよった利害を感受する。…利害のこの共通感が相互に表示されて，私にも他人にもよく判ると，それに適当した決意と行いとが生まれるのである[124]。」（かっこ内，及び一部修正引用者）

黙約は無意識のうちに規則や法を編み出すのである。その「決意と行い」は所持の安定を促す規則を編み出すのである。その規則は「漸次に起こり，その力は徐々に，すなわち規則違反の不都合を反復して経験することによって，得られるのである[125]。」規則は社会的規範を編み出すのである。こうして，各人の自己所有が安定し正義と不正義との観念が出来上がる。したがって，われわれの所有〔ないし資産〕は，まず始めに正義と不正義の観念無しには全く理解できない，とヒュームは言う。個人の所有物は個人のものでありながら社会的な確認に依るのである。資産が社会的なものであるなら正義もまさに社会的なものである。正義は恒常的な獲得をもたらす法では決してない。社会的なものという意味は，正義を意義の上で個人や一部の為政者が獲得する

---

122) *THN*, p.578.（『人性論（四）』189 頁）
123) *ES*, p.121.（『ヒュームあるいは人間的自然-経験論と主体性-』197-198 頁）
124) *THN*, p.490.（『人性論（四）』63 頁）
125) *THN*, p.490.（『人性論（四）』63 頁）

ものと理解してはならない。ヒュームは言う。「正義の起源を解明し終えないうちに所有とか権利とか責務とかいう言葉を使用し，或いは正義の起源の闡明（センメイ）にそれらの言葉を用いさえする者は，はなはだ大きな〔論理的〕誤謬を犯す者であり，強固な根底に立って論究することは決してできないのである。」(126)（一部修正引用者）正義は常に未完成途上であるが，しかし社会的に要請されるものである。換言すれば，正義は把握されるものではなく，自生的秩序で解かれねばならないものである。ヒュームの正義を理解すれば，為政者が当為として考える現代の経済政策や社会保障への少なからぬ警鐘を感じるのは筆者だけではない筈である。ハイエクが強調してきた国家設計主義に対する厳しい批判の原点がここにある。

　正義はあらためて問われる。ヒュームは「人間的自然」を通して正義を解いている。「正義の感を生む印象は人間の心に自然的ではなく，人為から起こる，換言すれば人間の黙約から起こる。(127)」正義は人間の社会的実践を通して培われるものである。個人的な実践は社会的な実践として洗礼を受けねばならない。個人の行為は最も社会的にならねばならないが，それは最も個人的行為を通してである。したがって，「自利（*self-interest*）は正義を樹立する根源的動機である。が，公共的利害への共感は，正義の徳に伴う道徳的〔ないし是認〕の源泉なのである。(128)」正義は黙約から生じていた。正義や徳の源泉は共感（同感）にある。したがって，卑近な自利に基づく行為は崇高な道徳への発火点である。自利という行為は社会的に認められる。その自利の行為は社会的洗礼を受けて共感，道徳そして正義を編み出す。自利は社会的に組み込まれるがゆえに功利主義として資格をもつ。(129) 自利は社会的規範をもたらすための契機になる。この功利主義は道徳の世界と経済の世界を結ぶのである。これはアダム・スミスに引き継がれる。人間的自然，社会的人間はわれわれの有限と無知を補っている。それは道徳の世界であり，経済の世界で

---

126)　*THN*, p.491.（『人性論（四）』64 頁）
127)　*THN*, p.496.（『人性論（四）』72 頁）
128)　*THN*, pp.499-500.（『人性論（四）』77 頁）
129)　Gray, J., *Hayek on Liberty*, Basil Blackwell, 1984. p.59.（『ハイエクの自由論』113 頁）グレイは述べている，「ヒュームの場合も，ハイエクの場合も，その道徳性には，根本的に功利主義的なものに与するという一面がある。」

ある。「アダム・スミス問題」は既にヒュームにおいて解決がついていたのである。

こうして、ヒュームの世界は常に社会的世界であり、換言すればヒュームの演繹の世界である。ヒュームは「人間本性」は「あらゆる活動に必須な二つの主要部分から、すなわち情緒と知性とから、構成されている。」と解く。「知性の指揮を欠く情緒の盲目的な動きは、人々を社会的に無能力とするものである。…この運動がそれ自身には非複合的で分離できない」のである。この運動が分離されないのは社会的だからである。個人的情緒は社会的知性が制御するし、個人的知性は社会的情緒が制御する。これは情緒も知性も個人のものであり、社会的に開放されていることを意味する。

したがって、自由が確認される。自由は社会的に正義や道徳の動機が芽生える中で見られるものである。ヒュームの自由は社会的であり、経験に寄り添うものである。その意味でヒュームは自由を積極的に採り上げることはなかった。「自由は概念でなく条件である」と言ったハイエクが理解される。これに対して、道徳と自由を表裏に扱ったカントとの相違は明らかである。すなわち、ヒュームは言う。「道徳性（morality）が理性（reason）の演繹によってのみ発見されると称することは、無駄である。」（修正訳およびかっこ内引用者）「能動的原理は非能動的原理を根拠とすることが決してできない。」のである。静態的理性は批判されねばならなかった。ヒュームほど当為や動態的原理を明確にした哲学者はいなかった。つまり「能動的原理」すなわち社会に付される原理と非経験的かつ非社会的、すなわち非能動的原理を区別したのである。大切なことは、ヒュームの当為は社会的動態の中で培われていくところにある、言葉を換えれば自己の内面に理性を通して当為と自由（道徳）

---

130) *THN*, p.493.（『人性論（四）』67-68 頁）
131) *THN*, p.493.（『人性論（四）』68 頁）ヒュームは言う。「自然学者に認容される自由と同じ自由が道徳学者にも許されてよいが、前者にあっては、日頃から見られることとして…。」この自然学とはニュートンの自然学であり、ヒュームの『人性論』の冒頭に掲げた「実験的論究方法」であり、経験的な方法のことである。ヒュームにとって自由は経験的自由である。
132) *THN*, p.457.（『人性論（四）』14-15 頁）を見よ。訳者、大槻春彦氏は morals を道徳、morality を道義と訳している。
133) *PPE*, p.112.（同書「デイヴィッド・ヒュームの法哲学と政治哲学」144 頁）および *THN*, p.457., p.469.（『人性論（四）』15 頁、33 頁）を見よ。

5 人間的自然 127

を見ていたカントと間に大きな相違を見る。そこに「人間的自然」を編み出した経緯を見ることができる。

これらは社会的なそして経験的な人間の動力である。そのカギは慣習，黙約そして共感という社会的なすなわち諸個人がもつ共通の動力である。その動力の下では，一元論が展開されることになる[134]。一元論は個人を社会的なものに組み込んでいることを意味する。換言すれば，ヒュームの哲学は社会を極限とする演繹の哲学と言うことができる[135]。こうして，ヒュームの命題「人間的自然」は社会的，演繹の哲学として解かれたことになる。

この意味で，ヒューム哲学もまたカント哲学も概念なき演繹，自然の調和や予定調和の哲学である。ハイエクもまた事あるごとに述べてきた。「秩序とは，常に，誰にもその全体がつかめない数多くの特定事実への適応なのである[136]。」「要素はその構造に組み込まれうるが，構造は要素と同じようには，直接認識の対象にはなりえない[137]」のである。しかしその全体は体系をもつ。いわば演繹の前提，体系を意識しつつも，その概念は把握されないという事情である。スミスの「見えざる手」は，経済という全体概念が把握されるわけではない。ハイエクが掲げる経済とはそのような概念なき演繹に組み込まれた人間の哲学を含意する。ハイエクは言う。

「自然科学の場合と同様に，社会科学においても演繹的推論を用いなければならないことは明らかである。根本的な差異は，自然科学においては演繹的推論の過程が帰納的な一般化の結果である何らかの仮説から出発するものでなければならないのに対して，社会科学においては，演繹的推論は直接に既知の経験的諸要素から出発し，これらの要素を用いて，直接の観察が確定し得ない複雑な現象の中の規則性を発見するところにある[138]。」

---

134) ヒュームが常に一元論ではないことは明らかになっている。カント同様に経験的実在論の立場に立っている。
135) *EHU*, p.99. p.102.（『人間知性の研究・情念論』138 頁，142 頁）
136) *LLL*, p.40.（『法と立法と自由Ⅰ』54 頁）また *HH*, p.72.（『ハイエク，ハイエクを語る』61 頁）でハイエクは述べている。「ミーゼスと同じ程度に〔神の存在について〕不可知論者ですが，われわれには自分の〔理解の〕視界を越える秩序を形成する…伝統」を認める。
137) *NPP*, p.277.（同書「経済思想史におけるメンガー『原理』の地位」176 頁）
138) *IEO*, p.126.（『個人主義と経済秩序』172 頁）

この演繹はヒュームからのものであることは明らかである。人間は演繹に組み込まれた要素なのである。このことにおいて社会科学も自然科学も変わらない同じ科学である。むしろ必要なことはあらゆる科学が「直接の観察が確定し得ない複雑な現象の中の規則性」のなかにあるという自覚である。

その意味において，現代の大半の経済学者が考える経済学とは基本的に相違する。経済事象の全体はいわゆるマクロ的数値をもって把握されたと理解している。しかし，マクロ的統計数値を提示して経済の全体を把握したと考えるのは間違いである[139]。そもそも，経済事象全体も人間個人と同様に直接の把握の対象にはならない。確かなことは何か。ヒュームの信念は社会（自然）という非人格の世界が進める構築の哲学にある。ヒューム哲学を一元論と言う理由はここにある。個人は調和や秩序，体系の中に存在する。しかしその秩序，体系の概念は把握されない。もとより，その概念は「個人を行為に導いている概念」である。その個人は秩序とその体系に参加し構築する個人であり諸個人である。それが「人間的自然」である。

6　理性破棄の根拠

ヒュームの『人間本性論』のサブタイトルに「実験的な推論法を精神の諸問題に導入する試み」と書かれているように，彼の哲学の使命は経験と観察による「人間本性」の解明であった。その解明のために「知性（understanding）と情念（passions）とは，それだけでまったく一続きの論究を成すので，私は，この自然な区分を用いて一般読者の好みを試したかったのである[140]。」と言う。そして「論理学，道徳学，文芸評論，政治学の四学問には，われわれにとって知る価値のある事柄，人間精神を高めることあるいは飾ることに寄与し得

---

[139] ハイエクは言う。「統計学の『集団』に関して研究されるのは『大数の法則』によって生み出される規則性なのであって，この『集団』は全体としての社会構造を示すという意味での全体などでは断じてないのである。このことは，統計学によって研究される『集団』の特性がその要素の総体のどの部分を無作為に抽出してみても依然として変わりがないという事実に一番よく示されている。」(CRS, p.108.『科学による反革命』80-81頁)

[140] THN, p. xii.（『人間本性論』3頁）

る事柄の，ほとんどすべてが含まれているのである。」と言う。論理学は「推理能力の諸原理と作用，および観念の本性の説明」，道徳学と文芸評論は「趣味と感情の考察」，そして政治学は「結合して社会を形成し相互に依存し合う限りでの人間の考察」であると言う。いわば，哲学は「理性ではなく，弁舌の才で」あり，「人間の諸能力によって判断される事柄である」と言い，理性に権威を持たせるのではなく，情念（情緒）がもつ価値意識を契機とした包括的捉え方を打ち出す。それは知性と情緒が哲学の課題を担うことを意味している。いわば，情緒は行為の能動性に直接係わるものである。理性は対象をパラレルに並べる能力をもつのみである。したがって，理性に集中して議論を進めるよりもむしろ感情に重きを置くべきである。換言すれば，人間のもつ感情こそが理性にまして社会へ開口するすべての行為の契機となる，というのがヒューム哲学の核心であった。このような情緒の優位の背景には理性の後退のみならず懐疑主義とが共存することは言うまでもない。

　確かにヒュームには懐疑論が付きまとい，存在論や認識論に混乱をもたらしたという印象がもたれてきた。しかし，これはまったくの誤解である。むしろまさに逆説的に，ヒュームは懐疑主義であったからこそ哲学への多大な貢献をなし得たのである。カントをして「恐らくヒュームは，あらゆる懐疑論者のうちで最も聡明な人であろう。」と言わしめたことからも分かる。ヒュームに懐疑主義が展開されたからこそカントは批判哲学に向かうことができたのである。カントにとって，まさに「懐疑論は，人間理性にとっての憩いの場所」であった。

　ヒュームの懐疑主義はすべての判断を放棄するピュロン（Pyrhōn）のような極端な懐疑主義（判断が無く現れる現象のみで行為の意思決定をする）ではない。ヒュームの懐疑主義はすべてを懐疑に陥れて判断停止するような懐疑主義ではない。つまり，ヒュームの懐疑主義は因果律の根拠を何ら見いだせなかった有限性の自覚を意味している。懐疑主義ではなく単なる懐疑である。

---

141)　*THN*, p. xvi.（『人間本性論』7 頁）
142)　*THN*, pp. xv-xvi.（『人間本性論』7 頁）
143)　*THN*, p. xiv-xv.（『人間本性論』5-6 頁）
144)　*KrV*, S. 792.（『純粋理性批判（下）』62 頁）
145)　*KrV*, S. 789.（『純粋理性批判（下）』59 頁）

むしろ，ヒュームの懐疑は認識論，道徳，判断そして存在論に置かれ，それらに謙虚な反省を生起させる根拠であり，契機である。その意味で懐疑を前提に懐疑は克服される。したがって，懐疑は認識や判断を留まらせものではなく，進める必要不可欠な前提と言った方がよい。その懐疑の克服として，ヒュームは二つの信念を編み出している。一つは感情に導かれる蓋然的推論の哲学[146]，もう一つは社会的判断である[147]。これらは個人ではなく諸個人を抱き込まずにはおかなかった。諸個人という非人格の世界には経験（因果律）を超出する動力があるというのである。社会は未来に向けた客観を築く不可欠な足がかりであった。その客観とは確実なものではなく，より確実なものである。換言すれば，ヒュームの懐疑は個人の認識や判断に十分な謙虚さを呼び，真の啓蒙主義の端緒を開いたのである。

ヒュームの懐疑は，当然の帰結としてカントが展開することとなった理性批判の基礎となっているのである[148]。重要なことは，ヒュームの懐疑論がカントへ「懐疑的方法」として譲られたことである[149]。ハイエクの理性の誤謬の背後はこの懐疑論がある。ハイエクが自生的秩序の形成に無知や消極的選択そして自由主義を主張してきたが，これはヒュームの懐疑論を背景にしてのことである[150]。人間に抱かれた懐疑論は反動的に自然や社会に向けた演繹の哲学に転換されることとなったのである。

ヒュームは述べている。

---

146) 「道徳学と文芸批評とは，われわれの趣味と感情（sentiments）を考察するものであり，…」や「すべての蓋然的推論は，一種の感覚にほかならない。われわれが自分の好みや感情（sentiment）に従うほかないのは，単に詩や音楽においてばかりでなく，哲学においても同様なのである。」に現れている。*THN*, p. xv.（『人間本性論』7頁），*THN*, p.103.（『人間本性論』128頁）を見よ。ハイエクの感覚秩序を導くものである。

147) 「政治学は，結合して社会を形成し相互に依存し合う限りでの人間を考察するものである。」*THN*, p. xv.（『人間本性論』7頁）

148) 理性は社会的に扱う必要のない性質をもつ。したがってヒュームは理性を中心に扱わなかった。しかしこのヒュームの理性批判こそカントをして「独断のまどろみ」から目覚めさせてくれたのである。カントにとってヒュームこそ哲学における最大の恩人である。*PM*, S. 260.（『プロレゴメナ』19-21頁）

149) *PM*, S. 360.（『プロレゴメナ』230頁）

150) *CL*, p.406.（『自由の条件Ⅲ』204頁）ハイエクは述べている。「自由主義者が保守主義と異なるのは，この無知に直面して，いかにわれわれが知らないかを承認するその意識的態度にある。自由主義者は自分の理性に欠けている超自然的な知識の源の権威を主張しないのである。自由主義者がある面では根本的に懐疑主義者であることを認めねばならない。」

「理性とは，われわれを或る特定の観念の連鎖に沿って運び，それらの観念にそれらの特定の状況と関係に応じて特定の性質を与えるところの，われわれ〔人間〕の魂における驚くべき理解不可能な本能にほかならない。なるほど，この本能は，過去の観察と経験から生じる。しかし，なぜ過去の経験と観察がこのような結果を生み出すのかについては，なぜ自然が単独で（経験によらずに）このような結果（本能）を生み出し得るのかについてと同様に，その究極の理由を誰も与えることできないのである。自然は，確かに（実際），習慣から生じ得るものは何であれ，生み出すことができる。いなむしろ，習慣とは，自然の諸原理の一つにほかならず，その力のすべてを，自然という起源から得ているのである。」[151]

ヒューム哲学の特長は特定の観念の連鎖による印象や想像そして信念を理性から切り離したことにある。理性は「過去の観察と経験」をテリトリーにもちながら，なぜ経験によらず機能するか，分からない。むしろ理性のような限られた思惟能力よりも，諸個人が包括的に写し出す習慣に原理を置くことが現実的である。認識や道徳そして判断の舞台は個人を離れ社会に拡張されずにはおかない。それは知性と情緒の世界である。ドゥルーズが言うように，「関係は経験から生じないということである。換言すれば，関係とは諸連合原理の効果，すなわち経験を超出しうる主体を経験のうちで構成する人間的自然の諸原理の効果である，…関係は発生の所産ではなく，諸原理の効果である。発生それ自体は諸原理に帰着する。」[152]諸原理の効果は慣習にあり，その慣習を生み出した人間的自然の成果である。

したがって，関係は経験から生じないということは，個人（主体）が接しつつも直接結びつかない経験的世界が存在するということである。それは効果である。われわれ個人が望むものとはしばしば切り離される経験的世界，演繹の世界が存在するということである。それを個人から見て，メンガーは「無反省な結果」，ハイエクは「意図せざる結果」と言った。その世界の中で，諸原理は機能している。この世界を一元論と呼ぼうが間主観の世界と呼ぼうがどちらでもよい。ヒュームはそのような世界を強調していた。ヒュームは

---

151) *THN*, p.179.（『人間本性論』209 頁）
152) *ES*, pp.121-122.（『ヒュームあるいは人間的自然―経験論と主体性―』198-199 頁）

個人が遭遇する直接の経験とは切り離された世界に気づいていた。それはヒュームにとって，理性を超えたところで扱われる。

周知のように，カントは経験とは直接繋がらない（しかし経験なしには存在しない）アプリオリな世界に気づいていた。ヒュームもカントもともに理性批判ということにおいて共通していた。しかしながら，カントが主観の中にアプリオリな世界を見出したのと対照的に，ヒュームは社会の中に個人が直接編み出すことのできない（しかし知覚することのできる）世界，すなわち「意図せざる結果」を見出した。これは，言わずもがなアダム・スミスの「見えざる手」をより見えるものにしたいということである。換言すれば，その原理の解明である。もちろん，彼らが見出した世界は社会的慣習やアプリオリに従う演繹的態度から結果した世界ということにおいて共通している。しかし，その相違においてメンガーもハイエクもカント的であるというよりヒューム的であった。それは彼らがどこまでも経済学者だからである。その経済の世界とは何であろうか。

経済の事象は，今さら述べるまでもないことであるが，相互作用として機能しているのである。ハイエクは述べている。

> 「自己増殖的秩序のなかで，もっとも重要なものの一つは，お互いに知らない人々の活動が相互に調整されることを意味する，広範な分業である。近代文明のこの基盤は，アダム・スミスがフィードバック機構の作用という点から，始めて理解したものである。かれは，この機構によって，こんにちサイバネティックスとして知られるものを予想していた。」[153]

経済が機能する世界は事象が相互に関係した世界であり，フィードバックの世界である。原因と結果を求めても互いに回帰する世界である。需要と供給から価格が決まると言っても，需要と供給は価格によって決められているのである。生産物の量の調整は多くの分業のなかで行われる。調整という秩序は末端の分業まで行き届く。いわゆる自己増殖的秩序となって現れる。これは既述のヒュームの慣習や言語に現れる自然の自生的な世界である。経済とはまさにドゥルーズが述べた，「人間的自然の諸原理の効果…関係は発生の所

---

[153] *LLL3*, p.158.（『法と立法と自由Ⅲ』220頁）

産ではなく，諸原理の効果」にある。諸原理は自存的かつ自生的なのである。この自己増殖的秩序は理性では捉え難いのである。既に存在と当為の区別で既述したように，「およそ能動的原理は非能動的原理を根底とすることが決してできない。従って，理性がそれ自身には非能動的であるとすれば，理性はそのあらゆる形態・現象態に於いて同じ〔く非能動的な〕ままで留まらなければならない。」のである。自己増殖的秩序は能動の中で機能する。自己増殖的秩序すなわち演繹を機能せしめるフィードバックの世界は理性の及ぶところではない。そして「理性は完全に無力であって，いかなる行動や情念も決して防止したり産出したりできない。」こと社会とりわけ経済の世界において理性は無力である。このことは確かなことである。

また，経済現象はフィードバックの世界であり，それをして循環論法という批判を浴びせてきた。経済学者の多くがこのスタンスに立っていた。それは，理性に何か根本の原因を求めさせようとする傾向にあるからである。理性はしばしば経験に閉じた世界を設定する。循環論法とは理性の世界が名付けた袋小路である。なぜなら，自動制御の世界において原因は結果にあり，結果は原因にあるからである。ハイエクは，そのようなサイバネテックスの世界に既にスミスは気づいていたと言うのである。

メンガーもまたそのような自動制御の世界，自然な作用を信じていた。メンガーはバークの言説を絶賛して述べている。

> 「バークは多分，英法学の精神を通じて…十分な自覚をもって社会生活の有機的形象の意義と部分的には無反省的なその起源とを強調した最初の人だったろう。かれの祖国のはなはだ公益的な，すべてのイギリス人の誇りをみたす，数多くの制度は実定的立法または社会の，その創設をめざす意識的な共同意志の所産ではなくて，歴史的発展の無反省的な結果であるということをかれは最高に説得的なやりかたで教えた。」

そして，メンガーは『経済学の方法論』の中（注）でバークの法哲学の文章を引用する。バークは述べている。

---

154) *THN*, p.457.（『人性論（四）』15 頁）
155) *THN*, p.457.（『人性論（四）』15 頁）を見よ。
156) *UMS*, S. 201f.（『経済学の方法』184-185 頁）

「大憲章から権利宣言まで，われわれの祖先からうけ継ぎ，われわれの子孫に伝えられるべき世襲財産としてわれわれの自由を主張することは，わが憲法の不変の政策であった…わたしには政策は深い反省の結果，もっと正確に言えば反省を伴わず，また反省を超えた叡智である自然に従うことの幸運な結果であるように思われる」[157]

バークのもっていた自然はヒュームがもっていた自然に等しい。もちろん，ハイエクもまたメンガーからこの思想を受け継いでバークを賞賛してきたことは間違いないであろう。

ヒューム，バークの言説はこのような自然をミリューとして前提するものであるが，それらは新たな要素を受け入れる社会でもある。この自然に従う人間を筆者はヒュームにおける演繹と呼んできた。その演繹の動力は知性と情緒であった。知性と情緒は社会という自然な経緯の中で慣習，共感そして黙約へと昇華されていく。それには「開かれた社会」あってのことであって，理性とは無縁でよいという世界である。次にそれをさらに見ることにしよう。

7　社会に開口した情緒

既述のように，ハイエクは法哲学や政治哲学の分野でヒュームを高く評価している。しかし，この視点は，これまでのヒューム研究者，大陸のみならずイギリスにおけるほとんどの人々が無視してきたと言う[158]。ハイエクは述べている。「ヒュームの出発点はその反合理主義的道徳理論であって，それによれば，道徳的規則の形成に関するかぎり，『理性それ自体はまったく無力である』し，『道徳の規則は，……人間理性の結論ではない』」[159]と。重要なことは，

---

157) Burke, E., *Reflections on the French Revolution*, 1790 58ff.(『世界の名著 34 バーク・マルサス』中央公論社 1969 年に所収。水田洋訳『フランス革命についての省察』90 頁) *UMS*, S. 202. Anm. 90 (『経済学の方法』185 頁注の 90)「反省を伴わず，また反省を超えた叡智である自然」とは，イギリス経験主義があくまでも社会や非人格的な世界という視点にあることを意味する。(訳者は全文を丸点のルビとして付けているが，筆者は独自にそれをはずして必要なところに付けた。) またカントにおいては *EKU*, S. 21. (『判断力批判 (下)』262-263 頁) で自然が語られる。
158) *PPE*, p.109. (「デイヴィッド・ヒュームの法哲学と政治哲学」139 頁)
159) *PPE*, p.111. (「デイヴィッド・ヒュームの法哲学と政治哲学」143 頁)

理性の「演繹的推論によって真理へ到達する能力[160]」によるのではなく，「人の統治から法の統治への転成[161]」という事実を明確にしたところにある。もちろん，既にバーナード・マンデヴィルがその思想の萌芽を示したのだが，ヒュームの偉大さは，それに「完全な形態を与えた[162]」唯一人の人であると言う。

　これは，（4節118-119頁で述べたように）まさにコモンローを作る際に生起した，「意図せざる結果」という非人格的，すなわち社会的な精神を意味している。このコモンローの立役者はバーナード・マンデヴィル，その影響下にあったヒュームであった，と言うのである[163]。いわば，ハイエクは自生的秩序の原点の一つをコモンローに発見し，計画主義や設計主義の批判に至ったと思われる。ハイエクはヒュームを単なる哲学者としてではなく，法哲学者として見たのである。法を通した予定調和論を展開したのがヒュームである，と言うのである。その核心はコモンローである[164]。

　こうして，ヒュームはコモンローという社会的な精神を通して「人間が服従する規則と，結果として形成される秩序との関係を明確に認識した[165]」のである。それは，秩序と人間の間に何らかの靱帯が存在する。その課題に答えたことになる。人間には，秩序という概念全体を把握することができないけれども，まさに逆説的に，常に未完成の途上を歩むが故に秩序を編み出すのである。そこには自由，秩序に向けた開放の論理が展開される。それがヒュームの法哲学である。

　ハイエクは言う。ヒュームの法哲学，すなわち人間の諸制度の成長理論そして自由論は「スコットランドの偉大な道徳哲学者たち，すなわちアダム・ファーガスンやアダム・スミスやドゥーガルト・ステュアートの著作の基礎となった。」のみならず，「アメリカの国制の立案者たちの仕事の基礎を与えたし，エドマンド・バークの政治哲学の基礎」，そして「近代の進化論的人類学の始祖として認められている[166]」，と言うのである。ヒュームの関心事は理性

---

160) *PPE*, p.107.（「デイヴィッド・ヒュームの法哲学と政治哲学」137頁）
161) *PPE*, p.110.（「デイヴィッド・ヒュームの法哲学と政治哲学」141頁）
162) *PPE*, p.109.（「デイヴィッド・ヒュームの法哲学と政治哲学」138頁）
163) *PPE*, p.107.（「デイヴィッド・ヒュームの法哲学と政治哲学」137頁）
164) *NPP*, pp.71-97. ハイエクは経済での市場をあらためてカタラクシーと述べたのもコモンローからヒントを得てのことであると思われる。
165) *PPE*, p.112.（「デイヴィッド・ヒュームの法哲学と政治哲学」144頁）

ではなく，人間本性一般，人間知性に向けられていたのである。言葉を換えれば，人間に社会的秩序を作る能力が与えられているとするならば，その能力とは何か，さらに進める。

　この非人格的な秩序論，自由論そして開放された論理は，ヒュームにおいて過剰と言えるほどの徹底した理性排除となって現れる。それだけに，ヒュームをさらに見なければならない。もとより，カントをして覚醒させた最大の原因がヒューム哲学，すなわち理性の排除にあったことを考えるならば，ヒュームを辿る必要に駆られるのは筆者だけではないはずである。合理論を強く批判してきた当然の帰結と言うこともできる。既述のように，カントの理性批判の哲学はヒューム哲学が基になっていることだけは確かである。その核心は反合理主義的道徳理論にあった[167]。われわれが確認しなければならないことは，ヒューム哲学でなければならないところである。同時に，それはカントが扱わなかったところである。それは，個人の思惟は常に社会に開放されているというミリューの解明である。その核心は，秩序と個人との間の靱帯の解明である，すなわち「一般的で抽象的な正義の規則と個人および社会の行為の特定の具体的目的の区別」という問題であった。それは，カントの「定言命法」，当為の問題となって現れる。しかし，それは，ハイエクが言うように，「カントが言わなければならなかったことは直接にヒュームから出てくると思われる。」[168]のである。ヒュームは多くの点でカントに先鞭をつけていたからである。

　ヒュームには，理性批判と言うよりも，言葉が過ぎるような理性の破棄が存在する。「理性は情緒の奴隷でありかつただ奴隷であるべきである[169]。」や「私の指一本を掻くことよりも全世界の破滅を選んだとしても，理性（reason）に反しない。インド人や私の全く未知な人物の些細な不快を防ぐために私自身の全体の破滅を選んだとしても，理性に反しない[170]。」（一部修正引用者），と述べて憚らなかった。そして，「道徳（morals）が行動や情念に影響を及ぼす

---

166) *PPE*, p.111.（「デイヴィッド・ヒュームの法哲学と政治哲学」142-143頁）
167) *THN*, p.457.（『人性論（四）』14頁）
168) *PPE*, pp.116-117.（同書「デイヴィッド・ヒュームの法哲学と政治哲学」151頁）
169) *THN*, p.415.（『人性論（三）』205頁）
170) *THN*, p.416.（『人性論（三）』206頁）

なら，道徳は理性からもたらされない，…道徳は情緒を喚起し，行動を産んだり防止したりする。しかるに，理性自身はこの点において全く無能である。それゆえ道義（morality）のいろいろな規則は理性の結論ではない。」と断言する。では，このような，すなわちカント哲学の対極にあると理解されかねないほどの，半端でない理性破棄はどのような理由と根拠からきているのであろうか。理性に支配される情緒ではなく，情緒に支配される理性とはどのような経緯を踏んでのことであろうか。

ヒュームは因果関係について哲学的関係と自然的関係とを区別していた。[172] 哲学的関係における原因と自然的関係における原因をヒュームは言う。

> 「同一の対象の異なる眺めを提示し，われわれにその関係を，哲学的関係と自然な関係とのどちらと見なすようにさせるか，すなわち，二つの観念の比較と二つの観念の間の連合とのどちらと見なすようにさせるか，という点でのみ異なる。〔まず〕われわれは『原因』を，『他の対象に先行しかつ隣接する対象であり，かつその際，後者に似た対象がすべて，前者に似た対象に対し，先行と隣接という似た関係に立つ』と定義できる。〔第二に，〕もしこの定義が，原因に外的な対象から導出されているという理由で，欠陥のあるものと見なされるのであれば，われわれは，その代わりに，以下のもう一つ定義を，置き換えることができる。すなわち，『〔原因〕とは，他の対象に先行しかつ隣接する対象であり，かつ，前者と次のような仕方で，〔想像力において〕結合している対象である。すなわち，一方の観念は，他方の観念を形成するように，また一方の印象は，他方のより生き生きした観念を形成するように，精神を決定する』というものである。」[173]

哲学的関係と自然的関係との相違は次の点にある。つまり，自然的関係には「先行」という時間が消え，「外的な対象から導出される」とある。いわば因果関係は狭い哲学的関係だけでは終わらない，外的対象から導出されるより広い視点が余儀なくされるというのである。自然的関係には，同じ因果律で

---

171) THN, p.457.（『人性論（四）』14 頁）訳は筆者の修正訳である。
172) ヒュームは哲学的関係を 7 つに分ける。それは類似性，同一性，空間と時間，量，性質，反対の関係，因果関係としている。THN, pp.14-15. p.69.（『人間本性論』25 頁 89 頁）を見よ。THN, p.94.（『人間本性論』115 頁）
173) THN, p.178.（『人間本性論』200 頁）

あっても「先行」という時間を超えた包括的な立場が存在すると。そしてそれには想像力が加えられると言う。そこには時間を超え，包括的な生き生きした観念を形成する精神が生起すると言う。ここに開放の論理がある。生き生きとした観念とその精神とは自然な調和や予定調和に向かうべく考えられている。「印象ないし観念から，われわれは，われわれの内的知覚〔能力〕または感覚能力にかって現前したことを記憶しているすべてのものを含む，一つの体系を形成する。…しかし精神は，ここに留まらない。」さらに「これらの観念の考察に進む。」そして「これらの観念を一つの新しい体系に形成」する。この第二の因果関係を「判断力」としている。「この後の原理（因果的判断力）こそが，人間を世界に住まわせ，時間と場所における隔たりのために感覚と記憶の能力の範囲を越えるような存在者を，われわれに知らせるのである。」ヒュームが自然調和の実現を意識していることは確かである。

　因果関係による推理は想像力の慣習的な移行を含意している。この慣習的な移行はわれわれの精神にとって容易な移行（easy transition）であり，さらにその容易さは勢いを徐々に獲得する，そしてしっかりした把握となって現れるとヒュームは言う。この想像力は習慣のなかに信念と必然性を伴っており，人間本性の一つであると言う。これら思惟の経緯は「判断力あるいはむしろ想像力」のなさせる技なのである。（この想像力はカントの反省的判断力や自己自律（Heautonomie）と比較しなければならない。これについては後述する。）したがって，ヒュームは「因果関係は，隣接，契機，および恒常的随伴（constant

---

174) ヒュームはあくまでも調和と秩序に到達する経緯を探し求めている。「私は，次のことを，人間本性の学における一つの一般的な原則として，確立したい。すなわち，『或る印象がわれわれに現前するとき，それは精神を，その印象と〔自然な〕関係をもつような観念に移行させるばかりでなく，それらの観念に，それ自身の勢いと生気の一部分を伝達しもする』ということである。」*THN*, p.98.（『人間本性論』122 頁）
175) *THN*, p.107.（『人間本性論』133 頁）
176) *THN*, p.108.（『人間本性論』133-134 頁）
177) *THN*, pp.115-116.（『人間本性論』141 頁）
178) *THN*, p.108.（『人間本性論』133 頁）
179) *THN*, p.117.（『人間本性論』142 頁）
180) *THN*, p.117.（『人間本性論』143 頁）ヒュームは想像力を判断力と同義に考えているし，この機能は理性にも近いと述べている。これらの思惟の経緯はカント哲学を惹起せしめることを感じるのは筆者だけではない筈である。
181) このヒュームの想像力と対照させられるのがカントの構想力であるが，それよりも判断力に内在する自己自律（Heautonomie）である。*KU*, S. XXVII.（『判断力批判（上）』47 頁）を見よ。

conjunction) の関係を含意するものとして，一つの哲学的関係であるが，われわれがそれに基づいて推論し，それから何らかの推論を行うことができるのは，ただ，それが一つの自然的関係であり，観念間に結合を生み出すことができるものである限りにおいてである。」[182] と言う。それは，理性では哲学的関係に限られ，自然的関係に及ばないことを意味している。もちろん，哲学的関係は軽視されるわけではない，そうではなく哲学的関係は包括的な自然な関係に向かう契機にあることを意味している。[183] 自然的関係とは哲学的関係と比較して包括的にかつ「外的な対象から導入される」という開放的スタンスを担って登場させたのである。換言すれば，哲学的関係は予定調和の契機である。その意味で自然的関係は構築的哲学に入っていることを意味している。いわば，哲学的関係がザインのミリューなら，自然的関係はゾーレンのミリューである。自然な調和の世界，予定調和を経験的に捉えている。それは哲学的関係から自然的関係を経験的に看取することである。その経緯にヒュームは体系を見ている。「想像力に対する信念のすべての影響は，この体系によって説明できる」[184] として，予定調和に向かっている人間本性（人間的自然）を捉えている。

ヒュームは言う。

「理性がいかなる体系を採用しようと，このような主題に関しては，理性は一歩進む毎に，自ら解決し得ない困難と矛盾にさえ巻き込まれているのを見出すに相違ない。無関心と人間の行動の偶然性とを予知に調和させ，あるいは絶対的な天意を擁護し，しかも［神性］を罪悪の創始者であることから免れさせるのは，哲学のあらゆる力を越えていることが，これまで認められている。理性がこれらの崇高な不可思議を詮索するそのときに，もしも自らの無謀に気付

---

[182] *THN*, p.94.（『人間本性論』115-116 頁）
[183] *THN*, p.170.（『人間本性論』200 頁）で述べている，まず哲学的関係があってそれの「原因に外的対象から導出されているという理由で，欠陥があると見なされるならば…」として，次に生き生きとした自然的関係を登場させる。*THN*, p.121.（『人間本性論』146 頁）で述べている，「観念を想像力によって面白いものとするためには，やはり，真実性と現実性が必要である。」またドゥルーズも述べている，「諸対象が想像のうちで必然的に接合されるには経験における恒常的連接に基づくという意味で〔推断という〕自然的関係は依然として哲学的関係〔として因果関係〕を前提にしているのである。」*ES*, p.131.（『ヒュームあるいは人間的自然—経験論と主体性—』212 頁）を見よ。
[184] *THN*, p.121.（『人間本性論』147 頁）

き，そのように曖昧と混乱とに満ちた舞台を離れて，分に合った謙護を以って自らにとっての真の，また固有の領域すなわち日常生活の検討に立ち返るならば幸いである。」[185]

このようなヒュームの言説は，社会に自然な調和，すなわち予定調和を説くものであり，換言すれば演繹的態度と言ってよいであろう。その自然な調和は理性の演繹に委ねられてはいない。かくして合理主義は断罪される[186]。予定調和を解く能力は理性にはない，その能力は自然的関係を構成する想像力にあると考える。ヒュームは言う。「想像力は，ひとりでに…反省の代わりをするのであり，その語からその観念へ移行することを習慣づけられていて，語を聞くことと観念をいだくこととの間に，一瞬の遅れも置かないのである。」[187]習慣は諸個人をして規整と反省をもって想像力に委ねるのである。これは理性の能力ではない。

ヒュームは理性と想像力について述べている。

「理性（reason）は，経験，すなわち過去のすべての事例における恒常的随伴の観察に助けられても，一つの対象と別の対象の間の結合をけっして示し得ない。それゆえ，精神が，或る対象の観察から別の対象の観念へ，または或る対象の印象から別の対象の信念へと移行するとき，精神は，理性によって決定されているのではなくて，これらの対象の観念を連合させ想像力においてそれらを結びつける或るいくつかの原理によって，決定されている。知性（理性）にとって対象がたがいに結合していないように見えるのと同様に，もし観念が想像力において結合していなかったとすれば，われわれは，けっして原因から結果へ推理することができず，いかなる事実を信じることもできなかったであろう。それゆえ，この推理は，ただ〔想像力における〕観念の結合に基づくのである。」[188]

かくして理性と想像力の相違は明らかである。印象から信念そして推理は想像力によらねばならない。想像力は内包よりは外延を意識し，種概念より類

---

185) *EHU*, p.103.（『人間知性の研究・情念論』143頁）
186) *EHU*, p.55.（『人間知性の研究・情念論』80頁）
187) *THN*, p.93.（『人間本性論』115頁）
188) *THN*, p.92.（『人間本性論』114頁）

概念へ向かう能力を有している。いわば，想像力は開放の論理を含意する。そしてその想像力には個物（メンガーの言う要素[189]）に基づく抽象が役割を果たすと思われる[190]。これに対して，理性は既存の事象の関係に埋没し，原因と結果の関連に係わり，新たな要素を受け入れがたい。推論は哲学的関係，つまり理性であるよりは自然的関係の想像力[191]による，とヒュームは言う。観念や印象，とりわけ信念（「現前する印象に〔自然な〕関係をもつ生気のある観念[192]」）は想像力という開かれたミリューに置かれている。

「私の指一本を掻くことよりも全世界の破滅を選んだとしても，理性に反しない。インド人や私の全く未知な人物の些細な不快を防ぐために私自身の全的破滅を選んだとしても，理性に反しない。」と述べたのも，感情と理性との質の違いをあげ，それらが対立しないことを述べたのである。感情がもつ論理は理性の機能に含まれないことを意味している。いわば，ヒュームの構築の哲学は，ザインとして文字通り理性よりは想像力に委ねられている，のみならずゾーレンとして諸個人は感情と想像力に包まれている，と言うのである。ヒュームの構築の哲学は明らかに理性を離れ感情や想像力という社会的立場に立つ人間本性に重点がある。ヒュームの突拍子もない表現，「全世界の破滅」や「インド人や私の全く未知な人物の些細な不快」は自然的関係と同時に想像力を物語る。つまり情緒が担う社会の広さを形容しており（理性に関連の契機が含まれないという意味に加え），開口するべく存在する人間本性の立場を如実に物語るものである。ハイエクは述べている。「ヒュームの関心は人間本性一般[193]」であり，「知性（mind）は，制度に働きかけそれらを変更する何ものかであるとともに，その中で育ったのであってそれがつくったのではない社会環境の産物である。[194]」この開放の論理を前面に出すところにヒューム

---

189) メンガーが言う要素（Element）はたぶんにヒュームの言う個物を受け継いでのことであろう。*UMS*, SS. 41-43.（『経済学の方法』49-51 頁）を見よ。
190) *THN*, p.74.（『人間本性論』94 頁），ヒュームもカントもいわゆる個物主義の立場に立って議論している。これについては後に述べる。
191) ヒュームは想像力の契機として三つの一般的原理に纏め「その対象に類似しているか，隣接しているか，または〔因果律に〕結合している」かにあると言う。*THN*, p.92.（『人間本性論』114 頁）
192) *THN*, p.98.（『人間本性論』122 頁）
193) *PPE*, p.111.（『デイヴィッド・ヒュームの法哲学と政治哲学』142 頁）
194) *LLL1*, p.17.（『法と立法と自由Ⅰ』27 頁）

哲学の真骨頂がある。このように，ヒュームが哲学的関係に対して自然的関係を導入したのは，認識論や存在論に社会や自然に開かれた世界を前提とする自然主義の現れであることは明らかである。

　ヒュームの真意はこうであろう。理性を認めないわけではない[195]。むしろ理性の能力を制限したかったのである。しかし，その制限であるよりは想像力に意義を見い出し，それに託するということが適切である，と判断したからに他ならない。理性は過去の因果律を議論することに限られている。必要なことは近き将来そして未来である。それに向けた構築の哲学はむしろ想像力に委ねられる。因果律の破綻という懐疑論を展開したヒュームの当然の帰結であった。

　さらに，その根本には，ヒュームは社会の自然な能力に従っていた。つまり自然な調和の立場に立ち，自然的関係の立場に立っていた，と言うことができよう。したがって，カントが理性を批判し結局は調和の論理を判断力に委ねたということも頷ける。モロウ（Morrow, G. R.）が述べていたように，「18世紀におけるほとんどすべての社会思想ならびに倫理思想は，その議論の究極的基礎を，神の法として看做されるか，あるいは，その固有な合理性ゆえにそれ自身の権利において自存的に存在するものとして看做されていた抽象的な自然的秩序の考察に置いていたのである[196]。」合理論に反対することは，まずもって理性に反対することである。懐疑主義に陥らざるを得なかった帰結は，理性に反対し想像力に委ねることである。その想像力は過去に経験した因果律から批判的摂取を通して未来に向けた構築を可能にする。以上のことは認識論のみならず存在論として道徳や判断，人間の思惟全体についても同様である。ヒューム哲学が優れているのは，これらがすべて社会に開口した態度で進められていることである。もとより，ハイエクはこの点を確実に継承している。

---

195) *THN*, p.117.（『人間本性論』143頁）ヒュームは言う。「判断力あるいはむしろ想像力は，同様の手段（反復）によって，観念を，強く印象づけられ，十分はっきりと思いうかべるので，それらの観念が，感覚や記憶や理性が提示する観念と同様の仕方で精神に働きかけるということが，あり得るのである。」

196) Morrow, G. R., *The Ethical and Economic Theories of Adam Smith*, p.16.（『アダム・スミスにおける倫理と経済』33-34頁）

社会に開口する行為の契機は感情（情緒）であることを確認しておこう。[197]そして，ヒュームはこのような自然な情緒（natural passions）の機能は秩序ある社会を築くために，人間自らが働きかけることが必要だと解く。[198]ヒュームは述べている。

「私は，他人に真の好意を少しも抱かずとも他人に奉仕することを学ぶのである。何故なら私は，〔他人に奉仕するに当たって次のように予見する。すなわち，私が他人に奉仕すれば，〕他人は〔私から〕同じ種類の他の奉仕〔を引き受けること〕を期待し，且つまた，私や或いは他の人々とのあいだに好誼の同様なやり取りを保持するため，私の奉仕に返しをしよう，かように予見する。〔そして他人に奉仕する。〕また従って，私の奉仕を受けた者は，奉仕を受けたのち，そして私の行動から起こる利益を所持したのち，彼の〔側でなすべきことを〕拒んだ場合の帰結を予見して，よって以て彼自身の側でなすべきことを履行するような心に誘致される。〔ここにはじめて，自利に基づく利他的行動が起こるのである。〕…こうして人々の自利的取引は起こり始め，社会において優勢となり始める。[199]」

われわれは基本的に利他主義でなくてよい，自利（利己）主義でよい。ヒュームの思想の根本は，認識，道徳そして判断におけるあるべく姿の突破口は自利主義でよいというところにある。自利主義は社会の機構の中ではめぐりめぐって自然に個人の利益となって帰ってくる。その理解はある意味で生得的である。それは情緒が語っている。もちろん，それを時間，空間の制約の下で待たねばならない。換言すれば，ここに自由と開放の論理がある。それは経済が演じる舞台でもある。もとより，経済は情緒によって導かれている。ドゥルーズは述べている。「情念はおのれを満足させてくれる迂回的な手段として社会を含意している。感情に行為の契機を持つヒュームの功利主義は常に社会に目を向けた類概念に道を開いているということができる。感情的な

---

197) 感情と情緒の相違を述べておく。前者は sentiment であり，後者は passion である。sentiments は感傷や同情を意味し受動的かつ倫理的な意味合いであるのに対して，passions は情熱や激怒を意味し能動的である。
198) THN, p.521.（『人性論（四）』107-108 頁）
199) THN, p.521.（『人性論（四）』108 頁）ハイエクも述べている。「『経験から学ぶこと』」…の理由は実践が行為する個人にはっきりした利益を与えたからではなく，それらが自己の属する集団の生き残る機会を広げたからである。」LLL1, p.18.（『法と立法と自由Ⅰ』27 頁を見よ。

ものと社会的なものとのこうした緊密な結びつきは，歴史においてこそ，結局は内的な統一として開示されるのである。」つまり，そこに「一般的利害が生じ黙約が生まれる。」[200][201]とヒュームは言うのである。

感情は思惟としてさらに分析される。感情は共感を経由して増殖される。ヒュームは社会的な誇り（pride）や謙遜（humility）と情念（passions）の関係について次のように言う。

「誇りや謙遜のそれぞれの原因が別々の原初的な性質によって情念に適合させられるというのではなくて，原因のすべてに共通する一つもしくはそれ以上のなにかある事態があり，これに原因の効力が依存しているのだと結論づけねばならない。」[202]

この誇りや謙遜の対象は自我であるが[203]，同時に「共通するなにかある事態があり」社会的なものである。「こうした多様な原因が誇りや謙遜を呼び起こすのは自然な原理からであること，および，違った原因がその情念に適合するのはそれぞれ違った原理によるではない…」[204]。その原理は普遍的な真理に向けた思惟が継続的に生起されるとヒュームは強調する。その原理は自然的原理である。そしてヒュームはこの議論は「体系の制限[205]」の中におかれるとしている。誇りや謙遜というような情念は自然的原理に従って社会的制約を受けるというものである。これが慣習の中に息づいている。ヒュームは情念と社

---

200) *ES*, p.2.（『ヒュームあるいは人間的自然―経験論と主体性―』11 頁）またドゥルーズはこうも述べている。「目的に対する手段の連関は，たんなる因果性ではなく功利性なのであって，功利的な〔有益な〕ものは，『よいものを増進することへの』主体性の適応，そのことへの主体の性向によって限定される。」*ES*, p.141.（同書 p.230 頁）
201) *THN*, p..（『人性論（四）』63 頁）
202) *THN*, pp.281-282.（『人性論』493 頁，中央公論社）
203) *THN*, p.277., p.280.（『人性論（三）』14，18 頁）
204) *THN*, p.282.（『人性論』493 頁，中央公論社）
205) *THN*, pp.290-294.（『人性論（三）』32-38 頁）自負や謙遜の体系としての制限とは，1 他人との関係に置かれねばならない。2 われわれ自身に特異なものであるべきである。3 誰が見ても明確なものでなければならない，4 非恒常性的なものである，5 一般規則（習慣）に置かれる。これら 5 つである。1，3，5 と 2，4 の間には明らかに相違があるように見える。しかし自負や謙遜は間接感であり，そもそも社会的な感情である。個物主義の立場に立つヒュームにとって，社会的立場と自我の立場とがそれぞれが相互に制約され合う。自我に対しては社会が，社会に対しては自我が相互に制約している。このような制限された自負や謙遜は，ハイエクの個人と自生的秩序とを結ぶ靭帯と考えられよう。*THN*, p.276.（『人性論（三）』13 頁）をも見よ。

会との結びつきという要諦を次のように説明する。

> 「人間は，宇宙の生物のうちで社会を造る最も熱烈な欲望を有するものであり，また社会によって最も多く利益を得るところからそれに適したものなのである。我々人間は，社会と関連のないいかなる願望も抱くことができない。完全な孤独は恐らく我々の受け得る最大の罰である。…自負，野心，貪欲，好奇，遺恨，色欲，どんな他の情緒によって湧き立たせられようとも，それら他のすべての情緒の，魂，すなわちそれら情緒に生命を吹き込む原理は，共感である。換言すれば，我々が他人の思想や心持ちを全く度外視しようとするとき，それら一切の情緒は勢いを失うのである。」[206]

情緒（もしくは感情）は人間のおかれた特定の状況，そこでの認識や欲望そしてその人の人柄，これらを切り離して単独で議論することはできない。情念は個人が他者に対して一定の態度をとることを指し社会に向ける契機となる。したがって，情緒（感情）を問うことは人間存在を問うことと同義である。この意味において情緒（感情）は理性に勝るのである。

ヒュームはこの社会的経緯の中に，まさに経験的に自然法則を発見していくことに気づいた。ヒュームが『人間本性論』のサブタイトルで示しているように，「実験的な推論法を精神の諸問題に導入する試み」[207]，すなわち科学は自然の観察と経験からもたらされるとしたとき，人間本性に組み込まれている演繹の構図が課題となったのである。それは社会に開口した情緒に基づく自然的な関係と想像力であった。推論の方法そして信念は習慣と想像力によって成立している。そして共感が執り成しをする。[208]

8　自己と非人格的な世界

ヒュームは単にイギリス経験論の掉尾を飾るのではない，デカルトの理性

---

206) *THN*, p.363.（『人性論（三）』133 頁）
207) *THN*, p. xi.（『人間本性論』1 頁）
208) *THN*, pp. 362-363.（『人性論（三）』133 頁）ヒュームは言う。「以上の考えを納得させる最良の方法は，広く宇宙を見渡して，全動物に通ずる共感の力を，換言すれば思考する者から思考する者への心持ちの容易な伝達を，観察することである。」（一部修正訳引用者）

を以て学問の基礎にしていた近世の哲学・合理論と対決した第一人者である。ヒュームは徹底して理性を感情の背後に追いやった。既述のように、理性が感情を支配するどころか、感情が理性を支配するとまで言いきる。いわば、理性は統帥ではなく後天的に発生、生成する調整装置の部品でしかない。その説明が私の「自己」に現れている。ヒュームは言う。

> 「私が『自己』(myself)と呼ぶものにもっと深くわけ入るとき、私がみつけるものは、常に、熱や冷、明や暗、愛や憎、苦と快など、あれやこれやの個々の知覚である。私は、いかなるときにも、知覚なしに自己を捉えることが決してできず、また、知覚以外のものを観察することも、けっしてできない。……私は、残りの人間たちはそれぞれ、想像を絶する速さで互いに継起し、絶え間のない変化と動きのただ中にある、互いに異なる諸知覚の固まりあるいは集まりにほかならない、と主張して憚らない。」[209]

ヒュームにとって、デカルトが述べた「我思うゆえに我あり。」というような自我はまったく神秘的なものなのである。カントもまた自我を否定した。[210] しかし、ヒュームは徹底している。「精神は、様々な知覚（表象）が次々とそのうちに現れる、一種の演劇(theatre)である。そのうちにおいて、様々な知覚が、通り過ぎ、…限りなく多様な姿勢と位置関係でたがいに交わるのである。正しく言うならば、そこでは、一つの時点にはいかなる単純性もなく、異なる時点を通してはいかなる同一性もない。」[211] カントが自己同一性を認める[212]のに対して、ヒュームは認めない。

しかし、ヒュームは本当に同一性を認めないのであろうか。そうではない。

---

209) THN, p.252.（『人間本性論』286頁）
210) KrV, S. A107.（『純粋理性批判（下）』155頁）カントは述べている。「自己意識は、まったく経験的なものであって常に変転してやまない。かかる意識は、内的現象の流れにおける常住不変な『自己』そのものではない、そこで我々はこのような自己意識を、普通内感或いは経験的統覚と名づけるのである。」カントの自己に関わるところは以下の通りである。KrV, S. 158.（『純粋理性批判（上）』198頁）, KrV, S. A107.（『純粋理性批判（下）』155頁）, KrV, S. 406f.（『純粋理性批判（中）』64-67頁）, KrV, S. A401f.（『純粋理性批判（下）』221-222頁）
211) THN, p.253.（『人間本性論』287頁）
212) KrV, S. A116.（『純粋理性批判（下）』162-163頁）カントは述べている。「およそ知覚には純粋直観（表象としての知覚に関しては内的直観の形式即ち時間）が、また連想には構想力による純粋綜合が、そして経験的意識には純粋統覚—換言すれば、一切の可能的表象における完全な自己同一性が、いずれもアプリオリにその根底に存するのである。」

8 自己と非人格的な世界　147

知覚の束として，経験的に培われる自己の何かに気づかねばならない，と言う[213]。ヒュームに自我（自己）や同一性が無いわけではない。自我，自己という個人は経験の中で後天的に現れる何かである。合理論を克服するために，ヒュームは経験すなわち慣習，黙約そして共感に求めたのに対して，カントはアプリオリなものに求めた。これらは彼らが大陸合理論がもつ自我を徹底して排除しようとした結果の現れである。結論的になるが，ハイエクにとって合理論を克服するには彼らの視点は欠かせないのである。

ヒュームの知覚の束はハイエクにそのまま現れている。ハイエクは言う。

>「共通の空間-時間的な枠組みは，そのレベルで起こるすべての事象にはっきりした位置を与えるもので，過去の再生もしくは表象，あるいは今後起こり得る事象のすべてが，『ここで』の『再生』の経過と関係づけられることと，この共通の枠にすべての事象を入れる普遍的な関係づけは，おびただしい事象を一つの連続体，すなわち『私』に作りあげることを意味する。意識が覚醒状態にある限り持続する共通の枠組みは，きわめて抽象的な表象が引き続き存在することを前提にしている，それは（空間的および時間的）環境の骨組みで，われわれは，そのなかに，意識的に注意し，意識的に想像する特定の対象の絵をかき入れる。」[214]

「想像する特定の対象の絵」とは体系そして秩序であることは明らかである。ヒュームはハイエクの言説を説明するかのように，次のように述べる。

>「われわれが…〔変化する対象に同一性を帰すために〕想像力をしてさらにもう一歩前進させるための人為的工夫がもう一つある。それは〔対象の変化する〕諸部分をたがいに関連させ，或いは共通の目的に協働させることである。〔例えば，〕それのかなり大きな部分が繰り返させた修理によって変えられた船は，それにもかかわらず同一の船と見なされ，用材の相違（変化）は，われわれがその船に同一性を帰すことを，妨げはしない。それら諸部分が協働して果たす共通の目的が，諸部分のすべての変化を通じて同一であるからであり，そ

---

213) ヒュームは述べている，「われわれの思惟または想像に関わる人格の同一性（personal identity）と，われわれの情念とわれわれ自身に対する気遣いとに関わる人格の同一性とを，区別しなければならない。」いわば判断についての同一性を認める。THN, p.253.（『人間本性論』288頁）を見よ。

214) SO, pp.137-138. 6・18（『感覚秩序』158-159頁 6・18）

の物体（船）の一つの状態からの別の状態への想像力の容易な移行を，もたらすからである。」[215]

　われわれには協働による構築という自然な働きが機能しているというのである。この人為的機能は「共通の目的の上にさらに諸部分の親和性（sympathy 共感）を加え，諸部分がそのすべての作用と活動において原因と結果の相互関係にある」[216]と言う。自己は他者との共通な合目的性において機能する過程において自覚されるというものである。したがって，「因果関係に関しては，人間精神についての真なる（正しい）観念は，それを，たがいに原因と結果の関係によって繋がれ，たがいに他を生み出し，消滅させ，他に影響を与え，他を変様させるところの，たがいに異なる諸知覚，すなわち異なる諸存在から成る，一つの体系と見なすことである…。」[217] 自己や同一性は他との間主観的な関係において体系を形成する。したがって，「同一性とは，何ら，これらの異なる諸知覚に実際に（真に）属しそれらを結びつけているようなものではなくて，単に，われわれがそれらの諸知覚を反省する際にそれら諸知覚の観念が想像力において結びつく（連合する）がゆえにわれわれがそれらの諸知覚に帰する，或る性質にすぎない」[218]のである。したがって，体系は自己のもつ諸知覚の反省に基づいている。その原動力は想像力である。こうして自己と体系は反転が可能である。自己と体系との一元の世界が開ける。

　この言説の影響下にあって次のことが言えよう。ハイエクは述べている。「意識的経験（とりわけすべての感覚や知覚や印象）は，多くの点から見た意義によって知覚された諸事情の数多い『類別』の多重焼き（superimposition）なのである。こうした類別は同時に起こるため，その解明は困難もしくは不可能である。しかしそれにもかかわらず，この類別がこれらの抽象的要素から成り立つより豊かな経験をしている」[219]（かっこ内引用者）ヒュームの知覚の束はハイエクの「多重焼き」ではなかろうか。そして「抽象的要素」とはヒュー

---

215) *THN*, p.257.（『人間本性論』292 頁）
216) *THN*, p.257.（『人間本性論』292 頁）
217) *THN*, p.261.（『人間本性論』296 頁）
218) *THN*, p.260.（『人間本性論』295 頁）
219) *NPP*, p.36.（「抽象の第一義性」424 頁）

ムが言う「諸知覚を反省」し，想像力をもつ自己である。類別する主体（自己）の解明は「困難もしくは不可能」であるが，豊かな経験が存在する世界がある。それは，自己と体系が反転可能な世界である。ハイエクの特徴はこれらの経緯を抽象の第一義性（The Primacy of the Abstract）と捉えたことである。そして，この「第一義性」の主張は一元論的な世界が現にあることを意味している。

　この世界をハイエクは社会に置き換えて非人格的な社会と言ってきた。なぜなら，自己と体系とが反転可能ならば，そして一元論の世界ならば自己も社会も同じ次元に置き換えられるからである。思惟や心理の世界があるからこそ，社会が存在する。そして，ハイエクは述べる。「精神において具体なしの抽象は存在するが，抽象なしの具体は存在しない」。「個々の事項を全体的見地から所定の位置にあてはめる秩序を支配する抽象的関係から出発するほかない。」[220] もとより，一元論の世界と言ってしまえば，一つの世界として議論できる。それには葛藤があるだろう。その葛藤には言語の世界が貢献しているものと思われる。「抽象的法則こそが未知の存在であるにもかかわらずその任を果たしていることを，もっとも明瞭にして見せたのは近代言語学の分野である」[221]。言われるまでもなく，言語と経済とは同じ一元論の世界であると気付いたの近代の哲学者，マンディヴィル，ヒュームそしてアダムスミスである[222]。「言語形式こそ，いわゆる約定を組成する。」[223] むしろ，思惟における一元論の世界を非人格的な社会として構成しているのは言語の世界を通じてである。言語がこれらの執り成しをしているのである。ハイエクが市場を十分な情報が満たされる場としたのも頷ける。市場，すなわちカタラクシーは執り成しの場なのである[224]。

---

220)　*NPP*, p.37.（「抽象の第一義性」426 頁）
221)　*NPP*, p.39.（「抽象の第一義性」429 頁）
222)　ハイエクは述べている。「マンデヴィルのみならずアダム・スミスもまた，言語の理論の発展において名誉ある地位を占めているということも，おそらくここで言っておくに値することであろう。言語の理論は非常に多くの点において，他の社会科学の諸問題に近い性質を持つ諸問題を提示するのである。」*IEO*, p.9, note10.（『個人主義と経済秩序』43 頁の注 10）を見よ。
223)　*THN*, p.522.（『人性論（四）』109 頁）
224)　*LLL2*, p.108-109.（『法と立法と自由Ⅱ』151-152 頁），*LLL3*, pp.74-75.（『法と立法と自由Ⅲ』108-109 頁）

いわば，自己は非人格的な世界とは独立しながらも，作りだす自己であり，作りだされている自己である。自己は非人格的世界に溶け込んで存在する何かである。非人格的な世界，体系において確かに自己は存在する[225]。これがヒューム哲学の要諦である。ヒュームの非人格的な世界における自己は，ハイエクをして次の文章を惹起せずにはおかなかったのである。

> 「われわれの理論は，精神界と物理的な世界とをそれぞれ支配する力の二元論は，どのようなものも否定することになるが，同時に，実際的な目的のためには，常に二元論を採らざるを得ないといわなければならない。[226]」

　ハイエクの言う人間は，ある時は主体的でありある時は社会的な（主体的ではない）構造におかれている。人間は精神的にも社会的にも体系におかれている。その意味で一元論である。しかし「実際的目的」において，すなわち既述のヒュームの言説「たがいに原因と結果の関係によって繋がれ，たがいに他を生み出し，消滅させ，他に影響を与え，他を変様させるところの，たがいに異なる諸知覚」が機能しているときは，自我は同一性となって二元論にいる。しかし，同時に想像力が機能しているところでは常に一元論に入っている，と言うのである。いわば社会も人間も二元論でありつつも，一元論に生きている。それを経験的実在論（カントの超越論的観念論に同じ，次章でふれる。）と言った。

　ドゥルーズは『人間本性論』の課題は次のようなところにあると言う。

> 「いかにして主体は，所与のうちで，所与を超出するものとして構成されるか。なるほど主体自身もまた与えられる。なるほど，所与を超出するものは与えられるものではある。だが，それは別の仕方で別の意味で与えられるのである。考案し信じる当の主体は，結果的にはその主体が所与そのものを一つの綜合，一つの体系に仕立てあげることになるように，所与のうちに構成されるのだ。これこそが説明されねばならないことである。[227]」

---

[225] *KrS*, S. 133.（『純粋理性批判（上）』176頁）カントの「私は…私の一切の意識作用において常に同一である。」と同様である。
[226] *SO*, p.179. 8・46（『感覚秩序』201頁 8・46）
[227] *ES*, p.92.（『ヒュームあるいは人間的自然—経験論と主体性—』151頁）

「主体は，所与のうちで，所与を超出するもの[228]」とは，経験が経験を超えることを意味している。これは一時的にしろ経験を離れることである[229]。

　言うまでもなく，ドゥルーズが言う「人間的自然」とは対象も人間も生成，発展，形成の中におかれ，常に定まらない未完成のなかにおかれている。対象（社会）も人間も一緒の世界，一元論の世界である。この対象と人間を一つに括っているのがヘルバルトにあったイソモルフィズムである。これはウィーン学派が抱えていた共通意識である[230]。もちろん，認識しているのは人間である。既述のように，それはカントに先駆けたヒュームのものである。

　ハイエクはこれを踏襲している。彼の自生的秩序は，体系すなわち非人格的な世界が理性によらず機能して作りあげている，その姿なのである。しかし，それは同時に理性が漸次生起する世界でもある。これはヒュームからのものであろう。ヒューム哲学にははじめとは矛盾するような理性が生成する。はじめから理性が存在するのではないところに，ヒューム哲学の意義を読み取るべきであろう。ヒュームの自己はどこまでも体系の中に機能する自己である。その意味でも動態を読みとることができる。次に自己の同一性とその機能を道徳に見ていくことにしよう。

9　動態の中の理性

　ヒューム哲学の特色は議論が進むにつれて理性が生起するところに見られる。すなわち対象も主体も同時に生成，進化する一元論の世界である。ヒュームは自己を国家に譬えて言う。

　「同一の個体としての国家が，その成員を変えるばかりでなく，その法と体制を変えることができるのと同様に，同一の人（人格）が，彼の同一性を失う

---

228)　「所与」とは，一般的に判断を入れない経験を言うが，ヒュームの場合は，印象，想像の知覚の総体を言うと，ドゥルーズは教えている。ヒュームは言う。「およそ心にいるものは一切知覚としてであり，これ以外のものはない。」（筆者訳 *THN*, p.190.（『人性論（二）』19頁））

229)　カント的な主観の世界を意味している。相違といえば，ヒュームの「人間的自然」は経験的事象から主体を構成しているある姿なのである。

230)　*SO*, p.38-40.（『感覚秩序』48-51頁）

ことなく,彼の印象や観念ばかりではなく,彼の性格と傾向を変えることができる。」と。

　主体は確かにある。しかしそれは実体的,客観的に捉えられるものではない。対象を受容しているその仕方を見るほかない。外界からの影響によって変化を受けている状態を見るしかない。ヒュームはあくまでも経験的に漸次変化していく主体のありのままの姿を見ている,ここに静態ではなく動態がある。こうしてヒュームもまた自己に同一性を認めることとなる。

　ヒュームの自己の能動的な機能は情緒で展開される。ヒュームは『人間本性論』の第二編「情緒(情念)について」において,理性の生成過程を明らかにする。情緒(passions)は個人のみならず社会や経済における核心の一つである。なぜなら,情緒(情念)とは個人が抱く自らの価値意識と言ってよいであろう。ヒュームは情念を直接情念,「善悪,快苦から直ちに起こるようなもの」と間接情念,「同じ原理であるが,他の性質と連接して始めて生じるようなもの」との二つに分ける。直接情念には欲望,嫌悪,悲哀,喜悦,希望,恐怖,絶望,安堵を含める。間接情念には誇り,謙遜,野心,自誇,愛情,憎悪,嫉妬,憐憫,邪悪,寛仁ならびにそれらに依存する情念を含めるとしている。そして,専ら間接情念を問題にする。なぜなら,間接情念における「他の性質と連接」とは,他の観念や印象との連接を意味しており,それは間接情念が社会的に開口するからである。間接情念が社会に開口されていることは,既述のように社会的審判を受けるという,つまり非人格的な環境におかれることを重視するからである。ハイエクも述べている。「われわれの生まれたときに存在している価値体系がわれわれの理性の奉仕すべき目的を与えるのである。」道徳そのものを問題とするのではなく,道徳が培われる仕方が課題となる。換言すれば,このような間接情念(情緒)を重視すると

---

231)　*THN*, p.261.(『人間本性論』296 頁)
232)　カントには静態と誤解されるところがある。カントの道徳律の背後には神の存在がある。カントは言う。「私は,私の意志が神聖にして仁愛な世界創造者の意志と一致することによってのみ,この最高善〔道徳とそれに基づく幸福の実現〕を希望し得るのである。」(かっこ内引用者) *KpV*, S. 233.(『実践理性批判』258 頁)
233)　*THN*, pp.276-277.(『人性論(三)』13 頁)
234)　*CL*, p.63.(『自由の条件Ⅰ』94 頁)

いうことはヒュームの演繹的態度の現れである。このアプローチの仕方にヒューム哲学の特徴が現れていることは言うまでもない。

その間接情念のなかの誇りと卑下を問題にする。これらはその対象があくまでも自我であり、もちろん「観念及び印象の継起」でもある。[235] この継起のなかで個人（主体）に与えられた理性をあらためて見なければならない。そして、ヒュームは、意志を採り上げて「理性は単独ではいかなる意志行為の動機でも決してあり得ないことを証明し、意志の規整にあたって理性は決して情念に対立できないことを証明しよう…。」[236] と言う

ヒュームは言う。

　「我々は、ある事物から〔未来の〕快苦を展望するとき、その結果として〔該事物に対する〕嫌悪または性癖の情感を感じて、この不快または満足を与えようとするものを回避しまたは抱擁する心になる。…この情感（emotion）はそのままで留まらないで、…〔該情感を含む〕根源の事物と原因結果の関連によって結合する一切の事物を包括する。それゆえここに、この原因結果の関係を発見するため、〔知性の〕推理が生じる。そして推理の模様が替わるにつれ、それに続いて行動の模様も替わるのである。この場合に明らかなことは、この〔行動への〕衝撃は理性から起こるのではなく、ただ理性によって規制されるだけである。」[237]（丸カッコ内引用者）

「衝動は理性によって規制される」と言い、これまで感情に支配される理性と言い切ってきたヒュームはここで百八十度転換するかに見える。いわば、自卑や満足そして欲望といった思惟に内在し「他の性質と連接」する感情や道徳、広い意味で価値意識になると人間は主体化せざるを得ないのである。社会科学が取り上げねばならないのはこの価値意識である。価値意識は社会に向けて開かれているからである。そして価値意識が社会を動かすからである。しかし価値意識は「他の性質と連接」との関係で説明されねばならない。価値意識は理性と同様に質的にも量的にも単独ではあり得ない。主体は理性とともに生成する理由がここにある。あらためて、ヒュームは理性と情緒が

---

235)　*THN*, p.277.（『人性論（三）』14頁）
236)　*THN*, p.413.（『人性論（三）』202頁）
237)　*THN*, p.414.（『人性論（三）』203頁）

対立しないと次のように言う。

> 「理性と情念とがいやしくも対立することは，換言すれば両者が意志や行動の支配を争うことは，決してできないのである。そしてもし我々が仮定の誤謬または手段の不十分を看取すれば，その瞬間に情念は理性に屈して，少しも対立しないのである。[238]」

ついには「情念が理性に屈服する」のである。ヒュームは，当初の言説，認識も行為の実践も感情が支配すると言って憚らなかったことから大きく変化したととられかねない。しかしそうではない。あくまでも理性は認識に基づく比較を担うことに限られるのである。行為の制御，すなわちある行為が別な行為に替えられることは，ある価値意識が他の価値意識を凌駕することである。確かに情念と理性は対立しないものの，そのとき理性の介在は否めないというものである。

理性に主導権はない。理性の生起は主体であるよりは，動態に伴う主体化の機能を担っている。それは認識や比較という機能である。この意味で，理性の確認そして理性の充実は主体の確認なのである。カントのように当初から理性が前提され課題になるのではない。動態的推移のなかに主体を見出している。カントの実践理性（道徳）は思弁的理性よりも優位にあるとされた[239]。しかし，この実践理性には動かない権威の存在が危惧されて久しい。これに対して，ヒュームの個人主体や道徳はあくまでも経験や学習のなかで確認されていくものである。ハイエクも述べている。「すべてのほかの価値と同様に，われわれの道徳は理性の産物ではなく，前提であり，目的の一部であって，われわれの知性という道具はそれに役立つように発展してきたのである[240]。」ドゥルーズの穿った言い方を述べておこう。

> 「所与の構成が主体の構成にとって代わられているのである。もはや所与が主体に与えられるのではなく，主体が所与のうちで構成されるのである。もとよりヒュームの功績は，そうした経験的問題を超越論的問題からだけではなく

---

238)　*THN*, p.416.（『人性論（三）』207頁）
239)　*KpV*, S. 219.（『実践理性批判』245頁）
240)　*CL*, p.63.（『自由の条件Ⅰ』94頁）

心理学的問題からも遠ざけておくことによって，それを純粋な状態で取り出したところにある。」[241]

ドゥルーズの一元論がヒューム哲学の解釈ににじみ出ている。「純粋な状態」とは，ヒュームの主体が理論（心理学）ではなくリアリズムに生理学者が述べるように，ありのままの機能を経験的に提示しているからである。つまり，「私」とその心的能力の行使や心的諸性質とを切り離さないことで事実として経験的に見ることができるとしている。これがヒュームの社会科学における科学性である。これはハイエクが『感覚秩序』を上梓した意識的動機と軌を一にすると思われる。換言すれば，人間を基体として孤立させないのである。「主体が所与のうちで構成される」とは，人間的自然における主体と理性とが「連合原理」や共感によって生成され機能し続けることを意味する。

ドゥルーズは続ける。

「ヒュームは心理学者である前にモラリストであり，社会学者である。『人性論』が教えるのは，精神が触発される二つの形式は本質的に情念的なものおよび社会的なものだということであろうからだ。しかも，これら二つの形式は互いに含意しあって，真正な科学の対象の統一を保証している。」[242]

ドゥルーズはヒュームの人間主体を纏めて次のように結論づける。

「主体は信念においてかつ因果性によって所与を超出する。文字通り主体は，精神が主体に与えるものを超出する。私は見も触れもしなかったものを信じるからだ。しかし主体がそのように所与を超出といえる第一の理由は，主体とは，精神のうちにありながら，精神を止揚し触発する原理の効果である，というところにある。」[243]

ドゥルーズの主張のように，ヒュームが優れているのは社会的な原理の効果をしっかりと位置づけたところにある。超出するとは，「私は見も触れもしなかったものを信じるからだ。」に現れており，人間的自然が織りなす予定調和

---

241) *ES*, p.92.（『ヒュームあるいは人間的自然―経験論と主体性―』152 頁）
242) *ES*, p.1.（『ヒュームあるいは人間的自然―経験論と主体性―』10 頁）
243) *ES*, p.5.（『ヒュームあるいは人間的自然―経験論と主体性―』15 頁）

に向けて進むという信念である。もし普遍的だということが許されるならその点である。それは演繹の一つのタイプである。それはゾーレンを経験動態の中で貫いているところにある。

　ヒュームは決して動かぬ原理を展開することはない。なぜなら，ヒュームは一元論を離れて教育や政策を示唆することはない。しかし政策や教育は一元論だけでは為し得ない。それは対象化を余儀なくされるからである。このように，一元論を展開すると同時に二元論も展開する。ヒュームは言う。「体系に属するどの個体をも，現在の諸印象とともに，一つの『実在』(reality 現実) と呼んで憚らないのである。」[244] いわば一元論に留まりながら二元論を展開せざるを得ないところにヒューム思想がある。これはカントに先がけて経験的実在論（カントの超越論的観念論）を獲得していたと言える。

　ドゥルーズのヒューム解釈の特徴は，社会に一元的に人間的自然を取り出したところにある。それはあくまでも社会という相対のなかで予定調和や秩序を漸次的であっても見い出そうとしている人間的自然を見ているからである。換言すれば，諸個人は非人格的な世界の機能の中に溶け込み調和を希求する飽くなき努力をする要素である。これは合理論の誤謬，すなわち経験からくる対象の把握の絶対性，すなわち理性にその特権を与えてきた態度を退けた結果である。

　筆者は，このような人間的自然が社会言語学者・ソシュール（Saussure F. de）の言語理論にも共通することを述べてきた[245]。それはハイエクの自生的秩序が法や経済のみならず言語に及んでいるという言説と軌を一にするに他ならない。言語も経済もともに個人と社会という非人格の世界で恒常的に機能しているという事実である。ドゥルーズの社会の理解，ソシュールの言語理解そしてハイエクの経済の言説はまさにヒューム哲学に溶け込んだものであり，彼らの理解は軌を一にするものである[246]。

　換言すれば，筆者が自生的秩序の演繹的機能を「…からの自由」と言ってきた。それは明確になっている過去や現在の経験から把握できない未来に向けた調和を希求し語らなければならないからである。いわば，秩序に向けた

---

244)　*THN*, p.108.（『人間本性論』133 頁）

飽くなき生成が諸個人すなわち非人格的な世界で行なわれている事実である。その機能が人間的自然が営むメカニズムであり，社会に存在する。孤立しない，基体としての人間は一人の精神のみでは生きられず諸個人として非人格の世界を無意識に（または意図せず）組織している。無意識に組織しているということは，人間個人が経験的でありながら経験的ではないものを含むということを暗示している。カントはこの議論において個人が持つ純粋な生得的な能力が隠されていたと主張するのであろう。同時に，それは単数の人間と複数の人間という二つの視点を呼び込んでいる。人間が社会的であるということはそれを受け入れる生得的な何かが存在するということである。ヒューム哲学は主に人間を複数で扱った開放の哲学，これに対してカント哲学は人間を単数で扱った制約の哲学と言えるのではなかろうか。ヒューム哲学の諸

---

245) だからと言って，ドゥルーズやハイエクが構造主義に属さないことは述べるまでのないことである。構造主義は理論言語学者ソシュールから始まったものであるから，彼の言語構造の原理を述べてドゥルーズと区別しておくことが適当と思われる。ソシュールの言語構造の原理は以下の通り。（船木享『ドゥルーズ』清水書院，1994 年，48-53 頁を参照。）
1 言語は人間が話すがその構造は人間に意識されない。
2 人間は要素に入るがその主体は破棄されている。
3 構造に目的は認められない。
4 構造は絶えず変化を遂げている。
5 構造は一つ秩序である。
　ドゥルーズは構造主義に理解を示しながらも次の点で相違する。ドゥルーズは，ソシュールと相違して，1，2，3 を受け入れない。もちろん，ドゥルーズはカントのような存在論としての議論を敢えて避ける。カントのような主観や超越論性が入るのを好まないからである。これはメルロ・ポンティなどの「構造主義」と相違する点である。現にドゥルーズはこの「主体」を「アプリオリな他者」と呼んでいる。(Deleuze, G., *Logique du sens*, 1969, éd. de Minuit p.357. 岡田弘・宇波彰訳『意味の論理学』法政大学出版局，1987 年，382 頁）。ハイエクは哲学者というよりも経済学者であるから，哲学における人間存在論を議論することはしない。しかしハイエクにはドゥルーズと共通の磁場を感じ取ることができる。人間の存在を確認しないことには，経済学は成り立たないからである。その意味で，奇しくもハイエクとドゥルーズは軌を一にしている。
　ドゥルーズの「ポスト構造主義」が「人間主体」から離れて議論していないことに米国の政治学者ハート（Hichael Hardt）は次のように述べている。「ヘーゲル的な存在論を拒絶したからと言ってドゥルーズが，何らかの非存在論的思考の形式に導かれるわけではないということを，強調しておかねばならない。確かにドゥルーズは，存在に先立つ構造や現にある存在の目的論的な秩序を一切拒絶しているが，それでもなお存在論的思弁の最も高次の地平で仕事をしている…。」（マイケル・ハート著，田代真／井上摂／浅野俊哉／暮沢剛巳訳『ドゥルーズの哲学』法政大学出版局，1996 年，8 頁）

246) 社会言語学ソシュールは『言語学原論』の中で言語と経済との関係をそれらに似たところがあると述べている。ハイエクが自生的秩序のなかに経済学のみならず言語の世界を入れていることと軌を一にする。これについて小林英夫氏が教えてくれた。小林英夫『言語学論集Ⅰ』（小林英夫著作集Ⅰ）みすず書房，1976 年，「経済学と言語学」の 180-206 頁を見よ。

個人を構成する個人には個人を超えるもの，すなわち習慣，黙約そして共感によって結ばれていたからである。これら習慣，黙約，共感がカントにとってアプリオリな対象となった。したがって，そのアプリオリは諸個人の複数として扱われるものである。自生的秩序という普遍を編み出す要素は諸個人と共に個人として確認されねばならないからである。

換言すれば，ハイエクの議論は先鞭をつけたヒューム哲学とそれを発展させたカント哲学，二つを含まずにはおかなかった。いわば，複数がもつ要素と単数がもつ要素である。ハイエクはこれらを融合して真の個人主義，自由そして自生的秩序を新たに開いてきた。当然カント哲学については次章に譲ることとする。その前に，この個人が非人格的な世界が編み出す，秩序にどのような必然性を含むのであろうか，自由そして正義とともに考えなければならない。

10　正義とは何か

ヒュームは予定調和のために正義を課題にしなければならなかったし，そのミリューとしての自由もまた課題としなければならなかった。既述の，ドゥルーズの「ヒュームは心理学者である前にモラリストであり，社会学者であった」という見解は，まさにそれに一つの答えを出したヒュームを形容したものである。そのモラリストそして社会学者・ヒュームは正義と自由をどのように結びつけて議論したのであろうか。ヒュームは述べている。「人間の心の原理で徳ほど自然な原理はないように，正義ほど自然な徳はない」[247]と。いわば，正義という徳が人間の心に生きていて，それはまた人間に根ざした自然な原理である，というのである。しかし，それと同時に「公共的仁愛ないし人類の利害への顧慮は正義の根源的動機であることができない」[248]と言って，人間と正義の直接の結びつき，靱帯を否定する。であるにも拘わらず，正義の徳は人間本性の自然な動機にあると言う。つまり，どこまでも正義は人為

---

247)　*THN*, p.484.（『人性論（四）』54頁）
248)　*THN*, p.482.（『人性論（四）』51頁）

的徳である。では，その靱帯とはどのようなものであろうか。
　ヒュームは何も憚ることなく次のように言う。

> 「正義の法の真の母は自愛である。が，或る人物の自愛は他の人物の自愛と反対であるのが自然である。従って，これらいくつかの利害に囚われた情緒は調整されて，或る行為ないし行いの体系に合致することを余儀なくされる。そしてそれゆえに，各個人の利害を包括するこの行為体系は，たとえ案出者が公共的利害を意図せずとも，もちろん公衆にとって有利なのである[249]。」

自愛こそ個人の利害を越えて社会における相互の関係的構造，体系を開く源泉である。自愛（「利害に囚われた情緒」）は調整されて法を編み出すのであり，いわば正義の源泉である。もとより，個人にとって有利な体系に至る経緯が大切である。一旦「公衆にとって有利」なことに気づけば自愛は機能する。そして高次の秩序，自然な調和を編み出すのである。だが，個人にとって公共的な利益を意識することはできるが，意図することはできない。
　したがって，ハイエクも憚ることなく述べている。

> 「自由な社会は，個人がある程度共通の価値に従うときにのみ，うまく機能するという事実があるために，多分，哲学者たちは時に自由を定義して道徳的規則と一致する行動としたのであろう。しかしこの自由の定義はわれわれの自由の否定である。道徳的な功績の条件である行動の自由は，悪を行う自由をふくむ。すなわち，われわれが人を称賛，あるいは非難するのは，人が選択の機会をもっているときのみであって，ある規則の遵守が強制されるのでなく，単に義務として課せられている場合のみである[250]。」

ここで言う，哲学者たちの一人はカントであることに間違いない。カントが一番誤解されるところである（決してそうではなかったことは次章で述べる）。カントにとって，自由や道徳律は叡智界から贈られた人間の能力であった。その意味で，経験（現象界）とは切り離した生得的かつ静態的な傾向をもつ。一方，ヒュームの自由や道徳は非人格的な社会が要請する後天的なものである。自由も道徳も社会の過程で培われる。このヒュームの自然は常に動いて

---

249)　*THN*, p.529.（『人性論（四）』119 頁）
250)　*CL*, p.79.（『自由の条件Ⅰ』117 頁）

いる行為の中で，換言すれば動態の中で議論される。道徳と自由の問題は，ヒュームのように社会的な慣習に培われるものという理解とカントのように当為の問題として経験と切り離され「理性の事実」に包まれるという理解との相違である。ヒュームは自由や道徳を経験から独立したことはただの一度もない。むしろ，ハイエクは言う。悪を選ぶ自由があるからこそ道徳は生起すると。ここに顕著な相違があるかに見える。神を背後におくカント哲学と自然を背後におくヒューム哲学との相違と言えよう。アーレントがいみじくも指摘したように，カントの「人間の尊厳」[252]は矛盾する。しかし，構築の哲学，すなわち経験は棄却の対象ということにおいて，ヒュームとカントとの間に何の相違もない。

シャンド（Shand, A. H.）は述べている。「個人の選択権―善なる選択であれ悪なる選択であれ―を制限するどんな試みも，人間的自由というよりいっそう大きな善を侵害するという意味で，不道徳である。」[253] 自由を確保することは個人の選択権という意味において社会的にも個人的にも限りなく道徳的である。選択の一方は棄却であり，その意味で経験を棄却の対象とする自由である。これが認識，道徳そして判断に要請される。というよりも事実そうなのである，という見解がオーストリア学派経済学の根底に流れている。これは

---

251) *KpV*, S. 56.（『実践理性批判』74 頁）カントの「定言命法」はハイエクがしばしば批判するところである。確かに道徳もまた自生的プロセスに委ねられねばならない。その意味で，発見的方法に依存し，帰結主義の立場に立たねばならない。しかし，だからと言って，道徳は相対主義におかれることを意味しない。カントの「定言命法」はその倫理相対主義を回避していると理解しなければならないだろう。ハイエクは述べている。「集合的行動に関するそのような道徳的な規則の発展はかならず困難をともない，かつ緩慢である。…われわれが発展させてきたこの種の若干の原理のうちで，もっとも重要なのは個人的自由である。それは政治的行動の道徳原理とみるのがもっとも適当である。すべての道徳的原理と同様，個人的自由はそれ自体一つの価値として，すなわち個々の場合の結果が有益であるか否かにかかわらず，尊敬されなければならない原理として承認されることを要求する。もしどんな便宜主義的考慮によっても個人的自由の制限は許されないとするほど強い信念，あるいは仮定としてそれをうけいれるのでないとしたら，われわれの望む結果は達成されないであろう。」*CL*, p.68.（『自由の条件 I』100-101 頁）を見よ。

252) *KPP*, p.77.（『カント政治哲学の講義』119-120 頁）「カント自身のうちには次のような矛盾がある。無限の進歩は人類の法則である。ところが同時に，人間の尊厳は，人間（我々のうちの各個人）がその特殊性において見られ，またそのようなものとして―しかし比較を絶し，時間とは独立して―人類一般を反省する者とみられることを要求する。換言すれば，まさしく進歩の観念そのものが―もしそれが環境の変化や世界の改善以上のものであるとすれば―カントの考える人間の尊厳という概念に矛盾するのである。進歩を信じることは人間の尊厳に反する…。」

253) Shand, A. H. *Ibid.*, p.73.（『自由市場の道徳性』121 頁）

現に経済にフィードバックとして機能している。これはヒュームからのものである，と言って過言ではない。

したがって，このような動態とそのプロセスを重んじるヒュームにとっては，3つの基本法（自然法），「所持の安定，所持の移転，約定の履行」[254]は欠かせないものである。「人間社会の平和と安定はこの3つの法が厳格に遵守されることに依存する。」[255]これはまた統治組織に先立つものである。[256]ヒュームはその自然法が成立した根拠に黙約をおく。すなわち「黙約は単に共通利害の一般的な良識感覚（sense）である。」[257]世の中には社会的良識を阻む人間の気性，どん欲（avidity）と利己心（selfishness）が存在する。その克服には「所有の安定と相互の抑制ないし禁止を黙約する。」[258]すなわち，正義の規則ないし所有は人々が結んだ黙約，ひいては約定（promises）の履行を必須の条件とする。正義は黙約に帰せられるから，その黙約は人間の人為的所産である。同時に，「所持は安定でなければならない，という一般的規則を〔具体的に〕適用するものは，個々の判断ではなく，他の一般的規則である。」[259][260]そして「所有権の諸観念が，あらゆる市民社会（civil society）においては必要になり，その必要から正義が，公衆に対するそれの有用性を引き出し，その価値と道徳的責務とが生じるのである。」[261]そして「我々は，所有権に関するあらゆる問題が，それぞれの共同体の特殊な便宜に従って，自然的正義の諸規則を拡張，制限，修正，変更する民法の権威に従属することを認めうるであろう。」[262]大切なことは，その自愛における目的と社会的な正義とは直接結びつくものではないということである。しかし，正義は一般規則でありつつも，その起源は

---

254) THN, p.526.（『人性論（四）』114-115頁）正義の法が自然法である。大槻春彦氏の注・264頁の(23)を見よ。
255) THN, p.526.（『人性論（四）』114-115頁）
256) THN, p.541.（『人性論（四）』136頁）
257) THN, p.490.（『人性論（四）』63頁）筆者はsenseを良識感覚と訳した。
258) THN, p.503.（『人性論（四）』81頁）この黙約はカントの「権利問題と事実問題」と比較する必要がある。カントは，自らのアプリオリと演繹の哲学は法の権利が事実としてそこに既にある，すなわち演繹とアプリオリが既に存在する，としたところに見出した。*KrV*, S. 117f.（『純粋理性批判（上）』162-163頁））
259) THN, p.516.（『人性論（四）』100頁）
260) THN, p.502.（『人性論（四）』81頁）
261) EM, p.188.（『道徳原理の研究』25頁）
262) EM, p.196.（『道徳原理の研究』36頁）

あくまでも人間の自愛に端を発した目的に求めることができる。ヒューム哲学には，カント哲学と比較して平面的な連続そして動態を見ることができる。

ハイエクも正義について述べている。ハイエクは言う。

> 「目的独立的な正義に適う行動ルールは，ある人が何をなさねばならないかを決定できないのであり（自発的に引き受けた責務の履行を別にして），何をなしてはならないかを決定できるだけである。それらは，何人といえども侵してはならない各人の保護された領域を規定するにすぎない。[263]」

ハイエクは直接ヒュームから学んでいると思われる。「目的独立的」とは個人の目的とは切り離されている。正義に適う行動のルールは個人ではなく諸個人が進めるもので，「何々をすべき」ではなく「何々をしてはならない」である。当為ではなく禁止や棄却である。そして正義は諸個人に「保護された領域」を確保する。いわば，消極的選択に「保護された領域」は確保される。批判哲学（第一批判，第二批判）のカントは理性の誤謬を防ぐことに専念した。対照的に，ヒュームは社会的禁止と棄却に目を向けた。[264]こうしてみると，カント哲学は「…への自由」ではなかろうか，これに対してヒューム哲学は「…からの自由」ではなかろうか。[265]ハイエクの「保護された領域」はヒュームの「…からの自由」の結果である。それだけに「保護された領域」には未完成を含意したものであり続ける。正義は未完成な「保護された領域」を生み出し続ける。その経緯に確かな進化が確保される。

進化の結果として，各人に消極的なるがゆえに未知なるものを含み，「保護された領域」は残る。当然，この「保護された領域」とは高い次元でわれわれを保護している。いわば「保護された領域」は社会と個人との靱帯で結ばれた結果である。そこでルールや法は構築されるのである。自然主義にあるヒュームと同様にハイエクにとっても，正義はあくまでも具体的なものを含まずより高次に位置するための，すなわち演繹の前提の一つである，と言う

---

263) *LLL2*, p.123.（『法と立法と自由Ⅱ』171 頁）
264) *KrV*, S. 879.（『純粋理性批判（下）』139 頁）「形而上学が純然たる思弁として，認識を拡張するよりもむしろ誤謬を防ぐに役立つということは，この学の価値を損なうものではなくて，却って検閲官としての職権によってこの学に権威と威厳とを付与するものである。」
265) カントの『判断力批判』においては様相が異なる。それは類はより高次の類を求める，すなわち反省的判断力を求めるからである。*KU*, S. XXXVf.（『判断力批判（上）』46 頁）

10 正義とは何か

ことができる。ハイエクは言う。「昔の言語学者たちが『言語感（Sprachgefühl）』と呼びならわしていた法則がようやく明確になった――これは正義感（Rechtgefühl）と明らかに同種類の現象である。[266]」これは既述の「共通利害の一般的な良識感覚」に通じるものである。

まず正義ありきではない。正義は所有権というような人間の生存に不可欠な具体性を糸口としなければならない。そしてそれには黙約が潜在して関わっている。正義は所有権に伴って社会的に後天的に自然に要請される[267]。換言すれば，個人が生存に不可欠な所有を主張するならば，所有は社会的視点における所有でなければならない。所有権によって個人は諸個人と結びつかずにはおかない。黙約はその背後でその仲介を果たす。そこには社会の安寧と自由そして調和が編み出される。究極その根拠は「人間社会の利益と幸福」[268]にある。個人の功利は善悪を通して個人を護るべくそして諸個人を守るべく昇華を余儀なくされる[269]。個人の所有に基づく安寧は社会的視点における安寧を含まずにはおかない。正義，自由そして道徳の淵源に個人的功利そして社会的功利をおくというヒュームの言説は，道徳を自由に基づく実践理性として優位においたカントとの相違は明らかである[270]。

そこに所有権を満たす合法性が生起する。そのような二元的な安寧を一元的な安寧にする技は正義がなせるところである。それを個人に還元すれば道徳的責務となる。むしろ，大切さはこの社会的視点にある。それは筆者が呼んだヒュームの演繹である。その意味で，「正義は明らかに公共の効用を促進し，市民社会の維持を指向する」[271]のである。しかし，正義はどこまでもわれわれ諸個人がつくりだし個人に帰属するものである[272]。正義は個人が編み出すもので逆にそれによる支配は誰（国家）からも受けられない。社会主義，集産主義，計画主義，設計主義に反対してきたハイエクが理解される[273]。

正義そして道徳は生得観念ではなく後天的に獲得されるのであり，所有と

---

266) *NPP*, p.46.（『還元主義を超えて』（工作舎刊）に所収，吉岡佳子訳「10 抽象の第一犠牲」440-441頁）
267) *EM*, p.202.（『道徳原理の研究』44頁）
268) *EM*, p.198.（『道徳原理の研究』38頁）
269) もちろんカントは社会的正義（福祉）を目的無き合目的性として説明した。これは『判断力批判』の中心的課題の一つであった。*KU*, SS. XXXVIII-XL.（『判断力批判』48-51頁）これについては次章で述べる。

いう具体性を通して要請され動態的かつ連続的に継起する観念である。つまり，あくまでも個人の身近な利害から出発している。そして，決して意識してつくられたものではない。同時に，ここに何らかの飛躍する靭帯があることは確かである。その靭帯を解く十分なカギは意志と自由そしてそれらにおける必然性の解明に委ねられる。

11　穏やかな決定論

　自生的秩序と同様に正義と個人との間に断絶があるわけではない。そこには飛躍的とは言え何等かの靭帯が存在する。ハイエクがあえて保護領域と呼ぶのは，正義が個人を通して高次の秩序や調和を目論むことによって全体的にかつ長期的に個人を護る領域を惹起せしめるからである。個人は保護領域

---

270)　*KpV*, S. 212.（『実践理性批判』238 頁）カントは述べている。「自由と，卓然とした心意をもって道徳的法則を遵奉する能力としての自由の意識とは，我々の欲望を少なくとも規定する（触発しないまでも）動因としての傾向性にまったくかかわりがないという意識である。そして私が，自分の道徳的格律に従う場合にこのことを意識している限り，自由とその意識とはこの格律と必然的に結合して，いかなる特殊の感情〔快や喜びの〕にももとづかない満足—すなわちもはや他の何ものをも必要としないというゆるぎない心的状態を生ぜしめる唯一の源泉である。」こうした経験や幸福という感性から離れた議論となったのは，カントが感性に直結した知性（intellectus）とその感性を受ける二次的かつ論弁的理性（ratio）を転換させ理性を前面に押し出した結果である。カントとヒュームの相違は明らかである。カントにはどこまでも経験に囚われない人間個人があり，ヒュームには生きた現実の諸個人がある。カントがまず道徳ありきであるのに対して，ヒュームは道徳はあくまでも社会プロセスの中（非人格の世界）で編み出されるものである。しかしながら，これらには優劣が付け難いものがある。ウェーバーが語ったように，前者は心情倫理の分野であり，後者は責任倫理の分野である。正義はあくまでも個人にのみ自覚され，しかし，かつ平等や公平として実現できないものである。要は，正義そして道徳は心情倫理で自覚されかつ責任倫理の問題として議論されねばならない。ハイエクがどのようにヒューム（非人格の世界）に依存しようとも，絶対的道徳の意識を棄てることはなかった。正義は此岸として自覚されかつ彼岸であり続ける。ここにカント的視点とヒューム的視点とが区別なく解け合っている。*CL*, p 68.（『自由の条件Ⅰ』100-101 頁）を見よ。
271)　*EM*, p.201.（『道徳原理の研究』43 頁）
272)　ハイエクは述べている。「正義を語ることは，常に，ある人または人々がある行為をすべきであったあるいはすべきでなかったということを意味している。」*LLL2*, p.33.（『法と立法と自由Ⅱ』50 頁）を見よ。
273)　*LLL2*, p.31.（『法と立法と自由Ⅱ』48 頁）ハイエクも述べている。正義はわれわれ人間に帰属するものであるが，あくまでも「『正義に適う』という用語を人間的行為やそれらを支配するルール以外の事情に適用することは，範疇上の誤りである。」

を知性によって把握することはできないものの知ることはできる。「社会の経済問題の解決は…常に未知なるものの探求の旅であり，物事をこれまでの仕方よりもよく行う新しい仕方を発見する試みなのである。」[274] 筆者はこの自生的な諸個人の動態を「空洞への前進」と呼んできた。個人は諸個人を通して自生的秩序に向けて進むのである。それを当為と言うならば，それはその演繹的態度にあり一元的な存在の本質にあると思われる。これこそヒュームの人間本性に見ることができる。

いわば，経験は棄却の対象であり残された保護領域は消極的選択の結果である。この動態的機能のなかで，個人は非人格的なもしくは社会的な真の個人を可能にする。個人に許されているのは意思ではなく，意志であると言った方が適切かもしれない。つまり，われわれ有限者には正義や自生的秩序がなすところの全体や長期な未来の展望など把握することなど所詮できないからである。あくまで，われわれが究極進むところは「意図せざる結果」を生み出す非人格的な世界，社会的功利の世界である。これには謙虚な個人が要る。重要なことは，この非人格的世界に向け個人は「何々をしてはならない」であり，認識のみならず道徳そして判断において不可欠な態度である。

こうして，正義や自生的秩序は非人格的な世界（社会）が創り出す彼岸の世界である。もちろん，この世界は個人が構築しているのであり，個人に課せられるものである。その靱帯とは消極的選択である。意志とその具体化は非人格の下制約の下にある。あくまでも，個人は人間的自然が機能する一元論的な世界に生かされているのである。それはヒュームの慣習，黙約そして共感が実現を促す世界である。反転すれば，その世界を創り出しているのは正義や自生的秩序に果敢に係わる個人である。ハイエクは述べている。

「一番重要なのは，意図概念に対する自生的秩序の関係である。その種の秩序は外部（政府）の主体によってつくられたのではないから，その秩序は何の意図ももつことはできない。もっとも，その存在はその秩序内で行動する個人には非常に役立つかもしれない。しかし，別の意味では，その秩序はその諸要

---

274) *IEO*, p.101.（『個人主義と経済秩序』138 頁）ハイエクは述べている。真の経済「問題は，我々が所与の財やサーヴィスを所与の限界費用で入手するかどうかということではなく，…人々の要求はどの財やサーヴィスよって最も低廉に満足させられ得るかということなのである。」と。

素の意図をもった行為に依拠するともいえる．勿論その時には，『意図』とはそれらの行為がその秩序の存続または回復を保証する傾向があること以上の何も意味しない．」(かっこ内引用者)

もちろん，われわれに意図は許される。経済行為，消費，生産そして投資は意図の下にある．しかしその意図は消極的にすなわち謙虚な個人に実現する。むしろ，その謙虚さにおいては積極的でなければならない．それはわれわれが非人格的な世界に生かされているからである．自生的秩序と個人を結ぶ靱帯はあくまでも「…からの自由」という経緯を余儀なくされる．その消極性が吟味されねばならない．

既述のように，ヒュームは理性よりは感情を前面に出しその重みを強調してきた．それは感情が行為の意志や動機を引き起こすからである．したがって，感情と理性は争わないという見解である。理性は「いかなる行為を産むことも，換言すれば意欲を生起させることも，決してできない．」ヒュームにとって，行為の意思決定は感情に基づくことだが，むしろ行為決定の感情がもう他の別な感情に勝ることである。理性には所詮情動を制御することなど不可能なのである．道徳もまた理性によらない．換言すれば，因果律は閉じられたものではない．事象経験から得られた因果律は立ち止まらない．

例えば，社会的に見てある納得のいかない行為があったとする．その場合，その行為が外的諸現象（自然的対象，社会的関係）に規定されるのか，それとも全く自由意志に基づいているのかという問題が起こる．つまり，意志は存在せず必然論（決定論＝determinism）に立たねばならないのか，それとも必然論に立たず意志はあくまで自由な立場に立つのか，どちらなのかということである．もし前者なら個人に責任がなく，後者なら責任があるわけである．ヒュームは自然主義に立ち「穏やかな決定論」を主張する．

ヒュームは次のように言う．人間個人にはそれぞれ行為に関して内的必然性をもっていて自由であるという「自発性の自由」と，そのような必然性に

---

275) *LLL1*, p.39.（『法と立法と自由Ⅰ』53 頁）
276) *THN*, p.416.（『人性論（三）』207 頁）
277) *THN*, p.415.（『人性論（三）』204 頁）および *THN*, p.458.（『人性論（四）』14 頁）
278) *THN*, p.458.（『人性論（四）』14 頁）
279) *THN*, p.289.（『人性論（三）』30-31 頁）

よって決定されない完全な自由すなわち「無差別の自由」があると。しかし，これらをはっきり区別できる人はいないと言う。思惟はあくまでも「自発性の自由」にある。確かに，人間は何らかの内的必然性に従って行動する。また，そのように誰もが考えている。意志とそれに基づく自由を認めて疑わない。しかしながら，人間（意志がしっかり存在すると思っている人）が意志に従って，ある行動を選択したとする。しかし，われわれが特定の意図や動機を図って，それが必然と理解できても，残念ながらそれでもわれわれは他の行為を選ぶことが絶対にできなかったと，自分に言い聞かせることは困難だと言わざるを得ない。われわれには，必然だったといっても，それが絶対に確実だとは決して読み取れないからである。したがって，意志という完全な基底は無きに等しい，ということになる。つまり，必然性は得られず，完全な選択の自由から行動を起こすことはできないとヒュームは言う。

また「無差別の自由」についても，これも間違いだという多くの経験をわれわれはもっている。たとえば，私たちは必然に依らず自由に行動することができると思っている。しかし，他人から見ると人の行為はその性格や行為の動機から推し計れることが多々あるのである。いわゆる，傍目八目である。その人の性格や性癖を読みとって行動を推測し得る。こうして「自発性の自由」や「無差別の自由」は否定される。いわば，人間は社会的かつ非人格的な世界に生かされているのである。

ヒュームの人間は利己的な心性と社会的な心性の二つを兼ね備える生きた人間である[281]。そして「人間の活動にも自然の一般的な経過（course）がある。」そうした「性格の知識は，性格から出る行動のうちに見られる斉一性の観察を根底とする。…斉一性こそ，必然性の本質そのものである[282]。」（かっこ内引用者）この斉一性に人間の利己的な心性と社会的な心性の二つを読み取るのである。大切なことは，既述のように因果は開かれた，拡張的な因果律にあ

---

280) *THN*, p.407.（『人性論（三）』194 頁）「無差別の自由」は「肯定否定の能力であり，対立する等しい動機のあいだにおける選択の自由である。」また「自発性の自由」は「自己決定の自由である。」これらは訳者・大槻春彦氏の『人性論（三）』の 293 頁の注，第 3 部第 2 節の（2）を参照した。
281) 大槻氏の『人性論（三）』291 頁の注，第 3 部 1 節の（14）を参照した。
282) *THN*, p.403.（『人性論（三）』187-188 頁）

る。ヒュームにとってはこれこそ自然主義である。「自然的確証と精神的確証とがいかにうまく連携し合って，両者間にただ一つの議論の連鎖をつくるか，この点を考察すれば，我々は少しも逡巡せずに，両者は同じ原理から来ると認容するであろう。」と言って，「無差別の自由」と「自発性の自由」との区別からくる迷いを一掃する。つまり，自由ないし自由意志を含む「必然性は因果性の本質的部分をなす」と言うのである[284]。いわば，自然主義にあるヒュームにとって，外的諸現象の影響を受けながら精神（意志）は自然な演繹（自然な調和）から離れることなく，一つになり解決が導かれるというものである。いわゆる，「穏やかな決定論（soft determinism）」である。つまり自然調和に従う決定論は何かを把握したからではない，消極的選択に基づく「穏やかな決定論」なのである。

「穏やかな決定論」と言うが語音からくるニュアンスとは裏腹に，そのことに懐疑や迷いの意味は少しもない。この「穏やかな」は非人格的な社会に委ねる人間本性に依るのである。換言すれば，諸個人は非人格的な社会に生きているという意味において，自己が自由であると同時に他人の自由を認めねばならず，その自由を護るという意味で諸個人は制約を受ける。ハイエクの保護領域の淵源を見る思いである。諸個人は見えない決定論に従って演繹的であり，一元論の中にある。見えないだけに「穏やかな決定論」である。この自然主義に基づく「穏やかな決定論」すなわち必然性が自由の核心をなすのである。したがって，自由が破壊されるなら，それは暴力や何らかの拘束以外の何ものでもない[285]。

重要なことは，ヒュームの場合必然性は偶然性とは対立するが自由とは対立しない，ということである。必然性と自由とはお互いに両立しなければならないのである[286]。その両立は「当該活動を考えることのできる思考ないし叡智の性質[287]」に依存する。もとより，この思考，叡智は諸個人が非人格的な社

---

283) *THN*, p.406.（『人性論（三）』192 頁）
284) *THN*, p.407.（『人性論（三）』193 頁）
285) *THN*, p.407.（『人性論（三）』194 頁）
286) カントにも同様な記述が見られる。「自由は，自然必然性におけるとはまったく種類を異にする条件に関係することが可能であるから，自然必然性の法則が自由を触発することはない，従って自然必然性の法則と自由とは互いに無関係に，また互いに妨害し合うことなく成立しうる」と。*KrV*, S. 585.（『純粋理性批判（中）』228 頁）を見よ。

会に生きる叡智である。いわば，人間的自然の思考ないしは叡智は非人格的な社会を受け入れる演繹を所詮担っている。それは自由を条件として偶然にあらずして必然である，ということができよう。その必然性は「精神的確証(moral evidence)」から得られる推論が原動力である。いわば，自然主義に基づくヒュームの思考と叡智はカントに見られる個人に内在する道徳律に一脈通じるものがないでもない。

この核心がハイエクに見られる。ハイエクは『研究』の「複雑現象の理論」の中「相対主義の多義性」で述べている。「人間的価値を相対的なものと考えて，その未来における進化の蓋然性について語ることが正当であると言える。」しかし「歴史・文化・倫理の問題に関する…相対主義的立場は，…進化論の誤った解釈に由来する。」と。ハイエクはさらに続けて言う。

> 「ありていに言えば，われわれはそのすべての諸価値がある何ものかに相対的であることを知っているが，それが何に対して相対的であるかを知ってはいないのである。われわれは，その価値をそれが現にあるように作ってきた諸状況の一般的クラスを指摘できるかもしれない。しかしわれわれは自分の今もっている価値の原因にあたる特殊な諸条件を知らず，またこれらの条件が異なっていたならわれわれの価値がどうなっていたかも知らない。不当な結論の大半は，進化の理論を誤って経験的に一つの傾向を確定するものと解釈することから生まれている。進化論は，歴史の過程で作用した事実すべてを仮に知っているならば，特定の現象を説明するのに十分だ，と言えるような説明図式を与えるにすぎない。ひとたびこのことを認めるならば，さまざまな種類の相対主義(そして進化論的倫理学)の主張に根拠のないことが明白になる。」

このことから分かるように，ハイエクは決して倫理相対主義を採ってはいな

---

287) *THN*, p.408.（『人性論（三）』195 頁）
288) *THN*, pp.404-405.（『人性論（三）』190-191 頁）
289) *KpV*, S. 53.（『実践理性批判』70 頁）カントは述べている。「…自由を直接意識することは，我々には不可能である。自由に関する最初の概念は，〔経験にかかわりがないという〕消極的なものだからである。さりとてまた自由を経験から推論こともできない。」要は，ヒュームのように道徳的な必然性は外的諸現象に導かれる演繹をとるのか，カントのように神を背後において個人に内在させる演繹をとるのか，それらの相違である。
290) *PPE*, p.38.（『特集＝ハイエク』に所収，杉田秀一訳「複雑現象の理論」132 頁）
291) *PPE*, p.38.（同書「複雑現象の理論」132 頁）
292) *PPE*, p.38.（同書「複雑現象の理論」132-133 頁）

い。進化論は非人格的社会の中におかれている。「すべてを知ることは不可能であるという洞察は，現存する社会の価値と制度の中に沈殿してきた全体としての人類の経験に対する謙遜（humility）と畏敬（reverence）の態度へと導くのである。[293]」（かっこ内と修正引用者）理性の驕りに任せることはできない。必要なことは，非人格的な立場にあって消極的選択を受け入れる個人である。換言すれば，受け入れることにおいて積極的でなければならない個人である。謙遜と畏敬の念において倫理は絶対主義である。もとより，個人に絶対的倫理が許されているわけではない。カントの定言命法が問題なのは個人に超越的（transzendent）[294]自由が基礎付けられていたからである。われわれ個人には囚われない自由があるのであって，倫理に基づく自由が与えられているわけではない。この点で，ハイエクが信条としていたように，カントよりもヒュームが先鞭を付けていたことは確かである。[295]ヒューム哲学の批判的摂取にあったカント哲学は何の事はないまたヒューム哲学によって補完されるのである。これについては次章で詳しく述べよう。

　経験に基づく倫理に不可欠なものは飽くなき謙遜と畏敬である。「穏やかな決定論」というミリューで倫理絶対主義は生きている。これこそ彼岸におかれた道徳律である。このような消極的な靭帯はヒュームの自由と必然性の議論にさらなる淵源を求めることができると思われる。

12　自由と必然性

　ヒュームが採る科学観は，現代で言うところの自然科学と社会科学とに区別はない。対象が自然であろうと人間であろうと何の区別もない。ヒュームは言う。「我々は物体の作用におけると同様に，人間の動機と行動においても，容易に，また普遍的に斉一性を認めるのである。[296]」したがって，ヒューム

---

[293]　*PPE*, p.38.（同書「複雑現象の理論」133 頁）
[294]　もちろん，カントは超越論的（transzendental）と区別する。
[295]　*PPE*, p.117.（『F.A. ハイエク市場・知識・自由』に所収「デイヴィッド・ヒュームの法哲学と政治哲学」151-152 頁）, *LLL2*, pp.166-167.（『法と立法と自由II』228-229 頁）ハイエクはここで「私には何の証明もできないが」と言っているが以上で証明されたことになる。

は述べている。「心は習慣的移行によって，一方の出現から他方の確信へと導かれることである。…人間の無知に関する…結論は」人々が「自然の力を一層深く洞察して，原因と結果の間の必然的結合に何か似ているものを，知覚すると信じて疑わない強い傾向性を依然として心に抱いている。」(引用者修正訳) つまり自然主義の立場にあるヒュームにとって，所詮無知な人間にとって必然性は行為者のものではなく，非人格的な社会における因果律のものであるという見解をとる。この「自然の力」を洞察し，それに従うことは予定調和の立場である。いわば演繹的な立場である。

したがって，確固たる考え，透徹した哲学者なら社会が知性ある行為者と意志作用によって成立していることを悟り，自然科学であろうと社会科学であろうと同一の推論が可能である。「一連の経験によって貯えられる一般的観察は，人間本性について我々に手掛かりを与え，その全ての縺れを解きほごすことを教えるのである。」ヒューム哲学の特色はそのミリューが情緒に基づく想像力と言葉の世界 (in words) にある。ヒュームは言う。「我々の想像力は，常に我々に親しく現われている自己から抜け出し，関係もしくは結合に沿って円滑に流れ，自己に近い関係にある人物を，完全な同感を以て思念する。」それは，言葉を換えれば予定調和を看取しそれに従っていく人間本性である。そこで見出されるのが必然性であり，それを支えるのが自由なのである。

ヒュームは言う。

> 「物質のであれ，心のであれ，いかなる行動の必然性も，適切に云えば，行為者における性質ではなくて，その行動を考察するであろう何等かの思惟的あるいは知性的存在における性質である。そしてその性質は，主として或る先行する対象から，その行動の実在を推理するよう，彼の思惟が決定されるところ

---

296) *EHU*, p.84.（『人間知性の研究・情念論』120 頁）
297) *EHU*, p.92.（『人間知性の研究・情念論』129 頁）
298) *EHU*, p.88.（『人間知性の研究・情念論』124 頁）
299) *EHU*, p.85.（『人間知性の研究・情念論』120-121 頁）
300) ヒュームは述べている。「想像力と情緒とは，互いに密接な統合を有する。前者の活気は後者に勢力を与える。」*EHU*, p.58. *PWH*, p.225.（『人間知性の研究・情念論』86 頁，279 頁）*EHU*, p.85.（『人間知性の研究・情念論』131 頁）
301) *PWH*, p.213.（『人間知性の研究・情念論』265 頁）

に存在する。」[302]

　知性的存在者（思考と叡智）は非人格的な社会を受け入れ，同時に支えられる。その必然性は人間にある自然，人間的自然である[303]。それはまた慣習の中に根付くのである。慣習に根付くということは思惟に反転させられ了解する個人である。ヒュームは言う。「必然性の観念は何らかの印象から生じる。…それゆえ，この観念は，何らかの内的な印象，すなわち反省の印象から生じるのでなければならない。現在の問題に関係をもつ内的印象は，習慣が生み出す。一つの対象からそれにいつも伴っていた対象の観念へと移行しようとする，傾向以外にはない。それゆえ，これが，必然性の本質である。要するに，必然性とは，対象のうちにではなくて精神のうちに存在する何か[304]」である。この「自然的な力を一層深く洞察する」ことによって「原因と結果の間の必然的結合に似て」予定調和を知覚することができるのである。しかし「単に個別的な対象が相互に恒常的に連結しているのを観察する以上には，我々を導き得ない」のであるが，「心は習慣的移行によって，一方の出現から他方の確信へと導かれる」[305]。そのプロセスが述べられねばならない。いわば，調和の世界（ハイエクなら自生的秩序）を確認し，その道を見出すことである。それが必然性である。

　ヒュームは言う。

　　「我々の迷いを解く唯一の方法は，より高い立場に登ることである。すなわち科学が物質的原因に適用されるときには，科学の狭隘な限界を検討し，そして我々がそれらの諸原因について知っているすべては，恒常的連関（constant conjunction）と上述の推理であることを納得することである。おそらく我々は，我々が人間知性に対して，このような狭隘な制限を設けるように説得されるのに困難を伴うことを見出すであろう。しかし後になって，この理説を意志の行動に適用するようになるときには，我々は何の困難をも見いだしえないのであ

---

302)　*EHU*, p.94.note.（『人間知性の研究・情念論』131-132頁注）
303)　自然な調和をヒュームは社会的な慣習（人間的自然）に見ているのに対して，カントはあくまでも人間の思惟の中に見ようとした。それがアプリオリ（自然的人間）なものである。この自然的人間については次章で触れる。
304)　*THN*, p.165.（『人間本性論』195頁）
305)　*EHU*, p.92.（『人間知性の研究・情念論』129頁）

ろう。というのは，これらの行動が，動機や事情や性格（characters）と規則的な連関を有することは明白なので，また我々が常に一方から他方への推理を行うので，我々は自己の生活に関するすべての熟慮において，また我々の行為と態度とのすべての段階において，我々が既に公然と認めたあの必然性を，言葉に表して認知せざるをえないに違いないからである。」(かっこ内引用者)

科学の狭隘とは，われわれの認識，道徳そして判断には制約があることを意味している。しかし意志と自由を感得すれば何んの困難もない。そのためには，自然主義者・ヒュームはより次元の高い立場に立つことを提唱する。次元の高い立場とは調和（自生的秩序）の世界への立場である。それには階梯がある。それは，一つに人間の「意志の行動」，もう一つは「一方の対象から他方への心の推理」である。まず意志の問題から見ていこう。

ヒュームは言う。

「行動そのものの遂行の際には，それに似た何かを感ずる場合がしばしば起こるということを，我々は観察するであろう。そしてすべての類似する対象は，相互に相手と間違えられ易いので，このことが人間の自由の論証的あるいは直覚的証明としてさえ用いられてきたのである。我々は，我々の行動が，大方の場合に意志に従属するのを感ずる。そして意志自体は何物にも従属していないことを，我々が感じていると想像する」[307]

必然性は因果律に基づいている。従って，「類似する対象」には斉一性を感じ取ることができる。しかし，だからと言ってこの法則性や因果律で満足するとしたら「相互に相手と間違えられ易い」ほどに短絡的な考えとなってしまう。ここにヒューム哲学の基礎，懐疑論が流れている。むしろ，意志そして自由をもって証明できると言う。

ヒュームは意志と自由の結びつきを巧みに説明する。他者の意見を受け容れるという謙虚さは自由に支えられている。その自由とは「意志自体は何物にも属していない」ことに淵源を求められる[308]。それだけに意志と自由がある

---

306) *EHU*, pp.93-94.（『人間知性の研究・情念論』131 頁）
307) *EHU*, p.94note.（『人間知性の研究・情念論』132 頁注）
308) *THN*, p.465.（『人性論（四）』27 頁）ヒュームは言う。「徳を知ることと意志を徳に適合させることとは別である。」

ところでは，必然性は直覚（直観）的に証明されてきたと。「自由によって我々が意味することができるのは，ただ意志の決定に従って行動をし，あるいは行動をしない力」[309]である。意志は選択する，選択しないことのどちらかであり，「意志自体は何物にも従属していない」こと，すなわち何にも囚われないことを指している。意志は自由と同義である[310]。ハイエクも述べている。「意志的行為の決定は，はじめの心迫（urge）を満足させるさまざまな道があるなかから，なお選択をする過程を含む」（かっこ内引用者）[311]のである。意志は選択に囚われるが特定の対象には囚われないのである。だとするならば，行為に意志が存在すればその行為は必然性を編み出すに違いない。ここに調和に踏み出す潜勢力を見ることができる。「最も論争的な問題である自由と必然性の問題に関して，それらを調和させようとするこの試みを続けるならば，人類のすべてが，常に必然性の理説と同様に，自由の理説に同意してきた」[312]であろうと。同時に，必然性が社会的なもの，非人格的なものそして観察者のものであるならば，必然性は意志の自由のなかに生起し続ける。換言すれば，人間本性からみて必然性は意志の自由を含み，また意志の自由は必然性をもたらす，と言うことができる。

ヒュームは言う。

「たとえ我々が自己の内部に自由を感じていると想像しようとも，観察者は通常，我々の行動を，我々の動機および性格から推理しうることは確実と思われる。また彼が推理しえない場合でさえ，彼は一般的に次のように結論する。すなわち，もしも彼が我々の置かれている状況や気性に関するすべての事情，および我々の体質や気質の最も内奥に秘められた原動力に完全に精通しているならば，推理しうるであろうと。さて先に述べた理説に従うならば，これこそまさに必然性の本質なのである[313]。」

---

309) *EHU*, p.95.（『人間知性の研究・情念論』133 頁）
310) *EHU*, p.95.（『人間知性の研究・情念論』133 頁）これもヒューム哲学はカント哲学と共有できるのではないか。カントは述べている。「判断力は純粋認識能力から—換言すれば自然概念の領域から，自由概念の領域への移り行きを成就するだろう。」*KU*, S. XXV.（篠田英雄訳『判断力批判（上）』33）
311) *SO*, p.124. 5・70（『感覚秩序』144 頁 5・70）
312) *EHU*, p.95.（『人間知性の研究・情念論』133 頁）
313) *EHU*, p.94.（『人間知性の研究・情念論』132 頁）

その意味で，自由は偶然性を一つも含まずただ人間の意志の力に含まれる。[314]
そして，必然性は意志の自由が確実な傾向性をもたらす。ヒュームは言う。
「この規則的な連関は，我々が何等かの理解を持ちうる唯一の結合，すなわち
知性のあの推理を産出するのである。」[315]

　ヒュームは述べている。「二つの事情（恒常的連関と推論）は意志的行動に
おいて生ずることが普遍的に承認されることを見いだすならば，我々は一層
容易にあらゆる原因に共通する同一の必然性を認めるように導かれる」[316]の
である。いわば，「恒常的連関」は単純な因果律を採り上げられてきたが，「意
志的行動」という自由な人間によって「恒常的連関」が練り上げられる。[317]意
志とは「自然的な力を一層深く洞察」する果敢な人間に宿る。その意志的人
間が非人格的な社会を構成する。その中で，慣習的移行は「自然的な力を一
層深く洞察」する力を育み必然性を見出す。因果律はこれまでの因果律に加
えて自由な人間に基づく因果律が加味される。既存の因果律は止まることな
く，漸次高次の立場に立つことであり，個々人の推論によってである。換言
すれば，その演繹的態度は既存の因果律を昇華し高次への展開を促す。いわ
ば，ヒュームの因果律とは既存の因果律に止まらず高次の自然の因果律を求
めるのものである。[318]この時間と空間を通した一連の連続性にヒュームの科学
性がある。もちろん，われわれの行為は「動機や事情や性格」[319]に規則的な関

---

314) *EHU*, p.96.（『人間知性の研究・情念論』134 頁）ヒュームは言う。「自由が拘束にではなくて，必然性に対立する場合には，偶然と同じものであり，それが実在しないことは普遍的に承認されているところである。」
315) *EHU*, p.96.（『人間知性の研究・情念論』134 頁）
316) *EHU*, p.92.（『人間知性の研究・情念論』129 頁）
317) *THN*, p.87.（『人間本性論』109 頁）ヒュームはこの飛躍を一気に起こるのではなく漸次に進むとその経緯を述べる。「この原因と結果の関係のきわめて本質的な部分をなすところの必然的結合（necessary connexion）の本性を発見するために，この原因と結果の関係の直接的考察をやめる利点を，見るかもしれない。このことによって，われわれがもくろんだ目的に最後には到達できるかもしれないという希望があるからである。」そして漸次な必然的結合を通して調和や秩序へさかのぼる本性は推理，想像力にあるとする。つまり自然の斉一性の原理しかも一度で十分の原理へと自然な原理へ進む。*THN*, pp.87-94.（『人間本性論』109-116 頁）
318) この性質はカント哲学における，自由を含意した叡智的（可想的）性格に共通するものを感じるのは筆者だけではないはずである。*KrV*, S. 581（『純粋理性批判（中）』224 頁）を見よ。
319) この性格とはカントの性格（Charakter）に通じるのではなかろうか。カントの『純粋理性批判』の第 3 アンチノミー因果律と自由との克服に語られる性格である。つまり経験的性格や叡智的性格である。カントはこの性格を「原因の原因性の法則」と言っている。*KrV*, S. 567.（篠田英雄訳『純粋理性批判（中）』212 頁）を見よ。

さて、次に「一方の対象から他方への心の推理」を見よう。この言説は「自由と必然性について」の節において高い頻度で現れている。「一つの対象の観念から何らかのそれを継起する対象の観念へと移る[320]」ともまた「一方の出現から他方の確信へ」とも言われている。この説明こそ個人と調和をとりなす靭帯を表しているものはない。もとより階梯にあるのは個人である。この靭帯をハイエクも見つけてきたし、それを筆者は「…からの自由」と言ってきたのである[321]。要は、ヒュームという経験論者が展開する経験とは棄却の対象ということである。その原動力は意志と自由に基づく必然性にある。あくまでも、カントのように理性に基づくのではなく、想像力が調和を必然性として推理、産出するのである。

さらに、自由に道徳が付け加えられることを述べておこう。ヒュームは言う。

> 「必然性と自由の両者に関する理説が、徳性に一致するばかりではなく、徳性（morality）を支持する上に、絶対に肝要であることを敢えて断言するであろう。[322]」（かっこ内引用者）

> 「自由もまた、徳性にとって本質的であり、自由が欠けている場合には、如何なる人間行動も道徳的性質を受け容れないし、また是認あるいは反感のどちらの対象にもなりえないことは、同じく証明されるであろうし、また同一の論議によって証明されるであろう。というのは、行動は、内的性格、情念および情緒の指標である限りにおいてだけ、我々の道徳的感情の対象であるので、行動がこれらの諸原理に起因せずに、全く外部の強制に由来する場合には、賞賛または非難のどちらをも生じさせることは不可能である[323]。」

かくして、ヒュームの必然性と意志の自由は徳性として推進されることになる。必然性と独立した意志の自由は情緒から具体的な価値観、つまり道徳へ、対象が事物から人間へ移り、徳性が現れる。いわば、ヒュームの意志の自由

---

[320] *EHU*, p.94.（『人間知性の研究・情念論』132頁）
[321] *EHU*, p.92.（『人間知性の研究・情念論』129頁）ヒュームの「慣習的移行」と言う、自由の触発については、この章の164頁の注270)のカントの自由と比較せよ。
[322] *EHU*, p.97.（『人間知性の研究・情念論』135頁）
[323] *EHU*, p.99.（『人間知性の研究・情念論』138頁）

は必然性を通して，すなわち道徳は必然性に端を発して，「内的性格」（すなわち「限定は内省や反省を意味する」）として主観に位置するものとなる。意志の自由は道徳へ変化を遂げていく。

いわば，演繹的な正義は意志の自由によって編み出された。人間に内在的な徳性を自発させるのである。これはカントに接近してきていると言わざるを得ない。しかし，ヒューム哲学の特色はカント哲学に比較してどこまでも平面で展開していることである。ヒューム哲学の特徴はそれだけではない。それを述べなければならない。

13　遠心的な思惟

筆者はこれまでもヒューム哲学とカント哲学との相違は視点の相違であると述べてきた。しかしながら，その視点の相違が後世に異なる道を開いてきたことも事実である。その視点の相違として，思惟におけるヒュームの遠心性とカントの求心性もその一つである。その相違を踏まえヒュームの貢献を見てみよう。そのために，ヒューム哲学の特長をカントのヒューム批判から述べることが適切かと思う[324]。カントは述べている。

> 「高名なデイヴィッド・ヒュームは，人間理性の…地理学者の一人であった。彼は…諸問題を，理性の地平圏のそとへ追い出すことによって一切の問題を解決し得たと考えた。しかし彼はこの地平圏そのものを規定することができなかった[325]。」（一部修正引用者）

> 「むしろ理性は一個の球体に比較されて然るべきである，即ちその半径は球面上の弧線から（アプリオリな綜合的命題の性質から）知られるし，またこの球面に含まれている内容も表面の限界もまたこの弧線によって確実に示されるのである[326]。」

---

[324]　ハイエクの文章にはカント哲学的アプローチをしばしば見つけることができる。自然科学的な，つまり経験的な感覚の秩序を「地理学的」と呼んでいるが，これはハイエクが『純粋理性批判』を意識していることは明らかである。筆者が以下の引用でカントのヒューム批判を導入する理由である。*SO*, p.4. 1・10（『感覚秩序』12 頁 1・10）を見よ。

[325]　*KrV*, S. 788.（『純粋理性批判（下）』58 頁）

哲学を地理学になぞらえるのは，地平はわれわれの有限性と無限性を視野に入れる概念であった。カントは地球に広がるあらゆる対象を視野に入れようとする意気込みを現している。哲学もまた地表に生起する自然現象や社会現象すべてを取り扱うからである。カントにとって「歴史や地理学は…信の対象に属するものではなくて事実に属するものだからである。[327]」したがって，カントが言う「地平圏」とは認識や道徳における場である。カントは言う。球面の「度の大いさから地球の直径を知り，また直径によって地球の完全な限界，即ち地球の表面をアプリオリな原理によって明確に知ることができる。[328]」ここに限界としての「地平圏」が展開される，と同時に理性を球体に閉じこめたのである。ここにドイツ観念論を生み出す素地があった。カントのヒューム批判を見ることにしよう。

ヒュームは人間理性の地理学者の一人であったが，「理性の地平圏のそとへ追い出すことによって一切の問題を解決し得たと考えた，しかし彼は地平圏そのものを規定することができなかった。」とは，批判の焦点を慣習や黙約に当てる。いわば，慣習や黙約にはアプリオリな限界規定が不明確であるというのであろう。カントはヒュームが理性を退けたが故に「理性の地平圏」すなわち経験の有り様にメスを入れなかったと言うのである。カントは言う。「彼（ヒューム）はこの主観的必然性を慣習と名付けた。しかし一切の経験を超出してしまえば，我々の理性はこの原則を使用することができなくなる。そこで彼は，理性のかかる無能力から，経験的なものを越えようとする理性一般の越権はすべて無効である，と論定したのである。」しかし「理性の個々の事実（facta）を吟味し，事情によってはこれを承認しないようなこの種の方法は，理性の吟味と呼ばれてよい。[329]」カントは，ヒュームは理性が本来もつ論弁的役割を放棄したし，所詮避けて通れない理性を避けた，と批判するのである。しかし，ヒュームにとっては事実の認識や判断を理性の範囲に入れる必要など毛頭ない。ヒュームにとって，人間本性を支配する核は価値意識を含む感情にあったからである。ヒュームにとって純粋悟性概念やアプリオ

---

326) *KrV*, S. 790.（『純粋理性批判（下）』60 頁）
327) *KU*, S. 458f.（『判断力批判（下）』203 頁）
328) *KrV*, S. 787.（『純粋理性批判（下）』58 頁）
329) *KrV*, S. 788.（『純粋理性批判（下）』59 頁）

リを設ける由もなかった。

　哲人二人の緊張を吟味してみなければならない。ヒュームにおいて，理性に代わるものは「想像力」である。確かに，「想像力」は一時的に経験を離れアプリオリを暗示する。それだけに，カントにとって思惟を総括する理性の非存在は受け入れがたいものとなる。カントは論難する。ヒューム哲学は「理性概念をなんらかの原理に従ってアプリオリに規定しようと試みたが，かかる試みはすべて失敗に終わった。」アプリオリとは可能的経験を可能にすることであり，このアプリオリに気づかなかったが故に「想像力」は経験の限界すなわち可能的経験をはっきりさせることができなかった，と言うのである。つまり，ヒュームは理性の地平圏の構図，すなわち超越論的演繹の構図を顕わにできなかった。「球体（経験の領域）のそとには，理性にとって対象となり得るようなものは，何一つ存在しない。」球体の弧線は直線（球心から離れる接線）と相違して理性の限界，客観性の吟味を意味する。カントは理性の越権を防ぐために，球体の中心に核としてのアプリオリなカテゴリーを置いてきた。理性の越権を免れるために，球体の中心に求心力としてのアプリオリをおく。

　この求心的理解は，カントがそれまでの哲学の理性理解，すなわち理性（ratio）よりは知性（intellectus）を上位においた伝統から脱却したことを意味している。理性と知性を逆転させて，理性を知性よりも上位に起き，すなわち受動的立場から能動的立場に引き上げて理性を評価したことを意味している。カント哲学は理性を核として間接的，論弁的立場にあり，そして能動的

---

330) *THN*, p.247.（『人間本性論』281 頁）ヒュームは言う。「私は，問題をアプリオリに（経験によらずに，対象の観念にのみ基づいて）考察するならば何が何を生み出すことも可能であるということ，そして，或る対象と別の対象の間の類似性がどれほど大きくても，どれほど小さくても，一方が他方の原因であり得る理由も，原因であり得ない理由も，われわれはけっして見つけることができないということを，推理したのである。」これは懐疑論である。しかしながら，ヒュームの思惟は相変わらず因果律を信念としている。その信念が経験によって反証されない限り因果律は生きている。その意味で，ヒュームは経験論の中にいる。その経験論の信念の中で，既述のように一度の経験から因果作用を判定する「一度で十分の原理」を主張する。ヒュームは明らかに一時的にしろ経験を離れている。ここにカント哲学の主観が入るのである。

331) *KrV*, S. 787f.（『純粋理性批判（下）』58 頁）「理性概念をなんらかの原理に従ってアプリオリに規定しようと試み」とは，前述の注 159）のことであろう。

332) *KrV*, S. 185.（『純粋理性批判（上）』222 頁）

333) *KrV*, S. 790.（『純粋理性批判（下）』60 頁）

である。これに対して，ヒューム哲学は感覚（そして感情）を核として直接的であり，その認識，判断（加工処理）を知性にまかせた。

このカントの球体を用いたヒューム批判は当を得たものであろうか。「理性の地平圏」によって，理性の限界を地球になぞらえたカントはヒュームを一歩リードしたかに見える。しかし，理性を地球に閉じこめることによってかえって閉鎖的になってしまった。アプリオリは認められるとしても，認識，道徳そして判断を球体になぞらえ求心をもつという考えはかえって限界の吟味を放棄しているように見える。閉鎖された個人的思惟はその限界と批判の途を閉ざしている。つまり経験という社会に誇る姿勢と態度で消極的なところが危惧されるのは筆者だけではないはずである。確かにカントの「地平圏」はパースペクティブ（遠近法）を身につけていた。しかし，このパースペクティブがカント哲学の核として後世理解されてきたとは言い難い。牧野は述べている。「『純粋理性批判』におけるカントの見解は，身体とその位置すべき場所ないし空間に対する通路を開くものではなく，むしろそれを閉ざすものである，というべきであろう」[335]。したがって，カントにおいてはもっぱら『判断力批判』に焦点があてられるべきであることは言うまでもない。その前にハイエクの立っている立場を確認しておこう。

ハイエクは言う。

> 「経験という言葉からの誤解を避けるには，いくつかの求心性インパルスが同時に起こることによる新たな結合の形成を，さらに中立的な言葉を使って記述するほうが適当である。このために，われわれは『リンケージ』という専門用語を採用する。」[336]（一部修正引用者）

ハイエクは，生得的か経験的かに囚われず中立を保とうとしているように見える。その中立は一元論にある自生的秩序が含意するところである。いわば，ヘルバルトが述べたように「概念の修整」[337]による構築[338]であった。これはカントが趣味判断で議論したアンチノミーの調停と軌を一にするものであ

---

334) 『カント事典』532頁の理性の「歴史的背景」を参照。
335) 牧野英二『遠近法主義の哲学』，43-44頁
336) SO, p.104. 5・7（『感覚秩序』122頁5・7）
337) 浜田栄夫『表象理論とヘルバルト』49頁，57頁，114頁

る，と思われる。すなわち，「正命題，…判断は概念に基づくものではない」と「反対命題，概念に基づくものである」[339]，これらがともに真である世界である。いわば中立はこれらの調停を可能にする。ここに関係構造が開かれている[340]。これはむしろヒュームの観念連合の世界と言ったほうがよい。ハイエクは述べている。

> 「われわれが知覚するすべては，感覚の質の秩序によって決まるわけで，この秩序が定める『カテゴリー』に従ってはじめて感覚経験が生起する。意識的な経験は，とくに，こうした関係から定義される事象を常に指しているのであって，この関係は，その特定経験のなかでは起こっていない他の事象との関係なのである。」[341]

こうした自生的秩序の核の部分を見たときに，先ほどの「地平圏」とは明らかに乖離していることに気づく。なぜなら，判断はそもそも無数に散在する主観であるからである。既述のように，思惟は理性が抱える間接的，論弁的立場そして能動性でありよりは，知性が抱える感性や感覚を核として直接的かつ受動性にある。そして，求心的であるよりは遠心的である。少なくとも，思性はカテゴリー（純粋悟性概念）のような対象を規定する概念を欠いているし，かつ実践的判断（道徳）のような必然性をもってはいない。（ハイエクがここで言っている「カテゴリー」は秩序が定める「カテゴリー」である。）もとよりカントの趣味判断は演繹的でありつつも，アプリオリであり，もっぱら構想力と悟性との偶然的調和の結果するところである[342]。

---

338) ハイエクは述べている。「われわれの結論は，われわれにとって精神は，いつまでも，直接の経験を通してしか知ることができない精神自体の領域であり，充分には説明することができず，他に『還元する』ことができない領域であり続けるにちがいないということである。」SO, p.194. 8・98（『感覚秩序』217-218頁8・98）
339) KU, S. 234.（『判断力批判（上）』312頁）
340) 趣味判断とは，次章で詳しく述べるようにあくまでも主観的な価値判断が普遍妥当性を要求する判断である。その原理は「関心なき満足度」，「目的なき合目的性」そして「範例的必然性」を含意していなければならない。判断の対象が現存するものでもなく，その判断が論理的でもなく，カテゴリーによるものでもない。KU, S. 7., S. 24., S. 62., S. 150.（『判断力批判（上）』74頁，92頁，131頁，224頁）
341) SO, p.167. 8・11（『感覚秩序』189頁8・11）
342) KU, S. 3., S. 14., S. 18., S. 34., S. 47f.（『判断力批判（上）』70頁，81頁，85頁，102頁，115頁）

中村雄二郎も『共通感覚論』において，この遠心的立場を強調していた。中村は言う。

> 「自然人類学や実験心理学がなぜ，私たちの具体的な経験に反してさえも，視覚の絶対優位を主張するようになったのか。そのもう一つ大きな理由は，諸感覚の統合がもっぱら求心的に視覚の側にだけ考えられていることである。しかしながら実は，その反対方向にいわば遠心的に体性感覚による諸感覚の統合があるのである[343]。」

これは『純粋理性批判』に関する限り反カント的であり，すこぶるヒューム的である。しかし，中村の指摘は既にマッハやハイエクが強調していたところである。彼らはまさに還元主義を越えて，この遠心的な統合のミリューにいた。

マッハは述べている。

> 「抽象とはネガティヴな注意だと（カントに与して）いったのでは，その本質をつくせない。抽象に際しては，多くの感性的要素から注意がそれされはするが，しかしその代わりに別の新しい感性的要素に注意が向けられるのであって，この新しい感性的要素こそがまさに本質的なのである。どんな抽象も，必ず特定の感性的要素の顕在化に基づいている[344]。」

ハイエクも述べている。

> 「あらゆる意識的経験（とりわけすべての感覚や知覚や印象）は，多くの点からみた意義によって知覚された諸事象の数多い『類別』の多重焼きなのである。…この類別がこれらの抽象的要素から成り立つより豊かな経験を構成している[345]。」

認識，道徳そして判断においても，過去に描いた神経ネットワークの抽象性の多重焼きによって成されることは想像に難くない。ハイエクは言う。「精神は抽象的操作を行ってはじめて個々の事項を知覚することができ，この抽象的操作の能力は，われわれが個々の事項を意識的にとらえて話すことができ

---

[343] 中村雄二郎『共通感覚論』108頁
[344] *AE*, S. 266.（『感覚の分析』264-265頁）
[345] *NPP*, p.36., note3（「抽象の第一義性」424頁および注の4）*NPP*, p.36.（「10 抽象の第一義性」425頁）

るようになるはるかに以前に出現するという点である。」すなわち，われわれの思惟は「個々の事項を全体的見地から所定の位置にあてはめる秩序を支配する抽象的関係から出発するしかない。」[346]のである。それには，ヒュームの言説を述べて裏付けを得ていなければならない。それは個物主義を踏まえた抽象観念である。

> 「『或る種の観念（抽象観念）は，その本性においては個別的（particular）であるが，その代表の働きにおいては一般的である』という，先の逆説が説明されるのである。一つの個別的な観念が一般的となるのは，それが一つの一般名辞に結びつけられることによる。すなわち，習慣的随伴によって他の多くの個別的観念と結びついておりそれを容易に想像力に呼び起こすような名辞に，結びつけられることによるのである。」[347]

「先の逆説」とは，抽象はロックの普遍抽象説ではなくてバークリーの普遍代表説による，ということである。いわば名辞は「個別的観念により広範な意味を与え，必要に応じて個別的観念をしてそれに類似した他の個別者（individuals 個別的観念）を呼び起こさせるのである。」[348]観念の形成には抽象が機能している。その抽象は一つの個別的な観念一般観念になる。想像力によって観念が形成される。つまり随伴する習慣が直ちに個別観念を提示するのであるが，無視された観念が消えたわけではない。必要があれば直ちにわれわれの精神に現れる。[349]

ヒュームの言説の特徴は認識，道徳そして判断をも一般名辞の世界，換言すれば言語の世界で展開していることである。これは哲学の課題を全て包括的に言語の世界に包み込んでいる。言語の世界を通して構築の世界が全体に行きわたっている。なぜなら，言語の世界は遠心の世界であり構築の世界である。哲学の世界は言語の世界に現れているではないか，とヒュームは言う。ハイエクが分け隔て無く自生的秩序の世界に，経済（市場や貨幣）のみならず言語，法を入れていることの意味が理解される。これに対して，カントには

---

346) *NPP*, p.37.（「抽象の第一義性」426 頁）
347) *THN*, p.21.（『人間本性論』34 頁）
348) *THN*, p.17.（『人間本性論』29 頁）
349) *THN*, p.19.（『人間本性論』32 頁）

偏りがある。認識論や道徳ではアプリオリに強い求心性をもつ。だが、『判断力批判』においてはその求心性は解消する。カントのヒューム批判「理性の地平圏のそとへ追い出すことによって一切の問題を解決し得たと考えた、しかし彼は地平圏そのものを規定することができなかった。」は、却ってカントを求心に追い込んでいる。カントは確かに「地平圏」を確立したが、却って一般性への道を閉ざしたのではないか。そしてドイツ観念論に道を開くことになったのではないか。

もとより、筆者はカントの演繹とヒュームの演繹を区別することはしなかった。メンガーをはじめハイエクが採ってきた演繹の姿はヒュームであり、かつカントであったからである。要は、ヒュームの演繹が優れているのはそれに偏りがないことである。

木曾は次のように説明している。

> 「類似性を、経験上の単純者が一つ質的あるいは量的連続体の上で、異なる接近した度合いをもつことに基づくと見なすのであれば、その類似性は、今までに経験された単純者の間の個別的な類似関係の事態によって尽くされるものではなく、経験可能な単純者の間に可能な類似性であり、この類似性に対応する、狭い質的あるいは量的連続体に含まれる度合いをもった単純者の集合は、開いた集合でなければならない。そしてこの開いた集合を規定するためには、『一定の範囲の質あるいは量的連続体（たとえば音の高さ）に含まれる度合いをもつ』という概念が表す非確定的な普遍を、思考の対象としなければならない。」[350]

ヒュームは認識においても「開いた集合」の中で類似として始まることを解いている。概念はまさにヘルバルトの「概念の修整」でつくられる。しかもその概念は非確定的な普遍を思考の対象としなければならない。ヒュームは言う。「観念の或る対象に対する関係は、その観念の外的規定であって、観念自体はこの規定のいかなるしるしをも具えていないからである。」[351] ここに遠心

---

350) 木曾好能『Ⅱヒューム『人間本性論』の理論哲学』459 頁
351) THN, p.19.（『人間本性論』32 頁）とりわけ木曾氏の注を参照にできる。「外的規定（extraneous denomination）とは、或る対象そのものの特徴であるように見えながら、実はその対象が他に対象に対してもつ関係に基づいている規定を言う。アルノー/ニコル『論理学』1・2, 49 頁を見よ。」木曾訳『人間本性論』の注の (8), 336 頁を見よ。

的思惟が開かれている。ハイエクの抽象観念はヒュームの遠心性に依存してきたことが明らかになる。

14　個物主義と抽象

　抽象は意識以前に出現しているが故に受動的なものであった。この受動的な知覚はイギリス経験論が培い継承してきたところである。その核は感覚，感情であり，直接的であった。いわば経験論は知性の哲学と言ってよいであろう。これと対照的に，カント哲学は理性の復権にあった。ヒュームもカントも演繹の哲学であるが，前者が自然に従う演繹であるのに対して，後者はアプリオリに従う演繹である。ヒューム哲学とカント哲学が峻別されるところである。ハイエクの『感覚秩序』は前者の立場に立ってその抽象性を神経ネットワークに置き換えてみよう，という試みであった。精神の秩序論は神経ネットワークの物理的な秩序論（単一性），つまりシナプスを介したニューロンの網に置き換えられる筈であるというのである。[352]

　抽象の第一義性は，既述のようにハイエクに独創性があるのではない。これはヒュームの「抽象観念」に求められる。ヘルバルトの心理学，表象理論に求められる。ここではヒュームに焦点を当てて遡ってみよう。ヒュームは言う。

> 「すべての一般観念は，特定の名辞に結びつけられた個別的観念（particurar ideas）にほかならず，この名辞が，個別的観念により広範な意味を与え，必要に応じて個別的観念をしてそれに類似した他の個別者（individuals 個別的観念）を呼び起こさせるのである。」[353]

われわれが事物を認識して一般観念を獲得している場合，（ロックのように）その事物の性質や属性，そこに流れる普遍的な抽象を獲得して観念を得るのではない。ある個別の観念が広がりをもち，そのうち必要に応じて類似した

---

352)　*SO*, p.19. 1・56（『感覚秩序』28頁 1・56）
353)　*THN*, p.17.（『人間本性論』29頁）

観念が集められ、それら集合の中から観念ができあがるのである。ヒュームは普遍抽象説ではなく、普遍代表説を支持する。木曽は言う。「バークリーとヒュームは、一つの個別的存在者をそれに類似した他の多くの個別者の代表として把握する能力を人間に認める、個別者の代表観念の説、すなわち普遍代表説を唱えた。」[354] 類似を代表する抽象が貫かれ、それが観念をつくるのである。いわば、間主観が働く環境下で、多くの人々が一つの代表的観念を納得する形で観念が成立する。その意味で共同主観が結果する。ヒュームは個物主義に基づいて一つの抽象が代表して日の目を見るプロセスを説明する。

> 「確かなことは、われわれが一般名辞を用いるとき、常に個物の観念を形成する（いだく）ということ、しかし、われわれはめったにあるいはけっしてこれらの個物のすべてを尽くすことができないということ、そして、残りの個物は、そのときの事情が必要とするならばいつでもわれわれをしてそれらを呼び起こさせるところの、習慣（habit）によって、代表されているだけであるということ、である。それゆえ、これが抽象観念および一般名辞の本性であり、このような仕方で、『ある種の観念（抽象観念）は、その本性においては個別的（particular）であるが、その代表の働きにおいては一般的である』という…。一つの個別的な観念が一般的となるのは、それが一つの一般名辞に結びつけられることによる。習慣的随伴（customary conjunction）によって他の多くの個別的観念と結びついておりそれらを容易に想像力に呼び起こすような名辞に、結びつけられることによるのである。」[355]（かっこ内引用者）

観念は社会的形成であるものの、観念ができる元はそもそも個人であり、その個人は特定の観念をもつという意味で one of them である。「抽象観念は、その代表（表象）の働き（representation）においてどれほど一般的になろうとも、それ自体においては個別的なものなのである。」[356] なぜなら、代表されなかった抽象もいつでも背後に控えて出番を待つのである。その時点、その場

---

354) 木曽好能『「人間本性論」の解説』45 頁を見よ。もちろん、この普遍代表説をしてバークリーとヒュームは生得観念から離れることになる。社会つまり慣習の中に経験的に見いだすことができるというものである。しかし、その慣習の中に溶け込むものは生得的ではないのか、という疑問が生じる。それをカントの領域アプリオリに入れられないだろうか。
355) *THN*, p.22.（『人間本性論』35 頁）
356) *THN*, p.20.（『人間本性論』32 頁）

でたまたま一つの個別観念が適切として市民権を得ているのである。それが一般名辞である。その機能は想像力にある。その意味で観念の抽象は開放されている。開放はわれわれの有限を支える。[357] それは間主観を通して共同主観となる。

　オーストリア経済学の主観主義は個物主義にその源を求めることができる，と言うことができよう。限界効用学派の価値や価格が一期一会であり開放されいる，同時に価値や価格が創り出す経済は秩序を育む。これはバークリーやヒュームの個物主義を受け入れている結果である。さらに，この個物主義は言葉や言語体系（syntax）にも言える。これに社会言語学者・ソシュールは前者をパロール（parole）として常に開放的であるとし，後者はラング（langue）として秩序であると述べていた。[358] いわば，できあがった観念（言葉）は社会的なものである。しかし，その萌芽は唯一人でよい，その人の観念が代表して一般名辞となる。その代表は習慣的随伴によって育まれ，培われるのであるが，その個別観念は今その時点で，その場で代表している。残されて背後に隠れた抽象はいつでも復活するし，また新たな抽象も出現する。いわば，個物主義は個人が社会的にかつ開放的に機能する礎である。言葉を換えれば，個物主義は常に類概念を受け入れる謙虚な社会的システム作りに貢献する。

　このヒュームの言説とハイエクの抽象性の第一義性と比較してみることができる。社会における個物主義の世界が脳の世界に繰り広げられていると理解してよいであろう。ハイエクの『感覚秩序』は社会的な個物主義の世界を神経の世界に移して見ていこうとしている。共に宇宙であって，社会的な全体の秩序を「マクロコスモス（大宇宙）」，自然科学が解明する物理的な，神経の秩序を「ミクロコスモス（小宇宙）」と呼んでいる。[359] それらの間にイソモルフィズムが働いている。この機構がヒュームの自然である。

　ハイエクもヒュームと同様に，ロックの普遍抽象説を受け入れず普遍代表説やその淵源である個物主義を受け入れていることは明らかである。ハイエ

---

357) ハイエクは述べている。「自生的秩序を維持する際に抽象的ルールに頼る必要が生じるのは，無知と不確実性の結果である。」*LLL2*, p.127.（『法と立法と自由Ⅱ』177 頁）を見よ。
358) 丸山圭三郎『ソシュールの思想』83-84 頁，小林英夫『言語学論集Ⅰ』に所収「経済学と言語学」180-206 頁を見よ。
359) *SO*, p.4. 1・10（『感覚秩序』12 頁 1・10）

クは述べている。

> 「私の説において主要な位置を占める第一義性とは，原因となるもの，(すなわち精神的現象を説明するさいに最初に到来し他の説明に使用できるもの)に関連している。われわれの意識的経験もしくは内省において具体的な個々の事項が中心的位置にあり，抽象とはそこから導かれるという点を，私は否定しようとは思わない。だが私には，この主観的経験が当面の問題の根源であり，これらの具体的な個々の事項とは抽象化(個々の感覚や知覚や印象を経験するためには，精神がもっているにちがいない)の産物であるという認識を妨げるものに感じられる。」[360]

観念は抽象化に違いはない。しかし，事物の観念は「個々の事項が中心的位置」において進められるという，すなわち類似した事物からくる抽象化で進められ認識すると考えることは，むしろ真の認識を妨げるものである，とハイエクは言う。ハイエクが言う抽象とは，(もし抽象と捨象を区別できるとするならば，)抽出する抽象ではなく，捨象する，すなわち既述のように代表する抽象である。ハイエクの自生的秩序を構築する態度，すなわち消極的選択の原点がここにある。

これはヒュームが述べてきた個物主義，すなわち多くの人々の1人1人の認識がまず存在して，そのなかで一つの認識が捨象を介しながら，つまり当を得た形で，換言すれば消極的選択を経て市民権を獲得するという，普遍代表説の仕方を脳の中の神経地図に再現させているのである。個人の脳における「類別」の多重焼きとは，ヒュームが社会で経験してきた普遍代表説を背景にした抽象性の多重焼きであることは明らかである。換言すれば，ハイエクの『感覚秩序』に表された抽象性はヒュームが述べてきた，そしてカントも受け入れていた個物主義を脳の感覚機能の中に理論的に捉え直した，と言って過言ではない。[361][362]

これまでの議論は概念が作られる過程に抽象がその役割を果たしているということである。では，高次の秩序(調和や秩序)はどのようにして生起するのであろうか。結論から言えば，次のような単純観念を抽象する構図で充分

---

360) *NPP*, pp.36-37.（同書,「10 抽象の第一義性」425 頁）

なのである。ヒュームは言う。

> 「異なる単純観念でさえたがいに類似し得ることは，明らかである。しかも，それらの類似点は，それらの相違点から，必ずしも別個でも分類できるものでもない。たとえば，青と緑は，異なる単純観念であるが，青と緋色よりも，たがいに類似している。しかし，それらの完全な単純性のために，［類似点と相違点の］分離または区別の可能性は，まったく排除されている。事情は，個々の音や味や香についても同様である。これらは，同じであるようなどんな共通点をももたずに，全体的な見かけと比較に基づいて，無限に多くの類似を受け容れるのである。さらに，このことは『単純観念』という抽象名辞そのものからも，確かめることができる。すなわち，この名辞は，その意味範囲に，すべての単純観念を含んでいる。これらの単純観念は，単純性においてたがいに類似する。……どの個物（或度合いのその性質の事例）においても，それらの性質（他の事例との類似点）は，その度合い（他の事例との相違点）と別個のものではないのである。」[363]

「どんな共通点をももたずに，全体的な見かけと比較に基づいて，無限に多くの類似を受け容れる」だけでよい。常に質的にも量的にも開いた集合にあるということである。その高次へのプロセスにあって，人間は四つの潜勢力を持っているとヒュームは言う。それをまとめると次のようなものである。①「われわれの観念におけるこの不完全さ（大きな数のデータでは十全な観念は持ち合わせがない）は，われわれの推論においてけっして感じられることがない。」（かっこ内筆者）②「一語で呼び起こすことができる習慣の例…詩を何行かそらで覚えてしまえば，…全体をそれの最初の一語や一表現によって，思

---

361) 個物主義はヒュームのみならずカントも受け入れているところである。イェッシェ編『論理学』の第6節を見よ。概念は 1. 比較, 2. 反省, 3. 抽象で生成される。その中で特に3の抽象性について，ヒュームと同様諸表象間のなかで共通していない徴表が棄てられるという，抽象と言うよりも捨象と言った方がよい方法がとられている。これはバークリーの代表普遍説を採っていることを示唆する。同様な言説は『人間学』の第3節と『純粋理性批判無用論』(S.199.) にも見られる。（これについては後に第4章『カント哲学とハイエク』で述べる。）KrV S. 181. (『純粋理性批判（上）』218頁) カントは言う。「感性的概念の図式は，アプリオリな純粋構想力のいわばモノグラム（組合せ文字）である。」

362) SO, p.143. 6・39 (『感覚秩序』165頁 6・39) および SO, pp.180-182. 8・52-8・56 (『感覚秩序』203-205頁 8・52-8・56) を見よ。

363) THN, p.20., note 'resemblance', p.637. (『人間本性論』32頁「類似」の注である。33頁)

い出すであろう。」したがって，たった一つの個別的な観念でよい，③「あたかも主題（政府，教会，交渉，征服）を完全に把握しているかのように…観察することができる。」④「観念の数が有限であるならば，観念がその代表の働きにおいて一般的となり，それ自身のもとに無限な数の他の観念を含むことができるのは，ただ習慣にのみよるのである。」[364] 最後の④の個物主義（普遍代表説）は①，②，③によって支えられている。換言すれば，調和や秩序を単純観念から表出するべく努力をしていることが伺える。ヒュームの普遍的真理への回廊は次のようになる。「全称命題の偽であること，あるいは存在命題の真であることを認識するためには，その全称化されている命題関数（「Fx ならば Gx」）が妥当しない事例である一つの個体，あるいは存在化されている命題関数（「Fx かつ（Gx でない）」）に適合する事例である一つの個体，を思いうかべることができれば十分なのである」[365] それは人間本性における調和や秩序へアプローチとして，個物は習慣と共に「開いた集合にある」ということ，そしてそれが抽象によってなされることである。抽象は因果律の懐疑性を克服している。これを反証の起源と言うことができよう。

　言わずもがな，これらが個物における想像力や推論によってなされるということである。ここに思惟の分析としてのカント哲学を待たねばならないことは明らかとなる。結論的に言えば，ハイエクの『感覚秩序』は補完的に二足のわらじを履いている。

　ハイエクは述べている。「感覚的な認知が提供する『具体的』な絵と，より高次の精神過程によって，そこからひき出された『抽象』との間の明瞭な相違があるということには，確かな根拠がないのであるが，…われわれは，正当な意味で，意識の直接のデータと，意識のレベルで次に起こるはずの再配分と再分類の過程とをいつでも区別することができる。」[366] そして「抽象的な概念の形成は，感覚の質の違いを決定する分類過程と同種で，より高次のレベルの過程での反復を行わせる。」[367] そして，ハイエクもまた高次の精神過程の分析を「どこまでも追求しなければならない。」[368] と述べている。これは個物主義

364)　*THN*, pp.22-24.（『人間本性論』36-37頁）
365)　木曽好能『「人間本性論」の解説』428頁．456頁
366)　*SO*, p.144. 6・43（『感覚秩序』166頁 6・43）
367)　*SO*, p.145. 6・47（『感覚秩序』167頁 6・47）

14 個物主義と抽象   191

を強く支持してきたヒュームと同様な心境である。そしてハイエクは高次の秩序論に向けて次のような言説を得る。

「外的対象と直接に応答しながら感覚の特質が生まれるのか，それとも精神の究極的な原子があって感覚が組み立てられるか，…こうした仮説は無意味である」と。ハイエクはマッハがもっていた「純粋経験主義」(pure empiricism)という考え方を否定し，むしろ，ラディカルな経験主義はわれわれは「前-感覚的経験」を既にもっているということを教えてくれるという。いわば，認識，道徳そして判断はその「前-感覚的経験」の積み重ねなのである。そして，この経験主義から得られたことは，「再分類が…『先験的』に真であることの変更を含んでいるが，このことは，単に特定の前提があらゆる場合に正しいということを否定するだけで，その前提から可能な所説があるということ事実をも変えるわけではない。」「『先験的』な要素は，それだけ減るどころか増加する傾向にある。」のである。いわば「前-感覚的経験」はカテゴリーと同様に超越論的な要素を構成しているのである。人間は嬰児から漸次この超越論的な要素（抽象性と言ってもよい）が複雑になる。ハイエクには知識をしてカント哲学の超越論的なものに含ませるところがある。もちろん，どこまでも「精神と意識は経験の所産である」ということに変わりはない。ハイエクは言う。

> 「対象の新しい分類や定義の機会であり，そこに与る新しい経験は，われわれが対象について学習することができるものであり，それが新しく定義される対象についてわれわれが述べることと矛盾することがないということを，経験の前提としなければならない。したがって，どの議論のレベルにも，どの議論の世界にも，経験の所産ではありながら，経験に支配されない知識の部分があ

---

368) *SO*, p.146. 6・49（『感覚秩序』168 頁 6・49）
369) pure empiricism（「純粋経験主義」）について，この「純粋経験主義」とはマッハの物理的な純粋経験（神経が経験で獲得するネット）を指していると思われる。しかし，純哲における純粋経験とはジェームズ（James, W.）の「根本的経験」や西田幾多郎の反省が加えられる以前の「直接経験」を指す。彼らはマッハの影響を受け純粋経験を得たが，それをもって形而上学を展開した。Gray, J. *Hayek on Liberty*, 1984, p.6.（『ハイエクの自由論』21-22 頁）を参照せよ。
370) *SO*, p.165. 8・2（『感覚秩序』186 頁 8・2）
371) *SO*, p.169. 8・18（『感覚秩序』191 頁 8・18）
372) *SO*, p.166. 8・5（『感覚秩序』187 頁 8・5）

る。それは世界を秩序づける原理を構成するものであるからであり，われわれはその原理を使って多様な対象を弁別し，その対象から秩序ができあがっており，われわれはそうした対象を説明する。」[373]

調和や秩序という「経験の所産であるが，経験に支配されない知識の部分」へ，すなわち高次へと進むのである。「知識」という限りヒューム哲学を踏襲しているが。この「矛盾することがない」はカント哲学の「アンチノミー理論」を合意する。しかし，一元的な世界に抽象性が生きているという言説はヒューム哲学のものであろう。この一元論の世界の強調はヒューム哲学からのものであり，ウイーン学派つまり経済学のみならず他の科学に深く浸透しているところである。その一元論はイソモルフィズム（isomorphism）である。もちろん，イソモルフィズムと言っても，ハイエクは中枢論（centralism）つまり大脳に重きを置く総合性の立場を採るのではない。これと対照的な末梢論（peripheralism），つまり感覚に依存する立場を採ってきた，いわゆる多中心主義かつ感覚経験主義である。つまり二元論である。

15　平面に展開される抽象

既に見てきたように，イソモルフィズム（「位相同型説」）の考え方はウイーン学派がもっていたものである。つまり，現象と精神とが一つになりうるという思想である。これはハイエクにも継承されている。[374] 物理学，生理学，心理学そして経済学はその立場で展開してきた。学の国境ははじめから無いのである。社会科学者にとっては，諸個人の脳に描かれることが社会的事象を創り出す，もしくは社会的事象が諸個人の脳を創出す，という言説である。

---
373) *SO*, pp.169-170. 8・18（『感覚秩序』191 頁 8・18）
374) *SO*, p.4. 1・10（『感覚秩序』12 頁 1・10）ハイエクは述べている。「この二つの秩序をそれぞれ『マクロコスモス』，『ミクロコスモス』として記述する，両者の関係は，本書の中心問題である。」この二つの秩序とは，前者が「感覚的なものも含んでいるが，両者を合わせて，外的な事象に対応するように分類する秩序」（「主観的，感覚的，感じられる，知覚される，日常の，行動的，現象的なものであり」）であり，後者は「色，におい，音などのような感覚的な特性に従った分類という感覚経験の秩序」（「客観的，科学的，『地理学的』，物理的，ときには『構造的』なもの」）である。*SO*, p.3. 1・7（『感覚秩序』11 頁 1・7）も見よ。

その淵源を遡れば、バークリーやヒュームの個物主義に遡ることができる。それは、決して表面に現れてはいないが、カントやヘルバルトに流れている主観や表象であった。まさにその影響下にあったドイツ歴史学派・法学者、サヴィニー等によってウィーンに伝えられたのである。ハイエクは若い頃心理学者になるか経済学者になるか迷ったと言うが、その心境は十分頷けることである。『感覚秩序』はまさにそのような一貫したイソモルフィズムの中で出されるべくして出された著作である。ハイエクは言う。

「物理的な質の関係が感覚の質に成立している関係を正確に再現するならば、前者のどのような事象の効果も、それに相当する後者の事象の効果に対応するであろうことを意味する。」[376]

つまり、「われわれの主観的経験から知られた感覚的な質は自己充足のシステムを作る[377]」のであり、脳（精神）が描く経験的（物理的）な神経地図の解明は、すなわち観念（や言葉）が形成される理論的解明は、どのように社会に観念（や言葉）が形成されるかの解明に貢献できる、と考えられるからである。もちろん、人間が社会を作っているのと同時に、社会的事象が先立ち精神が変えられていくこと、精神が慣習に従うことも同時進行である。すなわち、間主観もしくは現象学的立場にあった。ハイエクはあくまでもラディカルな経験主義に基づき「主観的経験から知られる感覚的な質」を潜在的に確認する。したがって、これらの堂々めぐりを脱出できる。それは基底にある「感覚的な質」を先行させねばならない[378]。あくまでも社会の基底に「感覚的な質」を置くのである。社会的な慣習との関係においてイソモルフィズムであるが、基底に存在する「感覚的な質」を原初として課題にしなければならない。社会はわれわれ、要素がもつ普遍性によってつくられている。その意味で、ヒューム哲学のみならずよりカント哲学の立場になければならない。なぜなら、主観に関して、カント哲学の方が分析的かつ組織的であるからである。ハイエクが言うように、ラディカルな経験主義は主観を課題にしなけれ

---

375) *SO*, p. v.（『感覚秩序』3頁）
376) *SO*, p.39. 2・2（『感覚秩序』47-48頁 2・2）
377) *SO*, p.37. 2・1（『感覚秩序』47頁 2・1）
378) *SO*, p.37. 2・2（『感覚秩序』47頁 2・2）

ばならないからである。ここでもまたヒューム哲学とカント哲学の相違を明確にしておかねばならない。相違は，既述のようにヒューム哲学の立場は経験的であり人間的自然であったが，カント哲学の立場は経験的でありつつも主観であり自然的人間である。ハイエクはカント哲学の立場をも合わせ持つのである。これについては次章で詳しく述べねばならない。

既述のように，ヒューム哲学は遠心的であったのに対してカント哲学は求心的であった。カントは言う。「理性は一個の球体に比較されて然るべきである。即ちその半径は球面上の弧線から（アプリオリな綜合的命題の性質から）知られるし，またこの球面に含まれている内容も表面の限界もまたこの弧線によって確実に示されるのである。[379]」理性の限界を地球の球面や弧線になぞらえている。球の半径は限界を意識し客観を作り出す構図を表している。いわば，「アプリオリな綜合的命題」は求心を必要としていたと解せよう。しかし，マッハが言っていたように，空間形態（ゲシュタルト）や時間形態（ゲシュタルト）[380]は「悟性や熟慮のなせるわざではなく，感覚の所業である[381]。」いわば，感覚が機能する秩序の世界を取り上げずにはおけない。一元的に社会に与しているのは理性でも悟性でもなく「感覚的な質」である，という見解である。その意味で，ハイエクはマッハの影響を強く受けている[382]。少なくとも『感覚秩序』は多くの点でマッハを継承している。ハイエクには終生哲学であるよりは心理学において課題を解くという心境にあった。経済学者になろうか，心理学者になろうと迷ったことはこの理由にあったことは明らかである。その意味で，思想や方法でブレがあった訳ではない。

ハイエクはカント哲学に依存せざるを得ないことを理解しつつも，「感覚的な質」の立場からオーストリア学派がもつイソモルフィズムの立場にあった。

---

379) *KrV*, S. 790.（『純粋理性批判（下）』60頁）
380) *AE*, S. 200.（『感覚の分析』201頁）空間と時間は生得的なものでそれらを秩序として理解しているのがマッハである。
381) *AE*, S. 202.（『感覚の分析』203頁）
382) *AE*, S. 292f.（『感覚の分析』293頁）マッハは述べている。「自我は或る独特な要素連関である。われわれが全く暫定的にこういったところで，この要素連関の性質が個々の点まで研究しつくされていない限り，決して自我が究め尽くされたわけではない。しかし，これに属する個々の問題は思弁によって解けるのではなく，まず，心理学者や生理学者や精神病理学者によって，その解決が見いだされるであろう。」

15 平面に展開される抽象　　195

しかし心理学に深く興味を持った経済学者はハイエクだけである。[383]それだけに，ハイエクはマッハを確実に継承している。ハイエクが共鳴するゲシュタルト心理学の元をただせばマッハからのものである。ジョンストンは述べている。ゲシュタルト心理学の生みの親はクリスチャン・フォン・エーレンフェルス（Ehrenfels, C. von）であり，「かれはこれを，物理学者エルンスト・マッハの『感覚の分析』（イェーナ，1886）からヒントを得て，言い出したのである。」[384]もちろん，だからといって，ハイエクはゲシュタルト理論にすべて与するわけではない。ハイエクは言う。「二つの構造のイソモルフィズムが，ゲシュタルト学派の議論のように，空間での配列の類似を暗示するわけではないことを知っておくことは，とくに重要である。」[385] 心理学の中でゲシュタルト理論と全体としては軌を一にするものの，同調できない部分があると言う。[386]そのハイエクが批判したゲシュタルト心理学とは，レヴィン（Lewin, K）に代表されるトポロギー（英語ではトポロジー）心理学を指していると思われる。トポロギー心理学とは，数学トポロギーすなわち非量的な空間領域を考察する位相幾何学を指し，それを心理学に応用しているからであろう。ハイエクは説明する。

　　「イソモルフィズムを空間的な類似とは解さないことの重要性は，例えば，一つの要素の位置が他の要素群との結びつきによって決められるシステムでは，二つの異なった要素が同じ位置を占めることがあり得て，このようなことは空間的な意味では明らかに不可能であることからわかるであろう。空間の二点は，そのどちらもが別の点にたいして同一の空間的関係をもつことはあり得ず，『結合』という秩序からのみ，二つの要素のどちらもが別の要素にたいして同一の関係にある。このことは，実は，個々の要素に適用されるばかりではなく，より大きな構造のなかで結びついている要素の下位グループにも適用され，その要素群は，同型ではなくても，なお群と見なされ，大きな構造のなか

---

383)　Kauder, E. *A History of Marginal Utility Theory*, 1965 p.131.（『限界効用理論の歴史』，139頁）
384)　Johnston, W. M., *Ibid.*, pp.302-303.（『ウィーン精神1』514-515頁）
385)　*SO*, p.38. 2・4（『感覚秩序』48頁2・4）
386)　ゲシュタルト理論の概要は，たとえばドミソの和音はドの音，ミの音，ソの音どれにも還元できない第三の音である。マクロがもつ個性はミクロがもつ個性に還元できないというものである。ハイエクが社会や経済の自生的機構を個人の「意図せざる結果」とし，ケインズの「合成の誤謬」に同じである。

で同じ場所を占めることがあり，つまり，一群の要素として，別の要素と同じ結びつきをする。」(一部修正引用者)[387]

平面では共通する場が残されているが，三次元空間では共通する場が残されないからである。二次元平面なら，質的相違があっても共通に場が残されているからである。ハイエクは述べている。「二つの異なった要素が同じ位置を占めることがあり得るからである。」それは，次節で触れるところのインターモーダルな「感覚間にわたる属性」[388]を表徴しうるからである。そしてこの表徴は「下位グループ」の感覚秩序のみならず「大きな構造」の自生的秩序に共有されている。ここで言われている，つまりハイエクが述べている空間や平面はあくまでもメタファーとしてである。

ハイエクの秩序はどこまでもヒューム的立場であり，遠心的でありつつ統一をとる秩序論である。同時に，カント哲学の根本にある理性や悟性を核とする求心的構造に対する批判であることは明らかである。いわば，それは哲学ではなく心理学で扱われて然るべきであるというのである。ハイエクはあらためて言う。「本書を通じて記憶しておかなければならないことは，…'脳の内部のパターン'というときには，いつでも，パターンという言葉や，これと類似の言葉は，トポロジーの上で理解されねばならず，空間的な意味でいわれるのではないことである。」[389] トポロジーは三次元における類似を意味せず，あくまでも二次元的類似を意味している。二次元で「トポロジー的に等価な(「同型である」)物理的な質のシステムを構成すること」[390]ができるからである。日々新たな自由な結合，つまり各要素の等価な結合は平面ではじめて可能である。あくまでも，メタファーとして三次元を採用せず二次元を採用する。ハイエクは求心的に構築された認識や判断システムを「ゴム紐の三次元のネット」[391]に譬えて，不可能なことを説明する。われわれができる「トポロジー的な等価」とは，二つの類似に立たされた抽象(捨象)であって，空

---

387) *SO*, p.38.2・5(『感覚秩序』48-49頁2・5)
388) *SO*, p.21.1・61(『感覚秩序』30頁1・61)
389) *SO*, p.38.2・4(『感覚秩序』48頁2・4)
390) *SO*, p.37.2・2(『感覚秩序』47頁2・2)
391) *SO*, p.38.2・4(『感覚秩序』48頁2・4)

間で結ばれた「ゴム紐の三次元のネット」では展開されないからである。この点において，ケインズもまた軌を一にして解いていた。「肯定的アナロジーは諸類似を判定するのであって，それに対して否定的アナロジーは二つの対象間の相違を判定する。この機能セットは，おのおのは一つからであって諸対象群からは充たされない，それが否定的アナロジーを構成している。」(傍点引用者) この「否定的アナロジー」は，既述のようにハイエクの抽象（というよりも）捨象を説得しているように見える。ハイエクはなぜ二次元の心理学としての見解をとるのであろうか，さらに立ち入ってみよう。

ヒュームとカントとの相違を見よう。イギリス経験論の鍵概念，すなわちヒュームの「観念連合」(「類似性」，「隣接」，「原因と結果の関係」) はカントにとって受け入れ難いものとして扱っている。周知のように，カントの認識はアプリオリな綜合判断の可能性の問題であった。つまり，カントは，ヒュームの「観念連合」は認識の問題すなわちアプリオリな綜合の問題に何ら寄与するところはない，それは心理学である，と言うのである。カントは言う。

> 「構想力の綜合は，感官をその形式に関して，統覚の統一に従ってアプリオリに規定することができる。……構想力のかかる綜合は形式的綜合であって，知性的綜合（構想力をまったく援用せずに，悟性のみによるところの）から区別される。構想力が自発的である限り，私はかかる構想力を産出的 (produktiv) 構想力とも名づけて再生的 (reproduktiv) 構想力から区別する。再生的構想力による綜合は，経験的法則即ち連想（ここで言うヒュームの連合）の法則のみに従うものであるから，アプリオリな認識の可能を説明するにはまったく役立たない，またかかる理由から，超越論的哲学に属するものではなくて，心理学に属するのである。」(引用者一部修正)

しかしながら，ヒューム哲学は認識や判断の原初として既に知覚に秩序と配

---

392) Keynes, J. M., *The Collected Writings., Vol. Ⅷ*, (*A Treatise on Probability*) p.248.
393) *THN*, p.11. (『人間本性論』22 頁) ヒュームは言う，「この連合 (association) を生みだし，精神をそのように一つの観念から他の観念へと運ぶ性質は，三つ，すなわち『類似性』(resemblance)，時間または場所における『隣接』(contiguity in time or place)，および『原因と結果〔の関係〕(cause and effect)』である。」
394) *KrV*, S. 129. (『純粋理性批判（上）』173 頁)
395) *KrV*, S. 152. (『純粋理性批判（上）』193-194 頁)

列を与えているのである。つまり，ヒュームにおいては，カントのアプリオリは秩序や配列という自然にワークする機能の中に含まれていて，あらためて問うことはしないのである。ヒューム哲学は，認識，道徳そして判断は最初から社会的かつ全体的な見地に立つ秩序論として意図されている。つまり，ヒューム哲学は秩序論，一元論，非人格的社会そして自然の解明に意図があった。いわば，秩序論や一元論そして非人格的社会は演繹として理解し，同義に扱うことができるのである。いわば，これらはアプリオリとして扱うのではなく，経験として扱うことの中に表徴されるというものである。同時に，経験はそれらをわれわれの精神に反転させることができるというものである。これは「物自体」の立場にありながら，「物自体」の立場を棄てるという見解である。マッハの『感覚の分析』の中に既にこのイソモルフィズムが浸透していたのである。ハイエクがあくまでも『感覚秩序』を哲学ではなく心理学として立ち上げた理由は，まさにこれらを包む位相同型が精神にあるに違いないという，ウィーンに流れていた思想イソモルフィズムにあったからである。しかし，これはそもそもヒューム哲学がもっていて，それをマッハが継承し展開してきた理性や悟性に依らない「感覚的な質」の機能である。だからカントもしっかりと述べている，それは心理学であると。

　その意味で，『感覚秩序』はカントの言う再生的構想力つまり心理学である。しかし，カントに欠けているものがあったことは確かである。それは，観念連合が真に意味するところのもの，社会的かつ非人格的ミリューにおける諸個人が編み出す共通する慣習や共感である。それこそ産出的であり，ヒュームの想像力である。それはアプリオリかアポステリオリかは問題にはならない。問題は，如何にして経験的に秩序論を編み出しているかを究めることである。諸個人が経験的に如何にして高次の秩序や調和を見いだしているかである。人間に自発的なものがあるとしても主観に強調されるのではなく，あくまでも経験的かつ社会的に強調される個人にある。非人格的なミリューに想像力を通した観念連合の産出的能力を見ているのである。ハイエクは言う。「心理学は，近代物理学によって示された物理的世界を認め，感覚的な質の秩

---

396) *THN*, p.2.（『人間本性論』14 頁）
397) *AE*, S. 24. Anm. 1)（『感覚の分析』32 頁注の 21）

序として慣れている仕方で物理的事象を分類する過程を再構成しようとしなければならないことを意味する[398]。」「慣れている仕方」とはヒュームの慣習と理解してよいであろう。もちろん，再構成とは秩序としての再構成である。その再構成には抽象がワークする。秩序へ帰着する，この抽象という潜勢力がヒューム哲学ではそれほど強調されなかったが[399]，ハイエクはそれを採り上げた。当然哲学ではなしに心理学への道が開けているのである。

いわば，観念連合は想像力によって電気のスイッチのように切ったり付けたりすることのできるところにおかれている[400]。想像力は印象や記憶力を借りながら秩序の再構成に励んでいる。しかもこのスイッチは無限の結節点を潜在させている。それには立体でなく平面すなわち次元を超えてであり，異質でも接点をもつ。つまりどれもが等価として導かれる可能性をもつからである[401]。これに対して，カント哲学の認識，判断は構想力の形式的綜合をとり，アプリオリな綜合判断はカテゴリーを核として立体的におかれる。そこには三次元もしくは球体として表さざるを得なかった。これに対して，ヒュームの綜合判断は二次元として表さざるを得なかった。

16 抽象が機能する

既に述べてきたが，遠心性が構築するシステムは単なる要素の集合ではない。要素は諸要素であるが故に自らワークするシステムである。言い換えれば，システム化した諸要素全体の働きは一つ一つの要素に還元されるわけではない。ゲシュタルト理論は全体のシステムである。ハイエクが自ら述べるように，「『Xとは何か』という問いは，ある秩序の中でしか意味をもたない[402]」

---

398) SO, p.7. 1・21（『感覚秩序』16 頁 1・21）
399) THN, p.637. a note to Book I page 20. line 17. *to the word*（resemblance.）（『人間本性論』33 頁の注一）および 189 頁注の 363）の引用文を見よ。もちろん，この類似は木曽が言うように，「性質や様態とそれをもつ対象の理性的区別である。」木曽『人間本性論』の注（10）から（18）を参照せよ。つまり次章のカント哲学で述べねばならない。
400) THN, p.85.（『人間本性論』106 頁）
401) SO, p.17. 1・51, p.40. 2・11, p.75. 3・69（『感覚秩序』26 頁 1・51, 51 頁 2・11, 89 頁 3・69）
402) SO, p.4. 1・11（『感覚秩序』12 頁 1・11）

のである。われわれが求める対象は時々刻々変わる全体の現象である。マッハに従えば，カントの「物自体」などいらないのである。[403]そのためには，精神の中の要素は絶えず新たな結びつきを求めるべく等価の関係に置かれている。これを表すには空間ではなく平面でなければならない。イソモルフィズム（トポロギー心理学）はこの平面というメタファーの下で展開されているというのである。このイソモルフィズムの淵源を求めれば，ヘルバルト，マッハからヒュームに遡ることになる。まさに，ハイエク理論は結局ヒューム哲学にその淵源を求めることができる。したがって，ハイエクが決して明確に述べたわけではないが，「抽象の第一義性」もまたヒューム哲学からのものであった。

　既に挙げた箇所であるがヒュームと比較のために述べる。ハイエクは言う。「われわれが比較的具体的で第一義的であるとみなすあらゆる意識的経験（とりわけすべての感覚や知覚や印象）は，多くの点からみた意義によって知覚された諸事象の数多い'類別'の多重焼き（superimposition of many 'classifications'）なのである。こうした類別は同時に起こるため，その解明は困難もしくは不可能である。しかしそれにもかかわらず，この類別がこれらの抽象的要素から成り立つより豊かな経験を構成している。」（かっこ内引用者）[404]「意識的経験」つまり認識や判断はひとつの仕組みであって「知覚された諸事情の類別の多重焼き」である。簡単に言えば，認識や判断は過去に蓄積された知覚を下にしてさらなる知覚の「多重焼き」である，ということになる。これは感覚や知覚，印象の「連合過程」[405]であり，表象の分析と綜合を意味している。[406]その

---

403) *SO*, p. vi.（『感覚秩序』4頁）ハイエクは述べている。「カントの物自体という概念についてマッハが書いていることと似た経験をして，マッハの知覚体制の分析が発展するにつれて，感覚要素という考えが余計で，無用になり，かれのたいていの心理学的分析とは矛盾するむだな考えであることを悟ったことを，私は今もまざまざと思い出す。」これは，ハイエクがマッハと同様に還元主義に反対していることを意味している。しかしながら，ハイエクが「物自体」を認めていないのではない。生得的に「感覚の（あるいは精神の）質のシステムの秩序」を認めているからである。*SO*, p.37. 2・1（『感覚秩序』47頁2・1）を見よ。
404) *NPP*, p.36.（「抽象の第一義性」424頁）
405) *SO*, p.119. 5・52（『感覚秩序』138頁5・52）ハイエクは述べている。「連合とは，精神的な質になにかをつけ加えるものでもなければ，ある質を基準としているものでもない。それは，むしろ，質を決定している要因である。」
406) *SO*, pp.120-122. 5・57-62（『感覚秩序』140-141頁5・57-62）

「連合過程」で質が決定される。質は抽象である[407]。「多重焼き」を貫いているものは抽象性である。その抽象の下で秩序は生起する。言い換えれば「連合過程」そのものが秩序である。それは一元論の世界の中で展開される。いわば，認識，道徳そして判断は一つの秩序の下で展開される[408]。言葉を換えれば，認識，道徳，判断は秩序の下で演繹された結果なのである[409]。この知覚の多重焼きという言説，その機能をヒューム哲学と比較してみよう。

　ヒュームの場合，認識，道徳，判断は慣習がなければならない。その演繹は慣習や社会全体の功利に基づくものであくまでも個人の契機すなわち個人がもつモチベーションによる。つまり「社会をつくるに必須なものは，社会が有利であることだけではない。この有利を人々が気づくことも必須である」[410]と言う。認識について，ヒュームは言う。

　　「慣習の完全さは，まったく同一の観念が，いくつかの異なる語に結びつけられて，異なる推論において用いられても，誤るおそれがないほどである。たとえば，高さ一インチの等辺三角形の観念が，図形，直線図形，正多角形，三角形，等辺三角形などについて語るのに，十分間に合うということがあり得る。したがって，この場合，これらの諸名辞はすべて同一の観念を伴っているのであるが，各名辞は，他の名辞よりより広いかより狭い意味範囲で用いられる習慣なので，それぞれ特定の習慣を呼び起こし，それによって精神に身構えさせ，その名辞の意味範囲に通常含まれる観念に反した結論が出されることのないよう，注意させるのである。」[411]

　　「これらの慣習がまったく完全なものになるまでには，おそらく精神は，ただ一つの個物の観念をいだくことでは満足せず，みずからの意味するものを，すなわち一般名辞で表現しようと意図する個物の集合の範囲を，みずからに理

---

[407]　*SO*, pp.75-76. 3・69, 3・70（『感覚秩序』89-90頁 3・69, 3・70）
[408]　*NPP*, p.44.（「抽象の第一義性」436頁）ハイエクは赤ん坊と成人の違いを述べている。感覚所与は同じであるが，つまり多数の抽象化をひきだす能力は同じであるが，前者は後者に比較して「関連性を秩序づける網目がはるかにまばらなためである。」言葉を換えれば，「与えられた要素の属性から導いたものではない抽象的関連性をより多く保持しているためである。」
[409]　*NPP*, p.43.（「抽象の第一義性」435頁）ハイエクは帰納法に反対するポパーを引き合いに出している。「個々の経験から一般法則を論理的に導くことはできず，まず最初に一般法則化の能力が出現し，ついで活動に導かれた有効性によって各仮説が試され確認もしくは反駁されるというわけである。」
[410]　*THN*, pp.485-486.（『人性論（四）』57頁）
[411]　*THN*, pp.21-22.（『人間本性論』34-35頁）

解させるために，いくつもの個物を通覧するであろう。たとえば『図形』という語の意味を確定するためには，われわれは，異なる大きさと比を有する円，正方形，平行四辺形，あるいは三角形などの諸観念を心の中で巡らせ，どれか一つの表現または観念に留まりはしないであろう。」

「特定の習慣を呼び起こし，それによって精神を身構えさせる」のであるから，慣習はわれわれの精神で構成されており，社会的精神である。換言すれば，慣習は時間と空間を超え社会を突き抜ける非人格的な精神である。これはヘルバルトが考えていた「概念の修整」の世界である。それは既述のように一元論の世界，人間的自然が自然をつくっている世界である。。

　代表された一般名辞はその場のその時のものであり，他の名辞を踏んで登場する。犬，山犬，オオカミ，それぞれの名辞（言葉）はどれ一つと言えども他の二つがなければならないところで個別に存在している。犬（属）が他の二つを含んで十分なら，つまり，まったくの（納得のいく）相似ならば犬という語一つで事足りる。犬という言葉が他から切り離される理由がありつつも，他の概念（山犬とオオカミ）と完全に切り離されているわけではない。むしろ，他との比較相互において犬は存在する。つまり，代表された名辞は他の名辞と切り離されたわけではない。名辞と名辞との間に抽象（「この表現を用いる以上に適した言葉がみあたらない」）が走っている。それは互いに捨象という，言い換えれば捨象を受けるという関係で結ばれている。これについてはメンガーも気付いていたが，適切な言葉が見あたらないのである。ハイエクは述べている。「抽象的法則こそが未知の存在であるにもかかわらずその任を果たしているということを，もっとも明瞭にしてみせたのは近代言語学の分野である。」言語はこの抽象によって，体系が存在しワークしているのである。観念や概念は名辞と同じであるが，言葉（言語）で表現される故に名辞

---

412)　*THN*, p.22.（『人間本性論』35 頁）
413)　浜田栄夫『表象理論とヘルバルト』56-58 頁を見よ。12 節（180 頁，184 頁）を参照。
414)　*UMS*, S. 68.（『経済学の方法』73 頁）メンガーは述べている。「抽象は，そのうえ，『法則』が，特定の現象形態の継起または共存を確認し，わかりきったことであるが，その他のありとあらゆる現象形態をその定式にとりいれることはなく，前者を必然的に孤立化し，他のすべての現象を捨象する，という事情からもくるのである。」
415)　*NPP*, p.39.（「抽象の第一義性」429 頁）

である。名辞は言語体系の世界を含意している。その意味で，社会と言語の世界は相似である。言語（言葉）であるからにはシンタックスがあり，観念や概念であるからには社会が存在するというものである。その意味で，個人の描く概念が名辞なら，言語（シンタックス）もまた社会である。[416]

　こうして，ハイエクの言説は，マッハから直接受けつつも元をただせばヒュームの文章から導き出されたことを発見する。すなわち，「意識的経験の多重焼き（superimposition）」は上記の文章「『図形』という語の意味を確定するためには，われわれは，異なる大きさと比を有する円，正方形，平行四辺形，あるいは三角形などの諸観念を心の中で巡らせ，どれか一つの表現または観念に留まりはしない」に求められる。つまり，「図形」は「円，正方形，平行四辺形」の「多重焼き」もしくは「多重焼きの特殊化」なのである。犬は山犬やオオカミの「意識的経験の多重焼き」の結果なのである。「多重焼き」は捨象を受けるという相互関係で結ばれている。それは抽象と言う名の捨象の相互関係が走っているからである。まさに，「『抽象』を表すのにこの表現を用いるのはそれ以上に適した言葉がみあたらない」[418]のである。既述のように（マッハは述べている），「抽象とはネガティヴな注意だと（カントに与して）いったのでは，その本質をつくせない。抽象に際しては，多くの感性的要素から注意がそらされはするが，しかしその代わりに別の新しい感性的要素に注意が向けられるのであって，この新しい感性的要素こそがまさに本質なのである。どんな抽象も，必ず特定の感性的要素の顕在化に基づいている[419]。」もとより，このマッハの説明も元をただせば，ヘルバルト，さらに遡ることバークレーやヒュームからのものである[420]。ハイエクはマッハと抽象（捨象）を共有している。ハイエクあらためてヒューム哲学に遡って究めたのである[421]。重

---

416) 浜田は述べている。「表象機構は，時間的，空間的に広い範囲にわたる共同社会によって規定される。しかも表象機構が受ける影響は，言語，伝統，生活様式，習俗，宗教儀礼，芸術作品，建築物などの共同社会の具体的な所有物だけによるものではない。ちょうど眼に見えない空気や光によってわれわれの生命活動が支えられているように，共同社会のもつ雰囲気や精神によっても，われわれの表象機構は色濃く染め上げられている。」前掲書 57 頁
417) *NPP*, p.48.（「抽象の第一義性」444 頁）
418) *NPP*, p.35.（「抽象の第一義性」424 頁）
419) *AE*, S. 266.（『感覚の分析』264-265 頁）この章 182 頁注の 344）に同じ。
420) *AE*, S. 299.（『感覚の分析』300 頁）

要なことは，この抽象（捨象）は積極的選択ではなく消極的選択に置かれている。つまり，消極的選択は求心的ではなく遠心的環境に置かれねばならないのである。新たな概念を待ち望むがゆえに開放されていなければならない。すなわち新たな感覚を採り入れるというミリューになければならない。これを筆者は類概念の構造（次章で触れるようにこれはカント的表現）と言ってきた。その基底に抽象が機能している。ハイエクは言う。「個々の経験から一般法則を論理的に導くことはできず，まず，最初に一般法則化の能力が出現し，ついで活動に導かれた有効性によって各仮説が試され確認もしくは反駁される…」[422]のである。これについてはミーゼスも同様である[423]。つまり意思や行為はあるパターンをともなったものである。もとよりそのパターンは調和や秩序である。これは認識，判断そして実践すべてにおいて演繹の構造をなしていると言えよう。これは帰納法に反対してきたポパーの説に引き継がれている。人間の精神には生得的に概念化が存在する。その概念化（パターン化）は類概念の構造であり，既存の概念間に抽象が走り新たな概念を生み出す。ここに抽象の科学性，演繹的構造がある。この科学性は物理的構造であり，心理学である。

　こうして，「精神についてのわれわれの知識と物理的世界についての知識との統合を可能にするのは，精神的現象の所産における抽象の第一義性（primacy of the abstract）の認識にほかならない。科学は抽象でのみ扱うことができる[424]。」とハイエクは断言する。ハイエクの科学性を支えるものは抽象である。ハイエクは述べている。「『抽象の優位性』は，本書（『法と立法と自由』）全体を通じて想定されている[425]。」（かっこ内筆者）と。いかにハイエクが抽象を重んじて

---

421) *PPE*, pp.106-121.（同書「デイヴィッド・ヒュームの法哲学と政治哲学」134-164 頁）もちろん，抽象こそ無いもののハイエクの結論は，「秩序の消極的な条件，すなわち平和，自由，および正義をつくりだすことによって包括的な秩序をめざす同一の一般的・普遍的規則に従属する，ということである。」であった。この消極的な条件の基底に抽象があることはあきらかである。
422) *NPP*, p.43.（「抽象の第一義性」435 頁）
423) *HA*, p.21.（『ヒューマン・アクション』45 頁）ミーゼスは述べている。「合理的と非合理的のアンチテーゼの問題については，自然科学と社会科学との間に何らの相違はない。科学は常に合理的であり，また合理的でなければならない。それは獲得できる知識のすべてを体系的に構成することによって，宇宙の現象を精神で把握しようとする努力である。」
424) *NPP*, p.48.（「抽象の第一義性」443 頁）
425) *LLL1*, p.30.（『法と立法と自由Ⅰ ルールと秩序』42 頁）

いたかが理解されよう。

したがって，ハイエクの「抽象なしの具体は存在しない。」[426]はマッハを通り越して，ヒュームの言明「抽象観念および一般名辞の本性」に確認されたものである。いわば，抽象観念は一般名辞から生まれたものである。人間本性はこの機能を備えている。それを受けているかの如く，ハイエクは言う。「精神は抽象的操作を行なってはじめて個々の事項を知覚することができ，この抽象的操作の能力は，われわれが個々の事項を意識的にとらえて話すことができるようになるはるかに以前に出現する」[427]と。この「はるかに以前に出現する」は，ヘルバルトが考えていたように有史以前からの社会的かつ環境による強い規定に従った結果である[428]，に等しい。

同時に，社会科学における科学性はイソモルフィズムにある。イソモルフィズムという同型の機能は元をただせば抽象が成せるわざであり，さらにはヒュームの「抽象観念および一般名辞の本性」に求められる。さらに遡れば，バークリーの個物主義である。その意味で，ヒューム哲学はカント，ヘルバルト，マッハそしてハイエクを貫いている[429]。ハイエクが『感覚秩序』で強調したかったのはそのイソモルフィズムにあって，「主観的経験から知られた感覚的な質は自己充足システムを作る」[430]ということであった。ここにハイエクの主観一

---

426) *NPP*, pp.36-37.（「抽象の第一義性」425-426 頁）
427) *NPP*, p.37.（「抽象の第一義性」426 頁）そして「設計主義の見解においては『抽象性』を意識的思考ないし意識的概念に限定された特質と見るのに対し，現実には，それは人間の意識的思考にのぼったり言語で表現されるずっと以前から行為を決定する全過程がもっていた特徴である。」と述べている。*LLLI*, p.42.（矢島鈞次 水吉俊彦訳『法と立法と自由Ⅰルールと秩序』30 頁）を見よ。
428) 浜田栄夫『表象理論とヘルバルト』57 頁を見よ。
429) ヘルバルト研究の浜田栄夫氏は述べている。ヒュームとヘルバルトとを直接結びつける手だては得られにくいが，ヒューム哲学の上に立脚したカント哲学，カント哲学に立脚したヘルバルトであるからヒューム哲学とヘルバルトは結びつけられると言う。ロックの経験論はヒュームによって完成される。「ヒュームは表象理論の系譜のうえでも新たな頁を書き加えている。」そしてロックが知性の対象として意識一般を包括的に言った idea を，ヒュームは「感覚によって直接生きに刻印されたものを印象（impression）と呼び，感覚がもとになって間接的に再生される内容を観念（idea）」と呼び区別した，と。ヘルバルトは，ロックから直接学んでいてヒュームから学んでいないが「ロックの idea をドイツ語に訳する際，わが国で一般的に『表象』と訳されている Vorstellung を訳語とせずに，Idee を訳語として当てている」と。ここに間接的ながらヒューム哲学の影響をヘルバルトに見ることができるという。浜田栄夫『表象理論とヘルバルト』36-37 頁を見よ。これはカントに直接個物主義を見ることはできないが，その立場に立っていたことと同様である。

元論がある。もちろん、その鍵は「抽象の第一義性」にある。

　ハイエクは抽象を採り上げることによって、個別性から一般性へ、換言すれば個人から社会への途を開いている。個別性は抽象を通して類概念を受け入れる。ここに経験の必要性がある。抽象は個人と社会とを媒介する仲介者である。こうして、自生的秩序はまさに抽象によって編み出されることを確認する。ここに進化論的合理主義が成立している。ハイエクは『法と立法と自由』で言う。「人間が完全には理解し得ない現実を処理できるようにしている知性の不可欠な手段として、抽象を位置づける。」以上を受けてハイエクは言う。

　　「状況のある・タ・イ・プが個人の内部にある一定の反応のパ・タ・ー・ンに向かう性・質・（disposition）を呼び起こすときには必ず、『抽象』と表現されるあの基本的関係が存在する。特定の刺激が特定の反応を直接引き起こすのではなく、一定の組や群をなす刺激が行為の組に向かう一定の性質を形成することを可能にし、そのような多くの性質の重ね合わせ（superimposition）だけがその結果起きるであろう特定の行為を特定化するという事実から、中枢神経システムに特有の能力が構成されていることは疑うべくもない。」（かっこ内引用者）

つまり一定の反応はパターン化していて性質から生起している。それには必ず抽象をともなうものである。そして反応や行為は多くの性質が重ね合わされた、つまり「活動の属性に関連したさまざまな指令の多重焼き」の結果である。それはハイエクにおいては性質であると言うが、ヒュームでは人間本性の一つであり、カントでは性格ではなかろうか。

　ハイエクは具体的判断において述べている。「ライオンが獲物の喉めがけてジャンプする場合を例にとると、それぞれの運動は獲物の動きの方向や距離

---

430) *SO*, p.37. 2・1（『感覚秩序』47頁2・1）
431) *LLL1*, pp.29-30.（『法と立法と自由Ⅰ』42頁）
432) *LLL1*, p.30.（『法と立法と自由Ⅰ』42頁）筆者はこの disposition を訳者の訳「性癖」とせず「性質」と訳した。そもそも disposition は人間に内在する生得的で顕著な性質、すなわち本性や本能を意味するからである。
433) *NPP*, p.39.（「抽象の第一義性」430頁）
434) この性質（disposition）はカントの『純粋理性批判』の第3アンチノミーの性格（Charakter）に見える。因果律の原因と自由の原因が調停されるには経験的性格と叡智的性格が必要であると。これについては次章で検討する。

や速度だけではなく、他面の状態（なめらかであるか凹凸があるか、固いか柔らかいか）や、隠れ場所があるか開かれた場所であるか、…これらはすべてジャンプに対する性向（disposition）と共に存在する諸性向なのだ。」(性向と性質は訳者の違いで同じ) したがって、「あるものを『丸い』とする知覚は、本質的には四肢や全身の一連の運動をめざす性向の喚起にある。」「丸い」はここで言うライオンの獲物の種類、その大きさやそれへの距離である。これを中村雄二郎氏は「体性感覚」と言ってきた。「抽象性とは、元来こうした所定の範囲の活動をめざす性向」である。行動における性向とは抽象が構成する概念的な目的そしてその状況である。これらは共にヒュームの「残りの個物は、そのときの事情が必要とするならば、いつでもわれわれをしてそれらを呼び起こさせる」を含意してのことである。要は、性質（disposition）は自生的秩序を編み出すに潜勢力である。

　われわれが生得的にもつこの性質は科学を科学たらしめるという。ヒュームは自然科学と社会科学を区別しなかった。ヒュームは理性が動物にもあることを疑わなかったし、ハイエクも抽象は魚にもあるとしている。理性も抽象も科学を裏付けるにふさわしい行動の契機をなしていると、同時に科学的方法論では不可欠な要素である。それは非人格的な社会、表象の世界であり、自生的秩序が培われる世界である。

　最後の節を終わるにあたりまとめてみよう。感覚そして抽象が「類の期待」を担ってあらたな発見の突破口として不可欠であることが確認された。これはカント哲学と比較して、ヒューム哲学に顕著に現れた言説である。ちょうど、個物主義もまたヒューム哲学に表れ、カント哲学に隠れた存在であることと同様である。ハイエクがヒューム哲学を高く評価するゆえんである。

435）　*NPP*, pp.40-41.（「抽象の第一義性」431頁）
436）　*NPP*, p.41.（「抽象の第一義性」432頁）
437）　中村雄二郎『共通感覚論』108頁　中村は言う。遠心的な「体性感覚による諸感覚の統合がある。」「体感とも略称される体性感覚は、術語ではシニススィジアと名づけられてきた。ところが、これは興味深いことに、共通感覚を意味している。」
438）　*NPP*, p.40.（「抽象の第一義性」430頁）
439）　*THN*, p.22.（『人間本性論』35頁）
440）　*THN*, pp.176-179.（『人性論（一）』270-275頁）、*NPP*, p.37.（「抽象の第一義性」427頁）
441）　『カント事典』「バークリ」の項 409-410頁を見よ。
442）　*PPE*, p.108.（「デヴィッド・ヒュームの法哲学と政治哲学」138頁）

しかし，ハイエクは彼らを補完的に援用してきた。それは「抽象的理性[443]」という言葉でも明らかである。理性も原理の中におかれ自生と成長の対象になる[444]。ヒュームによって退けられた理性が抽象と共に登場する。自生的秩序にはヒューム哲学のみならず，カント哲学が後援していることは明らかである[445]。抽象や感覚が理性と共に自生的秩序への発見的原理の突破口としての役割を果たすことは分かった。それなら意思や行為にみられた秩序からより高次の自生的秩序へ進むにどのような経緯を辿るのであろうか。

しかし，この飛躍にヒュームは十分な説明をしてこなかったことも事実である。ヒュームの演繹は社会的功利にあったからである。しかし，ハイエクの自生的秩序は，ヒュームの社会的功利に向けられた演繹では解決のつかないものがあることは既に述べてきた。つまり，ヒュームは心のうちにある「原理」と「他の自然的動機ないし原理」を統一することはできなかった。そこには自然の畏敬の念，崇高の観念が無ければならないであろう。そして，ハイエクが評価してきた哲人達，エドマンド・バークやカントそしてアダム・ファーガスンが堅持してきた概念は崇高や美であったからである[446]。崇高や美に向けられた演繹を取り扱わねばならない。同時に，崇高や美を契機にこれ

---

443) *LLL1*, p.34.（『法と立法と自由Ⅰ』47頁）
444) *CRS*, p.162.（『科学による反革命』129頁）
445) さらに次のようなところにハイエクがカント哲学に依存することを感じる。この disposition（性質，性向）は動物や人間に与えられた生得的なものである。ハイエクは言う。「所定の反応を生物にとらせる性向（もしくは傾向（'set'），性質（propensity），様相（state））という概念から出発すると，いちばん都合がよい。」*NPP*, p.40.（「抽象の第一義性」430頁）を見よ。また「'類別'の多重焼き」である。この '類別（classifications）' はカテゴリーを意味していると思われる。もちろんハイエクのカテゴリーは秩序を定めるカテゴリー」である。*SO*, p.167. 8・11（『感覚秩序』189頁8・11）を見よ。同時に，ヒューム的に意識的経験，認識や判断は「他の事象との関係」で成立する。しかし，カントのアプリオリを含まずにはおかないことも確かである。ハイエクは言う。「われわれが外界をどのように解釈しているかではなく，この解釈がいかにしてわれわれの活動を支配しているかについて考察するほうが適切である。」*NPP*, p.40.（「抽象の第一義性」430頁）を見よ。これはヒュームに従った受動的かつ演繹的態度である。同時に，これは「コペルニクス的転回」である。解釈するのは人間であり，その限りにおいてカントを離れることはできない。
446) 筆者は既に述べてきたが，ハイエクが信条としてきた言葉「人間の行為ではあるが人間の設計ではない」はアダム・ファーガスンの言葉である。ファーガスンが「これは実際に人間活動の結果ではあっても，人間設計の遂行ではない。クロムウェルが人間は自分がどこへ向かっているのか知らない時ほど山に高く登ることはない…」と述べた時，その意図しない人間をまとめていくものは崇高の観念であり，それが人間に通底として働いているからである。*NPP*, p.264. note56（『医学博士バーナード・マンデヴィル』123-124頁および132頁注の56）を見よ。

ら二つの「原理」をまとめ上げたのがカントである。

　カントは少なくとも感覚的なものを「様態」として採り上げていた。カントは述べている。「美学的判断のかかる『様態』，即ちこの判断が要求するところの『必然性』こそ，判断力批判にとって最も主要な判断様式である。必然性というこの『様態』こそ，美学的判断がアプリオリな原理を具えていることを明らかにし，この判断を経験的心理学の域から脱せしめるものだからである。[447]」カントは心理学の域の外で進めている。これと対照的に，ヒュームやマッハは心理学の域で進めていた。『感覚秩序』は自生的秩序に「大きな役割[448]」を果たすもののどこまでも心理学である。しかしながら，ハイエクの自生的秩序は心理学の域に留まるものではない。ハイエクの自生的秩序にはカント哲学の崇高の概念もまた不可欠として背後に理解されねばなるまい。

---

447)　*KU*, S. 112.（『判断力批判（上）』182-183 頁）
448)　*SO*, p.109. 5・22（『感覚秩序』127 頁 5・22）

第4章　カント哲学とハイエク

「宇宙が完全な機械として，互いに緊密に結びついた体系，すなわち一般法則に支配され，一般諸目的つまりそれ自身の保全と繁栄，存在するすべての種に向けられていると見なされるや否や，それは人間の技術によって作り出された諸々の機械に明らかに類似していると賢人達を印象づけることとなり，ある信念が必然的に生じることとなった。いわば，この世界を構築しようとすれば元々人間の技術に似たものを用いざるを得なかったのである，しかし世界は技術を超えるものであり，その技術が作り出す諸機械を超えたものである。この体系の統一性という（理解）は，古代の哲学によるものであり，最も完全なものであり，原理という統一性の観念を示唆してきたし，原理がもたらす技術によって構築されてきた…。」Smith, A. *Essays on Philosophical Subjects*, 1795, pp.113-114.

1　予定調和論とハイエク

　これまでの議論で分かるように，ハイエクは多くをヒューム哲学に依存してきた。それではいまさらカント哲学を議論してみる必要はないのではないか，と考えられよう。しかしながら，ハイエクが自ら述べていたように，ラデカルな経験主義は主観主義を呼ばずにはおかなかったのである。その主観の組織的な分析においてカントに勝る哲学は他にはない。確かに，カント哲学はヒューム哲学を踏まえて成り立つものである。しかしながら，カント哲学によってヒューム哲学が全面的に否定されるものでもない。彼らが共有する「予定調和」という演繹の哲学は，ヒューム哲学を補完するカント哲学であり，同時にカント哲学を補完するヒューム哲学であり得る。誤解を恐れずに言えば，「予定調和」というテーマにおいて，カントは個物が持つ内面的な分析であり，対照的にヒュームは個物が繰り広げる社会的な分析である。それだけに前者は制約の哲学を，後者は解放の哲学を展開してきた。ハイエクは「予定調和」の縮図を述べている。「組織を動かしうる知性と組織がその中

で機能するより包括的な秩序との成長が予測しえぬものに対する適応に依存していること，および個々の知性の能力を超える唯一の可能性が自生的秩序をつくりだす超人間的な『自己組織的な』力への依存である」と。カント的視点とは，まさにこの「超人間的な『自己組織的な』力」の分析と綜合であった。

さらに，ハイエクがカントに依存する姿はマッハへの対応にも見られる。ハイエクが秩序の源泉を「感覚の質の秩序」に見出し得たのは，マッハに依存した結果である。と同時に，ハイエクが述べる自らの体系は確かにヒューム哲学に依存している。しかし，それでも「感覚の質の秩序」を悟性や理性を離れて物理的な世界だけに任せられるものであろうか。ここに社会科学者・ハイエクと物理学者・マッハとの相違を見ることができる。マッハが議論したのは感覚が作り出す物理的な世界だけである。マッハは述べている。

> 「物質界全体を同時に精神界の要素—普通には感覚と呼ばれている—でもあるところの要素に分解するとき，そして，このあらゆる領域に同種的要素の，結合，関連，相互依属，の探求をもって学問の唯一の課題だとみなすとき，われわれはこの表象にもとづいて一個の統一的，一元論的な構築物を打ち建て，人心を惑わす忌むべき二元論を駆除できるのではないかという根拠ある期待をいだくことができる。人びとは実際，物質を絶対的に恒常的で不易なものとみなすことから，何と物理学と心理学との関連を毀損してしまうのである。」

この物理的な一元論的な（調和の）世界はハイエクも同意することであろう。マッハが必要としていることは，その一元論が繰り広げる「完全で最も簡単な記述（vollständigen einfachsten Beschreibung）」することである。それを「思惟の経済（Die Ökonomie des Denkens）」と言った。それは物理的なデータを秩序論として整理することであり，そして心理学の世界を物理的に展開するこ

---

1) *LLL1*, p.54.（『法と立法と自由Ⅰ』72頁）
2) *SO*, p.176., 8・37（『感覚秩序』198頁 8・37）
3) *AE*, S. 104.（『感覚の分析』106頁）マッハは時間，空間はギブンであり，それ以上は問わない。
4) *AE*, S. 255.（『感覚の分析』254-255頁）
5) *AE*, S. 40.（『感覚の分析』44頁）この「完全で最も簡単な記述」とは物理学者・キルヒホッフ（Kirchhoff, G.）の著作タイトルである。

とである。マッハの思想はヒュームとカントが持っていた経験的心理学から物理的に与えられた感覚現象の世界に限られるものであった。ハイエクもまたこの世界を堅持してきた。しかしそれは感覚の世界のみである。心理学を志望しつつも経済学者であったハイエクは、マッハと異なり一元論を構築する二元論を棄てたりはしなかった。つまり構築には厳然と二元論が展開されている。ハイエクがマッハ思想を批判的に摂取している姿から見て、カントに依存せざるを得ないことは明らかである。マッハ自身ヒュームはもとよりカントにも依存せざるを得なかった[8]。それが述べられねばならない。

　ハイエクの世界は構築の世界であり、それは好むと好まざるに拘わらず二元論の世界に立たねばならないのである。カントは述べている。

　　「『私は考える』という表象は、自発性の作用である、従って我々は、これを感性に属するものと見なすことはできない。私はこの表象を純粋統覚（Apperzeption）と名づけて、経験的統覚から区別する。或いはまたこれを根源的統覚と名づける。かかる統覚は、『私は考える』という表象を産出するところの自己意識〔自覚〕であって、もはや他の統覚から導来せられ得ないからである。なお『私は考える』というこの表象は、他の一切の表象に伴い得なければならない、そしてまた私の一切の意識作用において常に同一である[9]。」

---

6) *AE*, S. 40.（『感覚の分析』44頁）マッハが言う「思惟の経済」とは、物理的なデータをスミスの「見えざる手」になぞらえて合理的な一元論的に叙述することである。つまり、スミスの描いた経済（予定調和）を援用して、物理的な現象を一元論的に描くこと、すなわち事実を経済的に（合理的に）叙述することであった。それは感覚が作り出す秩序であった。マッハは「これが科学の本質的課題である」と述べている。ハイエクが心理学と経済学の間にあって、マッハの「感覚の分析」から得たものは、その感覚の「思惟の経済」でありながらも、その内省が織りなす想像力や構成力でなければならなかった。なぜなら、ハイエクの課題は社会の予定調和であったからである。社会学者・ハイエクの一元論は二元論あってのものである。ハイエクの感覚の秩序は主観（二元）と客観（一元）を統一するミクロコスモスの世界である。このようなウィーンの合理的かつ一元的な理解はメンガーにおける「一度で十分の原理」に含意されている。同時にこの「思惟の経済」は既述のように「オッカムの剃刀」にその淵源を求めることができよう。

7) *SO*, pp.7-8., 1・21（『感覚秩序』16頁1・21）

8) *AE*, S. 299.（『感覚の分析』299頁）マッハは述べている。「彼（カント）の批判的観念論は、私の全批判的考察の出発点であった。私は無上の謝意をもってこのことを承認する。」（かっこ内引用者）*AE*, SS. 106-107., S. 107Anm. 1（『感覚の分析』108頁, 137-138頁の注13）マッハは注13を付けて述べている、「神経興奮が空間感覚の結果なのか、それともその逆なのか、を決済しないでおく、両者が緊密に結びついていることはたしかである。」この言明はカント哲学の悟性やさらには統覚（経験的統覚と超越論的統覚）を課題にしなければならなくなる。

9) *KrV*, S. 132.（『純粋理性批判（上）』176頁）

1 予定調和論とハイエク　　213

　カント哲学は，既述のように超越論的観念論（経験的実在論）の下構築の哲学である。その構築が統覚つまり「私は考える」という思惟的自我なくしては不可能である，という見解である。この言説は，ハイエクの文章「われわれの理論は，精神と物理的な世界とをそれぞれ支配する力の二元論は，どのようなものも否定することとなるが，同時に，実際的な目的のためには，常に二元論を採らざるを得ないといわなければならない。[10]」に現れている。この「思惟的自我」の同一のなかで「われわれは主観的経験から知られた感覚的な質は自己充足のシステムを作る[11]」のである。カントの言説はハイエク体系に貫かれている。ハイエクは述べている。「人間の行為の理解にあたって，精神的な実体は，常に，われわれが見抜くことのできる最後の決定者であることと，われわれはそれを物理的事実に置き換えることはできないことを認めることは，もちろん，人間の行為の理解と説明を目標とする研究のすべてにとって最も重要なことである。[12]」

　したがって，マッハが「判断というものは常に，感性的事実をより一層完全に叙述するためにおこなわれる感性的表象の補完である。判断が言葉で表現できる場合，それは，言葉によって聞き手に呼び起こされるところの，予め存在していた記憶心像を素材としておこなわれる新しい表象の合成である。[13]」と述べたとき，それはカント哲学の『判断力批判』に依存せねばなるまい。判断とは「表象の…関係から一つの…客観的関係[14]」を見い出すことである。換言すれば，判断はわれわれの主観であると同時に，社会的な判断でなければならない。それはまた二元論的世界から一元論的世界に至る過程である。マッハがどのように一元論を標榜しようとも，入り口には二元論が存在する。ハイエクは述べている。「自然現象と社会現象との中間にある人間の地位—人は自然現象の結果であり，社会現象の原因である—からみると，我々が社会現象を説明するために必要不可欠である基礎的事実は，共通の経験の部分であり，我々の思考の内容の部分であるということになる。社会科学において

10)　*SO*, p.179. 8・46（『感覚秩序』201 頁 8・46）
11)　*SO*, p.37. 2・1（『感覚秩序』47 頁 2・1）
12)　*SO*, p.193. 8・94（『感覚秩序』216 頁 8・94）
13)　*AE*, S. 259.（『感覚の分析』259 頁）
14)　*KrV*, S. 142.（『純粋理性批判（上）』184-185 頁）

は，このことは論争の余地のないほどよく知られている複雑な現象の構成要素なのである。」(傍点引用者)これが詳しく述べられねばならない。

中村雄二郎の『共通感覚論』は述べている。結論を先取りすれば，これほどハイエクの立場(抽象的理性)を表わしたものはないと思われる。少々長い文章であるが引用する。

「私たち人間は個人としても類，いや正確には種としても，十分なまとまりをもとうとすれば，私たちの備える諸感覚を秩序づけることが必要になる。そしてこのような秩序立ったまとまりを重視する立場から，そのうちにある感覚相互の関係や秩序，またその関係づけや秩序づけの働きが，いっそう純粋化された上，実体化されてとり出されるようになった。古来〈理性〉と呼ばれ，また〈精神〉と名づけられてきたのは，実はこのようなものではなかったであろうか。かって精神や理性は人間のものであるよりも絶対者たる神のものであると考えられたが，それも，神が内的にして社会的な秩序づけと統合のための至高の原理だからであろう。精神や理性が純粋化され実体化されてとり出されるようになって，感性的なもの身体的なものは貶められ，単に秩序づけや統合の対象，秩序づけや統合に逆らうだけのものとみなされるようになった。ところが実は，感性的なものや身体的なものの秩序付けや統合は外部からのものではなく，内部からの自己組織化なのである。

だから理性とは，あえていえば諸感覚相互の結合の形式であり，もっぱら秩序と関係にかかわる。理性が感覚に対して独立した自律的なものと考えられるのも，しばしば支配的な社会秩序と表裏をなして不当に僭称されるのも，そのためである。もっぱら秩序と関係にかかわる，諸感覚相互の結合の形式として，理性は内容との結びつきを失って単に形式化しやすい。ところが，そのような理性(それは悟性ともいわれる)に対して，さまざまの具体的な感覚内容との結びつきを断たずそれらを保存しつつ，感性的なものがみずからまとまり，高次の秩序をつくる場合がある。私たちはそのような場合として，すぐれた意味での〈感情〉を捉えることができる。情動や情念に対してそれらと区別して感情といわれるものは，いっそう全体的であり，全体化をとおして内的秩序を形づくる。そのようなものとして，感情は，何よりも共通感覚にもとづいている。それは，私たち一人一人のうちで下意識的な統御をともない，高度の知覚

---

15) *IEO*, p.126.(『個人主義と経済秩序』172頁)

や判断の力も含んでいる心の統合的な働きである。(悟性と区別された，すぐれた意味での理性とは，この感情に近い。)

　共通感覚にもとづくものとして感情は，理性のようなかたちで純粋な自律性をもたないかわりに，別のかたちでまとまりと秩序をもっている。一つには私たち一人一人の諸感覚と身体の全体性を基礎としたまとまりであり，もう一つには，感情の同じ型や様式を共有しうる人々から成る共同性を基礎としたまとまりである。理性は，その自律性と普遍性によって，閉じられた共同体の壁あるいは枠をつぎつぎに破って，より開かれた世界に出ていく。それによって異なった文化や集団に属する人々も，互いにそのいわんとすることを概念的に理解し合うことができるようになるのだ。つまりそこでは，概念コミュニケーションが成り立つようになる。これに対して感情は，たとえどんな広い範囲の人々の間に共通して見られる場合でも，それは或る集団のなかで，つまり共同性のなかで成り立ち，同時にまた，逆に共同性を支えているのである。[16]」

　この「共通感覚」は二元論から一元論への回廊である。この言説は既にカントが『判断力批判』で課題としていたことである。感覚，感性そして感情は主観でありつつも，表象を通して他者に客観性（秩序や調和の契機）を要求し得るからである。主観と社会的判断との間を取り持つものが「共通感覚(Gemeinsinn, sensus communis)」である。この「共通感覚」はソクラテスを起源としてカントは「趣味判断」の前提としたところのものである。[17] これらの相違と言えば，中村が「共通感覚」を理性に含意したのに対して，カントは判断力に含意したところである。それはまたハイエクの記述の「共通の経験の部分」，「我々の思考の内容の部分」に相当し，「共感覚（synaesthesia）[18]」や抽象[19]をもって説明してきたところである。

　その共通感覚にもとづく感情が理性と結びつき高度の判断を編み出すのである。その高度の判断は「全体的であり，全体化をとおして内的秩序」に依存する。理性がもつ普遍性は潜勢力として社会に出て行く突破口である。中

---

16) 中村雄二郎『共通感覚論-知の組みかえのために-』188-191 頁
17) *KU*, S. 65., S. 67.（『判断力批判（上）』133 頁，135 頁）
18) 中村雄二郎『共通感覚論』43 頁の「共感覚」に付けられた注 (23)，309-312 頁を見よ。*SO*, pp.142-144. 6・34-6・40（『感覚秩序』163-165 頁 6・34-6・40）
19) *LLL1*, p.30.（『法と立法と自由Ⅰ』42 頁）ハイエクは抽象を「言語で表現されるずっと以前から行為を決定する全過程がもっていた特徴」であると強調する。

村にとって,「理性は,その自律性と普遍性によって,閉じられた共同体の壁あるいは枠をつぎつぎに破って,より開かれた世界に出ていく」のである。これと対照的に,ヒュームは理性よりは感情に一義性をおいていた[20]。しかし,中村は「感性的なものや身体的なものの秩序付けや統合は外部からのものではなく,内部からの自己組織化」であるとしている。つまり「内部からの自己組織化」こそ感情と理性とを相即不離にまとめるものであり,ヒュームとカントの補完関係であり,それだけにカントが論じられねばならない。

ハイエクは述べている。理性の機能は「本質的に感情に対する一つ抑制として作用することであり,また他の要因に駆り立てられた行動を遂行させることである。理性だけがわれわれが何をなすべきかを告げることができる[21]」のである。しかしながら,ハイエクはその「理性を最も有効に使うには,意識的理性の力の限界と自分では気付かない諸過程から得られる助力への洞察が…必要である。」それは,中村が言う「さまざまの具体的な感覚内容との結びつきを断たずそれらを保存しつつ,感性的なものがみずからまとまり,高次の秩序をつくる」理性でなければならない。その「助力」として,ハイエクは「人間が完全には理解しえない現実を処理できるようにしている知性の不可欠な手段として抽象を位置づける[22]。」すなわち,あらためて理性は知性としてその核心に抽象を据える。ハイエクは述べている。

> 「理性に対する合理主義者の反逆は,通常,思考の抽象性に向けられる。それは,全ての思考は程度こそ異なれ,抽象的でありつづけなければならないこと,したがってそれはそれだけで特定の行為を完全には決められないことを認めようとしない。理性は一つの規律,つまり成功を呼ぶ行動の可能性の限界についての洞察であり,それは往々にして,してはならないことだけをわれわれに教えてくれるにすぎない[23]。」

---

20) *THN*, p.193.(『人間本性論』225 頁)ヒュームは述べている。「われわれの理性は,どのような仮定に基づいても,われわれに,物体の連続した別個な存在の確信を与えはせず,また与えるということはけっしてあり得ないのである。この意見は,まったく『想像力』によるほかない。このことが,今や,われわれの探求の主題でなければならない。」
21) *LLL1*, p.32.(『法と立法と自由Ⅰ』45 頁)
22) *LLL1*, p.30.(『法と立法と自由Ⅰ』42 頁)
23) *LLL1*, p.32.(『法と立法と自由Ⅰ』45 頁)

ハイエク体系から理性は後退したかに見える。しかしそれには条件がある。理性はヒュームにおいては懐疑主義で後退を余儀なくされ，カントにおいても批判の対象とされてきた。それは哲学界，思想界が受けねばならない洗礼であった。ハイエクは理性に「一つの規律，つまり成功を呼ぶ行動の可能性の限界についての洞察であり，それは往々にして，してはならないことだけをわれわれに教えてくれるにすぎない」と見たのである。いわば，理性に消極的選択を与えたのである。つまり抽象がもつ原義，捨象である。それが抽象の第一義である。ハイエクは，中村と同様にそれを理性に与えたのである。ハイエクはこの理性と抽象を融合させて，「抽象的理性」と言っている。[24]

中村が説く「共通感覚」としての理性とハイエクが説く「抽象的理性」はほぼ同じものではなかろうか。ケインズもまた判断における確信（確率）に類似（analogy）を採り入れているが，ほぼ同じものであろう。[25] カントもまた美学的判断力のアプリオリな姿として「共通感覚」を挙げていた。「共通感覚」が「感情の同じ型や様式を共有しうる人々から成る共同性を基礎としたまとまりである」とするならば，感情，感覚そして感性を最も主観的かつ具体的な趣味や美に起点をおいてのことである。少なくとも予定調和はそのような「下意識的な統御」を契機として始まるにちがいない。

いわば，自生的な調和や秩序を巡って主観から客観への回廊，それを支える「自己組織的な」力を問題にしなければならない。それらはカント哲学ならではの分析と綜合を得てはじめて可能になると思われる。

2　オーストリア学派経済学の主観主義

主観主義 1

まずオーストリア学派経済学における主観主義は次のようなところに見られる。財は低次財（消費財）と高次財（生産財）に分けられる。しかし，あく

---

24) *LLL1*, p.32.（『法と立法と自由Ⅰ』44 頁）
25) Keynes, J. M., *The Collected Writings., Vol.Ⅷ*（*A Treatise on Probability*），p.276-277. 判断を執行する主体をケインズは「法的原子（legal atoms）」と呼んだ。

までも低次財あっての高次財である。低次財を消費する消費者の効用が価値の原初であり，経済の基礎として価値の核を握っている。メンガーは言う。

> 「高次財にたいする人間の需求がこの高次財に対応する低次財の経済的性格によって制約され，また高次財が経済財の生産に使用可能でないかぎりこの高次財にたいする需求は発生しないということが確実であるならば，そのような場合〔高次財が経済財の生産に使用可能でない場合〕高次財にたいする需求はまた，その高次財の支配可能数量（それがいかに僅少であっても）より大きくなることは決してありえない。したがってこのような高次財の経済的性格は最初から問題にならないのである。…しかしここから，高次財の経済的性格は，この高次財を用いて生産される低次財の経済的性格によって制約されているという一般的原理が生まれる。換言すれば，いかなる高次財といえども，それが低次の経済財の生産に役立つのでなければ，経済的性格を獲得または主張することができない。[26]」

なぜ低次財の一次財が経済の核になるのかについて，メンガーは述べている。「食料品にたいする欲望を満たすことは直接にわれわれの権限内にある。したがって，われわれの欲望のなかの1つを満足させることとパンとの関係は（高次財の生産財と対比して）直接的」（かっこ内引用者）であると。いわば，メンガーは経済学を個人主義，要素還元主義として議論してきたのである。

さらにメンガーは言う。経済学に「…必要なことは，他のすべての経験科学においてなされているように，諸財を内的原因にしたがって秩序づけ，各財がその因果関係のうちで占める位置を学び取り，最後にこうした見方をするときに諸財を左右している法則を探究しようと努力することである。[27]」言うまでもなく，このメンガーは，経済を調和もしくは秩序として見ている。いわゆる演繹としての方法論を採らねばならないという見解である。オーストリア学派経済学の創始者・メンガーはこの二点に立脚していた。

前者から述べよう。高次財の価値は低次財の価値によって決まるというものである。これをメンガーは帰属理論（Zurechnungstheorie）[28]として提唱した。換言すれば，経済の核に消費者の消費を据えている，ということになる。こ

---

[26] *GV*, S. 67f.（『国民経済学原理』58-59頁）
[27] 上記の引用とともに *GV*, S. 8., S. 7.（『国民経済学原理』8頁）を見よ。

れはミーゼスやハイエクにも引き継がれている。オーストリア経済学は，経済（価値額）の基礎に消費者の主観（価値）をおく，というものである。経済の核に消費者の主観と主権をおく。経済の原因のすべては消費者の主観に帰せられるというものである。[29]したがって，どこまでも高次財は「低次財の経済的性格によって制約」を受けるというのである。経済は組織として消費者にすべての基礎をおくというものである。

それは，カント哲学の核心の一つ，「コペルニクス的転回」[30]に通じる。すなわち，経済はわれわれの構築物である，という見解である。天動説が地動説に置き換えられたように，認識とは，対象に我々が従うのではなく「対象が現象として我々の表象の仕方に従う」[31]のである。森羅万象，現象はわれわれが作り出しているのである。ハイエクも言う。「我々が事実と呼ぶものは…我々観察者に『与えられる』ものではなく，我々が努力して再構築し得るものなのである。」[32]自然科学も言うに及ばず社会科学においてはなおさらのこと，社会現象，経済現象すべては，われわれの認識や判断とともにわれわれが作り出しているという哲学である。[33]いわば，現象はわれわれの表象にある。

ハイエクは言う。

> 「社会科学は例外なく，人間が彼らを取りまく環境—他の人間や事物—に対して働きかける仕方に関するものである。あるいは私は，これらの事物は社会科学がそれによって多くの人間の間の関係についての類型を作り出す基礎になる要素であると言うべきであるかもしれない。」

> 「道具，食料，薬品，武器，言葉…生産行為といったもの—もしくはこれら

---

28) これを帰属理論と言ったのはヴィーザーである。
29) したがって，シュンペーターやケインズのように企業が主権化され経済の全面に出ることはないのである。現代経済学は消費需要と投資需要を対等におくという考えをとっている。それに基づく，企業のもしくは財政出動型の投資需要による景気回復策という考えは，オーストリア学派経済学にはとうてい認められない。したがって，ミーゼスやハイエクとフリードマン（Friedman, M.）は区別される。フリードマンの技法はどこまでもケインジアンのものである。
30) *KrV*, S. XVI., XXII（『純粋理性批判（上）』33頁，37-38頁注の※※）
31) *KrV*, S. XX.（『純粋理性批判（上）』36頁）
32) *IEO*, p.71.（『個人主義と経済秩序』98頁）
33) ハイエクは言う。「実際，社会のあるいは人間的行為の対象の大部分は，その用語が諸科学に用いられているような特有の狭い意味における「客観的事実」ではない。…人間的行為に関する限り，物事とは，行為する人々がそうであると考えるものなのである。」（引用者訳）*CRS*, p.44.（『科学による反革命』24頁）を見よ。

のうちのどれか一つの特定の例—をとりあげてみよう。…これらの諸概念はすべて…事物の持つある種の客観的特性に，すなわち観察者がこれらについて見出しうる特性に関係しているのではなくて，誰か他の人間がこれらの事物について抱いている見方に関係しているであるということが容易に見てとれる。これらの対象を物理的な尺度をもって定義することはできない。なぜならば，そこには一つの群の構成物が持っていなければならない単一の物理的な特性は存在しないからである。…時として『目的論的概念』と呼ばれるものの事例である。換言すれば，それらは次の三つのもの，すなわち目的，その目的を持つ主体である人間，そしてその人間がその目的を達成するための手段として適当であると思う対象，これらの間の関係を表示することによってのみ定義される諸概念なのである。」

「これらのすべての事物はそれらの持つ特性によって定義されるのではなく，人々がそれらについて持つ見解によって定義されるのである。要するに社会科学においては，事物とは人々がそれらがそうだと思うものなのである。誰かがそうだと思うならば，そしてそう思うからこそ，貨幣は貨幣，言葉は言葉，…なのである。」[34]

科学の対象は何か動かぬ「客観的特性」にあるのではなく，諸個人が描く見解に関係している。構築の哲学は諸個人が描く諸概念に依存している。ハイエクの経済学は方法論的個人主義に従ったこのような構築の哲学に支えられている。その構築は目的論に支えられている。「『目的論的概念』と呼ばれるものの事例である。換言すれば，それらは次の三つのもの，すなわち目的，その目的を持つ主体である人間，そしてその人間がその目的を達成するための手段として適当であると思う対象，これらの間の関係を表示すること」という見解は，調和や秩序に向けた演繹的な立脚点を意味している。メンガーの演繹的な叙述がハイエクに現れている。

確かに，自生的秩序は意図せざる結果でありつつも個人が作りだしたものである。消費者は経済が意図せざる結果でありつつも自生的秩序を編み出している主体であり，それらを結ぶ靱帯ということになる。重要なことは，あるがままの個人が自生的秩序を作り出せるわけでもなく，何らかの制約が個

---

34) *IEO*, pp.59-60.（『個人主義と経済秩序』82-83 頁）

人に課せられるというものである。要素還元主義の要素は，限られた経済民主主義（競争下）にあるモデル化された要素を少しも意味しない。それは，演繹の下で生きた諸個人が描く社会である。ハイエクは経済をあるがままに見たのではなくカタラクシーとして見てきた。ここに緊張がある。

　この緊張を構築の哲学，開放の哲学が解いてきた。構築の哲学，開放の哲学はオーストリア学派経済学にとって不可欠の核となってきた。つまり，経済には個人が作りつつもその調和や秩序に従うという論理が内包されている。いわば，調和と秩序を経験しながらかつそれに従って構築するということから，ある条件がしかれている。ここに経験論哲学と条件に従わねばならないという，超越論的哲学が要請されている。換言すれば，これは，既に述べてきたように経験的なものと超越論的（これまでしばしば先験的）なものが統合されたところに成立する。これは主観の解明である。ここにカント哲学が背景になっていることを読みとることができる。

主観主義 2
　ミーゼスにしてもハイエクにしても経済を全体性における把握の対象とすることを認めなかった。確かに，カント哲学そしてヒューム哲学もキーワードは演繹的構造にあった。われわれは，自生的秩序という社会的かつ包括的全体性に従わなければならない。しかし，それは見えない何かである。その演繹の前提，自生的秩序なる概念は国家でもなく，国家が所有する組織でも

35）　Keyens, J. M. *The Collected Writings* Ⅶ（*The General Theory*）1936, p.20.（『一般理論』21 頁）ケインズは述べている。「交換のないある種のロビンソン・クルーソー経済からの誤った類推によって，われわれが現実に生活している種類の経済に当てはめられたものであったといえるかもしれない。」ケインズは古典派に登場した消費者や労働者は現実の経済人ではないと批判したが，オーストリア学派に登場する個人はさらに広く，認識，道徳そして判断を含めた人間である。

36）　*LLL2*, pp.107-132.（『法と立法と自由Ⅱ』150-183 頁）

37）　この「超越論的」をこれまで経済学者は「先験的」と訳してきた。それまでの哲学者に習ったものであろう。しかし，現代の哲学者が用いている訳は「超越論的」である。したがって，ハイエクの理論においても tranzendental は「超越論的」にした。なぜ「先験的」は誤りか，「先験的」には生得的という意味が含まれるからである。あくまでも後天的なもの，もしくは経験によって根源的に獲得されるという意味でなければならないからである。これを主張したのは九鬼周造（『いきの構造』）である。この「超越論的」と近い言葉にアプリオリ（a priori）があり，これまで先天的と訳されてきた。カントの場合，このアプリオリも生得的を意味しない。その理由からしばしば同義に扱われてきた。

ない。これを誤れば，忌まわしい全体主義や設計主義を導くことなる容易に想像がつく。自生的秩序とは，アーレントが言う，「注視者の前で繰り広げられる光景」に相当し，「言わば注視者の判断のために演じられ」，「全体としての歴史であり，この光景の真の主役は，ある種の『無限』へ向けて『進む世代系列』としての人類である。」そして「この過程には終局がなく，『人類の最終目的は永遠の進歩である』。」[38] この過程をハイエクもまた社会経済の進化と見てきた。そして見えるのは個人である。ミーゼスは言う。

>「思考し行為する存在としての人間は，既に社会的存在として前人類的存在から出現した。理性，言語および協業の進化は，同じ過程の結果であり，これらは，不可分的・必然的に相互関連している。しかし，この過程は個人に起こったのであって，個人の行動の変化として現れたが，個人以外の実体に起こったのではない。個人の行為以外に，社会の実体はない。」[39]

社会や国家という個人を包む共同体が先に存在し，現に存在するのではない。あくまでも個人の存在が何にもまして優先させられねばならないというのである。ミーゼスは国家に実体を認めるのは神政主義的であると論難してきた[40]。神人同性同型説に基づいてしまうことになる。コントやヘーゲルがその道を開いた。シャンド（Shand, A. H.）も述べているように，この点についてミーゼス，ハイエクそしてポパーに何ら相違はない[41]。

しかしながらメンガーとの間には若干の相違も存在する。メンガーは国家にある種の秩序を認めたもののミーゼスやハイエクは認めなかった[42]。勢い個人に焦点が当てられる。演繹的個人は秩序に住む個人である。それは国家を超えた個人である。われわれ個人はあくまでもカントが述べてきたように

---

38) *KPP*, p.58.（『カント政治哲学の講義』89 頁）
39) *HA*, p.43.（『ヒューマン・アクション』66 頁）
40) *HA*, p.151.（『ヒューマン・アクション』174 頁）
41) Shand, A. H., *Free Market Morality : The political economy of the Austrian school*, pp.30-32.（『自由市場の道徳性』44-48 頁）
42) *UMS*, S. 122.（『経済学の方法』117 頁），*LLL3*, p.140.（『法と立法と自由Ⅲ』194 頁）メンガーは国家は自生的なものとしているのに対して，ハイエクは国家に自生的部分が認められるとしても現実には設計的なものになっている，としている。ミーゼスも述べている。国家崇拝はあり得ない，「実力による圧迫の社会的機構である国家は，市場経済の円滑な機能を反社会的個人やギャングの急襲から守る任務をゆだねられている。その機能は不可欠であり有意義であるが，それは補助的機能にすぎない。」*HA*, p.831.（『ヒューマン・アクション』834-835 頁）を見よ。

「普遍的な世界市民的状態（ein allgemeiner weltbürgerlicher Zustand）[43]」としての個人であらねばなるまい。

　ハイエクは述べていた。われわれは為政者の意志を有効に制限し，ただひたすら「一般原理への委託[44]」という要件を追い求めねばならない。このことにおいてヒュームやカントに優る哲学はなかったという。換言すれば，演繹が意味するものは，「一般原理」に従うという一元論の世界である。しかしながら，一元論をつくり出しているのは個人をおいて他にはない。ハイエクの議論は一元論の世界を二元論の場においてしか議論ができないという立場である。あくまでも実体を認めない，超越論的観念論である。ハイエクに含意された哲学は主観を要素とした構築の哲学，カント哲学である。

　ハイエクは言う。「『社会』や『国家』，あるいは何らかの特定社会制度や社会現象のような社会的集合体を，諸個人の行う理解しうる行為よりも，どのような意味においてもより一層客観的であるとする見解はまったくの幻想である[45]。」この点における強調は，ミーゼスが最も鋭い見解を示してきたように思われる，「個人の行為以外に，社会の実体はない[46]」と。「我々は国家や政府，戦争や商業活動，または人間の全体を観察するのではない。我々がこれらの用語のいずれであるにせよ，それを使うときには，我々は常に個々の活動を理解しうる関係によって結び付ける一つの機構に言及しているのである[47]。」まさに「活動を理解しうる関係」の機構を問題としなければならない。この世界は個人をおいてそれ以外に考えられるものは何もない。オーストリア学派の経済学において国家という全体論は否定される。個人だけが残り，その機構が課題となる。

　ハイエクが諸個人と述べるところをミーゼスは個人と述べて強調してきた。諸個人と述べるところにヒューム哲学，社会的視点を感じ，個人と述べるところにカント哲学，主観的視点を感じる。大切なことは，社会的個人は諸個

---

43) *IGA*, S. 28.（『世界市民的見地における普遍史の理念』18-19 頁）
44) *LLL1*, p.6.（『法と立法と自由Ⅰ』13 頁）
45) *IEO*, p.69.（『個人主義と経済秩序』96 頁）
46) *HA*, p.43.（『ヒューマン・アクション』66 頁）ミーゼスは述べている。「国家の構成員を認識することなく国家を認識できた者はだれ 1 人としていない。」
47) *IEO*, p.71.（『個人主義と経済秩序』98 頁）

人に従う個人である。言葉を換えれば，個人は主観でしか有り様がない。しかし，同時に諸個人を受け入れる個人でなければならない。その諸個人を受け入れる機構を社会的に解放的に見出したのがヒュームであり，主観的に制約的に見出したのがカントである。それは超越論的主観であり，アプリオリなものに従う個人である。カント哲学の主観分析を見なければならない。

究極，われわれに必要なことは，それは全体的な個ではなくて普遍的な個とは何かということである。この個物の観察から始めなければならないのである。「コペルニクス的転回」で示されたように，現象のカギはわれわれの側，個物にある。このことにおいては，ヒューム哲学であるよりもカント哲学を採り上げねばならないことは言うまでもない。

自生的秩序を課題とするときに確認しておかねばならない。それは，ハイエクが，設計によらない「成長してなった」制度，「この種の思想に完全なる形態」をもたらしたのはヒュームだけであるとしていることである。自生的秩序を扱うハイエク理論は，一見してカント哲学に距離をおくように見えるが，決してそうではないことはこれまでも明らかにしてきた。しかしながら，グレイ（Gray, J.）を除いて，人々の多くがハイエクはヒュームに依存している，と信じてきた。後になって，ハイエク自身，カントに依存していることを認めた。全体論を廃して真の個人主義を求めるとき，それは経験論であるが故にアプリオリなもののみならず生得的な何かを認めないわけにはいかないからである。ハイエクはこの緊張のまっただ中にいたのである。ハイエクの自生的秩序を理解するのはヒューム哲学のみならずカント哲学を等しく援

---

48) *PPE*, p.108.（『F. A. ハイエク市場・知識・自由』に所収，第5章の「デイヴィッド・ヒュームの法哲学と政治哲学」138頁）

49) Gray, J., *Hayek on Liberty*, Basil Blackwell, 1984, p..（照屋佳男・古賀勝次郎訳『ハイエクの自由論』17-23頁）

50) *HH*, pp.139-140.（『ハイエク，ハイエクを語る』177-178頁）ハイエクは述べている。グレイは『ハイエクの自由論』で「彼（Gray, J.）は私をカント主義者だと解釈しています。私ははじめ『あなたはその影響を誇張している。私はカントを注意深く研究したことはありませんよ』と言おうかと思いました。しかし実際は，多分20歳か21歳のころのもっとも決定的な年齢の時に，アロイス・リールという同時代人のカント主義の作品に夢中になったことがあるのです。…だから当初グレイ（Gray, J.）に，いいえ，それを正当だとするには私はあまりにも少ししかカントを知らない，と言いましたが，その後で，自分が間接的に多くを得たことを認めねばならなくなったのです。」（かっこ内の Gray, J. は筆者）

用していかねばならないことだけは確かである。

主観主義 3

　既に述べてきたように，ハイエクは偉大な哲学者として影響を受けたのはヒュームとカントであると言ってきた。彼らの共通の課題は，既述のように「科学的な宇宙論」つまり自然な調和（秩序）に組み込まれる個物，人間であった。いわば，彼らの哲学は自然調和（秩序）に従う演繹的構造であった。メンガーも同様であった。メンガーは『経済学の方法』の中でバーク（Burke, E.）の文章を引用している。それは自然に従う個人である。

　　「大憲章から権利宣言まで，われわれの祖先からうけ継ぎ，われわれの子孫に伝えられるべき世襲財産としてわれわれの自由を主張することは，わが憲法の不変の政策であった…わたしには政策は深い反省の結果，もっと正確に言えば反省を伴わず，また反省を超えた叡智である自然に従うことの幸運な結果であるように思われる」[51]

バークは自然主義の立場で語っている。「もっと正確に言えば反省を伴わず，また反省を超えた叡智である自然に従う」という自然はヒュームの自然でもある。（既に第 3 章 6 節，133 頁で引用し触れた。）イギリス経験主義は「伝えられるべき世襲財産」としての自然，つまり人間は慣習や黙約を感得してきた。ヒュームもその立場から議論を進めてきた。

　しかし，自然は二つの異なった途を開くこととなる。バークの自然はまたカントにも影響を及ぼしてきた。それは社会における自然から主観における自然である。マクロコスモスからミクロコスモスである。「宇宙論」は主観的なものにも向けられる[52]。自然を人間の内在に求め向けることである[53]。いわば，

---

[51] Burke, E., *Reflections on the French Revolution*, 1790 58ff. *UMS*, S. 202. Anm. 90（『経済学の方法』185 頁注の 90）「反省を伴わず，また反省を超えた叡智」とは，イギリス経験主義はあくまでも社会や非人格的な世界という視点で捉えている。カントの主観主義ならば「深い反省の結果」であること十分理解されるところである。（訳者は全文を丸点をルビとして付けている箇所であるが，筆者はそれをとり「深い反省の結果」にのみ傍点を付けた。）またカントの *EKU*, S. 21.（『判断力批判（下）』262-263 頁）を参照

[52] *KrV*, S. 512.（『純粋理性批判（中）』162 頁）

[53] ハイエクはこのカント哲学の超越論的反省にヒントを得て脳の感覚秩序という神経の宇宙論を展開したと言えないこともない。*KrV*, S. 317., S. 319.（『純粋理性批判（上）』340 頁，341 頁）

「反省を超えた叡智である自然」は主観の分析とその綜合，すなわち，カントのアプリオリなものの示唆を受けるのである。

また，メンガーは多分にバークの影響を受けてか，調和や秩序を「無反省の結果（unreflectirte Ergebnisse）[54]」と言ってきた。しかし，ハイエクはそれを「意図せざる結果（not the result of anybody's designs）[55]」と言い換えて「無反省」という表現を敢えて避けた，と思われる。その理由は…，ハイエクは言う。「社会現象は人間の意識の中で反省されることによってのみ認知され意味をもちうるのである[56]。」認識，道徳そして判断において反省は重要な起点である。確かなことは，ハイエクにおいて反省は必要不可欠なのである。その理由と根拠はカントに求めることができるのではなかろうか。

調和や秩序に向けたカント哲学において，反省は重要な内容をもつのである。カントは反省として「論理的反省」と「超越論的反省」を区別した。もとより，カント哲学においては後者が重要である。カントは物自体を彼岸におき，あくまでも経験それも感性を限定して宇宙（調和や秩序）論を展開する。これが超越論的反省である。まず反省は道徳として述べておかねばならない。ハイエクは言う。

「道徳的な規則の発展はかならず困難をともない，かつ緩慢である。しかし，これらはそれらが貴重であることのしるしとみなすべきである。…すべての道徳的原理と同様，個人的自由はそれ自体一つの価値として，すなわち個々の場合の結果が有益であるか否かにかかわらず，尊敬されねばならない原理として承認されるべきことを要求する。もし，どんな便宜主義的な考慮によっても個人的自由の制限は許されないとするほど強い信念，あるいは仮定としてそれをうけいれるのでないとしたら，われわれの望む結果は達成されないであろう[57]。」

言えることは，個人がもたねばならない道徳的信念の堅持と主張であることは明らかである。同時に，ハイエクにとっての個人はどこか非人格的な社会に委せる受動的なニュアンスが感じられることも確かである。すなわち，そ

---

54) *UMS*, S. 153.（『経済学の方法』142 頁）
55) *CRS*, p.69.（『科学による反革命』44 頁）
56) *CRS*, p.58.（『科学による反革命』34 頁）
57) *CL*, p.68.（『自由の条件Ⅰ』100-101 頁）

れは「かつ緩慢である」という表現に現れている。そして，時としてハイエクは誤解されかねない発言をする。「自由な社会は，個人がある程度共通の価値に従うときにのみ，うまく機能するという事実があるために，多分，哲学者たちは時に自由を定義して道徳的な規則と一致する行動としたのであろう。しかし，この自由の定義はわれわれの考えている自由の否定である。道徳的な功績の条件である行動の自由は，悪を行う自由を含む。すなわち，われわれが人を称賛，あるいは非難するのは，人が選択の機会をもっているときのみであって，ある規則の遵守が強制されるのではなく，単に義務として課せられている場合のみである[58]。」しかし，道徳において消極的個人が前提にされる，と理解したならそれが間違いである。ハイエクが強調するところは，消極的選択において果敢でなければならないのである。それには自由としての環境が不可欠なのである。自由の強調は反省する主観の場の強調なのである。

　確かなことは，「道徳的な意見が制度を創出するように，制度も道徳的な意見を創出する[59]」ことである，つまり個人の道徳と制度が相乗効果になり得る。しかし，その原初はあくまでも個人の道徳的意見であることは間違いない。つまり，原初とは制度を受け入れる個人であり，そのためには謙虚さと反省である。ハイエクに反省という言葉を多く見つけることはできないが，自生的秩序に含意されていることは間違いない。

　道徳は個人が善し悪しの選択をなし得る自由の環境と個人がもつ生得的な義務によって支えられる。グレガーも述べている。「倫理上の義務という原理[60]…それ自体義務の新しい原理ではない。…それはただ道徳的によい選択をする原理でしかない[61]。」道徳は，いわば選択がなされ得る環境と義務が整わねばならない。カントが捉えていた感性界におかれる人間，叡智界にもおかれている人間という二重構造の結果である。前者は社会もしくは環境，後者は自発的な正しい義務と言うことができよう。

---

58) *CL*, p.79.（『自由の条件Ⅰ』117 頁）
59) *LLL3*, p.170.（『法と立法と自由Ⅲ』236 頁）
60) *KpV*, S.54.（『実践理性批判』72 頁）「汝は自らの格率を通して与えられた普遍的法として汝自身を見なすことができるよう行為す…」。
61) Gregor, M. J. *Laws of Freedom - A study of Kant's Method of Applying the Categorical Imperative in the Metaphysik der Sitten-*, Oxford Basil Blackwell, 1963. p.83.

しかし，それでもなおどこかハイエクはヒューム的でもある。ハイエクは言う。「自然現象と社会現象との中間にある人間の地位は，人は自然現象の結果であり，社会現象の原因である[62]。」と。それは人間が自然と社会におかれるからである。このような構造はハイエクがヒューム哲学のみで強調されていると見がちである。「宇宙論」の想像において，ヒュームは「主体が〈自然〉に従う」と理解したのに対して，カントは「〈自然〉が人間の超越論的諸原理に従う[63]」と理解した。前者が自然に基づく演繹に対して，後者は演繹と超越論的なものに基づく演繹，という相違である。そうであるがゆえに，前者が社会や非人格の世界を強調するのに対して，後者は主観（内省や内観）の世界を強調してきた。この超越論的諸原理に反省としての道徳が位置していることは言うまでもない。

主観主義4

反省はまた反省概念と反省的判断力として述べておかねばならない。カントは「認識は概念を必用とする。」と言うし，ハイエクもまた，諸要素を形作るものは「個人によって抱かれる概念なり見解なのである[64]」と言う。確かに概念に包摂され，概念に基づき認識は成立する。そして，「概念は，その形式から言えば常に何か一般的なものである。…そしてこの一般的なものが規則として役立つのである。…この概念によって考えられる多様なものの統一に従って，外的現象に関する我々の認識に規則として役立つわけである[65]。」つま

---

62) *IEO*, p.126.（『個人主義と経済秩序』172頁）
63) ヒュームとカントの演繹の前提，つまり到達目標は同じであるという見解は，ドゥルーズの『ヒュームあるいは人間的自然-経験論と主体性-』に見られる。*ES*, pp.10-12.（同書25-26頁）ドゥルーズはヒュームにもカントと同様な主体性を見ている。「ヒューム哲学の問題は〈いかにして精神は自然になるのか〉ということだ，と指摘したにすぎない。しかし，なぜヒューム哲学の問題はそういうことであるのか。別の場面においてすべてをやり直す必要がある。ヒュームの問題はもっぱら事実に関わっている。つまり，その問題は経験的なのである。事実ニ関スル問題〔事実問題〕を提供しよう。認識という事実〔行為 fait〕とはどのようなことか。超越ないしは超出がそれである。つまり，私は私が知っている以上のことを断言し，私の判断は観念を超出するのである。換言すれば，私は主体なのである。」さらに，訳者はこの文章に注（☆19）を付け次のように述べている。「ヒューム哲学とは，カント哲学と同じく，感官の哲学ではなく想像力の哲学である。ただし，カントと異なる点は想像力において，〈自然〉が人間の超越論的諸原理に従うのではなくて，主体が〈自然〉に従う，ということになる。」（同書272頁）
64) *CRS*, p.65.（『科学による反革命』43頁）

り，経験的概念には感性という認識能力と結びつけられその権利と限界が決められて認識が成立する。いわば，認識もまた一つの演繹である。純粋悟性概念も同様にその演繹によって権能の範囲を指定していた。つまり，認識は統一という構成と統制という二つの機能の下になされている。さらに対象と他の対象との比較が議論される。

カントは言う。「反省（Ueberlegung；reflexio）は，対象に関する概念を直接に得るために対象そのものを考察するのではなくて，心意識の状態である，―換言すれば，我々が概念を得るための主観的条件を発見しようとして，まずその心構えをする状態である。反省は，与えられた表象が我々の二つの相異なる認識源泉〔感性と悟性〕に対するそれぞれの関係意識である。」と。カントは，反省は概念と言うよりも理性（ratio）が本来もつ知性（intellectus）からの離反という性格を確認しているのである。認識に必要なのは対象と自我との関係という論理的関係ではなく，表象や概念が感性に属するのか，カテゴリーに属するのかという認識それ自体の反省にあるとする。ハイエクも「意識的な経験は…特定の経験のなかでは起こっていない他の事象との関係なのである。」と言う。カントはこれを超越論的反省と言って，その機能を同一と相違，一致と反対，内的なものと外的なもの，規定されるものと規定するものの四つに分けている。こうして見ると，ハイエクの『感覚秩序』は反省概念の中にあると言える。

ただ，こうした認識における構成的な機能が高次の概念に，つまり判断へ持ち越されることへの危惧が叫ばれる。そして，その構成的な機能は全体論を含まずにはおかなかった。カントは言う。「学的体系の理性概念は，目的と

---

65) *KrV*, S. A106.（『純粋理性批判（下）』154-155 頁）
66) *KrV*, S. 316.（『純粋理性批判（上）』339 頁）
67) 「概念そのものから単なる比較によって直ちに決定できることではなくて，これらの物の属する認識の仕方を判別することによって，即ち超越論的反省を用いて初めて決定せられ得るのである。それだから論理的反省は，単なる比較にとどまると言ってよい。論理的反省にあっては，与えられた表象の属する認識能力はまったく度外視され，従って表象が心意識において発生したものである限り，すべて一様に取り扱われるのである。これに反して超越論的反省（これは対象そのものに関する）は，表象相互の客観的比較を可能ならしめる根拠を含むものであり，論理的反省とは甚だしく異なるのである。」*KrV*, S. 318f.（『純粋理性批判（上）』341 頁）を見よ。
68) *SO*, pp.167-168. 8・11（『感覚秩序』189 頁 8・11）
69) *KrV*, S. 317.（『純粋理性批判（上）』340 頁）

この目的に対する全体との形式を含むことになる。そこで目的による統一には，全体を構成する一切の部分が関係し，また一切の部分は目的の理念において互いに関係し合うのである。[70]」理性概念（理念）における課題は明らかである。それは全体論と目的合理主義である。カントは言う。「理念（美学的理念）は認識になり得ない，この理念は（構想力の）直観であり，この直観に完全に対応する概念は決して見出され得ない…。この理念は（超感性的なものの）概念を含むが，しかしかかる概念に適合するような直観は決して与えられ得ないからである。[71]」（かっこ内引用者）理念は直観で進められず概念が与えられない。いわば，個人による理念の構成は不可能である。これが設計主義や計画主義に対する論難の理由である。そして，反省的判断力は「自然法則を指定するのではなく，…自分自身に法則を指定する。[72]」と言われる。いわば主観は常に制約の対象である。この全体論，設計主義や計画主義への批判根拠がまさにカントの反省概念そして反省的判断力にあると言えるのではなかろうか。カントの言説をハイエクは確かに背負っている。

　ハイエクは述べている。「理論は全体に先立っており，全体は，部分を結合する関係の体系を追求する以外，見えようがないのである。[73]」したがって，自生的秩序の「構造は，ある図式的表現によって，あるいは絶えず変化する要素間の関係の一貫した体系にかんする『理論』によってのみ記述されうるのである。[74]」（傍点引用者）もとよりこのような記述が与えられたとしても，自生的秩序もまた設計主義や計画主義の危険にさらされている。それはわれわれの思惟にはなおも不完全な部分があるからである。それを避けるのがハイエクが援用している図式，すなわちカントの超越論的図式論である。図式とは概念に形象を与える構想力の綜合の規則であり，「直観ではなく感性の規定における統一にほかならない[75]」のである。しかし，理性概念（理念）はこの経緯を伴わない。すなわち「純粋理性の諸原理は経験的概念に関して決して構

---

70) *KrV*, S. 860.（『純粋理性批判（下）』122頁）
71) *KU*, S. 240.（『判断力批判（上）』318頁）
72) *KU*, S. XXXVII.（『判断力批判（上）』47頁）
73) *CRS*, p.125.（『科学による反革命』95頁）
74) *CRS*, p.124.（『科学による反革命』94-95頁）
75) *KrV*, S. 179.（『純粋理性批判（上）』217頁）

成的ではあり得ない。…これに対応する感性的図式が与えら得ないし，従ってまたこれらの原理は，具体的対象を持ち得ない…。」ハイエクはカントの図式論を踏んでいる。

ハイエクはしばしばマックス・ウェーバーをロマン主義者として論難してきた。つまり，ウェーバーの理論には自生を含まず理念化であったからである。ウェーバーの理論にはハイエクが避けてきた「…すべき」を含んでいたし，目的合理的に導かれ，神人同性同型説に陥った，と言う。ハイエクが常に強調してきたことは，秩序（調和）は全体論として議論ができず，さりとて特定の望ましい結果を含ませることもできず，あくまでも一般的価値でしかない，ということであった。実証主義者や社会主義者はこの過ちを侵してきたと言う。同様に，ウェーバーのような社会学者ですらこの過ちの中にあった，とハイエクは批判する。

ハイエクがこれらの反省概念そして反省的判断力を踏まえていることは明らかである。ハイエクは言う。

「社会を構成している個々人の行為は，感覚的性質と概念の体系に基づく事物や事象の分類に従っており，この体系は共通の構造をもっていて，われわれもまた人間であるが故にこの体系を知っているという事実，そしてさまざまな個人がもっている具体的知識は重要な点で相違するだろうという事実がそれである。外部の対象に対する人間の働きかけばかりでなく人びとの間のあらゆる関係そしてあらゆる社会制度もまた，それらについて人びとが考えていることによってのみ理解できるのである。知られているように，社会は言うならば，人びとが抱いている概念とか観念によって作り上げられている。そして社会現象は人間の意識の中で反省されることによってのみ認知され，意味をもちうるのである。」（傍点引用者）

---

76) *KrV*, S. 692.（『純粋理性批判（中）』324 頁）
77) *CRS*, p.384.（『科学による反革命』339 頁）
78) *LLL1*, p.58.（『法と立法と自由Ⅰ』77 頁）*LLL2*, p.170. note 50.（『法と立法と自由Ⅱ』232-233 頁注の (50)）で，ハイエクは次のようにウェーバーを批判する。「秩序は彼（ウェーバー）にとっては組織としてのみ存在し，自生的秩序の存在は一切問題とはならない。ほとんどの実証主義者とか社会主義者と同様に，彼は，この点については神人同性同型論的に考えているのであり，秩序をタクシスとしてしか知らずコスモスとしては知らないので，社会の科学にとっての純粋に理論的な問題への接近を自ら閉ざしている。」（かっこ内引用者）

傍点の文章部分はカントの経験的概念，反省概念そして反省的判断力が含意されている文章であることは説明するまでもないところである。

しかし，この点に関してカントも誤解されるところにいたのではなかろうか。それはドイツ観念論者を生み出したからである。カントは言う。「超越論的理念は決して構成的に使用されぬ，…ところが超越論的理念は，統制的にも使用されるのである。この統制的使用は，悟性をある目標に向かわせるに必須の，かつすぐれた使用である。」[80] しかし，注意しなければならないことは，理念は「可能的限界のそとに」[81] あることになる。[82] 所詮体系も主観に依存する。大切なことは，主観が体系を自覚して人々に委ねることである。カントは言う。「理念は現実的な物の概念と取り違えられるとその適用において超越的となる。従ってごまかしになることがあり得る。」[83] こうして，ハイエクの意識は反省概念から反省的判断力への途を歩んでいる。それらはともに主観に内在したアプリオリなものである。

3　演繹と概念

これまでオーストリア学派経済学は，演繹の構造の中にあると言われてきた。しかし，その構造そのものがよく説明されてこなかった。その構造は自生的秩序と個人とで編み出されるものである。自生的秩序に従う個人と言っても，自生的秩序と個人の間の靭帯が説明されなかった。しかし，自生的秩

---

79)　*CRS*, pp.57-58.（『科学による反革命』33-34頁）
80)　*KrV*, S. 672.（『純粋理性批判（中）』307頁）
81)　*KrV*, S. 672.（『純粋理性批判（中）』307頁）
82)　しかしながら，カントの理念には，「悟性概念に最大の拡張と最大の統一とを同時に与えるのである。ところがここから錯覚が出じるのである，つまり方向を指示するこれらの線が，あたかも経験的に可能な対象そのものの領域外にある対象から発出したかのような錯覚である（これは対象が鏡面の背後に実在するかのように見えるのと同じ理屈である）。…換言すれば，この場合のように我々が悟性を，およそ与えられた経験を越え，従って可能な限り最大でかつ極度の拡張に適応させようとすると，どうしても生ぜざるを得ないものなのである。」(*KrV*, S. 672.『純粋理性批判（中）』307頁）と述べているように，ドイツ観念論に道を開く言説が垣間見られるのである。ヘーゲルを批判するハイエクがカントを全面に打ち出して理論を進められない理由はこのようなところにあるのではなかろうか。
83)　*KrV*, S. 671.（『純粋理性批判（中）』305-306頁）

序は「意図せざる結果」としても人間がつくり出したものである。何らかの靭帯が説明されなくてはならなかった。つまりカント哲学によれば，超越論的な諸規則（アプリオリな原則）[84]が明らかにされねばならなかった。そこでこそはじめて演繹の構造が解き明かされるというものである。その超越論的規則が演繹の哲学を構成しカント哲学であった。その演繹を纏めるものが概念である。概念は物事をより普遍的に述べねばならずそのための一般観念であるからである。つまり，それには主観が編み出す超越論的な諸規則が必要である。カントの概念はその諸規則を含めて概念を展開する。それは，より普遍的かつ一般性をもたねばならないが故に演繹の構造を支える骨格であるからである。同時にハイエクの理論つまり自生的秩序（いわゆる概念）を扱う場合その体系の構築が問題になる。そのためには概念がどのように構成されるのであろうか。[85]それが分かれば，ハイエクの自生的秩序の説明，すなわち演繹の構造の説明がつくというものである。

カント哲学における概念は，1 純粋悟性概念（カテゴリー），2 経験的概念，3 反省概念，4 物自体としての概念である。3 反省概念については既に前章の「主観主義4」で触れてきたので，それ以外を述べることにする。

(1) 純粋悟性概念（カテゴリー）

われわれが対象を見た場合まず感性が受け止め表象を得る。このとき感性は時間と空間におかれ表象を得る。表象は悟性で受け止められ思惟が発生する。表象は対象から得た経験的所与である。そこではじめて対象から触発される。感性が受動的であるのに対して，悟性は自発的であるという。認識は受動から能動へと推移する。ここで認識や叙述のための普遍的形式が問題になる，すなわち，表象は一般化のために何らかの制約を受ける。

悟性を確認しておこう。カントは，悟性は認識の能力である[86]，現象を統一する能力である[87]，対象を概念に包摂するという役割がある[88]，さらに悟性は概念の能力であり[89]，構想力と綜合力とも言い換えられる[90]，さらに判断の能力で

---

84) *PM*, S. 305f. § 23（『プロレゴメナ』114 頁第 23 節）
85) *KrV*, S. 860f.（『純粋理性批判（下）』122-127 頁）
86) *KrV*, S. 137.（『純粋理性批判（上）』180 頁）
87) *KrV*, S. 359.（『純粋理性批判（中）』20 頁）

ある[91]、と述べている。広義の悟性を見て分かることは、「概念は対象によって概念に与えられた直観即ち認識の質を結合してこれに秩序を与える作用である[92]」と。概念は秩序づけられることで、一般性をもつことになる。この悟性の能力は演繹以外の何ものでもない。

これに対して、カテゴリーは純粋悟性概念と言われる以上、狭義の悟性であり認識に用いられる。時間と空間が直観の形式なのに対して、カテゴリーは判断や思惟の形式である。まず「純粋」とはアプリオリであり、「悟性概念」とは対象を悟性を通して概念として纏めることを意味し、構想力と綜合力を含意している。大切なことは、まず一義的に、認識において既にある概念を設定してその概念に包摂される演繹を意味している。これら悟性はともに演繹を支えている。ミーゼスの端的な言明「推理は必然的に演繹である[93]。」が裏づけられよう。

ここでカテゴリーと図式—ハイエクに散見される図式—との関係を述べておこう[94]。図式とは描かれる対象ではなく、純粋悟性の機能のことであり図式論である[95]。認識には調整が生じるので敢えてカントは図式と述べたようである。悟性つまりカテゴリー群は相互に機能（Funktion）して対象を図式化する[96]。換言すれば、感性と悟性から時間と空間を捨象して細部のカテゴリーによって形象（Bild）が生起する。それが図式の役割である[97]。そして、その図式化は構想力のなす技、すなわち超越論的綜合であった。

結果として二義的に、対象の客観性やそれにおける科学性を得ているのである。したがって『純粋理性批判』は自然科学の妥当性の根拠を追求してい

---

88) *KrV*, S. 109.（『純粋理性批判（上）』156 頁）「アプリオリな概念に基づく一個の学の全体的設計を完全に仕上げ、この学を一定の原理に従って数学的に区分するためには、この表が哲学の理論的部分においてきわめて有用であり、…欠くことができないものである…」
89) *KrV*, S. 199.（『純粋理性批判（上）』234 頁）
90) *KrV*, S. 135.（『純粋理性批判（上）』177 頁）
91) *KrV*, S. 94.（『純粋理性批判（上）』142 頁）
92) *KrV*, S. 145.（『純粋理性批判（上）』187-188 頁）
93) *UFE*, p.21.（『経済科学の根底』26 頁）
94) ハイエクの図式はカントからの援用であることは明らかである。まさにカントの言説に連動している。ここに超越論的演繹が成立する。*CRC*, p.72., p.124.（『科学による反革命』47 頁、94 頁）、*LLL1*, p.63.（『法と立法と自由Ⅰ』84 頁）
95) *KrV*, S. 179.（『純粋理性批判（上）』216-217 頁）

ることになる。概念に包摂されることによって真偽への途が備えられるという意味である。もとより，概念に基づく真偽は認識のみならず道徳そして判断はまで及んでいる。演繹はいわばカント哲学の核である，ということが分かる。演繹はカント哲学の理解で欠かせない構造である。この概念論がメンガーからハイエクへ流れている。

　つまり，対象からの情報をメタ・レベルの機能（悟性）として読み替えて真偽を規定し結果的に客観化を図っている。この客観化そして綜合化はカテゴリーという概念である。すなわち，対象をカテゴリーに基づいて整理するという機能，それが演繹であり認識の構造なのである。認識は概念論と言うことができよう。

　カントは，感性から得た情報をカテゴリーに掛けて認識を進めるという。そのカテゴリーとして判断表を提示する。まず「量」「質」「関係」「様相」の4つの項目に区分される。それぞれが，さらに分かれて3つの契機を含んでいる。[98]

　しかしながら，このカントのカテゴリー（判断表）が絶対的なものかどうかということである。認識や判断に係わる図式，構想力すべてが問われ続けなければならないのではないか。このカテゴリーに基づく認識が絶えず経験を積み重ねて進むということであった。その意味で哲学的反省が常に要請されることである。これに対して，カントは「この表示は適切である。」[99]といとも簡単に言っている。果たしてそうであろうか。認識が物自体とは別にわれわれの側に任されているということは，われわれの有限を意味し，真理に向け途上を歩んでいるということである。そのことは，認識は常に問い続けなければならない運命にあることを意味する。同時にカテゴリー自身もまた問

---

[96] *KrV*, S. 93.（『純粋理性批判（上）』141頁），ハイエクも「機能」について述べている。その箇所は以下の通り。*LLL1*, p.28.（『法と立法と自由Ⅰ』40頁）「これ（機能）は，生物学的有機体や自生的社会秩序のなかにも見出される自己維持構造の論議には，ほとんど欠かせない用語である。そのような機能は，その行為の資する意図が何であるかを知る行為部分をもたなくとも，遂行されるであろう。」（かっこ内筆者），*LLL1*, p.39.（『法と立法と自由Ⅰ』53頁）も合わせ見よ。図式については，*LLL1*, p.63.（『法と立法と自由Ⅰ』84頁），*CR*, p.124.（『科学による反革命』94頁），*NPP*, p.253.（『F. A. ハイエク市場・知識・自由』に所収 医学博士バーナード・マンデヴィル』107頁）を見よ。

[97] *KrV*, S. 181.（『純粋理性批判（上）』218頁）「形象は産出的構想力の経験的能力による所産である。」

われ続けなければならないのである。カントが自ら述べるように,「経験一般を可能ならしめる条件は,同時に経験の対象を可能ならしめる条件」である。[100]

この点については,ハイエクの言説は『感覚秩序』において明らかにされている[101]。まず,カテゴリー間の相互の組み合わせも変幻自在である。かつ既存のカテゴリーと言えども消滅と再生に晒されている[102]。カテゴリーは決して固定的ではない。認識を哲学の問題ではなく,心理学の問題として試みたハイエクの意図は,このカテゴリーの再生産の過程を読み取る必要があったと思われる。なぜなら,絶えず感覚に晒されることを前提とする心理学の方が実態に即して認識と判断の構造を理論的に再現できると考えたのではないか[103]。

---

98) *KrV*, S. 95., S. 107.（『純粋理性批判（上）』143-144 頁 152-153 頁）
　　　判断表（論理的機能とカテゴリー表を合わせて作成したもの）

```
           ┌─ 全称的（単一性）
   1 分量 ├─ 特称的（数多性）
           └─ 単称的（総体性）
           ┌─ 肯定的（実在性）
   2 性質 ├─ 否定的（否定性）
           └─ 無限的（制限性）
           ┌─ 定言的（付属性と自存性）
   3 関係 ├─ 仮言的（原因性と依存性-原因と結果-）
           └─ 選言的（相互性-能動者と受動者との間の相互作用-）
           ┌─ 蓋然的（可能-不可能）
   4 様相 ├─ 実然的（現実的存在-非存在）
           └─ 必然的（必然性-偶然性）
```

カントはこの表について「カテゴリーの数が完全に揃っているという確信をもつことはできないだろう。」と述べている。この辺にハイエクがカテゴリーに囚われることなく抽象に移行した理由があろう。

99) *KrV*, S. 95.（『純粋理性批判（上）』143 頁）
100) *KrV*, S. 197.（『純粋理性批判（上）』233 頁）
101) 経済学者・ハイエクが敢えて心理学の分野・『感覚秩序』を書いたのは,秩序,概念的思考という演繹的構造を脳の働きに踏み込んで理論的に解明したかったのである（*SO*, pp.50-52.『感覚秩序』61-63 頁）。いわば,ヒュームやカントの認識や判断を理論的機能として生理的,物理的に裏づけたかったのである。経済における調和（秩序）に従う個人,つまり演繹的構造の小宇宙を脳の認識構造に見ている。その図式の原画を脳の生理的かつ物理的構造に見ているのである。
102) *SO*, p.173.（『感覚秩序』195 頁）ハイエクは言う。「科学の課題は,この客観的な秩序をさらに厳密に再現するよう努めることである。それは,事象の感覚的な秩序を新たな別の分類に置き換えることによって,はじめて可能になる。」*SO*, pp.181-182., 8・54（『感覚秩序』203-204 頁の 8・54）,*SO*, pp.107-108., 5・19（『感覚秩序』126 頁の 5・19）も見よ。
103) *SO*, pp.7-8., 1・12（『感覚秩序』16 頁の 1・12）ハイエクは述べている。「心理学は,近代物理学によって示された物理学的世界を認め,感覚的な質の秩序として慣れている仕方で物理的事象を分類する過程を再構成しようとしなければならないことを意味する。」もちろん,この点についてハイエクはマッハの影響を受けている。*SO*, p.143., 6・37（『感覚秩序』164 頁の 6・37）

こうして，ハイエクは，後に言及するように抽象の優位を唱えてカテゴリーとの係わりにおいて新たな途を開いている。これら一連の演繹的構造はハイエクのライフワークであったことは確かである。しかしながら，これについてもヒュームの抽象観念やカントの一般観念を見る必要がある。それは次の経験的概念で明らかになる。

かくして，オーストリア経済学が演繹である言われるが，カント哲学の演繹，すなわち以上のような概念に要した超越論的な諸規則の制約におかれていることによって解かれるであろう。

(2) 経験的概念

次に経験的概念に進もう。これはハイエクの自生的秩序の理解に最も必要な基本的な概念である[104]。経験からどのようにして高次の概念（自生的秩序）に進むか，そのプロセスが経験的概念である。カント哲学に置き換えれば，われわれは複数の対象から得られる情報を基にしてどのようにして概念的普遍性に進むか，ということである。認識にまつわるカテゴリーと相違して，様々な経験的素材つまり直観からどのようにして共通の表徴（観念）が得られるかである。ハイエクもまた『感覚秩序』において高次の概念へどのようにして上り詰めていくのかを問うたが，ハイエクの感覚，共感覚はカントの表徴[105]，共通の表徴にそれぞれ相当するように思われる。共通の表徴から概念へ，それらは高次の秩序概念への一里塚である。同時に，ハイエクの「抽象の第一義性」[106]は，高次の秩序に向けて新たな改善を施し連続して機能することになる。これはハイエク理論においてきわめて重要である[107]。

これは，既述のようにヒューム哲学にその中心を移した方がよいのかもし

---

104) ハイエクは自生的秩序以外に「社会的正義」を経験的概念としている。「『社会的正義』は，『社会的規範』の意味での『社会的』ではない。それは，社会的は進化の行程で個人的行為の実践として発展してきたもの，つまり社会または社会過程の産物ではなく，社会に付与される一つの概念なのである。それは『社会的』の全体社会への言及であったし，その構成員全員の利益への言及であった。そして，そのために，それは漸次的道徳的是認の支配的な意味を得るに至った。」（傍点筆者），LLL2, pp.78-79.（『法と立法と自由Ⅱ』113頁）を見よ。
105) SO, p.161. 7・48（『感覚秩序』182-183頁 7・48）
106) NPP, pp.35-49.（『還元主義を超えて』に所収，10章，吉岡佳子訳「抽象の第一義性」421-448頁）

れない。それほどカントと共有されている概念である。イギリス経験主義において「抽象観念(一般観念)」として解明されてきたからである。カントもその出所と言えば，このイギリス経験主義の「一般観念」から引いていることは明らかである。カントもヒュームと同様にロックの普遍抽象説を批判し，バークリーの普遍代表説を支持してきたからである。この議論の淵源は，後に詳述するように個物主義(「存在するものはすべて個物である。」)にある。ただ，カントの説明はヒュームに比較して概念に向けた肉づけとして説明するにとどまる。

この経験的概念論については，カントの弟子であるイェッシェ (Jäsche, G. B.) が編じた『論理学』(「イェッシェ論理学」)の第6節に言及されている。ハイエクはこれを読んでいたように思われる。なぜなら，ハイエクの自生的秩序がこの経験的概念でうまく説明できるからである。

『論理学』における概念の生成過程は，1 比較，2 反省，3 抽象の3つの契機からなっている。概念の統一の根拠としてまず意識の統一が考えられる。対象は比較に掛けられる。諸表象が相互に比較されて共通な表徴が感得される。これを踏まえて次にどのような「一なる意識」が把握されるのかを反省によって獲得する。この時，表徴間で要らないものを棄却するという方法，換言すれば一つの概念に向け他を棄てて進むという形態をとる。つまり比較

---

107) *LLL1*, p.30.(『法と立法と自由Ⅰ』42 頁)「現実的に，それ(抽象)は人間の意識的思考にのぼった言語で表現されるずっと以前から行為を決定する前過程がもっていた特徴である，という事実と関係がある。状況のあるタイプが個人の内部にある一定の反応のパターンに向かう性癖を呼び起こすときには必ず，『抽象』と表現されるある基本的関係が存在する。特定の刺激が特定の反応を直接引き起こすのではなく，一定の組や群をなす刺激が行為の組に向かう一定の性癖を形成することを可能にし，そのような多くの性癖の重ね合わせだけがその結果起きるであろう特定の行為を特定化するという事実から，中枢神経システムに特有の能力が構成されていることは疑うべくもない。他の場所でも使っているこの『抽象性の優位』は，本書全体(『法と立法と自由』)を通じて想定されている。」(かっこ内引用者)
108) *THN*, p.17.(『人間本性論』29 頁)
109) 個物主義は，同時に「真に普遍的なものはいかなる意味においても(現実の存在者としても，現実の観念としても)存在しない」という主張である。これは唯名論に入る。*THN*, p.17.(『人間本性論』29 頁)，および同訳書にしたためられている木曽好能の『解説』451 頁を見よ。
110) ヒュームの抽象の説明は個物主義を擁護，補強する説明であった。木曽好能の『解説』452 頁を見よ。
111) *Immanuel Kant's Logik : Ein Handbuch zu Vorlesungen*, Herausgegeben von Gottlob Benjamin Jaesche, Königsberg, Friedrich Nicolovius, 1800. (カント全集 17・湯浅正彦・井上義彦訳『イェッシェ論理学』の「凡例」ⅲ頁)

や反省と有機的に結びつき共通しない表徴を棄てるという形で進む。その意味で抽象というよりも捨象である。つまり，抽象ではなく捨象で展開される。それは棄却であり，ある意味では経験の一部を棄てることを意味する。もとより，それも経験無くしては成立しない。

すなわち1比較，2反省，3抽象（捨象）の段階は演繹パターンの説明なのである。これは後に詳述するように，ヒュームやカントが既に気づいていたバークリーの普遍代表説を継承している結果に他ならない。つまり，概念の抽象性とは具体性とにおいて概念そのものではなく，捨象という能動的機能の結果を意味している。いわば概念に向けて機能している，言葉を換えれば内省であり演繹を意味している。カントは，これを結果よりもその使用（Gebrauch）に意味があると述べている[112]。ハイエクが心理学と哲学の狭間を行く『感覚秩序』を上梓した理由はこの「使用」の科学的解明にあった，と思われる。いわば経験的心理学を脳の機能に分け入って一歩理論的に解明することであった。

人間は，そもそも生得的に脳の機能の中に対象を実体としてではなく概念で捉えるという，機能を兼ね備えている[113]。いわば，バークリーの普遍代表説にあるように，抽象として引き出すのではなく，不必要ものを棄てるという機能をもっていた。これは演繹という機能の一部である。概念という認識秩序から高次への展開，社会秩序が普遍代表説で既に用意されていた。換言すれば，個人のもつ概念から社会的な概念へ，移行展開の媒介システムの説明である。そして，そのプロセスは，ハイエクの自生的秩序の環境を理解するに必要不可欠だからである。つまり経験的に社会的概念が培われていく仕組みである。カントの講義内容に従ったイエッシェは次のように述べている。少々長い文章であるが引用する。

「概念をその形式からみて産出する論理的な悟性作用は，以下のものである。
(1) 比較，すなわち，意識の統一への関係のうちで諸表象を相互に比較すること。
(2) 反省，すなわち，さまざまな表象が一つの意識のうちで把握されうるに

---

112) *Ibid.*, S. 91.（『イエッシェ論理学』124 頁）
113) その意味でカント哲学は経験的心理学であると同時に合理的心理学に足を踏み入れている。

はいかにしてかを反省すること。そして最後に,
(3) 抽象〔捨象〕,換言すれば,与えられた諸表象が相互に区別されるようにする,その他のことすべてを分離すること。」
「注1 かくしてひとは表象から概念を作るためには,比較し,反省し,かつ抽象〔捨象〕することができねばならない。というのは,悟性のこうした3つの論理的な操作とは,あらゆる概念一般の産出にとって本質的で一般的な条件だからだ。私がたとえば一本のトウと,一本の柳,ならびに一本の菩提樹を見るとする。私はまず第一に,そうした対象を相互に比較することによって,幹,枝,葉,などからみて相互に区別されることに気づく。さて次に私は,そうした対象が相互に共通にもっているもの,すなわち幹,枝,葉そのものだけを反省し,それらの大きさや形〔の差異〕などから抽象する〔そうした差異を捨象する〕。かくして私は,木の概念を獲得するわけである。
2　ひとは論理学において,抽象〔捨象〕という表現を必ずしも正しく使用していない。われわれは,あるものを抽象する Etwas abstrahieren (abstrahere aliquid) と言ってはならないのであり,あるものから抽象する〔あるものを捨象する〕von Etwas abstrahieren (abstrahere ab aliquo) といわねばならないのだ。私が,たとえば緋色の布において赤い色だけを考えるならば,その布から抽象している〔その布から捨象している〕のである。私がまたこの緋色からも抽象している〔この緋色も捨象して〕緋を物質的な素材一般として考えるならば,さらに一層多くの規定から抽象する〔その規定を捨象する〕ことになる。そして私の概念は,これによって一層抽象的になったのである。というのは,ある概念から取り除かれた諸物の間の区別が多いほど,換言すれば,その概念においてそれから抽象された〔捨象された〕規定が多いほど,その概念はそれだけ一層抽象的だからである。だからひとは本来,抽象する〔捨象する〕概念 (conceptus abstrahentes),すなわち幾つかの抽象〔捨象〕が行われた概念と呼ぶべきであろう。だから,たとえば物体の概念は,本来は抽象的概念ではない。というのも,私は物体そのものから抽象する〔物体そのものを捨象する〕ことなどできないからだ。さもないと,私は物体についての概念をもたないことになるだろう。だが私はたしかに大きさ,色,硬さないし流動性,要するに特殊な物体に具わるすべての特殊な諸規定から抽象し〔そうした諸規定を捨象し〕なければならない。最も抽象的な概

念とは，それと異なる概念とはなんの共通なものももたないような概念である。それはあるもの Etwas についての概念である。というのは，あるものと異なるものとは無Nichtsであって，だからあるものとは共通ななにものももたないからである。
　3　抽象〔捨象〕とは，一般妥当的な表象が産出されうるための消極的な条件にすぎない。積極的な条件とは，比較と反省である。というのも，抽象する〔捨象する〕ことによっては，いかなる概念も生じはしないからだ。抽象〔捨象〕は概念を完結させるだけであって，概念をその一定の限界のうちへと囲い込むのである。」[114]

　概念は二つの心の実践，機能によって決められている。トウヒ，柳，菩提樹を見て木の概念が培われることを考えてみよう。一方でこれら樹木についての差異を棄てるということ，もう一方では残された共通性を得ることである。この場合，抽象（捨象）とは拾うことと棄てることが同一のことがらであると理解してはならない，とカントは言う。厳密に言えば「あるものから捨象すると言わねばならない」のである。なぜなら，トウヒ，柳，菩提樹という具体的な樹木の提示から差異は確実に獲得でき棄てることはできるが，残された樹木の概念には加えるべき何かが隠されていると考えねばならないからである。第一批判で述べたように，「経験は，何が存在するかを我々に告げはするが，しかしそのものが必然的にかくあり，それ以外であってはならない，ということを告げるものではない。」[115] したがって個人に要請されることは積極的に「棄てる」ことである。これは経験を超えている。そしてカントには（ヒュームの習慣が支える抽象観念）アプリオリが用意されている。それが抽象（捨象）である。これは「…してはならない」という禁止や「消極的選択」という，ハイエク理論の基底を支えている。[116]

　「あるものを抽象化する。」とは言えない。[117] 物体の概念は，物体それ一つの

---

114) *Ibid*, S. 94f.（『イエッシェ論理学』128-130 頁）
115) *KrV*, S. A1.（『純粋理性批判（下）』228 頁）を見よ。
116) ポパーの「反証」もこの捨象に淵源を求められよう。反証は，社会科学という蓋然性の低い科学においてはとりわけ肝要な態度である。*PH*, pp.137-138.（『歴史主義の貧困』207-208 頁）を見よ。筆者は，このような抽象の論理をハイエクは進化経済学として主張してきた。筆者はこれを「経験は棄却の対象」と言ってきた。

自体からの抽象化などできない相談であり，常に他の属性の比較において消極的に得るしかない。抽象という機能にかけられる概念は「一般妥当的な表象が産出されうるための消極的条件」でのみ可能である。概念は論理的な作用として機能し比較，反省そして抽象の経緯のなかで培われ続ける。概念は，個物主義すなわち「真に普遍的なものは如何なる意味においても（現実の存在者としても，現実の観念としても）存在しない[118]」を含意している。比較，反省は積極的であるものの，抽象は消極的である。この消極的選択こそ演繹的構造の核心である[119]。概念は常に消極的選択におかれる，開放の中におかれる。そこで高次の秩序概念への途が開かれている。

このイエッシェ（カント）の言説は，ハイエク理論の中枢，すなわち自生的秩序の内容，その生成すべてに盛り込まれているように思われる。ハイエクはこの「イエッシェ論理学」を既に読んでいたのではなかろうか。そのように思わせられるほど，酷似した箇所がハイエクに散見される。彷彿とさせられる箇所を『抽象の第一義性』から見よう。概念形成や行為の意思決定に当たって，抽象が第一義的に果たす役割を述べている。

　　「私はくり返し『多重焼きによる特殊化』という言葉を用いてきた。これの意味するところは，個々の活動は何らかの共通点をもつ一群の活動パターンのなかから選び出されるが，この場合に始動の閾値（threshold）を凝縮する（lower）[120]役割を果たすのは，その活動がまた別な共通点をもった一連の活動パターンにも属する集合（families）によって補強されるという点である。私にはこの『多重焼きによる特殊化（specification by superimposition）』という言葉が，私の主張する『抽象の第一義性』の機能の機構（メカニズム）の最良の表現であると思

---

117) ハイエクも同様なことを述べている。「われわれの意識的経験もしくは内容において具体的な個々の事項が中心の位置にあり，抽象とはそこから導かれるという点を，私は否定しようとは思わない。だが私には，…主観的経験が当面の問題の根源であり，これらの具体的な個々の事項とは抽象化（個々の感覚や知覚や印象を経験するためには，精神がもっているにちがいない）の産物であるという認識を妨げるものに感じられる。」NPP, pp.36-37.（『還元主義を超えて』に所収，「抽象の第一義性」424 頁）を見よ。
118) 木曽好能『人間本性論』の「解説」451 頁
119) ハイエクはこの演繹的構造を次のように述べている。「私が今まで論じてきたことは，近代知識理論のある種の進展，とりわけ『帰納法』に反対するカール・ポパーの説に関連があると気づいた方もおられよう。一すなわち個々の経験から一般法則を論理的に導くことはできず，まず最初に一般法則化の能力が出現し，ついで活動に導かれた有効性によって各仮説が試され確認もしくは反駁されるというわけである。」NPP, p.43.（『抽象の第一義性』435 頁）

3　演繹と概念　　243

われる。なぜなら原因となる決定因子のそれぞれが，結果として起きる活動の属性のうちのただ一つを決定するからである。」(かっこ内，注および一部修正引用者)

「多重焼きによる特殊化」の「多重焼き」とは，イエッシェで言えば，トウヒ，柳，菩提樹という複数の木を比較し，反省して得られる共通性に関する複数の情報である。これらの情報からの「特殊化」(「ただ一つを決定する」)は，イエッシェの「一層多くの規定から抽象する」に相当し，「その概念においてそれから抽象された〔捨象された〕規定が多いほど，その概念はそれだけ一層抽象的」で一つ決定されると。もとより，活動も一つの意思決定でありつつもなおも分からない何かを含んでいる。

　この「一層抽象的」は個体発生の個体を作りあげているのであり，より成熟させていることを意味している。子供と成人とを比較して成人の判断が速いのは，この個体が一層の抽象性を隠れて獲得しているからである。過去の蓄積がものを言う。いわば，赤子に生起する抽象は，個体は動態の中で，つまり学習の中で固体化を進め，無から有を生じるべく機能している。「だからあるものとは共通ななにものももたない」なら「無Nichts」である。個体と系統は区別できない。もともと赤子は経験が足りなくて共通な何ものももたないから「無Nichts」である。上山がハイエクを批判した批判は当たらないのである。[122] 個体の起源（概念）と将来（概念）を議論したところで無意味である。

　また，行為は即座に実施を余儀なくされる場合がある。すなわち判断即行

---

120)　閾値（イキチ）とは生理学や心理学のタームである。それはある系に注目し反応を起こさせるに必要な強度で，最小値のことである。いわば反応はこの閾値が絞られて起こるのである。心理学ではあくまでも一義的に量である。しかし，閾値を哲学や社会科学で捉えるならば，刺激や一定の条件下で判断が引き起こされる場合，ある判断から別の判断へ非連続的な変化を生じさせる転換点のことである。この時感覚の量は質に置き換えられねばなるまい。量が質に置き換えられるのはあくまでも他からの要素の属性に依存しているからである。言語の世界ではこれが頻繁に起きている。「黄色い声」という表現は成立する。この言葉に（日本人に関する限り）違和感はない。色の世界から音の世界に転換が起こる。確かに質は異なるが，「黄色い」の属性を音に一致させている。感性という同一性は質の転換をもたらす。理性は質の相違ただ並べるだけで行為の発動と転換は感情が支配すると述べたのは，ヒュームである。概念はこの質の転換を抱えている。概念は常に量の境界値を伴って，質の転換点を含意する。その転換点が閾値である。
121)　*NPP*, p.48.（『抽象の第一義性』444 頁）
122)　上山隆大『秩序論の背後にあるもの』（『思想』Vol. 778, 岩波書店に所収）88 頁 1989 年

為である。瞬時に「概念をその一定の限界のうちへと囲い込」み実践，実行しなければならない。もとより，どのような俊敏な判断がなされるのも概念に基づく意思決定であることは言うまでもない。それもまた過去の経験がものを言う。

したがって，ハイエクは言う。

> 「彼ら（赤ん坊や動物）の『感覚所与』は同じであるがそこから多数の抽象化をひきだす能力がわれわれ（成人）よりも劣るからではなく，彼らの場合は関連性を秩序づける網目がはるかにまばらなためである―なぜなら彼らが印象を包括すべき抽象的種類の数がごく少ないため，おそらくは要素的なその感覚の質がきわめて貧弱になるからである。われわれの経験は彼らよりもはるかに豊饒だが，それはわれわれの精神がより抽象的な関連性を備えているからではなく，・与・え・ら・れ・た・要・素・の・属・性・か・ら・導・い・た・も・の・で・は・な・い抽象的関連性をより多く保持しているためである。むしろこれは諸要素にこうした属性を賦与するものである。」[123]（傍点およびかっこ内引用者）

ハイエクは抽象の構造システムは動物と人間に分け隔て無く有効であるとしている。そして，成人と赤ん坊の相違は過去の経験の積み重ねにある。成人の俊敏で当を得た判断は今現に獲得した関連ではなく過去に蓄積した隠れた関連を引き出すことに依存する。

ハイエクが進めてきた自生的秩序，とりわけ自生的秩序の動力となる抽象性は，捨象すなわち'経験は棄却の対象'という形で理論化されているからである。ハイエクは『感覚秩序』の第6章「意識と概念的思考」の7節「概念的な思考」で言う。「感覚の世界の対象を並べかえることによって形成される新しいクラスは，通常抽象的概念として表される。」「そこで，抽象的な概念の形成は，感覚の質の違いを決定する分類過程と同種で，より高次のレベルの過程での反復をおこなわせる。」[124] 概念と抽象性が結びつけられ高次の概念（自生的秩序）に進む。「イエッシェ論理学」から得られた概念生成の機能は，ハイエクを理解する上で非常に重要であると思われる。[125]

人間のみならず動物にも抽象の機能を確認しているが，これはヒュームか

---

123) *NPP*, p.44.（『抽象の第一義性』437 頁）
124) *SO*, p.145., 6・46, 6・47（『感覚秩序』167 頁の 6・46, 6・47）

らのものである。換言すれば，ヒューム的一元論と理解されよう。ハイエクはこの一元論の世界を「感覚秩序」という物理的な機能を理論的に築こうとしたのである[127]。しかしながら，このカントの抽象はヒュームの抽象をさらに進めたものである。それは抽象を捨象として強調していることにある。

結論はカントの経験的概念はハイエクの抽象（捨象）化を含み全く満足させるものであった。そのことは，ハイエクの「抽象の第一義性」が彼の独創的なものではなかったということである。もし独創性を言うならば，社会科学（とりわけ経済学）を背景にして採り上げたということである。フィードバックやサイバネティックスに抽象を援用してその有効性を見出したことであろう。同時に，経験するもののなかに個物（個体）とその系統が築かれていることを明らかにしてきたことがあげられる。もとより，それはまた経済という自生的秩序が必然的に歩む道でもある。それがフィードバックやサイバネティックスを形作っているのである。換言すれば，フィードバックやサイバネティックスの内容をより鮮明に描き出したことになる。

(3) 物自体としての概念

これはカントが「超越論的弁証論」で核をなす概念である。それは物自体（実在的存在者，ヌーメノン＝Noumenon そして神）としての概念である[128]。周知のように，われわれは物自体を理解することもできず，物自体について語ることもできない。だがそう言うものの，これもまた周知の通り，カント哲学は物自体無くしてカント哲学は成り立たず，彼の超越論的観念論の全体の背

---

125) *SO*, p.142., 6・34（『感覚秩序』163 頁の 6・34）「感覚の経験は『具体的』な現象を知らせ，他方，より高次の精神過程は，この直接のデータから『抽象』をするといういい方で表される。」この「高次の精神過程」とは自生的秩序を感知する精神過程である。

126) *THN*, p.178.（『人間本性論』208 頁）ヒュームは動物にも理性を認めている。

127) ニューロン（神経細胞体，樹状突起，軸索）がシナプス（連結という意味）で結びつけられ，その結びつきの増減が学習，記憶，運動に反映される。

128) *KrV*, S. XXf.（『純粋理性批判（上）』36-37 頁）に述べられている。またカントは第 4 アンチノミーの「正命題の注」として述べている。「必然的存在者の現実的存在を証明するとなると，どうしても宇宙論的論証を用いざるを得ない。この論証は，現象における条件付きのものであるから，概念における無条件的なものへと上昇する。それはこの無条件者が系列の絶対的全体の必然的条件と見なされるからである。」（傍点筆者）周知のように第 3 命題，第 4 命題は両者ともに真として解決されることは言うまでもない。*KrV*, S. 484.（『純粋理性批判（中）』136-137 頁）を見よ。

後に控える要諦である。物自体は現象界を説明するかぎり必用不可欠な前提である。カントは言う。

> 「我々はこの同じ対象を，たとえ物自体として認識することはできないにせよ，しかし少なくともこれを物自体として考えることができねばならないという考えは以前として留保されている。さもないと現象として現れる当のもの〔物自体〕が存在しないのに，現象が存在するという不合理な命題が生じてくるからである。[129]」

カントはこれを人間と前提としての物自体との関係で説明をする。人間には自由意志と必然性がある。それらは調停されねばならない。「例えば人間の心について，一方では人間の意志自由であると言いながら，他方ではこの意志は同時に自然必然性に支配されている，即ち自由ではない」と。これが言えるのかどうか，もちろん言えないであろう。もし現象界と物自体の区別をせず現象だけであったら，自然法則にのみ従うことになり自由はない。これは現実として通らない。「つまり私はこの二つの命題に含まれている『心』をまったく同一の意味に―即ち物一般（物自体）と解し」確認する。つまり区別をしてはじめて「同一の意志は，なるほど現象（見える行為）においては自然法則に必然に従うものとして，その限りにおいては自由ではないと考えられるが，しかし他方では，物自体に属するものとして，自然法則に従うものではないから従ってまた自由であると考えられるのである，要するにこういう考えをすれば，矛盾は生じないわけである。[130]」人間は，自由意志と自然必然性の同一の存在者として物自体でなければならないのである。

このような調停の仕方は，そのままハイエクに引き継がれていると思われる。ハイエクは言う。「われわれの理論は精神界と物理的な世界とをそれぞれ支配する力の二元論は，どのようなものも否定することになるが，同時に実際的な目的のためには，常に二元論を採らざるを得ないと言わねばならない。[131]」いわば自由意志の世界と自然法則の世界を区別せざるを得ず，しかしだからと言って分裂の状態にあるのではない，われわれの自己は物自体の下に同一

---

129) *KrV,* S. XXVI.（『純粋理性批判（上）』41頁）
130) *KrV,* S. XXVIf.（『純粋理性批判（上）』41-42頁）

である。その限りにおいては一元論を採りつつも二元論である。見方を変えれば，一元論は有限な人間を支える開放の場，自由である。物自体という概念は，認識できず把握できないものの，存在を前提として議論を進めなければならない。その意味において自由は保障される。二元論でしかあり得ないものの，しかし一元論の世界に生きている。これはウィーン学派経済学の前提である。

　カント哲学の物自体も現象界との関係，すなわち二元論からきている[132]。しかしながら，帰謬法すなわち物自体を背後におくのではない。カントは誤解や越権を恐れず物自体の存在に説明を加える。カントは言う。

　　「アンチノミーにおける正・反両命題に対する…証明は，現象或いは一切の現象を総括するところの感覚界は物自体であるという前提のもとでは，決してごまかしの詭弁ではなくて，それぞれ根拠のある［人間理性の自然的本性に基づく］ものであったことが，これによって明らかになるからである[133]。」

カントは現に物自体をおくことによって超越論的諸規則をより強力に位置づけているように見える。

　ハイエクは，『感覚秩序』においてカントと同様なスタンスに立って物自体の世界を前提にして述べていることは明らかである。ハイエクは言う。

　　「われわれは感覚によってなされる外的な世界の事象の分類が『真』の分類であるとはいえず，すなわち，この世界の規則性を的確に示すことができるものではないということになると，また，われわれの感覚が事象に帰する特質が，その個々の事象の客観的な特質なのではなくて，単に感覚が指定するクラスを決める属性にすぎないとすること，このことは，われわれに可能なことは科学を構成することであって，現象的な世界を『真』の世界と見なすことではないことを意味する。われわれは客観的な世界（あるいは経験する現象的な秩序よりも一層整然とした客観的な秩序をもった事象の世界）の存在を仮定しなければならず，これを認める立場から，現象的な秩序は単に最初の概算（approximation）

---

131) *SO*, p.179. 8・46（『感覚秩序』201 頁の 8・46）
132) 二元論は理性と感性，目的論と機械論，実践と理論等が登場する。三批判に表れるアンチノミー理論も二元論からきている。
133) *KrV*, S. 535.（『純粋理性批判（中）』183 頁）

なのである．したがって，科学の課題は，この客観的な秩序をさらに厳密に再現するよう努めることである．それは，事象の感覚的秩序を，新たな分類に置き換えることによって，はじめて可能になる。」(かっこ，傍点引用者)

「客観的な世界」とは物自体の世界のことである．カントも述べていた，「我々の批判は，客観を二通りの意味に解することを教える，即ち第一には現象としての客観であり，また第二には物自体としての客観である。」したがって，このハイエクの「客観的な世界の存在を仮定する」ということは，すでにカント哲学において言明されていた（現に存在するが，仮定としてしかおきようのない）概念，物自体であることは明らかである．ハイエクの感覚秩序はカント哲学にも依存していることが明らかとなる．分かったことは，カントが考えていた物自体としての概念がハイエクに深く息づいているということである．もとより，理性の誤謬や神（最高の叡智界）を持ち込むという越権を侵すことはできないから，ハイエクは客観的世界という言葉を用いている．この物自体はカント哲学の演繹の原点であり，ハイエク理論の体系についても同様であろう．

4　構築の哲学

既に述べてきたが，ハイエクの自生的秩序は上述の引用「概算(approximation)」すなわち，経済における常に未完成途上の姿でしかない．もとより，現実の経済が自生的秩序でもなく，あるべき姿でもない．経済は自生的秩序に守られている，という経験的信念である．この経験的信念とはどのようなものであろうか．これが理解されないが故に自生的秩序は難しく扱われてきた．

カントは確かに二元論である．この二元論は後述のように「経験的実在論」もしくは「超越論的観念論」である．しかし，われわれは経験的に作り出していく，作り出していかねばならない．作り出していく中に一元論の世界を

---

134)　*SO*, p.173. 8・28（『感覚秩序』195頁の8・28）
135)　*KrV*, S. XXVII.（『純粋理性批判（上）』41頁）

編み出している。編み出す世界は一元論でも，作り出している世界は二元論である。カント哲学は二元論であるが故に制約がある。編み出していくが故に制約と限界を意識しなければならない。自生的秩序は一元論でありつつもこの二元論に生きている。

これも既に述べてきたが，オーストリア経済学は実証性を採る方法を避けてきた。通常，経験科学がなしてきたことは，帰納法によりつまり実証的に対象から法則を見出し，それを演繹的に対象に適用しようというものである。しかし，これがいかに社会科学・経済学において不適切かは，蓋然性が低いことによって明らかになる。社会科学においては，自然科学とは異なり法則による構築は所詮無理な方法と言うことができる。

オーストリア経済学は，前節で述べた'経験は棄却の対象'というスタンスにあった。対象は法則の対象ではなく，排除や禁止の対象なのである。社会科学の科学たる核心は構築することにある[138]。その場合，棄却は鮮明であるが，構築される部分は不鮮明であるという運命にある。なぜなら，カントが示したように，「経験は何が存在するかを我々に告げはするが，しかしそのものが必然的にかくあり，それ以外であってはならない，ということを告げるものではない。」[139] 分かっているのは経験である。これはすべての科学の運命である。それを生得的と言うならば言えよう。

この'経験は棄却の対象'という理由は，フィードバック機構が示すように経験的概念すなわち自生的秩序（やカタラクシーもしくは偉大な社会）の構

---

136) オーストリア経済学にはいわゆる政策として意味は薄い。もし敢えて政策を言うならば，視点を個人におき，自生の秩序の知覚とそれに向かう意志と言えるであろう。つまり経済はそもそも一部の考案者がつくり出すものではなくあくまでも「意図せざる結果」である。その意味で，攪乱的な経済を変える原理は，諸個人に委ねられている。それだけに「静態的原理」ではなく「能動的原理」である。常に未完成を自覚し完成を追っている。それは「無知」からきている。この「無知」を克服するものは自由である。*PPE*, p.112.（『市場・知識・自由』144 頁）ハイエクは述べている。「かれ（メンガー）が目的として見ていたのは，静態的均衡理論のためよりも，今日われわれが過程分析と呼んでいるもののために道具を提供することであった」。*PPE*, p.279.（『市場・知識・自由』179 頁）*GV*, S. 21f（『国民経済学原理』20 頁）も見よ。

137) ハイエクはしばしば自生的秩序を知覚されていると述べられている。*PPE*, p.254.（『市場・知識・自由』108 頁）を見よ。

138) 社会科学はフィードバック（feedback）することがよい。「フィードバックメカニズムは自己生成的秩序を獲得している。」*NPP*, p.63. を見よ。

139) *KrV*, S. AI.（『純粋理性批判（下）』228 頁）

築にある。いわば，この概念に従って構築していかねばならないのである（もちろんその構築は設計に依るのではない）。ハイエクの経済学の分かりにくさは，この構築が消極的に選択された概念にあるということに加えて，その不鮮明さにある。しかし，われわれの実践の世界は概念に基づく演繹である限り，棄却という消極的選択があってはじめて可能になる。その棄却は「…を禁止する」もしくは「…からの自由」という途を採らねばならないのである[140]。言葉を換えれば，自生的秩序には個人にそして諸個人に善いと悪いという価値判断が含意されねばならないのである。

このような社会科学の科学性には常に制約と限界が付きまとい，その自覚が求められる。ハイエクの言説もまたこの善いと悪いの価値判断とともに，所詮われわれの情報には限界がありその意味で無知であり，したがって認識，道徳そして判断において常に未知の部分を残しているという謙虚さを含意している。それに応えるものとして，ヒュームの非人格的な世界すなわち自然に付託するという検証（経験）が控えていた。そして，その検証にカントはアプリオリなものをもって支えたと言えよう。これらを堅持していたのがオーストリア経済学である。ハイエクは言う。「人間，動物を問わず『経験から学ぶこと』は，まず第一義的には，推論の過程というより，成功に結びついたために一般化した実践を守り，広げ，伝え，発展させる過程である——その理由は，実践が行為する個人にはっきりした利益を与えたからではなく，それらが自己の属する集団の生きる機会を広げたからである[141]。」したがって，経済学は自生的秩序への期待と実践をもって始まる。科学性は社会的経験とアプリオリにある。つまり個人としての諸個人に委ねられている。避けねばならないのは，われわれ人間が誘惑される擬人観（anthropomorphism＝神人同性同

---

[140] LLL2, p.45.（『法と立法と自由Ⅱ』64頁）ハイエクは述べている。「エマヌエル・カントが彼の法哲学において定言命法の原理を採用したのは，もっぱら，確立された法体系の発展に適用されるべきそのような消極的テストの意味であったということを，ここで指摘しておくべきであろう。カントは，彼の道徳論において，その原理が道徳的ルールの全体系を演繹的に導出できる十分な前提であるかのように，それを用いたから，このことはしばしば看過されてきた。カントは，定言命法が正義の十分条件ではなく必要条件だけを用意することに，あるいは正義にもとるものを徐々に排除していくことができる消極的テストとよんだもの，つまり普遍化可能性のテストだけを用意することに十分に気づいていた。」

[141] LLL1, p.18.（『法と立法と自由Ⅰ』27頁）

型説)である。ハイエクは言う。道徳は自然を含意する正義で議論されねばならず，その「正義は，われわれの無知—どんなに科学が進歩しても完全には除去することができない特定の事実に関する永遠の無知—への適応である。[142]」こうして，自然とアプリオリという演繹の舞台が据えられる。われわれは概念に従う行為に求められ，特定の設計は許されない。われわれに課せられていることは，常に変わらない謙虚な態度，すなわち演繹である。

ここに確固たる方法論が展開される。カントは言う。「理性の構成的原理ではなくて，経験の範囲をできるだけ拡大し拡張し続けるための原則[143]」であると。これに対して，ハイエクやポパーは「開かれた社会[144]」という環境に重点を置いた。これらは同じものである。したがって，ハイエクが'理性の驕り'と言ったとき，いつも理性の誤謬を恐れ，新たな試みを受け容れる意志を意味する。換言すれば，なし得る意志ではなく受け容れる意志である。ハイエクは言う。「政策というのは，特定の結果を達成するための努力によって導かれている必要はないのであって，様々なほとんど未知の特定の目的を達成する最善の機会を構成員に保証するような性格をもつ，抽象的な全般的秩序の保証に向けられていればよいのである。[145]」ハイエクの構築の哲学とは，このような消極的選択に委ねる謙虚な意志の哲学なのである。これは自然そして非人格的社会に任せる強い道徳的信念と意志である。確かに，カントの構築の環境は内省や思惟すなわちアプリオリなものに向けられていたが，ハイエクは社会に向けられていたと言うことができる。しかしハイエクの自生的秩序には物自体やアプリオリなものが背後におかれていることは確かである。

カント哲学を主観の哲学と言えば，演繹の哲学と言わざるを得ない。それは調和(秩序)の構築の哲学である。「対象が何であるかを我々に教え得るの

---

142) *LLL2*, p.39. (『法と立法と自由Ⅱ』59頁)
143) *KrV*, S. 537., S. 542., S. 545f. (『純粋理性批判(中)』185頁, 189-190頁, 192-193頁) ここで区別がなされている。純粋悟性は専ら構成に専念するが，純粋理性(の概念もしくは超越論的理念)は背進という方法をとる。前者が総合的かつ前進的，後者が分析的かつ前進的だとしてカントは区別している。
144) この「開かれた社会」とスミスの「偉大な社会」とを比較すると，前者は「単一経済の諸努力に還元し，その合成果」と理解されたが後者はそうではなかった。つまりスミスは背進的方法をとらなかった。*UMS*, S. 237. (『経済学の方法』217頁)を見よ。
145) *LLL2*, p.114. (『法と立法と自由Ⅱ』159頁)

ものではなくて、むしろ対象の完全な概念を得るためには、我々は経験的背進をいかに行うべきかを指示しうるだけである。[146]」主観の哲学はひとえに原理の探究であった。その主観は客観性を構成し普遍妥当性を求め、無限への背進（Regressus）が可能であり[147]、更に高次の条件へ（zu noch hoereren Bedingungen）昇華し続ける主観である。カントは言う。背進とは「与えられた条件付きのものに対する条件の系列[148]」である。そこで構成的ではない統制的全体性を獲得し得ると言う。その主観がハイエクに含意されていることに間違いはない[149]。ハイエクは、この「条件の条件付け」を感覚が質的に相違するモダリティー（modality）間の関係、すなわち心理学のインパルスの交錯の展開と見ている[150]。もしハイエクの独創性があったとするならば、カントの背進に抽象をおいたことにある[151]。これについては章をあらためて述べよう。

以上を纏めておこう。カントの哲学の骨格は概念とそれをつくる図式にある、と言って過言でない。この一貫した構造を採らざるを得ないというところに、カントをして哲学を論理学と言い換えさせた所以であった。この演繹の前提すなわち概念は経験とともに宿るという意味で生得的である。この演繹の構造はカント哲学の要諦である。同時に、カントもまたヒュームの懐疑主義を背景にしたものである。したがって、カント哲学は、因果律に基づく法則を発見しようとする自然科学の基礎づけだけではなかった。『純粋理性批判』は、むしろあらゆる科学の普遍妥当性を求める方法という目的にあった。カントにとって、哲学は普遍妥当性を求める飽くなき方法論である[152]。彼岸に向け無限に続く此岸の世界である。そのカギを握っているのが演繹の前提、概念である。ハイエクも述べている。正義も「社会進化の行程で個人的行為の実践として発展したきたもの、つまり社会または社会過程の産物ではなく、

---

146) *KrV*, S. 538.（『純粋理性批判（中）』186 頁）
147) *KrV*, S. 542.（『純粋理性批判（中）』190 頁）
148) *KrV*, S. 536.（『純粋理性批判（中）』184 頁）
149) *SO*, p, 145. 6・44, p.146. 6・49（『感覚秩序』166 頁 6・44 168 頁 6・49）ハイエクは述べている。「抽象的な概念の形成は、感覚の質の違いを決定する分類過程と同種で、より高次のレベルの過程での反復を行わせる。」さらに「われわれは、より高次の精神過程が、基礎的な感覚の質のシステムの形成を説明するために採用した同じ一般的原理の働きによって決定されるという解釈で満足しなければならない。われわれは、前に述べたような分類の過程が絶えず反復されることを、どこまでも追求しなければならない。」
150) *SO*, p, 77. 3・74（『感覚秩序』92 頁の 3・74）

社会に付与される一つの概念なのである。¹⁵³⁾」正義は社会的道徳であり，あくまでも個人と諸個人に委ねられている。

換言すれば，カント哲学は法則に基づいて歩むのではなく，体系を求めて歩むのである。構築の哲学は常に未完成を歩んでいるのである。カントは言う。「純粋理性が条件付きのものの側の絶対的完結に対してはまったく無関心であるということは，すでに明白である。¹⁵⁴⁾」いわば，カント哲学は完成に向けて常に未完成の道を歩む旅人である。われわれは，概念や図式に従うしかない。今なしうるのは「…を禁止する」でしかない。ハイエクは言う。「人間は，常に，人間の達成できる範囲を実際に限定してきたのであった。なぜなら，人間をして自分の力を十分に行使させてきたのは，常に，可能性の限界という認識であったからである。¹⁵⁵⁾」その限界と消極的選択に意志と進化が内在されている。

そもそもこの逆説的な態度そして消極性は，前述のようにカントにおいて

---

151) ハイエクの原理とカントの原理を比較してみる。ハイエクの原理は消極的選択という抽象であり，概念である「場の体制化」として展開されている。「『場の体制化』は，生理学的インパルスの間の因果的結合によって説明することができる」としている。これに対して，カントの原理は「理性の統制」にある。理性に制約を加え新たな経験を受け容れ開放的であらねばならない。したがって，カントはアンチノミーを導入しなければならなかった。その下で概念を求める経験は「条件の系列」下におかれる。つまり，超越論的「理念としての完全性を目安として，与えられた条件付きのものに対する条件の系列における背進を行い，かつこれをどこまでも継続する，ということである。」ハイエクにアンチノミーは無いが，高次の精神過程は抽象で進むことができるとしている。カントのアンチノミーは，「われわれは特定の注意を向けることによって，その不完全な性質を補足する立場」で越えている。諸個人が補完して相互に高次に向かっている。その意味でヒューム哲学の色彩が出ている。*SO*, p, 144. 6・41（『感覚秩序』165頁の6・41）を見よ。ハイエクの「場の体制化」はカントの「条件の系列」に相当する。この「場の体制化」に「われわれ」に依る抽象性をおいたところにハイエクの独創性があると思われる。*SO*, p, 77. 3・74（『感覚秩序』92頁の3・74）および *KrV*, S. 536.（『純粋理性批判（中）』184頁）を見よ。HH, p.138.（『ハイエク，ハイエクを語る』175頁）を見よ。もちろん，そのヒントは，カントが背進において純粋理性は超越論的心理学に超越論的理念を与えると述べているところにある。ハイエクの感覚秩序は低次から高次へ「われわれ」という一元の世界におかれている。*KrV*, S. 391f.（『純粋理性批判（中）』50-51頁）を見よ。
152) カント哲学を表す言葉に「哲学は教えることはできない，できるのは哲学することである。」がある，これに通じる。
153) *LLL2*, p.78.（『法と立法と自由Ⅱ』113頁）
154) *KrV*, S. 393.（『純粋理性批判（中）』52頁）
155) *LLL1*, p.8.（『法と立法と自由Ⅰ』16頁）ハイエクはポパーの主張と重ね合わせている。「すべての科学法則は本質的に禁止，すなわちあることがらは起こりえないという主張から成るという考え方を体系的に発展させている。」

統制的態度として論じられている。カントは悟性に対しても理性に対しても構成的なものと統制的なものを区別してきた。とりわけ後者，超経験的なものに係わる理性に構成的使用を厳しく戒めている。それは理性が純粋理性概念（理念）として悟性の規則を統一する能力をもつからである。経験に照らしていては誤謬をしばしば起こすからである。いわば理性の描く概念は統制的原理で使用しなければならないからである。

同時に，ハイエクは「設計主義的合理主義の極端な形態は，なぜ定期的に理性の反乱を導くのか」[156]（修正訳引用者）というタイトルで述べているように，理性の適切な使用（上記の理性の構成的使用を退けること）を求めている。もちろん，これをヒュームのように質的に異なった感情による理性制御と見ることもできる。これは，カントの理性の統制的使用のヒューム版である[157]。理性はあくまでも理性に留まらねばならない。それには高次の価値意識が背後に控えており，カントにとってもヒュームにとっても調和や秩序という価値意識である。その意味で中立を保つ原動力は抽象である。ハイエクにとって，理性はあくまでも中立的な「抽象性」を醸成する核と捉えている。これは，既述のイエッシェ論理学の抽象と軌を一にする。

カントは言う，われわれはしばしば理念として魂，世界，神を挙げ，それらに基づいて世界を思惟する。その一つ，神を想定すれば，この世界が「最高叡智者〔神〕」[158]の目的と意思から生じたかのようになってまう。しかし，これは経験を超えることとなり理性概念の誤謬であり[159]，超越論的仮象という錯覚に陥り，科学を否定することは明らかである。このような理性の驕りに源をもつ誤謬や錯覚に至ることを，ハイエクもまた神人同性同型説〔擬人化説〕として批判してきた[160]。神人同性同型説も統制的使用を助成することもある，

---

156) *LLL1*, p.31.（『法と立法と自由I』44頁）第3章98頁注22) を見よ。
157) *THN*, p.415.（『人性論（四）』205頁）これを象徴的に語る言葉として，ヒュームの「理性は感情の奴隷である」はあまりにも有名である。ヒュームは述べている。「理知（理性）は，情緒に反対方向への衝撃を与えてよってもって意欲を防止するのでない限り，この意欲防止という効果をもつことはできない。そしてこの〔反対方向への〕衝撃は，もし〔これと対立する衝撃なしに〕単独に作用したとすれば，まさに意欲を生み得たのである。およそ，情緒の衝撃と対立し或いはこれを阻害することのできるものは，反対の衝撃あるのみである。」（かっこ内筆者），*THN*, pp.414-415.（『人性論（四）』204頁）を見よ。
158) *KrV*, S. 698.（『純粋理性批判（中）』329-330頁）
159) *KrV*, S. 720f.（『純粋理性批判（中）』348-349頁）

その限りにおいて認められる，とカントは付け加えている[161]。しかし，大切なことは，すなわち理性に課することはあくまでも構成的使用ではなく統制的使用である。この神人同性同型説は大陸合理論と同義に解釈されよう。人間理性が神と同じ型で同じ性質になるという傲慢さからきた表現である。そして神ののりうつった理性が設計主義を編み出してきたのである。ドイツの全体主義を思い起こさせることは言うまでもない。

　最後に，構築の哲学は理性の統制的使用を分析的方法と総合的方法との議論としても述べておかねばならない。カントは（イェッシェ『論理学』で）言う。そして背進的方法を確認しておこう。

　　「分析的な方法は，総合的な方法に対立する。前者の分析的な方法は，条件付けられ根拠づけられたものから始めて原理へと進んで行く（a principiatis ad principa 原理によって可能となるものから原理へと）。それに対して後者の総合的な方法は，原理から帰結へと，あるいは単純なものから合成されたものへと進んでいく。分析的な方法は背進的な方法と名づけることもできようし，同様に総合的な方法は前進的方法と名づけることもできよう[162]。」

既に自明のように，この分析的な方法は自生的秩序に含意されている。自生的秩序は設計主義に依らない。その体系は原理によるものである。ハイエクの法哲学の理論は言う。「法体系の各部分は，包括的見解に従って相互の調整がはかられるというよりもむしろ，特定の問題に対する一般原理——つまり，明示的に知られてさえいないことが多いが講じられている特定の手段のなかに暗黙裏に存在するにすぎない原理——の連続的適用によって，徐徐に相互に適応していくのである[163]。」分かるように，「包括的見解に従って相互に調整がはかられる」は，「原理から帰結へと，…単純なものから合成されたものへと進んでいく」という総合的な方法，すなわち設計主義であり受け容れられない。これに対して「特定の問題に対する一般原理の連続的適用」とは「条件づけられ根拠づけられたものから始めて原理へと進んで行く」分析的方法で

---

160)　*LLL1*, p.36.（『法と立法と自由Ⅰ』17-18 頁），*LLL2*, p.22.（『法と立法と自由Ⅱ』35 頁）
161)　*KrV*, S. 725., S. 728.（『純粋理性批判（中）』352 頁，354-355 頁）
162)　*Ibid.*, S. 149.（「イェッシェ論理学」205-206 頁）
163)　*LLL1*, p.65.（『法と立法と自由Ⅰ』86 頁）

ある。いわば，社会科学の前進には「終わりがなく，すでに確立されたルールの適用に加えて行為秩序の存続に必要な新しいルールの形成も要求される。[164]」まさに，旧いルール（諸原理）から新しいルール（諸原理）へである。原理自体も変化することを余儀なくされる。自生的秩序を解くカギはこの分析的な方法である。カントのこのような分析的方法を，すなわちイエッシェはあらためて「背進的方法」を「案出の方法 (die Methode des Erfindens)[165]」と呼んだのである。ヒュームのみならずカントも客観的な審判の場，構築の哲学を持ち合わせていた。前者は自然や非人格的な社会，後者はあくまでも主観がもつ背進的方法である。

5　判断力批判と自生的秩序

(1) 趣味判断（美学的判断力）とは

既に見てきたように，自生的秩序とは理念でなくわれわれがつくり，そしてわれわれがそれを現に知覚するという社会現象である。したがって認識や道徳というよりもそれらを含めた個人と諸個人の判断の所産である。もとより，自生的秩序は個人からして「意図せざる結果」であるかぎり，意識的かつ無意識的な所産である。ハイエクは述べている。「はっきりと意識される状態と，はっきりと無意識の状態との間には多くの半意識的な事象があって，それを意識というべきか，そうではないというべきかを決めることは難しい。[166]」意識とは，カントが言うように「あるがままの私」ではなく端的にただ「我あり」の意識である。[167]カントのアプリオリなものも意識と無意識の区別は必要ない。したがって，このことにおいて，カントとハイエクとの間に相違は何もない。

---

164) *LLL1*, p.119.（『法と立法と自由Ⅰ』154 頁）
165) 「分析的な方法は，さらに発明の方法とも呼ばれる。通俗性という目的のためには分析的な方法が適しているが，認識を学問的かつ体系的に論じるという目的のためには総合的な方法が適している。」訳者は「発明の方法」と訳しているが筆者は「案出の方法」と訳した。S. 149.（「イエッシェ論理学」205-206 頁）の注を見よ。
166) *SO*, p.134. 6・6（『感覚秩序』154 頁 6・6）

5 判断力批判と自生的秩序　257

　まず判断力とは何かを見ておくこととしよう。カントが判断力を悟性や理性と区別したのは既に『純粋理性批判』においてであった。「高級能力とは悟性（Verstand），判断力（Urteilskraft）および理性（Vernunft）の三つである。[168]」と。「悟性一般を規則の能力と称するならば，判断力は規則のもとに包摂する能力である。何か或るものが与えられた規則の適用を受けるか否かを判別する能力でもある。[169]」つまり判断力は「対象を概念のもとに包摂する[170]」能力である。理性との相違も明らかである。理性とは，認識の最高の能力であって論理的（間接的に推理する）能力，すなわちみずから概念を産出する能力である[171]。理性はまた原理の能力であり，規則の能力と区別する[172]。そして「理性は悟性の規則を原理のもとに統一する能力である。[173]」原理とは「概念によって特殊なものを普遍のもとにおいて認識する[174]」のである。こうして，理性と判断力はクロスする部分があり，厳密には区別は付けられない。強いて言うならば，理性は概念を作る出すことができるが，判断力にはないことが相違である。つまり判断力は悟性と理性の「両者をつなぐ中間項[175]」に位置することになる。ただ重要なこととして，「悟性と理性との間に判断力が介在しているように，認識能力と欲求能力との間には快，不快の感情が介在している[176]」わけである。こうして，判断は価値意識を含む綜合的かつ社会的認識であり，かつ行為に先行するものであるということができよう。いわば判断力は原理をもつ。したがって，カントは「判断力一般は特殊を普遍のもとに含まれているものとして考える能力である。[177]」と言う。結論的に言えば，判断力はアプリ

---

167)　*KrV,* S. 157.（『純粋理性批判（上）』198 頁）カントにおいて，意識とは「私が意識するところの私自身は，私が私自身に現れるままにでもなければ，また私自体があるままにでもない，むしろ私は，『私は存在する』ということを意識している…」ところにある。つまり，われわれに精神についてどれほどのことが判り得たとしても私自身のあるがままの私ではない。ただ判り得たことに限定して意識しているに過ぎない。
168)　*KrV,* S. 169.（『純粋理性批判（上）』209 頁）
169)　*KrV,* S. 171.（『純粋理性批判（上）』210 頁）
170)　*KrV,* S. 304.（『純粋理性批判（上）』328 頁）
171)　*KrV,* S. 355.（『純粋理性批判（中）』17 頁）
172)　*KrV,* S. 356.（『純粋理性批判（中）』18 頁）
173)　*KrV,* S. 359.（『純粋理性批判（中）』20 頁）
174)　*KrV,* S. 357.（『純粋理性批判（中）』18 頁）
175)　*KU,* S. XXI.（『判断力批判（上）』31 頁）
176)　*KU,* S. XXIV.（『判断力批判（上）』32 頁）

オリであって，感情を用い「対象を概念のもとに包摂する」能力である。こうして，カントの判断力はまずもってハイエクの自生的秩序を構築する，演繹的思惟に欠かせない構成的な原理と言うことができる。

判断力が自生的秩序のカギを握ることを再度確認しておこう。自生的秩序は個人にとって「意図せざる結果」であり，諸個人（諸主観）が自然かつ社会的に体系に導かれた結果であった。換言すれば，自生的秩序は演繹の前提でありつつまたつくられるものである。それは，諸個人が既に認識，感覚の段階からアプリオリな秩序諸規則を身につけた判断力によるからである。こうして，自生的秩序は判断力ひとえに「特殊を普遍のもとに含まれているものとして考える能力である」に依存し，未完成であり続け常により客観的なものへ，普遍的なものへと昇華され続けるものである。

それでは，まず趣味判断を述べてみよう。判断力として，カントは趣味を問題にする。趣味（美や崇高なものを含む）とは主観的なものの最たるものでありながら，同時に客観的なものになりうるものである。いわば，趣味についての判断は個々人がもつ主観でありながら個々人に共通する主観になり得るからである。主観的でありながら共感を誘うという意味で，すこぶる観想的であるというのが趣味判断の特徴である。結果として，カントのいう共通感（Gemeinsinn, 共通感覚 sensus communis）は共同主観や間主観として論じら

---

177) *KU*, S. XXV.（『判断力批判（上）』36 頁）
178) *KU*, S. XXVIf.（『判断力批判（上）』36 頁）
179) ハイエクは個人や主観を用いずにもっぱら諸個人と言い続けてきた。しかし諸個人も個人も要素であるかぎり同じことである。諸個人を用いた理由はヒュームからの影響である。
180) ハイエクはアプリオリよりも無意識を主張する。しかし所詮無意識もアプリオリの中に入れられる。直観における時間と空間，カテゴリーそして抽象性は無意識に設定される。大切なことはこの無意識もすべて経験無しには生まれないということである。
181) *SO*, pp.178-179. 8・45（『感覚秩序』200-201 頁 8・45）ハイエクは述べている。「われわれが精神と呼ぶ秩序は，したがって，物理的な宇宙—われわれ自身もその一部—の特殊な部分に行きわたっている秩序である。それは，われわれが物理的な宇宙の秩序を知るのとは異なる方法で『知る』秩序である。ここでわれわれが試みたことは，われわれの周囲に見出すことを学んできた規則性と同種のものが，原則的には，われわれの精神を構成するような秩序をも作り上げ得ることを示すことである。しかし，このような下位秩序が外界に発見してきた秩序の中に作られるということは，精神を構成する特異な秩序が，より包括的な秩序の中にどのようにして位置づけられるかを，われわれが説明することができるという意味ではない。この説明をするためには，人間の精神について特殊な意味づけをして，一般的な原理を説明するためには，われわれが図式的に描いたようなモデル-対象関係の詳細な再現をする必要がある。」
182) カントは『判断力批判』のなかの「崇高の分析論」において述べている。

5 判断力批判と自生的秩序　259

れよう。換言すれば，趣味判断は客観性を喚ぶ可能性をもち，客観を見出す契機である。もちろん，主観は客観にどのように綜合されるのか検討しなければならない。このように，趣味判断は認識には無くまさに演繹に不可欠なスタンスや条件を主観に提供する契機なのである。[184] 趣味についての判断はいやが上にも人をして社会的な成員に取り込む契機を含意していると言えよう。ヒュームが気づいていたものの十分に解明されなかった課題，すなわち「利害に囚われた情緒は調整されて，或る行為ないし行いの体系に合致することを余儀なくされる[185]」というメカニズムの解明が趣味判断を通して，包括的になされたと考えてよいであろう。

　また，この経緯はわれわれの目指す経済学の方法として採用されよう。最も主観的な趣味を採り上げることにより客観化へ進むということは，理性が[186]しばしば侵す越権を回避することとならねばならず，さらに判断力が批判されねばならないことがらである。そして，認識プロセスとは異なった演繹が展開されよう。趣味判断は主観から出発するが故に，最も精密な方法と条件をもって展開されることとなる。メンガーが「『自然法則』とよばれているが，『精密的法則（exacte Gesetze）』とよんだほうが正しいだろう現象法則を確立することである。[187]」と言ったことが思い起こされる。

　趣味判断とそのプロセスは，認識論とは違った社会や共同体という高次のかつ包括的全体を意識した，まさに狭義の理性には不可能な領域を判断力の批判を通して示している。これは社会科学にとって不可欠な立場を提供している。ハイエクが敢えて心理学の分野に踏み込んで『感覚秩序』を上梓したのも，法を取り上げ『法と立法と自由』を目論んだのも，そのような主観性と客観性の視点から出てきたものである。この視点はハイエクの個人主義を

---

183)　*KU*, S. 64f., S. 157f（『判断力批判（上）』132-133 頁，232 頁）
184)　*KU*, S. 133f.（『判断力批判（上）』209 頁）カントは述べている。「演繹とは或る種の判断の合法性を保証することである，そして演繹が是非とも必要になるのは，判断が必然性を要求する場合だけである。そこで判断が主観的普遍性，即ちすべての人の同意を要求する場合にも，演繹が必要になる。」
185)　*THN*, p.529.（『人性論（四）』119）
186)　*KU*, S. 19.（『判断力批判（上）』19 頁）カントは言う。「快適なものに関しては，各人が各様の趣味をもっている〔趣味はさまざまである〕という原則が当てはまるのである。」
187)　*UMS*, S. 38.（『経済学の方法』47 頁）

支える原初であり基底である。この主観から客観への姿勢は類概念を求める開放的環境を指定するものである。この開放的環境こそが全体主義者達を論難する。さらには現代の為政者の再分配や福祉等の政策をも論難する根拠を与えてきたものである。[188] この趣味判断の思惟プロセスこそ，カント哲学を継承したハイエク理論の隠れた力であると言って，過言ではない。

趣味判断のカテゴリーの中から，社会科学における客観化として分かり易い「分量」における説明を引用してみる。

> 「趣味判断はすべて単称的〔個別的〕判断である。趣味判断においては，判断の対象を快・不快の感情に直接に—即ち概念によらずに関係させねばならないからである，従ってまたこの判断は客観的-普遍妥当的判断の『分量』をもつことができない。しかし判断の対象の表象が，判断を規定する条件に従い，比較によってそのまま一つの概念に転化される場合には，そこから論理的-全称的判断が生じ得る。例えば，私はいま眺めているバラを趣味判断によって美であると判定する。しかし多くの個々のバラを比較して『一般的にバラは美しい』という判断が成立すれば，この判断はもはや単なる美学的判断ではなくて，美学的判断に基づく論理的判断である。ところで『このバラは（匂い）が快適である』という判断は，なるほどこれも美学的-単称的判断であるが，しかし趣味判断ではなくて感覚的判断である。趣味判断は，感覚的判断と次の点で異なっている，即ち—前者は普遍性の美学的『分量』，換言すればすべての人に対する妥当性の『分量』を伴っている，ということである。そしてこのような『分量』は，快適に関する判断においてはまったく見出され得ないのである。なお善に関する判断について言えば，この判断もまた対象に関する適意を規定するような判断である，しかし趣味判断のように美学的普遍性だけをもつものではなくて，論理的普遍性を具えているのはこの判断ばかりである。この種の判断は，客観の認識として客観に妥当し，またこうしてすべての人〔主観〕に例外なく妥当するからである。」[189]

カントの「バラの匂い」はあまりにも美の典型であるから，妥当なよい例と言えないかもしれない。むしろ，「美学的-単称判断」の例は野菜のニラやニ

---

188) ハイエクが述べていた。社会的正義の信念が為政者に委ねられると全体主義に転じる，と。 *LLL 2*, p.68. 『法と立法と自由 II』 98 頁)
189) *KU*, S. 24f. 『判断力批判（上）』 92-93 頁)

ンニクの好みを例に出した方がよいように思われるかもしれない。しかしそれは誤りであると言う。カントは，味覚は感覚的趣味（Sinnengeshmack）[190]であって主観にとどまっている，と。それに対して，芸術の美は主観でありながら普遍性を伴ったものであるに違いない，と言うのである。こうして，趣味判断は当初は主観でありながら間違いなく，論理的な普遍性，客観性をもつであろう。この身近な趣味を問題にして出発することとなる[191]。

したがって，趣味判断には吟味と反省を伴うものである。カントはこの普遍性をもつ美（自然美や芸術美）や崇高には反省の働きが伴うとして反省的趣味（Reflexionsgeshmack）[192]と呼んだ。これは偶然性とともに論じる必要があろう。カントにおいて偶然性とは人間の有限性を表し，悟性の能力を駆使しても捉えきれない部分があるというのである。認識論で論じられたように「経験は経験以外のものを何も語らない」[193]ように，この限界を謙虚に見つめ調和の状態に気づくには飽くなき反省が必要であると言う。したがって，カントはタイトルで言う。「自然の客観的合目的性という概念は反省的判断力に対する批判的理性原理である」[194]と。こうして反省的判断力は趣味判断（美学的判断力）と目的論的判断力を含んでいる。

趣味判断が演繹的概念として資格をもつには，概念が先行せず，「分量」すなわち多くのバラにおいて「美しい」が成立しなければならない。そのとき

---

190) *KU*, S. 22.（『判断力批判（上）』90 頁）
191) *KU*, S. 18f.（『判断力批判（上）』86-87 頁）
192) *KU*, S. XXVII., S. 22.（『判断力批判（上）』37-38 頁，90 頁）
193) カントは，偶然性は普遍的必然性には至らない何かを残している事情を説明するのに用いている。*KU*, S. 335., S. 347.（『判断力批判（下）』79，92 頁）を見よ。ハイエクはこれを受けているかのように述べている。「新事実を偶然に学ぶという可能性がある。彼の本来の計画を実行しようとする試みが必然的にもたらした結果としてそれらの新事実を知るのではないのである。」*IEO*, p.52.（『個人主義と経済秩序』68 頁）を見よ。
194) *KU*, S. 333.（『判断力批判（下）』77 頁）カントは言う。「かかる物の概念はこの物の偶然性（〔普遍的〕自然法則に関しては）の概念と分離しがたく結びついているわけである。それだから我々が目的としてのみ可能であると見なすところの自然物は，世界全体の偶然性の最も主要な証明を成すものである。更にまたかかる自然物は，世界のそとに実在していてしかも（自然における有機的な物の合成物から推して）知性的であるような存在者が即ち世界全体の根源であり，従って，また世界全体はかかる存在者に依存しているということの唯一の証明である。」*KU*, S. 335.（『判断力批判（下）』79 頁）を見よ。ハイエクの自生的秩序はこの存在者と無縁ではない。まさに逆説的に人間の有限性（ハイエクの無知）に徹底して気づくことが科学を呼び起こすという意味で「科学による反革命」に警鐘を鳴らしている。

「美しい」が論理的に築かれる。趣味判断は「論理的-全称的判断」であるということである。趣味判断には価値意識（真，善，美）が含意され「分量」において客観化されるという。

　ハイエクの自生的秩序もまた主観に淵源をもち「分量」において多数の人々に了解され演繹的概念に据えられる。そのために，自生的秩序もまた「論理的-全称判断」でなければならないのである。ハイエクは自生的秩序について述べている。

　　「その存在は，われわれの五感に対して存在を顕わにする必要はないが，われわれが頭のなかだけで再構築し得る純粋に抽象的な関係を基礎にしているであろう。…われわれがその存在に気づくことは異なる多様な目的を首尾よく追求するためにはきわめて重要である[195]。」

　趣味が多数の人々に了解されるように，自生的秩序もまた多数の人々（「多様な目的」）によって了解されねばならない。ハイエクは自生的秩序を説明するとき，その要素はいつも複数の個人「われわれ[196]」であり，これはカントの「分量」のカテゴリーに一致する。そしてハイエクの「純粋に抽象的関係」は，カントの「普遍性の美学的『分量』」や「論理的-全称命題」の表現が含意されよう。自生的秩序は設計によってつくられるものではない。人間に内在し機能する抽象（カントが言う一般的美）にある。ハイエクが経済学者としての立場から諸個人に自生的な秩序の存在を説いているのに対して，カントはあくまでも哲学者として「分量」（包括）的かつ普遍的に美や崇高を説いている。ハイエクの自生的秩序は趣味判断の環境で十分説明されよう。むしろ自生的秩序に含まれる主観から普遍性（客観性）への吟味はカントの趣味判断の吟味が不可欠になろう。

　大切なことは，このカントの趣味判断が自生的秩序を醸成する抽象（捨象）に一致するというこである。「判断を規定する条件に従い」ということは抽象（むしろ捨象や棄却）を意味し，そこにはじめて論理的に全称的判断が成立す

---

[195]　*LLL1*, p.38.（『法と立法と自由Ⅰ』52 頁）
[196]　*LLL1*, pp.35-54.,（『法と立法と自由Ⅰ』48-72 頁）*LLL2*, pp.107-132.（『法と立法と自由Ⅱ』150-183 頁）150-183 頁）

る。したがって，抽象は概念に転化されることを要件とする。もとより，それは異種間における適意でなければならない。これをハイエクはインターモーダルが機能するとした。いわば，趣味判断は抽象を辿らざるを得ない，ということである。

さらに言えば，経済が自生的秩序なら消費や生産もまた常に趣味判断を含意している。そこで交換される商品（価値）もまた主観と客観とを含んだものである。商品（新製品の開発）が，趣味判断における「普遍性の美学的『分量』」と「論理的-全称命題」を含意しているからである。オーストリア学派経済学がもつ効用価値は，個人の効用と限界効用という主観から出発して，経済構造を理解し理論を構築しようとした。これに対して，労働価値説は常に客観的なかつ抽象的な労働価値が先行していた。すなわちまず客観的な価値有りきであった。もとより，マルクスは当初から労働価値の質と量の論理で破綻していたがこの意味で，オーストリアの限界効用学派の価値論は労働価値説とはまことに対照的であった。

(2) 目的論的判断力とは

反省的判断力の対象になるもう一つは目的論的判断力である。当然のこと，自生的秩序には目的論的判断力を述べねばならない。経済は確かに個人や企業の利益追求行為を課題としている。しかしそういうものの，同時に個人や企業は経済全体の動向を短期や長期の観点で見ていくことが通常である。い

---

197) *TMC*, S. 20f.（translated. *The Theory of Money and Credit*, p.48.『貨幣及び流通手段の理論』23頁）ミーゼスは述べている。「客観的交換価値も測定されない。それもまた個人の段階的な価値判断から引き出された比較の結果である。一定の財貨単位の客観的交換価値は，あらゆる他の財貨種類の単位で表現され得る。今日交換行為は通常貨幣によって媒介される，そしていかなる財貨も貨幣で表現された価格を持つ故に，いかなる財貨の交換価値も貨幣で表現され得る。この可能性は，交換取引発展の結果である価値段階の変形が価値判定技術の変更を強制した時，貨幣を価値表象手段たらしめた。」

198) Marx, K., *Karl Marx-Friedrich Engels Werke, Band 23, Das Kapital. Kritik der politischen Ökonomie*. Erster Band, Buch I. Berlin, 1962 S. 59.（マルクスエンゲルス全集刊行委員会訳『資本論』60頁）マルクスは言う。「より複雑な労働は，ただ，単純な労働が数乗されたもの，またはむしろ数倍されたものとみなされるだけであり，したがって，より小さい量の単純労働に等しいということになる。このような換算が絶えず行われているということは，経験の示すところである。」ハイエクは述べている。「労働価値説は，…ある錯覚に基づく価値の内容の探求の産物であった。」*IEO*, p. 136.（『個人主義と経済秩序』184頁）を見よ。

わば，目先の利益よりは全体でそして長期的に考えて安定した経済を望み，それに期待と希望をもつからである。つまりわれわれの経済に対する志向は全く個人的な視点のみならず全体的視点，これら二つが是非とも必要である。このような何らかの全体の視点を同時に含意するのが経済行為である。これに気づいていたのが，言わずもがなスミスである。マッハも述べている。「目的志向的行動を生物そのものに帰することができない場合には，これを超えた，目標を是が非でも実現しようとする別の存在（自然等々）が想定され，これが生物を嚮導する」。「生体の諸機能が相互に解発し合うこと，諸機能の関連，直接的なものに局限されていないこと，回り道，こういったところにはじめて合目的性ということが存立する」[199]。

　もちろん，これらが簡単に結びつけられるものではないことも現代経済学において漸次判明してきた。今では新古典派綜合（neo-classical synthesis）[200]というような主張をする者はいなくなった。経済学におけるミクロとマクロは所詮質的に違うものである。これに気づいている経済学者があまりにも少ない。ハイエクは1952年の段階で経済には「意図せざる結果」として個人と全体との間には越え難い溝があることを主張してきた[201]。もし経済学者が哲学的センスをもち合わせていたら，新古典派綜合というような命題を取り上げることはなかったと思われる。この溝の解決は近世の哲学者・カントの目的論的判断力に求めることができよう。

　カントは反省的判断力の対象として美学的判断（趣味判断）力と有機的自

---

199) *AE*, S. 80f.（『感覚の分析』83頁）
200) Samuelson, P. A., *Economics*, 7th, 1967.（都留重人訳『経済学』7版，岩波書店，1968年）1950年代の米国経済学界を代表するP.A.サミュエルソンは述べていた。「近代の経済分析は，『新古典派綜合』をわれわれに与えてくれるのである。これは新しい集計的所得決定理論の基本を相対価格やミクロ経済学にかんするかっての古典派理論と綜合したものである。古典派理論がその前提とした高水準雇用は金融政策と財政政策との運用で確保しつつ制度が円滑に作用する状態のもとでは，古典派理論は再びその本来の機能を発揮することとなり，経済学者はその自信を新たにして社会経済についての古典的真理や原理を述べることができるだろう。」この論述から，サミュエルソンはおそらく経済の核心を古典派においていたのではなかろうか。つまりスミスの見ていた自動調整作用を信じていたのではなかろうか，と思いたくなる。しかし，彼がどこまでもマクロとミクロをパラレルに置く限り所詮矛盾してしまう。ガルブレイスが指摘したような，ケインズのマクロ理論の独立性を理解していないと思われる。
201) *CRS*, Part One: *Scientism and the Study of Society*, p.17-182.（『科学による反革命』「科学主義と社会研究」1-149頁）

然に関する目的論的判断力を挙げている。前者は、既述のように芸術作品の判定に関わる判断であり、後者は自然の有機体（人間が目的をもってつくり出している組織）を認識する判断である。カントは前者は構成的であるのに対して後者は統制的でなければならないとした。アーレントは前者を政治的判断力に援用したが[202]、われわれ経済学を扱う者にとっては両方が援用されてしかるべきであろう。企業が製品を開発するには美学的判断力が、そして経済が調和や秩序をつくり出している限り、自然であり、統制的な原理を働かさせねばならないからである。

　こうして、美学的判断力は形式的であるから構成的な原理でよかった。しかし目的論的判断力は統制的原理でなくてはならないのである。そもそも、既述のように判断力とは悟性と理性との中間に位するものである。悟性とはさまざまな現象を統一して規則（普遍的なもの）を認識する能力であるのに対して、理性は原理として普遍的なものから特殊的なものを導く能力である。これに対して、第3の能力としての判断力は特殊的なものを普遍的なものに包み込む能力である。高次の認識へ向かう演繹と言ってしまえばそれまでである。しかし特殊から出発するからには対象の分析が必要であり、これは悟性の役割である。かつ包み込む箱に相当する普遍性をも獲得しておかねばならない、これは理性（理念）の役割であった。確かにカントは世界全体を目的論的体と目論んだ。だが、それは道徳的実践理性を基礎において、そしてそれを優位においてのことであった。そのとき自然はわれわれ人間の自由の所産となる。だが経済も道徳も社会的所産である。それには統制的原理、体系化が必要であり、もっぱら反省的判断力に依存せねばならない。

　われわれは判断力において悟性と理性とを峻別したりはしていない。カントは、それを纏めるべく悟性や理性と区別した第3の能力としての判断力としたのである。すなわち、判断力もまたアプリオリな能力であるならば、あ

---

[202]　アーレントは述べている。「趣味という活動様式は、この世界が、その効用とかそれにわれわれが抱く重大な利害関心から切り離して、どのように見られ聞かれるべきか、人びとが今後世界のうちで何を見、何を聞くかを決定する。趣味は、世界をその現われと世界性において判断する。趣味が世界に抱く関心は純粋に『利害関心なき』ものであるが、これは、趣味のうちには生命への個人の関心も道徳への自己の関心も含まれないことを意味する。趣味判断にとっては、世界こそが第一のものであって、人間、つまり人間の生命あるいは人間の自己は第一のものではないのである。」*BPF*, p. 222.（『過去と未来の間』300-301頁）

らためて規定的判断力（第一批判が活躍の場）と反省的判断力と名称を変えて批判の対象としなければならない。カントはまた自己自律のなかで理性の自己自律を Autonomie と言ったのに対して，判断力の自己自律を Heautonomie と言ってきた理由が理解される。これについては後に詳しく述べる。

　メンガーはスミスを批判して述べている。「アダム・スミスおよびかれの学派もまた，客観的な事情に適合しない場合にさえ，主として国民経済の実用主義的な理解に努力しているのであって，無反省的な仕方（意図されない合成果）で成立した社会現象の広い領域はかれらにはまったく理解されていない。」[203]（かっこ内筆者）スミスはまさに規定的判断力（特殊なものを普遍的なものに包む能力）で，つまり「見えざる手」という普遍的なものに包むべく，『国富論』を書いたのであると。スミスは反省的判断力に気づかない世界にいた。

　既述のように，美学的判断力は構成的原理と言ってよかった。主観や個人がもちうる趣味が悟性にかけられる限り（規則を見出すために）「規定」されるからである。しかし，目的論的判断力は世界の目的たる，調和や秩序であり，客観的合目的性が出現しその意図や目的を吟味を必要とするために（われわれは有限であるから），統制的原理つまり体系が含意されねばならないこととなる。そして，われわれ個人の判断はもっぱら反省にかけられねばならない。したがって，この目的論的判断力をカントはあらためて反省的判断力と言った。つまり，自然の合目的性は，美学的判断力においては主観的かつ形式的であるのに対して，目的論的判断力においては客観的かつ実質的な合目的性を課題としなければならない。共通するものは如何にしたら具体性に条件を加え普遍性を獲得し得るかである。したがって，判断力の要諦は反省的判断力である。これは社会科学とりわけ政策を掲げる政治学や経済学に援用が可能であることは明らかである。

　これらの議論は現代経済学におけるミクロ理論とマクロ理論の峻別に何らかの寄与ができると考えられよう。もちろん，現代経済学が問題にする均衡概念と哲学が演繹の前提とする秩序（ハイエクの自生的秩序）は一緒になる筈もない。（せいぜい言えることは，均衡が秩序や調和の部分を占めているというこ

---

[203]　*UMS*, S. 201.（『経済学の方法』183 頁）

とであろう。）前者は後者の広い視野において議論が可能であることは明らかである。個人主観は経済全体とは直接つながらずどこまでも「意図せざる結果」である。ケインズでさえ，ミクロ的視点とマクロ的視点は連続的思考は許されないものとし，あらためて「有機的統一の原理[204]」としたことは，周知の事実である。これを哲学的に言えば，経済には自生的な部分が存在し，したがって経済は全体として調和や秩序を含意し不定の概念であり続ける。それは客観性つまり普遍性を課題としているからである。ミクロに立つ満足とマクロに立つ満足は完全に乖離している。法において，コモンロー（一般法）とエクィティー（衡平法）とが乖離しているのと同様である。

しかし，個人が経済を作り出していることは，言わずもがなである。メンガーも述べている。「多くの社会現象を『有機体』として承認することはけっしてその精密的理解（原子論的！）への努力と矛盾しない[205]。」ここに何らかの靱帯が解明されねばならない。ケインズはこの点で失敗した[206]。哲学的に言えば，カントが課題としたように，思考する主体と外界とは互いに異種である。しかし，現象（表象）という立場で一つの実体である。経験的実在論（超越論的観念論）が成り立つのである。つまり靱帯は存在するのである。この靱帯はまさに反省的判断力の下におかれる趣味判断（美学的判断力）であり，目的論的判断力にある。そこに自生的秩序が醸成されることは言うまでもない。これらがどのように昇華されて高次の秩序を編み出すかについては次章のアンチノミー理論で見ることとする。その前に趣味判断のカテゴリーを見なければならない。

---

204) Keynes, J. M., *The Collected Writings., Vol. X* (*Essays in Biography*), p.436.（大野忠男訳『ケインズ全集 5 人物評伝』569 頁）
205) *UMS*, S. 156.（『経済学の方法』145 頁）さらにメンガーは注で述べている。「自然現象の精密的理解には，結局，まったく大変な困難が生まれる。だが，精密的社会科学ではそうではない。ここではわれわれの分析の最後の要素である個人とその諸努力とは経験的な性質をもっており，したがって，精密的理論的社会科学は精密的自然科学にくらべてずっと有利である。」「有利である」が「大変困難である」ことに変わりはない。これを受けて「要素である個人とその諸努力」すなわち「経験的な性質」にさらなる分析と総合を加えたのが，ミーゼスやハイエクである。*UMS*, S. 157. Anm. 51.（『経済学の方法』145-146 頁の注の 51）を見よ。

(3) カテゴリー

a) 性質のカテゴリー

カントは趣味判断で次のように分析する。つまり趣味には4つのカテゴリー（判断の悟性形式）[207]性質，分量，関係，様相（Modalitaet）[208]を提示する。これらは趣味の固有性に基づく原理である。当然のこととして，これらのカテゴリーはハイエクの自生的秩序を説明するのに不可欠である。

まず，性質について「趣味判断を規定する適意は一切の関心にかかわりがない」とタイトルを付けて，カントは次のように述べている。

> 「対象を美であると言い，また私が趣味を具えていることを証明するための要件は，私が自分自身のうちにあるこの表象から自分で作り出すところのものであって，この対象の実在を拠りどころにすることではない，これはきわめて見易い道理である。いやしくも美に関する判断にいささかでも関心が交じるならば，その美学的判断は甚だしく不公平になり，決して純粋な趣味判断とは言えない――このことは何人と言えども認めざるを得まい[209]。」

趣味判断の美は，主観に端を発し普遍的でなければならない，それには判断は真理や目的それ自体のために観想的（kontemplativ）でなければならない。ハイエクに置き換えれば，普遍的ということは公平な判断がなされねばならない。そのとき個人は利害から離れている。このことは美に概念をおいては

---

206) ケインズは『確率論』において，ベイズ（Bayes, T）やラプラス（Laplace, Pierre-Simon）の「等確率の原理」に制限を加えたものの単純枚挙法，アナロジーや帰納法に依存していたために，「有限な多様性の原理」からあらためて「無差別の原理」としたものの原子論的要素から紐帯の抽出に失敗している。したがって，ケインズは次の言明にとどまる。「われわれは，単なる時間と空間における位置が，他の諸性質にたいする決定因として作用を及ぼすことは，およそありえないと判断する。この信念は，それがいかにして経験に根拠をもちうるかを知ることは困難であるにもかかわらず，きわめて強固かつ確実であるように見えるのであるから，われわれがこの信念に到達するための判断というものは，おそらく直接的なものである」（*Collected Writing.*, Vol. VIII, p.284. 訳は伊藤邦武氏のものを使用させて頂いた。伊藤邦武『ケインズの哲学』156頁）伊藤氏が述べているように，「カントと同じように直観説」ならば，ケインズはカントの趣味判断並びに目的論的判断力を課題としなければならなかった，と言うことができよう。しかし超越論的論証を嫌いヒュームに依存して帰納法に重きを置くが故の結果であったと思われる。しかし，このような状況からして言えることは，ケインズ（『確率論』）がハイエク哲学の近傍にいて議論をしていたことは確かである。

207) 既に『純粋理性批判』で述べられている。*KrV*, S. 95.（『純粋理性批判（上）』143頁）を見よ。
208) 篠田英雄訳では「様態」と訳されているが，今現在多く用いられている「様相」に従った。
209) *KU*, S. 6.（『判断力批判（上）』72頁）

いない。確定した概念をおけば普通，公平への道は閉ざされる。ハイエクが自生的秩序を性格づけるために繰り返し述べてきたことは，概念は不定で諸個人の利害に直接及ぼすことはないが，しかし諸個人に有益であること，すなわちどこまでも特定の利害ではなく一般的利害である。自生的秩序は上記の趣味判断（美）の普遍性と軌を一にすることは明らかである。自生的秩序は「関心無き満足感」を満たしている。したがって，われわれに求められることは「何かあるものが美であるか否かが問題となる場合に我々が知ろうとするのは，…我々にとって或いは誰か他の人にとって…関心事になるかどうかということではなくて，我々が単なる観察（直観或いは反省）においてこの物をどう判定するかということである。」趣味判断を証明する要件は，人間がもつ表象から自分で作り出すものであって，実在する対象を拠り所とするものではない。ハイエクも述べている。「社会は言うならば人々が抱いている概念とか観念によって作り上げられている。そして社会現象は人間の意識の中で反省されることによってのみ認知され，意味をもちうるのである。」

b）分量のカテゴリー

次に分量について述べる。これについては既に詳しく述べてきたので，ここであらためて詳述する必要はないかもしれないが，誤解の無いようにしておかねばならないところがある。

趣味判断は概念をもたないだけに，記述のように「普遍性の美学的『分量』，換言すればすべての人に対する妥当性の『分量』を伴って」いくことが要請される。しかし，ここで注意しなければならないことは，「普遍性は判断の客観的『分量』を含むのではなくて主観的『分量』を含むにすぎない。」それは美の概念があるわけではないので，論理的判断ではないのである。「趣味判断

---

210) *KU*, S. 14.（『判断力批判（上）』81 頁）カントは述べている。「趣味判断は，単なる観想的判断である，—換言すれば，対象の現実的存在にかかわりなく，対象の性質を快・不快の感情に引き当てるだけの判断である。しかしこの観想そのもの，概念に向けられているのではない，趣味判断は認識判断ではない（理論的認識でもなければ実践的認識判断でもない）からである。従って，またこの判断は概念に基づいているのでもなければ，概念に達することを目的とするものでもない。」

211) *KU*, S. 5f.（『判断力批判（上）』72 頁）

212) *CRS*, pp.57-58.（『科学による反革命』34 頁）

213) *KU*, S. 23.（『判断力批判（上）』90 頁）

は，一切の関心を離れているという意識を伴っている，それだから趣味判断は，客観に依存する普遍性をもつものではない。しかしすべての人に例外なく妥当することを必然的に要求する。換言すれば，趣味判断には，主観的妥当性に対する要求が結びついていなければならなのである。[214]」いわば主観的な普遍妥当性が求められるというものである。「趣味判断において考えられる適意の普遍性は単なる主観的普遍性にすぎ[215]」ず，諸個人として成立しなければならない。ハイエクに置き換えておこう。ハイエクも「社会科学のデータの主観的性格」と題して述べている。「『言葉』とか『文章』，『罪』とか『罰』〔といった概念〕はこれに対する人びとのはっきり自覚した意図にかんするわれわれの知識に訴えることなく，これを定義することができるという意味での客観的事実では，もちろんないのである。[216]」換言すれば，分量は未完成途上を含意している。

したがって，カントは言う。「それだからかかる表象によって生じる心的状態は，…認識一般のために自由な遊び営んでいるという感情の状態でなければならない。…この表象は直観における多様なものをまとめるところの構想力と，この多様なものの表象を概念によって統一するところの悟性とを必要とする。[217]」分量のカテゴリーは主観的分量であってあくまでも未完成途上を形成する量でしかない。こうして，趣味判断の分量のカテゴリーは「自由な遊び」を相即不離な関係で呼び起こす。構築の哲学の場は時間を要請する。

c）関係のカテゴリー

次に関係に進もう。カントは関係のカテゴリーにおいて「目的なき合目的性（Zweckmäßigkeit ohne Zweck）」という原理を提示する。既述のように，趣味判断の美は普遍性の要件として概念が無くかつ純粋であった。換言すれば，

---

214) *KU*, S. 18.（『判断力批判（上）』85-86 頁）
215) *KU*, S. 21.（『判断力批判（上）』89 頁）
216) *CRS*, p.50.（『科学による反革命』29 頁）ハイエクはここで注を付け述べている。「幾人かの社会科学者たちは，『罪』というものを，ある人が罰せられる行為として定義し，これによって罪を一つの客観的事実とすることができると信じているが，これは全くの幻想である。このことは主観的要素を一歩後退させるだけであって，これを除去することではない。『罪』は依然として一つの主観的事柄であって，客観的用語によって定義つけることはできない。例えば，人がある好意をするたびに，かれの首に鎖が巻きつけられることがあったとしても，そのことが報酬なのか罪なのか判らない。」『科学による反革命』は 37 頁を見よ。
217) *KU*, S. 28.（『判断力批判（上）』96 頁）

5 判断力批判と自生的秩序　271

われわれが美に直接係わるからではなく，一般性として美しいのである。それは芸術の美や自然の美であったし，主観的でありつつも客観的であった。したがって，美の鑑賞者の心をカントは次のように述べている。

> 「かかる判断が美学的判断と呼ばれるのは，その規定根拠が概念ではなくて，心的能力〔構想力と悟性〕の遊び（Spiel）における調和の感情（内感）であり，またこの調和が我々に感じられるからである。[218]」

この「遊び」は決して放恣な活動を意味しているのではない。美の鑑賞者を美しくさせるのは鑑賞者の構想力と悟性であるが，それには多くの素材が必要であろう。そして，それにはまたより開かれたミリューと「遊び」が不可欠である，というのである。場と時間において条件が述べられる。「心的能力は自由な遊びを始めるのであるが，この遊びはそれみずからが自分を保持しつつ，心的能力の働きをも強化するのである。…この原理〔精神〕は，美学的理念を表現する能力にほかならない…私の言う美学的理念とは，構想力の或る種の表象──換言すれば，多くのことを考えさせる機因を成すような表象を意味する。[219]」いわば，この「自由な」（そして「構想力と悟性」の）「遊びは」は偶然性を克服する大切な触媒と考えてよいであろう。それほどまでに，美学的判断は「遊び」に依存するのである。[220] カントは言う。

> 「或る物が目的としてのみ可能であることを洞察しようとするならば，──換言すれば，その物を発生せしめた原因性を自然の機械的組織に求めるのではなくて，或る種の原因性即ち作用能力が概念によって規定されるような原因に求めねばならないとするならば，そのためには次のことが必要である。即ちこの物の形式は，感官の対象に適用された悟性によってのみ我々に認識され得るような単なる自然法則に従って可能なのではなくて，むしろその経験的認識すら，かかる形式の原因および結果に関しては理性の概念を前提している，ということである。このように或る物の形式が，一方ではあるゆる経験的自然法則に従っているにも拘わらず，理性に関して偶然的であるということこそ，自然

---

218) *KU*, S. 47f. (『判断力批判（上）』47 頁)
219) *KU*, S. 192. (『判断力批判（上）』267 頁)
220) *KU*, S. 28f, S. 31, S. 37, S. 47, S. 99, S. 192. (『判断力批判（上）』96 頁, 99 頁, 104 頁, 115 頁, 169 頁, 221 頁, 267 頁), *KU*, S. 303. (『判断力批判（下）』47 頁)

における所産の原因性をあたかも理性によってのみ可能であるかのように想定せしめる根拠なのである。理性が，或る自然的所産の産出と結びついている条件を洞察しようとすれば，理性はかかる所産の形式においてこの形式の必然性を認識せねばならないにも拘わらず，実際にはこのような必然性を想定することすらできないのである。」[221][傍点引用者]

確かに，因果律（「経験的自然法則」）に必然性は存在する。それは形式においてである。それが問題なのではない。課題は「目的無き合目的性」，秩序や調和（カントでは「最高の実在性」）である。われわれも目的をもつ。しかし，それは「目的無き合目的性」には直接結びつかない。だからと言ってわれわれのもつ目的が無益だというのでない。「自然的所産を生ぜしめた原因性は，目的に従って行為する能力の（意志）にほかならない」から，すなわち，調和や秩序という目的への志向である。特定の具体的な目的は洗練されねばならない。その洗練を助けるものは偶然性を呼び込む「遊び」である。理性は偶然性を得ることはできるが，それは「遊び」の手助けによる。「遊び」は「みずからが自分を保持しつつ，心的能力の働きをも強化」して理性を助ける。「遊び」は理性たらしめ偶然を生起させる。これらの経緯と複合が判断力である。まさに，普遍的なものを認識する悟性，特殊なものを普遍的なものへ規定しようとする理性，この間（はざま）にあるのが判断力である。判断力は「遊び」を含意したものであり「目的無き合目的性」への回廊なのである。

このようなカントの「目的無き合目的性」はハイエクにも見られる。ハイエクは一見して社会的視点でのみ展開しているように見える。ハイエクは正義を取り立てて言う。「自生的秩序の形成に役立つ目的独立型のルールを目的依存型の組織のルールと対照して叙述する」が，これらは峻別されねばならない。「前者（「目的独立型のルール」）は『私法社会』の土台にあって，開かれた社会を可能にするノモスである。」[222]それに対して，後者の「目的依存型の組織のルール」は「政府という組織を決定する公法である」が「正義に適う行動を定めるルールであるということには」ならない。

「目的独立型のルール」は，「特定の行為を完全に決定することができず，

---

221) *KU*, S. 284f.（『判断力批判（下）』27-28 頁）
222) *LLL2*, p.31.（『法と立法と自由Ⅱ』47 頁）

許容される種類の行動の幅に制約を課すだけである[223]。」したがって,「目的独立型のルール」は「目的無き合目的性」を含意している。そして,ノモスは秩序や調和を可能にする。ハイエクは続ける。「目的独立的な正義に適う行動ルールは,ある人が何をなさねばならないかを決定できるのであり(自発的に引き受けた責務の履行を別にして),何をしてはならないかを決定できるだけである。それらは,何人といえども侵してはならない各人の保護された領域を規定するに過ぎない[224]。」正義は「目的独立型のルール」に依存しているのであって,特定の目的を意図することはありえない。確かに正義は社会的でかつ社会的視点をもつ。しかし,正義は「将来の獲得を目指す力量の改善を意図した獲得の可能性なのである[225]。」正義を見つめなければならない,それは獲得された正義ではなく構築の対象としての正義である。正義は自生的秩序と同義になる。

カントが言う,理性は「必然性を想定することすらできない」という消極的姿勢はハイエクの「保護された領域を規定するに過ぎない」に置き換えられよう。いわば,正義はそのような消極的選択を編み出す以外にはない。正義もまた偶然とともに「遊び」に依存していると言えよう。正義も価値観の一つなら美学的判断力とすることに何の違和感もない筈である。美学的判断力という理性は「遊び」に依存し偶然を意識させるから,福祉や所得再分配を正義に従って計画や設計するということはあり得ないことである。こうして「目的無き合目的性」は正義をも正すことができよう。

　d）様相のカテゴリー

次に最後の様相について見よう。ハイエクの自生的秩序を説明するに最も必要な内容の一つと言えるのではなかろうか。後に詳論するように,ハイエクが強調する抽象性がまさにこの様相から出たと思われるからである。

カントは『純粋理性批判』のカテゴリーで,様相はきわめて特異な機能であると述べている。その特異性は判断の内容に何も加えることなく(性質,分量および関係のほかには,判断内容をなすものはないから),「ただ思惟一般に

---

[223] *LLL2*, pp.36-37.（『法と立法と自由Ⅱ』55 頁）
[224] *LLL2*, p.123., pp.36-38.（『法と立法と自由Ⅱ』171 頁, 55-56 頁も見よ。）
[225] *LLL2*, p.124.（『法と立法と自由Ⅱ』172 頁）

関する繋辞（Kopula）の価値だけに関係する」と言う。様相は，この繋辞によって可能性（不可能性），現実性（非現実性）および必然性（偶然性）という3原則を問うことになる[226]。つまり，この「様相の3原則は，客観的綜合判断ではない。可能性，現実性および必然性という述語は，これらの述語をもつところの〔主語〕概念をいささかも増大するものではない，かかる述語は対象に何ものをも付け加えないからである。それにも拘わらずこれらの3原則は，やはり綜合判断である，——つまり主観的な綜合判断なのである[227]。」と纏めている。カントはさらに説明を加える。

　「この概念がそこから生じまたそこを在拠とするところの認識能力を適用するのである。そこで或る物の概念が，悟性において経験の形式的条件だけに結びついているときは，この概念の対象は可能であるといわれる。また対象の概念が知覚（感官から生じた素材〔知覚の〕としての感覚）と関連し，更に悟性を介して知覚によって規定されていれば，その対象は現実的である。また対象の概念が概念〔カテゴリー〕に従い知覚相互の関連によって規定されていれば，その対象は必然的である[228]。」

以上から分かるように，知覚とは趣味がもつ基本的現実性と経験である。こうして，様相というカテゴリーに含まれる重要性が浮かび上がってくる。そして，繋辞によって3原則が問われるということは「知覚相互の関連によって規定」されることであり，ヒューム的な，絶えず非人格の世界（社会や諸個人）に判断が提示されるという経験の世界である。様相で重要なことは存在論的かつ形而上学的意味が払拭され，知覚経験に依存するという性質である。批判前期のカントは主観主義であるよりはイギリスの経験主義，道徳哲学からの影響が濃厚であった[229]。自生的秩序，ハイエクの真骨頂が描き出されるに十分である。

---

226) 「蓋然的判断は，その肯定もしくは否定がまったく可能的（任意的）と見なされるような判断である。実然的判断は，その肯定もしくは否定が現実的（真）と見なされるような判断である。また必然的判断は，その肯定もしくは否定が必然的と見なされるような判断である。」と．*KrV*, S. 100.（『純粋理性批判（上）』147頁）を見よ。
227) *KrV*, S. 286.（『純粋理性批判（上）』312頁）カントはこれらを「観念論に対する論駁」として纏めているのである。ハイエクが真に個人主義，真の啓蒙主義を目指したように。
228) *KrV*, S. 286f.（『純粋理性批判（上）』312頁）

5 判断力批判と自生的秩序

　ハイエクが言語を自生的秩序の一つと見てきたことに道を開いていたことは周知の通りである。[230]これは繋辞を抜きにしては考えられまい。つまり，主語に述語が与えられれば，主観が客観や普遍に途を開くこととなるからである。対象に外から新たな述語を供えることによってその対象を名辞することができる。しかし，既述のように概念は把握されていない。概念は時々刻々未来へ培われるという思惟の対象である。まさに演繹がもつそのプロセスにあって，様相は概念に繋辞という機能をもって対処している。ハイエクの自生的秩序（概念）の解明に様相がきわめて不可欠なカテゴリーであることは誰の目にも明らかであろう。

　『判断力批判』で見てみよう。趣味は一見して社会科学の第一線から離れているように見える。しかし，逆説的に主観であるが故に経験的であり現実的であり，拡張的である。趣味の発露から芸術美というような普遍的美を探求するところに，社会もしくは共同体を構成する成員を結びつける能力をあらためてみることができる。ここに『判断力批判』の最大の焦点がある。趣味判断（美）に対するカントのスタンスはまことに当を得たものと言えよう。

　カントは趣味判断の様相を次のように述べている。美のもつ必然性は特別な種類のもので客観的必然性をもたない。美は「すべての人によって，その通りに感じられる…アプリオリに認識せられる必然性ではない。」さりとてまた道徳のように「実践的な客観的必然性」でもない。「一定の概念から導来せられ得るものではない，それだからまた無条件に妥当する必然性ではないのである。」つまり概念なき必然性つまり主観的必然性にとどまる。これをカントは「範例的必然性（exemplarishe Notwendigkeit）[231]」と呼ぶしかない，と言う。

---

229) カントは，既にイギリス道徳哲学の影響を受けていたと言われる。それはカントの批判前期における著作『美と崇高の感情にかんする観察』に伺える。カントは言う。「私は今のところ，この領域の中でも，特に際立っていると思われるいくらかの箇所に私のまなざしを向けるだけであり，またこれらに哲学者の眼よりも観察者の眼を向ける。」（傍点引用者）この観察者とは美と崇高にかんして世界の人々の観察に目を向けようというものである。つまりカントの目は社会的な眼差しに視点を向けていたと言える。*GSE*, S. 207.（久保光志訳『美と崇高の感情にかんする観察』323 頁，『カント全集 2』岩波書店に所収）

230) *CL1*, p.57.（気賀健三・古賀勝次郎訳『自由の条件Ⅰ』85 頁）周知のように，ハイエクは自生的秩序は「人間の設計の実行ではなく，まさに人間の行為の結果である」という命題を専らアダム・スミス，ヒューム，アダム・ファーガソン等から得ていた。その進化の過程は「制度と道義，言語と法の累積的成長の過程」に現れているという。

したがって、カントは趣味判断の主観的必然性には条件がついていると言う。その必然性とは、「すべての人が同意する」という条件が不可欠である。主観的必然性はすべての人が同意するという必然的条件である。そうすると、主観的なのだが「すべての人に同意を求めて憚らない」以上、すべての人に共通するものがなくてはならない。ここにカント独自の共通感が登場する。構想力と悟性の「自由な遊び」から生じる。だとすると、共通感は認識作用の悟性と構想力の調和のもとに成立している。その共通感について、カントは言う。

> 「このような調和は、（概念によってではなく）感情によってのみ規定せられ得るのである。ところでこの調和には、すべての人が普遍的に与り得なければならないから、従ってまたかかる調和の感情（与えられた表象に関する）にも、すべての人が普遍的に与り得なければならないわけである。しかし或る感情にすべての人が普遍的に与り得るためには、一種の共通感が前提されねばならない。しかしこのような共通感は、心理学的観察に基づいて想定されるのではなくて、すべての人が我々の認識に与りうるための必然的条件として想定されるのである。[232]」

主観的必然性は普遍的同意を意味し、この共通感の下で客観的必然性が育まれる。「この共通感は、決して経験に基づいて設定され得るものではない。この共通感は…一種の『べし』を含むような判断の権利の確立にある。」かくして、カントは趣味判断に「範例的妥当性」[233]を与える。これは主観的原理にすぎないが、しかし「主観的―普遍的原理（すべての人にとって必然的な理念）」と見なされると言う。ここに調和という概念が生じ演繹が再度確認される。

　以上の言説から纏めてみよう。趣味判断の様相は対象と主観との関係を課題にし、その意味で他のカテゴリーとはまったく異なる性格をもつ。対象がどのようなものか既に分かっていても、さらに可能性、現実性そして必然性が問われる。換言すれば、演繹であるが認識が加えられている。まさにハイエクの自生的秩序はこの思惟環境、つまり原理体系におかれていた。

---

231)　*KU*, S. 62.（『判断力批判（上）』131頁）
232)　*KU*, S. 66.（『判断力批判（上）』134頁）
233)　*KU*, S. 67.（『判断力批判（上）』135頁）

様相は主観であるが故に普遍性へ至るには条件と志向を必要としていた。その条件とは共通感であったし，志向とは悟性と構想力が織り成す調和や秩序であった。共通感という調和は「範例的妥当性」にあり，「観念的規範」である。したがって，調和（秩序）に基づく演繹は関心なき満足や目的なき合目的性とあわせ体系づけられるものである。

調和（自然の合目的性，美学的表象）は感情に依らねばならなかった。カントは言う。「快の感情が喚起せられるならば，その対象は反省的判断力にとって合目的なものと見なされ〔判断され〕ねばならない。この種の判断が，即ち客観の合目的性に関する美学的判断である。」ハイエクの自生的秩序もまた直観と調和に関する経験の形式的条件に従っている。いわば感覚が加われば現実的であり，さらに原因に基づいて認識されれば必然的である。なぜなら，趣味はもともと感覚に訴えるものであり主観から出発し，それに因果律に基づけば普遍性への道を獲得することができる。言うまでもなく，この因果律は「遊び」（自由の因果律）を含むものである。社会科学にとって一つの新たな根本的な道が開かれていることに間違いはない。

カントの言説は，実はハイエクが自生的秩序について述べてきたこととまったく軌を一にすることが分かる。それは，ハイエクが『感覚秩序』を書くに至った理由，その考え方について述べているところである。

> 「この本で真に重要なこと，そして私がはじめてそのアイデアを考えたときにできなかったことが，自分が答えを得ようとしたというよりも答えようと試みた問題を定式化することだった，と思います。その問題とは，異なる感覚的質の間の差を決定しているものは何か，というものです。試みたことは，この差を因果的結合のシステムへ―または連想のシステムへ，…と還元することです。そのシステム内で，個別的な感覚の質―青という属性，その他何でもよいのですが，―は実際は，様々な行動へとつながってゆく潜在的な結合のシステムにおける位置なのです。」（一部修正引用者）

---

234) *KU*, S. XLIII.（『判断力批判（上）』58頁）
235) *KU*, S. XLIV.（『判断力批判（上）』54-55頁）
236) *KU*, S. XLIV.（『判断力批判（上）』54頁）
237) *HH*, p.138.（『ハイエク，ハイエクを語る』175頁）

「そのアイデア」とは，カントが既に議論していたことであり，カントから与えたことは以上の言説から明らかである。むしろ，ハイエクが述べてきた内容は既にカントが応えていたように見える。つまり能動的主観の援用である。もしハイエクに独創性があるとするならば，「言葉よりも大きな役割を演じているのかもしれない」「視覚的想像力（visual imagination）」，そしてそれからもたらされる「抽象的パタン」である。[238]

ハイエクは『感覚秩序』の中で「感覚秩序は単一性」と題して述べている。

> 「『体系化された場』という概念は，通常，一つの感覚，あるいは一つのモダリティー（modality）に属する質のシステムにも適用される。われわれの目的にとっては，その意味をより広く解釈し，同じモダリティーに属するさまざまな質の間の関係ばかりではなく，異なる複数のモダリティーに属する質の間に存在する関係までも，この概念のうちに含める必要がある。」[239]（かっこ内修正引用者）

ハイエクが述べているモダリティー（modality，ドイツ語 Modalität）はカントやヒュームの様態（modoes）[240]にその淵源を求められることは明らかである。[241]むしろ，カントと同様に「因果的結合のシステムへ―または連想のシステムへ，…と還元する」主体は主観である。ハイエクはカントに従って，様相の中に因果律を入れ（もしくは因果律の中に様相を入れ）綜合しようとしている。大切なことは，主観がヒュームの様態にとどまらずカントの様相として議論し

---

238) ハイエクは言う。「私が得たオリジナルなアイデアがあるとしてもそれらは，実際のところ順序立った推論の過程を経て出てきたのではない。私がいつも自分が，すべての思考は言葉または言語の形で起こる，という主張の反証例になっている，と考えてきたのである。」*HH*, pp.134-135.（『ハイエク，ハイエクを語る』169-170頁）を見よ。
239) *SO*, p.77. 3・74（『感覚秩序』92頁3・74）
240) ヒュームにおいては，様相としての議論は成されていない。様態は実体と比較され複雑観念（関係，様態そして実体）の中に入れられている。ヒュームは言う。「様態を形成する諸単純観念が表象する諸性質は，隣接と因果の関係によって統合されていず，異なる諸基体に散在しているか，あるいは，諸性質が統合されている場合にも，統合原理はその様態の複雑観念の基礎であると見なされていないのである。」*THN*, p.17.（木曽好能訳『人間本性論』28-29頁）を見よ。ハイエクの議論がカントに依存していることは明らかである。
241) 『感覚秩序』を訳された穐山貞登氏は訳注として「モダリティーは色覚のように感覚の種類を指していう」と述べているが，不十分であろう。モダリティーは様相と訳すべきであった。*SO*, p.20. 1・59（『感覚秩序』29頁1・59）を見よ。それにしても，カントの様相を知らないものにとっては仕方のないことである。ハイエクはこのことに一言も触れないからである。

ていることである。その結果ハイエクは抽象を入れることとなった。

　さらにハイエクの共感覚（synaethesia）[242]に触れておく必要があろう。ハイエクは言う。「あるモダリティーに属する感覚にともなって，別のモダリティーに属する質の経験が規則的に生じることがあり，色聴などの共感覚の例がこれにあたる。」[243]つまり色の形容が音に（黄色い声），音の形容が明るさ（「音の明るさがライラックの匂いの明るさ」）[244]に可能だ，というのである。これは言語においては目新しいことではない。「異なる感覚の質の間に成立しているのが共感覚」[245]である。

　ハイエクの共感覚は既述のカントの共通感を踏襲し，それに一つの例を提示したのではないか。そして，ハイエクの抽象性はカントの統覚[246]と共通感をあわせもった発想から出たのではないか。カントも述べている，人々に共通なものが客観である[247]。しかしながら，これ以上はカントから出てこないように思われる。カントは言う。「我々はこれらの問題を，ここではまだ究明するつもりはないし，また究明できるものではない。そこで我々は，差し当たり趣味の能力をその要素に分解し，結局はこれらの能力を共通感という理念において再び合一させるだけにとどまらざるを得なかったのである。」[248]カントとハイエクの相違は明らかである。自生的秩序は理念ではないのである。ハイエクとカントは，心理学と哲学の相違はあるものの共感覚（共通感）を共有

---

242) 共感覚（synaethesia）とは，生理学で刺激の部位とは別の部位に起こる感覚のことである。
243) *SO*, p.22.1・64（『感覚秩序』31頁1・64）
244) *SO*, p.20.1・58（『感覚秩序』29頁1・58）
245) *SO*, p.161.7・48（『感覚秩序』182頁7・48）
246) カントは統覚を経験的統覚と純粋統覚（根源的統覚）とに分けている。認識にはこれら二つが必要である。*KrV*, S. 132f.（『純粋理性批判（上）』176頁）を見よ。
247) *KrV*, S. 849.（『純粋理性批判（下）』112頁）「意見は，我々の悟性における出来事〔現象〕である。この現象は，客観的根拠に基づく場合にも，やはり判断する人の心意識における主観的原因を必要とする。もし意見が，およそ理性を有する限りの人に例外なく妥当するならば，その根拠は客観的に十分であって，かかる意見は確信と呼ばれる。」「真実は，客観との一致を基礎としている。従って，およそ悟性の判断であれば，どの悟性の判断もすべて客観に関して一致しなければならない。それだから意見が確信であるかそれとも自信であるかを判定する基準は，外的にはその意見を他者に通じさせることができ，またそれがすべての人々の理性に妥当するものとして認められ得る，ということである。…これらの判断がすべて一致する根拠は，共通の根底をなすところの客観に基づいているから，これらの判断はすべて客観と一致するわけであり，こうしてこの判断の真であることが証明される。」（かっこ内を省略引用者）
248) *KU*, S. 68.（『判断力批判（上）』136-137頁）

していた。ハイエクはこれを抽象として仕立て直したのである。何故なら，その方が科学的であり，リアリズムである。実に興味あることに，ケインズもまた客観（一般化の推論）を論理的確信（確率）として捉え，類似（analogy）に至っていた。[249]この類似はハイエクの共感覚やカントの共通感に通じるものであることを述べておこう。もし，ハイエクに独創性があるとするならばこの点である。これらの議論は自生的秩序の構成の上できわめて重要なところである。これについては，最後の第6章「自生的秩序」で詳細に論じることとする。

　さてここで問題を提起して次節に送ることとしよう。それは趣味判断は概念をもたないと述べてきた。しかし趣味判断をなす内容は共通感を含む一つの調和であり，それは概念であった。そうすると，趣味判断は概念をもつといった方がよいのか，概念をもたないといった方がよいのかという問題である。言い換えれば，自生的秩序は概念か，そうではないのかという議論である。この問題は明らかに理性の矛盾である。これが解かれねばならない。カントは理性のアンチノミー（Antinomie）として解決をはかっている。ハイエクの自生的秩序を理解する上でこの議論も不可欠と思われる。

6　アンチノミーと自生的秩序

(1) アンチノミーの必要性

　ハイエクがしばしば引用してきたヒュームの視点から問題を起そう。社会には自生的秩序が自然に必ずや息づいている。その自生的秩序は人間がつくり出したものであるが決して考案者によって意図されたものではない。にもかかわらず，社会にとって有利な行為体系（some system of conduct and behav-

---

[249] Keynes, J. M., *The Collected Writings., Vol. VIII* (*A Treatise on Probability*), p.286. ケインズは述べている。「われわれ人格に所属する諸行為は意識の諸状態と連携したものであり，それにはおびただしい経験をもっている。そしてわれわれは他と似た行為が似た意識の状態との連携にあることは事実らしいと推論する。しかし，類似からくるこの議論は，およそあらゆる他の経験的諸議論に関わる上で重要であり，そしてわれわれがそれに強い確信を得るにあたってこの（類似の議論の）重要さが説明を与えることができよう。」

iour)[250]である。したがって，ヒュームの命題は，この「行為体系」すなわち自生的秩序は個人と非人格的な社会との直接は繋がらない乖離の中に生起していると。つまり，生来個人がもつあるがままの自愛や利己心では「行為体系」に上り詰めることはできないからである。既述のように，歴史学派のクニースが指摘してスミスが誤解された「アダム・スミス問題」である。つまり仁愛（benevolence）という利他心と利己心との矛盾である。そしてその間を共感（sympathy）が取り持つという理解である。しかし十分議論が尽くされたとは言い難い。では，仁愛と自愛，利己心は社会でどのように昇華されているのであろうか。

　ハイエクも述べている。「ヒュームは…規則が次第によく遵守され，ついには強制されるように利己心が導くのはいかにしてかということを示すために，大変苦労している[251]。」と。確かに「正義の法の真の母は自愛である[252]。」というように，一見矛盾の中にある。そして，カントも述べている。人間は時として「自己矛盾に陥って，宇宙論に関する自分の要求を断念せざるを得なくなる[253]」と。しかし，人間（そして社会）自体に性善説のように自生的な秩序が機能しているのかもしれない。なぜなら，「行為体系」は現に存在するからである。われわれは自然な形で「行為体系」を獲得する。法もまた自愛が契機となって「行為体系」を生み出す。そして，自然に社会的に人間は自己を克服する。ヒューム哲学にはそのような自然秩序（調和）をアンチノミーとして取り上げることはなかった。「行為体系」は主観ではなく社会，慣習そして共感で培われると見ていたからである。

　しかし，必要なことはリアリズムな主観の視点である。「行為体系」は主観としてどのように昇華の過程を経るのであろうか。自愛から「行為体系」へどのように昇華されるのであろうか。しかしイギリス経験主義においては思惟の分析は十分ではなかった。諸個人が意図せずしてそして無意識のうちに，どのようにして高次の「行為体系」を編み出すのか。自愛がどのようにして

---

250) *THN*, p.529.（『人性論』（四）119 頁）
251) *PPE*, p.113.（『F. A. ハイエク市場・知識・自由』に所収．「デイヴィッド・ヒュームの法哲学と政治哲学」146 頁）および *THN*, p.490.（『人性論』（四）63 頁）を見よ。
252) *THN*, p.529.（『人性論』（四）119 頁）
253) *KrV*, S. 433.（『純粋理性批判（中）』88 頁）

慣習，黙約そして共感を編み出すのであろうか。われわれは社会に自生的な秩序を感じると同時に疲弊を抱えていることもまた事実である。ヒュームは「利害と快のすべてのなかにわれわれ自身のそれを無視」して「公共の善（自然な徳）」たる「行為体系」に至る，と言うのだが，ことはそれほど単純ではない。この「行為体系」への経緯の中における思惟が分析されねばなるまい。個人の内面における矛盾，葛藤そして緊張をどのように克服するのか，ヒューム哲学では必ずしも明らかではない。言えることは，全体の秩序，長い目で見れば必ずや個人にも有利になる「行為体系」に気づくことである。しかし，その経験的かつ内面的分析がほしいのである。カントはこのようなヒュームの「行為体系」やスミスの共感をあくまでも主観に焦点を当て詳細な分析を展開したのである。それがアンチノミーである。

確かに，「行為体系」と比較して経済というシステムからわれわれは幾つもの自生的な秩序を確認することができる。作られた製品は価格を通して不特定多数の人々に行き渡る。経済は自愛と利己心で満ちていてよい。ケインズも述べていた，自愛がつくり出す個人の美徳は必ずしも社会的善とはならず経済には「合成の誤謬」が存在すると。経済はアンチノミーを意識しなくてもよいのかもしれない。確かに自生的秩序が社会に存在するならば，フィードバック現象が可能である。しかし，社会科学においては簡単に片づけられ

---

254) 確かにヒュームは「公共の善（自然な徳）」について述べている。「われわれがある性格を見て快を感じ取るのは，その性格が他人に有用であるよう自然に適しているか，あるいは本人に有用であるよう適しているか，快いか，あるいは本人にとって快いか，いずれかの場合である…。ところで，おそらく，これらの利害と快のすべてのなかにわれわれ自身のそれを無視していることを意外に思うかもしれない。…しかし，この点については，次のことを考えれば簡単に納得がゆくだろう。つまり，すべての個々の人の快や利害は異なっているから，人々が心情や判断において一致するのは，なにか共通の視点を選んでそこから対象を眺め，対象が人々のすべてに同じように現れるようにさせなければまったく不可能なのである。」THN, p.617．（土岐邦夫抄訳『人性論』528 頁）を見よ。公共の善は共感が関心をそれに向けさせるのである。徳は「ある目的への手段として考えられている。目的のへ手段は，その目的が価値あるとされる限りにおいてのみ価値あるものとなる。」個人の利害の差はその質の差と共感という社会的最大公約数で了解されているように思われる。したがって，思惟の内容に入りにくい体質をもっている。
255) 経験主義と主観主義の相違は，前者が経験的にすなわち社会的に見出そうとするのに対して主観主義は徹底して思惟の分析を進める。前者は水平的であるのに対して後者は垂直的であるという比喩で言えるであろう。
256) Keynes, J. M., *The Collected Writings* Ⅶ (*The General Theory of Employment, Interest and Money*), 1936, p.210．(『一般理論』208 頁)

る問題ではない。交換経済と言語に他の分野に抜きん出てサイバネティックスが確認されただけである。習慣法と衡平法とに越え難い緊張があるように，アンチノミーは社会科学全般に解決の道を開くものであろう。

つまり，利己心は裸のままの利己心ではない筈である。利己心には遠からず衣が着せられる。それはどのように昇華され自生的秩序を編み出すのであろうか。利己心にのみ専念する個人がどのようにして自愛を犠牲にして高次の秩序（社会的利得や正義）に気づき納得するのであろうか。現実には，諸個人は自己の利害に勤しみ，それに囚われ葛藤し悶々するのではないか。解決をみるものの「理性の争い」として見た方が現実的である。個人，諸個人が利己心に囚われず解放されて，高次の秩序へ進む分析がほしいのである。このようなリアリズムにカントはアンチノミーを用意していた。この議論無しにはハイエクの自生的秩序の解明は十分ではないと考えられる。

カントは三批判（『純粋理性批判』，『実践理性批判』，『判断力批判』），いずれにもアンチノミー（Antinomie）を登場させている。認識や倫理そして判断力に一見して起こる自己矛盾（二律背反）を課題にした。カントにとって，それまでの合理論を批判する上で理性批判は当然のことであった。ヒュームが理性の存在を極力避けてきたことに対応するかのようである。周知のように，理性よりは感情に議論を移していた。ヒュームは行為（や道徳）の意思決定は質的な二つ以上の価値意識の対立であり，どちらかの感情が優れ勝つことだと述べた。ヒュームは，カントにおける理性の役割を価値意識に分散させ次元の違いを訴えたのである。理性でまとめるよりも感情の対立議論として現実味を与えていた。それとまさに競うかのように，カントは理性に一見してよそよそしく見える葛藤，「自己自身の争い」があるとみた。しかし調停可能な「予定調和」の世界が意識されていることは言うまでもない。

カントは言う。

---
257) *KrV*, S. 451.（『純粋理性批判（中）』104 頁）
258) *THN*, p.415.（『人性論（三）』204 頁）「理知（reason）は…意欲防止という効果をもつことはできない…情緒の衝撃と対立し或いはこれを阻止することのできるものは，反対の衝撃あるのみである。」（かっこ内筆者）
259) ヒュームのかの有名な「理知（理性）は感情の奴隷である。」が述べられる。*THN*, p.415.（『人性論』（三）204 頁）
260) カントは「弁証論の競技場」と言っている。*KrV*, S. 450.（『純粋理性批判（中）』103 頁）

> 「我々が悟性の原則を使用するために我々の理性を経験の対象に適用するだけにとどめないで、経験の限界を越えて理性の拡張を敢えてしようとすると弁証的命題が生じるのである。そしてこれらの命題は、経験において実証される見込みもなければ、さりとてまた反駁されるおそれもない。つまりかかる弁証的命題は、いずれも自己矛盾を含まないばかりか、その必然性の条件を理性の自然的本性に見出すのである。ただ不幸なことにこの対立は、各自の主張を支持する必然的妥当的な根拠をちょうど同じだけ、それぞれ自分の側にもっているのである。」[261]

対立や矛盾は「弁証的対立」なのである。つまり理性内にその調停が内在されている。ヒュームが人間的自然という社会的環境の経験（調停）の中にいるのとは対照的に、カントはあくまでも自然的人間、自然（超越論的）な主観の機能の中にいる。アンチノミーとはあくまでも理性のなかの対立（二律背反）であり、かならずや調停されるのである。大切なことは、この葛藤と調停についての分析である[262]。

ハイエクも真の個人主義を求めて次のように述べている。「理性は合理主義にとって、真理の発見を見出したときにその真理を認識する能力ではもはやなく、明確な前提から演繹的推論によって真理へと到達する能力であった。」[263] つまり、残念なことに既に理性は三段論法的に得られた前提に基づく行動原理になっていた。この理性の中にロックがいたとハイエクは指摘する[264]。換言すれば、理性の機能をあらためて厳密に問わねばならない[265]。調和・秩序（演

---

261) *KrV*, S. 449.（『純粋理性批判（中）』102頁）を見よ。
262) *KrV*, S. 452.（『純粋理性批判（中）』104-105頁）「純粋理性の法則の適用において現れるアンチノミーは、我々の貧弱な知識にあっては、立法の当否を吟味する最良の試験であり、抽象的思弁でによるのではなかなか自分自身の過誤に気づかなかった理性はこれによって自分の原則を規定する際の要点に注意を払うようになるのである。」
263) ハイエクは設計主義の理性を批判せんがためにロックにまで遡ったのである。もとより、そうであるが故にヒュームは理性を破棄したのである。だが、必要なことは理性がかかえる課題を吟味することである。つまり合理主義でありつつも、むしろ明確な前提を棄てることである。つまり理性の対象とは何かを厳密に問うことである。それは前提の無い立場、アンチノミーが存在する立場である。*PPE*, p.107.（『市場・知識・自由』に所収。「デイヴィッド・ヒュームの法哲学と政治哲学」137頁）を見よ。
264) *PPE*, p.107., note2.（同書159頁の注（2））を見よ。
265) いわばハイエクの自生的秩序を理解するにはカントの三批判が必要であるが、とりわけ調和や秩序を説いていることから、『判断力批判』のアンチノミーの議論が不可欠であることは間違いない。

繹）の哲学を自認するハイエクにとってアンチノミーは演繹の分析と言い換えてもよい。

　ハイエク理論を述べるにあたっては，その三批判のなかで自生的秩序の分析に必要なアンチノミーを拾うことにしよう。カントはこの三批判のなかに，それぞれ種類の異なったアンチノミーを展開している。筆者はハイエクの自生的秩序のために『純粋理性批判』からは第3アンチノミーの「自然法則（因果律）と自由の対立」，『実践理性批判』からは「徳の研鑽と幸福との対立」，『判断力批判』からは趣味判断と目的論的判断のそれぞれを挙げて述べることにしたい。それらはどれも自生的秩序を理解する上で不可欠なものである。

(2) 自然法則と自由との対立

　まず，自生的秩序にとって『純粋理性批判』における第3アンチノミーから述べることが適切と思われる。

　その第3アンチノミーとは，カントは言う．

> 「正命題：自然法則に従う原因性は，世界の現象がすべてそれから導来せられる得る唯一の原因性ではない。現象を説明するためには，そのほかにもなお自由による原因性をも想定する必要がある。
> 　反対命題：およそ自由というものは存在しない，世界における一切のものは自然法則によってのみ生起する。」[266]

第3のアンチノミーは「世界の一切の現象」に言及している。アンチテーゼ（反対命題）が「世界における一切のものは自然法則によってのみ生起する。」として自然法則が万能であるかの如く言明するのに対して，テーゼ（正命題）は，原因は「すべての現象から説明されるわけではない」，「自由による原因性も考えられる」というものである。アンチテーゼは自然法則の原因は現象のなかにあるという全称命題であるのに対して，テーゼは自然現象の原因性には自由の原因性を考えねばならないというものである。ハイエクのような自由を標榜する経済学者のみならず社会科学者全般において，この自由の原

---

[266] *KrV*, S. 472f.（『純粋理性批判（中）』125-126頁）

因性は社会科学が科学である限り考えていかねばならない要諦と考えている。[267]

　カントの証明を見ることにしよう。まずテーゼの証明である。カントは証明に帰謬法を用いている。もし「原因性には，自然法則に従う原因性だけしかない，と想定してみよう。すると生起するいっさいのものはそれよりも前にある状態，つまり生起するものが規則に従って必然的に継起しなければならぬ直前の状態を前提することになる。」いわば「この命題の無制限な普遍性を主張すると，自己矛盾に陥ることになる。」[268] したがって，自然法則の原因性は唯一の原因性ではない。原因性の原因は「絶対的自発性」である。これがカントの「超越論的自由」である。自然法則に従って進行する現象の系列をみずから始めるところのもの，「絶対的に第一の始まりと言わねばならない。」[269] のである。

　これに対して，アンチテーゼの証明はこうである。「自発性によって，一つの系列が絶対的な始まりをもつばかりではななく，この系列を生ぜしめるようにかかる自発性そのものを規定することもまた絶対的な始まりをもつわけである」，つまり，この「第一の始まりは，この同じ原因よりも前にある状態とまったく因果的結合をもたないような状態…を前提にしている。故に超越論的自由なるものは因果律に反する。」[270] それ故に，自然と超越論的自由との相違は，結局合法則性と無法則性との相違に帰する。さらに「自由という幻想は…原因の系列を停止し…経験が可能になるところの手引きの糸を切断してしまう」[271] と。

　それでは自由と自然法則は絶対的に歩み寄ることができないのであろうか。

---

267)　テーゼにおけるカントの言明は，自然法則に自由の原因が必ず入るというのか，入る場合もあるというのか，曖昧なところを残している。筆者は，自然科学であろうと社会科学であろうと自然法則には自由の原則が入る余地を残しているとする。確かに蓋然性の高い自然科学においては，現象は因果律のなかにのみおかれているように見える。しかし，それでもなお自然科学における発明や発見は失敗や当面の因果律とは離れたところからもたらされる。このことから考えれば，自然科学といえども現象の原因性に自由の原因性を求める立場が不可欠と思われる。既述のように，カントの『判断力批判』における趣味判断は最も自由な主観的なものでありながら，かつ普遍性をもつものとなる。「自由な遊び」はその意味で不可欠な環境である。言わずもがな，ミーゼスやハイエクの自由はむしろこの環境を指している。
268)　*KrV*, S. 472f.（『純粋理性批判（中）』126-129 頁）
269)　*KrV*, S. 478.（『純粋理性批判（中）』133 頁）
270)　*KrV*, S. 474.（『純粋理性批判（中）』126-127 頁）
271)　*KrV*, S. 475.（『純粋理性批判（中）』128-129 頁）

これからがカントの証明，調停である。カントは言う。

> 「私が（例えば）いま完全に自由であり，必然的に規定する自然原因の影響力を受けずに椅子から立ちあがるとすれば，この出来事をもって一つの新しい系列が始まるわけであり，従ってまたこの出来事によって無限に達する自然的結果が生じるのである。時間的に言えば，もちろんこの出来事はその前から続いていた系列の継続にすぎない。しかし椅子から立ちあがろうとする決意と椅子から立ちあがろうとする行為とは，単なる自然的結果のうちにはまったく存しないし，また自然的結果の単なる継続ではない，この出来事に関しては，規定する自然原因はかかる決意と行為よりも前にすでに終わっているからである。すると件の出来事は，なるほど時間的にではないが，しかし原因性に関しては，現象の系列の絶対的に第一の始まりである言わねばならない。」[272]

主観はどこまでも系列の継続の中にあって主体である。理性は自由の中におかれ自然の原因性とは別の原因性を獲得している。そのかぎりで自由は自然と同列にはおかれず時間を超えて，自然法則を追認しなお原因性として機能している。それが「超越論的自由」である。それはまた理性の事実である。したがって，自然の原因と自由の原因は原因性において結びつく。ここにヒュームの「穏やかな決定論」を見ることができる。のみならず，人間主体は「現象の系列の絶対的に第一のはじまり」である。いわば，ハイエクが言う「人間的行為にかかわる限り，行為する人間がそう考えるものが事物なのである。」[273] いわば，人間が対象とされつつも決して対象になり得ない人間の根本問題，自由が横たわっている。この哲学的議論は社会科学にとっても不可欠な議論である。

個人から見て社会は「意図せざる結果」と言えども，社会をつくり出しているのは人間である。その人間自身にアンチノミーを含み葛藤している。その葛藤は無意識に普遍を求めているからである。ヒュームのように対社会があるからではない。根源的に普遍を意識するからである。それはあくまでも自由の立場からである。普遍である限り社会に出ていくことができるのである[274]。オーストリア経済学が標榜する真の個人主義と自由はこのようなカント

---

272) *KrV*, S. 478.（『純粋理性批判（中）』132-133 頁）
273) *CRS*, p.44.（『科学による反革命』24 頁）

のアンチノミーに裏打ちされたものであると言えよう。

　カントの説明は既に述べてきたように物自体からくる人間の有限性にある。われわれが求めようとしている客観性や普遍性そして必然性は，（彼岸には物自体）此岸にあるわれわれの側のものでしかない。その意味において，それらは現象における表象であって絶対とは言えない。物自体がおかれる意味は，われわれが有限であること，絶対との境界をはっきり規定することであった。つまり「可想的存在（物自体）という…概念は，感性的直観を物自体にまで拡大しないために，従ってまた感性的認識の客観的実在に制限を加えるために必要なのである。…それだから可想的存在という概念は，感性の僭越を制限するための限界概念にすぎない[275]」（かっこ内引用者）のである。一種の帰謬法であるが自然界の現象は物自体ではなく（可想的世界を想定することで），すなわち唯一絶対ではないことが明確になり，世界はわれわれの調整の世界でしかないことになる。そうであるがゆえに，自由と自然法則がともに出会う場が可能となる。カントは言う。

　　「もし現象が物自体だとしたら，自由はまったく救われようがないからである。そうなると自然はそれ自体，どんな出来事をも十分に規定する完璧な原因であり，出来事の条件は常に現象—即ちその結果と共に自然法則によって必然的に規定されるところの現象の系列にのみ含まれることになる。これに反して現象はあくまでも現象であってそれ以上のものではないとすれば，—と言うのは，物自体ではなくて，経験的法則に従って結合している単なる表象にほかならないとすれば，かかる現象そのものは，現象でないような根拠を別にもたねばならない。しかしかかる可想的原因は，その原因性を現象によって規定されるものではない，—もっともこの原因から生じた結果は現象であり得るし，そうすればそれはまた他の原因によって規定せられ得るわけである。それだからかかる可想的原因とその原因とは，現象のそとにある。しかしこの可想的原因から生じた結果は経験的条件の系列（Reihe）のうちにある。従ってかかる結果は，その可想的原因に関しては自由であると見なされ得るが，しかしそれと同時に現象に関しては，自然必然性に従って現象から生じた結果と見なされるの

---

274)　カントにおいて，社会はあくまでも二次的である。ハイエクにおいてはどちらも意識されている。それはヒューム哲学とカント哲学である。
275)　*KrV,* S. 310.（『純粋理性批判（上）』333頁）

である。」(かっこ内および傍点引用者)

物自体にではなく、経験的法則に従って結合する表象とは現象にない根拠を別にもつことになる。つまり、別の根拠とはわれわれがつくりだしているから、「それ自身現象でないような原因性」を確信できるのである。それをカントは「可想的原因（eine intelligible Ursache）」と言った。だからと言って、それらは別ではなく「可想的原因とその原因性とは、現象の系列のそとにある。」つまり、現象にわれわれが原因として関わるのである。その結果は「経験的条件の系列のうちにある」のである。こうして、一つの現象は二つの原因を持つことになる。もちろん現象は一つである。「その可想的原因に関しては自由であると見なされ得るが、しかしそれと同時に現象に関しては、自然必然性に従って現象から生じた結果と見なされるのである。」自由と自然必然性は調停される。この自然必然性をヒュームなら慣習の中に見るだろう。「経験的条件の系列」とは能動性（つまりつくりだしていくこと）を担うから、超越論的観念論（もしくは経験的実在論）として、これからの経験の中にテーゼは正しい命題とされる。

この能動性についてカントは述べている。

「感覚界においては現象と見なされねばならないものが、感性的直観の対象になり得ないような能力を備え、この能力によって現象の原因となり得るならば、かかる存在者の原因性は二つの両面から考察され得る、即ちこの原因性は——第一に、その作用が物自体の作用と見なされるならば可想的原因であり、——また第二に、その結果が感覚界における現象の結果と見なされるならば、感性的原因性である。」

「可想的原因」は背後に物自体（可想的存在）をおくことによってさらに強力

---

276) *KrV*, S. 565.（『純粋理性批判（中）』210頁）
277) *KrV*, S. 567.（『純粋理性批判（中）』212頁）
278) *KrV*, S. 566.（『純粋理性批判（中）』211頁）「可想的」とは「感官の対象に具わっていてしかもそれ自身は現象でないところのもの」である。感官とは「対象が現にあるものを直観する能力」であり、さらに感官は外官と内官に分けられる。外官は人間が物を見て触発される感官であり、内官は人間の心によって感官である。要は感官は触発される感覚器官を意味している。
279) *KrV*, S. 565.（『純粋理性批判（中）』210頁）
280) *KrV*, S. 566.（『純粋理性批判（中）』211頁）

になる。同時に「可想的原因」は感官の触発を含む能動的原因の存在を確認させるものでる。カントは言う。「感覚における実在的なもの」は「主観的表象」を含んでいる。この表象は「主観が触発されているという意識を可能にし」、「客観一般に関係させる[281]」のである。これをハイエクは引き継いでいる。ハイエクは『感覚秩序』で言う。

> 「現象的な秩序と呼んできた特異な秩序は、事象にたいする生体の反応としてのみ表れ、事象の相互関係に表れるのではないから、この秩序の説明を生体の構造の特徴に求めるのは当然である。こうした生体は、環境のなかの諸事象の間にある関係を、自身のなかに再現する（あるいは「そのモデルを作る」）ことができるという事実に、われわれは生体の特徴をたまたま見出すかもしれない。[282]」

いわば、ハイエクはカントの物自体の存在を認めているのである。そして「可想的原因」を認めているのである。ハイエクの「感覚秩序」は自然の原因性のみならず自由における原因性、すなわちテーゼを含意したものであろう。

(3) 自由と可想的性格

人間社会の具体例を出そう。ある犯罪者が出た場合当局は、一つはその犯罪の原因を社会的、経験的な因果律に求め究明するであろうし、もう一つは、例えその因果律のなかで納得する結果が得られたとしても、なおもわれわれはその責任を犯罪者個人に求め責めを負わせることを忘れたりはしない。主体としての人間には、経験的概念と可想的概念を求めるのである。いわば、「人間は、一方では確かに現象的存在であるが、しかしまた他方では、―即ちある種の能力に関しては、まったく可想的な対象である[283]」つまり、人間には必ず原因の原因性として経験的性格と可想的性格（またその原因性の法則を可想的性格と呼ぶ）、この二つを認めなければならない[284]。この二つは常にパラレルにおかれるが緊張をもって受け止められる。この視点はアンチノミーとし

---

281) *KrV*, S. 207f.（『純粋理性批判（上）』242頁）
282) *SO*, p.7., 1・20（『感覚秩序』15-16頁，1・20）
283) *KrV*, S. 574.（『純粋理性批判（中）』218頁）
284) *KrV*, S. 567.（『純粋理性批判（中）』212頁）

6 アンチノミーと自生的秩序　291

て採り上げねばならない。同時にそれはまたハイエクの『感覚秩序』において「現象的な世界と物理的な世界」として述べられ，中心問題となっている。[285]

カントが主観主義に立っての哲学，彼の真骨頂が述べられるている。問題は人間の可想的性格が分かっているわけではない，現象として知覚する以外にない。「可想的性格は，経験的性格に対応して考えられねばならない」[286]のである故に「可想的」である。そして可想的性格は現象によって指示される。[287]だが，「経験的性格そのものがまた可想的性格（思惟様式）によって規定されている。」[288]ことも事実である。それが人間社会である。この解き難いアンチノミーは，次の文章から結論づけられる。

「理性は，意志の一切の行為の常住不変な条件であり，人間はこの条件のもとで現象として現れるのである。およそいかなる行為も，人間の経験的性格においては，その行為が生じるよりも先に前もって規定されているのである。経験的性格は，可想的性格の感性的図式（das sinnliche Schema）にほかならない。しかし可想的性格については前もってとか後からというようなことは言い得ない。およそ行為は，その人の行為が諸他の現象と共にあるところの時間関係を

---

285) SO, p.3. 1・7, p.4. 1・10（『感覚秩序』11 頁 1・7, 12 頁 1・10）ハイエクの言う。「われわれのまわりの物を整理し，分類するには，事実，少なくとも二つの異なった秩序が存在する。一つは，色，音，におい，触感などのような感覚的特性に従った分類の感覚経験の秩序である。もう一つは，感覚的なものも，その他のものを含んでいるが，両方を合わせて，外的な事象に対応するように分類する秩序である。」後者の秩序がアンチノミーを調停させる。それをハイエクは「マクロコスモス」と言っている。「マクロコスモス」は可想的原因や可想的性格からもたらされる秩序であり，「ミクロコスモス」は経験的原因や経験的性格からもたらされる秩序である。ハイエクをして心理学に置き換えさせたのはマッハの要素（感覚）である。マッハはカントの超越論的観念論は経験的実在論（経験的実体論）であるから，現象（感覚）は要素の物理的変化に置き換えられ，観察が可能であるとした。つまり論理実証主義の立場である。その意味でマッハは一元論である。しかしハイエクは精神的変化と物理的変化をあくまでも区別して，精神的なもので統一されるとしても物理的変化を精神的変化と区別して対極におき，二つが分かれて出発している。ハイエクはこの科学的かつ物理的要素の変化を神経細胞に見ることによってカントの経験的原因（経験的性格）を明らかにした。同時に他方の可想的世界との区別がつけられるというものである。その意味でハイエクはカントのアンチノミーの立場にある。そして感覚秩序はその統一の契機である。「意図せざる結果」でありつつも，あくまでも人間が営む経済は人間がつくり出している。この溝に橋をかけることである。したがって理論心理学は「社会科学の方法論の問題を扱うにあたっては，しばしば後援となったのであった。」SO, p.192., 8・90（『感覚秩序』215 頁の 8・90）および SO, p. ⅴ.（『感覚秩序』3 頁）を見よ。
286) KrV, S. 568.（『純粋理性批判（中）』213 頁）
287) KrV, S. 579.（『純粋理性批判（中）』222-223 頁）
288) KrV, S. 579.（『純粋理性批判（中）』222 頁）

度外視すれば，純粋理性の可想的性格が直接に起こした結果になることはない。従ってかかる行為は自由であり，時間的にその行為よりも前にある外的或いは内的根拠によって，自然原因の連鎖のなかで力学的に規定されることはない。それだから我々は理性のかかる自由を消極的に経験的条件に無関係であると見なし得るのみならず（理性能力は，経験的条件によって現象の原因たることをやめるだろうから），また積極的に出来事の系列をみずから始める能力と名づけることができる。従って理性そのものにおいては何ものも始まらないが，しかし理性は一切の意志的行為の無条件的〔絶対的〕な条件として，時間的に自分よりも前に条件のあることを許さないのである。つまり理性が起こした結果は，現象の系列において始まるが，しかしかかる結果は現象の系列の第一の始まりをなし得ないのである。」(一部修正引用者)[289]

経験的性格は可想的性格の感性的記号 (das sinnliche Zeichen) であり[290]，感性的図式である。経験的性格はこの図式として現れる。これはカント哲学に一貫して流れる超越論的観念論 (transzendentaler Idealismus) を完成させるものであろう。つまり「物体の表象は，何か或るものの現象であり，我々がそのものによって触発される仕方にほかならないのである。」[291]ハイエクの『感覚秩序』もこの立場で書かれていることは間違いない[292]。確かに人間には経験によらない「何か」がある。それを可想的原因と呼んでいるのである。誤解を恐れず述べるなら，これは確かに生得的であろう。しかし，だからと言って，その生得的な「何か」は経験無しでは一切機能しないのである。

この「何か」は徹頭徹尾学習的であり，かつ自立的な「何か」である。その例をハイエクは述べている。「異なる種類の受容器官に作用する同じ物理的刺激さえもが，異なる感覚を生み出すのはなぜか」[293]である。たとえば「同じ振動であっても，耳に聞こえるならば音として経験されるが，触覚では振動

---

289) *KrV*, S. 581f.（『純粋理性批判（中）』224-225 頁）
290) *KrV*, S. 574.（『純粋理性批判（中）』218 頁）
291) *KrV*, S. 61.（『純粋理性批判（上）』110 頁）
292) *SO*, p.193. 8・93（『感覚秩序』216 頁 8・93）ハイエクは言う。「われわれは人間の行為のすべてが因果関係では物理的な過程によって決定されるという一般原則を知っているけれども，それでもなお，われわれにとって，特定の行為は特定の物理的な環境の必然的な結果と認めるわけにはゆかない。…人間の意思決定は，常に，人間のパーソナリティー全体の—これは人の精神の全体を意味する—結果でなければならず，それは…別のものに還元することができない。」
293) *SO*, p.4. 1・9, p.13. 1・39（『感覚秩序』12 頁 1・9, 22 頁 1・39）

として経験される[294]」のである。つまりわれわれは自分の顔を他人が見るように見られないこともその例の一つである[295]。これは，明らかにわれわれの「何か」が感覚に入ってくる物理的な内容をあるものへ自立的，学習的かつ客観的に処理している[296]。

つまり理性は限りなく規定を受けながら認識の展開を可能にする。その意味で現象・表象はどこまでも経験的である。確かにこの「何か」は必ずや経験に従う「何か」である。「何か」と経験をとりもつものが規定と自由である。この世界が実体であり，ヒュームの描いた非人格の世界に共通する。この実体は経験が培うことを不可欠とする。その意味で超越論的主観主義であり経験主義である。

纏めてみよう。カントの超越論的観念論は経験的実在論になる。つまり超越論的観念論とは実体論的には経験的実在論となる。われわれの思惟する主体と外界の物体とは，互いに異種でありながら共に現象（表象）という身分でともに出合う実体なのである。超越論的観念論とは，この世界が主体と対象が出合う経験的な実在の世界である。カント哲学を二元論というならば，このような主体と現象（表象）という異種二つが出合う実体論という意味である[297]。ハイエク理論もまったくそのままカント的であった[298]。アンチノミーはこの経験的実在論，主体と対象とが出合う世界で調停される。そのカギは二

---

[294] *SO*, p.13. 1・40（『感覚秩序』22 頁 1・40）
[295] 三面鏡で見ない限り自分の顔を他人が見るようには見られない。上下は反対にならないが，左右は反対になっている。これはわれわれの脳が何らかの処理をしている結果である。
[296] この自立的であるは無意識と言い換えられる。自立的でありながら学習的かつ客観的な場が現象であり，「意図せざる結果」としての自生的秩序である。
[297] この超越論的観念論は経験的実在論と言い換えてもよい。デカルトは思考する自我とその自我が対象とする物体とがともに物自体であった。つまりカントで言えば超越論的二元論であった。これに対して，カントの二元論は自我と物体とは異種でありながら現象（表象）という身分で一つになり実体であるとする立場である。その意味で，カントの二元論は主体と客体，物自体と現象（表象）のような対における二元論ではない。一元論の世界でありながら二元論としてみることしかできないという意味である。*KrV*, S. A370., S. A379.（『純粋理性批判（下）』194-195 頁，202-203 頁）
[298] ハイエクは言う，「われわれの理論は，精神と物理的な世界とをそれぞれ支配する力の二元論は，どのようなものも否定することになるが，同時に，実際的な目的のためには，常に二元論を採らざるを得ないといわねばならない。」*SO*, p.42., p.179.（『感覚秩序』53 頁，201 頁），またハイエクは A. N. ホワイトヘッドの「概念実在論」を批判している。*CRS*, p.96.（『科学による反革命』70-71 頁）を見よ。

元論的な経験的実在論にある。その意味で、主体、すなわち「可想的性格（可想的原因）」に基づく現象（表象）の経験的実体論である。この立場で『感覚秩序』は書かれている[299]。

　大切なことは、経験論であるがわれわれは有限であるが故に制約（批判、規定、反省）なくして始まらないということである。その制約を限りなく機能させるものが自由という条件である。その意味で「理性の…自由を…出来事の系列をみずから始める能力と名づけることができる」である。ハイエクも言う。「人間の行為の理解にあたって、精神的な実体は、常に、われわれが見抜くことのできる最後の決定者であることと、われわれはそれを物理的な事実に置き換えることはできないことを認めることは、もちろん、人間の行為の理解と説明を目標とする研究のすべてにとって最も重要なことである。」[300]この超越論的観念論をハイエクはカントからそのまま引き継いでいることが分かる。カントの『純粋理性批判』第3のアンチノミーの解決は可想的性格によって経験的に見ている。この議論こそ自然法則と自由とが調和するプロ

---

[299]　*SO*, p.42. 2・15, p.165. 8・2（『感覚秩序』52頁2・15, 186頁8・2）ハイエクは述べている。「感覚の本来の純粋な核は、経験によって単に修正されるだけであるという考え方は、まったく不必要な虚構であって、感覚の質的な属性を修正あるいは変更するものとして知られている同じ過程は、もともとの分化をも説明することができるのである。」「とくに感覚の『純粋な』あるいは『一次的』な核を考える仮説を排除したことは、初期の経験に依存するのではないとすれば、外的な対象と直接に応答しながら感覚の特質が生まれるのか、それとも、精神の究極的原子か要素があって感覚が組み立てられるのかという考えであると見なされ、こうした仮説が無意味であることから生じるさまざまな哲学的パズルが持ち回されることになった。」この「核」とはカントの「可想的性格（原因）」を指していると思われる。このらの引用はグレイも述べているところである。Gray, J., *Hayek on Liberty*, 1984, p.6.（『ハイエクの自由論』20頁）
　ここでマッハとハイエクの相違をはっきりさせておこう。マッハの哲学はカントの物自体を否定しながらもその物自体を人間の感覚要素に持っているとする。したがって経験的かつ物理的な要素にその一切の解明を見ることとなる。これはマッハの言説「抽象とはネガティブな注意だと（カントに与して）いったのでは、その本質をつくせない。抽象に関しては、多くの感性的要素から注意がそらされはするが、しかしその代わりに別の新しい感性的要素に注意が向けられるのであって、この新しい感性的要素こそがまさに本質的なのである。どんな抽象も、必ず特定の感性的要素の顕在化に基づいている。」に現れている。*AE*, S. 266.（『感覚の分析』264-265頁）を見よ。これから明らかなように物理的要素が本質だとすればカントが恐れた理性の越権やハイエクが恐れた理性の驕りや神人同性同型説となることは明らかである。ハイエクがマッハから引き出したものは、以上の議論から明らかなように可想的性格と経験的性格の要素の物理的変化に見ることとなったことである。その要素とはニューロンとニューロンがシナプスで繋がれる神経地図である。

[300]　*SO*, p.193. 8・94（『感覚秩序』216頁8・94）

セスであり根拠である。
　カントは，自然法則（因果律）と自由のアンチノミーが解決された成果をつぎのように述べている。

> 「理性は現象に関して実際に原因性をもつことが少なくとも可能である。…すると理性は，純粋理性だからといっても，やはり経験的性格を示さざるを得なくなる。およそ原因は，或る現象が結果として生じるために従わねばならぬ規則を前提する，またおよそ規則は，原因が同一であれば結果は常に一様であることを要求する。つまりこのように結果の一様なことが原因（能力としての）の概念を確立するのである[301]。」

　まさにこれら一連のカントの言説は，既に述べてきたようにメンガーの自然法則（第2章「経済と調和論の接点」第2節「調和の立役者は個人と諸個人」）で論じてきた。また，ハイエクは自生的秩序を述べるにあたって期待を取り上げているが，アンチノミーの調停を含意するがゆえに期待となりうるのである[302]。

　『純粋理性批判』の第3アンチノミーの調停から確保されたものは自由による原因性であった。これはハイエク理論の中心にある自由もこうして確保されると言えよう。われわれは有限である。故にわれわれは触発され，かつ自由を獲得している。触発や自由が生得的かどうかは別にして，そのような環境がわれわれの有限を補うものであることだけは確かである。カントが現象の限界付けと自由（触発）とを対においていたように，ハイエクもまた無知と自由を対においていた。カントにおいてもハイエクにおいても自由は普遍性を求めるための掛け替えの無い条件であり動力である。
　だが，それだけではない。ハイエクの自生的秩序は交換経済を支える価値意識や倫理を抜きにして考えることはできない。当然『実践理性批判』や

---

301) *KrV*, S. 577.（『純粋理性批判（中）』220頁）これはヒュームの「一度で十分理の原理」に等しい。「一度で十分理の原理」と名づけたのは木曽好能氏である。*THN*, pp.173-174.（木曽好能訳『人間本性論』204頁）を見よ。また同書の木曽氏の解説513頁を見よ。

302) *LLL1*, p.36.（『法と立法と自由Ⅰ』49頁）ハイエクは「『秩序』によって，…様々な種類の多様な諸要素が相互に密接に関係しあっているので，われわれが全体の空間的時間的なある一部分を知ることからら残りの部分に関する正確な期待，または少なくとも正しさを証明できる可能性の大きい期待をもちうる事象の状態を，叙述することにする。」と述べている。

『判断力批判』におけるアンチノミーをも議論しなければならない。

(4) 可想的性格と抽象

このようなカントの「超越論的観念論(もしくは経験的実在論)」はハイエクにどのように受け継がれているのかさらに見ていこう。ハイエクは PPE (『研究』1967 年) において述べている。

> 「若い動物は，毎日先輩や兄弟たちがあくびをし，伸びをし，髭をなで，排便をし，回りの状況を調べる等々を視野に入れ始めるや，まもなく，ある心構え(もしくは性向もしくは傾向)に結びついた彼自身の生得的行動パターンと同様な上記の行動の基本的図式を知るべく学習し，その諸行動に概ね一致するあらゆる事柄を知覚カテゴリーに分類することになるのである。[303]」(傍点引用者)

NPP (『新研究』1978 年) においても述べている。

> 「さて本題(「抽象の第一義性」)に入るとすれば，われわれが外界をどのように解釈してるかではなく，この解釈がいかにしてわれわれの活動を支配しているかについて考察するほうが適切であろう。まず最初に，活動の属性に関連したさまざま指令の多重焼きによって各活動がどのように決定されるかを明らかにし，次にどのような意味において事象の知覚が個々の(あるいは一群の)刺激の総和であり，所定の性質を帯びた反応が適当な抽象のクラスの要素であるとみなしうるかを考慮するほうがわかりやすい。」(かっこ内引用者)

> 「所定のクラスの刺激に対して，特定の反応ではなく，所定の種類の反応を生物にとらせる性向(もしくは傾向，性質，様相)という概念から出発すると，いちばん都合がよい。ここで私が明らかにしたいのは次の各点である。私がいう抽象性とは，元来こうした所定の範囲の活動をめざす性向であり，われわれがみずからの感覚や知覚に属すると考えているさまざまな'性質'とは，それらが誘発するこうした性向なのである。[304]」(傍点一部修正引用者)

これらは経験を成立させている生得的能力を述べている。カントの性格 (Charakter) はハイエクでは性向 (disposition)[305] として議論されている。もちろんカン

---

303) *PPE*, p.51.
304) *NPP*, pp, 39-40. (『還元主義を超えて』に所収,「抽象の第一義性」430 頁)

トのように経験的性格と可想的性格とを区別して議論する必要はない。したがって，経験の因果律のと自由の因果律とに分けることもない。また，当然の如くアンチノミーとしての表面の緊張を提示することもあり得ない。その点で，ハイエクは垂直的思考のカントであるよりはヒュームの水平的思考で議論する。

おもしろいことに，前の PPE（『研究』）からの引用文で，The young animal を受ける前半の関係代名詞は動物を受けるのに which を用い，後半の図式形成には who を用いている。前者はヒューム哲学で議論し，後者をカント哲学で議論しているように見えるのである。なぜならヒュームは動物にも理性を認めたが，カントは認めないという対照をなしているからである。その意味でヒュームの立場も並列してある。ハイエクには経験を知覚に還元するという手法である。それがカントの性格ではなく性向に置き換えられた理由である。しかし，その知覚の分析においては組織的にカント哲学の立場を踏んでいることは間違いないことが分かる。

カントは述べている。「自由な行為を判定する場合に，その行為を起こした原因性に関して可想的原因までは達することができる。…我々は可想的原因が自由であり，感性にかかわりなく行為を規定し，…現象に対して感性的に無条件的な条件たり得ることを認識できる。しかし可想的性格がなぜこのような事情のもとでかかる現象を生じせしめ，かかる経験的性格を示すのか，という問題に答えることは，我々の理性の答える一切の能力以上である。[306]」（一部修正訳引用者）と。

いわば条件に重きが置かれる。その条件とは自由である。カントは『判断力批判』において「自由な遊び[307]」を述べていたが，ハイエクの自由は道徳のみならず「自由な遊び[308]」を淵源とすることができよう。そして，もしハイエ

---

[305] disposition をどのように訳すかが課題である。傾向性や素質，性格等々多くの訳語が出てくる。しかし大切なことは，これらの語に生得的な能力が含まれていることを見逃してはならない。Man proposes, God disposes.（提案するのは人間であるが，決定するのは神である。）disposition は本来人間の生得的な分別の能力を意味しているのではないか。その意味でアプリオリな性格と非常に接近する。

[306] KrV, S. 585.（『純粋理性批判（中）』227-228 頁）

[307] KU, S. 28f.（『判断力批判（上）』96-97 頁，99 頁，104 頁）趣味判断において「自由な遊び」は条件として重要である。

クに独創性があるとするならば，このカントの性格に関する限界をヒューム哲学を用いて補ったところにある。それは性格を性向（disposition）として位置づけて，その内容として抽象を展開したことである。自由は調和をもたらす原動力，趣味判断，共通感覚そして抽象を編み出す環境である。

　カントの性格はアンチノミーを超えるべく原因の原因性としておかれた。そして「およそ原因は，或る現象が結果として生じるために従わねばならぬ規則を前提とする。」[309]原因の原因性に規則を見出した。既述のように「経験的性格は，可想的性格の感性的図式に他ならない」[310]のであり，性格として主体の中における統覚[311]におかれている。と同時に，超越論的統覚は対象（客観）と概念（カテゴリー）と主観（自己）との共演である。カント哲学における主観は客観と同時である。いわば，カント哲学は経験から離れず主体が一般性へつまり社会へ開化していることを含意している。換言すれば，ハイエクはカント哲学の分析を用いながら，主体は常にヒュームの場においている。場はまさに諸個人の引き合いの磁場である。

　経験的性格も可想的性格も性格において共通しているのである。ならばハイエクの磁場は主体というよりも諸個人，非人格という社会である。その磁場においてはもうアンチノミーは意識されないのである。したがって，主体が有する性格よりもあくまでも非人格の社会が有する性向なのである。ハイエクの独創性はまさにカント哲学の克服としてヒューム哲学を，ヒューム哲学の克服としてカント哲学を用いている。それはそれらを更新するべく抽象や消極的選択を採り入れたことにある。

---

308) *CL*, p.6.（『自由の条件Ⅰ』14頁）ハイエクは述べている。「自由が単にある特定の価値であるばかりでなく，大部分の道徳的価値の源泉であり，条件である…」さらに「われわれのいう『自由』は，一つの種類のもので，程度を異にするが種類を異にするものではない。」と言う。いわば自由は概念ではなく条件である，ということになる。*CL*, p.12.（『自由の条件Ⅰ』23頁）を見よ。
309) *KrV*, S. 577.（『純粋理性批判（中）』220頁）
310) *KrV*, S. 581.（『純粋理性批判（中）』224頁）
311) *KrV*, S. 134. Anm.（『純粋理性批判（上）』178頁の注）「統覚の総合的統一こそ，我々が一切の悟性使用を結びつけねばならぬところの―換言すれば，論理学全体やまたこれらに従って超越論的哲学をすら結びつけねばならぬところの最高の点である。それどころかこの能力が即ち悟性そのものなのである。」および*KrV*, S. 135.（『純粋理性批判（上）』178頁）「統覚の必然的統一―というこの原則は，なるほど自己同一的であり，従ってまた〔私の一切の表象は常に私の表象であるという〕分析的命題である。」

ハイエクの *NPP*（『新研究』）はさらに認識から判断へ，カントの『判断力批判』を意識して書かれたように見える。ハイエクは述べている。

「一方で活動意志はいつも特定の具体的な目的（終端）によって決定され，意志の状態は目的が達成されればおさまるが，目的が求められ仕方はまた多少なりとも活動する人間の恒久的な属性である性向に依存する。これら性向は組み込まれた諸ルールの複合体であるが，そのルールをして活動の諸種類がある種の結果を導くか，またはそのルールが一般的に回避されるか，どちらかということになる。」

「重要なことは，特定組織の活動の仕方を支配する性向の中で，特定の諸結果をもたらしそうな活動に向かう性向に加えて，何種類かの活動を除外する多くのネガティヴな性向がいつも存在するだろう。」[312]

カントは性格の内容として原因の原因性として法則をもってきた。それはアプリオリなものであった。その意味で変えられるものではなかった。しかしながら，ハイエクの性向は変えられるものであった。性向は法則であるがゆえに変えられるものであった。カント哲学の性格とハイエクの性向の相違はこの点ではっきりしている。カントの性格はアプリオリなもの，しかしハイエクの性向は経験的なものである。カントの言葉を用いれば，性格は「運搬具」[313]であり，超越論的概念である。ハイエクの性向はその「運搬具」に乗せる道具であり変えられるものである。ハイエクの場合，あくまでも経験的に変化する秩序が課題なのである。しかし分析の手法は悉くカント的である。つまり「運搬具」としての生得的「何か」を現に据えている。しかしハイエクは徹頭徹尾変化するものに視点を向けている。

(5) 徳の研鑽と幸福との対立

次に『実践理性批判』のアンチノミーを見ることにしよう。

「幸福を得ようとする欲望が，徳の格率（Maxime）に向わしめる動因でなければならないか，それとも徳の格率が幸福の作用原因でなければならないか，

---

312) *NPP*, p.86.
313) *KrV*, S. 339., S. 406.（『純粋理性批判（中）』58 頁，64 頁）

二つのうちのいずれかである。第一の命題は，絶対に不可能である，…意志の規定根拠を，幸福を求める意志の要求のなかに置くような格率は，決して道徳ではなく，また徳を確立するものではないからである。しかし第二の命題もまた不可能である，この世界における原因と結果との実践的連結は，単に意志を規定することから生じる結果としては，意志の道徳的心意に従っているのではなくて，すべて自然法則の知識と，この知識を意志の意図を達成するために使用する自然的能力とに向けられているからである。」(一部修正訳引用者)

まず個人の幸福の希求は道徳(倫理)を導くか，これは不可能である。また道徳を積んだら幸福になれるか，というとこれもまた不可能であるという。誠実な個人の意志をないがしろにしかねない。いわば，この世界(社会)の善は個人の意志とは直接結びつかず「自然法則の知識」と「その知識の意図を達成するに使用する自然的能力」に依存する。それは理性である。理性は徳の研鑽も幸福もともに要求する。理性は確かに自己矛盾(アンチノミー)している。したがって，個人に社会的善や社会正義を求めてみたところで所詮不可能である。

哲学者・牧野はアーペル(Apel, K. O.)のカント批判を挙げる。「究極的根拠づけの超越論的制約としてこのようなもの(社会的善もしくは社会正義)を要求することは誤りである。自然科学的知識，相互主義的に妥当する認識を可能にする超越論的制約は，このような意識のアプリオリではなく，言語的なコミュニケーションであり，『理想的コミュニケーション共同体』のアプリオリでなければならない。したがって『規範的・理想的な"超越論的言語ゲーム"という前提』の下でのみ，普遍的な知識と倫理の再構成も可能となる。」(かっこ内引用者)主体に与えられた定言命法，道徳律は確実に後退する。牧野の言説はハイエクに通じる。ハイエクも理性の自然な(時には無意識の)役割を薦めている。ハイエクは言う。「賢明な理性の使用が，最大限可能な機会に意識的理性を使用することを意味していないということが部分的に含まれる。」カントに欠けているものがあるとするならば，それは主観理性とは次元

---

314) *KpV,* S. 204f.(『実践理性批判』231 頁)
315) 牧野英二の指摘を見よ。『遠近法主義の哲学』87 頁。第四章「超越論的場所の試み」で指摘している。

を異にする社会的スタンスである。ヒュームやハイエクが条件に設定していた非人格的な社会の意義であり，そこで行われる「言語的なコミュニケーション」というミリューである。

　カントの『実践理性批判』のアンチノミーの調停を見よう。われわれには解明されない自然法則と自然な人間の能力に依存する。その内容は徳を積むことがまったく幸福に繋がらないか，というとそうではないと言う。カントは道徳と幸福とを結合したものが「最高善 (das höchste Gut)」と位置づける。それは「意志の必然的な最高目的であり，実践理性の紛れもない対象」であり，「可想界との連結のうちに求めねばならない」と言う。正義は「最高善」という把握することのできない目標に向かって，われわれの実践の世界に託すことになる。カントは，こうして無限の前進や不滅の魂そして神を要請するのである。カントとハイエクとの相違は，前者が魂や神の要請を掲げたのに対して後者は非人格的な社会を無条件においたことである。もちろん，ハイエクにとって経済がまさにその現場なのである。道徳と幸福に関するアンチノミーの調停は神と魂の要請対非人格的な社会への付託ということができよう。

　ハイエクは『法と立法と自由Ⅱ』の第9章の冒頭において「『社会的』あるいは分配の正義」は国家の意思によっては不可能であるとして，ヒュームとカントの文章を引用している。注も考慮して引用しよう。

　　「無限に英知のある存在が，特殊な意志作用によって統治する完全なる神政においては，（正義）の規則は確かに存在するであろうし，また最も賢明な目的に資するかも知れない。しかしながら人類がこのような法律を施行するとなると，それ本来の曖昧さと，各人の自惚れとの両方から，功績の不確実性は極めて大であるので，確定的な行動の規則は，何ひとつそれからもたらされないであろう。-デヴィッド・ヒューム-」(かっこ内引用者)

---

316) *CL*, pp.69-70.（『自由の条件Ⅰ』103頁）ハイエクは述べている。「物事を改善するためのわれわれのあらゆる努力は，われわれのまったく統御できない活動の全体の中で作用すること…。医師のように，われわれは自己を維持している全体をとりあつかわねばならない。それはわれわれがおきかえることのできない力によって維持されており，したがって，われわれの達成しようと試みるすべてのことにおいてその力を用いなければならない。」
317) *KpV*, S. 207.（『実践理性批判』233頁）
318) *KpV*, S. 207f.（『実践理性批判』234頁）

「…幸福というものは，それを受け取る人のための原理も，それを分配する（ここにそれをおいて，別のものをあそこにおく）人のための原理ももたない。なぜならば，それは，特定の事実に依存し，それ故に一般的ルールではありえない。意志の世俗的内容に依存しているからである。-イヌマエル・カント-[320]」

社会的正義の実現も個人が求める幸福も定義することはできない。まして国家行政が施す税制や再分配によって公平な福祉と幸福の実現は到底不可能である。この言明の基底にこの実践理性におけるアンチノミーが存在する。それは人間が有限だからである。有限な個人によって構成される政府に正義の実現など不可能である。むしろ為政者の意志を制限して諸個人の意志に委ねるしかない。実践理性のアンチノミーから学んだことは，社会的人間の非人格的な意志でしかないということである。正義も自生的秩序も諸個人の共同（間）主観の下で育まれるしかないということである。

カントは『世界市民的見地における普遍史の理念』で述べている。「われわれはそれ自身で正当な公的正義の元首という立場を彼（人間）がいかに獲得しうるかを見きわめることはできない。また，彼がこの立場を個人の資格において求めようとも，または公的正義のために選ばれた多くの人たちからなる団体の資格において求めようとも，事態は変わらない。…ただそうした理念への接近が，自然によってわれわれに課せられているにすぎない。[321]」（カッコ内引用者）これから分かるように，正義も秩序も演繹の前提になる概念[322]でしかない。これらは相互に含意されたものである。正義なくして秩序なく，

---

319) *LLL2*, p.62. (『法と立法と自由Ⅱ』90頁) ハイエクはヒュームから注として引用しているが，あらためて *EM*, p.193. (『道徳原理の研究』31頁) から引用した。
320) *LLL2*, p.62. (『法と立法と自由Ⅱ』90頁) および (『学部間の闘い』カント全集13に所収414頁の注) を見よ。
321) *IGA*, S.23. (『世界市民的見地における普遍史の理念』11-12頁)
322) *KpV*, S. 203. (『実践理性批判』230頁) カントは述べている。「最高善の概念の演繹は先験（超越論）的でなければなるまい。ところで意志の自由によって最高善を生ぜしめることは，アプリオリに（道徳的に）必然的である，従って，最高善を可能ならしめるための条件もまたアプリオリな認識根拠にのみもとづかねばならないのである。」ヒュームも述べている。「社会的情念は単一の個別的対象を念頭に置き，愛され敬意を払われる人物の安全または幸福のみを追求する。…正義と忠実との社会的美徳に関しては，事情は異なる。それらは人類の安寧にとって大いに有用であるか，または実際絶対的に必要である。しかし，それらからもたらされる恩恵は，すべての個別的な単一の行為の成果ではなくて，社会の全体または大部分によって賛同された全体的な計画または体系から生ずるのである。」*EM*, p.304. (『道徳原理の研究』179頁) をも見よ。

秩序なくして正義はあり得ない。ともに概念が把握されるのではなく、向かうべき彼岸としてわれわれの脳裏に刻まれるべきものである。したがって、ハイエクも述べている。「正義という用語は空疎であると認めたからといって、無用なものと一緒に大切なものを棄てることにならない[323]」。「正義は、われわれの無知—どんなに科学が進歩しても完全には除去することができない特定の事実に関する永遠の無知—への適応である[324]。」しかしながら、同時に正義は直観的に法や倫理が強く打ち出されることと呼応して社会や国家の拠り所となり[325]、再分配と正義が同義語に理解されてきたところに大変な間違いが生じてきた訳である。それが現代の福祉国家であることは言うまでもない。しかも人々の社会や国家への威信がその虚像に拍車をかけてきた。ハイエクが言ってきたように、正義は法であり自生的秩序の一つなのである[326]。

　ハイエクが正義を課題にするのは、経済学者の立場から、為政者や経済学者が専ら福祉や再分配に関して社会的正義に叶ったものであると信じていることにある。つまり彼らが正義が実践可能であるという、まさに先取りとその虚構に気づかなかったからである。社会主義や資本主義、体制の善し悪しの問題ではなかった。大戦後の世界は専ら福祉国家や財政自動調整作用、混合経済を組み込んだ国家政策体制が幅を利かせ、これを否定する者はほとんどいなかった。そして現在も、為政者そして経済学者までもが皆、ヒュームやカントが強調した演繹の前提でしかない正義に気づかないままできてしまった。経済学者・ハイエクは反証例を具体的に挙げて、カントが気づいていた徳と幸福のアンチノミーを調停、すなわち演繹の階梯として示してきたのである。ハイエクは現代の為政者に大いなる警告を発してきたのである。

　大変困ったことに、とりわけケインズ経済学による国家管掌型経済学が幅を利かせ、何ごとも国家による再調整が善を回復し正義にかなっているという信念が無条件に承認されてきた。正義に常に「社会的」や「国家的」という形容詞を加えたことはその現れである。この表現、「『社会的正義』という用語」は「社会の神人同形同性論や擬人化を意味することになる[327]」のである。いわば、カントの「最高善」を獲得したとの錯覚に陥っている。理性の矛盾

---

323)　*LLL2*, p.100.（『法と立法と自由Ⅱ』140-141 頁）
324)　既に挙げた注である。*LLL2*, p.39.（『法と立法と自由Ⅱ』59 頁）

第4章 カント哲学とハイエク

に気づかない越権である。筆者がはなはだ残念に思うことは，(ヒューム哲学やカント哲学専攻の) 哲学者もまた為政者や経済学者に異を唱えることが少な

---

325) もちろん，国家といえどもその組織を動かすのは個人である。その個人の特定の為政者によって国家に意志を置くことが問題である。なぜ正義が国家（行政）に委ねられることとなったのであろうか。その一つをイギリス功利主義（快—幸福—を最大化すること）に辿ることができる。ヒューム，A. スミス，ベンサム，J. S. ミルのなかに見られる。

そもそもヒュームはカントと同様に正義を国家意思に委ねることはなかった。しかしヒュームに誤解される部分があったことも事実である。それは次のくだりである。「正義および所有権は疑いもなく自然的である。しかしそれらは，理性，先見，設計，また人々の間の社会的統一や連合を想定するので，多分ある自然的なという形容詞は，厳格に言うと，人為的に対立する最後の意味において正義に適用されることはできない。もし人間が社会なしに生きてきたとすれば，所有権は決して知られなかったであろうし，また正義も不正義も決して実在しなかったであろう。しかし人間における社会は，理性と先見なしには不可能であった。」EM, pp.307-308. note2.（『道徳原理の研究』184頁の注※）を見よ。正義を「理性，先見，設計」に委ねることがある得るという意味に採られかねないのである。否現におそらくこのくだりを契機に，正義を自然的自由主義の核心に据えた A. スミスを経て，ベンサムは功利主義を量（「最大多数の最大幸福」）で議論することになったのではなかろうか。J. S. ミルは，功利主義を量ではなく質で議論したとは言え，自然調和に対する信頼を棄て，社会改良主義に道を開き弱者救済のために国家行政における再分配を編み出した。かくして，正義は自然から国家意思に委ねるということになってしまった。ミルは述べている。「正義の理論にもし何らか正しいものがあるとすれば，みずからを助け，あるいはみずからを衛る能力のもっとも少ない人たちが，政府の保護がもっとも不可欠である人たちであるためには，その価格の最大の分け前を支払わなければならないこととなるであろう。このことは，しかし，真実なる分配的正義の観念に真っ向から対立するものである。分配正義の観念は，自然がなした不公平および不当処置を倣わないで，それをあらためることに存するのである。…政府というものは，すぐれた意味において万人の関与事件であると考えられねばならない。したがってそれにもっとも大きな利害関係を有する者が誰であるかを決定するなどということは，真に重要性をもつことではない…。もしもある人あるいはある一階級の人々の受ける便益の分け前が非常に小さく，そのために，この問題を提起する必要が生じたとすれば，それは課税以外のところに，何か不都合なところが存在するのであり，この場合に為さるべきことは，その欠陥を是正することであって，その欠陥を是認し，それを租税軽減の根拠とすることではない。」Mill, J. S., *Principles of Political Economy, with Some of their Application to Social Philosophy*, 1848.（*Collected Works of John Stuart Mill Vol. II Vol. III*）Reprinted in 1996 by Routedge, p.808.（末永茂喜訳『経済学原理（五）』岩波文庫．1959〜63年，31頁）

ベンサム・ミル流の功利主義の源泉をヒュームに押しつけることは誤りかと思われるが，しかしハイエクが論難してきた設計主義がイギリス経験主義の土壌から生起したということはまことに皮肉なところである。これに対して，カントの正義は神の「最高善」に含意され，人間には彼岸であったから，正義はあくまでも自然の体系の中におかれ演繹の対象である。この点においてもハイエク理論の核にヒューム哲学よりもカント哲学が据えられよう。ハイエクも「社会的正義の隔世遺伝」で述べている。「…われわれにある本性的（natural）なものすべてが，人類の繁殖にとって異なった諸状況下で必然的に良い，もしくは役立つことになるとは限らないのである。」*NPP*, p.59. を見よ。

326) ヒュームは述べている。「正義は〔人間的慣習〕（Human Convention）から発生し，人類の自発的選択，同意（consent）または強力から生じることが，或る人々によって主張されてきた。」そして，ヒュームは注でその例を国際法の学者・グローティウス（Grotius）から引用している。正義は所有権と同義であると。*EM*, pp.306-307.（『道徳原理の研究』181-182頁）

かったことである。その意味で、ヒューム哲学やカント哲学はまさに実践的であったのであるが。

そもそも、ハイエクがタイトルで用いているように「『社会にとっての価値』は存在しない[328]」のである。幸福は定義できないのである。ということは幸福という価値は極めて個人的なものである[329]。価値は個人に帰属し社会に帰属するわけではない。ヒューム哲学やカント哲学においては、正義に「社会的」や「国家的」という形容詞は付けられないにも拘わらず、付けてきたのが為政者や経済学者であると。これはまことに嘆かわしい限りである。実践理性におけるアンチノミーは為政者やとりわけ経済学者におおいなる警鐘を鳴らしてきたのではないか。ハイエクはそれに気づいていた。カントの実践理性におけるアンチノミーの議論が日の目を見ず今日まできている。近世の哲学は語るところが実に多いと言わざるを得ない。

(6) 判断力におけるアンチノミー

最後に『判断力批判』におけるアンチノミーを述べてみる。自生的秩序は「目的無き合目的性」を含意しているからである。さらには、このアンチノミーは『純粋理性批判』や『実践理性批判』には見られなかった遠心性が述べられるからである。そしていくつかの点でイギリスの経験主義と共有するところでもある。カントは『判断力批判』に趣味判断のアンチノミーと目的論的判断力のアンチノミーの二つを提示している。ハイエクの自生的秩序を趣味判断と目的論的判断力に置き換え論じてみよう。まず趣味判断のアンチノミーを見ることにしよう。

（イ）美学的判断力（趣味判断）のアンチノミー

カントは言う。

「正命題。趣味判断［判断力］は、概念に基づくものではない。もしそうだとしたら趣味判断は論議せられ得る（証明によって決定され得る）ことになるか

---

327) *LLL2*, p.75.（『法と立法と自由Ⅱ』108 頁）
328) *LLL2*, p.75.（『法と立法と自由Ⅱ』107 頁）
329) ハイエクは、民主主義の原理のなかで「幸福は原理をもたず意志の具体的満足に依存するため、一般原理を受け入れない」というカントの文章を引用している。*LLL3*, p.11.（『法と立法と自由Ⅲ』23 頁）を見よ。

らである。」（[　] 内は引用者）

　「反対命題。趣味判断は，概念に基づくものである。さもないと判断が相違するにも拘わらず我々はその判断について論争できなくなる（他の人達が我々の判断に必然的に同意するこを要求できなくなる）からである。[330]」

テーゼは，趣味判断は概念に基づいていないから議論できる。他方アンチテーゼは，趣味判断は概念に基づくからこそ論争できるのである。カントの提示したアンチノミーはわれわれの身近なところにある。課題の意思決定に登場する，われわれの思惟とその環境である。組織体があるテーマを議論しようとするときに必ず問題になることが提示されている。執行部はまず叩き台（原案もしくはモデル）を提示しなさい，というようなものである。叩き台がなければ議論できない。叩き台は提出されるから概念はある。しかし，それに囚われては議論にならず，概念はないと考えてよい。新らたな物事の意思決定になされる至極当然な緊張と階梯である。

　これに対して，カントは次のように解決策を述べている。

　　「前掲の正命題は，元来こういう意味になるだろう，―趣味判断は一定の概念に基づくものではない，と。また反対命題は，元来こういう意味になるだろう，―趣味判断は或る種の概念に基づくが，しかしそれは不定の概念（即ち現象の超感性的基体（das übersinnliche Substrat）という概念）であると。こうすれば，この二つの命題の間には，まったく矛盾がなくなるわけである。[331]」

まず，テーゼの「一定の概念に基づくものではない」とは，ある定まった概念に基づくものではないということである。つまり概念は大まかにある，しかしそれは常に構築の対象である。その限りにおいて反対命題の「不定の概念」にならざるを得ない。だからこそ共有へと途が開かれるのである。この共有への途のカギを握るのが超感性的基体である。それは次の議論におくとして，まず趣味判断に焦点を当てよう。

　趣味判断は最も主観的でありながら，それにも拘わらず他者に普遍妥当性を要求しうること。したがって，趣味判断は価値意識を契機として概念を含

---

330) *KU*, S. 234.（『判断力批判（上）』312 頁）
331) *KU*, S. 237.（『判断力批判（上）』315 頁）

6 アンチノミーと自生的秩序

意していていなければならない。しかしながら，同時に常に進捗状況下におかれて概念は動態的に不定である。つまり「不定の概念」である。この概念とアンチノミーの議論は体系を編み出すことに不可欠な議論である。なぜなら，主観的な価値意識を普遍妥当性へ上り詰める議論を含むからである。

　趣味判断を自生的秩序（経済という全体性）に置き換えて考えよう。経済（自生的秩序）は概念に基づくものである，概念に基づくものではない，という二律背反は社会科学の課題，全体性の問題にとって避けられない議論である。ハイエクも述べてきたところである。「社会を構成している個々人の行為は，感覚的性質と概念の体系に基づく事物や事象の分類に従っており，この体系…われわれもまた人間であるが故にこの体系を知っているという事実」[332]である。知っているということは概念を持ち合わせているということである。しかし「理論は全体に先立っており，全体は，部分を結合する関係の体系を追求する以外，見えようがない」[333]とも述べてきた。体系を知っているがその体系が見えないのである。ハイエクがこのような避けて通れない判断命題の解明に多くの時間をかけてきたことも事実である。経済学がなぜこのような二律背反の判断から出発してこなかったか，問われようというものである。これはオーストリア学派経済学が根本にもっていた思惟である，と同時に課題であったと言うことができる。

　詳しく見ていこう。社会科学と自然科学は確かに共有している部分もある。ハイエクも言う。「社会科学は自然科学と同様に…より適当な概念に取り換えることを目的としている」[334]のである。ニュートンの力学がアインシュタインの相対性理論によって取って替わるというように，科学に進歩があるからである。これは力学の体系が無限に進展することを意味する。つまり全体の体系は厳密には把捉されないのである。しかし自然科学は高い蓋然性の下に概念は把握されているという認識にあって，それほどの問題を引き起こさないですむ。これに対して，社会科学は根本的に異なる立場に立たねばならない。それは蓋然性とは別に，構築の立場から常に社会というような全体性の問題

---

332) *CRS*, p.57.（『科学による反革命』34 頁）
333) *CRS*, p.125.（『科学による反革命』95 頁）
334) *CRS*, p.61.（『科学による反革命』40 頁）

を不可欠に含むということにある。

　経済は一方で商品の売買にミクロ的視点を置きながら，他方では経済全体を視野に置くというように，水平的，垂直的かつ多元的な価値意識や価値観の世界である。ワルラス（Walras, M. E. L.）が主観的限界効用を基底におきつつ，同時に一般均衡を意識したように。われわれは買うべき身近な商品価値や収入，所得とか，また同時に経済をとりまく環境，均衡概念や秩序に視点を置くことができる。互いに無関係なものは何一つない。経済はまさに構造的であり現象学的である。いわば経済とは無数の価値観や価値意識によって築かれている。これらバラバラな価値意識であるが，自生的秩序という全体性への価値観として確保される。実に摩訶不思議である。所詮無知な個人は当面まず個人の利益でしかありえないだろう。しかし，だからと言ってそれだけではない。長期的に見て豊かな経済であり，幸福な経済であらねばならず，自生的秩序が求められる。いわば時間的にも空間的にも経済は動態的に拡張的概念を無視できない。カントの判断力（趣味判断）は，そのような個人的視点と全体的視点という調和ないし普遍性を扱うものとの間の緊張をアンチノミーとしていた。しかしそれは定まらない概念として共有しなければならない。ハイエクは述べている。社会科学は全体の「『社会』とか『経済』，『資本主義』，『国民』，『言語』，『法体系』のような事例の観察から出発するわけにはいかない」。しかし概念（観念）が先行しなければならない。そしてはじめて「社会構造の原因はなく，社会構造にかんする理論」が可能になる。どこまでも「理論を変更したり改善すること」，それには「社会現象にかんして人びとが形づくる観念」が必要である。いわば「不定の概念」から出発する。

　さらに「不定の概念」を「超感性的基体」と置き換える理由は何であろうか。カントは言う。

　　「悟性は，みずから自然にアプリオリな法則を与え得ることによって，自然が現象としてのみ我々に認識せられるものであることを証明する，従ってまたそれと同時に，現象としての自然の根底に存する超感性的基体を指示するが，

---

335) *CRS*, p.96.（『科学による反革命』71頁）

のままにしておく。次に判断力は，自然を判定するためのアプリオリな原理によって，およそ可能な限りの特殊的自然法則に従い，自然の超感性的基体（我々のうちに並びにそとの）を知性的能力によって規定せられ得るものにする。最後に理性は，そのアプリオリな実践的法則によって，この同じ超感性的基体に規定を与える。このようにして判断力は，自然概念の領域から自由概念の領域への移り行きを可能にするのである。」[337]

いわば，この言明は自然科学と社会科学の根本的相違を説明している。自然法則の因果律と自由意志の因果律との間に起こったアンチノミーと同様に，悟性には超感性的基体は存在するものの規定しようがない。『純粋理性批判』には基体（実際的存在）[338]はそのものでしかなかった。しかし『判断力批判』にはあらためて多元的価値意識を含んだ二元論が確認される。判断力における人間的機能の存在が問われる。この機能の作用因子にカントはあらためて超感性的基体を置いた。自然の超感性的基体と自由の超感性的基体である。これらの超感性的基体は同一となる。いわば判断力は規定的判断力となる。自然の世界から人間的な自由の世界への橋渡しをつとめている。

その移行にあたってカントはわれわれの「うち」と「そと」を議論する。「うち」とは美の意識の快適性から崇高そして道徳と昇る感情の推移である。[339]同時に「そと」とは機械的な物質的な自然（「機械的組織に従うところの自然に関する研究，我々の観察や実験に付することのできるもの」）[340]から，人間の有機的身体を通した目的論的存在である。この超感性的基体は人間である。しかし，人間は「その現れである現象しか知らない」[341]。この現象を経済の機械的メカニ

---

336) *CRS*, pp.61-64.（『科学による反革命』40-42頁）ハイエクは述べている。「一定量の商品を生産したり売買したりする幾つかの行為の規則的な反復へと数多くの人びとを導く信念なり意見というものは，これらの人びとが『社会』とか『経済組織』（これらはその人びとがそこに属し，かれらのすべての行為が合体することによって構成されているのであるが）の全体について形づくっている観念とはまったく異なっている。」*CRS*, p.63.（『科学による反革命』40頁）を見よ。
337) *KU*, S. LVI.（『判断力批判（上）』65頁
338) *KrV*, S. 225.（『純粋理性批判（上）』258頁）「一切の実在的なもの，即ち物の実際的存在に属するものの基体は実体である。そして現実的存在に属する一切のものは，それぞれ実体の規定としてのみ考えられる。」
339) *KU*, S. 109., S. 258f.（『判断力批判（上）』179頁，338頁）
340) *KU*, S. 309., S. 374f.（『判断力批判（下）』53頁，118-119頁）

ズムと考えてよいであろう。これらをともに超感性的基体に，とりわけ道徳性として統一して理解するところにカントの特長がある。自然の崇高な秩序はわれわれの道徳をもって応じることに値するという思惟である。ちょうど法が社会を公平に全てを包むように。スミスにも酷似した議論が見られる。

> 「…体系によれば，われわれがなにかの性格または行為を是認するとき，われわれが感じる諸感情は，四つの源泉からひきだされるのであって，それらは，いくつかの点で相互にちがっている。第一に，われわれは，行為者の諸動機に同感する。第二に，われわれは，かれの諸行為から恩恵を受ける人びとの感謝にはいりこむ。第三にわれわれは，かれの行動が，それらふたつの同感が一般にはたらくさいの一般的諸規則に，一致していたことを観察する。そしていちばんあとに，われわれがそういう諸行為を，個人または社会の幸福を促進する傾向をもつふるまいの一体系の一部をなすものとみなすとき，それらはこの効用から，うまく工夫されたどんな機械にもわれわれが帰属させる美に似ないでもない，ひとつの美をひきだすようにみえるのである。……これらの四原理のあれこれのひとつからでてくると認められるべきすべてをひきさったのちに，なにが残るかを知るならば，私はたいへん喜ぶであろうし，…私は，この余剰が道徳感覚あるいはなにかほかの特殊な能力に帰属されることを，無条件で容認するであろう。[342]」

スミスの言説がまさにカントの言説に置き換えられよう。諸感情はそれぞれに相互に違って体系を形づくっていく。その体系は美しい機械である。人間は諸規則の中に編じて体系の一部となる。趣味判断が普遍性をもつべく昇華し上りつめる経緯が語られている。スミスにも機械的目的論が展開される。カントがアンチノミーを「不定の概念」に帰着し，そして道徳が執り成しをしたようにスミスもまた道徳を見ていた。いわば，個物として「実在するものはすべて完全に規定されている[343]」（これを最近のカント研究においては「汎通的規定」と言っている。[344]）のである。既述のように規定的判断力から反省的判

---

341) *KU*, S. 374.（『判断力批判（下）』119頁）
342) Smith, A., *The Theory of Moral Sentiments*, 1759, 6th edition, 1790. p.326.（『道徳感情論』，414-415頁）
343) *KrV*, S. 601.（『純粋理性批判（中）』242頁）
344) 『カント事典』弘文堂に所収，福谷　茂「汎通的規定」426-427頁

断力という執り成しである。これについて，スミスとカントに相違はない。つまり実践という自由と道徳の世界がアンチノミーを克服する要諦である。これはハイエクやミーゼスに確実に継承されていることは今さら述べるまでもないところである。

　アプリオリな反省的判断力はアプリオリであるが故に経験をおろそかにはしない。同時にアプリオリであるが故に自律である。ハイエクが経験と先験的（超越論的）なものを綜合しようとしたが，それは既にカント哲学にあったと言わざるを得ない。既述のように，その綜合は理性そして判断力に表れている。美学的判断力のアンチノミーの調停に「自由な遊び」が不可欠であることも分かった。また判断力は認識能力（構想力や悟性）とあいまって調和を求める美学的‐感覚的判断である[345]。それだけに反省的判断力もまた中心に据えられよう。カントは，敢えてこの反省的判断力のアプリオリな自律を「悟性の自律」とも「理性の自律」とも異なる，自己自律と呼んだ[346]。

　　「この自律は（自然の理論的法則に関する悟性の自律や自由の実践的法則における理性の自律のような）客観的なものではない，換言すれば物や可能的行為の概念によるのではなくて，あくまで主観的なものであり，感情にもとづく判断に対して妥当する，またこの判断は，それが普遍的妥当性を要求し得る限り，アプリオリな原理に基づく起源を有するものであることを証示している。我々は，正確に言えばかかる立法を自分自身に対する自律（Heautonomie）と名づけ然るべきだろう，判断力は自然や自由に法則を与えるのではなくて，もっぱら自分自身に法則を与えるものだからである。要するに判断力は，客観に関する概念を算出する能力ではなくて，我々の眼前に現れるいちいちの事例を，別に判断力に与えられている概念と比較し，またかかる結びつきを可能ならしめる主観的条件〔構想力と悟性との調和〕をアプリオリに挙示す能力にほかならないのである。」（傍点引用者）[347]

われわれは知性的判断力を備えている[348]。そして反省的判断力は自らの能動性をもつ。われわれは調和や秩序を感じ美しいと感じるとき，自然の合目的性を思いめぐらす。そしてそれを正しく美しいと感じる。その調和や秩序の実

---

345)　*KU*, S. 225.（『判断力批判（下）』278 頁）

現に努める.判断力とは,普遍的なものを認識する能力としての悟性と普遍的なものによって特殊的なものを規定する,つまり原理から導出する能力つまり理性との間のちょうど中間的なものである.悟性と理性との中間にありながら第三の上級能力としての判断力である[349].それを自己自律が象徴的に表している.美学的判断力のアンチノミーの調停を支えている.それは理性に

---

346) *KU*, S. XXXVII.(『判断力批判(上)』47頁)反省的判断力の自己自律については既に触れたが,詳細に確認しておこう.「判断力はこれによって自然そのものに法則を指定するのではなく,自然に対して反省を施すために自分自身に法則を指定するのである.そこで我々はかかる法則を,多様な経験的〔特殊的〕法則にかんがみて,自然の特殊化の法則と名づけてよいだろう.判断力は,この法則を自然においてアプリオリに認識するのではなくて,判断力が多様な特殊的法則を,普遍的法則に従属させようとする場合に,これらの普遍的法則を〔『類』と『種』〕区分することによって,我々の悟性に認識され得るような自然秩序を発見するために,これを想定するのである.…即ち一自然は,我々の認識能力に対する合目的性の原理に従ってその普遍的法則を特殊化する,換言すれば,知覚の提供する特殊に対して普遍を見出し,更にまたその差異(これともそれぞれの『種』に対しては普遍である)に対して再び原理の統一による結合を見出すことを必然的な仕事とするところの人間悟性に適合するために,その普遍的法則を特殊化するのである」.
その自然とは何か,カントの超越論的哲学では自然を二つの分ける.(*PM*,§36『プロレゴメナ』141-147頁)一つは悟性的自然であり,もう一つは目的論的自然である.前者は現代の自然科学の自然(これも二つの分類され,内容を問うものを「質料的な意味における」と言い,名詞的探究される自然である.これに対して形式を問うものを「形相的な意味における」自然と言い,形容詞的に探究される自然である.カントは形容詞的に探究される自然を課題としている.)に該当する.しかしカントは自然科学の対象となる自然であっても単に因果システムにおける自然だけではなく,全体像としての自然,すなわち調和や秩序として見ようと,換言すれば自然科学の全体に何らかの必然性が貫かれていなくてはならないと考えている.
経済学は前者のみならず後者の目的論的自然をも採り入れねばならない.経済は自生的秩序であり,自然科学的色彩だけでは解けず目的論的(「目的論的判断力」として)に扱わねばならないことは既述の通りである.カントは『プロレゴメナ』で述べている.「自然に対する最高の立法は,我々自身のうちに,すなわち我々の悟性のうちに存在しなければならない,また我々は普遍的自然法則を,経験を介して自然から得るのではなくて,逆に自然がその普遍的合目的性を,我々の感性と悟性とに存する条件—すなわち経験を可能ならしめる条件に求めねばならない,ということである.」*PM*, S. 319.(『プロレゴメナ』144-145頁),*KrV*, S. 163f.(『純粋理性批判(上)』203-205頁)をも見よ.
すなわち,これらはアンチノミーとして解決される.物みなすべてつまり「自然的所産は,有機的存在者であると同時に自分自身を有機的に組織する存在者として自然目的と称せられ得る…」.*KU*, S. 292.(『判断力批判(下)』35頁)いわば因果の連鎖とは別な合目的連関のシステムの予定調和が存在する.カントの自然像はスミスと同じである.もちろん因果の連鎖システムを軽視するわけではない.自然の機械的組織を,意図をもって作用する原因はいわば道具として目的論的根拠に組み込む(beigesellen=仲間に入れる)のである.あくまでもこれらは二つであり,組み込まれるのは「自然の超感性的基体において(in übersinnlichen Substrate der Natur)」のみである.*KU*, S. 374.(『判断力批判(下)』118頁)を見よ.また,これらについては既述のようにハイエクの *HH*, p.138.(『ハイエク,ハイエクを語る』175頁)と比較せよ.
347) *KU*, S. 225.(『判断力批判(下)』278-279頁)
348) *KU*, S. 168f.(『判断力批判(上)』243頁)

はない美に起因しかつ全体の立場に立つ能動性が付与される。言うまでもないことであるが，自生的秩序はこの自己自律を含意している。

　（ロ）目的論的判断力のアンチノミー

　カントは『判断力批判』の中で，もう一つのアンチノミーを議論する。それは「目的論的判断力」としてのアンチノミーである。自然物にはどうやら自然目的が存在する。この自然目的を正しく判断しなければならない。もとより，規定的判断力ではなく反省的判断力による。その反省には二通りの反省があると言う。一つは悟性が判断に与える格率の反省，もう一つは特定の経験から理性を通して判断する格率の反省である[350]。これらは互いに対立して矛盾するかのようであるが，反省的判断力のもとでは共に真と理解される。それには詳しい弁証論が展開されねばならない。そして，このアンチノミーには高次の目的を意味する。そうであるが故に自生的秩序にとって一つの説明を与えてくれることになる。

　　「正命題。物質的な物の産出はすべて単なる機械的法則に従ってのみ可能である。」
　　「反対命題。物質的な物の産出のなかには単なる機械的法則に従うのでは不可能なものがある[351]。」

　まず，テーゼは次のように述べられよう。「悟性の普遍法則は，同時に自然法則である。そしてこの普遍的法則が自然にとって必然的であるのは，運動の法則が物質にとって必然的であるのとまったく同様である[352]」と。物質には自然の運動法則が成り立ち[353]，物質は社会現象を含め現象の運動の結果である，と言う[354]。それに対して，アンチテーゼは物資の現象の運動とは機械的法則にのみ従うというのは間違いで不可能なものがある，というである。このアン

---

349) *KU*, S. XXI.（『判断力批判（上）』31 頁）何故判断力は第三の能力か，それはアンチノミーが理性によって証明できないからである。*KU*, S. 315f.（『判断力批判（下）』58 頁）を見よ。自生的秩序が設計や計画に依らないというハイエクの言明の背後に，このアンチノミーの解決は理性の能力に依らないということがある。
350) *KU*, S. 314.（『判断力批判（下）』57 頁）
351) *KU*, S. 314f.（『判断力批判（下）』58 頁）
352) *KU*, S. XXXVIII.（『判断力批判（上）』49 頁）
353) Kant, I., *Metaphysische Anfangsgründe der Naturwissenschaft*, S. 476.（カント全集 12 犬竹正幸訳『自然の形而上学』岩波書店 2000 年，158 頁）

チノミーはどのように調停されるのであろうか。

　結論を先取りすれば，反省的判断力でこれらのアンチノミーを考えればよいと。カントが「機械的法則に従ってのみ判定」すると言ったとき「機械的法則に従ってのみ可能である，ということを意味しない」と。そうではなく，「自然の機械的組織という原理に従って反省し，またできる限り…機械的組織を探求せねばならない，というだけである。実際…機械的組織を自然研究の根底に置かないと，本来の自然認識は全く不可能になる。」(傍点引用者) しかし，だからといって「自然の機械的説明とはまったく異なる原理，即ち究極原理を探求し，この原理に従って…自然形式に反省を加えることを妨げるものではない。」もとより，人間理性はこれらのアンチノミーを一つの原理に合一させることはできない。判断力は客観的原理（普遍性）に従う基定的判断力ではなく，すなわち自然の機械的組織の原理とは異なる，自己自律の主観的原理に基づく反省的判断力によって自然のある種の形式を可能ならしめる根拠を想定せざるを得ないのである。普遍が得られたというのではない。反省的判断力という開放された環境の中であくまでも主観に基づき自然の形式根拠を想定しなければならない。この自然形式の根拠が調和や秩序という目的である。われわれはこの「見えざる手」，自生的秩序に導かれているのである。

　スミスの「見えざる手」や自生的秩序が働く経済を見よう。「見えざる手」は神の「見えざる手」であったが，結局人間が織りなす真理獲得の手引きであった。カントにとってもまた「真理の証明」は「人間諸個人による証明」であった。既述のように，経済はスミスが気づいたフィードバック現象に満ちている。つまりフィードバック現象は「自然形式に反省を加える」ことである。経済現象を因果律の自然現象と見なすとするなら自然科学の対応ですべてが可能であろう。しかし「自然形式に反省を加える」ということは，現象に究極的原理すなわち自然の合目的性の下にあるに違いないという機能が

---

354) *KrV*, S. A359., S. 372.（『純粋理性批判（下）』185頁，197頁）
355) *KU*, S. 315.（『判断力批判（下）』59頁）
356) *KU*, S. 316.（『判断力批判（下）』59頁）
357) *KU*, S. 316.（『判断力批判（下）』60頁）
358) *KrV*, S. 767.（『純粋理性批判（下）』39頁）

働いている。悟性や理性では（換言すれば単なる経験を通して）応えることができないものがある。自然目的（経済）には「或る種のものが究極原因に従って統合されている」，つまり「機械的組織と異なる原因性，即ち目的に従ってはたらく（知性的）世界原因の原因性が考えられねばならない[359]」と考えるべきであろう。言うまでもなく，ハイエクはこの知性的な原因性を課題にしたのである。

　カントはタイトルで述べている。自然（技巧）という概念は独断的に処理することはできない，と。それは自然目的が規定的判断力で説明できないからである[360]。しかし「自然目的としての物の概念は，言うまでもなく経験的に条件付きの概念である。換言すれば経験において与えられた或る種の概念の条件のもとでのみ可能なのである[361]。」経験と条件とは制約を予期し自ずから反省を導くのである。目的論的判断力には確かに規定的判断力ではなく反省的判断力が要請される。反省的判断力は機械的原理とは異なる原理を体系として自然に根拠を考える[362]。目的論的判断力の要諦は反省的判断力である。カントは言う。反省的判断力の責務とは，まず経験から適意（快），不適意（不快）の感情をもつ，その感情から出発して「特殊から普遍へ昇っていくこと，…一切の経験的原理を…高次の原理に統一して，…原理相互の間に体系的従属関係を可能ならしめることを本務とする[363]」からであると。

　しかし課題がある。反省的判断力と言えども手放しでは喜べない。それは判断が格率（Maxime）[364]であり，主観的原理でしかないからである。その主観的格率が自然の合目的性，世界原因の原因性となる，という理念を導く恐れがあるからである。また規定的判断力は感覚を入れず独断的に規則の下に含める可能性がある。いわば格率である限り規定的判断力を危惧せざるを得ない。その危惧は先取りされ易い理念にある。したがって，「我々はかかる理念に実在性を認めようとするのではなくて，この理念を反省における手引きと

---

359)　*KU*, S. 318.（『判断力批判（下）』61 頁）
360)　*KU*, S. 329.（『判断力批判（下）』73 頁）
361)　*KU*, S. 330.（『判断力批判（下）』74 頁）
362)　*KU*, S. 315.（『判断力批判（下）』59 頁）*KU*, S. XXXVII.（『判断力批判（上）』47 頁）
363)　*KU*, S. XXVII.（『判断力批判（上）』37 頁）
364)　この「格率」は篠田訳では「格律」と訳されている。*KU*, S. 318.（『判断力批判（下）』61 頁）

して使用するだけである。」要するに、目的論的判断力は概念でありつつも希求の中にある。概念の希求とは有限の中で無限になされるアプリオリな反省であり、経験が開かれた集合におかれていることを要請する。これはハイエクがマックス・ウェーバーへ向けた理念の批判に現れている。判断力は理念の実体化に道を譲らずかつ反省的に機械的な原因を受け入れていくことである。こうして『判断力批判』の第二のアンチノミーはともに真として受け入れられねばならない。

　ハイエクの自生的秩序もまたこのカントの目的論的判断力そして反省的判断力の中にあることを伺わせる文章が散見される。それらを挙げてみよう。まず目的論的判断力として

　　「生物学的有機体と同様、自生的社会形成の中でも時折、社会の諸部分があたかも全体を保持することにその目的があるかのような働きをすることが観察される。」

　　「『合目的』な諸力が働いていると言うとき、われわれが指している事実は、われわれがこれまで想定しており、われわれの生存条件を形づくっている永続的な社会構造を創り出すような、他ならぬそうした事実を言っているのである。」

　　「自生的に成長した制度は『有益』である。何故なら、これらの制度は人類が一層の発展を遂げる際にその足場となって来た条件だったからである。——そしてこれらの制度によって人間は自ら行使する力を与えられたのである。人間社会の中で『かれらが意図しない目的を常に促進している』という、アダム・スミスによって定式化された言い方は、…社会科学の中心的問題が表明されているのである。」

反省的判断力として

　　「人間の理性は、みずからの未来を予測することも意図的に形づくることもできない。人間理性の前進は、それが誤っていたところを見いだすことにある。」

---

365) *KU*, S. 318.（『判断力批判（下）』62 頁）
366) *LLL1*, p.58.（『法と立法と自由I』77 頁）、*LLL2*, p.170. note50（『法と立法と自由II』232-233 頁の注 50）、*CRS*, p.384.（『科学による反革命』339 頁）
367) *CRS*, pp.145-146.（『科学による反革命』114-115 頁）
368) *CL1*, p.41.（『自由の条件I』63 頁）

6 アンチノミーと自生的秩序　317

カントの言説とハイエクの言説をぶつけて見ることにしよう。反省的判断力は確かにアプリオリである。しかしそのアプリオリは社会的行為と離れたものではないことは言うまでもない。カント哲学のアプリオリは経験とともにある。反省的判断力とは「自然の機会的組織という原理に従って反省し，またできる限りかかる機械的組織を探究しなければならない，…実際このような機械的組織を自然研究の根底に置かないと，本来の自然認識はまったく不可能になる[369]」に由来する。反省的判断力の舞台は機械的組織という経験である。ハイエクはその経験に理論を展開する。

　ハイエクの場合は，その反省的判断力が，カタラクシー（catallaxy）[370]に経験的場として具体化されているように見える。カタラクシーとはこれまで経済学が考えていた市場よりはるかに広い意味で，競争というよりも知識や情報を交換する場である。まずは，カタラクシーはカントが言う機械的組織，経験の場である。ハイエクは言う。「競争は科学における実験のように，何よりもまず，発見的手続きなのである。発見されるべき事実がすでに知られているという仮定から出発するいかなる理論も，競争の価値を正しく評価することはできない[371]。」カタラクシーの語源に触れ「catallastics という用語は，『交換する』だけでなく『コミュニティーに入れること』とか『敵から味方に変わること』を意味したギリシャ語[372]」（傍点引用者）からきていると言う。そして，カタラクシーは「人によって大きく違っている様々な知識や意図をそれが調和させる[373]」点にある。つまり，同時にカタラクシーはアンチノミーのアンチテーゼ，反省を含意している。ハイエクは続けて言う。「形容詞『catallastic』は，『economics』の代わりに catallastics の科学が処理する類の諸現象を叙述するのに役立っているために，導入されたのである[374]」と。すなわち，社会科学の科学性はカタラクシーにあると言う。だとするならば，カントが主観の中で展開した目的論的判断力のアンチノミーとその調停は社会科学の科学性

---

369)　*KU*, S. 315.（『判断力批判（下）』59 頁）
370)　*LLL2*, pp.108-109.（『法と立法と自由Ⅱ』152 頁）
371)　*LLL3*, p.68.（『法と立法と自由Ⅲ』99 頁）
372)　*LLL2*, p.108.（『法と立法と自由Ⅱ』152 頁）
373)　*LLL2*, p.110.（『法と立法と自由Ⅱ』154 頁）
374)　*LLL2*, p.108.（『法と立法と自由Ⅱ』152 頁）

の階梯，考察の対象ということになる。つまり経済という有機的自然の統制的原理及び反省的判断力をカタラクシーに見ることができる。カタラクシーには客観的かつ実質的合目的性が存在するからである。

さらにカタラクシーはカントの偶然性としても説明されよう。カントは自然目的について述べている。

> 「〔自然目的の〕概念は，一方で自然必然性を含むと同時に，また他方では…対象の形式の偶然性（〔普遍的〕自然法則に関する限り）をも含んでいる。…自然目的の概念は，自然における物を可能ならしめる根拠を含むと同時に，かかる自然そのものを可能ならしめ，またこの自然と何かあるもの──換言すれば，経験的に認識され得る自然でないような，従ってまた我々にとっては絶対に認識され得ないような（即ち超感性的な）あるものとの関係を可能ならしめる根拠をも含んでいなければならない。」(かっこ内引用者)[375]

この「対象の形式の偶然性」とは，人間の悟性や理性の有限性を予期している。偶然性は悟性を駆使しても捉えきれない何かが残されているという人間の有限を意味し，理性には限界や制約があることを理解してのことである。[376] ハイエクも「1人の人間の知識と関心には本来的な限界がある」[377]とたびたび強調してきた。いわば，この限界を補完するのが未来の経験なのである。カントのアプリオリな主観もまた未来に向けた補完的な経験を意志する。意志はそもそも経験を促すという意味でアプリオリである。それが判断力である。イギリス経験論にあったヒュームはこの立場を専ら社会もしくは非人格的な世界に託して展開してきた。これに対して，主観主義者・カントはこの社会的経験を得るべく主観の中に偶然性をおいた。偶然性とは未来の時間と新たな空間へ経験を待ち望む意志である。偶然性はテーゼ（「機械的法則に従う」）を基に発生しているものの，同時に新たな経験を読む意志でもある。偶然性はアプリオリな主観的猶予である。ハイエクも進化経済学を説いて言う。進化が「特定の段階ないし局面の必然的継起の言明という意味では，正しくな

---

[375] *KU*, S. 331.（『判断力批判（下）』75頁）
[376] *KU*, S. 346.（『判断力批判（下）』92頁）
[377] *IEO*, p. 7., p.14.（『個人主義と経済秩序』11頁，17頁）ハイエクはアダム・ファーガソンの言葉を引用している。「諸国家は偶然に誕生した…。」(傍点引用者)

い。」「保持されるのは，過去の経験がルールの選択に及ぼす効果であって，経験それ自体でないのである。」カタラクシーは将来に向けた弁証論の場である。それだけに感性が要求される。われわれは「悟性の性質におけるある種の偶然性を探し当てて」，有限性を感得する。そこではじめて判断力は「特殊を悟性概念の普遍のもとに統摂する」能力を持ち合わせることとなる。換言すれば「判断力は経験的直観を概念のもとに包摂する能力」となる。

ハイエクはさらなる展開を見せてくれる。目的論的判断力のアンチノミーすなわち機械的法則のアンチノミーに抽象がその役割を果たしている。ハイエクは言う。

> 「道具，食料，薬品，武器，言葉，文章，通信，生産行為といったもの—もしくはこれらのうちのどれか1つの特定の例—を取り上げてみよう。これらは社会科学において絶え間なく起こっている人間活動の対象となるもののよい事例であると私は思う。……これらの概念は…すべての自然科学において我々が用いる種類の単なる抽象的な概念ではない。それらは事物自体からその物理的な特性の全体を抽象化したものである。これらの概念はみな，時として『目的論的概念』と呼ばれるものの事例である。換言すれば，それらは次の三つのもの，すなわち目的，その目的を持つ主体である人間，そしてその人間がその目的を達成するための手段として適当であると思う対象，これらの間の関係を表示することによってのみ定義される諸概念なのである。もし我々が望むならば，我々は次のように言うこともできるであろう。これらすべての事物はそれらの持つ『現実の』特性によって定義されるのではなく，人々がそれらについて持つ見解によって定義されるのである。」

この「物理的な特性の全体を抽象化したものである」という言説は，このアンチノミーの調停を理解してはじめて解けることではないか。その調停にハイエクは抽象を据えている。まさに「自生的動きが諸部分の間の一定の構造的結びつきを存続させているのであるが，それ以上にそれはわれわれの個人

---

378) *LLL1*, p.24.（『法と立法と自由Ⅰ』34頁）
379) *LLL2*, p.5.（『法と立法と自由Ⅱ』12頁）
380) *KU*, S. 346.（『判断力批判（下）』92頁）
381) *KU*, S. 348f.（『判断力批判（下）』94頁）
382) *IEO*, pp.59-60.（『個人主義と経済秩序』82-83頁）

的目的とある特殊な仕方で結びついている」(傍点引用者)のである。この「ある特殊な仕方」に答えを示さねばならない。カントの言説を引用しよう。カントは「我々の悟性とは異なる別の悟性…かかる悟性は…論理的悟性ではなくて直観的悟性」である,と前置きして言う。

> 「直観的悟性においては全体の表象が,全体の形式とこの全体に属する部分の結合とを可能ならしめる根拠を含むのである。…そうすればかかる全体が結果(所産)ということになるだろう。そして全体の表象がこの全体を可能ならしめる原因と見なされるわけである。要するにこの場合には,およそ原因を規定する根拠は,この原因の結果の表象にほかならない,そこでこのような原因から生じる所産が即ち目的と呼ばれるのである。」

目的論的判断力はアンチノミーの調停を前提する。そのときはじめて自然目的を感得することができる。その継起は何かというと,それは(すこぶる経験的な)直観的悟性である。機械的組織の中にありつつも自然目的を発見するものは直観的悟性である。それは全体性という自然目的を取り出す糸口である。ハイエクの「ある特殊な仕方」すなわち「物理的な特性の全体を抽象化したものである」が既にカントにある。つまりハイエクの抽象と自生的秩序(spontaneous order)はカントからヒントを得たものであることは明らかである。カントは言う。「認識には直観が必要である。…直観の完全な自発性の能力(ein Vermögen einer völligen Spontaneität der Anschauung)というものがあるとするならば,それは感性から区別せられたまた感性にはまったくかかわりのないような認識能力であり,従ってまた最も一般的な意味における悟性ということになるだろう。そこで我々は直観的悟性というものを(消極的に,即ちただ論理的でないというだけの悟性として)思いみることができる。」こうしてアンチテーゼの「機械的法則に従うのでは不可能なもの」は直観的悟性によって認識される。もとより,ハイエクの自生的秩序はカントの「自発性の能力」から得たものである。そして抽象は「感性にまったくかかわりのな

---

383) *CRS*, p.145.(『科学による反革命』114 頁)この引用は既に主観主義の節で挙げた。
384) *KU*, S. 349.(『判断力批判(下)』94 頁)
385) *KU*, S. 349f.(『判断力批判(下)』95 頁)
386) *KU*, S. 347.(『判断力批判(下)』92 頁)

い」ものとして結果している。ハイエクは抽象をカントの「全体の表象が，全体の形式とこの全体に属する部分の結合とを可能ならしめる根拠」にしている。そして「物理的な特性の全体を抽象化したもの」に結びつける。それはまた人間がもつ目的，見解によるのである。

経済学者・メンガーが残した課題，「公共の福祉に役立ち，その発展にとってもっとも重要な制度がその創設をもくろむ共同意志なしに発生する[387]」メカニズムにハイエクは答えたことになる。目的論的判断力は，ある目的に向かっている経済を前提としなければならない。もちろん，その自然（概念）の目的は証明されるものではない。なぜなら「原因の結果の表象」にありつつも，全体像は把握できないからである。われわれは既に「不定の概念」にあって理論と実践の間の執り成し「超感性的基体[388]」があることを見てきた。ここでもその執り成しが語られねばならない。それはあくまでも経験にある。

　「理性にとって最も大切なことは，—自然の産出における機械的組織を放下しないこと，およびこの産出を説明するに当たって自然のかかる機械的組織を看過しないことである。このような機械的組織に着目しないと，物の自然的本性に対する洞察を体得できないからである。たとえ最高の〔建築師〕というものがあって，自然におけるさまざまな形式を，それが最初から存在している通りに直接に創造したとか，あるいはまたこれらの形式が自然の経過において絶えず同一の模範に従って自分自身を形成していくように予定しておいたというふうなことを認めたところで，我々の自然認識はそれによっていささかも促進されるものではない。[389]」

大切なことは，「自然の所産における目的の原理を看過してはならないということは，やはり理性の必然的格率（eine notwendige Maxime）である。たとえ目的の原理がかかる所産の発生の仕方を，機械的説明よりもいっそう明白に説明するものではないにせよ，それにも拘わらずこの原理は特殊的自然法則

---

387) *UMS*, S. 163.（『経済学の方法』150-151 頁）
388) *KU*, S. 353f.（『判断力批判（下）』98 頁）もちろんだからといって超感性的基体はわれわれには分からない存在である。「自然の目的による結合の根拠を，自然そのものから得てくることは，我々には絶対に不可能である，そこで人間の認識能力の性質にかんがみて，かかる統合の最高根拠を世界原因としての根源的悟性に求めることが，我々にとって必然的になるのである。」
389) *KU*, S. 354.（『判断力批判（下）』99 頁）

を探究するための発見的原理だからである。[390]」ハイエクはこの言説に従って抽象的理性[391]を唱えてきたと思われる。

> 「我々が自然の有機的所産において，それも無限に多くのこの種の所産に促されるままに，特殊的法則に従う自然原因と結びついている意図的なものを（少なくとも許された仮定によって）自然全体（世界）に対する反省的判断力の普遍的原理として想定すると，我々そこに自然の産出における機械的法則と目的論的とのすばらしい，しかも普遍的な結合を考え得るのである。[392]」

目的論的判断力のアンチノミーは構築の哲学のなかに解決されるのである。

目的論的判断力を纏めてみよう。この把握できない目的すなわち自生的秩序はまさに直観的悟性と反省的判断力に依存する。自然目的の概念は「経験的に認識され得る自然でないような，従ってまた我々にとっては絶対に認識され得ないような（超感性的な）或るものとの関係を可能ならしめる根拠をも含んでいなければならない。[393]」と言う。これを即神の存在を認める非科学的立場や神人同型同性説と理解してはならない。

7　反省的判断力の意味

既に述べてきたように，反省的判断力は『判断力批判』における要諦であった。さらにここではハイエク理論に移して見ることにしよう。ハイエクの社会科学における科学的な方法，すなわち自生的秩序に含意された科学性は機械的法則のアンチノミーを乗り越えねばならなかった。それに抽象は機能してきたのである。ハイエクは言う。「科学の任務は，正確に言うと，感覚的印象をその相互の共存に基づいて，あるいは他の感覚的印象とのつながりに基づいて再分類することであり，その結果として新たに構成された当該単位の行動にかんする規則性の確立が可能になるのである。[394]」この再分類に抽象が機

---

390)　*KU*, S. 355.（『判断力批判（下）』100 頁）
391)　第 3 章「16 抽象が機能する」（207-208 頁）を見よ。
392)　*KU*, S. 361.（『判断力批判（下）』106 頁）
393)　*KU*, S. 331.（『判断力批判（下）』75 頁）

能していた。これを筆者は類概念の構造と呼んできた。

　この再分類は反省的判断力が無ければ不可能であることを見てきた。いわば，抽象は反省的判断力として機能していた。そしてこの機能はあくまでも個人に委ねられたものであることも確認してきた。しかも，個人の機能は社会的なものであった。このような要件が満たされるときはじめて科学性が維持される。個人に課せられた思惟の内容は禁止であり，消極的選択であった。理論でほぼ相違の無いハイエクの畏友，ポパーは象徴的に語っている。「自分がおかす誤りをより批判的に見守るという態度をとればとるほどますます科学的な性格をとるにいたるのである。」と。筆者はこれを受けて，自生的秩序の内容に「…からの自由」を位置づけてきた。科学は，人間が社会的経験の下謙虚に相互判断を加え続けるなかに生起すると考える。これは技術の進歩に見られるように自然科学にも共通である。有限であるわれわれには経験はつねに棄却の対象でしかない。いわば社会的反省である。その淵源は言うま

---

394)　*CRS*, p.329.（『科学による反革命』290 頁）
395)　「人間をして自分の力を十分に行使させてきたのは，常に，可能性の限界という認識であったからである。」*LLL1*, p.8.（『法と立法と自由Ⅰ』16 頁）を見よ。これは個人が反省的判断力に従ってはじめて可能になる。それは演繹である。ポパーも言う。「私は帰納の原理なしですますことができるという結論に達するのだ。この原理が事実としてけっして科学においてもちいられていないという理由からではなく，私はそれが不必要であり，われわれを助けず，むしろ矛盾をさえもたらすと考えるからである。」*LSD*, pp.52-53.（『科学的発見の論理（上）』63 頁）を見よ。*LLL2*, p.43.（『法と立法と自由Ⅱ』64 頁）も見よ。
396)　*LLL2*, p.39.（『法と立法と自由Ⅱ』58 頁），*NPP*, p.74. note5 でハイエクは述べている。「自生的もしくは自己決定的諸秩序の形成という概念は，進化論の連続した概念のように，自然科学者に依って採用される以前およびサイバネティックスのように展開される以前に社会科学によって展開されていた。これは生物学者によって見出されはじめられていた。例えば，ハーデン氏の『自然と人間の運命』（*Nature and Man's Fate* 1959, Mentor edn, New York, 1961, p.54）で言っている，'しかし，クラウド・バーナード，クラーク・マックスウエル，ウォルター・キャノンもしくはノーベルト・ヴィーナーよりはるか以前に，アダム・スミスは実に明確にサイバネティックスの概念を用いていた。諸価格を細部まで調整する"神の見えざせる手"はまさにこの概念である。スミスは述べている。実際自由市場において諸価格は消極的自己制御（negative feedback）によって調整される.'」このハイエクの進化論の背後にはカントが展開していた有機体論，つまり有機体の生命活動に関する機械論と目的論の調和，すなわち「自然の合目的性」の原理が隠されている。進化論やサイバネティックスは機械論と目的論の調和が含意されていなければならない。ハイエクはそれを援用している。*EKU*, S. 293f.（『判断力批判（下）』36-37 頁）を見よ。
397)　*PH*, p.87.（『歴史主義の貧困』136 頁）
398)　この「…からの自由」に最も適切な言葉として，次のハイエクの言葉を挙げよう。「全ての変化が一部の期待を裏切らざるをえないことを意味するが，しかし一部の期待を裏切る正にその変化が正しい期待を形成する機会を再び可能な限り大きくする新しい状況をつくりだすことを意味している。」*LLL1*, p.106.（『法と立法と自由Ⅰ』139 頁）を見よ。

でもなく,『判断力批判』の要諦,反省的判断力に求めることができる。

この禁止や「…からの自由」は反省的判断力に含意されている。これは自然の合目的性」に従った演繹であり原理である。カントは主観の自己自律（Heautonomie）として原理としたが,個人の自助作用のみならず社会的な自助作用でもある。換言すれば,このアプリオリな原理は,悟性が純粋悟性概念をもち,理性が理念をもつという客観や意志とは決定的に異なっている。概念をもたずにもっぱら主観に反省を促すのである。筆者はこれを「存在への前進」と言ってきた。客観があるとするならば方法や形式にあり動的客観性である。それは謙虚な「主観的原理」である。自生的秩序には高次の自律すなわち社会的自己自律を身につけていなければならないのである。確かにハイエクはそれを社会的に強調していた。その意味で,カント的であるよりもヒューム的であった。なぜなら非人格的な社会的批判に晒されている自律であったからである。これをカントはアプリオリなものに求めたのである。そしてヒュームは「慣習」や「黙約」に組み込んでいた。これらはメンガーの「無反省な結果」の起源である[400]。ハイエクも社会的視点で強調してきた。しかしそれらは内容の相違ではなく,側面の相違である。なぜ自己自律と呼ぶのか。それは,判断力そのものが反省の対象であり,法則でもあるからである。つまりカント的要請はそれがための反省でなければならなかった。ハイエクがいみじくも触れてきたように,一元論の世界で求めつつ二元論の世界で展開されねばならなかった。

大切なことは,反省的判断力は自生的秩序を仕上げる要諦であり,同時に主観をそして社会を仕上げる,つまり演繹を仕上げる要諦であるということである。そのことは,同時に反省的判断力がカント哲学を最終的に仕上げるキーポイントであったのである。そして,その経緯に直観的悟性や抽象が構成的原理として機能していなければならなかった。反省的判断力はメンガーを出発点とするオーストリア学派経済学の強力な隠れた後援であったのだ[401]。

---

399) *IEO*, p.8.（『個人主義と経済秩序』12 頁）ハイエクは言う。18世紀の英国の個人主義は「個人の知性の限界をはっきりと意識するところから生まれる産物であり,それが個々人を,彼らの知識を越えた偉大なものの創造に参与させる,非人格的な無名の社会的過程に対する謙虚な態度を導くのである。」

400) *UM*, S. 164.（『経済学の方法』151 頁）

すなわち，反省的判断力はオーストリア学派経済学の科学性を構成している重要な要素と言うことができよう。

そして，ポパーは分かり易い言葉を社会科学に向けて作り出していた。それは漸次的社会技術（piecemeal social engineering）[402]である。彼はカントの反省的判断力の後援を受けて，社会へ科学的政策を提唱したに違いない。ポパーのこのメタファー（擬似的表現）としての技術（engineering）は『判断力批判』で採り上げた，自然の合目的性へアナロジーとしての技術（Kunst）にヒントがあったことは明らかである。もちろん，ポパーの口からカント哲学からの強力な後援，継承という言明は一切聞かれなかった。これもまたハイエクと同様である。ハイエクは，彼がこの「工学的」（engineering）という名称を計画的かつ設計的ニュアンスが含まれとして嫌うものの，ポパーの漸次的社会技術に同意しているところである[403]。彼らがほぼ一致した考え方をもったのも，まさにカントの反省的判断力にその淵源を求めることができる。

そもそもウイーン学派の課題は「科学的な宇宙論」であった。その意味で，ポパーは反省的判断力を含意した科学の具体性を技術に見出したのである。主観的な美的判断力が普遍性に道を開く経緯が課題であった。その経緯に調和という全体を読みとる直観的悟性が機能し，さらに反省的判断力が不可欠に機能する。その意味で，自生的秩序は個人の「意図せざる結果」であってもあくまでも個人が作り出すものであった。換言すれば，自生的秩序と個人

---

401) ハイエクは注で述べている。「科学的知識の進歩の企ては，最終的にはある事象の不可能性への洞察に依拠するというのは真実である。数理物理学者のエドマンド・ホイッタカー卿はこれを『無力原理』と述べ，カール・ポパー卿は，すべての科学法則は本質的に禁止，すなわちあることがらには起こりえないという主張から成るという考え方を体系的に発展させている。」LLL1, p.146.（『法と立法と自由Ⅰ』188 頁）を見よ。

402) PH, p.58., pp.64-65.（『歴史主義の貧困』94 頁，102-103 頁および注の 1）を見よ。このポパーはここで，ハイエクは「社会技術」という表現に賛成しなかったと述べている。それは社会的なものは一人の人間に知識が集中して実現されることはないと。これに対してポパーは次のように補っている。「技術者が，自分自身のイニシャティヴやみずからの知識の限界を知らせてくれるところの，これらの仮説に具体化された工学的知識を用いなければならない」と。あくまでも社会は知識の集中の場ではなく，有限な個人の限界を認めかつ改める謙虚な場を意味している。これでハイエクとポパーは合意ができたのではないか。

403) ハイエクは LLL3, p.39. note50.（『法と立法と自由Ⅲ』275 頁の注 50）で述べている。「無論，この概念はカール・ポパーが『断片的社会工学』と呼ぶものと同じである。私はこれに対して完全に同意するが，依然として特定の表現法を嫌うものである。」LLL2, p.157. note 25（『法と立法と自由Ⅱ』218 頁の注の 25）をも見よ。

の紐帯は，個人に課せられた—しかし多分にアプリオリな—反省的判断力である。反省的判断力はまさに自己自律という個人を通して社会的（非人格的）な客観へ道を開くものでもある。その意味で，反省的判断力はカントがヒュームに接近するところである[404]。これら一連の体系に向けた上方的思考はまさに技術に現れているというのである。

　カントにとってこの判断力の核心部分は主観の反省である。主観の反省が客観かつ普遍的な道へと開放させているのである。換言すれば，その開放は主観が類概念の立場におかれていることである。反省的判断力は類概念の環境を支えているのである[405]。もとより判断力は規定的判断力を加え常に特殊（経験的差異性）を普遍のもとに包摂することであった。そのための開放的経験は自由の下におかれていた。一定の概念に相応する多くの「クラス」を比較して，それぞれのクラスを決定し，「共通の票徴を具えている」よりの高次の「クラス」（「類」）のもとに包まねばならないからである[406]。これはハイエクが『感覚秩序』で述べてきたところである。

　ハイエクの自生的秩序の解明はカントの反省的判断力の解明を通さねばならなかった。しかし同時にヒュームはこの反省を社会（非人格的世界）でアプローチしていた。確かにメンガーもハイエクもカントの反省的判断力よりはヒュームやバーク（Burke, E.）の「無反省的」な社会（非人格的世界）で捉えていた[407]。ヒュームは，個人が調和（秩序）の解明のために立つ場として非人格的世界を常に設定し強調していた。類概念の構造は慣習，黙約そして法，諸制度という非人格的環境の努力の賜であった。その意味でヒュームは調和

---

404) 興味あることに，ヒュームの『人間本性論』を読んでいくとカントの主観に近づいていくことを禁じ得ないし，カントの3批判を順に読んでいくとヒュームの社会的視点に近づいていくことを禁じ得ない。これは偶然なことではない。互いに演繹を完成させるための不可欠な視点に気づいていくのである。いわば彼らの視点は互いに補完関係にあると言えよう。
405) *EKU*, S. XXXV.（『判断力批判（上）』46頁）カントは言う，「いずれにせよ法則と称せられるところのこれらの経験的法則を追究するために，ア・プリオリな原理—即ちかかる法則に従えば自然の秩序が可能であるという原理を，自然に対する一切の反省の根底におかざるを得ない。…例えば—『自然においては，「類」と「種」との間に，我々の理解し得るような従属関係が存する』，『これらの「類」は，共通の原理に従って互いに接近し合い，こうして一つの「類」から他の「類」へ移り行き，更にいっそう高次の「類」へ移り行くことが可能である』」
406) *EKU*, S. 21.（『判断力批判（下）』262-263頁）既に第1章で述べてきたが，バークはイギリス憲法の成立を有機的な無反省的結果と言いながらも「深い反省の結果」と言っている。
407) *UMS*, S. 201. Anm. 90.（『経済学の方法』184-185頁および注90）

を維持するために正義を課題としてきた。正義は常に非人格的世界という社会が編み出すものであった。[408] だとするならば、カントの反省的判断力の場は、感情という共通項を通してヒュームの正義を求める非人格的な世界に置き換えられよう。互いに強調の視点は相違するものの演繹においては同じであり、手法の相違である。つまり、カントは同じ調和（秩序）を主観から説こうとした。その意味で客観を見出す方法を主観から模索せざるを得ず、反省的判断力が開示したと言えよう。これに対して、ヒュームでは社会的かつ非人格的正義であった。[409] ヒュームはその端緒を開くために所有権というような経験的かつ社会的そして具体的課題に基づいてきた。[410] だからといって、カント的主観の視点がいささかも後退するものではない。カントにとってアプリオリなもの無くては非現実的である。カントの超越論的なものはヒュームの非人格的世界に完全に取り込めよう。それは常に客観への道筋を意味している。要は視点の相違であって基本の相違はないと考えられる。むしろハイエクはこれらを補完しあって論じてきた。

ハイエクは常に経験論の中にいた。しかし彼は繰り返すように自然科学のように経験から法則を得ようとしたのではない。あくまでも個人そして諸個人の経験が改良や改善を編み出す。そのカギは個人の反省的経験にある。これが方法論的個人主義の神髄である。経験はあくまでも全称命題として否定されることなく、棄却の対象であり続け構築に向けたステップである。個人と社会は反省の場を通して一つである。そこに前進が約束される。自生的秩序はそのような環境におかれている。

---

408) ヒュームにおいてはこの正義こそ自生的秩序を支える原動力なのである。ヒュームは言う。「正義と忠実との社会的美徳に関しては、…それらは人類の安寧にとって大いに有用であるか、または実際絶対的に必要である。しかし、それらからもたらされる恩恵は、すべての個別的な対一の行為の成果ではなくて、社会の全体または大部分によって賛同された全体的計画または体系から生ずるのである。」つまり道徳、倫理の基準はカントに反して常に社会的なのである。*THN*, BookⅢ, PartⅡ *Of justice and injustice*（第3編第二部「正義と不正義について」）を見よ。ただ後生のイギリス経済学者が功利主義の下ベンサムに従って価値を計り得るかの如く、つまり正義を把握できたかのように社会改良主義にこぞって歩み出したのである。ここに大きな間違いがあると指摘される。*LLL2*, 『法と自由と立法Ⅱ-社会的正義の幻想-』）を見よ。

409) *EM*, pp.303-304. Appendix *Some farther considerations with regard to justice*（『道徳原理の研究』「正義に関する若干のさらに進んだ考察」178頁以下）を見よ。

410) *EM*, p.304.（『道徳原理の研究』179頁）

8 「唯一の可能な経験」と全体性

　第 1 章の 7 で述べたように，カント哲学は認識もまた体系（調和や秩序）と見ていた。スミスが調和や秩序を社会的かつ経済的現象の中に求めたのと対照的に，カントはあくまでも主観の中に体系を求めた。それは彼の批判哲学すべてが高次の体系，調和や秩序（カントは自然的な世界を提示する）[411]，すなわち普遍性に向けられていることを意味する。カントは述べている。

　　「形而上学が純然たる思弁として，認識を拡張するよりもむしろ誤謬を防ぐに役立つということは，この学の価値を損なうものではなくて，却って検閲官としての職権によってこの学に威厳と権威とを付与するのである。この職掌の本分は，学という公共物の一般的秩序および調和，それどころか福祉をすら確保し，また豊かな成果をもたらす進取的な学的努力を，人類一般の幸福という主要目的に背反しないように規制するにある。[412]」

　カント哲学の批判（もしくは制約）とは，学に謙虚にしてかつ威厳と権威を堅持するところにある。その意味で，既に認識という思惟の初段階から，経験所与を受け止める主観に体系化がなされていた。彼の批判哲学が課題とする認識，道徳そして判断すべてが体系の下に演繹されていた。いわば哲学は普遍性を求めるべく調和，秩序を求める構築の思惟の下に始まるのである。したがって，客観もまた体系の下におかれねばならなかった。そして哲学が机上の空論に終わることなく，人類一般の福祉や幸福まで射程を意識していた。これは形而上学がけっして経済と無縁でないことを意味している。

　カントは悟性，理性そして判断力を区別して言う。「悟性は規則の能力である。[413]」それに対して，理性は「悟性の規則を原理の下に統一する能力」[414]であ

---

411)　*KrV*, S. 446f.（『純粋理性批判（中）』99-100 頁）カントは世界と自然とを区別する。前者を数学的全体性，後者を力学的全体性とする。しかし世界は「すべての現象の綜合の総体性を意味する」から力学的全体と見なされ自然と呼ばわるをえず，世界は量ではなく「現象の現実的存在における統一」として考える。「世界という語は，超越論的意味では実在する物の総括の絶対的全体性」を意味する。こうして『判断力批判』において目的の王国（道徳の世界），同時に感覚や欲望を兼ね備えた世界をも議論する。

412)　*KrV*, S. 879.（『純粋理性批判（下）』139 頁）

る。そして判断力は特殊なものを普遍的なものの下に包摂する能力である[415]。判断力は対象を概念の下に包摂する能力であり，いわば，悟性と理性の中間項もしくは媒介項の役割を果たす訳である。この概念の下に包摂する判断力は全体性を抜きには考えることが出来ないものである。したがって，第三批判は経済学と関わりを持たねばならないことは明らかである。判断力の特色は概念，すなわち全体性（体系的統一）をもつことにある。それだけに，『判断力批判』は先行する2批判書になかった社会や共通感が採りあげられ，背景にヒューム的な社会（全体性）が想定されることとなった[416]。

　ハイエクの感覚の経験を見よう。ハイエクは『感覚秩序』で述べている。

　　「感覚の質の経験内容のなかの大部分が経験にもとづく解釈の結果であるということは，もちろん，長い間，心理学の常識であった。しかし，こうした感覚の質の相対的な決定要因は，絶えず，純粋感覚の本来の核の単なる修正，あるいは，それにつけ加わったものとしていい表されてきた。この意味で，個体もしくは種の経験にもとづく『解釈』であるのは，単に感覚の一部ではなく，全体であることは，これから概略を述べようとする理論の中心課題であろう。感覚の本来の純粋な核は，経験によって単に修正されるだけであるという考え方は，まったく不必要な虚構であって…。」[417]（傍点引用者）

ハイエクは，感覚が単なる感覚の経験で終わるものではないことを述べている。既に感覚でさえ何らかの「全体であること」に結びつけられているというものである。もちろん，この全体性は一つの調和（秩序）である。したがって，感覚もまた無意識ながら全体，体系のなかにある。当然それは演繹と理解してもよい。したがって，ハイエクの経験は，既述のようにカントの「唯一の可能な経験」に置き換え説明が可能である。「唯一の可能な経験」とは「一切の現象の実在的なものは，一切を包括する唯一の経験において与えられている。」[418]のである。そしてわれわれの超越論的統覚によって「一切の可能的

---

413)　*KrV*, S. 359.（『純粋理性批判（中）』20頁）
414)　*KrV*, S. 359.（『純粋理性批判（中）』20頁）
415)　*KrV*, S. 171.（『純粋理性批判（上）』210頁）
416)　*KU*, S. 126., S. 162f.（『判断力批判（上）』199頁，237-238頁）
417)　*SO*, pp.41-42. 2・15（『感覚秩序』52頁2・15）
418)　*KrV*, S. 610.（『純粋理性批判（中）』249頁）

経験」とは自然である。もとより自然には調和（秩序）そして合目的性が存在する。それは「自然的根拠に基づき自然法則に従って説明せられねばならない」のである。そして「我々が自然と名づけている現象における秩序と規則の正しさとは，我々が自分で自然のなかへ持ち込んだものなのである」，「理念を表示するものとしての自然は，認識され得るものではなくて，思惟され得るにすぎない。」「我々のあらゆる認識は，一切の可能的経験の全体のうちにある。そしてあらゆる個々の認識がこの可能的経験全体と一般的に関係するところに超越論的真理が成立する。そして，それはあらゆる経験の真理よりも前にあって，可能ならしめるのである。」(傍点及び修正引用者) いわば，全体は単純なものから必然的に合成され実体的全体，合成物（Kompositum）とは理解されてはならない。『純粋理性批判』の第二のアンチノミーを共に偽としたように，量に還元することは否定される。つまり全体は単に全体ではなく，体系から出発させるという叙述がなされる。ケインズが気づいた全体性が「合成の誤謬」にあるように。ケインズやハイエクの主張は的確にカントに述べられていたと言えよう。

　いわば悟性や理性は既に判断力に道を開かずにはおかない能力であった。判断力は悟性と理性の能力を潜在的に不可欠に含む。換言すれば，調和や体系は演繹として悟性，理性そして判断力を包み込んでいる。ポパーが「私は帰納の原理なしですますことができるという結論に達するのだ。」とか「科学は，われわれの直接的確信の体系的表示なのだ。」と述べたのも，そしてまたミーゼスが「人間行為を論理的構造」と捉えたのもすべてカントの演繹的把握，超越論的演繹に淵源をもつことは明らかである。直観の形式に基づくカテゴリーの体系も高次の体系（調和，もちろん自生的秩序）と一貫連続しているのである。カントは『判断力批判』で言う。

419)　*KrV,* S. A114.（『純粋理性批判（下）』161 頁）
420)　*KrV,* S. 800f.（『純粋理性批判（下）』70 頁）
421)　*KrV,* S. A125.（『純粋理性批判（下）』170 頁）
422)　*KU,* S. 116.（『判断力批判（上）』187 頁）
423)　*KrV,* S. 185.（『純粋理性批判（上）』222 頁）篠田英雄訳では「一般的な（allgemeinen）」が訳されていない。
424)　*LSD,* p.94.（『科学的発見の論理（上）』115 頁）
425)　*UFE,* p.11.（『経済科学の根底』13 頁）

8 「唯一の可能な経験」と全体性

「個別的経験判断…が，何びとといえども…事実を認めねばならないということを要求するのは当然である。彼（人）は，規定的判断力の普遍的条件のもとで，可能的経験一般の法則に従って…判断したからである。これとまったく同様に，概念にかかわりなく対象の形式に対する単なる反省において快を感じる人は，その判断が経験的，個別的判断であるにせよ，これに対してすべての人の同意を要求して然るべきである。この快の根拠は，反省的判断力の―たとえ主観的にもせよ―普遍的条件，即ち対象と（それらが自然の所産であると芸術であるとを問わず）認識能力（構想力と悟性）相互の関係との合目的調和に存するからである。なおかかる合目的調和は，およそいかなる経験的認識にとっても必要なのである。」[426] (かっこ内引用者)

既に第2章3節「自然法則」で述べたように，可能的経験（唯一の可能な経験[427]）は『純粋理性批判』（認識論）では直観の形式，カテゴリーという制約（規定的判断力の普遍的条件）の下におかれていたが，『判断力批判』においては反省という主観にとって顕在化した下におかれた。「反省において快を感じる」可能的経験はアプリオリでありつつ，「すべての人の同意を要求してしかるべき」である，となる。あらためて「我々のあらゆる認識は，一切の可能的経験の全体のうちにある」ことになる。反省的判断力は可能的経験として社会全体（非人格の世界）という道で顕在化した演繹をとることとなる。いわば，主観は直観の形式やカテゴリーという制約にとどまらず反省を拠り所としてきた。ここに思惟と行為の顕在化が見られる。その反省は無限な反省である。換言すれば，それは全体性という演繹を抱えてはじめて進められる[428]。いわば自然な世界に開かれている。これはヒューム哲学への接近と見ることができよう。オーストリア学派経済学の演繹はカントが3批判書で課題にしてきたすべてにわたっている。メンガー，ミーゼスそしてハイエクはこれら

---

426) *KU*, S. XLVIf.（『判断力批判（上）』56-57頁）

427) 「可能な経験」と「唯一の可能な経験」（もしくは「可能的経験」）は厳密に区別される。前者「可能な経験」にアプリオリな直観形式やカテゴリーといった制約の下にあることは言うまでもない。それに対して，後者は唯一（eine）を付けることによって全体すなわち「すべてを包括する経験」が含意される。いわば後者は超越論的な反省が加わる。*KrV*, S. A110f.（『純粋理性批判（下）』158-159頁）を見よ。またこの「唯一の可能な経験」はメンガーが述べた「ただ一つの認識原則」に現れていると思われる。*UMS*, S. 40.（『経済学の方法』48頁）を見よ。

428) これは現代の自然科学や社会科学すべてに求められる喫緊の課題でもある。

を自覚していたと思われる。[429]

　経済は自然秩序や自然法則を感得し易かった。他の社会科学に優って経済学は普遍的な調和を感じ取ることができた科学である。経済学が科学なのは唯一数学が使えるからではなく，自然秩序という全体性を感得できるからである。ハイエクが述べていたように，経済にはフィードバックという自生的秩序（調和や秩序としての概念）が宿っている。すなわち経済には消極的選択により全体の調和に向けて調整する機能が自然な形で培われている，そしてそれが顕在化している。市場における価格メカニズム（「見えざる手」）がそのよい例である。しかしそのメカニズムは分析しなければならない。そして，カント哲学がスミスのように経済に向けて展開がなされていたらよかったのにと思わなくもない。

　ハイエクは言う。「人間の目的が達成されるのはわれわれが生きている世界を秩序として認めるときにのみ可能なのである。その秩序はわれわれが知る世界の部分から他の部分について期待を可能にする諸ルールを学ぶ能力において顕わになる。」[430] これは，ケインズが普遍的なものを論理的推論，主観的確率によって応えようとしたことと比較される。[431] ルールは期待を作り出し，その期待を通してまさに経験以前に秩序を見ようとしている。もとより，期待は調和や秩序という目的かつ全体に対する期待である。

　ハイエクの自生的秩序の構築に向けた哲学には，判断力の原理が要請されよう。まさに自生的秩序に流れるライトモチーフは判断力の原理にある。既述のように，趣味判断は美的自然や芸術作品の判定にかかわる判断力であり

---

429)　メンガーは言う。「人間現象の，個々の理論ではなくて，ただその全体だけが，いつの日かそれが究明されたあかつきには，理論的研究の現実主義的方針の結果といっしょになって，完全な経験的現実としての社会現象の，人間精神にとって達成可能なかぎりのもっとも深い理論的理解を開くだろう。こうした考えは前途遼遠だとしても，──この大きな目標の達成に通じる道はほかにまったくないのである。」UMS. S. 44.（『経済学の方法』52 頁）

430)　NPP, p.72.

431)　ケインズは「期待」を「相互に独立な多様性に関する有限性の原理（The Principl of Limited Independent Variety）」をもって答えようとした。もちろん，これは成功したわけではないが，カントの反省的判断力に通じる，と感じるのは筆者だけではないはずである。ケインズは期待の確率を演繹法であるよりは帰納法で解こうとした。伊藤『ケインズの哲学』の 153 頁とりわけ「原子的斉一性の仮説（Hypothesis of Uniformity）」に現れている。Keynes, J. M. *The Collected Writings, VIII（A Treatise on Probability）* p.277.

主観に端を発している。これに対して、目的論的判断力は有機的自然にかかわる判断力であり、向かうべく全体性や客観に目的をおく。自生的秩序はこれら二つの原理を含意したものでなくてはならない。これらによって、はじめて自生的秩序はより詳細な説明がなされることは確かである。カントは、美的判断（趣味判断）と目的論的判断力は判断力において一つになる、と次のように述べている。

> 「判断力が、自分に独自の原理をもつ能力として、しかも自然における対象に関して開示されるのは、実のところ趣味においてだけである。また判断力はこれによって、上級認識能力の一般的批判における地位を十分な根拠をもって要求するわけであるが、しかし…かかる要求を提起するなどとは期待していなかった…アプリオリにみずから自分自身の原理を設定する判断力の能力がいったん与えられると、この能力の範囲を規定することもまた必然的となる、そしてこのようにして批判を完結するためには、判断力の美学的能力と目的論的能力とが相共に一個の能力のうちに含まれ、かつ同一の原理に基づくものとして認識されることが必要になる、自然におけるものに関する目的論的判断もまた、美学的判断と同じく（規定的判断力にではなく）反省的判断力に属するからである[432]。」（一部修正引用者）

美学的判断と目的論的判断力は最初から制約を必要とした。そして「唯一の可能な経験」においてまとめ上げられる。その制約に反省的判断力が規定的かつ必然的に機能する。それはまた非人格的な社会への求心として理解されるならヒューム的な視点が強まろう。しかし、全体性としては両者は同じ立場にあった[433]。確かに、表面的にはハイエクはもっぱらヒューム的な立場に立っているように見える。しかし自生的秩序の構築にはカント哲学が多くの思惟の素材を提供してきたことは間違いない。それがあって自主的秩序はより理解されるであろう。

---

432) *EKU*, S. 53.（『判断力批判（下）』308-309 頁）
433) *KrV*, S. 284.（『純粋理性批判（上）』310 頁）カントは述べている。「一切を包括する経験はただ一つではなくて二つ以上あり得るなどということは、与えられたところのものからは推論せられ得ない。」

9　趣味判断と抽象

　既に第 5 節「判断力批判と自生的秩序」で述べたように，自生的秩序の解明には趣味判断および目的論的判断力が必要であった。カントの言説に従ってさらに判断力を確認しておこう。

　判断力は原初的な趣味判断が先行し，目的論的判断力（すなわち形式的合目的性[434]）を惹起せしめずにはおかないことが分かった。あくまでも主観的な趣味判断であるがゆえに普遍妥当性を要求することができる。そうであるからこそ目的論的に進むことができる。目的論的とは社会的かつ非人格的な目的である。「このバラの花は美しい」という判断は美学的判断（趣味判断）である。これは認識とは異なり直観の形式やカテゴリーで判定しているのではない。また，もし「バラの花一般が美しい」というならば美学的判断ではない。なぜなら美学的判断とは趣味に基づく「表象」の「関心なき満足感」(Wohlgefallen ohne Interesse)[435] を意味しているからである。換言すれば，美学的判断は単称的でなければならない[436]。判断力は「関心なき満足感」，単称的判断[437]であるがゆえに「目的無き合目的性 (Zweckmäßigkeit ohne Zweck)」に道を開く。したがって，趣味は，逆説的ではあるが概念をもたないが故にそして個人的表象であるが故に社会的な普遍妥当性を要求し得る。つまり，諸個人にとって新たな概念の余地を残すが故に普遍妥当性を要求しうる。

　趣味判断は自然の対象（もしくは芸術作品）に目的（個人的利害）を見出そうとするものではない。もっぱら美を鑑賞する主観的な心の問題である。そして，趣味判断は構想力と悟性との偶然な調和の下でなされる[438]。偶然とはわれわれが謙虚にして他者の判断余地の用意を残すことであり，反省的原理を呼び起こさずにはおかない。その意味で目的論的判断力は反省的判断力と同

---

[434]　これに対して，悟性と理性によって概念が構築され論理的に進むとき，それを客観的合目的性と呼んだ。*KU*, S. L. S. 46.（『判断力批判（上）』59-60 頁，113-114 頁）
[435]　*KU*, S. 7.（『判断力批判（上）』74 頁）
[436]　*KU*, S. 24., S. 150.（『判断力批判（上）』92 頁，224 頁）
[437]　逆に全称的判断ならば，概念をもち理由を示し得る論理的判断である。*KU*, S. 26.（『判断力批判（上）』94 頁）を見よ。
[438]　*KU*, S, 64., S. 161.（『判断力批判（上）』133 頁，236 頁）

義である。この主観的普遍妥当性（必然性）はカテゴリーによる概念を欠いているから，概念なき必然性にとどまり主観的必然性である。これをカントは「範例的必然性」と言っている。大切なことは，これら「関心なき満足感」，「目的無き合目的性」，「範例的必然性」が判断力に組み込まれなければならないということである。そうしてこそ，趣味判断は当為の自然な目的論的判断力になる得る。これらの経緯は言うまでもなく，自生的秩序に含意された規定と言うことができる。

　しかしながら，カントは目的論的判断力の難しさも示している。「美学的判断力においては，対象の形式の表象に関して互いに調和と合う構想力および悟性の単なる感覚的経験のもとに包摂せねばならない，ところがこの場合に包摂は誤ることがあり得る」と。いわば，趣味判断に端を発した自生的秩序の演繹プロセスは目的論的判断力において挫折の憂き目にあうことが多い，と言い換えることができよう。趣味判断は「目的無き合目的性」が維持されずかつ反省的判断力に欠けるからである。目的論的判断力は反省的判断力と同義でありつつも，必ずしもそのようにはいかないのではないか。あくまでも「関心なき満足感」，「目的無き合目的性」，「範例的必然性」が維持されねばならない。それには判断力は原初的かつ経験的な主観・趣味判断に包摂され続ける必要がある。そこには何ものにも囚われない主観が支配しなければならない。ハイエクがことある毎に論難してきた設計主義，計画主義そして福祉国家の理論的根拠がここにある。いわば，カントは背進的方法に気づきながらその具体的な事例を出さずじまいであったことに通じる。もちろんカントの時代と現代とは時代も異なるが。

　カントは調和や秩序そして体系を描く演繹的原理をメタファーとして，つまり「自然の技巧」としてしか説明しなかった。カントに対する「ウィーン学団」の創始者・マッハの批判はこの点に焦点が当てられた。まずマッハの主張を見ることにしよう。ハイエクはマッハから学びつつも同時にカントの立場に立っているからである。この経緯の理由を探っておかねばならない。まず，マッハがカントから学んだものとは何であったのであろうか。表象と

---

439) *KU*, S. 62.（『判断力批判（上）』131 頁）
440) *KU*, S. 152.（『判断力批判（上）』227 頁）

感覚の関係においてカントとマッハを比較してみよう。

カントは『判断力批判』で言う。美学的判断の超越論的解明は既にバークが論じていた。バークの崇高および美の感情は恐怖や戦慄であっても自己保存との関係では適意の感情に変化するものであった。カントはこのバークの見解は心理学的所見として高く評価されるべきものであり，経験的な人間学に豊富な材料を提供していると言う。これが構想力と悟性との結びつく例であり，美学的判断の事例は既にバークが示したものであると言う[444]。カントはこのイギリスの美学者・バークの言説に美学的判断の例を見ているのである。恐怖や戦慄は「関心なき満足感」，「目的無き合目的性」，「範例的必然性」を通して美を培うのである。恐怖や戦慄は適意を培うのに十分である。まさに対極的かつ逆説的な適意は主体に自律して超越論的に培われるからである[445]。それをバークは生理学的かつ心理学的だと見ているし，カントもそれに同意している。カントは言う。

---

441) ハイエクは『隷従への道』で，社会的正義という虚像を暴露し全体主義と社会主義を理性の驕りという共通項でくくり批判した。社会とか経済は諸個人の意見や信念が存在条件であった，いわば個人と無関係に存在するのではない。カントの趣味判断の構成要素「関心なき満足感」，「目的無き合目的性」，「範例的必然性」もまた個人が原初となる。ハイエクは『隷従への道』（第4章『計画化の不可避性』）で述べている。「近代文明の複雑さを中央計画化の論拠にしようとする人々の念頭にあるものは，『公共施設』などというような問題ではない。彼らが一般的に示唆していることは，全経済過程の首尾一貫した構図を求めることがますます困難になるにつれて，社会生活を混乱に陥れないためには，事柄が必然的にある中央機関によって統合されるようになるということである。」（傍点筆者）RS, p.48.（『隷従への道』63頁）

　現代の経済社会は複雑を究め「見えざる手」を見ることがますます困難になってきている。その社会はこの困難を回避するためにむしろ政府（為政者）が意思を加えざるを得なくなっている対象である。諸個人も何ら違和感をもたず歓迎する。いわば自然治癒力を忘れ薬に頼る現代医療の姿に似ている。目的論的判断力は忘却の彼方へ追いやられてしまった。『隷従への道』が鋭くかつ厳しく批判してきたことは，目的論的判断力が批判と反省に委ねる機会をまったく失ってきたきたことである。

442) 既述のようにカントは趣味判断と目的論的判断力の統一として建築士や技術にそのメタファーとしての例を求めている。しかしそれでは社会全体の宇宙論には直接結びつかなかったのである。もとより社会科学とりわけ経済を取り扱わなかったカントの当然の帰結である。

443) ハイエクは「ここに発展させた理論は，はじめ，E. マッハが『感覚の分析』などの著述の中で概要を示した心理学的見解によって示唆されたものである。」(SO, p.176. 8・37（『感覚秩序』198頁8・37）) と述べ『感覚秩序』の上梓の契機を語っている。マッハはカントの「物自体」を棄却している。ハイエクはマッハの要素を棄却している。(SO, p. vi.（『感覚秩序』4頁）) 相違は明らかである。しかしながら，ハイエクはマッハから取り出したものがある。それは社会的な表象である。その表象を生み出すものは感覚である。もとよりそれらはカントに淵源を求めることができる。

444) KU, S. 128f.（『判断力批判（上）』202頁）

> 「我々のうちにおける一切の表象は，…主観的には感覚的満足と苦痛とに…結びつけられ得ることは否定できないという事実がある（感覚的満足もしくは苦痛に結びついている表象は，すべての生の感情を触発するものであり，またかかる表象が主観の変容である限りいかなるものといえども主観にとって無関心なものであり得ないから）。」[446]

このカントの超越論的な（能動的かつ構想力による）ものをさらにより経験的に生理学的かつ心理学的に展開するのがマッハである。マッハは言う。

> 「判断というものは常に，感性的事実をより一層完全に叙述するためにおこなわれる感性的表象の補完（Ergänzung）である。判断が言葉で表現できる場合，それは，言葉によって聞き手に呼び起こされるところの，予め存在していた記憶心像を素材としておこなわれる新しい表象の合成である。」「判断の過程は，こうして，感性的諸表象を感性的事実の嚮導（キョウドウ，Leitung）のもとに他の感性的表象によって豊富化，拡張，補完することに存する。この過程が過去のものとなり，この像が出来上がった表象として意識に現われるようになった場合には，われわれは判断にではなく，単なる回想に係わっているのである。」[447]（かっこ内引用者）

ハイエクはこのマッハの言説を受けて述べるのではなかろうか。ハイエクは言う。

> 「共通の空間-時間的な枠組みは，そのレベルで起こるすべての事象にはっきりした位置を与えるもので，過去の再生もしくは表象，あるいは今後起こり得る事象のすべてが，『ここで』の『現在』の経験と関係づけられることと，この共通の枠にすべての事象を入れる普遍的な関係づけは，おびただしい事象を一つの連続体，すなわち『私』に作りあげることを意味する。意識が覚醒状態にある限り持続する共通の枠組みは，きわめて抽象的な表象が引き続き存在す

---

445) 「『崇高の感情は，自己保存の本能と恐怖即ち一種の苦痛に基づいている。しかしこの苦痛は，身体の諸部分を実際に損なうまでに到るものではなくて，これらの肢体に運動を生ぜしめるだけである。するとかかる運動は，大小の血管から危険なもしくは厄介な閉塞を除去するので，快適な感覚を呼び起こすことができる。これは快ではないにせよ，しかし我々の心に意意を感ぜしめる一種の戦慄であり，恐怖を交えたある種の平静である』と。KU, S. 128f.（『判断力批判（上）』202頁）
446) KU, S. 129.（『判断力批判（上）』203頁）
447) かっこ内筆者，AE, S. 259.（『感覚の分析』259頁）

ることを前提にしている。」[448]

判断の主体は人間であるから、マッハとハイエクとの相違は何もない。人間の私はヒュームの主体「私たち」である。つまり「われわれが確信している唯一の存在者は、諸知覚である。知覚は、意識によってわれわれに直接現前しているのでわれわれのもっとも強い同意を得るのであり、われわれのすべての推論の最初の基礎なのである。」[449] カントも言う。「私は、私の表象を意識しているし、従ってまた表象とこの表象を有する私自身とは実在している…。」[450] ハイエクもまた『感覚秩序』(1952年) が書かれた26年後の1978年に書かれた『新研究』の第3章「抽象の第一義性」で次のように述べている。

「所定のクラスの刺激に対して、特定の反応ではなく、所定の種類の反応を生物にとらせる性向（もしくは傾向、性質、様態）という概念から出発すると、いちばん都合がよい。ここで私が明らかにしたいのは次の点である。私がいう抽象性とは、元来こうした所定の範囲の活動をめざす性向であり、われわれがみずからの感覚や知覚に属すると考えるさまざまな『性質』とは、それらが誘発するこうした性向なのである。また各個の反応の特殊化は、こうした多数の活動の種類に向けた性向の多重焼きの結果であり、ひいては特定の刺激と特定の活動とに関連が生じることになる。」[451]

ハイエクの「多重焼き」はマッハの「新しい表象の合成」に相当することは明らかである。もとよりこの言説はヒュームの観念連合に淵源を求めることができ、心理学者・ヘルバルトがもっていたものである。[452] そしてこのハイエクの内容もまたマッハからの影響であることは明らかである。次のマッハの文章を見るにしくはない。

「概念はそもそも出来あがっている表象ではない。ある概念を指示するために言葉を用いる際、この言葉には、熟知の感性的活動を促す単なる衝動が含ま

---

448) SO, pp.137-138., 6・18（『感覚秩序』158-159頁, 6・18）
449) THN, p.212.（『人間本性論』244頁）
450) KrV, S. A370.（『純粋理性批判（下）』195頁）
451) NPP, p.40.（「抽象性の第一義性」430頁）
452) 「能力心理学」もしくは「表象力学説」を見よ。『新版心理学事典』平凡社, 1981年, 677頁および732頁を参照せよ。

れているだけであってこの活動の成果として感性的要素（概念の表徴）が生ずるのである。…言葉によって触発される活動は，多くの操作からなりたっていることもあり，そのあるものが他のものに含まれている場合もありうる。が，この操作がもたらす成果は，常に，以前には現前してはいなかった感性的要素である。」[453]

「以上から明らかなように，抽象概念を事実に適用するとき，事実は，新たな感性的要素を供与し，その後の思想の途ゆきを事実に合わせて規定すべき，感性的活動への単なる衝動として働くにすぎない。」[454]

ハイエクがマッハからの影響であるというにとどまらない。マッハもまたカント（そしてヒューム）からの影響である。カントは『判断力批判』で述べている。

「趣味判断は，ある種の主観的原理，―換言すれば，何が我々に快いか或いは快くないかを感情によってのみ，従ってまた概念によってではないがしかしそれにも拘わらず普遍妥当的に規定するような原理をもたねばならない。するとかかる原理は，共通感と見なされ得るようなものでしかないだろう。しかしこの共通感は，我々が時に共通心とも呼ばれるところの普通の悟性，即ち常識とは本質的に異なるものである。常識は，感情によって判断するのではなく，概して不明分に表象された原理にもせよとにかく概念に従って判断するものだからである。」[455]

概念がある無しはカントの趣味判断のアンチノミーとして「一定の概念」と「不定の概念」はともに真とすることで解決済みである。その解決はマッハもハイエクも継承している。概念をもたないということは有限な人間が普遍妥当性を求める謙虚さの現れである。一方概念をもつということはこれまで培った概念であり，触発される契機である。これは既に述べてきた個物主義に起源をもつ。木曾は述べている。「バークリーやヒュームの『真に普遍的なものはいかなる意味においても（現実存在者としても，現実の観念としても）存在し得ない』と主張する徹底した個物主義が，事物や観念に関する存在論的主張

---

453) *AE*, S. 263.（『感覚の分析』262 頁）
454) *AE*, S. 264.（『感覚の分析』263 頁）
455) *KU*, S. 64.（『判断力批判（上）』132 頁）

であって,〔観念を介した〕思考において我々が志向している思考対象に関する主張ではない,ということが知られる。」[456]

ヒュームとカントとの相違は何か。そしてハイエクはどちらに近いのであろうか。ハイエクは述べている。オーストリア学派の特徴,方法論的個人主義は「個人を行為に導いている概念から体系的に出発する」[457]ことであると。この概念に集中する演繹的態度はカントのものであってヒュームのものではないだろう。なぜなら,ヒュームにとって概念（観念）は社会的なものであり個人が導かれる契機として功利主義が作用しているからである。ドゥルーズが述べるように,ヒュームの主体は「功利主義の原理のもとで目標や意図を追求し,目的をめざして手段を整え,そして諸連合原理の効果のもとで諸観念のあいだにもろもろの関係を設定する権限なのである。こうしてコレクションは体系になる。」[458]と。

これに対して,カントは「常識は,感情によって判断するのではなく」と言っている。ここに社会的功利は消えている。演繹は社会的功利ではなく,「関心なき満足感」,「目的無き合目的性」,「範例的必然性」に基づいている。ハイエクはカントに近いのではなかろうか。なぜなら抽象を持ち出しているからである。その抽象が出現したのは,カントの「共通感は,我々が時に共通心とも呼ばれるところの普通の悟性」に通じるのではなかろうか。確かに抽象に先鞭を付けたのはヒュームである。だが,功利から完全に自由になっているのはカントではなかろうか。もとより,既述のようにヒュームにも「心の気性のうちにある或る原理」を感得している。しかし「外的標徴としての行動に注意を固定しなければならない」と結論づけてしまう。[459]前章で述べたように,メンガーが真の功利主義と真の個人主義を獲得したのは,このような価値から自由な立場で展開したカント哲学からのものであろう。その意味において,ハイエクは自生的秩序を導く要素,動因を抽象に求めたのではなかろうか。

カントの趣味判断には多くの人々が当惑気味に思うだろう。それは趣味判

---

456) 木曾好能『ヒューム『人間本性論』の理論哲学』460頁
457) CRS, p.64.（『科学による反革命』42頁）
458) ES, p.109.（『ヒュームあるいは人間的自然―経験論と主体性―』175-176頁）
459) THN, p.477.（『人性論（四）』44頁）

9 趣味判断と抽象

断があまりにも個人の卑近な趣味のニュアンスをもつからであろう。そもそも趣味は普遍妥当性と縁もゆかりもないという，多くの人がいだくニュアンスである。カントの趣味判断を援用する人々はまだ少数派である。しかし，これからは多くの人々が採り上げるに違いないと思われる。アーレント（Arendt, H.）は政治的な判断に趣味判断や共通感覚を援用した。彼女は言う。「趣味判断にとっては，世界こそが第一のものであって，人間，つまり人間の生命あるいは人間の自己は第一のものではない」。つまり個人がもつ趣味判断は最も主観的であるが故に何ものにも囚われず，一般性，世界そして共通なものに開かれている。[460] 同様に，筆者もまた経済的な判断にも趣味判断や共通感覚は援用できると考える。[461] ハイエクはその共通感覚に抽象を位置づけた。それで自生的秩序が培われる姿が描かれる。否むしろ経済行為には趣味判断，共通感覚そして抽象が位置づけられ考えられねばなるまい。あらゆる経済行為，商品の生産，販売，消費，それぞれが趣味判断，共通感覚そして抽象を含意したものである。換言すれば，趣味という原初の価値意識は論理的に調和や秩序（概念）に昇華する契機である。カントは述べている。

> 「趣味判断は或る種の概念（判断力の根拠一般としての自然の主観的合目的性という）に基づくものであると言えば，一切の矛盾は消滅する。しかしこの概念によっては，客観に関して何ごとも認識され得ないし，また証明されもしないのである。かかる概念は，それ自体規定され得ないものであり，従ってまた認識に役立つものではないからである。それにも拘わらず趣味判断はこの概念によって，すべての人に対する妥当性を得るのである（おのおのの人について言えば，なるほど単称的［個別的］判断であるが，しかし直観に直接結びついている判断として）。思うにこの判断の規定根拠は，人間性の超感性的基体と見なされ得るようなものの概念に存するからである。」[462]

調和や秩序（自生的秩序）に向けて思惟することを演繹と言ってきた。この調和や秩序は不定の概念でありながら，その思惟をまた自然の合目的性と言う。その意味で経済もまた自然である。経済においては，この調和や秩序を思惟

---

460) *BPF*, p.219, pp.221-222.（『過去と未来の間』296-297 頁，300-302 頁）
461) *KPP*, pp.65-68.（浜田義文訳『カント政治哲学の講義』99-103 頁）
462) *KU*, S. 236.（『判断力批判（上）』314 頁）

しないわけにはいかないのである。その意味でアプリオリである[463]。調和や秩序を思惟する能力は判断力すなわち趣味判断であり，それが契機となる。それは人間性の超感性的基体に依存するという。カントは経済を採り上げて議論することはまったくなかった。スミスとまことに対照的である。しかし，経済に隠された普遍性はカントが余すことなく捉えているように思われる。もとより，カントが経済を取り上げて議論すれば，『判断力批判』はもっと実りのあるものとなったに違いない。

　自然の因果律と人間の自由の調停ほどカント哲学で問題になったものはない。カントはこの『純粋理性批判』の第3アンチノミーを超越論的観念論（ヒュームにおいては経験的実在論）を展開することによって解決してきた。そこに調和や秩序が実現する。その調和や秩序は経済に示されている。経済（自生的秩序）がその調停を具体的に顕示している。しかしカントはそれに気づかなかったのではないか。アダム・スミスという哲学者が経済に視点を当てたのも（それゆえ後世彼を経済学の創始者とされたが），そのような調停を経済現象が示していたからであろう。（筆者にしてみれば，スミスは徹頭徹尾哲学者であると考えられる。）

　換言すれば，この超感性的基体が因果律（自然法則）と人間の自由（目的）とを調停させる媒介項である[464]。人間に内在された超感性的基体は自由な交換行為を通して「意図せざる結果」を具体的に発見して，自然法則と自由（目的）とを一致させている。それが経済である。その実現可能性はわれわれを自然に組み込むことによって自然の合目的性が顕わになることにある。いわば超感性的基体は常に経験との陸続き，経済おいて自然と自由を統合させている。その契機が趣味判断にある。趣味判断はある種の概念に基づくが，しかし不定の概念でもある。趣味判断はその経緯をはっきり説明する。この不定の概念とはあくまでも規定的判断力かつ反省的判断力に依存する。こうすれば，これら二つの命題は矛盾がないとカントは言う。概念が定まらなくても自由を通して，換言すれば規定によって概念は可能になる。自然の目的無き合目的性において可能である。一元論の世界である。スミスの「見えざる

---

463)　*KU*, SS. XXXIVf.（『判断力批判（上）』45頁）
464)　*KrV*, S. 564f.（『純粋理性批判（中）』210頁）を見よ。

手」は経済において見えないものであるが，調和や秩序においてその概念を見て採っている。これは直観的悟性が捉える表象，超越論的対象（X）である。この間の媒介項にカントは超感性的基体を据えた。それは現象ではない根拠である。根拠を求めることは確かに「理性の大胆な冒険」[465]ではあるが，ヒュームはなし得なかった。ハイエクはその根拠に抽象を据えたのである。ハイエクはカントに習って因果律と自由の調停を抽象の機能として科学的に説明することに成功した。[466] 趣味判断は抽象に置き換えることができるし，抽象は自主的秩序を編み出す動力である。

---

465) *KU*, S. 371f.（『判断力批判（下）』114-117頁）
466) *HH*, p.138.（『ハイエク，ハイエクを語る』175頁）

第5章　一元論としての統合

「世界観には二つのタイプがある，…一つは，中世の唯名論に起源をもつ個物主義である。それは啓蒙運動の中仮説によって検証し定式化によって真理を実証していくという経験的な理性を重視する。もう一つは，普遍主義でありアクゥナスのアリストテレス的リアリズムから出たものであって，精神の外側の，恒久的な真理を前提しつつも，その真理の有効性の検証を拒絶するというものである。個物主義者が真理を明らかにするのに対して，普遍主義者は真理に服従する。」-Johonston, W. M., *The Austrian Mind* 1972-, p.77.

1　オーストリア学派と自生的秩序論

　ハイエクは，経済（市場，貨幣）や法そして言語の世界は自生的秩序であり，個人にとって「意図せざる結果」であると述べてきた。経済等，これら体系（もしくは原理）を含意する自生の秩序（「偉大な社会」や「開かれた社会」）に無条件降伏するところに，オーストリア学派の方法論があった。その方法論をわれわれは演繹と呼んできた。しかしながら，この特徴は自生的秩序の体系や原理を把握したとか，理解したというような前提把握に基づく演繹ではなかった。その演繹は，諸個人は限られた知識しか持ち合わせていないがゆえに「意図せざる結果」に従わざるを得ない，という従順さや謙虚さによって構築されている。また，その従順さや謙虚さはしばしば無意識の状態におかれているが，知覚されるがゆえにわれわれはその体系と原理とを模索しているという事実である。ハイエクが生涯捧げてきたことはスミスの「見えざる手」の解明である。

　換言すれば，科学の妥当性や道徳の正しさは個人から諸個人へという途上にあり，その途上で社会的な消極的選択論を展開したのがヒュームであり，人間の諸条件（アプリオリなもの）を探るべく弁証論を展開したのがカントで

あった。しかし，彼らのこの姿勢の淵源はヒュームの懐疑論（積極的選択に基づく因果律の放棄）にあったように思われる。その懐疑論を受けたカントは理性批判の哲学を上梓することができたのである。その意味で，彼らの哲学は有機的に結びついていた。彼らの哲学，認識，道徳そして判断は，まさにわれわれの有限性を受け容れるが故に無限に演繹する，という逆説の論理であった。ハイエクもまたその哲学に従うものであった。

　われわれは経済や法そして言語の中に妥当性や正しさを獲得してきた。それは把握することはできないが知覚することの中にある。知覚するのは個人であると同時に諸個人である。個人を通して諸個人が自覚してきたところである。この点で，ハイエクはヒュームやカントから実に多くのことを学んできたのであろう。そしてヒューム哲学やカント哲学にハイエクは具体性をもって応えたと言える。近世の巨匠達の哲学（ヒュームの慣習や黙約，カントの弁証論）には見えない部分があった，経済学者・ハイエクはそれを見えるものにしてきた。ハイエクは経済学者らしく具体的なことを挙げて真の科学性，演繹の重要性を説いてきた。それが社会主義や全体主義に共有されていた設計主義や計画主義への批判根拠である。

　その根拠に，ハイエクは自生的秩序への無条件降伏という謙虚な立場を採ってきた。そのカギはハイエクが受け容れていた西洋哲学の核心の一つ，個物主義（普遍代表説）である。自生的秩序を醸成するプロセスはヒュームが捉えていたように「一つの個別的存在者をそれに類似した他の多くの個別者の代表として把握する能力を人間に認める。」[1]ことから出発しなければならない。ここに方法論的個人主義の原点がある。個物主義から言えることは「個別的存在者」としての主観主義と「代表として」の経験主義が相即不離の関係で存在することである。その意味で，自生的秩序は個人のみならず諸個人の環境で培われることとなる。オーストリア学派経済学は個物主義哲学の必要性を見抜いていたように思われる。メンガー，ミーゼスそしてハイエクが唱えた方法論的個人主義はその個物主義に照らしてはじめて理解されるであろう。そして，そのためには個物は開いた集合（社会）の中で展開されねばならな

---

1) 木曾好能『ヒューム『人間本性論』の理論哲学』451頁（木曾好能訳『人間本性論』に所収）

かった。その開いた集合は確かな条件や環境を要請してきた。それはまた自由でもあった。つまり，社会的かつ時間的なプロセスとして機能する一貫した存在論を展開することになる。

2　主観主義と経験

　われわれ人間が経験し，認識しそして判断するとはどのようなことなのか，好むと好まざるとに拘わらず，本来社会科学者はこの課題にはっきりと答えなければならない。この課題に厳密に取り組んで知悉した立場から答えてきたのはハイエクを除いて他にいないのではなかろうか。この意味で，社会科学者としてのハイエクの貢献は大きいのである。人間が認識し判断することが科学の対象を創りだしているからである。ハイエクは述べていた。「人間的行為の対象は物理的用語によっては全く規定できないのである。人間的行為にかかわる限り，行為する人間がそう考えるものが事物なのである。[2]」もちろん，だからと言って客観が無いのではない。客観は諸個人によって構築されるのである。ハイエクは言う。

　　「社会を構成している個々人の行為は，感覚的性質と概念の体系に基づく事物や事象の分類に従っており，この体系は共通の構造をもっていて，われわれもまた人間であるが故にこの体系を知っているという事実，そしてさまざまな個人がもっている具体的知識は重要な点で相違するだろうという事実がそれである。[3]」

人間行為は「感覚的性質と概念の体系」に基づいている。それを近世の哲人達から学んできた。つまり，認識や判断において体系が先導的役割を果たし，われわれはその体系の下で共通の場をもち客観を進めているのである。所詮，われわれはその客観に従うという事実，社会的な演繹の体系に従っているという事実を認めねばならない。もとより，ここに主観と客観に常に緊張が存

---

2) *CRS*, p.44.（『科学による反革命』24頁）
3) *CRS*, p.57.（『科学による反革命』33-34頁）

在し，それが個人から見て「意図せざる結果」という現れである。いわば，主観は諸個人のつくる客観に従うべく，「意図せざる結果」に対処する。それだけに，主観は生得的な能力，ある種のプロトコルを持ち合わせている。その解明がなされねばならない。

これまでもたびたび述べてきたように，ハイエクはヒュームとカント，両者の影響を受けている。しかし，一般的に彼らは経験主義と主観主義の立場にあり，水と油であると理解されてきたが，このような理解が表面的であり如何に誤りであるかを述べきたところである。[4] それゆえ，彼らの相異がどのように融合されるのかに焦点を当てて議論することが必要と思われる。

ハイエクは経験主義者であると言っても間違いではない。しかしながら，同時に彼を実在論者，実証主義者というならば間違いである。彼はヒューム，カントに従った経験的実在論者（超越論的観念論者）である。[5] 科学が対象とするものは，すべてわれわれ諸個人が経験において作り出した秩序ある事象である。[6] すなわち，その姿勢はカントの「コペルニクス的転回」にある。その事象はあるがままの事象ではなく構築されねばならないものである。ここに主観主義者でなければならない理由がある。ハイエクの『感覚秩序』にある文章二つを見よう。

まず，第5章の「精神的秩序の構造」で次のように述べる。

「『経験論』と『生得論』との論争には，二つの異なる問題が含まれていると思われる。第一は，個体に関する限りで，感覚的な質の秩序は先天的であるか，それとも個体の経験によって獲得されるかということである。ここでは，

---

4) 既に岩崎武雄はカントを経験主義者の一人と理解していた。岩崎は言う，「確実な学としての道を歩ませるようにするためには，実験的方法を形而上学に導入しようとすることが必要ではないか。…」岩崎武雄『カント『純粋理性批判』の研究』頸草書房，1965年13-17頁を見よ。
5) カントの超越論的観念論については第4章4節で詳しく触れてきた。
6) カントが「物自体」を彼岸に設定したことは，われわれが有限であるということを述べたかったのである。その意味でカントは懐疑論者，不可知論者である。同時に，そのことはまさに逆説的に（「コペルニクス的転回」より）われわれの側に事象の構成という核心が託されることを意味している。SO, p.4., 1・12（『感覚秩序』12頁）ハイエクは表面的にはカントに依存しているとは言わない。しかし，大いに依存していると思われる。『感覚秩序』の12頁1・12で述べている。科学の対象にはドイツ語のanschaulichを付けるにふさわしいと。これは既述の直感的悟性を控えてのことであろうことは想像に難くない。残念ながら，これに相当する英単語はないと言っている。このことからも分かるように，ハイエクにカント的立場を充分感じとることができる。SO, p.4, note5（『感覚秩序』221頁の注の（5））を見よ。

おそらく一般的な答えは不可能であろう。第二は，感覚秩序の全体を，種もしくは個体の経験によって作りあげられたものと見なすことができるかどうか，…この第二の問題については，われわれの答えははっきりと経験主義である。」[7]

「感覚的な質の秩序」(多分に自生的秩序の契機となる秩序) は経験論，生得論に分けて議論はできないということである。これはカントが述べていたように，認識は経験なくしては何事も始まらない。だからと言って何事も経験からだけのものではない，ということに尽きる。しかし，この「何事も経験からだけのものではない」ということも，経験なくしては分からないということである。つまり，徹頭徹尾ハイエクは経験主義者である。

また，第8章の「哲学的帰結」でも次のように述べる。

「『あらかじめ感覚のなかになかったものは知性のなかにない』というジョン・ロックの有名な根本原則は，意識的な感覚経験をいうのであれば正しくない。」[8]

つまり，経験において無意識に秩序が働いていることを見ている。換言すれば，ロックは無意識と言えども経験からくる一般性に気づいている。無意識的でも意識的でも経験論，生得論それぞれ単独では解決はつけられるわけではない。もとより，経験無くしては何事も始まらないところに経験主義はある。ハイエクはこのロックの主張にカント哲学の前触れを見て取っていると理解されよう。カントはこの無意識にも成立する一般性としてあらためてアプリオリな部分を登場させたのである。カテゴリーこそ認識に秩序が成立する所以である。つまり，カテゴリーに基づく認識は体系であり，機構である。いわば，ハイエクの秩序論はカントの時間と空間（認識の形式）や「カテゴリー（「純粋悟性概念」）」を含意したものと理解できる。

しかし，既述のように，ハイエクはアプリオリなものを前面に出したりはしない。経験主義者としてのハイエクはその経験論と生得論の狭間で生まれたアプリオリよりも抽象を主張する。抽象を第一義性（The Primacy of the

---

7) *SO*, p.106. 5・15（『感覚秩序』124-125 頁 5・15）「種」とは物事になる生得的原型のこと（筆者注）。

8) *SO*, p.167. 8・9（『感覚秩序』188 頁 8・9）

2 主観主義と経験   349

Abstract⁹⁾）と指摘してカテゴリーよりも優位に議論してきた。社会科学者としてのハイエクは認識論や道徳論よりは秩序論に重きを置き，概念秩序論にとどまることなく高次の秩序論，調和論を入らざるを得なかった。抽象こそが諸個人を秩序に導く靭帯であった。その意味で，哲学であるよりは心理学であった。その抽象は個物主義を意味づけるものとしてやはりカントの「根源的に獲得された」ものであり，アプリオリに相当するということができよう。もとより，その抽象は演繹を成立させ，人間精神でありかつ一般性であった。したがって，ラディカルな経験主義は結果として主観主義を生み出さずにはおかない。それは経験所与の受容体としての主観分析である。要素としての人間は人間的自然であり，同時に自然的人間である。その点で，まさにハイエクはヒューム的でありつつかつカント的である。[10]

　ハイエクは言う。

> 「こうした伝統的に経験論と結びついた問題に対して，われわれが反対の方向に流される限り，われわれが経験を排するようになるのは，反経験論の観点からではなく，経験論の根本的な考えをさらに一貫させてラディカルに適用することからであることを強調しておきたい。」[11]

ハイエクの主観主義はラディカルな経験主義の結果としての主観主義である。カントは決して主観のための主観主義ではなかった。ヒューム哲学の批判的摂取に立っている。何事も経験から始まることを知り尽くし，経験主義を徹底した結果，主観主義を受け入れねばならなかった，と見るべきであろう。

　既に4章で詳述してきたように，ハイエクのラディカルな経験主義の原点はカントの次の文章にあると思われる。

> 「私は，直観において与えられた私を，思惟の機能に関して規定されているものとして意識するときに，私自身を認識するのである。従って思惟における自己意識の様態は，いずれもそれ自体まだ対象に関する悟性概念（カテゴリー）ではなくて，単なる論理的機能にすぎない。しかしかかる論理的機能は，思惟

---

9)　*NPP*, pp.35-49
10)　*SO*, p.165. 8・1（『感覚秩序』186頁 8・1）
11)　*SO*, p.172. 8・27（『感覚秩序』194頁 8・27）

に認識の対象を与えるものではない，従ってまた私自身をも認識の対象として与えるわけにはいかない。要するに，『規定する自己』の意識ではなくて，『規定される自己』の意識—換言すれば，私の内的直観の意識だけが（直観における多様なものが，思惟における統覚の統一の一般的条件に従って結合せられる限り）対象なのである。」[12]

　これは，合理的心理学，つまり思惟する私に実体性，単純性，数的同一性，身体との相互関係等を認めようとすることに反対して，内観に与えられる所与を通して知るほかない経験的心理学を唱えるものである。これは「私は考える」によって経験界を越えようとする私の実在性を認めるデカルト的合理論への戒めでもある。[13] カントはあらためて経験の大切さを述べている。「理性の経験的使用は，どのみち経験の対象を目当てとするにせよ，しかしその原理を経験よりもいっそう高い処に求め，あたかも我々の本分が，経験を越えて従ってまた此世の生を越えて彼方まで達するかのように，我々の行状を規定するのである。」[14]

　主体と外界の現象とはまったく異なるものである。しかし表象というかたちで一つの実体である。われわれは一つでありつつも主観として対象に接する以外にない。すなわち二元論にならざるを得ないのである。[15] カントは確かに二元論者であるが，経験は「我々の行状を規定する」という演繹の中にある。われわれは有限であるが故に二元論にならざるを得ない。したがって，カントの超越論的観念論は主観に基づく経験にある。いわば，真の世界は一元論に違いないが，われわれには現象の根底が何であるかは分からないが故に，すなわち主観が所与に接して二元論にならざるを得ない，というものであろう。

　またこの点に関してヒュームも同様である。

　　「「私が『自己』と呼ぶものにもっとも深く分け入るとき，私が見つけるものは，常に，熱や冷，明や暗，愛や憎，苦や快など，あれやこれやの個々の知覚

---

12) *KrV*, S. A406f.（『純粋理性批判（中）』64-65頁）
13) 山口祐弘『カントにおける人間観の探求』51頁
14) *KrV*, S. A421.（『純粋理性批判（中）』78頁）
15) *KrV*, S. A370.（『純粋理性批判（下）』194-195頁）

である。私は，いかなるときも，知覚なしに自己を捉えることが，けっしてできず，また，知覚以外のものを観察することも，けっしてできない[16]。」

「われわれの知覚と対象とを同じものと見なす限り，われわれは，一方の存在から他方の存在を推理することがけっしてできず，われわれに事実について確信させ得る唯一の関係であるところの原因と結果の関係からの，いかなる議論を形成することもできない，と言ってよい。…要するに，われわれの理性は，どのような仮定に基づいても，われわれに，物体の連続した別個な存在の確信を与えはせず，また与えるということはけっしてあり得ないのである。この意見は，まったく『想像力（IMAGINATION）』によるほかない[17]。」

もとより，ヒュームの場合自己の自覚などどこにもない。あるのは知覚のみである。カントとは対象的に，ヒュームは一元論者と理解されてきた。理性も連続性を認めることはできず自己の裏付けとなる確証にはならない。理性はまた因果律も作り出すことはできなかった。自己は所詮社会，慣習に溶け込むしかなかったのである。しかし，「想像力」はわれわれをして二元論にしないではおかない。なぜなら，われわれは対象を想像し作り出しているからである。作り出すに至って自己と対象が確認される。これが経験的実在論なら，カントの超越論的観念論も同じものであることが判る。相違は視点の相違である。経験的自己は一元論，主観的自己は二元論という傾向にあることでしかない。言えることは，私とは今ここで私が演じている場所でしかない，ということである[18]。そして，何事も経験から始まっているという事実である。だとするならば，経験は私（主観）の分析を要請する。

さらに，ハイエクのラディカルな経験主義はカントの「物自体」を採り上げねばならなくなる。ハイエクが「物自体」を承認していることは既に述べてきたが，大切なことは，「物自体」が懐疑論を克服し弁証論を成立させるからである。

それにはオーストリア学派経済学が絶対的条件としてきた自由にある。もちろん，この自由はカントのように道徳の裏付けではない。既に述べてきた

---

16) *THN*, p.252.（『人間本性論』286 頁）
17) *THN*, p.193.（『人間本性論』225）．既に述べてきたように，ヒュームを一元論や現象学に入れることはおおきな誤解である。これについては神野慧一郎氏の『ヒューム研究』が優れている。同書 287-292 頁を参照せよ。

ように，個人は諸個人になるために開かれた集合におかれねばならなかった。それは市場を敢えてカタラクシーと言い換えたことの裏付けとなる。換言すれば，諸個人には「…をしてはならない」という禁止を含意した「…からの自由」が確保されねばならないからである。

　ある個人にある犯罪行為があったとき，個人，諸個人はそれを社会的な因果律でのみ見つめることはしない。必ずやその人への責任を問う。それを誰もが経験的に自己に反転させて内観（内省や反省）として問いただすからである。われわれは経験的に自然必然性では解けない自由意志の存在であることを知っている。ラディカルな経験論は必ずや精神に焦点を当てざるを得ない。われわれは必ずや自由意志の人間を採り上げているのである。カントは述べている。

　　「人間の心（Seele）について，一方では人間の意志は自由であると言いながら，他方ではこの意志は同時に自然必然性に支配されている，即ち自由でない，ということはできない。そういうことをしたら明らかに矛盾に陥らざるを得ないだろう，つまり私はこの二つ命題に含まれている『心』を，まったく同一の意味に，即ち物一般（物自体）と解したのであり，また予め批判を経ていないと，これ以外に解しようがなかったからである。我々の批判は，客観を二通りの意味に解することを教える，即ち第一には現象としての客観であり，また第二には物自体としての客観である。」[19]

この二つの客観の区別を認めるならば，「同一の意志は，なるほど現象（見える行為）においては自然法則に必然的に従うものとして，その限りにおいては自由ではないと考えられるが，しかしまた他方では，物自体に属するものとして，自然法則に従うものではないから従ってまた自由であると考えられるのである…。」[20]「物自体」は人間の限界を裏付けるだけではなかった。その

---

18)　中村雄二郎『共通感覚論─知の組みかえのために─』47頁　中村は述べている。「〈自分〉あるいは〈私〉とは，〈もの〉ではなくて〈こと〉ではないか，考えて〈私〉の捉えなおしを行った。すなわち，たとえば「この花は赤い」という場合，〈この花〉は〈もの〉として主語的位置におかれている。ところが，〈赤い〉の方は〈こと〉である。しかも〈赤い〉ということがいわれている背景には，そのことをいっている〈私〉がいる。いい換えれば，この花が〈赤い〉というかたちで自己を現している〈いま，ここで〉という場所，それが〈私〉ということなのである。」
19)　*KrV*, S. XXVII.（『純粋理性批判（上）』41頁）

客観によって人間の意志自由の根拠と見ている。もちろん，この「物自体」はあくまでもわれわれの心を経験的に捉えた結果であり，「私は考える」として経験界を超出しているのではない。なぜなら，人間行為に当たってその原因を自然法則にのみ求めることは決してしない，という事実である。ハイエクも言う。「人間の行為の理解にあたって，精神的な実体は，常に，われわれが見抜くことのできる最後の決定者である[22]…。」ハイエクの言説は「物自体」という客観を認めることにおいて始まるであろう。

もとより，「物自体」はわれわれが決して問えるものではないものの，われわれを限界づけつつ存在の意義づけをもしている。「物自体」を前提にすることによってわれわれに能動性と客観性が与えられる。まさに「物自体」は行為の背景に控える動力であり，超越論的観念論を展開させる。カントの「物自体」はヒュームにもまして能動的な構築の哲学を編み出す原動力となっている。この構造はポパーをして「すばらしい哲学的発見[23]」と言わしめた。オーストリア学派経済学の主観には「物自体」を背景とした潜勢力が宿っていると考えられる[24]。それはラディカルな経験主義の結果である。

自然科学であろうと社会科学であろうと科学の妥当性は，認識の能力と限界において成立する。ポパーもいみじくも述べていた。「いかなる個別の経験的知識もそれが反駁の余地のない事実であることを保証する確実な方法はない[25]。」むしろ「われわれの知性は，自然の中に普遍的法則を発見するのではなく，それ自身の法則を，自然に対して指示し押しつけるのである。」指示し押しつけることを危惧するには及ばない，多くの人々を判定の仲間に誘い込ん

---

20) *KrV*, S. XXVIII.（『純粋理性批判（上）』41-42 頁）もとより，現象そのものを物自体と同一しているのではない。*KrV*, Ap.109.（『純粋理性批判（下）』157 頁）

21) *KrV*, S. A109.（『純粋理性批判（下）』157 頁）カントは述べている，「かかる超越論的対象（これは実際に我々の一切の認識において，常に同一の《X》である）の純粋概念が，即ち我々の経験的概念一般に対する関係──換言すれば，客観的実在性を与え得るところのものである。」

22) *SO*, p.193. 8・94（『感覚秩序』216 頁 8・94）

23) *CR*, p.181.（『推測と反駁』302 頁）

24) メンガーは『経済学の方法』の序言で述べている。「政治経済学もまたドイツ精神の目的を自覚した協力をかくことはできない。ドイツ精神を正しい軌道上につれ戻すために貢献すること，これが本書がひたすら追求する課題であった。」「一般的な認識論的研究の結果を経済学の特殊な課題のために，真剣に，おそらくこれまでそうであったよりももっと真剣に，もっと慎重に利用しよう…。」*UMS*, S. XXII. ,S. X.（『経済学の方法』15 頁，6-7 頁）

25) Popper, K. *The Natur of Philosophical Problems and their Roots in Science, C. R.*, p.95. を見よ。

でいるからである。「物自体」によって，主観は多くの人々をして非人格的な判断へと導く。構築の哲学に「物自体」は欠かせない。ラディカルな経験主義はこうして主観を分析することとなる。ハイエクもポパーも，カントの「物自体」を受け入れているのである。グレイ（Gray, J.）も述べている。「われわれは事物をあるがままの姿において知ることなどできないということ，われわれの経験（われわれの感覚上の経験を含めて）に見いだされる秩序は，世界からわれわれに与えられた実在といった風のものではなく，われわれの知性の創造的活動の産物であると主張すること，ここにカント的なところが存する。」[26] 要するに，ハイエクはすこぶるカント的である。

このようにして，ラディカルな経験主義は主観主義にならざるを得なかった。そして「物自体」を承認しなければならなかった。つまり，ヒュームが経験主義ならカントも経験から出発していることに変わりはない。むしろラディカルな経験論が，ヒュームからカントへの移行にあったと見るべきである。ヒューム哲学を徹底した結果のカント哲学である。しかしながら，多くの人々がカント哲学を主観主義として誤解してきた。これまでも言われてきたことであるが，カント哲学を自然科学の基礎づけに終始するか，主観主義としてだけ位置づけてしまうか，どちらかに分かれて議論されてきた。しかしこれらはどちらも誤りであることが分かる。その意味で，ハイエクはヒューム哲学の延長にカント哲学を引き継いでいる。ハイエクの『感覚秩序』は，カント哲学に満ちていると言って決して過言ではない。これが多くのハイエク研究者に看過されてきたところではなかろうか。では，さらにハイエクがヒュームの経験主義を踏襲しそれをラディカルに徹底した結果のカントから，どのような方法が採られるのであろうか。

3 パタン認識と抽象の優位性

より確実な主観主義のために，純哲の人々は，例えばパース（Peirce, C. S.）

---

[26] Gray, J., *Hayek on Liberty*, pp.3-4.（『ハイエクの自由論』p.17.）

のアブダクション（abduction）[27]、すなわち仮説形成を描いてきたと思われる。このアブダクションもその原型は既にカントがもっていたと理解される。日本の代表的カント研究者・岩崎武雄は言う。「もう一度新たな形而上学をめざしたカントは自然科学の手法を形而上学に応用した。[28]」この根拠を、岩崎はカントの言説「理性が自然から学ばねばならず理性自身では全くその知識を持たないことを、理性自身が自然の中へ投げ入れたものにしたがって自然において求められるのでなければならないと言う思いつきに負うているのである。[29]」においていたと思われる。

また、高島弘文も述べている。ポパーがもっていた漸次的社会工学（piecemeal technology）[30]はその起原が既にカントに見られ、それは岩崎が気づいていたものに等しいと[31]。パースにしても岩崎にしてもほぼ同様な発見をカントに見出していると言えよう。それはモデルを形成して対象（自然）に投げ込むことである。換言すれば、自然を対象として実証、実験をすることである。当然失敗の部分は排除される。目的のシステムを獲得するので仮説形成は続けられる。これはポパーが提唱した漸次的社会工学に近いものであるが、自然科学における通常の方法であってあらためて採り上げる方法ではない。現代の経済学者の多くもまたこの方法に魅せられて採用しているであろう。ポパーも自然科学と社会科学の類似性を述べているところである[32]。しかし、モデルを作ること自体ハイエクやポパーには受け入れられない。なぜなら、モデル自体が不定の概念という言説に反するからである。

ハイエクの自生的秩序は「意図せざる結果」であって知覚されるものの定

---

27) *Collected Papers of Charles Sanders Peirce*, The Belknap Press of Harvard University Press, 1960. 5vol. p.171. パースは述べている。「アブダクションは説明的な仮説を形成する過程である。それは新しい観念を導く唯一の操作である。」また、パースのアブダクションについては、Davis, W. H., *Peirce's Epistemology*, Martinus Nijhoff Publishers B. V. 1972. Chapter2（赤木昭夫訳『パースの認識論』産業図書 1990 年、37-138 頁）を参照した。
28) 岩崎武雄『カント『純粋理性批判』の研究』28 頁および 486 頁
29) *KrV*, S. 15.（『純粋理性批判（上）』17-18 頁）
30) *PH*, p.58.（『歴史主義の貧困』94 頁）
31) 高島弘文『カール＝ポパーの哲学』東京大学出版会、1975 年再版、69-76 頁を参照。高島の「ディアレクテイーク」（形而上学における実験的方法）はパースのアブダクションと同義であろう。
32) *PH*, p.61.（『歴史主義の貧困』99 頁）

義されない。定義されない自生的秩序に従うということは，第4章6節に既述のようにカントが掲げた幾つものアンチノミーを自覚し，克服しなければならないことになろう。もとより，ハイエクは社会科学らしくこのアンチノミーを採り挙げたりはしない。ハイエクのモデルは自己形成を含意し自からアンチノミーを克服すると思われる。ハイエクは言う。

> 「いったいなぜ経済学者は，個々の量の値の導出を可能にさせる媒介変数の数値を確定する見込みのないことが明らかにわかっていながら，わざわざ…方程式を定式化するのか，物理学者にとってはしばしば不可解なことに思われるであろう。……それにもかかわらず，あるパタンの予測はテスト可能であると同時に有用でもある。その理論は，どの一般的条件の下でこの種のパタンが自己形成するかをわれわれに告げるから，われわれがそのような条件を作り出し，その予測された種類のパタンが出現するかどうか，観察することを可能にする。さらにその理論は，この〔種の〕パタンがある意味での産出の最大化を保証することを告げるから，そのような最大化を保証する一般的条件をわれわれが作り出すことをも可能にする。現れるだろう〔具体的〕パタンを決定することになる特殊な情況の多くをわれわれが知っていないにもかからわず，そうなのである。[33]」

経済学にモデル化そして方程式は所詮不可能である。しかし，それでもモデル化は人為ではなく自己形成的であるか故にパタンは予測可能であり，テスト可能であると言う。自からの条件を整えることによって自己形成しているからである。まさにパタンは有用であると。つまり，ハイエクは「一般的条件を作りだす」という自己形成でアンチノミーを克服していると思われる。アンチノミーは諸個人に委ねられていて見えないのである。

　カントのアンチノミーはこうである。「美学的判断力」のアンチノミーは「美学的判断力（趣味判断）」は「一定の概念」に基づかないが「不定の概念」に基づくとした。これらをともに認めることによって真であるとなる。また「目的論的判断力」はつまりアンチノミーは物質的なものの産出がすべて機械的法則に従うとすることに対して，それは機械的法則によっては解決ができ

---

[33] *PPE*, p.36.（『特集＝ハイエク』に所収，杉田秀一訳「複雑現象の理論」130-131頁）

ないものが含まれるとする。これらの解決に反省的判断力が格率（主観的原理）として機能し共に真となる。[34] 言語や経済の世界ではアンチノミーが自然に克服されている。それはネガティヴ・フィードバック（negative feedback）[35]である。需要と供給そして価格は否定されつつ肯定され調整される。自生的秩序は「一定の概念」に基づかず「不定の概念」に基づいている趣味判断でもあるし，同時に機械的法則に従いつつも機械的法則によっては解決のつかないものを含む。それを反省的判断力による格率が機能し克服する。まさに目的論的判断力である。それを経済という動態的システムが演じている。経済と言語はその克服の機能を顕わにしている。自生的秩序が含意するネガティヴ・フィードドバックはカントのアンチノミーを具体的に一言で克服している。アンチノミーによる説明よりも一元論的に見える。いわば直観的悟性によって綜合的な普遍を判断しているのである。

　このフィードバックはさらに抽象によって一般化される。既述のように，抽象とは積極的に獲得することではなく，消極的な選択であって，それは捨象と言った方が適切であった。棄却に積極的であって，個人を超えた社会的な展開であった。その社会的展開に一般的かつ等価な抽象が役割を果たしているように見える。ハイエクは『感覚秩序』で述べている。

　　「精神的な過程が特定の物理的な過程と同一視される（あるいは『還元される』）のは，物理的な過程が生体の物理的な秩序のなかに占める位置と同一の位置を，精神的過程が精神的な事象の全体の秩序のなかで占めることをわれわれが示すことができる場合だけであるといいかえられる。精神的な過程は，それが精神的な過程の全体の秩序のなかで，ある位置を占めるからこそ（すなわち，他の精神的な過程との相互作用のゆえに）精神的な過程なのであり，この秩序のなかでの位置は，等価な秩序が物理的な要素から作られることを示すことによってのみ，物理的言葉で説明することができる。[36]」（傍点筆者）

秩序は等価な物理的な要素によって作られる。秩序は「他の精神的な過程との相互作用」に従い対立を無意識のうちに克服している。カントのアンチノ

---

34) *KU*, S. 234., S. 314.（『判断力批判（上）』312頁，『判断力批判（下）』58頁）
35) *NPP*, p.74. note5.
36) *SO*, p.190. 8・86（『感覚秩序』213頁 8・86）

ミーは脳の中に機能する抽象によって克服されることになる[37]。アンチノミーは意識されず克服される。ここに一元論的な世界を確認することができる。

　ハイエクのこのような捉え方は，カントからであるよりはヒューム哲学からの影響であろう。ハイエクは言う。ヒュームは「法と道徳は，言語や貨幣と同じく，意識的考案物ではなく，生成した制度あるいは，『形成物』だと…『実際には，知らず識らずのうちに，また漸次的に生じているのだけれども，こうした効用の認識はいちどに形成されるものと想定するだけである』ことを強調している[38]」と。効用は経済における価値意識である。その効用が社会的な立場から認識されるとき一般的効用となる。それは抽象の価値的側面である。まさに「社会現象の分野では，経済学と言語学だけが一貫した理論を作り上げることに成功したように思われる[39]。」ハイエクはヒュームの視点を援用することでカントの二元論的視点を一元論に還元しているように見える。ハイエクはマッハの影響から抽象を展開させたことは明らかである。

　この抽象は社会の機能，すなわちネガティヴ・フィードバックの単なるメタファーではなかった。抽象は個人と自生的秩序を結びつける確実な靱帯となり得るのである。ハイエクは言う。

> 「進化論的合理主義は，人間が完全には理解し得ない現実を処理できるようにしている知性の不可欠な手段として，抽象を位置づける。……現実には，それは人間の意識的思考にのぼったり言語で表現されるずっと以前から行為を決定する前過程がもっていた特徴である，という事実と関連がある。状況のあるタイプが個人の内部にある一定の反応のパターンに向かう性癖（disposition）[40]を

---

37) *CRS*, p.48.（『科学による反革命』27 頁）でハイエクは述べている。「外部的刺激をある特殊な仕方で人々が分類するという事実は，ある意味をもった経験上の事実となる。外部世界にかんする科学的心像から質が消失する一方，これらの質は人間的意識にかんする科学的心像の一部として存続するに違いない。外部世界の心像から質を取り除くということは，実際にはこれらの質が『存在』しなくなることを意味するのではなく，これらの質を研究する際に，物理的世界ではなく人間の意識を研究するということを意味しているのである。」
38) *PPE*, pp.11-114.（田中真春/田中秀一編訳『F. A. ハイエク市場・知識・自由』に所収,「デイヴィッド・ヒュームの法哲学と政治哲学」147 頁）
39) *PPE*, pp.34-35.（「複雑現象の理論」130 頁）
40) 筆者はこの disposition を「性癖」と訳すことを好まない。disposition はそもそも human nature であり，人間が本来持っている「性質」である。disposition は proposition（命題）と対比されるべきである。

呼び起こすときには必ず,『抽象』と表現されるあの基本的関係が存在する。特定の刺激が特定の反応を直接引き起こすのではなく,一定の組や群をなす刺激が行為の組に向かう一定の性癖を形成することを可能にし,そのような多くの性癖の重ね合わせだけがその結果起きるであろう特定の行為を特定化するという事実から,中枢神経システムに特有の能力が構成されていることは疑うべくもない。他の場所(『新研究』の第3章)でも使っているこの『抽象の優位性』は,本書(『法と立法と自由』)全体を通じて想定されている。」(かっこ内引用者)

このようにして,価値意識を伴った抽象はハイエク理論の核心を担うこととなる。抽象はパタンを形成し,さらにそれは抽象的秩序へと向けられる。「抽象的秩序が結果として出現する特定の様式は,諸要素の行為を支配するルールに加えて,諸要素の初期位置とそれらのおのおのがその秩序を形成する過程で反応する直接的環境の特定の事情全てに依存する。言い換えれば,秩序とは,常に誰にもその全体がつかめない数多くの特定事実への適応なのである。」したがって,「一定の複雑現象については,われわれは単純現象についてほど多くをけっして知ることができないけれども,より限定的な目標を目ざすある技術—個々の出来事ではなく,単なる一定のパタンないし秩序の出現の説明—を洗練していくことによりその限界を部分的に突き抜けることが可能である。これを単なる原理説明や単なるパタン予測(pattern predictions)と呼ぶか,それともより高次の理論と呼ぶかはたいした問題ではない。」何故なら,われわれは有限で「意図せざる結果」に対峙するだけである。無意識のうちに高次の自生的秩序に途を開いている。われわれの脳における抽象は社会に直接係わり現象を構築しているのである。抽象は個人と自生的秩序を結びつける靱帯である。いわば,抽象はプロトコルの役割を果たしている。さらに,一元論における抽象は「共感覚」を含意している。

既に詳述してきたように,ハイエクには幾多の点でカントと共通する部分を含んでいる。カントは趣味判断から目的論的判断力に進む過程に「共通感(Gemeinsinn)」を提示してきた。ハイエクもまた『感覚秩序』に「共感覚

---

41) *LLL1*, pp.29-30.(『法と立法と自由 I』42頁)
42) *LLL1*, p.40.(『法と立法と自由 I』54頁)
43) *PPE*, p.40.(「複雑現象の理論」134頁)

(synaesthesia)」を提示していた[45]。ハイエクの「共感覚」がカントの影響を受けていることは明らかである。「共感覚」はこれまで体系的に扱われることなく今日に至っている。感覚の質の共通の次元によって記述することが必要である[46]。経済もまた言葉という「共感覚」によって展開される必要がある。

「構成される音楽理論は，…物理的な事象の間の関係，あるいは，他の物理的な事象にたいする作用が似ているか，違っているかによって定義される関係を意味しておらず，書いたり，演奏したり，聞いたりする人にとっての類似や相違によって定義される要素を採り上げている[47]。」のである。この類似と相違は「黄色い声」に見られるように，言葉の世界で超えられている。それと同様な現象が経済に見られる。制度という効用（価値意識）を背景とする抽象が要素に共有される。趣味は「共通感覚（sensus communis aestheticus）」と呼んでよい[48]。趣味という表象は我々全ての人に概念を介することなく普遍的に与りうるところのものとなりうる。

カントは言う。美学的判断力の素材とは，「心的能力〔構想力と悟性〕を合目的に活動させるところのものにほかならない，――換言すれば，心的能力はこうして自由な遊びを始めるのであるが，この遊びはそれみずから自分を保持しつつ，心的能力のはたらきをも強化するのである[49]。」そして，美学的判定能力を編み出す自由について，カントは言う。「自由の理念だけが，自然において超感性的なものの客観的実在性を（この超感性的なものにおいて考えられる原因性を介して），この理念が自然において産出し得る結果によって証明する唯一の超感性的理念なのである[50]。」さらにカントは続けて言う。「この原理

---

44) カントは述べている。趣味判断は「概念によってではないがしかしそれにも拘わらず普遍妥当的に規定するような原理をもたねばならない。するとかかる原理は，共通感（Gemeinsinn）と見なされ得るようなものでしかないだろう。しかしこの共通感は，我々が時に共通心（sensus communis）とも呼ぶところの普通の悟性，即ち常識とは本質的に異なるものである。常識は，感情によって判断するのではなくて，概して不分明に表象された原理にもせよとにかく概念にしたがって判断するものだからである。」KU, S. 64.（『判断力批判（上）』132 頁）を見よ。
45) SO, p.22., 1・67, p.32., 1・96, p.161., 7・48（『感覚秩序』31 頁の 1・67, 42 頁の 1・96, 182 頁の 7・48）
46) SO, p.32. 1・96（『感覚秩序』41 頁 1・96）
47) SO, p.34. 1・99（『感覚秩序』43 頁 1・99）
48) KU, S. 160.（『判断力批判（上）』235 頁）
49) KU, S. 192.（『判断力批判（上）』267 頁）
50) KU, S. 467.（『判断力批判（下）』212 頁）

こそ単なる思弁的哲学が（この哲学は自由についてもまったく消極的な概念しか与えることができなかった）絶望せざるを得なかった当のものなのである。従ってまた自由概念は（一切の無条件的-実践的〔道徳的〕法則の根本概念として），自然概念の限界—換言すれば，自然概念（理論的概念）がそのなかで空しく躊躇せざるを得ないところの限界を超えて，理性を拡張し得るのである。」[51]
思弁的認識とはカントによれば「普遍的なものを抽象的に認識する[52]」ことであり，実践とは一線を画していた。理論的であるとは言え，この思弁哲学の限界をわきまえ，趣味判断はまさに自由な遊びであり理論と実践とを繋ぐ感覚的すなわち心的動力を含意していた。ここに思弁的哲学を解消するべく構築の哲学がある。

　ハイエクの自生的秩序はこの趣味判断を取り込まずにはおかないであろう。ハイエクの自由の淵源はカントの自由な遊びにあることは明らかである。そして，これら趣味判断がもつ自由な遊びは，知覚はできるが把握できないという自生的秩序がもつ概念に消極的ではあるものの，挑戦する潜勢力の環境をつくっている。抽象は共通感に訴えて自生的に秩序を求め展開される。抽象は共感覚においてより強められる。筆者はこの動態かつ一元論の世界を「…からの自由」と呼んできたのである。

　いわば，美学的な判断能力とは悟性でも理性でもなく構想力と悟性との自由な戯れから生じる。そして，それは趣味に根拠をもち理想的規範を意味している。[53] ハイエクの自生的秩序はまさにこのようなカントの趣味判断を含意していると思われる。かくして，ハイエク理論は一元論の世界におかれていると言えよう。

　以下に述べるように，哲学の歴史において相対立してきた二極，一元論と二元論，帰納と演繹，分析判断と綜合判断そして先験主義と経験主義を区別なく統合させているように見える。換言すれば，自生的秩序はこれらの統合を含意している。

---

51)　*KU*, S. 468.（『判断力批判（下）』213 頁）
52)　*PM*, S. 139.（『プロレゴメナ』250 頁）
53)　ドゥルーズは述べている。「ヒュームは心理学者である前にモラリストであり社会学者である。『人性論』が教えるのは，精神が触発される形式は本質的に情念的なものおよび社会的なものだと言うことであろうからだ。」*ES*, p.1.（『ヒュームあるいは人間的自然-経験論と主体性-』）10 頁）

ハイエクがこれらの一元論を可能にしたのは「生物学的進化とは異なる進化過程[54]」を堅持していたからである。ヒューム的立場，すなわち進化理論はまさに逆説的に「人間をして自分の力を十分に行使させてきたのは，常に，可能性の限界という認識[55]」にある。さらに「精神は学習されたルールのある伝統的，非人格的構造物に内包されており，経験を整理するその能力は，個々の精神が所与のものと見る，ある獲得された文化様式の模写である。頭脳は，われわれが文化を設計することではなく，文化を吸収することのできる器官である[56]。」という演繹としての順応機能に象徴的に語られている。かくして，ハイエクはスミスが呼んだ「フィードバック機構の作用」のより良き理解者であり，これは今日的に言えば「サイバネティックス」であると言う[57]。進化は社会的な個人，すなわち諸個人によって進められる。そこには動力があり，構造的かつ間主観的な吸収能力として，そして機能としての人間要素（正得的プロトコル）がある。その時，始めて理性は思弁を離れ現実かつ経験的な順応的'抽象'的理性として開放される。オーストリア学派の要素はそのような理性を含意する。その意味で，進化論は自然科学ではなく社会科学に萌芽を見たのである。このことは既述のようにカントが超越論的観念論もしくはヒュームの経験的実在論と言った方法の議論に尽きる。ハイエクに独創性があるとするならば，超越論的観念論もしくは経験的実在論を進化と位置づけ人文科学，社会科学とりわけ経済に発見したことにある。それは哲学史において必ずしも融合が図られなかった二極を統合としたことにある，と言えるのではないだろうか。経済にその演繹的構図が読み取り易いからである。どこまでもハイエクは経済学者であった。

---

54) *LLL3*, p.157.（『法と立法と自由Ⅲ』218 頁）
55) *LLL1*, p.8.（『法と立法と自由Ⅰ』16 頁）
56) *LLL3*, p.157.（『法と立法と自由Ⅲ』218 頁）
57) *LLL3*, p.158.（『法と立法と自由Ⅲ』220 頁）この「フィードバック機構」は正確に言えばネガティヴ・フィードバック機構」である。*NPP*, p.74. note5 を見よ。

4　二元論から一元論へ

　既に述べてきたように，ヒュームもカントも彼らの哲学は「科学的な宇宙論」と形容することができよう。もとより，この宇宙論とは人間存在を宇宙の調和に照応して訊ね求めようというものである。しかしなから，科学的ということはそもそも二元論ならざるを得ない。なぜなら，思考する主体と外界を切り離して議論しなければならないからである。しかし，同時に宇宙論はそもそも演繹であり，一元論である。したがって，われわれ有限な人間が「科学的な宇宙論」を展開するにはまずもって二元論にならざるを得ない運命を背負っている。いわば，ヒュームもカントも対象と主観（精神）が現に分かれて存在するから二元論ということではなく，宇宙論といえども経験的に構築を重ねる過程では二元論にならざるを得ない，ということである。構築される経験的実在はあくまでもひとつであり，一元論の世界である。このことにおいて，ヒュームとカントに何の相違もない。ただ，このことをより分析的に述べたのはカントである。まず，これをカントの言説から起こしておこう。カントは言う。

　　「我々が，二元論の概念を…拡張して，これを先験的（超越論的）意味に解するならば，この二元論にせよ，またこれに反対するところの理説，即ち一方では唯心論，また他方では唯物論にせよ，いずれもまったく根拠をもたないことになるだろう。そうなると二元論の概念は誤りに解せられて，それ自体あるがままには我々に示されていない対象を表象する仕方の差異を，そのままかかる物そのものの差異と見なすことになるだろう。内感により時間において表象された『私』と，空間において私のそとにあるところの対象とは，それぞれの特性から言えばまったく異なった現象であるが，しかしそれだからといってこの両者は異なった物と見なされるべきではない。外的現象の根底にも，また同様に内的現象の根底にも存するところの先験的（超越論的）客観は，物質でなければまた思惟する存在者自体でもなくて，これらの両種の経験的概念を与える現象の根拠をなすものであるが，しかしこの根拠がなんであるかは我々に知られていないのである。」[58]（かっこ内および傍点引用者）

確かに，カントが主張するように「超越論的観念論者は経験的実在論者たり得るし，従ってまたいわゆる二元論者でもあり得る[59]」のである。カントが二元論者にあることは確かである。しかし，カントをして二元論者であるというレッテルのみでは正しいとは言えない。カント哲学が超越論的観念論と経験的実在論の二つを採るから二元論哲学であるのではない，超越論的観念論を採ると経験的実在論にならざるを得ないという意味である。すなわち，唯心論でもなく唯物論でもない，どこまでも経験的実在論にならざるを得ないというのである。本来は一元論であるが，われわれは有限であるが故にたえず二元論の立場に立たざるを得ないのである。ハイエクも言う。「二元論は，習慣の産物である。…生起している過程の適切な説明である[60]」と。つまり，思考する主体と外界（「外的現象」）とは異種でありながら，現象もしくは表象として一つであり，その作り出す実体の中にわれわれは溶け込んでいるというのである。もちろん，その根拠が把握されているわけではない。（ハイエクの自生的秩序はこの根拠と同義である。）ここに構築の哲学がある。既に述べたように，この二つの関係を一つにしてみるということは，ウィーン学派がその伝統，イソモルフィズムとして採ってきた方法である[61]。換言すれば，この点，ヒューム哲学は経験論のジャンルの中でこの動態的実在論を展開してきた。そして，この経験的現象の面を強調したが故に，ヒューム哲学は一元論の世界に入り易かった。その意味で，経験を重んじるハイエクの方法論は，少なくとも表面的にはヒュームの一元論に近いと思われる[62]。

このことから考えて，カント哲学が一元論でありながら二元論にならざるを得ないという経緯を看過してなるまい。その経緯は『感覚秩序』（第8章3「二元論と唯物論」）の中でしっかりと述べられている。ハイエクはすこぶるカント的である。ハイエクは述べている。

---

58) *KrV*, S. A379f.（『純粋理性批判（下）』202-203頁）
59) *KrV*, S. A370.（『純粋理性批判（下）』194頁）
60) *SO*, p.177., 8・42（『感覚秩序』199頁 8・42）
61) *SO*, p.39., 2・7, 2・8, 2・9（『感覚秩序』49-50頁 2・7, 2・8, 2・9）
62) ハイエクは述べている。「一般に用いられている概念があるからにはその概念が表している明確な『与えられた』事物もあるに違いないと無批判に想定する素朴な実在論は，現代の，社会現象に関する思想に非常に深く入り込んでいる。したがってそうした実在論に囚われない意志をもって細心の努力を払う必要がある。」*CRS*, p.96.（『科学による反革命』71頁）を見よ。

4 二元論から一元論へ

「実体をどのように定義しようと、実体としての精神を考えることは、根拠のない属性を精神的事実に帰することであり、われわれが物質の現象について知っていることのアナロジーでしかない。」[63]

「したがって、厳密な意味では、精神的な実体という考え方をしない精神現象の説明は、唯物論とは反対のものである。なぜなら、それは、物質の知識から引き出された特質を精神に帰すことをしないからである。（精神は）われわれが物理的な世界で出会う事象の秩序とは異なる特異な秩序であって、しかも、物理的な世界を支配する力と同種の力によって決定される秩序として精神を考えることが、唯物論ではない唯一の理論である。」[64]（かっこ内挿入と修正、引用者）

もし、物理的な世界もわれわれの精神も実体であると位置づけるならば、それは唯物論となり即二元論の世界である[65]。経験の事実は唯物論でもなく二元論でもない。ハイエクの言説は、既述のカントの言説「内感により時間において表象された『私』と、空間において私のそとにあるところの対象とは、それぞれの特性から言えばまったく異なった現象であるが、しかしだからといってこの両者は異なった物と見なされるべきではない。外的現象の根底にも、また同様に内的現象の根底にも存するところの先験的（超越論的）客観は、物質でなければまた思惟する存在者自体でもなくて、これらの両種の経験的概念を与える現象の根拠をなすものである」と同義である。いわば、思考する主体と外界の対象とは所詮異種であるが、現象という実体として一つである、つまり経験的実在論である。自生的秩序が一元論的に経験的に作られる世界である。「二元論は、習慣の産物であって、初期の研究では、特殊な過程を観察した場合はいつでも、対応する特殊な実体が存在するにちがいないと考えたのであった。…特異な物質を認知することは、生起している過程の適切な説明であると見なされるようになった。」[66] これは超越論的観念論、もしくは経験的実在論の説明であることは明らかである。

したがって、ハイエクは（既に引用した箇所であるが）言う。

---

63) *SO*, p.177. 8・42（『感覚秩序』199-200 頁 8・42）
64) *SO*, pp.177-178. 8・40, 8・43（『感覚秩序』199 頁 8・40, 200 頁 8・43）
65) *SO*, p.177. 8・40（『感覚秩序』199 頁 8・40）
66) *SO*, p.177. 8・41（『感覚秩序』199 頁 8・41）

「われわれの理論は、精神界と物理的な世界とをそれぞれ支配する力の二元論はどのようなものも否定することになるが、同時に、実際的な目的のためには、常に二元論的を採らざるを得ないといわなければならない。」[67]

「われわれの議論は、『生得論者』と『経験論者』の論争に加担するものではない。しかし、この論争には、通常、感覚の質の秩序が、種および個体のまとまった経験によって形成されるものと理解することができるかどうか、あるいは、環境が生体の発達に与える影響とは別のもので、どう説明することもできないような存在と考えければならないかどうか、というはっきりした問いを含んでいると思われる。この二番目の意味では、われわれの課題は『経験論』の立場に属する。」[68]

構築的な人間無くして人間もまたあり得ないことになる。ハイエクは言う。「この共通の枠（時間-空間）にすべての事象を入れる普遍的な関係づけは、おびただしい事象を一つの連続体、すなわち『私』に作りあげることを意味する。」[69]（かっこ内引用者）したがって、経験は「感覚的な質の生起を示唆しながら、われわれが問題にしている現象は一種の前感覚的な経験であり、やがては質的な区別をする装置を作り出すものを指す」[70]のである。われわれは二元論で対応しながら、一元論に通じる装置を編み出していくのである。われわれは構築の哲学、構築の道具を自ら作る哲学の中に生き、すなわち一元論の世界で機能する装置を作り出しているのである。当然、そのプロセスにおいて二元論にならざるを得ない。換言すれば、われわれは有限であるが故に、一元論に直接入ることはできず、物質も精神も対象化を余儀なくされる。だからと言って、われわれは二元論に留まるものではない。むしろ二元論は錯覚にすぎない。ハイエクの真骨頂はまさにこの一元論の世界に生きる人間にある。これらの言説から見ても、ハイエクはカントと同様に一元論の世界に生きながら、そのプロセスにおいて二元論を採らざるを得ない。このことにおいて、カントとハイエクとの間に何の相違もない。

カントが述べた「超越論的観念論者は経験的実在論者たり得る」という表

---

[67] *SO*, p.179. 8・46（『感覚秩序』201 頁 8・46）
[68] *SO*, p.42. 2・16（『感覚秩序』53 頁 2・16）
[69] *SO*, p.138. 6・18（『感覚秩序』158-159 頁 6・18）
[70] *SO*, p.104. 5・7（『感覚秩序』122 頁 5・7）

現は，有限な人間であるが，一元論の世界を希求するがゆえに却って二元論を採らざるを得ない，その立場を述べたものであった。超越論的観念論は経験論がもたらした必需品である。このカントの立場をハイエクはそのまま継承している。換言すれば，秩序を希求するが故に一元論に立たねばならない。同時に有限な立場に立たざるを得ない。一元論は立たねばならない当為の世界である。その意味で，われわれは「物理的事象（あるいは物理的事象のクラス）についての言明をすることになる。」一元論はヒューム的に言えば非人格の世界であり，自生的秩序の世界である。一元論はわれわれが希求する世界であり，かつ検証を謙虚に進める不可欠な立場でもある。二元論で展開を余儀なくされるわれわれにとって，如何にして科学性を確保するかは，この一元論の立場に如何にして立つかにかかっている。そこに個人が諸個人に向け採らねばならない謙虚な反省と道徳が生起する。蓋然性の低い社会科学において，勢い社会科学の科学性はあくまでも人間に還元される。その人間，要素の解明にハイエクは終生努力を捧げた。そこでは当然二元論を組み込む一元論が展開されると言わねばならない。

5 二元論を組み込む一元論

　秩序には'つくられた'秩序と自然に'成長した'秩序が混在しているが，社会科学の複雑な現象は秩序に依って議論することが不可欠であると一貫して強調されてきた。ハイエクは言う。

　　「考え抜いた末われわれは『秩序』によって叙述する。事象は様々な種類の多様な諸要素が相互に密接に関係しあっているのであるが，われわれは全体の中の空間的あるいは時間的なある一部を知ることから，残りの部分に関する正確な期待，または少なくとも正しいと証明できる可能性を十分に持ち得る期待を形成する状態にある。この意味で，全ての社会が秩序をもたねばならないこ

---

71) *SO*, p.179., 8・46（『感覚秩序』201 頁 8・46）および *SO*, p.106. 5・15（『感覚秩序』124-125 頁 5・15）を参照。

72) *SO*, p.179. 8・47（『感覚秩序』201 頁 8・47）

と、またその秩序が熟慮の上での創出でなくしばしば存在することは、明らかである。」[73]（一部修正引用者）

事象は様々なものでできていて秩序を発見することは容易ではない。しかしながら、秩序を期待することができる。なぜなら、既述のようにメンガーもヒュームの「一度で十分の原理」を受け容れて秩序を期待として考えられる。ハイエクもその影響下にあった。われわれは直観的に「空間的あるいは時間的なある一部を知る」ことから、「自然に成長した秩序」が息づいていることを感じ取ることができる。つまり「正しいと証明できる可能性を十分に持ち合わせ得る期待を形成する状態にある。」もちろん、「正しい期待」と言えども、あくまでも秩序はわれわれが把握することのできない対象であり、論証的でない直観的悟性によるかもしれない。しかし期待を形成することができるのは、「…からの自由」を進めることにある。メンガーも述べていた。「具体的な現象…が問題になるのではなく、現象形態の継起または共存が問題になるのである…あらゆる現象形態をその定式にとりいれることはなく、前者を必然的に孤立化し、他のすべての現象を捨象する」[74]ことである。この捨象（抽象）がプロトコルの機能を果す。「正しい期待」は抽象に依存する。この抽象すなわちプロトコルの機能こそ一元論の世界である。ここにオーストリア学派の一元論の世界を確認する。

そこにはスミスが指摘した「ネガティヴ・フィードバックの作用」があり、漸次高次の体系（調和や秩序）、一元論の世界の機構の解明と獲得という環境がある。すなわち、他の社会科学と比較して際だって自動調整作用が機能する機構が経済にはある。つまり、需要と供給から価格が決まるのみならず、それぞれがそれぞれを決めている。もっと詳細に言えば、需要と供給という無数の要素が互いに決め合っている。経済学ほど無数の要素が参加し自動調整される科学は他に無いのかもしれない。したがって、経済は「偉大な社会」や「開かれた社会」と形容されてきたのである。経済は「個人の自由やこの社会が尊重するものを可能にする大きな長所」[75]を含意していた。そして、ハ

---

73) *LLL1*, pp.35-36.（『法と立法と自由Ⅰ』49頁）
74) *UMS*, S. 68.（『経済学の方法』73頁）
75) *LLL2*, p.109.（『法と立法と自由Ⅱ』153頁）

イエクは述べてきた。「偉大な社会では，われわれ全員が，実際に，われわれの知らないニーズの充足だけでなく，もし知っていれば認めないような目的の達成にさえ，貢献する。われわれが他者に供給する財やサービスが何のために利用されるのかわれわれにはわからないのであるから，これを助けることはできない。共有してもいなければ知ることすらない他の人々の狙いの実現をわれわれが手助けしていることこそが，偉大な社会の強さの源泉なのである。」[76]

換言すれば，経済は人間集団が構築している自動的かつ進化的システムを含意しているといえば，われわれは一元論の世界にいる。しかしながら，あくまでも経済は人間主観が構築し，構築されざるを得ず，その限りにおいて二元論である。ハイエク体系は確かにこのような二つの見方を可能にしている。それはわれわれが基本的に無知で限界にあるからである。自生的秩序を把握することはできないものの，知覚されそれに向かって進むことは可能である。したがって，自生的秩序は理念ではない。あくまでも個人がその概念を知覚し，諸個人は模索を通して主観の一致として進まざるを得ない。「社会の経済問題の解決は…常に未知なるものの探索の旅であり，物事をこれまでの仕方よりもよく行う新しい仕方を発見する試みなのである。」[77]ハイエクは常に経験論の立場にあった。経済は無知な人間を自動的にシステムに組み込むメカニズムを有している。その意味で，経済において人間は意識的にも無意識にも要素なのである。そのプロセス，すなわち経験はカントとは異なった形でまたヒュームのものでもあった。ヒュームの経験は社会と言い換えることができる。経験的なものは社会的なものである。

ヒュームは「情緒論」において，まず知覚（印象と観念）における印象を二つに分け「原生的と二次的とに区分することができる。」[78]と言っている。そして，この二次的なものがもっぱら「情緒論」の対象となる，としている。[79]

さらに情緒を精査すると，直接と間接とに区分されるとヒュームは言う。

---

76) *LLL2*, p.110.（『法と立法と自由Ⅱ』153-154頁）
77) *IEO*, p.101.（『個人主義と経済秩序』138頁）
78) *THN*, p.275.（『人性論（三）』11頁）
79) *THN*, p.276.（『人性論（三）』12頁）

370 第5章 一元論としての統合

> 「私の理解する直接情緒（direct passions）とは，善悪，快楽から直ちに起こるようなものである。また間接情緒とは，同じ原理からではあるが他の性質と連接して初めて生じるようなものである。…間接情緒（情念）の下に自負，自卑，野心，…を含める…そして直接情緒（情念）の下に欲望，嫌悪，悲哀…を含めるのである。[80]」（かっこ内引用者）

感情に種類（sentiment, affection, passion, emotion）はあるが，それらの相違に意味があるのではない[81]。ヒュームは感情を原生的か二次的か，間接か直接かとして捉えるところに経験論を開いている。ヒュームが重要視しているのは，主観から出発して社会的なものへ進むプロセスである。換言すれば，それは主観を意味する二元論を含みつつも客観という一元論である，と言うことができよう。ヒュームならではの（カントがアプリオリを客観を構成の道具としたのに対して），社会という一元論の世界が展開されている。

ドゥルーズは述べている。（訳語の関係で以下情念は情緒である。）

> 「ヒュームの理論の独創性は，間接情念と直接情念との差異を二元性として提示したところにあり，また間接情念を直接情念の方から理解したり描いたりせずに，そうした二元性そのものを情念一般の研究に仕立てるところにある。…それはすなわち，情念を，情念以外の要因が干渉するにつれて次第に複雑さを増す最初の運動，最初の力…として提示せず，反対に，情念をそれ自体単純な運動…として提示するところにある[82]」

この根拠として，ドゥルーズはヒュームの文章をあげる。

> 「人性（人間本性もしくは人間的自然）は，そのあるゆる活動に必須な二つの主要部分から，すなわち情緒と知性から構成されている。従って確かに，知性

---

80) *THN*, pp.276-277.（『人性論（三）』13頁）ヒュームは情緒（passion）と情念（affection）を区別している。ドゥルーズは区別していない。情緒も情念もともに受動的情感を意味していることからそれほど区別する必要がなかったと思われる。また直接情緒と間接情緒の相違は，「直接情緒とは，善悪，快苦から直ちに起こるようなものである。また間接情緒とは，同じ原理からではあるが他の性質と連接して始めて生じる」もの，としている。当然のこと，分析や総合のためにヒュームはこの間接情念に多くの頁をさいている。
81) ただヒュームが他の感情の言葉を排して激情（あるいは情念）に近い passion を用いていることには意味があるであろう。それはより経験論もしくは二元論の契機を表していると思われる。
82) *ES*, p.135.（『ヒュームあるいは人間的自然—経験論と主体性—』218頁）

の指揮を欠く情緒の盲目的動きは，人々を社会的に無能力とするものである。とはいえ，〔このような〕心の二つの組成分の別個な作用の結果を別個に考察することは，認容されるであろう，けだし，自然学者に認容される自由と同様な自由が道徳学者にも許されてよいが，前者にあっては，日ごろよく見られることとして，或る運動を以て相互に別個な二つの部分から複合的に成っていると考え，しかも同時に，この運動がそれ自身には非複合的で分離できないことを承認するのである。」[83]（丸かっこ内引用者）

ヒューム哲学は，一個人の分析であっても社会的個人の分析哲学であった。したがって，人間本性は社会的な個人の本性を意味しており，社会的とは即経験的を意味し，さらにこれらは綜合的と解しても過言ではない。いわば，ヒューム哲学が経験的心理学として理解されるのも，社会的な個人の分析であるからである。その意味で，感情と知性とは分離できないとヒュームは言うのである。感情の種類を情緒（passions）で代表させて，原生的と二次的に分け，また直接と間接に分けるがともに後者の二次的ないしは間接的情緒を課題にしている。それは観念連合や恒常的連接を重んじる立場の現れであり，ここでは知性との係わりを示したかったのである。すなわち知性を介在させねばならないのである。知性もまた感情を抜きに議論はなされないことになる。（ここに暗に理性と感情を比較して，前者を優位においたカントとの比較がなされよう。もちろん，カントもまたあらたな理性に加え，趣味判断を通して融合が図られている。）

ヒュームは，ドゥルーズが述べるように「間接情念と直接情念との差異を二元性として提示したところにあり，また間接情念を直接情念の方から理解したり描いたりせずに，そうした二元性そのものを情念一般の研究に仕立

---

[83] THN, p.493.（『人性論（四）』67-68 頁）ES, p.136.（『ヒュームあるいは人間的自然―経験論と主体性―』に引用されている『人性論』の仏訳 219 頁―木田元，財津理共訳―）ドゥルーズが引用しているヒューム『人間本性論』の仏訳は以下の通り。「人間的自然（人間本性もしくは人性＝human nature をドゥルーズは「人間的自然」と言う）は，そのすべての活動に必要な二つの主要部分すなわち感情と知性から合成されている。たしかに感情の盲目的な運動は知性に指図されなければ人々を社会に適さないものにしてしまうのである。だが，われわれは，精神のそれら二つの成分の別々な働きから生起する諸効果をべつべつに考察してもさしつかえないだろう。…自然哲学者のごくふつうのやり方は，どの運動をも二つのそれぞれ別個の部分から合成されて成り立っているものと見なすことなのだが，また同時に自然哲学者は，運動とはそれ自体において非合成的で不可分なものである…。」

るところにある。」感情と知性とが切り離されないことは，こと社会科学において有効であった。いわば，経験的実在論を経験的かつ社会的に知ることであり，言葉を換えれば社会を構築している要素（実態）に出くわしている。その点でヒュームは優れている。分析的なカントに比較してヒュームは綜合的かつ一元的な特長とするところにある。カントとヒュームは通奏低音として一致している。しかし同時に相違も明らかである。ヒューム哲学は経験（空間論）的かつ社会的な人間である。これに対して，カント哲学は時間論的かつ主観的人間である。ヒューム哲学の空間とは，カント哲学で言うならば，アプリオリである[84]，と言うことができる。感情と知性は社会的に結びついていく。カント哲学が求心的ならば，ヒューム哲学は遠心的である。両者を通貫して言えば，慣習や黙約そして共感はアプリオリである。つまりなぜ慣習，黙約そして共感として一つになるかは問われず超越論的であると言える。これらは一元論を展開する動力である。

　感情の二元性は経験をあらわにして知性との融合をはかる。このような知性と感情を非複合的で分離しない運動は人間自らの効果であり，社会的なものへ道が開かれている。カントに比較して，ヒュームは経験の何たるかを強調しようとして，運動とその効果を重んじた。それは空間的なものであった。そこに経験主義の真骨頂がある。その運動をドゥルーズは潜勢力と言った。この運動，効果そして潜勢力は一元論である。このヒュームの真骨頂はハイエク理論にそのまま引き継がれていると思われる。

　自生的秩序は個人の目的が直接創り出すものではない，あくまでも「意図せざる結果」であった。個人の行為には主体的であるがゆえに必ず目的が設定される。この目的は決して社会の秩序を構成するものではない。否むしろ，個人と社会とは徹底して断絶している。人間はどこまでも社会を構成してい

---

[84] 中島義道『カントの時間論』を見よ。もしカント哲学をより経験的に見るならば空間論でありより時間論という方が適切である。そもそも「時間は本来的に直観である空間とのアナロジーを介してはじめて『直観』としての身分を獲得する。」（80 頁）「カントは，実体間の諸関係というライプニッツの空間概念にも，絶対的な実体というニュートンの空間概念にも賛同せず，『純粋直観』としての新しい空間概念を構築した。」（79 頁）「カントは空間をそれ自体として直観とみなしており，空間自体を非直観的な何ものかとしてとらえることはない。だが時間に関しては，時間を，一方で直観（のアナロジー）として，他方では本来非直観的なものとしてとらえている。」（83 頁）

て主体的であるが，決して直接構成要素とはならない。ここに二元論が一元論になるプロセスが組み込まれている。われわれの感覚秩序から，最初に生得的なものを感じ取ることができても，つまり一元論であってもそれに留まらず二元論に生きざるを得ない。有限者は無限を希求する。主体はそのプロセスに展開される。それが自生の秩序に含まれる個人と全体（実体）である。これは個人から社会への視点はあくまでも二元論である，しかし社会から見れば常に一元論である。われわれにはそのような感情と知性の合成的思惟が可能なのであり，その中に生きている。

　ハイエクは，秩序がどのように築かれるかを説明する。もともと道のないところに道ができる仕組みに例えている。「ある荒れ果てた地方に歩道が出来上がる仕方[85]」である。これは諸個人にとって合理的なのである。この合理性は感情と知性を含意したものである。その歩道はどこまでも二元論で作られるが，歩道は一元的に使用されている。ドゥルーズもまた「ヒュームにおいて主体は能動かあるいは受動かと自問するには及ばないのである。…主体は諸原理の効果なのである。[86]」社会における「主体は諸原理の効果」として一元論の世界に生きている。ハイエクもまたヒュームに習って主体に「諸原理の効果」を見る。個人は常に諸個人であり得る。好むと好まざるに拘わらず，「意図せざる結果」に溶け込んでいるからである。しかし，個人の視点でのそれはあくまでも二元論である。

　ここまで言及すれば，このヒュームの直接情念および間接情念とカントの趣味判断および目的論的判断力それぞれに強い近似性を感じるのは筆者だけではない筈である。カントにおける目的論的判断力において不可欠であった反省的判断力に比較して，ヒュームにおいては自由は当初から必然性の本質として述べられていた。[87]中島が言うように「カントはけっして外的現象と内

---

85)　CRS, p.70.（『科学による反革命』46頁）
86)　ES, p.127.（『ヒュームあるいは人間的自然―経験論と主体性―』206頁）
87)　THN, p.165.（木曾好能訳『人間本性論』195頁）ヒュームは言う。「必然性の観念は何らかの印象から生じる。われわれの感覚能力によって伝えられる印象で，この観念を生み出すことができるものは，ない。それゆえこの観念は，何らかの内的な印象，すなわち反省の印象から生じるのでなければならない。…内的印象は，習慣が生み出す，一つの対象からそれにいつも伴っていた対象の観念へと移行しようとする，傾向以外にない。それゆえ，これが，必然性の本質である。要するに，必然性とは，対象のうちにではなくて精神のうちに存在する何かであり…」。

的現象との二元論を解消しようとしているのではなく，むしろこれを保持しようとしている。[88]」しかし，同時に「カントの場合まず外的対象を秩序づけ，次にこの外的対象と全く同様に，対象としての自己をその内に秩序づけるように構成されねばならないということである。[89]」有限な人間は二元論の場で追跡されねばならないのである。カントにおいては，自由と倫理は努力や当為に写る。対照的にヒュームにおいては，自然が一元的に支配している。自由と倫理は努力であるよりも一元論が要請する環境である。そこには自然な姿として潜勢力や効果が生起している。まさに，ドゥルーズが述べたように，「ヒュームは心理学者である前にモラリストであり社会学者である。[90]」一元論をもって二元論を包み込んでいる，と言った方が正しいのかもしれない。しかし，現にわれわれ人間は経験的に二元論に生きている。[91]

ハイエクは「意図概念に対する自生的秩序の関係」において，「この関連では『意図』という用語を使わないほうがよく，代わりに『機能』を用いるのが望ましい。[92]」と述べている。これはハイエクが一元論の世界に生きている証である。確かに，われわれは人格や主体から離れることは決してあり得ない。[93]その意味で二元論である。これもまた極めて大切なことである。つまり，われわれは対象化した世界，二元論の世界に生きなければならない。[94]われわれ，思考する主体は経済という外界に接していかねばならない。いわば外界は「意図せざる結果」の関係であり異種である。秩序だった構造が「多くの人の所産である[95]」限り，人の「意図」を通してしかあり得ない。しかし，その二元論は一元論に包み込まれざるを得ないというものである。このような「機能」の一元論の境地をハイエクはしばしば述べる。それは意志と意見の区別

---

88) 中島義道『カントの時間論』，3頁を見よ。中島はその根拠を例の箇所 *KrV*, S. 370.（『純粋理性批判（下）』194-195頁）に見ている。
89) 同『カントの時間論』8頁を見よ。
90) *ES*, p.1.（『ヒュームあるいは人間的自然―経験論と主体性―』10頁）
91) 要するに，ヒュームとカントとの相違は人間のおかれている視点の相違である。ヒュームの場合は個人よりも諸個人であり，カント場合は諸個人よりも個人である。ハイエクにはこれら二つが優劣付けがたく混在し補完している。
92) *LLL1*, p.39.（『法と立法と自由Ⅰ』53頁）
93) *SO*, p.193. 8・94（『感覚秩序』216頁 8・94）
94) *SO*, p.179. 8・46（『感覚秩序』201頁 8・46）
95) *LLL1*, p.37.（『法と立法と自由Ⅰ』51頁）

5 二元論を組み込む一元論

に表されている。ハイエクは言う。

> 「その（社会）進化を規定する決定的要因は，高度に抽象的であるのが通例であり，正しく適切であるものについての無意識的に抱かれる観念であることが多く，特定の意図や具体的な願望ではないのである。それは，人間が意識的に目指すものというより，許容しうる方法についての彼らの意見であり，この意見が行われることのみならず，ある人がそれを行う権力を持つべきかどうかをも決定する。『人間は多分に利益に支配されるが，利益そのものすら，そして全ての人間的事象も，意見によって完全に支配される[96]』というのは，社会事象の偉大な研究者たちによって繰り返しいわれてきた…。」（かっこ内引用者）[97]

自生的秩序においては意図や意志ではなく意見において機能するのである。ハイエクは『　』内にヒュームの言葉を引用しているのである。ドゥルーズが指摘してきたように[98]，ヒュームは一元論，すなわち筆者はイソモルフィズムの哲学者と言いたい[99]。ドゥルーズとハイエクはその点で軌を一にしている。ハイエクはヒュームの一元論の世界を踏襲している。ハイエクが「経験論」と「生得論」との論争において，「われわれの答えははっきりと経験論[100]」であると述べた時，その経験とはわれわれが自生的秩序に機能している，もしくは意見を供している経験である。このときばかりは，ハイエクはカントの理性や判断力を離れてヒューム的である。経験とは主体と対象をもつ限り確かに二元論である。しかし，経験が機能や意見の世界だと言うならば，それ

---

96) Hume, D., in *Works Ⅲ*, *Essays*, p.125.
97) *LLL1*, p.69.（『法と立法と自由Ⅰ』91 頁）
98) *ES*, pp.122-127.（『ヒュームあるいは人間的自然―経験論と主体性―』200-206 頁）ドゥルーズは述べている。「ヒュームにおいて主体は能動的かあるいは受動的かと自問するにはおよばないのである。そうした二者択一は誤りだ。もしわれわれがその二者択一を手離さないでおくとすれば，主体は諸原理の効果なのだから，主体の能動性よりも受動性の方をはるかに強く強調しなければならないことになろう。主体とは諸原理によって能動化された精神であり，この能動化という概念はそうした二者択一を越えている。」*ES*, p.127.（同書 206 頁）を見よ。
99) *ES*, p.125.（同書 200 頁）ドゥルーズは述べている。「自然と人間的自然とのそうした連関，所与の起源に存する力と所与のうちで主体を構成する諸原理との連関，その連関をまさに一つの合致として考えねばなるまい。なぜなら，その合致は一つの明白な事実であるからだ。そうした合致の問題は経験論に一つの文字通りの形而上学を提供する。それは合目的性の問題だからである。」この「合致の問題」とは既に第1章で触れてきたように，ウィーンに流れるイソモルフィズムである。
100) *SO*, p.106. 5・15（『感覚秩序』124 頁 5・15）

は一元論を意味している。ハイエクが自生的秩序と人間との結ぶ靭帯に抽象を位置づけるが，これは機能であり，意見に反映される。抽象や意見とは（超越論的）弁証論のなかにおかれ誤謬の発見とその克服に努めるという意味で機能なのである。つまり「われわれは意味ある行為のこの秩序を目で見ることもできないし，他の方法で直観的に知覚することもできない。できるのは，各要素間に存在する関係の跡を追って頭の中でそれを再構築することだけである。それは抽象的秩序で…この特徴の叙述に代えよう。」ここに一元論の真骨頂がある。要は，メンガーが人間を要素とした表現もこの一元論に根拠をもつのである。換言すれば，一元論におかれた人間は抽象的要素である。

6　演繹と帰納

　自生的秩序の性格は「意図せざる結果」であり，われわれには把握されないものであった。換言すれば，われわれには直接その自生的秩序がもつ体系そして原理を把握することはできない。なぜなら，経験的にわれわれがもつ無知，懐疑性を打ち破ることはできないからである。これは自然科学であろうと社会科学であろうと共有しなければならない基本的大前提である。科学はこの謙虚さに立たねばならない。

　これを哲学的に見ると次のようになろう。カント哲学のキーポイントは演繹であると言われてきた。ヒューム哲学においても自然に従う限り筆者は演繹の哲学と言ってきた。もとより，それは自然科学がしばしば科学性を委ねてきた帰納（枚挙法）に対する演繹（三段論法）ではない。調和や秩序という全体論に立って，それに従う演繹である。したがって，原理，体系は閉じられた下ではなく開かれた下におかれている。個人は諸個人となって類概念の意識の下におかれねばならない。ハイエクは述べている。われわれは「新事実を偶然に学ぶという可能性がある。本来の計画を実行しようとする試みが必然的にもたらした結果としてそれらの新事実を知るのではないのである。」

---
101)　*LLL1*, p.38.（『法と立法と自由Ⅰ』52 頁）
102)　*IEO*, p.52.（『個人主義と経済秩序』68 頁）

このハイエクの言説には，カントが主張する「経験的法則は，我々の洞察にとっては偶然的なものである（アプリオリには認識せられ得ない）。そこで我々は，このような事情にかんがみて，経験的法則に従う自然統一と経験の統一（経験的法則に従う体系としての）の可能とを偶然的なものと判定するのである。」[103]を含意していることは明らかである。いわば，われわれの科学は常にわれわれの及ばない未知を残している。科学性はその未知の存在を自覚しなければならない。その意味で確かな蓋然性を獲得することはできない。それはわれわれの有限性への完全な自覚からきている。カントが述べたように，「経験は，何か或るものが事実としてしかじかであるということを教えはする，しかしそのものが『それ以外ではあり得ない』ということ［必然性］を教えるものではない。」[104] この経験に対するさらなる問いかけは，ヒュームが抜け出すことのできなかった懐疑から脱出しようとする意志に感じる。つまり「それ以外」のことに道を開かねばならない。ここに演繹に向けた環境，非人格的な世界や理性批判の世界が展開されてきた。

　もちろん，オーストリア経済学が演繹的であるというならば，またカントやヒュームの方法を採っているならば，自然科学が拠り所とする帰納対演繹という方法は扱う必要はないのかもしれない。しかしながら，帰納法は特殊から一般を導き出す方法である。これに対して，演繹法は一般から特殊を導く方法である。この関係原理を破棄するものではけっしてない。要は演繹の立場，調和論，秩序論を確認することであり，経験的な認識，道徳，判断の有様を確認することである。スピノザが言う，所産的自然に能産的自然を確認することである。そのカギは要素としての人間である。そして，それは近世哲学が抱えていた自然論や宇宙論に帰ることである。

　周知のように，ヒュームは因果律を放棄した。つまり帰納的推論を否定した。毎日毎日繰り返される事象も明日また確実に起こるとは限らない。絶対的確実性はあらゆる科学で否定せざるをえない。蓋然性の高い自然科学の妥当性も否定せざるをえない。これがヒュームの懐疑主義である。したがって，

---

103) *KU*, S. XXXIII.（『判断力批判（上）』43頁）および *KrV*, S. 816.（『純粋理性批判（下）』83頁）を見よ。
104) *KrV*, S. 3.（『純粋理性批判（上）』59頁）

法則は常に反証(偽の証明)される可能性を残している。ポパーが述べたように,科学は「反証可能性(falsifiability)[105]」をもつ暫定的な仮説でしかなく,「経験的科学体系にとっては反駁されうるということが可能でなければならないのである。[106]」逆にポパーは最初から反駁と反証を予期している。あくまでも普遍妥当性は彼岸にあり,社会は反駁と反証を受け入れる「開かれた社会」でなければならない。反証が限りなくなされる以上,一つの言明や理論はネガティヴに進められた一つの暫定的結果でしかないでしかない。科学がもつ科学性とは間接証明や背理法すなわち消極的選択に依らねばならないのである[107]。これらはわれわれの有限性からきている。蓋然性の低い社会科学ではなおさらのことである。ハイエクはこのような立場をポパーとともにしっかりと共有してきた。もちろん彼らには多くの点で軌を一にするものの相違点もある[108]。

---

105) *LSD*, pp.40-41.(『科学的発見の論理(上)』49頁)ポパーは述べている。「私は,ある体系が経験によってテストできる場合にだけ,それを経験的または科学的なものとはっきり認めるであろう。この考えは,体系の実証可能性(verifiability:Verifizierbarkeit)ではなく,反証可能性(falsifiability:Falsifizierbarkeit)が境界設定の基準として採用されるべきであると提案するものである。」

106) 反証がなされねば科学の体裁をなさないことになる。ヒュームは国際法における公海(どの国の所有権もない)を類似,接近,因果のどれにも係らないことで定義したが,ポパーから見ればこのような判断は反駁できないから科学性はもたないことになる。

107) *LLL1*, p.146. note1(『法と立法と自由Ⅰ』188頁の注の(1))および *LLL2*, p.43.(『法と立法と自由Ⅱ』64頁)

108) ハイエクとポパーとの相違も明らかにある。ポパーは『科学的発見の論理』の初版ドイツ語版 *Logik der Forschung* を上梓した1934年において科学は専ら自然科学を念頭においていたようである。しかし1957年に『歴史主義の貧困』が上梓されタイトルからも明らかなように社会科学に向け新たな方法を開いている。ポパーは述べている。「歴史主義に対する反証を本当にやり遂げたのは『科学的発見の論理』の新版に追加した『補遺・20年を経た後に』」であると。*PH*, p. vi.(『歴史主義の貧困』3-4頁)を見よ。ハイエクとポパーとの相違は次の通り。ハイエクは高次のレベル(自生的秩序やコモンロー)の規則性をあくまでも個人の要素にその契機を見出そうとしていた。しかしポパーはそれはあり得ないとした。これに対してハイエクは答えている。「もしあなた(ポパー)の意図が,身体的な過程がいかにして精神的現象に特徴的な一般的—種類の—秩序へと整理されうるかを説明することができる,ということを否定するなら,私を納得させるのはかなり骨の折れる仕事になるでしょう。もちろん,特定の問題に対する私の分析は,もっとも広い含意をもつ哲学的問題を提起します。」(かっこ内引用者)*HH*, pp.28-29.(『ハイエク,ハイエクを語る』249-250頁)を見よ。ハイエクはあくまでも高次の秩序を人間の心に見い出そうしていた。これに対してポパーは人間の心は狭義の因果律に留まる,すなわち自然科学の因果律に留まると見ていた。その意味でポパーはカントのアンチノミー(『純粋理性批判』の第3アンチノミー)を考えてはいなかったのではなかろうか。ハイエクは社会科学者らしくアンチノミーを受け入れていたのではなかろうか。クレスゲ(Kresge, S.)が「ハイエクは両方の論点において正しい。」と述べていることからも分かる。

この間接証明や背理法，消極的選択の理由を見てみよう。その点でウィーン学団とポパーとの相違を見るにしくはない。クラフトは述べている。

> 「原理は，現実についての，つまり自然の出来事の同型性についての普遍的で綜合的な言明でなければならない。もちろんそのような言明をそれ自身再び帰納的に根拠づけることは，論点先取の虚偽になるからできない。しかしまた，その場合にはその言明は，後で反駁されることになる端初の普遍化によってそれ自身反駁されるから，そのような言明を公理として導入することもできない。帰納を演繹的な方法で根拠づけることができず，また一般に論理的に根拠づけることができないということは，ウィーン学団では草創期の原則的な洞察の一つであった。[109]」

綜合的な仮説を与えて演繹的に進むということは，ウィーン学団に宇宙論的考察が浸透していたことを意味する。しかし，その綜合的な仮説は反駁される部分を含むから公理にもならず，また結論の先取りにもなるから認められない。この経緯の基盤は帰納法にある。論理実証的であったウィーン学団にとって進退窮まるところであった。帰納と演繹は懐疑論に陥らざるをえなかった。同時に帰納と演繹は有機的に結びつくものの「帰納を演繹的な方法で根拠づける」ことはできない，ということである。

この言説に挑戦したのはポパーである。この論理はまさに実証的に見て現実と食い違っている部分がある。ウィーン学団が関わる帰納の論理はプロトコル命題に照らして考えれば誤りは明らかである。つまり，プロトコル命題は事前に意味を含む共通項，約束があるように，われわれの認識は仮説（パタン認識やパタン予測）をもって始まるのである。（もとよりこの共通項にハイエクの抽象があたる。）プロトコル命題とは一つの言明であり，人間の正得な機能を含む。それが無ければ科学は始まらない。つまり「経験的言明の妥当性は，帰納にではなく，試験的に立てられた仮説についての後からの検証に基づいている。この仮説から帰結する命題が，『後の観察命題と同じことを言明するとき，仮説から演繹された命題と矛盾する観察言明が生じない限りで，仮説は確証されたものとして妥当する』。『帰納主義』と『演繹主義』に関し

---

[109] WK, S. 120.（『ウィーン学団』111 頁）

て，ウィーン学団では，ポパーと意見が一致していた。[110]」いわば，この点ではウィーン学団とポパーとは時間はかかったものの後になって一致することとなった，とクラフトは言う。

それには，「自然の出来事の同型性についての普遍的で綜合的な言明」という宇宙（調和，秩序）を「もっとも普遍的な大前提」としなければならない。ポパーはあくまでもこの宇宙論的全体性，調和や秩序の下で科学性を議論する。ポパーは述べている。「私は帰納の原理なしですますことができるという結論に達するのだ。この原理が事実としてけっして科学において用いられていないという理由からでなく，私はそれが不必要であり，われわれを助けず，むしろ矛盾をさえもたらすと考えるからである。[111]」ハイエクは進んで，もし演繹が必然的に要請されるなら，その機能をもたらす精神すなわち脳の機能もまた演繹でなければならない。それが科学としての裏付けである。そしてそれが，周知のように「感覚秩序」であった。これはウィーン学団（多分にマッハ）が抱えていた課題，包括的宇宙論すなわちマクロコスモスの宇宙（調和や秩序）論をミクロコスモスの心理学的かつ生理学的な立場に立って論証することになったことは明らかである。

クラフトは述べている。

> 「仮説は，仮説に先行する観察によって一度でその妥当性を手に入れるのではなく，むしろ仮説は後の検証において常に繰り返し確証されねばならない。仮説の検証は，相互主義的に承認された経験言明との一致に依存している。常に更新される再吟味可能性のゆえに，経験的な言明には最終的な妥当性は存在しない。むしろ常に暫定的で撤回可能な妥当性しか存在しない。[112]」

科学することは仮説（もしくはパタン）無しにはあり得ない。実験とはその仮説を対象（経験）に投げてみることである（「2 パタン認識と抽象の優位性」で述べたように）。まさに，これと同様な言説をハイエクに見ることができる。ハイエクは言う。

---

110) *WK*, S. 120.（『ウィーン学団』111 頁）
111) *LSD*, pp.52-53.（『科学的発見の論理（上）』63 頁）を見よ。
112) *WK*, S. 121.（『ウィーン学団』112 頁）

6 演繹と帰納

「われわれが見つけるべきものを知らないかぎり，ただ混沌としか見えないようなものの中にわれわれの進路を見出したいとどんなに焦ろうとも，ありのままの事実なるものをどれほど注意深く執拗に観察しようとも，それで事実がよりよく理解できるということにはならないだろう。事実に親しく接することは確かに重要である。しかし体系的な観察を開始することができるのは，問題が生まれた後に限られる。尋ねられる明確な問いをもつまで，われわれは知性を使用できない。疑問は，われわれがその出来事に関する何らかの暫定的な仮説または理論を形成していることを前提にするのである。」「疑問は，われわれの感覚が出来事に繰り返し現れる何らかのパタンまたは秩序を認めた後にのみ，はじめて生まれるであろう。ある類似の特徴をもつある規則性（または繰り返し現れるパタンまたは秩序）を他の点では異なる状況において再認識すること，それこそがわれわれを驚かせ，『なぜ？』と問わせる[113]。」

まさに，科学する契機はわれわれの側にある。われわれは対象（もしくは経験）に意図無しに向かうのではない。科学する前提に既にパタンに基づいた認識や予測が存在する。そのパタンはわれわれが創りだしたものである。「自然のパタンの多くについては，それがわれわれの精神により構成された後にはじめて，われわれはそれを発見できる[114]。」オーストリア経済学の創始者メンガーが採ってきた方法論で意味する演繹はもっぱらこのパタン（ある種の秩序）が先行することを意味してきたと言って過言ではない。したがって，「自然の出来事の事象を十分な期間または数眺めるならば，何らかのパタンが常に姿を現すはずだ」ということはあきらかに間違いである[115]。これはポパーやハイエクが強調してきたように，われわれは認識，倫理そして判断に向かうときには既にパタンというような秩序を既に携えて臨んでいる。これをしてメンガー，ミーゼス，ハイエクそしてポパーが演繹と呼んできたのである。いわば，帰納はこの演繹に組み込まれているのである。

確かにこれは「更新される再吟味可能性のゆえに」反証がなされ，「経験的な言明には最終的な妥当性は存在しない」のである。ハイエクも述べてきた，進化の原動力はまさに逆説的に「人間をして自分の力を十分に行使させてき

---

[113]　*PPE*, pp.22-23.（「複雑現象の理論」122 頁）
[114]　*PPE*, p.23.（「複雑現象の理論」122-123 頁）
[115]　*PPE*, p.24.（「複雑現象の理論」123 頁）

たのは，常に，可能性の限界という認識[116]」にある。これは間接証明や背理法，消極的選択の理由である。同時に，むしろ原動力は潜勢力[117]というような生得的な能力として感得することも必要であろう。もとより，その生得性に触れず経験的に自然として強調し続けたのはヒュームであり[118]，これとは対照的にアプリオリとして位置づけたのはカントである。

その意味で，この潜勢力はヒュームのみならずカントにも現れる。ハイエクの場合，潜勢力は強い倫理の展開においても進められる。潜勢力は誤謬や過去の忌まわしい経験からの開放へ機能しなければならない。イデオロギーを超えるすべての体制で形骸化が問われねばならないと説いたのは『隷従への道』である。（形骸化は現代の福祉国家も例外ではない。）原動力は個人に委ねられた潜勢力である。方法論的個人主義はまずもって個人に倫理，規範が要請されるところである。これこそ社会科学における進化論の要諦である。ヒュームのみならずハイエクもまた社会科学者らしくまずもってモラリストであった。もちろん，われわれは道徳においても「可能性の限界」に委ねなければならない。だからと言って，倫理は相対主義に委ねられるわけではない。ヒューム，カントそしてメンガー，ハイエクもまた決して倫理相対主義に陥ることはなかった。道徳もまた個人自らの生得的な秩序やパタンが先行しなければならない。道徳は何にも囚われない個人の道徳性の発露から出発しなければならない。同時に諸個人が存在する社会というプロセスに委ねねばならない。その意味で，道徳は社会的な演繹のなかで生得的機能として議論しなければ

---

[116] これはハイエク思想の原点と言ってもよい。同時にハイエクはこの視点はポパーと共有すると注を付け述べている。しかしポパーはどこまでも科学的法則に力を入れてきた哲学者であった。そこにハイエクとポパーとの開きが生じている。*LLL1*, p.8.（『法と立法と自由Ⅰ』16頁）また*CL*, p.57.（『自由の条件Ⅰ』85）をも見よ。

[117] フランスのポスト構造主義哲学者・ドゥルーズは言う。「期待は習慣であり，習慣は期待である。それら二つの規定，すなわち過去からの推力〔習慣〕と未来へ向かう跳躍〔期待〕こそ，ヒューム哲学の核心にある根本的な同一の潜勢力（dynamisme）の二つの局面なのである。」*ES*, p.101.（『ヒュームあるいは人間的自然—経験論と主体性—』164頁）ハイエクもまた「期待」にかけている。*LLL1*, pp.96-97., pp.101-110.（『法と立法と自由Ⅰ』126頁，132-143頁）を見よ。

[118] *THN*, p.265.（『人間本性論』300頁）「経験は，過去における対象の何々もの随伴を，私に知らせる原理である。習慣は，同じ随伴を未来に期待するように私を決定する，もう一つの原理である。これら二つの原理が，協働して想像力に働きかけて，私に，或る特定の諸観念を，同じ長所を伴っていない諸観念よりも，より強く生き生きとした仕方で，いだかせるのである。」に求められる。

ならない。演繹には非人格的社会,「開かれた社会」を含意している。かつ個人の道徳はその非人格的社会や「開かれた社会」を支える。そして, その経緯は演繹を支える帰納であって, 帰納を支える演繹ではない。

7　分析と綜合

　冒頭で述べてきたことを今一度確認しよう。われわれは経済や法そして言語の中に社会的妥当性や正しさ, 換言すれば調和や秩序を知覚してきた。それは体系であり, 原理を含意していた。しかしながら, われわれはそれを把握したりすることはできない。われわれは知覚することができるが故に, その調和や秩序に従っていこうというものである。その動力は個人と諸個人である。個人が知覚すると同時に「弱い動物である人間にたぐいのない力を与えるのは社会生活だけである。[119]」として, 個人は諸個人という非人格的立場に立たねばならなかった。これに貢献したのがヒューム哲学であり, カント哲学であるとハイエクは見ている。[120] ハイエクは彼らの哲学を摂取して「個人が自己の行為を理論化したからではなく個人の行為を導いてくれる概念から体系的に出発するというのが, かの方法論的個人主義に特有な特徴であって, それは社会科学の主観主義と密接に結びついているのである。[121]」と述べたのであろう。個人は徹底して個人であると同時に社会的個人であり, 自然に演繹のプロセスに組み入れられている。このシステムが解かれねばならない。

　もちろん, われわれの限界は明らかである。体系や原理は知覚されるが決して把握されず, しかし認識や判断は進められるからである。そのカギを握るものは生得的に潜勢力として機能する人間的な自然であり, それをアプリオリな感覚秩序と言ってもよいであろう。アプリオリであるが故に個人と諸個人をつなぐ靱帯でもあった。言葉を換えれば, 経験にあたって, アプリオリが演繹を可能にし, アポステリオリが帰納を可能にしている。演繹も帰納

---

[119]　*PPE*, p.112.（同書「デイヴィッド・ヒュームの法哲学と政治哲学」145 頁）
[120]　*PPE*, p.108.（同書「デイヴィッド・ヒュームの法哲学と政治哲学」138 頁）
[121]　*CRS*, p.64.（『科学による反革命』42 頁）

も経験に対処して生起しているというものである。つまり，諸個人が自然な形で学習するというメカニズムである。いわば動態的な間主観の構造が見て取れる。分析的には主観が，綜合的には間主観が支配する[122]。主観の分析から見ることにしよう。

(1) カントとミーゼスの誤解

判断について，分析判断と綜合判断とを明確に区別したのはカントであると言われている。分析（分析判断）とは主語に含まれる概念を述語として得るものである。既知の主語には新た発見は何もない。分析判断はアプリオリでありかつ必然性をもつからである。それに対して，綜合判断は主語に新たな概念を追加しなければならず，経験的でなければならない。したがって，カントは前者を解明的判断（Erläuterungsurteil），後者を拡張的判断（Erweiterungsurteil）と呼んでいる[123]。分析判断はしばしば言語的言明に見られる。しかし知られている主語に真偽を見極める必要はない。これに対して，綜合判断はその真偽を見極めるためには経験を必要とする。前者には論理的，数学的判断に該当し，後者には経験的判断に該当する。科学は確かに常に新たな概念を求めざるを得ず綜合判断，経験を必要とする。しかしながら，経験からどれだけ確かな概念が得られようか。ヒュームの懐疑論の洗礼を受けたカントにとって経験はどこまでも不確かなものでしかなかった。したがって，

---

122) このような視点はシュンペーターの「創造的破壊（Creative Destruction）」にも見られる。Schumpeter, J. A., *Capitalism, Socialism, and Democracy*, Third Edition, 1950. pp.83-84.（中山伊知郎/東畑精一訳『資本主義・社会主義・民主主義』東洋経済新報社 1962 年，150-152 頁）シュンペーターが資本主義の本質に「創造的破壊」を主張している下りはオーストリア経済学（ボエーム・バベルクやウィーザー）の影響を受けていることは明らかである。シュンペーターは間主観的構造に気づきながら，どこまでも主観に焦点をおくことを読みとっていたと思われる。「不断に古きものを破壊し新しきものを創造して，たえず内部から経済構造を革命化する産業上の突然変異―生物学的用語を用いることが許されるとすれば―の同じ過程を例証する。この『創造的破壊』（Creative Destruction）の過程こそ資本主義についての本質的事実である。それはまさに資本主義を形づくるものであり，すべての資本主義的企業がこのなかに生きねばならぬものである。」これは「数十年ないし数世紀をつうじて展開される全期間」という長期の立場で，かつ「われわれは有機的過程を取り扱っているのであるから，その特定部分―たとえば個々の企業または産業に生じる現象の分析は，機構の細部を明瞭にするものであっても，それ以上に決定的なものではない。企業戦略の各断片は，その過程の背景に対してのみ，またはそれによってつくり出された状況の内部においてのみ，真の意義を獲得することができる。」（後半の傍点引用者）と。Schumpeter, J. A., *Ibid*, pp.83-84.（同書 151-152 頁）を見よ。

123) *KrV*, S. 11.（『純粋理性批判（上）』66 頁）

カントが分析判断と綜合判断を区別したのは，もしアプリオリな（先天的，経験によらない）綜合判断が可能ならば，それこそ普遍妥当性が得られるに違いないと考えていたからである[124]。

カントは「アプリオリな綜合判断はどのようにして可能か[125]」という問いに尊厳をもっていた。経験は所詮不確かであるから経験に依らないで（アプリオリに）判断ができるならそれこそ確実である，というものである。カントは決して経験を無視することはなかったが，既に引用してきたように（377頁）。「経験は，何か或るものが事実としてしかじかであるということを教えはする，しかしそのものが『それ以外ではあり得ない』ということ〔必然性〕を教えるものではない[126]。」つまり，経験によらない判断があるならばそれこそ普遍妥当性をもつ[127]。その普遍妥当性は数学にあった。数学こそアプリオリな綜合判断の例である。天文学における数々の発見は紛う方無き事実であった。その驚異をカントは言う。「自然科学（物理学）はアプリオリな綜合判断を原理として自分自身のうちに含んでいる[128]。」「アプリオリな綜合判断となると，経験という便宜をまったくもたないのである[129]。」数学の命題は「常に綜合命題

---

124) カントは*KrV*, S. 19f.『純粋理性批判（上）73-74 頁』において判断を分析判断と綜合判断とに区別した。綜合判断は主語概念に含まれない概念を述語として新たに得ることである。分析判断はアプリオリに可能であるが知識を何も拡張はしない。当然綜合判断は知識を拡張するから，科学は綜合判断でなければならない。そして綜合判断は経験的でなければならない。しかしながら，カントは数学すなわち自然科学の基本原理にアプリオリな綜合判断が可能であると見ていた。その命題がどのようにして成立するかが『純粋理性批判』の課題であった。しかし自然科学と異なる蓋然性の低い，換言すれば，数学という仮定や約束が成立しない社会科学においてはこの問いは愚問である。知識を拡張するには新たな経験に依らねばならないことは明らかである。カントはヒュームの懐疑主義を越えようとした。
125) *KrV*, S. 19.（『純粋理性批判（上）』73 頁）
126) *KrV*, S. 3.（『純粋理性批判（上）』59 頁）
127) *KrV*, S. 13f.（『純粋理性批判（上）』68-69 頁）カントは述べている。「原因という概念は，生起するものという概念のまったくそとににあり，生起するものとは異なる何か或るものを示している，従って原因の概念は，生起するものの表象のなかには決して含まれていないわけである。…上記の命題を成立せしめる原則は，経験が与え得る以上の普遍性をもって，それどころか更に必然性という言葉をもって，従ってまったくアプリオリな純粋概念だけによって，原因の表象を生起するものに付け加えられるのである。要するに我々のアプリオリな思弁的認識の究極の意図は，もっぱら綜合的原則即ち拡張の原則に基づいているのである。分析判断は，なるほど極めて重要であり必要であるが，しかしそれはすでに与えられている概念を判明にするためのものにすぎないからである。」
128) *KrV*, S. 17.（『純粋理性批判（上）』72 頁）
129) *KrV*, S. 12.（『純粋理性批判（上）』67 頁）

である[130]」と。

　つまり，カントはアプリオリな綜合判断は数学の世界に可能であると考えていたのである[131]。ニュートン（Newton, I.）の影響下にあって自然科学の驚異[132]には目を見張るものがあった。現在でもそれは続いている。原理は数学や幾何学で可能である。分析判断と綜合判断とに峻別を加えたのも数学や幾何学でアプリオリな綜合判断が可能であるという意識に立ってである。

　カントは，数学は一見して分析判断に見えるが結局綜合判断である，という結論に至った。つまり，$7+5=12$ において 7 と 5 の和 12 は概念であるから，12 は分析的である。カントは言う。「直観において与えられた 5 個の単位 7 という概念に付け加えるとなると，7 と 5 というふたつの概念のそとにでなければならない[133]。」と言う。しかしそとに出ているのであろうか。自然科学においてはアプリオリに「そとに出る」ことは可能であろうが（換言すれば，数学はアプリオリに出るしかないのである。），しかしこと社会科学においてはアプリオリでは出られず経験的に出るしかないのである。5 個の単位と言ったとき 5 を構成している概念なり抽象性の先取りや所与を意味している。数学では「そとに出る」と言っても公理系[134]の内にいることであって，外に出ることではない。カントはあらためて『判断力批判』で述べている。「純粋数学で問題になるのは，物の実際的存在ではなく物の単なる可能である。即ち概念に対応する直観であり，従ってまた原因と結果とではない。それだからこの学において言われる合目的性は，すべて単なる形式的目的性であって，自然の目的と見なされてはならない[135]。」それでも自然科学においては新しい知識の追加，拡張判断が可能なのである。自然科学は数学を援用してこの公理系で新たな発見が可能である。しかし数学は「それ以外ではあり得ない」とい

---

130)　*KrV*, S. 16.（『純粋理性批判（上）』71 頁）
131)　*KrV*, S. 15f.（『純粋理性批判（上）』70 頁）
132)　ニュートンを有名にした著作のタイトルは『プリンキピア―自然哲学の数学的諸原理―』1687 年であった。
133)　*KrV*, S. 15.（『純粋理性批判』70 頁）
134)　公理系は公理主義にあり，直観主義と対立する。「概念なき直観は盲目である。」にあるとおり，認識は直観によってさらに概念をともなう。*KrV*, S. 75.（『純粋理性批判（上）』124 頁）を見よ。
135)　*KU*, S. 280. Anm.（『判断力批判（下）』22-23 頁の注）

うことを教えはしない。社会科学は複雑であるがゆえにそれ以外ではないところに求めねばならないものがある。

たとえば，一匹のウサギは鋭敏なふたつの長い耳を持つ。このとき二匹のウサギになれば四つの耳になる，と言って何の不思議さもない。しかし，もし一匹が子ウサギで耳が未発達かも知れない。その耳は親の耳と比較して機能が及ばない。加算は意味が無くなる。極論すれば，数学はウサギの耳に山羊の耳を加えることを可能にしてしまう。数学の世界では分析判断を綜合判断にする可能性をもつ。しかし，カントはなぜ数学の世界にアプリオリな綜合判断を含意させたのであろうか。公理系に質の違いを約束させることができるからであろう。具体的には天文学であった。[136] しかし，これは社会科学には不可能である。なぜであろうか。社会科学において，カントが述べたように，「そとに出る」という経験こそ必要なものはないからである。社会科学に関する限り，数学は分析判断でしかない。同時に，それは分析と綜合の区別を必要としないことになる。

自生的秩序には「…からの自由」や共同主観そして間主観として形容されてきたような諸個人の行為の執り成しを含む。その意味で社会的にかつ時間的に見て法学，社会学そして経済学は自然科学とは根本的に相違する。ミーゼスが人間行為は先験的である[137]，と言ったところに誤りがあった[138]。シャンド(Shand, A. H.)はその批判を解くべく，社会科学の運命をうまく説明している。シャンドは言う。

「ミーゼスのアプリオリズムを問題にする一つの方向は，目的意識的人間行為という概念を念入りに検討することである。ある種の行動—パブロフの条件

---

[136] 自然科学者の人々にはいまだに数学にアプリオリな綜合判断が可能であるとしている。なぜなら，天文学者は数学を用いて天体の運動，物質を経験と観察に頼らず新たな発見をしている。湯川秀樹の中間子理論も，彼は紙と鉛筆で数学によって中間子の存在を解いた。その後の実験実証によって中間子は証明され，湯川の理論は正しかった。アインシュタイン（Ein′stein, A.）の一般相対性理論もエディントン（Eddington, A. S.）の日食観測によって実証された。確かに，数学は単に分析判断ではないと言えるのではなかろうか。自然科学において数学はアプリオリな綜合判断に入る部分をもっているのではなかろうか。それは数学で未体験を見ることができるからである。しかし，社会科学では不可能である。
[137] *HA*, p.40.（『ヒューマン・アクション』64 頁）ミーゼスは述べている。「人間行為の理論科学は先験的でなければならないと主張しているのではなく，それは先験的であり，常にそうであったと主張しているのである。」

388　第5章　一元論としての統合

反射など─は，おそらく目的意識的な行動とはみなされないだろう。しかし，賞罰によって条件付けられた行為─いわゆるオペラント的行動─についてはどうだろう。これなどは，行動が，先行する行動の結果の体系的な操作をつうじてコントロールされるような条件づけの一形式である。われわれは，このような条件付けが人間行動にはあてはまらないということをアプリオリに知ることができるだろうか。」[139]

いわば，行為は経験に先立つカテゴリーやその範囲に入れられる筈はなく，「思考の法則としてよりも現実の法則として」さらには「アプリオリなものとしてよりも経験的なものと見なす」[140]のでなければならない。行為は全体性の問題として考えねばならないことを意味する。ケインズが気づいていたように，経済という全体は「合成の誤謬（fallacy of composition）」[141]に満ちている。ミクロ的視点における貯蓄は美徳であるがマクロ的に見て美徳とは限らない。ミクロ的視点に所与とされた性質があったとしても，マクロ的視点ではその性質は維持されるとは限らない。否むしろ，個別的な理解は社会全体の理解に役立たないと言ったほうがよい。これは，経済のみならず社会的現象に言えることであろう。組織された全体は個々の構成部分の特性とは異なる特性をもつというゲシュタルト心理学と共有したものがある。明らかに，アプリオリな概念では何も意味をもたない。いわばアプリオリズムは全体において

---

138)　HA, p.39.（『ヒューマン・アクション』63頁）ミーゼスは述べている。「人間行為学（praxeology）の出発点は，公理の選択や手続きの方法に関する意思決定ではなく，行為の本質に関する反省である。」（かっこ内筆者）この「反省」に共同主観や間主観という，諸個人のやりとりが含まれている。これが十分に説明されねばならなかった。哲学的説明を嫌ったミーゼスの理論の脆弱さは避けられない。ハイエクとミーゼスとの決定的な相違を『ハイエク，ハイエクを語る』に見ることができる。ハイエクは言う。「ミーゼスは，理性は何事をも習慣よりよく行えるのだ，というわれわれがみんなその中で成長した基本哲学から，決して自由になることができなかったのです。」HH, p.73.（同書，61頁）を見よ。

139)　Shand, A. H., Ibid., pp.11-12.（『自由市場の道徳性』12頁）

140)　Shand, A. H., Ibid., p.12.（『自由市場の道徳性』13頁）

141)　Keynes, J. M. The Collected Writings., Vol. Ⅶ, (The General Theory of Employment, Interest and Money, 1936, p.262.（『一般理論』259頁）ケインズは述べている。「貨幣賃金の引き下げは，社会全体の消費性向に対して，あるいは資本の限界効率に対して，あるいは利子率に対して影響を及ぼすことによる以外には，雇用を増加させる持続的な傾向をもたない。」合成の誤謬とは，個別的なものに真なることがあっても，それが全体において必ずしも妥当するとは限らないことを言う。経済現象についてそれが言える。つまり，個別的なものの理解（ここでは賃金引き下げ）から社会全体の運動の論理（ここでは雇用の増加）を理解することはできない。かくして巨視的（マクロ）経済現象が微視的（ミクロ）経済現象とは切り離して要請された。

意味を持たない。

　カントは自然科学の驚異に負けて数学をアプリオリな総合判断としてしまったのではなかろうか[142]。確かに自然科学なら可能な部分があろうが，社会科学では不可能であろう。数学（公理系）の世界は概念や抽象性で共通するものがある。したがって約束（公理）が成立する。しかし，社会科学はばらばらなものが一つになっている。カントが誤ったというよりも，自然科学と社会科学との比較においてその相違に精査を欠いていたと言えよう。

　シャンドが言っているように，確かにこの点で哲学者は明らかにしてこなかった[143]。哲学者に具体性に富んだ議論の持ち合わせがなかったからである。ごく一部の人々を除いて，哲学者は社会科学者が直面する要素の議論と全体性の議論を為し得なかったのである[144]。

(2) 要素関係の意味

　既述のように，カントが分析判断と綜合判断を区別したのはあくまでもアプリオリな綜合判断は可能かという課題を背負っていたからである。それは数学の世界にのみ可能であった。カントにおいて数学は哲学と並んで認識や判断を意味している。たとえば，理論物理学者・湯川秀樹が予測した中間子は紙と鉛筆による数学の世界であった。数学を用いて予測したことが最近になって精密に実証された。

　つまり，社会科学から見た要素は自然科学の要素が静態であるのに対して動態である。また要素が含意するアプリオリも「合成の誤謬」で明らかなように意味を持たない。社会科学が抱える要素には一時も留まった定義や約束

---

142) これは数と概念との相違を惹起せしめることになる。主語の分析が分析判断であるということは数に含まれる抽象性が課題になったと思われる。確かに自然科学は数学を援用して新たな知識を獲得してきた。この経験無くして知識が獲得されるということはアプリオリに何某かの能力がある。そこにカントは数学をアプリオリな綜合判断とした理由がある。つまりアプリオリに対する尊厳が数学をして綜合判断とした。と同時にそこに誤りがあった。数における解明はどこまでも約束（公理）の締結である。数学によって新たな恒星や惑星の存在が確認されたとしても約束の延長の結果である。それは恒星や惑星全体の解明であって個（要素）の解明ではない。つまり個そのものの解明ではない。経済の解明は個の解明でなければならない。カントの数学の理解は自然科学の普遍妥当性に限られるのである。

143) Shand, A. H., Ibid., p.10.（『自由市場の道徳性』9頁）

144) 少なくともポパーはそうではなかった。PH, pp.130-143.（『歴史主義の貧困―社会科学の方法と実践―』196-215頁）を見よ。

などできはしない。なぜなら，個人の行為は諸個人の行為であり，共同主観や間主観に晒されているからである。この点ではヒュームが優れている。ドゥルーズは説明する。「ヒュームがわれわれに教えてくれるのは，表象は関係それ自体を示す指標になりえないということである。関係は表象の対象ではなく活動の手段である。」[145] ヒュームにおいて，ケインズの「合成の誤謬」が既に認識されていた。

　ヒュームの課題は関係であり，そしてその関係が機能している活動である。そこに表象と切り離された全体性がある。このヒュームの言説をマッハが受け継いでおり，マッハの言説がゲシュタルト心理学の萌芽になったことは明らかである。マッハは述べている。

　　「特殊な時間感覚なるものが存在するということは，……疑問の余地がないと思う。音列は全然違うがリズムは同じである二つの拍子が隣接して聞こえてくる場合，同じリズムだということを直接的に認知される。これは悟性や熟慮のなせるわざではなく，感覚の所業である。」[146]

マッハは感覚の分析と言いながら，関係という全体性を問題にしていることは既に述べてきた（第3章13節）。『感覚の分析』は，要素の分析ではなく要素の連関の分析である。つまり，間主観的かつ共同主観的に要素を見つめるゲシュタルト的理解である。その意味で，ゲシュタルト的理解にはアプリオリな悟性は何ら意味を持たないことを，マッハは感覚を通して見抜いていたのである。換言すれば，マッハは全体性が「合成の誤謬」を含意していることに気づいていた。[147]

　それだけではない，メンガーも既にこのゲシュタルト的に国民経済を理解していたのである。メンガーは，歴史学派が自己の言説を「原子論」だと非難することへの反批判として，次のように述べている。

　　「あの複雑な人間現象を理論的に理解しようとするひとは，その真の要素，

---

145)　*ES*, p.138.（『ヒュームあるいは人間的自然―経験論と主体性―』222頁）
146)　*AE*, S. 203.（『感覚の分析』203頁）
147)　*AE*, S. 270.（『感覚の分析』269頁）マッハは言う。「物質と呼ばれているものは，或る合法則的な要素（感覚）の聯関である。」また「合成の誤謬」は，述べるまでもなくケインズが気づいていたところである。

すなわち，国民のなかでの諸単一経済にまでさかのぼり，前者が後者から組成される法則を研究することにつとめなければならない。しかし，反対の道をとるひとは，『国民経済』の本質を誤認し，1つの擬制を基礎としてすすむのであって，同時に理論的研究のもっとも重要な課題，すなわち，複雑な現象をその要素に還元するという課題をも誤認しているのである。」

「経済現象の観察での一面的な集合主義は理論的研究の精密的方針にはまったく不適当であり，したがって上記の語義での原子論の非難は精密的経済学については誤解である。こうした非難が経済学に，しかも精密的科学としての経済学にあてはまるものなら，すべての他の精密的科学にもあてはまる。」[148]

確かに，メンガーは方法論的個人主義と言われるほどに，個人に還元する方法を採っている。だが，その還元とは原子論的にかつ集合的に還元するというものではない。演繹的に要素は国民経済全体で議論されねばならない。国民経済と個人は完全に乖離していて，個人は「意図せざる結果」に対峙している。「擬制を基礎にすすむ」とは，国民経済において独自の機能，効果をはずして議論することを意味している。メンガーが求めるものは，個別的なものそのものではなく，常に「個別的（具体的）関係」であり，「定型的（もっとも広い意味での法則）関係」である。[149] そして，その関係は「ネガティヴ・フィードバック」であり，否定的構成である。経済はゲシュタルト的な関係の構造として見ざるを得ない，ということをメンガーははっきりと看取していた。ゲシュタルト的な関係構造に演繹の科学的な原形を見ている。メンガーにおける要素とマッハの『感覚の分析』の感覚要素とは軌を一にしていた。彼らの課題は要素の関連構造の解明であった。

もとより，マッハはカントの物自体を否定してきたし，可想的世界やアプリオリを議論することはなかった。マッハは言う。「私は（カントの）『物自体』が果たしているなくもがなの役割にふと気づいた。…私の自我を含めた世界は連関し合った感覚の一集団である，ただ自我においては一層つよく連関し合っているだけだ，と思えた。」[150]（かっこ内引用者）マッハはカントの「物

---

148) *UMS*, S. 87.（『経済学の方法』89頁）
149) *UMS*, S. 6f. Anm. 3), 4)（『経済学の方法』21頁の注の3）および4）で述べている。言うまでもなく，このようなゲシュタルト的な理解はいたるところに散見される。*UMS*, S. 34., S. 59.（『経済学の方法』43頁，64頁）を見よ。

自体」を無用だとしたのである。マッハは要素一元論に徹し物理的なものは感覚的なものであり，その感覚の関連を実証的に述べてきたのである。[151] ハイエクはそれらを一部認めて，この心境を次のように明かしている。

> 「マッハを読んでいくうちに，カントの物自体という概念についてマッハが書いていることと似た経験をして，マッハの知覚体制の分析が発展するにつれて，感覚要素という考え方が余計で，無用になり，かれのたいていの心理学的分析とは矛盾するむだな考えであることを悟った…。」[152]

ハイエクはマッハに決して賛同したわけではない。しかし，マッハと「似た経験をして」と言うことは，マッハがゲシュタルト的理解に気づいたことに賛同しているからである。要素は要素そのものが機能するのではない，関係の中ではじめて機能するのである。ゲシュタルト的に理解する点で，マッハとハイエクは軌を一にしていたのである。[153] しかし，マッハが言うところの要素は（物理的）感覚でしかない。要素の機能分析がなされたわけではない。[154] したがって，「感覚要素という考え方が余計で，無用になり，かれ（マッハ）のたいていの心理学の分析とは矛盾する」のである。マッハがタイトルに掲げた『感覚の分析』における分析は既存の全体の中でしか意味を持たないことになる。ハイエクは言う。「ゲシュタルト学派の研究の結果として，感覚の質が原子的な事実ではなく，『場の体制化』によって決定されると考えなければならないという見解は，広く受け容れられるようになった。」その「場の体

---

150) *AE*, S. 24. Anm. 1（『感覚の分析』32 頁注の 21）
151) マッハは述べている。「物体が感覚を産出するのではなく，要素複合体が物体をかたちづくるのである。」（*AE*, S. 23.（『感覚の分析』23 頁））マッハの要素は感覚である。感覚にゆるぎない信頼をおいているところにマッハの誤りがある。
152) *SO*, p. vi.（『感覚秩序』4 頁）
153) *AE*, S. 259.（『感覚の分析』259 頁）マッハは述べている。「判断というものは常に，感性的事実をより一層完全に叙述するためにおこなわれる感性的表象の補完（Ergänzung）である。判断が言葉で表現できる場合，それは，言葉によって聞き手に呼び起こされるところの，予め存在していた記憶心像を素材としておこなわれる新しい表象の合成である。」（かっこ内筆者）マッハとハイエクとの共通点は，演繹的推論は法則や公式によるのではなく，要素感覚の組織的かつ経験的表象によるとしているところにある。
154) マッハの課題は「思惟の経済」（事実の経済的叙述）に表れているように，「完全でしかも最も簡単な記述」を目指した。つまり要素は全体の中で意味をもっている，その全体との係わりを如何に的確に最小限で表現するかがマッハの課題であった。それは要素の分析ではなく，連関的かつ全体的な叙述でしかなかった。*AE*, S. 40f.（『感覚の分析』44 頁）を見よ。

7 分析と綜合 393

制化は，原子的な感覚（『知覚の構造』という議論のほとんどがなお示唆しているように）の質を加えるものではなく，個々のインパルス，あるいはインパルスのグループの特殊な機能的意味を決定するものが場の構造であって，その機能的意味をわれわれは感覚の質として知っているわけである。」[155]（一部修正引用者）これがマッハ批判であることは明らかである。マッハとハイエクの相違は明らかである。合成の誤謬ということで一致していたとしても，経済が単に関係の構成ではなしに「前感覚的」なすなわち以前の経験との構成にあるのに対して，ゲシュタルト（心理学）はこの点が必ずしも明確ではない[156]。確かに「場の構造」はわれわれのインパルスの特殊な機能を決定するという意味（演繹）において，すなわちわれわれは互いに規定や制約を通して感覚の質が場の体制化を決めることを知っている。注意しなければならないのは，決して場の体制がわれわれを決めているのではない。諸個人が互いの規定や制約を通して場の体制を決めているのである。換言すれば，ゲシュタルトが静態的で肯定的構成であるのに対して，経済は動態的で否定的構成である，ということである。この場の体制と要素の関係は一期一会であり，相互関係的決定である。分析というなら構築のためのものとしてしか意味をもたない。マッハに欠けているのはこの相互構築としての否定的な構成の分析である。要素がもつそのスタンスに意味がある。興味あることに，ハイエクに同じくこのことにケインズもまた気づいていたのである[157]。

したがって，われわれはその場の体制をはっきりと知るわけではない。な

---

155) *SO*, p.77. 3・74（『感覚秩序』92 頁 3・74）
156) *SO*, p.106. 5・16（『感覚秩序』125 頁 5・16），*SO*, pp.143-144. 6・40（『感覚秩序』165 頁 6・40），*SO*, pp.37-38. 2・3（『感覚秩序』48 頁 2・3）
157) Keynes, J. M., *The Collected Writings., Vol. VIII (A Treatise on Probability)*, p.277. ケインズは述べている。「科学者達は重要な諸法則の特徴を共有して，それを行動指針としているが，この種の基本的な仮説はありのままの斉一性の原理よりももっと複雑に私には見える。数学者が小さな諸効果，もしくは，この結びつきにおいて，私はこの呼称を好むが，自然の法則の原子的な特徴を重ねる原理，と呼んでいるものであるが，彼らはさらに拡張的な何かを仮定しているように見える。この重要な宇宙の組織は，この種の仮定を認めるなら，私たちが"法的諸原子"と呼んでいる（それによってもたらされるどのような含意を加えず）有機体から構成されねばならない。この法的諸原子はそれぞれがばらばらで，自ら独立して，かつ変えられない効果，そして多くのばらばらな変化から構成されている，全体の状態の変化を成し遂げている。そして，それらは先行している状態のそれぞれの部分に依存しているだけである。……この理論によれば，おのおのの原子はそれぞれの原因として扱われるのであって，異なった法則によって規制される異なった有機的な結合に入ることはない。」伊藤邦武『ケインズの哲学』154-155 頁をも参照せよ。

ぜなら，体制と感覚との間には感覚から見て「意図せざる結果」が働いているからである。作ろうとして作るのではない，しかし作っていることは知っている，そしてよりよきもの（調和や秩序）に変えられることをも知っている。それだけに，感覚の質の分析は場の体制とは独立してなされる。それが「モダリティーに属する質のシステム」[158]すなわち「われわれの精神が，そうした秩序を構成している関係の全体」[159]である。マッハに欠けている点は感覚を通した動態的進化論である。そこには新たに参入をともなう。もとより，分析は不可欠であるが，それは動態的かつ否定的対応においてはじめて未来の，未知の概念，綜合に結びつく。それは開放的環境においてはじめて結びつく。感覚要素は常に新たな参加におかれている。その意味で綜合である。

(3) 主観の関係構造

既に述べてきたように，自生的秩序はけっして理念（Idee）でなく，主観に属するものであった。理念はしばしば設計主義や計画主義への道を設けてきたからである。この点でハイエクとカントは必ずしも一致するものではなかった。もちろん，ハイエクはマッハと異なってカントの「物自体」を認め[160]たきたところである。[161]「物自体」をおくことによって，主観は自己限定を通して開放的な環境におくことができる。むしろ，われわれを支える彼岸，可想的な「物自体」をおくことによって，はじめて主観は確かな潜勢力となりうる。自生的秩序はそのような主観をおかずには解けないであろう。換言すれば，自生的秩序は自由の下において生起する。いわば，そこではじめて自生的秩序は主観（主体，基体，主語）の機能の課題として述べることができる。カントは述べている。「可想的存在（物自体）という概念は，感性の僭越を制限するための限界概念（Grenzbegriff）にすぎない。従ってまた消極的にしか使用せられ得ないのである。[162]」（かっこ内引用者）これが，ハイエクにおいては

---

158) *SO*, p.77. 3・75（『感覚秩序』92 頁 3・75）
159) *SO*, p.19. 1・56（『感覚秩序』28 頁 1・56）
160) カントにおいて，けっして安易に理念の越権を許すような言説はないのであるが，次のような表現に理念の危うさが現れている。「純粋理性の理念は，確かにカテゴリーにおけると同じ種類の演繹を許すものではない。しかし理念が，たとえ不足にもせよ幾分なりとも客観的妥当性をもつべきであり，単なる思惟の所造即ち思惟物であってはならぬとすれば，理念の演繹は是非とも可能でなければならない。」*KrV*, S. 697f.（『純粋理性批判（中）』329 頁）を見よ。
161) *SO*, p.176. 8・37（『感覚秩序』198 頁 8・37）

むしろ徹底して積極的に感性から理性まで広げられる。すべての背後に控える「物自体」は主観をして設計主義や計画主義という理性越権を防ぐ不可欠なものである，と言うことができよう。

カントは「物自体」について述べている。

「物自体ならば，それを認識するような悟性の有無にかかわりなく，物自体そのものの合法則性を必然的に具えているだろう。しかし現象は物の表象にすぎない，そしてこれらの物は，それ自体どのようなものであるにせよ，我々に知られぬままに存在しているのである。ところが単なる表象としての現象の従う法則といえば，それは多様なものを結合する能力の指定する結合法則にほかならない。」[163]

この多様なものを結合する法則とは構想力である。そして構想力は悟性に依存する。さらに悟性は感性に依存する[164]。これらの結合法則は「物自体」を想定しなければ生起しないのである。この「物自体」の信念無くしてハイエクの自生的秩序はあり得ない，と言って過言ではない。ハイエクはこの言説を背後に置いていることは明らかである。ハイエクは言う。「感覚がわれわれに提示している世界とは異なる客観的な物理的世界があるという信念が必要である」[165]と。カントの「物自体」を背景におく環境はハイエクにそのまま置き換えられている（第4章3節の(3)，245頁参照）。したがって，自生的秩序が「物自体」を背景においてあるとするならば，さらに自生的秩序はカントの「可能的存在者」や「可想的基体」[166]に相当し，さらには，自生的秩序はポパーの「開かれた社会」，スミスの「偉大な社会」の原動力になっていて，それらは同義語に置かれてよいだろう。人間は有限であるが故に，常に経験に対して意識される進化の動力である。

この条件の下で自生的秩序の機能は考えられる。既に詳述してきたように，自生的秩序はスミスの言う「見えざる手」であり，その'見える'機能は

---

162) *KrV*, S. 310.（『純粋理性批判（上）』333頁）
163) *KrV*, S. 164.（『純粋理性批判（上）』204頁）
164) *KrV*, S. 164.（『純粋理性批判（上）』204頁）
165) *SO*, p. 173. 8・28, p.176. 8・37（『感覚秩序』195頁8・28, 198頁8・37）
166) 認識の対象は感性的なもの，現象的なものそして現象的存在者（Phänomenon）であり，可能的経験の対象である。*KrV*, S. 306.（『純粋理性批判（上）』329-330頁）を見よ。

「フィードバック」そしてカタラクシーであった。つまり，フィードバックとは需要と供給が価格を決めるとしても価格もまた需要と供給を決めているのである。主観は関係構造の中で要素になる。要素それ自体は関係の中に消え関係そのものが機能している世界である。換言すれば，需要，供給，価格それぞれはどれかがリードして積極的に決定されているというのではない。どれも決定を受けるという，「限界概念」を含意した消極的選択のなかにおかれている。もちろん，この言説はもっぱらヒュームのものであった。しかしながら，カントもまた『論理学』で述べている。

　それは「綜合的方法」と「分析的方法」である。前者は原理から帰結へもしくは単純なものから合成されたものへと進むとし，「前進的方法（progressive Methode）」とも呼んでいる。これに対して，後者は条件づけられたものや根拠づけられたものから原理へと進むとし，これを「背進的方法（regressive Methode）」あるいは「発見の方法」とも呼んだ。[167] 既述のように，ハイエクが方法論的個人主義として「個人が自己の行為を理論化した結果からではなく個人を行為に導いている概念から体系的に出発する」と述べたとき，両者を含んでいることが分かる。いわば綜合と分析の区別は消えている。それは統合論である。個人は体系（原理）に従う限界概念としての個人である。個人は体系（原理）を知ることはできるが，把握することはできない。そこには綜合論として個人は諸個人という経緯を経ていかねばならない。

　かくして，原理を知覚しつつも原理を求めるという一見矛盾した方法が平行して採られる。自生的秩序には「前進的方法」と「背進的方法」が両方が必要であり，区別されることなく機能している。知覚は限界概念の範囲で機能する。その意味で知覚は社会的にならざるを得ない。知覚はインターモーダルや類概念そして消極的選択を通し感覚秩序を展開する。いわば，分析でもなく，綜合でもない，分析的綜合，綜合的分析であることが理解される。その時主観は要素である。したがって，このような人間行為論は「分析/綜合の区別全体をとり除いてしまう。」[168] とシャンドは言うのである。いわば，自生的秩序の世界は「物自体」を背景にして未来志向の一元論の世界である。自

---

[167] *LV,* S. 149.（『論理学』205頁）
[168] Shand, A. H., *Ibid.*, p.12.（『自由市場の道徳性』13頁）

生的秩序は個人にありながら諸個人の世界，社会で綜合されている．それは個人の判断が諸個人の判断にかけられねばならないからである．それはアプリオリでかつアポステリオリでなければならない．

8 アプリオリズムとアポステリオリズム

　まず，アプリオリ（a priori）と超越論的（traszendental ＝ これまで先験的と訳してきた[169]）を区別しておかねばならない．まずアプリオリはアポステリオリ（a posteriori）と対になる言葉として理解されている．ひところ，前者を先天的と後者を後天的と訳されたりもしてきた．今日においては，前者は〈経験に先立つ〉という意味で，後者は〈経験的〉もしくは〈感覚経験に基づく〉という意味である．超越論的なものは生得的ではなく‘経験によって根源的に獲得されたもの’を意味する．では，アプリオリと超越論的とはどのような差があるのであろうか．

　カントは言う．

　「アプリオリな認識でありさえすればすべて超越論的認識だというのではない．超越論的と呼ばれねばならない認識は，或る種の表象（直観にせよ概念にせよ）がアプリオリにのみ適用せられまたアプリオリにのみ可能であるということと，かかる表象がどうしてアプリオリにのみ適用せられまたアプリオリにのみ可能であるかということとを（換言すれば，認識のアプリオリな可能とそのアプリオリな使用），我々がそれによって認識するような認識にほかならない，ということである．それだから空間にせよ或いは空間のアプリオリな幾何学的規定にせよ，それはいずれも超越論的表象ではない．超越論的と呼ばれ得るのは，かかる表象が経験的起源をまったくもっていないという認識と，それにも拘わらずこれらの表象が経験の対象にアプリオリに関することの可能とだけである[170]．」

---

[169] これまで先験的と訳してきたが，超越論的と訳したのは九鬼周造である．純哲では後者が一般的である．
[170] *KrV*, S. 80.（『純粋理性批判（上）』128 頁）

超越論的とは、認識（もしくは判断）においてアプリオリに認識が可能な理由、すなわち認識の仕方あるいは認識の条件を含んでいるときである。これに対して、アプリオリはその理由が示されずにただ〈経験に先立つ〉もしくは〈経験に由来しない〉を意味している。したがって、論理学、数学や幾何学の公理はアプリオリである。超越論的とはより基底的「どうしてアプリオリにのみ適用」が可能か、を問うと同時に経験の対象にアプリオリに関することの理由、条件そして可能性を含んでいる。したがって超越論的の代わりにアプリオリが用いられることもしばしばである。超越論的とは悟性と理性を媒介する判断力、換言すればわれわれの自己自律（Heautonomie）の領域におけるアプリオリなプロセスである。いわば人間に課せられた条件を課題にしている。アプリオリと超越論的という二つの言葉がこれまで厳密に議論されなかったのは、哲学者が社会科学の場で議論することができなかったからである。アプリオリは自然科学の場で、超越論的は社会科学の場でより確かに意識されねばならなかったと思われる。

しかし、このようなカントの超越論的哲学を経済学者は厳密に使用してきたのであろうか。ハイエクの学兄であるミーゼスの論法を見ることにしよう。ミーゼスは大著『ヒューマン・アクション』の中で述べている。

　　「人間行為の理論科学はアプリオリでなければならない主張しているのではなく、それはアプリオリであり、常にそうであったと主張している。人間行為によって生じる問題を考えようというあらゆる企画は、必然的に演繹的推論をせざるを得ない。」[172]（一部修正引用者）

また、ミーゼスは『経済科学の根底』でも述べている。

　　「経済学は歴史ではない。…経済学者の理論は歴史に関するリサーチを基礎としているのではなく、論理学者や数学者のリサーチのような理論的思考に基づいている。」[173]

もし、「アプリオリ」を「超越論的」と解するならなら正しいかもしれない

---

171) *KrV*, S. 25.（『純粋理性批判（上）』79頁）
172) *HA*, p.40.（『ヒューマン・アクション』64頁）
173) *UFE*, p.73.（『経済科学の根底』93頁）

(現に哲学者であっても厳密な区別を付けずに同義に用いている人がいる。まして経済学者においてはほとんど同義に用いているのが現状である。）だが，カント哲学に従った形で「アプリオリ」を使用しているならば，ミーゼスは明らかに誤っている。つまり人間行為の理論科学がアプリオリだとすれば経済学に数学を用いることが可能である，と主張していることと同じになる。しかし，周知のようにミーゼスは経済学に数学を援用することはできない，と強固に主張した経済学者の1人である。正確に言えば，ミーゼスが言いたかったことは人間行為の理論科学は超越論的な視点に立つ科学であった，ということである。経済学はあくまでも「論理学者や数学者のリサーチのような」であっても，演繹的であってカントが述べていた超越論的論理学でなければならないのである。この点で，ミーゼスの言説が多くの誤解を招いてきたことは確かである。[174] そしてミーゼスに限らず，経済学者はアプリオリと超越論的を一緒に混同して使用していた。

ハイエクとミーゼスとの相違を見ておこう。自分とミーゼスとの相違の「決定的な点を述べさせてください」とハイエクは言う。

> 「それは，知識の経済学についての私の1937年の論文から始まったものですが，その論文は，ミーゼスが市場の理論はアプリオリ〔先天的に真〕だとしているのは間違いだ，ということを彼自身にわかってもらおうとして書いたものなのです。アプリオリなのは個人の行為の論理だけであって，それから多数の人間の相互関係へと進む瞬間に，あなたは経験的領域に入ることになる，ということをです。」[175]（一部修正引用者）

ハイエクは上記のカント哲学のアプリオリと超越論的との相違を理解していると思われる。つまり，個人ではなく諸個人である限り，勢い認識の仕方や認識の条件が厳密に問われる。それは人間相互の関係であり，経験の世界で

---

174) 『理想 4 特集＝経済学の現在』No.623 理想社刊，1985年，佐伯啓思「『自由の科学』は可能か」162頁を見よ。ミーゼスには確かに「プラクシオロジー（praxeology）」についての十分な説明が欠けていた。しかし，佐伯の解釈，ミーゼスの論法は「まさに論理実証主義者たちがなしたのと同じ手続きに従って，袂を分かっているのである。…その結果，プラクシオロジーは半ば，ヒルベルトの公理主義が辿ったのと同じ運命を辿らざるを得ない。」，これは明らかに誤解である。ミーゼスは決して論理実証主義者ではなかった。
175) *HH*, p.72.（『ハイエク，ハイエクを語る』60頁）

ある。つまり，これはアプリオリであるよりは超越論的論理学が要請される。それだけに理性概念（理念）には構成的ではなく，統制的原理が用いられる[176]。言葉を換えれば，ヒュームが述べていた非人格的な世界であると言える。カントの「条件の系列を遡る背進[177]」はヒュームが述べていた非人格の世界で展開される。少なくともハイエクはそれに気づいていた。

しかし，ハイエクもまた次のように述べる。

「人間の諸行為は，それらが一つの計画の一部分として理解されうる限りにおいて，均衡状態にあると言うことができるのである。そのような場合においてのみ，すなわちこれらすべての行為が，ある同一の時点において，同じ一連の状況を考慮して決められる場合においてのみ，これら諸行為の相互関係に関する我々の所説，すなわちこの人間のもつ知識と選好についての我々の想定から我々が引き出す所説が，何らかの適応性を持つのである。この種の分析において我々が拠り所とするいわゆる『与件』と呼ばれるものは（本人の嗜好は別として）すべて当該の人に対して与えられる事実，すなわち彼によって知られている（もしくは彼によって信じられている）事柄であって，厳密な言い方をすれば客観的な事実ではないということを覚えておくことは重要である。我々が演繹する諸命題が必ず先験的に有効であり（a priori valid），また我々の議論が首尾一貫性を保つのはこのためにほかならない[178]。」（一部修正引用者）

これほど，現代経済学とハイエクが目指す自生的秩序を含意する経済学を比較させたところはない。換言すれば，自然科学が採る手法を含意するいわゆる近代経済学と演繹を含意するカント哲学を比較させところはない。現代経済学が課題とする均衡は必要なこととして誰もが認めるところである。しかし，だからと言って均衡は客観的事実ではない。何故ならそれは仮定に基づく静態の一瞬だからである。われわれが目指すものは，「演繹する諸命題が先験的に有効である」ことにある。つまり，秩序という「演繹する諸命題」は個人の判断の仕方や条件を課題としなければならない。すなわち，超越論的な立場から命題を問題にしなければならない。ハイエクはこの超越論的スタ

---

[176] *KrV*, S. 536f.（『純粋理性批判（中）』184-185 頁）
[177] *KrV*, S. 537.（『純粋理性批判（中）』185 頁）
[178] *IEO*, p.36.（『個人主義と経済秩序』』51 頁）

ンスを「先験的に有効であり（a priori valid）」と包括的に述べたのである。厳密に言えば、ミーゼスのようにハイエクにもまたアプリオリというよりも超越論的（transzendental）と言ってほしかったところがある。しかし哲学者でない、ハイエクには仕方のないことかもしれない。

では、ハイエクが言う客観事実とはどのようなものであろうか。結論を先取りすれば、ハイエクにとって客観的事実とはカントの超越論的観念論（経験的実在論）に従って、あるがままの対象や現象ではなく未来志向に従って自生的に構築される秩序の現象である。したがって、この説明にはカントが主張する客観を説明する必要がある。ハイエクが経済現象の中から自生的秩序を編み出したのも、カントのこれらの厳密な論議と密接に関わっているように見える。カントが言う客観とは、現象、表象そして超越論的対象（X、ハイエクは説明無しに用いている[179]）であり、これらが説明されねばならない。まず認識における客観を見よう。

客観（対象）は言うまでもなく主観（主体）によってつくりだされたものである。カントはこれらに慎重な分析を施している。カントは言う。

「我々が表象に対応するところの《X》（対象）は、我々の一切の表象とはまったく異なるところの何か或るものでなければならない、それだからこの《X》は我々にとっては『無』である。してみるとかかる対象が必然的ならしめるところの統一は、表象における多様なものの綜合における、意識の形式的統一にほかならない…。そこで直観に含まれている多様なものにおいて綜合的統一を生ぜしめた場合に、我々は『対象を認識する』、と言うのである。[180]」

表象とは知覚（知覚は主観的知覚である感覚と客観的知覚である認識に区別される。）に基づく外的対象の像である。覚知（Apprehension、最近は「把捉」と訳されている）するということは、多様なものを通観し総括することである。それには心を外官（身体が物体的なものによって身体が触発される感官、これに対して内官は心によって身体が触発される感官[181]）の表象によって触発されねばな

---

179) *SO*, p.4. 1・11（『感覚秩序』12 頁 1・11）.
180) *KrV*, S. A105.（『純粋理性批判（下）』154 頁）.
181) Kant, I., *Anthropologie in pragmatischer Hinsicht*. 1798, S. 153.（塚崎智訳『実際的見地における人間学』210 頁、『カント』河出書房新社 1983 年に所収）

らない。カントは第2版を書くに至って、覚知を明確にして経験的直観とその意識である知覚に根拠を与えている。いわば知覚は覚知の綜合である。[182] 感性が外的に触発されているだけではない（外官）、内的にも触発されているのである（内官）。つまり知覚（感覚）が心に新たな触発を与えるということである。つまり覚知は経験的直観を経験が可能にしている。これはハイエクの『感覚秩序』が議論される舞台であろう。

　対象の認識とは外的表象によって内官が触発されることであり、多様なものの統一であるということになる。もちろん、カントとハイエクには相違がある。ハイエクは抽象を掲げる。[183]「抽象の第一犠牲」での議論は活動の論理である。ハイエクに独創性があるとするならば、抽象をカントの意識の「形式的統一」に置き換えたことである。また、ハイエクは、抽象的操作は「個々の事項を意識的にとらえて話すことができるようになるはるか以前に出現する」[184]としている。しかし、抽象的操作における必然的継続はカントもまた述べてきたところである。「何か或るものの生起を経験的に知ると言うときには、我々はなんらか或るものがこの生起よりも前にあり、生起するものは規則に従って、このものについで継起するということを前提している」[185]と。カントの言説を前提にしてのことである。また、ハイエクが活動は「多重焼きの結果」[186]であるとか「活動パターンは精神によって構築されるものではなく、異なる活動パターンをうみだす機構の選択」[187]だと述べているが、これらもまた行動における変化に対応するもので「継起」を前提にしてのことであり、それほど目新しいものではないと考えられる。そうだとすると、ハイエクの抽象論や行動論はカントの認識論の延長に考えることができる。

　もとより、これはハイエクにとって生得的であり、[188] カントにとってアプリオリな法則である。[189] その意味でハイエクもデカルト的である。むしろ、ハイ

---

182) *KrV*, S. 160. S. 164.,（『純粋理性批判（上）』200 頁. 204 頁）
183) *NPP*, pp.36-37.（「抽象の第一犠牲」425 頁）
184) *NPP*, p.37.（「抽象の第一犠牲」426 頁）
185) *KrV*, S. 240.（『純粋理性批判（上）』271 頁）
186) *NPP*, p.40.（「抽象の第一犠牲」430 頁）
187) *NPP*, pp.42-43.（「抽象の第一犠牲」434-435 頁）
188) *NPP*, p.42.（「抽象の第一犠牲」434 頁）
189) *KrV*, S. 263f.（『純粋理性批判（上）』291-292 頁）

エクのラディカルな経験主義が生得論をもたらしたと見るべきである。さらに，カントの「我々の一切の表象とは，まったく異なるところの何か或るもの」は，ハイエクのわれわれ個人が及ばない諸個人の領域，第三のもの「意図せざる結果」の出発点である。カントの認識論は自らの間主観の構造に道を与えている。それはアポステリオリズムとアプリオリズムが同居している。アポステリオリズムをアプリオリズムもしくは生得的なものが補っていると言える。しかしこの生得的機構もまた経験なしには成立しない。客観はそのような狭間に成立している。

カントは続ける。

「どんな表象でも，我々がそれを意識している限りにおいて，客観と名づけてよい。しかし現象（表象としての）が，それぞれ客観であるというのではなくて，ただ一個の客観を表すとしたら，この客観という語は，これらの現象に関して何を意味せねばならないか，という問題はもっと深い研究を必要とする。[190]」

客観とは現象における，覚知のかかる必然的規則の制約を含むものが客観となる。[191] 認識の段階でこの「ただ一個の客観」は秩序や調和の前触れと読みとることができよう。その取りなしを覚知がし，知覚が成立すると見ることができよう。そして「自然とは，現象の全体がその現実的存在に関して必然的規則に従って統括せられたところのものである[192]」に裏付けられよう。ここに演繹の哲学を見ることができる。「ただ一個の客観」とは多様な表象を経た現象から確固たるものを取り出すことである。客観は普遍に向けた把握でなければならない。さらにカントは言う。

「認識と客観との一致が真理であるから，ここでは経験的真理を成立せしめる形式的条件だけが問題になり得る，また現象はもともと覚知における表象であるにせよ，…現象が或る規則——と言うのは，現象をおよそ他の覚知から区別

---

190) *KrV*, S. 234f.（『純粋理性批判（上）』267頁）
191) *KrV*, S. 236.（『純粋理性批判（上）』268頁）
192) *KrV*, S. 263.（『純粋理性批判（上）』291頁）
193) *KrV*, S. 160.（『純粋理性批判（上）』200-201頁）「覚知（もしくは把捉 Apprehension）の綜合とは，経験的直観における多様なものの合成を意味する。そしてこれによって知覚即ちかかる直観の経験的意識が（現象として）可能になる。

し，また現象における多様なものを結合する或る仕方を必然的にするような規則に従うと，この…事情が一変する，即ち現象はこのような規則に従うことによってのみ，覚知のかかる表象から区別せられて表象の対象即ち客観と見なされ得るのである。―要するに現象において，覚知のかかる必然的規則の条件を含むところのものが即ち客観なのである。」[194]

対象はあるがままに存在する。われわれはそれに直観に訴え表象を得る。その表象は規則（悟性）に従って統一され覚知される。ここに既に秩序が働いている。この秩序は客観である。つまり，覚知は表象から悟性が整理して認識や概念を得る。換言すれば，社会科学の客観とは概念を持った秩序ある現象である。そこに「ただ一個の客観」が存在するにちがいない。それを高次に高めたものが成長する秩序であり，自生的秩序である。この客体と主体の反転は社会科学においてさらに当を得たものである。社会科学の対象は人間が作り出しているからである。

　これらは超越論的なものの下で作用する[195]。いわばカントの超越論的哲学は演繹論であり，それはまた客観を求めて不純物（カント哲学では「超越論的仮象」ハイエクでは理性の濫用）を排除する批判哲学である。人間はアポステリオリに生きながら超越論的にあくことなく旅する旅人ある。原理を求めて「背進は無限に進行する[196]。」背進的方法は分析的方法でありかつ「発見の方法」である。その意味で，アポステリオリは超越論的なものに包まれる。

　現代経済学で言うところの対象（与件）は決して客観ではない。そこで要請されることは，超越論的な原理に基づく経験的な構築の経済学である。それはまた構築の哲学を背景にしてのことである。そしてヒューム哲学やカント哲学を背景にしてのことである。ハイエクの経済学はヒューム哲学とりわけカント哲学の中に入ってはじめて議論がなされることになる。

　ハイエクの経済学はカントの超越論的観念論無くして成立しない。カントは生得的ではなく根源的獲得であるということにこだわった。核心はわれわれの側にある。

---

[194] *KrV*, S. 236.（『純粋理性批判（上）』268頁）
[195] *KrV*, S. 160.（『純粋理性批判（上）』201頁）
[196] *KrV*, S. 540.（『純粋理性批判（中）』188頁）

大切なことは，こと社会科学に関する限り，根源的獲得，すなわち何ほどかの生得的かつ獲得された機構を構築しているという事実である。ここにアポステリオリとアプリオリとの相即不離の関係，そして超越論的なものの下における統合があった。ハイエクの論法はヒューム哲学，経験主義において論じる傾向がある。しかし，背後に隠れて予想以上にカント哲学の分析に深く結びついている。これはハイエクが認めてきたところである。[197]

　われわれは望んでアプリオリズムとアポステオリズムを採っているのではない。むしろ，所詮有限なわれわれをして無限を希求するという潜勢力をわれわれ自身が有しているのである。それが超越論的な立場一元論である。換言すれば，われわれ自身の認識論そして存在論は，即有限が無限を希求するという根本構造である。ハイエクの『感覚秩序』はそのような意味あいで書かれたものである。一元論，演繹，綜合は彼岸や無限を意味している。それに対して，二元論，帰納，分析は此岸や有限を意味している。後者の否定的なところにが前者が存在する。そのような機構と世界が所詮人間に備わっている。現にわれわれはそれを社会という非人格なかつ超越論的世界で経験している。ハイエクの哲学そして経済学はそのような一元論に立ってきた。その意味で，後者はあくまでも前者のためのものである。

9　「偉大な社会」の論理

　では，ハイエクには一元論と二元論，帰納と演繹，分析判断と綜合判断，アポステリオリ（経験的）とアプリオリ（超越論的）の統合の原動力はどこからきているのであろうか。もちろんその統合のスタンスはメンガーにあった。さらにその元を正せばヒューム哲学とカント哲学にあったと言えよう。ヒューム哲学に比してカント哲学は既にこれらを組織的に扱っていたと言えよう。では，ハイエクの思想はカント哲学の亜流であったのであろうか。決してそうではない。ハイエクは具体的な視点で統合を進めたところにある。ヒュー

---

[197]　*HH*, pp.139-140.（『ハイエク，ハイエクを語る』178頁）

ム哲学とカント哲学を互いに補完しつつ新たな展開がなされている。そこには経済者・ハイエクならではの独創性がある。それは経済や文化という現場を通して哲学の命題を証明させたのである。

確かに，ヒュームもカントも自らの哲学をデカルト流の合理的心理学を批判して経験的心理学に置き換えたのである。だが，そう簡単ではないことを既に見てきた。ハイエクは経験的心理学の立場に立ちつつ社会の機能を脳の機能に生得的に見出してきた。そこにカント的でもあり，デカルト流の合理的心理学とは異なった合理的心理学を見出してきた。

ハイエクの合理的心理学は以下の通りである。主観的な抽象をインターモーダル（感覚間のわたる属性）を通して自生的秩序の形成の契機としてきた。ハイエクは個人から諸個人へその靭帯を抽象に見出していたと言ってよいであろう。抽象はヒュームにもカントにも見出すことはできるが，ハイエクの特徴は自生的な原理の契機に抽象を据えたことにある。それはヒューム哲学にもカント哲学にも無かったことである。換言すれば，自生的であるということは，アポステリオリズムでもありかつアプリオリズムでもある。経験の世界が超越論的な世界に統合されるのである。ハイエクの功績は，その超越論的なものをインターモーダル的な抽象を生得的に有している諸個人の世界に展開してみせたところにある。個人は自然な形でもしくは超越論的に諸個人に成り得ることを証明して見せたのである。その意味で個人は一元論に還元されるべく主観であるよりは社会的な要素である。

ハイエクが経済学者でありながら，社会科学のみならず哲学を含む広い分野において議論できたのは自生的な秩序という演繹の立場に立っていたからである[198]。それもそのはず，「社会現象の分野では，経済学と言語学だけが一貫した理論を作り上げることにことに成功したように思われる[199]。」というように，経済と言語の世界は常に自生的な秩序や調和をわれわれに感じさせてきたからである。その意味で構造主義哲学の中にあった経済学者と言えよう。

多様な人間行為を包括的に議論できないことが一般的な常識であった。そ

---

[198]　現代のように科学が細分化された時代に，哲学と社会科学とを結びつけて議論した人は少ないと言ってよいであろう。

[199]　*PPE*, pp.34-35.（「複雑現象の理論」130頁）

れを克服できたのはハイエクが自生的秩序という一元論の世界に立っているからである。ハイエクは「成長した法はなぜ立法による修正を必要とするか」[200]と題しても，正義や公平を軸にしてコモンロー（common law）の欠点を補うエクィティー（equity＝衡平法）を口に出して論じることはなかった。そのことからも分かるように，徹頭徹尾ハイエクは一元の世界，コモンローの世界に生きていたのである。コモンローの一元の世界だけが目的，目標であったのである。

　人間個人を要素に据えて高次の概念（「偉大な社会」）へ如何にして個人が昇華されるかを論じている。いわゆる方法論的個人主義である。それは要素たる人間に靭帯として何が与えられているかということであった。それは人間が生得的にもつ抽象や共感覚（synesthesia）[201]であり，属性（attributes）や傾向性（dipositions）[202]であった。ここに合理的心理学の理由があった。それをまとめてきたのが意志であるよりは意見であった。[203]個人はあくまでも二元論に立たざるを得ない。ハイエクはその二元論を突破しようとしている。思惟するのはあくまでも個人主体でありつつも，弱い個人は常に諸個人にならざるを得なかった。それが生得的なのである。ハイエクの科学はその妥当性や蓋然性の追求であるよりは如何にして自生的な秩序に従うかという服従にあった。

　ハイエクは『科学による反革命』で，このタイトルはゾンバルト（Sombart, W.）の著作の中から「反動家ボナールが称した運動つまり『科学による反革命』の最初の，しかももっとも重要な記録」からの引用で付けた，と述べている。[204]その反革命とは単に自然科学が採る方法を批判しているのではない。それは，現代の社会科学が理性を濫用して，近代の真の啓蒙主義以前に戻ってしまった思想家（サン・シモンやコントそしてヘーゲル）を批判しているのである。「反革命」とは合理主義に戻ることである。その「反革命」からもたらされた罪過と言えば，実証主義や計画主義，設計主義である。その意味で，

200)　*LLL1*, pp.88-89.（『法と立法と自由Ⅰ』115-117頁）を見よ。
201)　*SO*, p.22. 1・64（『感覚秩序』31頁 1・64）共感覚とは生理学で刺激の部位と別な部位に起こる感覚のことである。
202)　*NPP*, pp.82-88. *NPP*の第6章の *The Confusion of Language in Political Thought* を見よ。*PPE* では第11章の *The principles of a Liberal Social Order* を見よ。
203)　*LLL1*, p.92.（『法と立法と自由Ⅰ』121頁）*NPP*, p.82-88.
204)　*CRS*, p.226.（『科学による反革命』188頁）

近代の真の啓蒙主義者，ヒュームやカントに戻らねばなるまい。

　ハイエクは真の啓蒙主義者ヒュームやカントを高く評価する。彼らに貫かれている哲学は一元論であり，演繹であったから。社会科学の科学たる所以は演繹的方法，すなわち一元論を如何にして実現するかにかかっているということである。換言すれば，そのスタンスは自己自律に基づく反省的判断であった。経験的な心理学でありつつも合理的な心理学の所以である。

　経験的心理学でありつつも合理的心理学であると言ったとき，自生的秩序の構造を理論的にヒューム哲学やカント哲学から獲得したからである。この経験的かつ合理的な心理学（「感覚秩序」）は社会科学が直面する秩序や調和に従う飽くなき経験，消極的判断を確実に後援している。ハイエクの科学はまさにカントの時間論（超越論的観念論，経験的実在論）[205]にかかっていると言えよう。科学は時間論で論じられねばならない。これを経済学に置き換えれば，部分から全体へ，静態から動態へ，短期から長期の視点でなければならないことを意味している[206]。オーストリア経済学はそのように意味で一貫して努力してきた。

　ハイエクが「偉大な社会」や「開かれた社会」を口にするとき，それは一元論の世界で言っているのである。捉えたからではない，捉えようとしてのことである。したがって，これらは理念ではない。「偉大な社会」や「開かれた社会」はあくまでも彼岸という一元論の世界で言及しているにすぎない。換言すれば，「偉大な社会」や「開かれた社会」とは自生的秩序と同義である。必要なことは，この社会において個人は即諸個人となり客観が可能な世界になる。しばしば，経験主義は水平的であり，主観主義は垂直的である形容されてきた。しかし，ハイエクにはこのような水平的，垂直的という分け方も無意味であろう。メンガーが述べていたように，個人が諸個人となる靭帯としての個人はあくまでも自生的秩序において機能する，そして意見もつ

---

205) 中島義道『カントの時間論』iii - iv頁，中島は述べている，「『演繹論』とは時間の総合がすべての総合の基礎をなす，という基本思想のもとに成立している。だが，ここでは時間が空間化された線として総合される限り，当然ここには空間の総合が介入してくるはずである。…よって，ここに注意すべきことは，カントが『演繹論』において総合一般を（空間の総合にではなく）あくまでも時間の総合に即して論じている…」同書87頁

206) *LLL2*, pp.114-115.（『法と立法と自由Ⅱ』160頁）

要素である。ハイエクは言う。「これ（機能）は，生物学的有機体や自生的社会秩序のなかにも見出される自己維持構造の論議には，ほとんど欠かせない用語である。そのような機能は，その行為の資する意図が何であるかを知る行為部分をもたなくとも，遂行されるであろう。[207]」（かっこ内引用者）と。メンガーが個人を要素としていたのだが，この要素という表現は一元論を主張する理由でもあった。メンガーに一元論の原点があった。

　既に明らかだが，まとめておくことにしよう。二元論と一元論，分析と綜合，アポステオリズムとアプリオリズム，帰納と演繹，これら二つがあって統合されているという意味ではない。あくまでも超越論的に統合されるという意味である。「偉大な社会」[208]，ハイエクの自生的秩序，ポパーの「開かれた社会」，これらは同義である。元を正せば，それぞれは「見えざる手」，すなわち「予定調和」のシステムを含意したものである。これらには一元論の世界で議論されねばならない。もちろん，われわれはその一元論の世界について無知であり，ほとんど無意識であろう。しかしその世界は可能である。[209]ヒューム的に言えば，個人は社会的個人になる得る可能性をもっていた。それを個物（主義）の中に見ていた。[210]カント的に言えば，主体は経験に遭遇して超越

---

207)　*LLL1*, p.28.（『法と立法と自由Ⅰ』40-41 頁）
208)　*LLL1*, p.2.（『法と立法と自由Ⅰ』9 頁）ポパーはこの「偉大な社会」を「開かれた社会」と言い換えている。
209)　ハイエクは「われわれの無知の重要性」と題して述べている。「限界は絶対的なものではないだろう。一定の複雑現象については，われわれは単純現象についてほどほど多くをけっして知ることができないけれども，より限定的な目標を目ざすする技術——個々の出来事ではなく，単なる一定のパタンないし秩序の出現の説明——を洗練していくことによりその限界を部分的に突き抜けることが可能である。これを単なる原理説明や単なるパタン予測（pattern predictions）と呼ぶか，それとも高次の理論と呼ぶかどうかはたいした問題ではない。一定の種類パタンを生み出す一般的メカニズムの理解は，特殊な予測の単なる道具ではなく，それ自体が重要なのである。そしてそれは，行為にとって重要な導きを（ときには，行為しないことが望ましいとの示唆を）提供しうる。われわれは，ひとたびこの点をはっきりと認識するなら，この限られた知識がもっとも価値あるものであることにきっと気づくであろう。」*PPE*, p.40.（「複雑現象の理論」134 頁）
210)　*THN*, p.17.（『人間本性論』29 頁）「すべての一般観念は，特定の名辞に結びつけられた個別的観念（particular ideas）にほかならず，この名辞が，個別的観念により広範な意味を与え，必要に応じて個別的観念をしてそれに類似した他の個別者（individuals 個別的観念）を呼び起こさせるのである。」*THN*, p.24.（『人間本性論』37 頁）「観念がその本性において個別的なものであり，また同時に〔精神が現前させ得る〕観念の数が有限であるならば，観念がその代表の働きにおいて一般的となり，それ自身のもとに無限の数の他の観念を含むことができるのは，ただ習慣にのみよるのである。」

論的世界に入るのである。したがって，彼らの言説はともに経験の中におかれることが条件である。この一元論の世界は秩序であると同時に客観的な世界である。この一元論の世界はまた構築の哲学，すなわち動態（ヒューム的には「能動的原理[211]」）におかれている。あくまでも，個人にそれらの潜勢力が与えられている。個人は非人称の社会に生きている。この個人主義と環境がオーストリア学派経済学の核である。

　方法論的個人主義を確認しておこう。われわれ個人は社会の機械の歯車ではない。シャンドが述べていたように，オーストリアンたち，方法論的個人主義者はあくまでも個人に主体をおいてきた。社会的全体とは個人から「独立した実在性をもたない完全に抽象的な構成物[212]」である。それだけに経験は常に棄却の対象である。構築の哲学をもつ個人のみが前に進めるのである。もとより，「偉大な社会」は単なる社会全体ではない。その機構は無意識を含むものの諸個人が希求するが故に確信される。「偉大な社会」をあるがままの社会（経済）から峻別するシステムとは，個人（個物）を通してであるが故に諸個人に与えられているという見解である。

　「偉大な社会」は個人（個物）に依るが故に二元論と一元論，分析と綜合，アポステオリズムとアプリオリズム，帰納と演繹の二分を余儀なくされる。しかし，遠からず個人は諸個人のシステムをもち超越論的に包括される。「偉大な社会」は「お互いに知らない人々の活動が相互に調整されること」，「フィードバック機構の作用[213]」が機能する社会である。個人は認識（や感覚）から既に秩序と客観化が約束されている。これが既に人と人を結びつける契機である。ハイエクはその鞏帯を抽象に求めている。その起源は個物主義がもつ普遍代表説にあったし抽象にあった。その抽象が自生的秩序を形成する契機である。

　自生的秩序を支えるには二つの秩序が機能していると思われる。感覚秩序は諸個人に共有されるものである。一人個人が感覚や認識のシステムの構造に気づけば，社会的な高次の自生的秩序に気づかずにはおかない。「偉大な社

---

211)　*PPE*, p.112.（『デイヴィッド・ヒュームの法哲学と政治哲学』144 頁）
212)　Shand, A. H., *Ibid.*, p.29.（『自由市場の道徳性』42 頁）
213)　*LLL3*, p.158.（『法と立法と自由Ⅲ』220 頁）

会」は個人が無知であるとか，意識している，洗練されるとかいう問題ではない。抽象的な理性（カント的には自己自律），共感覚は必ずや無知を超克するべく個人をして社会的な消極的選択，フィードバックが作用する機能を編み出すにはおかない。それは陰に隠れた強力な可能性である。経済には他の社会科学には見にくいサイバネティックス，フィードバック（カントでは背進的綜合）が見やすく機能している。

　ハイエクの功績はこの一元論のシステムとその動力を抽出したことにある。一元論はわれわれが無知であっても，自覚しなくても可能なのである。既に何度か触れてきたが，ハイエクは経済学の定義を次のようにした。「社会研究は事物の間の関係ではなく人と事物の関係または人と人との関係を取り扱う。社会研究は人間の行為に関心をもち，その目的は多くの人びとの志向せざる，または意図せざる結果を説明するところにある。[214]」これはオーストリアン達，メンガー，ミーゼスそしてハイエクの課題であった。[215] ハイエクは秀でてこれに答えたことになる。そして，ハイエクという経済学者は自らのスタンスを通して哲学者の言説へさらなる説明を送ってきたように見える。

---

214) *CRS*, p.41.（『科学による反革命』22頁），
215) *UMS*, S. 87.（『経済学の方法』89頁）メンガーは述べている。「知るということは諸原因を通じて知るということである。」だから，「国民経済」の現象，すなわち，われわれがこうした言葉でよび慣れている，ある複雑な人間現象を理論的に理解しようとするひとは，その真の要素，すなわち，国民のなかでの諸単一経済にまでさかのぼり，前者が後者から組成される法則を研究することにつとめなければならない。」

第6章　自生的秩序

　　自然は私たち人間を程度の低い卑しい生き物として選びとっていないことである。自然は私たちを巨大な祭典の場に導き入れるように生命と宇宙全体のなかに導き入れて，私たちをその全体がつくり出すものの観客にもすれば，名誉を求めてもっとも激しく競い合う競技者ともする。そうしたことのなかで，自然は，すべて常に偉大なものと私たち自身よりも高貴なものに対する抗しがたい愛を，私たちの魂のなかに植えつけるのだ。それゆえに人間のなすことのなかには，宇宙全体より広い考察があり思考がある。私たちの考えることは，しばしば私たちをとりまく宇宙の境界線を越える。生命のさまをぐるりと見まわして，それがいかに多く全体にわたって常ならぬ卓越したもの，偉大なもの，美しいものに満ちているかを知るなら，すぐさま私たち人間が生まれて来たことの意義も判ってくる。(偽ロンギノス，小田実訳『崇高について』169-170頁)

1　自生的秩序と判断の哲学

　第4章で詳しく述べてきたように，カントの美（趣味）の判断の議論は，ハイエクの自生的秩序を編み出す契機や条件に不可欠な議論であると思われる。もちろん，ハイエクは『判断力批判』から直接引用して議論することも決してなかった。しかし，筆者はそのようなカントの議論を背後に置くことによって，自生的秩序がより明らかにされることを既に見てきた。この最終章では，ハイエクが自生的秩序を構成する上で核心としてきた，抽象の機能（超出や効果）をさらに考えてみることにする。確かなことは，ヒューム哲学やカント哲学に帰らねばならないことである。まず，ハイエクが考える科学論を挙げて議論の糸口としよう。ハイエクは『科学による反革命』で言う。

　　「《科学》が関心を抱いている世界は既存の世界でもなければ感覚の世界ですらない。《科学》の目的は外部世界にかんするわれわれのあらゆる経験についてのある新しい体系を生み出すことにある。そしてそうすることによって《科

学》はわれわれの概念を作り直すばかりでなく，感覚的性質から離れて，これらの概念を事象のある異なった分類に置き換えなければならない。世界について人間が実際に抱く心像（それは日常生活にあって人間を導くのには十分なのであるが）とか人間の知覚，概念は，科学にとっては研究の対象ではなく改善を要する一つの不完全な手段なのである。……《科学》は，むしろある関係，あるいはもっと適切に言うならば，これらの関係相互の絶えざる変化の過程に興味を抱いている。科学者が客観的事実の研究を強調する場合，その言わんとする意味は，人びとが事物について考えたり働きかけたりすることとは別個に事物を研究してみようということなのである。人びとが外界世界について抱いている見解は科学者にとっては常に克服されるべき一つの段階なのである[1]。」

今，科学論と言えば法則を求めて歩む帰納的な方法である。それと真っ向から対立するのがハイエクの科学論である。それは体系を求める構築の哲学である。体系とは秩序であり，調和である。その体系に個人は導かれるのである。そこに演繹の構図がある。ハイエクにとって科学とはそのような演繹の哲学を不可欠としている。

われわれが抱く科学の関心は既に存在する世界ではなく，目的に向けられた構築される世界である。われわれは現にある世界を対象としているわけではない，つくらねばならない世界に生きている。それだけに，言葉を換えれば科学は「関係相互の絶えざる変化の過程」の真っただ中にある。『遠近法主義の哲学』を提案した牧野も述べている。「人間は，身体をもつ存在者として身体が占める場所に存在する。それゆえ私の存在と私の身体とは分離することができない。文字通り人間とは，場所的存在者である[2]。」その意味で，われわれの世界はわれわれを含め常に未完成の途上に置かれた仕掛品である。ハイエクが経験的実在論もしくは超越論的観念論の立場に立っていることは明らかである。われわれは彼岸を求め此岸に生きる生物である。そして，それは広い立場から体系を求めて語られる哲学であり，知性の哲学もしくは演繹の哲学と言われている。カントの『判断力批判』はその哲学を満足させるものであった。

---

1) *CRS*, pp.38-39.（『科学による反革命』17 頁）
2) 牧野英二『遠近法主義の哲学』16 頁

一見して遠い，もしくは何の縁もゆかりもないと思われがちであるが，美（趣味）の判断は科学論に不可欠な議論を提供しているのである。美は個人が所有する最も主観的な契機でありながら，普遍を他者に要求できるという社会的判断を含むからである。このことにはっきりと気づいていた，数少ない人に政治哲学者・アーレント（Arendt, H.）がいる。彼女は『判断力批判』に二つの要素があると見ている。一つは「人間は誰も一人では生きられない，という事実である。人々は単に欲求と世話においてだけでなく，人間社会以外では機能することがない最高の能力である人間精神においても，相互依存的である，という事実である。」これはヒュームもまた気づいていたところである。もう一つは，カントの有名な問い「人間とは何か」として，「私は何を知りうるか」，「私は何をなすべきか」，「私は何を望んでよいか」に関してである。アーレントは言う。カントの答えは「我々が『自然の目的は何か』のような問いを立てるのは，ただ我々自身が，常に目標と目的を掲げて，そのような計画的存在者として自然に属する，目的をもった存在者だからである」と。これらの問いは，すべて人間が演繹的構図，社会的（非人格的）な目的に下に問われていることなのである。とりわけ，社会科学は人間の科学であり，この演繹的構図を不可欠とする。ハイエクの自生の秩序もまたこの「自然に属する，目的をもった存在者」が演じる秩序なのである。

この「自然に属し，目的をもった存在者」に美（趣味）の判断をもって応えたのがカントである。いわば，美（趣味）は，その最も個別的な価値意識が社会や自然へ向け相互関係としてどのように統一，克服されるかという課

---

3) *KPP,* p.10. (『カント政治哲学の講義』9 頁)
4) *THN,* p.485. (『人性論（四）』56 頁)「人間が欠陥を補い得て，同じ他の生物と等しい程度まで高まることができ，他の生物に優ることさえできるのは，偏に社会のおかげである。…」
5) 認識は Was kann ich wissen ?（「私は何を知りうるか。」），道徳は Was soll ich tun ?（「私は何をなすべきか。」），判断は Was darf ich hoffen ?（「私は何を望んでよいか。」），そこであらためて Was ist der Mensch ?（「人間とは何か。」）である。これらの問いはすべて演繹の立場からでたものである。*KrV,* S. 833. (『純粋理性批判（下）』97-98 頁)
6) *KPP,* p.13. (『カント政治哲学の講義』12 頁)
7) *KPP,* p.12. (『カント政治哲学の講義』12 頁) アーレントはハイデガー（Heidegger, M.）の言葉を引用している。「存在は人間を呼び求め，人間は存在の後見人あるいは羊飼いとなる。存在はそれ自身の現象のために人間を必要とする。人間は実存するために存在を必要とするばかりか，他者のいかなる存在者，他の生命体とも異なって，自己自身と関わっている」。

題を担うからである。つまり主観的かつ単称的であるが故に目的無き合目的性をもち，範例的必然性，調和や秩序へ高められる。それだけにその必然性は概念無き必然性にとどまる。自生的秩序はこのような契機と課程を受け入れるであろう。自生的秩序を含意した社会科学は，カントのように美の契機を背景とした哲学をもってはじめて展開されるのではなかろうか。

　これを足場のない科学と考えてはいけない。むしろ足場があると考えるならその足場は虚像である。足場を求めつつ，足場を構築していかねばならない。この構築の姿は，人間は社会に生きることが個人も社会も有利だからであり，「この有利を人々が気づくことも必須」である，という理由からである。「人間の知覚，概念は，科学にとっては研究の対象ではなく改善を要する一つの不完全な手段なのである。」だからこそ，不確かな個人を補う諸個人である。真の科学はわれわれ個人において謙虚になることが求められる。したがって，われわれが足場と考えている概念や価値は科学の焦点であるものの，絶えず求め続けられるものでしかない。そのミリューを経験的実在論，超越論的観念論と言ってきた。そのために，自生的な秩序（一般性）を求めて最も具体的美すなわち趣味から出発してきたのである。美は判断を通して普遍を求められ続ける質をもつからである。科学性を得るために，その判断の哲学が社会科学にとって不可欠であろう。判断の哲学は一元論かつ方法論的個人主義を採るオーストリア学派の基底におかれる前提なのである。

2　美（趣味）の判断は普遍への契機

　既に第4章で詳しく述べてきたところであるが，もう一度美（趣味）の判断を確認しておこう。美を判定するには反省的判断力が必要である，とカントは言ってきた。美は主観に根ざしたものであり，どこまでも客観的なものではない。しかし，ヒュームが「弱い動物である人間にたぐいのない力を与えるのは社会生活だけ」であり，その生活から正義を思惟したように，カン

---

8)　*THN*, p.486.（『人性論（四）』57頁）

トは美(趣味)から社会的判断の方法を見出した。アーレントは述べている。「趣味判断は、常に他者及び他者の趣味について考慮を払い、他者の下しうる判断を考慮に入れる。このことが必要であるのは、私が人間であり、人間の仲間の外で生きることができないからである。[10]」カントが心がけた美は主観を出発としながらも、なお公的な意義を具え必然性と普遍妥当性を他人に要求できるにちがいない、という思惟からであった。カントは『判断力批判』の冒頭で趣味判断は美学的判断だとして次のように述べている。

> 「何か或るものが美であるか否かを判定する場合には、その物を認識するために表象を悟性によって客観に関係させることをしないで、構想力(恐らく悟性と結びついている)によって表象を主観と主観における快、不快の感情とに関係させるのである。それだから趣味判断は認識判断ではない、従ってまた論理的判断ではなくて美学的判断である。なおここで美学的判断というのは、判断の規定根拠が主観的なものでしかあり得ないということである。[11]」

美の判定は認識や道徳を判定する領域には属さず、すなわち道徳律やカテゴリーとは異なる第三の原理を必要とするとしている。いわば、カントは第一批判、第二批判に入らない第三のアプリオリを判断力に求めたのである。

結論を先取りすれば、自生的秩序は美学的判断に置き換えられる。自生的秩序は調和であり、秩序である限り、社会的に見て美しく崇高なものである。ハイエクの「感覚秩序」もまた美学的判断の起点になっている。なぜなら、感覚が秩序である限り、美や趣味がもつ「目的無き合目的性」に途を開く起点であるからである。カントは言う。「美とは単なる判定において(感官的感覚においてでもなければ、また概念によるのでもなくて)我々に快いところのものである[12]」と。したがって、カントにおける判断力の検討はそのまま自生的秩序の生起、形成そして判定に援用されねばなるまい。大切なことは、美(趣味)と同様に自生的秩序は主観的なもの(主体が感じとるもの)でありながら、

---

9) PPE, p.112.(『F・A・ハイエク市場・自由・知識』に所収、「デイヴィッド・ヒュームの法哲学と政治哲学」145頁)、および EM, p.306.(『道徳原理の研究』181頁)を見よ。
10) KPP, p.67.(『カント政治哲学の講義』103頁)
11) KU, S.3.(『判断力批判(上)』70頁)
12) KU, S.180.(『判断力批判(上)』254頁)

2 美（趣味）の判断は普遍への契機

必然性と普遍妥当性を担っているからである。

　カントは「美学的判断力の分析論」（「美の分析論」）において判断の契機（性質，分量，関係，様相）4つを提示する。つまり，美が編み出される判断の契機が述べられる。それらをタイトルから見てみる。①性質は「趣味判断を規定する適意は一切の関心にかかわりがない」[13]。②分量は「美とは概念を用いずに普遍的適意の対象として表象されるところのものである」[14]。③関係は「趣味判断の根底に存するものは対象の（あるいは対象を表象する）合目的性という形式にほかならない」[15]。④様相は「趣味判断は完全性の概念にはまったくかかわりはない」[16]。

　アーレントはこれらをまとめて「構想力及び共通感覚という名をもった二つの別個の能力によって示される」として，次のように述べる。

　構想力とは「現存しないものを現前させる能力である。」美はわれわれによって作り出されているのである。「この構想力によって対象は，私が直接対面する必要のないもの，私がある意味で内面化したところのものへと変形される。」[17] これは，前述の「美とは単なる判定において（感官的感覚においてでもなければ，また概念によるのでもなくて）我々が快いところのものである。」に求められる。アーレントは続ける。

> 「それ（美）が知覚において快を与えるかどうかは重要ではない。あるいは，単に知覚において快を与えるものは，満足感を与えはしても美的とは言えないのである。美的なものは表象において快を与える。というのも，そこでは構想力が美的なものを用意し，私がそれについて反省できるようにするからである。」[18]（かっこ内引用者）

そして，この反省が共通感覚に途を開く。アーレントは続ける。

> 「共通感覚について言えば，カントは非常に早くから，最も私的な主観的な

---

13) *KU*, S. 5.（『判断力批判（上）』72 頁）
14) *KU*, S. 17.（『判断力批判（上）』84 頁）
15) *KU*, S. 102.（『判断力批判（上）』34 頁）
16) *KU*, S. 44.（『判断力批判（上）』111 頁）
17) *KPP*, p.66.（『カント政治哲学の講義』101 頁）
18) *KPP*, p.67.（『カント政治哲学の講義』101 頁）

感覚のように見えるもののうちにも，実は非主観的な何かがある，ということに気づいていた…。」

さらに，アーレントはカントの叙述を分かり易く引用する。

> 「『美的なものは，[我々が] 社会のうちにある場合にのみ，[我々の] 興味を掻き立てる。…無人島に一人だけ取り残された者は，自分の小屋や容姿を飾り立てたりはしないであろう。…[人は] 対象について他者と共に満足を感じることができない場合には，その対象に満足しないのである。』[19]…最後に最も徹底した言い方として，『趣味においてエゴイズムが克服される』，すなわち，我々は〔趣味において〕その語の本来の意味において『思慮深く（considerate）』なる，とも語られる。我々は他者のために，自分の特殊な主観的事情を克服しなければならない。換言すれば，非客観的感覚のうちにある非主観的契機とは，間主観性なのである。」[20]

美とはわれわれの（ハイエクなら諸個人の）価値意識の形成を飲み込んでいる，と言ってよいのであろう。社会科学の科学性（自然科学においても究極のところ同じであるが,）は価値意識の普遍性を求めるところにある，と言い換えられよう。もちろん，価値意識の普遍性と言っても経験無くしては何も始まらない。しかし，その経験も単なる所与ではまた何も始まらない。そこには人間の，触発の契機がなければならない。それは趣味であり美である。それには構想力という名の生得的な（つまり感覚意識と言ってもよいような）価値意識がなければならない。それは反省をもって迎えられる。そして，われわれはさらなる価値意識を充当する。それは脱皮と創造という運命にある。美は無意識のうちに全体性をともなって機能する。美そのものにこの機能があるからこそ脱皮と創造が繰り返される。このようにして，カントの美や趣味の判断から自生の秩序の形成に不可欠な議論が得られるのであろう。ハイエクの自生的秩序にはこのようなカントの判断力の全体的かつ組織的機能が含まれていると思われる。そして第 4 章で述べてきたようにハイエクはカントの自然的人間から抽象を導き出したと言えよう。

---

[19] *KU*, S. 163.（『判断力批判（上）』238 頁）
[20] *KPP*, p.67.（『カント政治哲学の講義』102-103 頁）

美の判定は常に具体的に現れる。しかし趣味という美は普遍や一元論的世界を要求することができる。アーレントは述べている。

「趣味という活動様式は，この世界が，その効用とかそれにわれわれが抱く重大な利害関心から切り離して，どのように見られ聞かれるべきか，人びとが今後世界のうちで何を見，何を聞くかを決定する。趣味は，その現れと世界性において判断する。趣味が世界に抱く関心は純粋に『利害関心なき』ものであるが，これは趣味のうちには生命への個人の関心も道徳への関心も含まれないことを意味する。趣味判断にとっては，世界こそが第一のものであって，人間，つまり人間の生命あるいは人間の自己は第一のものではないのである。」[21]

アーレントによっても，ハイエクと同様にこの世界を一元論として描くことを忘れたりはしなかった。その一元論の世界は趣味によって解かれると彼女は考えている。いわば，具体的な趣味は価値意識の一般性をあまねく広く扱うことができる一元論の世界の起点である，というのである。趣味は一個人を離れ非人格的な世界の中で一元論の効果として機能する。一元論の世界は利害を超えている。したがって，「一切の関心にかかわりのない適意の対象が美」[22]であるから，美や趣味は構想力や共通感覚に訴えることができる。それは原理であり，だからこそ綜合や分析にとらわれず，カントはあえて背進的方法と呼んだのである。

アーレントは言う。「これらは認識に関する事柄とは異なる。真理は強制的であり，いかなる『格律』（格率）をも必要としない。格律が用いられ，必要となるのは，もっぱら意見や判定の問題に関してである。また，道徳の問題において行為の格律が行為者の意志の質を証言するように，判断力の格律は，共同体感覚に支配された世俗的事柄に対するその人の『考え方』（Denkungsart）を証言する。」[23]（かっこ内引用者）カントは言う。「知性的判断力よりも，むし

---

21) *BPF*, p.222.（引田隆也・齋藤純一訳『過去と未来の間』300-301頁）政治学者・アーレントは述べている。「『判断力批判』におけるカントの諸命題のまったくの新しさ，それどころか驚くべき斬新さは，次の点にある。カントが他者との共有という現象をそのすべての受容において発見したのは，まさに趣味の現象，つまり，美的一感性的な事柄にかかわるがゆえに，理性の管轄範囲はもより政治の領域の外部にあるとつねに見なされてきた判断の一つにすぎないものを検討していたときであった，という点にある。」*BPF*, p.221.（『過去と未来の間』300頁）を見よ。この趣味の現象は経済にも同様に言えよう。

22) *UK*, SS. 5-7.（『判断力批判』72-74頁）

ろ美感的判断が共通感覚という名称をもつことができる，…。さらに趣味は，ある与えられた表象についてのわれわれの感情を，概念を介さず普遍的に伝達可能にするものの判定能力であると定義することができるであろう[24]。」アーレントは述べている。趣味は「共同体感覚である。しかもここでいう感覚は，『精神に対する反省の影響』を意味している。この反省は，一つの感覚であるかのごとき感じを私に与える。まさしくそれは趣味の感覚であり，弁別的な選択的な感覚である[25]。」(傍点は引用者)既述のように，ヒュームは「抽象観念」において「無限に多くの類似性を受け容れる[26]」こととした。これと対照的にカントは趣味を起点として抽象に気づいてきた。

この説明でアーレントとハイエクとに接近を感じとることができる。「弁別的な選択的な感覚」とは抽象が担うことができるのではなかろうか。ハイエクはこれを感覚秩序としてきたのであろう。そして，抽象において反省は捨象として理解されよう。ヒューム的に言うならば，反省は感覚において連合を推進する。いわば観念連合である。それをハイエクはモダリティーの関係，インターモーダル(感覚間における属性)と呼んできたのである[27]。もちろん，これは類概念の環境をつくり出してきた原動力である。

こうした関係を，ドゥルーズは「超出[28]」と言い，ハイエクは脳の神経機能に見てきた。この「超出」は新たな発見的機能として神経繊維の地図に存在し，それはまた人間の非人格的社会にも存在する。ヒュームもカントも，彼らの哲学を経験的心理学と見られることから，ハイエクはその起源を脳に見ようとしたのである。したがって，ハイエクは，カントの美(趣味)判断から抽象を編み出してきたのではなかろうか。もちろん，ハイエクはそのようなことを一言も言ってはいない。そのためにも，抽象を歴史的にさらに検討してみよう。なぜなら，そのカントもまたヒュームからの影響を受けているからである。必要なことは，趣味に含意された，感覚，反省，抽象(捨象)

---

23) *KPP*, p.71. (『カント政治哲学の講義』109 頁)
24) *KU*, S. 160. (カント全集 8 牧野英二訳『判断力批判 (上)』岩波書店，1999 年，183 頁)
25) *KPP*, p.71. (『カント政治哲学の講義』109 頁)
26) *THN*, pp.19-20., p.637. note (木曾好能訳『人間本性論』32-34 頁の注 (一))
27) *SO*, pp.21-22, 1・58-1・67, p.161. 7・48 (『感覚秩序』28-32 頁 1・58-1・67，182 頁 7・48)
28) *ES*, p.144. (『ヒュームあるいは人間的自然 -経験論と主体性-』234-235 頁)

をそれそれぞれ独立させることなく結びつけて考えることである。

3 普遍代表説と抽象

　筆者はハイエク理論の核心，自生的秩序を端的に「…からの自由」と言ってきた[29]。それは，自生的秩序をつくり出すのは個人，諸個人であって，その方法は事象の中で「…をしてはならない」という禁止の下[30]，すなわち相対的な消極的選択によって形成されるもの，という理由からであった。禁止は諸個人の中で個人がなし得る。特殊は普遍へその溝を埋めるべく禁止の対象であり，その過程で抽象（捨象）が機能する。その意味で，自生的秩序はあくまでも個人と諸個人で作られているといわねばならない。つまり，個人が主体として要請される自己自律の世界は，視点を換えれば諸個人の非人格的な世界に置き換えられる。これは二つにして一つであることは既に述べてきた。ハイエクの世界はこのようなふたつの視点，一つは主観的自己自律の世界，もう一つは社会的な慣習の世界に依存する。自生的秩序はこれら二つが要請される世界の所産と見てよいであろう。前者がカント的ならば，後者はヒューム的であった。演繹はこの二つの視点で考えられてきた。ハイエクはその両者の哲学から自生的秩序の核心，抽象（むしろ捨象と言ったほうが適切）を編み出してきたと思われる。したがって，カントの超越論的な判断を持ち合わせている個人でなければならず，同時にそれはヒュームの自然，慣習に従う

---

[29] *LLL2*, pp.42-44. (『法と立法と自由 II』63-66 頁) 筆者の「…からの自由」は次のような言説に基づいている。ハイエクは「正義のテストがもつ消極的性質の意義」で述べている，「カントは，定言命法が正義の十分条件ではなく必要条件だけを用意することに，あるいは正義にもとるものを徐々に排除していくことができる消極的テストと我々が呼んだもの，つまり普遍化可能性のテストだけを用意することに，十分気づいていた。」と。ハイエクがヒュームのみならずカントにもこの見解を看取していることに注意しなければならない。オーストリア学派経済学がもつ演繹論をカントに求めていると考えられよう。

[30] *LLL1*, p.8. (『法と立法と自由 I』15-16 頁) ハイエクは述べている。「人間は，常に，人間の達成できる範囲を実際に限定してきたのであった。なぜなら，人間をして自分の力を十分に行使させてきたのは，常に，可能性の限界という認識であったからである。」またハイエクは注を加えて述べている。「カール・ポパー卿は，すべての科学法則は本質的に禁止，すなわちあることがらは起こりえないという主張から成るという考え方を体系的に発展させている。」と。この「禁止」は，換言すればカントの弁証論（誤謬論）に起源をもつものである。

個人である。そこに進化や成長が展開される。ハイエクの世界は，これらを含意してはじめて成立するものであった。換言すれば，それらが一元論の中に溶け込んでいる世界である。

普遍化へ進む道は二つ考えられた。一つは個人主体の超越論的な展開によって見出していこうとしたのがカントであり，もう一つは諸個人の慣習の中，一般観念で見出していこうとするのがヒュームである[31]。そして，これらの起源はともに個物（個体）主義（Individualismus）に対する見解[32]，バークリーの普遍代表説にあったと思われる。その意味で起源は一つであった。デカルト（Descartes, R.）が述べたように「ego cogito, ergo sum 我思う故に我あり。」[33]と言ったときに，それはアリストテレス（Aristoteles）の実体論，中世末期の唯名論そしてライプニッツ（Leibniz, G. W. von）に流れていた個物（個体）主義を継承してのことである。つまり，普遍主義に対する個物主義である。まず，個物主義について拮抗した二つの見解（ロック対バークリー）を見ておくことにしよう。木曽好能の解説を引用する[34]。

そもそも，ロック，バークリー，ヒューム等，英国経験主義は生得観念説（デカルトが述べたように，人間は生まれながらに観念をもっているとする説）[35]を

---

31)「我々の迷いを解く唯一の方法は，より高い立場に登ることである。すなわち科学が物質的原因に適用されるときには，科学の狭隘な限界を検討し，そして我々がそれらの諸原因について知っているすべては，恒常的連接（constant conjunction）と…その推理であることを納得することである。おそらく我々は，我々が人間に対して，このような狭隘な制限を設けるように説得されるのには困難を伴うことを見いだすであろう。しかし後になって，この理説を意志の行動に適用するようになるときには，我々は何の困難をも見出しえないのである。というのは，これらの行動が，動機や事情や性格と規則的な連関を有することは明白なので，また我々が常に一方から他方への推理を行うので，我々は自己の生活に関するすべての熟慮において，また我々の行為と態度とのすべての段階において，我々が既に公然と認めたあの必然性を言葉に表して認知せざるをえないに違いないからである。」（かっこ内筆者）*EHU*, pp.93-94.（渡部峻明訳『人間知性の研究・情念論』131 頁）を見よ。

32) 個物（個体）主義（Individualismus）は政治学や経済学では個人主義（individualism）となって一般的である。みずから真の個人主義を任じるハイエクには哲学における個物主義から出発して議論しなければならない。ただ，Individualismus と individualism は厳密に区別されて使われてはいない。individualism を個物主義と訳されるときもある。Johonston, W. M., *The Austrian Mind* p.77.（『ウィーン精神』117 頁）を見よ。

33) デカルト著，桂寿一訳『哲学原理』の 38 頁を見よ。

34) 木曽好能訳『人間本性論』に所収，『ヒューム『人間本性論』の理論哲学』の第五章「抽象観念」451-462 頁を見よ。

35) 正確に言えば，1. 思考対象，2. 思考の現実の働き，3. 思考機能の能力を意味する。

採ることはできなかった。そこで，「ロックは，『存在するものはすべて個物であり，個別的なものである。』としながらも，多くの個物が真に共通な性質や属性を共有するということを認めることにおいて，真に普遍的な抽象観念の存在を認めたのに対し，バークリーとヒュームは，『真に普遍的なものはいかなる意味においても（現実の存在者としても，現実の観念としても）存在しない』と主張する個物主義を唱えた[36]」のである。前者を普遍抽象説，後者を普遍代表説と言う。

　ヒュームは，『人間本性論』においてバークリーの個物主義（普遍代表説）を讃えて，「私はこの主張を，近年学界でなされた最大にしてもっとも価値ある発見の一つである[37]」，と述べたほどである。つまり，抽象観念が一般的なのか，それとも個別的なのかという問題に対して，ヒュームは「すべての一般観念は，特定の名辞に結びつけられた個別的観念（particular ideas）にほかならず，この名辞が，個別的観念により広範な意味を与え，必要に応じて個別的観念をしてそれに類似した他の個別者（individuals 個別的観念）を呼び起こさせるのである[38]。」と言う。これがヒュームの個物主義についての見解，普遍代表説であった。この普遍代表説と対立するのが，ロックの普遍抽象説（「個別的存在者からその普遍的側面を抽象する抽象力を認める[39]。」）であった。

　もちろん，カントもまたこの普遍代表説を踏襲していた[40]と考えられる。つまり，「必要に応じて個別的観念をしてそれに類似した他の個別者（個別的観念）を呼び起こさせる」という普遍代表説の下で，認識，道徳そして判断のメカニズムの解明が課題であったことは言うまでもない。カント哲学もこの個物主義，バークリーの普遍代表説にその起源を求めることができ，その批判的摂取であったと言えよう。その意味で，バークリーの個物主義（普遍代表説）には人間の認識のみならず判断の起源が発せられている。

---

36) 木曽好能『ヒューム『人間本性論』の理論哲学』451 頁
37) *THN*, p.17.（『人間本性論』29 頁）
38) *THN*, p.17.（『人間本性論』29 頁）
39) 木曽好能『ヒューム『人間本性論』の理論哲学』451 頁
40) *KrV*, S. A357., S. 339.（『純粋理性批判（下）』183 頁，『純粋理性批判（上）』358 頁）「物体は我々の外感の単なる現象であって物自体ではない。」としたカントにとって「物体的な物はけっきょく関係—少なくとも別々に存在する部分相互の外的関係にほかならない…。」これはロックが主張した抽象能力の否定であり，バークリーの側に立っていることを示している。

ヒュームは次のように言う。

　「形と色〔の成す全体〕を，それら〔全体〕がどういう類似性を受け容れるかに応じて，異なる相（aspects）において眺めるのである。われわれは，白い大理石の球の形だけを考えようとするとき，実際には形と色の両方を含む一つの観念をいだくのであるが，暗にその球と黒い大理石の球との類似性に，目を移しているのである。[41]」

筆者は，既にこれを第3章「ヒューム哲学とハイエク」で，『人間本性論』にある「抽象観念について」の注[42]を引用し，論じてきた。それは，抽象が感覚を通して質の相違を超えたところで（言葉を換えれば，まったく異なった視点で）なされることを見てきた。これはヒュームなら想像力によって，カントなら構想力（もしくは「注意（Aufmerksamkeit）」として[43]）において展開されるのである。これをハイエクの「感覚秩序」に置き換えれば「インターモーダルな，あるいは，感覚間にわたる属性」ということになろう[44]。木曽も述べている。「ヒュームは経験に与えられる単一の確定した感覚的性質（空間的ひろがりをもたない音，香，味などと，空間的広がりをもちうる色と触覚）を『単純者』と見なしたが，それは彼にとって，経験的認識の上での単純者であるばかりではなく，存在の上での単純者でもあった。しかし今や彼は，経験上の単純者のうちに，『理性的区別』すなわち思考による分析によって，言わばより単純な『諸相』（aspects）を見出したのである[45]。」この「理性的区別」こそ，カントの直観的悟性の起源であり，背進的な方法（発見の方法）をもたらしたのである。

　われわれがもつ類似性の思惟は常に開いた集合におかれているという事実である。これは自生的秩序の形成にとって不可欠な環境，自由を要請すると

---

41) *THN*, p.25.（『人間本性論』38頁）
42) *THN*, p.637.（『人間本性論』33頁）
43) *AH*, AⅦ S.131.（『実際的見地における人間学』182頁）
44) ヒュームとハイエクとに酷似が見られる。ヒュームの「観念に一種の反省（reflexion）を添えるのであるが，その反省は，慣習のせいでほとんど気づかれないのである。」*THN*, p.25.（『人間本性論』38頁）というくだりは，ハイエクの「もともとのような感覚モダリティーに属しているか，われわれにはすぐには気づかないことがしばしばである。」*SO*, p.21. 1・61（『感覚秩序』30頁1・61）のくだりに酷似している。
45) 木曽好能『ヒューム『人間本性論』の理論哲学』457頁

いうことで、きわめて大切なことであった。言葉を換えれば、ハイエクの自由やポパーの「開かれた社会」の起源が感得される。これらは個物主義（普遍代表説）において解かれた条件であった。

さらに、個物主義における普遍代表説はメンガーの方法論的個人主義そしてハイエクの真の個人主義をも編み出してきたと思われる。ハイエクは述べてきた、「社会の自生的秩序は個人と組織によってつくられている」[46]。ハイエクは「『社会』や『国家』、あるいは何らかの特定の社会制度や社会現象のような社会的集合体を、諸個人の行う理解しうる行為よりも、どのような意味においてもより一層客観的であるとする見解はまったくの幻想である」と言って、組織や国家に意思を置くことを極力制限してきた。客観は諸個人がつくり出すもので、国家がつくり出せるものではないからである。しかし、われわれは現代社会に財政の肥大化した国家を目の当たりにしているし、人間理性が濫用されているという現実とその実態を経験している。いわば、現代もまた自然科学的に「『社会的事実』…個人的行為の対象以上の事実」[47]をつぎつぎと作り出してしまっているのである。したがって、自生的秩序の要諦は、あくまでも個物（個体そして個人）が非人格社会の中で、懐疑的に、批判的にそして何らかの制約を受けつつ作り出している、という事実にある。現代ほど、個人は国家に与する個人ではなく非人格的でありつつも主体的個人でなければならないことを誰れもが自覚しなければならない。その起源を普遍代表説に見ることができる。

ハイエク理論の淵源は個物主義（普遍代表説）に求められる。『感覚秩序』の目論みはそこにあったのではないか。個物主義（普遍代表説）は、ヒュームが言うように「すべての一般観念は、特定の名辞に結びつけられた個別的観念にほかならず、この名辞が、個別的観念により広範な意味を与え、必要に応じて個別的観念をしてそれに類似した他の個別者を呼び起こさせるのである」、そしてその一般観念を通した普遍化の原動力はあくまでも個人にあり、その環境は非人格的な社会であり、「開かれた社会」と自由の下にある。その環境で一般観念、抽象は生起する。ハイエクが抽象の第一義性を主張する以

---

46) *LLL1*, p.46.（『法と立法と自由Ⅰ』62 頁）
47) *IEO*, p.69.（『個人主義と経済秩序』96 頁）

上，その背後には普遍代表説が潜んでいる。それを見逃してはなるまい。大切なことは，メンガーやミーゼスが必ずしも十分議論してこなかった方法論的個人主義をハイエクはより明確に抽象（捨象）に及んで説明を加えたことである。それを解くカギは普遍代表説にあった，と言ってよいであろう。

ハイエクは経済とは縁遠いと思われる抽象に深い洞察をおこなった。それは，抽象がすべての活動に関わり，「生物が反応する活動パターンの大部分は，おそらく生得的なものであろうと思われる[48]」と考えているからである。これを生物にありがちな，本能的かつプリミティブな行動と理解してはならない。生物の神経が生得的に織りなす秩序である。むしろ，人間は高等であるがゆえに見える部分に心を奪われて，見えない部分を看過してきた。経済，法，言語等，それらはむしろ成文化されない部分において存在と機能を可能にしている。見えない部分は神経細胞の機能にある。本来もっているニューロンの秩序にその原現象が求められる。その秩序は物理的にはニューロンであるが，その意義は抽象で構成されている。それを人間は見える結果に囚われ見失ってきたのである。

あくまでも，行為や活動の指針と規準を経験から借りてくることはできないのである。そうではなく，生得的なニューロンの秩序が自ら構成したものに従っているのである，というのがハイエクの理解である。認識や実践そして判断は思いの外一般化におかれているのである。『感覚秩序』の秩序論は社会的一般化の前に既に一般化されている秩序である。秩序論は原現象をニューロンのネットワークで表してきたのである。そして「抽象の第一義性（*The Primacy of the Abstract*）」の「第一義性」とは生得的機能を含意している。ハイエクの抽象はまさに個物がもつ普遍への代表として機能する。いわば，抽象は進化の機能を担うプロトコルを意味している。

普遍代表説を踏襲してきた個物主義者，ヒューム，カントはそれぞれ視点を異にしてきた。前者は人間を自然の機能に従うものとして，後者は超越論的に従うものとしてきた。前者は社会的であり，後者は主観的かつ内面的であった。ハイエクはこの二人を通して巧みに一元の世界に引き込んだ。そし

---

48) *NPP*, p.42.（『還元主義を超えて』工作舎に所収，吉岡佳子訳「抽象の第一義性」414 頁）

て抽象は一般観念として社会を受け入れ，構想力として超越論的なものを受け入れずにはおかない。少なくともハイエクの抽象は前者ヒューム的な視点と後者カント的な視点の説明が不可欠であろう。したがって，個物主義（普遍代表説）はスミスの「見えざる手」やハイエクの自生的秩序が解かれる要諦である。

4　抽象の科学性

　ハイエクは自生的秩序を「自己増殖的あるいは内生的に成長した秩序[49]」と説いてきた。そして，その自生的秩序は具体的に言語，法，経済そして貨幣に含まれている，と述べてきた。その中で，ハイエクは経済学者らしく市場を採り上げ，その自生的秩序の機能の一つを特別にカタラクシー（catallaxy）と呼んできたのである。つまり，「市場によって生み出される特別な種類の自生的秩序こそが，カタラクシーに他ならない。[50]」と。そのカタラクシーについてハイエクはさらに説明する。

　　「カタラクシーが全般的な秩序としてどんな熟慮の上の組織に優っているのは，そこでは，全く利己的であるか高度に利他的であるかを問わず，人々が自らの利益に従いつつも，そのほとんどを全く知らない多勢の他者の狙いを促進するからである。偉大な社会では，めいめいの狙いが違っているにもかかわらず，そしてしばしば違っていればこそ，様々な構成員はお互いの努力から便宜を受けるのである。[51]」

このカタラクシーの説明から次のように解釈が生まれるかもしれない。自生的秩序とは，自己はあくまでも自らの利益に立つが故に「全く知らない多勢の他者の狙いを促進する」としても人間の間に対立がありやしないか。マルキストが述べてきた弁証法的な（階級）統一，すなわち対立間の止揚の論理が必要ではないか。しかし，決してそのようなものではない。実存哲学者・

---

49)　*LLL1*, p.37.（『法と立法と自由 I』50 頁）
50)　*LLL2*, p.109.（『法と立法と自由 II』152 頁）
51)　*LLL2*, p.110.（『法と立法と自由 II』154 頁）

ニーチェ（Nietzsche, F. W.）の「遠近法主義」を援用して牧野が語るように，われわれが知りうるものはあくまでも部分でしかない。[52]

既に第4章6節「目的論的判断力のアンチノミー」で述べたように，直観的悟性が全体の表象を感得して部分の結合を可能にしているのである。[53] 異なった部分の結合を可能にしているのはプロトコルとしての感性的理性である。それを受けて，ハイエクは抽象を理論の中心に据えた。そして類概念の構造を可能にしてきた。「『抽象の優位性』は…想定されている[54]」のであって，社会や経済に抽象的な価値が貫かれているのではない。[55]

ハイエクの抽象は，『感覚秩序』に述べられてきたようにあくまでも質を超えた，もしくは位相間のそして個人間の感覚的同意である。それは広く「インターモーダルな，あるいは，感覚間にわたる属性」である。いわば共感覚（synaesthesia）[56]であり，カントの共通感（Gemeinsinn）[57]に通じるものである。アーレントも述べていた。「それは極めて私秘的（privacy）でありながら，同時に万人にとって同一であるような感覚である。[58]」（かっこ内引用者）それは，主観が異対象間にトポロジー的に等価を見出すことであり，[59]主観が他者との対立や緊張を解消する契機になるものである。ハイエクはこのトポロジー的等価を通してウィーンに流れていたイソモルフィズムを解き明かしてきたのである。このインターモーダル的な抽象こそ自生的秩序の契機をなすものである。自生的秩序はあくまでも個人が構築するものであり，トポロジー的な等価はその契機の一つを担ってきた。いわば，トポロジー的等価は個人に生起しつつ諸個人を結びつけてきた。ハイエクの科学性はこれを物理的事実としたところにある。「この秩序の位置は，等価な秩序が物理的な要素から作ら

---

52) 牧野英二『遠近法主義の哲学』59頁
53) *KU*, S. 349f.（『判断力批判（下）』94-95頁）
54) *LLL1*, p.30.（『法と立法と自由Ⅰ』42頁）
55) 自生的秩序のメカニズムは，ちょうどマルクスが商品を分析したとき得られた抽象，すなわち商品価値が交換価値（抽象的労働）と使用価値（具体的労働）の弁証法的に統一された抽象的な労働（価値）と同様ではないかと。しかし，ハイエクが貫く抽象の優位性（第一義性）とは交換経済おける価値の抽象ではない。これほど似て非なるものはない。
56) *SO*, p.22. 1・64（『感覚秩序』31頁1・64）
57) *KU*, S.64f.（『判断力批判（上）』132-134頁）
58) *KPP*, p.70.（『カント政治哲学の講義』107頁）
59) *SO*, p.37. 2・2（『感覚秩序』47-48頁2・2）

れることを示すことによってのみ，物理的な言葉で説明することができる。これを達成しさえすれば，精神的な事象の知識に代えて，物理的な特定の部分に依存する秩序についての言明をすることができる[60]。」自生的秩序もこの秩序を契機としている。これはカントが分析してきた主観に内在する直観の完全な自発性の能力（ein Vermögen einer völligen Spontaneität der Anschauung），直観的悟性に起源があったのではないか[61]。抽象や共通感をして主観と全体性自生的秩序との間に明確な紐帯を確認できる。主観は抽象という等価にあって自己充足のシステムの契機をつくりだしている，と言えよう[62]。

「この秩序の性格を正しく理解するためには，通常『経済』として叙述されるものによって示唆される誤った連想から自由になることが肝要である[63]。」と但し書きをハイエクはつける。それが，ハイエクが市場秩序が本来もっていた意味，カタラクシーに遡る理由である。すなわち「catallastics という用語は，『交換すること』だけではなく『コミュニティーにいれること』とか『敵から味方に変わること』」と理解して，敢えて経済や市場をカタラクシーとして位置づけたのである。「『economics』の代わりに catallastics の科学が処理する部類の諸現象を叙述するのに役立てるために，導出されたのである[64]。」と。言葉を換えれば，ハイエクは経済や市場を科学の対象とするためにカタラクシーと位置づけたのである。もとより，市場は「交換する」だけではなく「コミュニティーにいれる」もしくは「敵から味方に変わる」は，抽象という裏付けがあってのことである。

ハイエクは，自生的秩序は「人間の行為の結果であるが，人間の設計の結果ではない[65]。」とたびたび言ってきた。自生的秩序は個人（個物）にとって目的無き合目的性にある。この目的無き合目的性を解くカギがカタラクシーであり，既にヒュームやカントによってもっぱら語られてきたのである。それだけに，個人は組織（社会）という客観へのただ中におかれねばならない。

60) *SO*, p.190. 8・86（『感覚秩序』213 頁 8・86）
61) *KU*, S.347.（『判断力批判（下）』92 頁）
62) *SO*, p.37. 2・1（『感覚秩序』47 頁 2・1）
63) *LLL2*, p.107.（『法と立法と自由 II』150 頁）
64) *LLL2*, p.108.（『法と立法と自由 II』152 頁）
65) *NPP*, p.264.（『F・A・ハイエク市場・自由・知識』に所収「医学博士バーナード・マンデヴィル」123-124 頁）

そのような目的無き合目的性の契機をカントは趣味においた。趣味のような「自由な遊びを営んでいる認識能力の…状態こそ，すべての人が普遍的に関与し得るところのものなのであり」[66]，趣味こそ主観的契機と普遍的契機を堅持しているのである。アーレントが言うように，この判断力の能力は「少なくとも他者の存在を前提」にして，いわば「我々の心的機構全体が堅く結びついているのである。[67]」趣味こそが自生的に個人と社会との判断におかれるものである。その環境に自由と開かれた社会が前提されていなければならない。そして，カントは趣味判断もまた認識と同様にアプリオリな，厳密に言えば超越論的な原理として位置づけたのである。

そのために，カントは敢えて個人（カント哲学においては主観）に自律（Autonomie）ではなく自己自律（Heautonomie）として主観の中での高い自律を求め強調してきた。いわば，判断は体系（ハイエクで言えば自生的秩序）として美と崇高の概念の中で求められねばならなかった。ヒュームがその体系（必然性と普遍妥当性）を自然な組織や社会に求めてきたのと対照的に[68]，カントはあくまでも主観において超越論的に分析を施してきた。演繹の原理を社会（慣習）に求めたヒュームに対して，カントは主観の美と崇高の中に求めた。彼らは対照的であったものの，結局は外と内の違いで人間にとって双方なくてはならぬものである。しかし，ハイエクはそのような議論をしなかった。では，なぜハイエクはこのような美と崇高の議論を表面に出さずに直接的に抽象の優位性を唱えてきたのであろうか。それには自生的秩序の性格を再度見なければならない。

ハイエクは述べている。

「自生的秩序は，われわれが抽象的と呼んできたものである必要はないが，これまた抽象的特質によってのみ定義される諸要素間の抽象的関係の体系からなることが多く，このために，その性格を説明する理論に基礎をおくことなしには直接的に知覚することも認識することもできない。そうした秩序の抽象的

---

66) *KU*, SS. 28-29. （『判断力批判（上）』96 頁）
67) *KPP*, p.74. （『カント政治哲学の講義』114 頁）
68) *PPE*, p.112. （『F・A・ハイエク市場・自由・知識』に所収「デイヴィッド・ヒュームの法哲学と政治哲学」145 頁）「考案者によってその目的のために意図されたのではない…にもかかわらず，社会にとって有利な」諸制度であると。

性格の意義は，それらを構成する特定の諸要素全てが，さらには諸要素の数までが変化するのに，それらが存続しうるという事実にある。そのような抽象的秩序の存続に必要なのは，諸関係の一定の構造が維持されること，または一定種類の諸関係（数は可変）が一定の仕方で関係づけられつづけることだけである。」[69]

まず，「抽象的と呼んできたものである必要はない」ということは，自生的秩序にはカントの分析的な説明（趣味判断，自己自律）を採り入れてよい，もしくはそのような判断分析が用意されてよい，ということであろう。しかしながら，自生的秩序は体系や原理をもつものの，「直接的に知覚することも認識することもできない」ことから，一般化もしくは普遍化はある種の矛盾を克服しなければならない。それには抽象が最も経験的であり，われわれはそれをリアリズムとして既にもっている，というものである。ハイエクは述べている。「抽象的法則こそが未知の存在であるにもかかわらずその任を果たしているということを，もっとも明瞭にしてみせたのは近代言語学の分野である。」[70]端的に言って，言葉は抽象（捨象）化で成り立っている[71]。抽象はわれわれの脳に機能していることであり，最も経験的かつ現実的である。活動が生起するメカニズムを見るには「われわれが外界をどのように解釈しているかではなく，この解釈がいかにしてわれわれの活動を支配しているかについて考察するほうが適切」[72]である。そこに抽象と活動との結びつきを目の当たりにすることができるではないか，とハイエクは強調するのである。

　「この『多重焼きによる特殊化』という言葉は，『抽象の第一義性』を主張

---

69) *LLL1*, p.39.（『法と立法と自由Ⅰ』53 頁）
70) *NPP*, p.39.（『還元主義を超えて』に「抽象の第一義性」428 頁）
71) 既に述べてきたところであるが，犬，オオカミ，山犬はそれぞれが相違するから存在する。犬はオオカミでもなく山犬ではない動物である。つまり犬という言葉は現在のところオオカミや山犬がもつ性質を捨象して消極的に成立している。もし犬と山犬が同じならば言葉はどちらかに統一される。またこれから新たな犬属が出現すればそこでまた捨象が起こる。これまでの犬の定義はさらに限定される。常に言葉は構造的である。これはまた経済財にも言える。競争（代替）財と補完財とは絶対的なものではない。いま二種類の食物だけがあるとすると，競争財でもあり，補完財でもありうる。この関係の程度は所得の変化，おかれた状況下で変化する。Hicks, J.R., *Value and Capital : An Inquiry into Some Fundamental Principles of Economic Theory*, Oxford at the Clarendon Press, 1939, pp.46-48.（安井琢磨・熊谷尚夫訳『価値と資本Ⅰ』岩波書店，1951 年，65-67 頁）を参照。
72) *NPP*, p.39.（「抽象の第一義性」430 頁）

してきた私にとって，機能として最も良い機構の表現であると思われる。」[73]（一部修正訳，引用者）つまり意思にしても行為にしても「多重焼きされた多くの性向（disposition）の結果」[74]である。経験は「類別の多重焼き」にかけられて，抽象（棄却の側に立てば捨象）される。いわば，筆者が自生的秩序を形容してきた「…からの自由」の淵源が脳の機能に語られている。カントがカテゴリー化されて認識が成立するというよりも，ハイエクが必要としていることは，経済学者（社会科学者）らしく活動（行為）の契機，触発そしてその構築である。それは認識であるよりも判断であり活動である。それには理由がある。「経験から一般法則を論理的に導くことはできず，まず最初に一般法則化の能力が出現」[75]しているという事実から，活動（行為の構築）は即「一般法則化の能力」によって編み出されたものである。当面する課題は経験であるよりも，現に生起する活動（行為）である。活動はかならずや演繹の形態を採っており，一元論の世界である。ポパーが演繹に関わったことにはしっかりした理由があった。しかも，この演繹の機能は「生得的である。」[76]さらに，これは認識のみならず高次の秩序論に耐え得るものである。それは閾値（イキチ，threshold）[77]に現れている。閾値とは活動（行為や判断）が非連続的でありながら，連続的変化を引き起こさせる転換点である。これは認識論よりは秩序論を意識してのことである。さしずめ，カント哲学の経験の因果律（経験的性格）と自由の因果律（可想的性格）[78]との連続の議論に相当しよう。

　カントと相違して，ハイエクにおいては高次の秩序へ向かう分析は要請されない。個人は高次の自生的秩序（「意図せざる結果」）を把握することはできないからである。ここにハイエクがカントの認識の分析を直接採り入れることなしに抽象に終始してきた理由があると思われる。そもそもヒューム哲学，カント哲学の核心をなしてきた演繹論は自己矛盾と言われかねない運命をもっていた。カントがアンチノミーとして，その調停を議論してきた。しかし，

---

73) *NPP*, p.48.（「抽象の第一義性」444 頁）
74) *NPP*, p.40.（「抽象の第一義性」430 頁）
75) *NPP*, p.43.（「抽象の第一義性」435 頁）
76) *NPP*, p.42.（「抽象の第一義性」434 頁）
77) *NPP*, p.40.（「抽象の第一義性」431 頁）
78) *KrV*, SS. 581-582.（『純粋理性批判（中）』224-225 頁）

ハイエクはそれを調停する必要もなかった。自生的秩序なるもの，経験的に把握されないものへの調停などあり得ないからである。ハイエクが必要だったのは，秩序は知覚されなくてもよい，自生的に「多重焼きされた多くの性向」や「類別の多重焼き」に基づく，外界の解釈と活動が支配されているメカニズムで事足りるのである。認識や道徳そして判断は「類別機構（classifies）[79]」と呼ぶだけでよいのかもしれない。個人がせいぜいできるのはこの「類別機構」に基づく限られた活動パターンである。それでよいのである。「科学の課題は，この客観的な秩序をさらに厳密に再現するよう努めることである。それは，事象の客観的な秩序を，新たな別の分類に置き換えることによって，はじめて可能になる[80]。」われわれは言語の中で「黄色い声」で実現しているように，抽象は別な分類を常につくり出している。それにもとづく活動パターンが自生的秩序に向けて歩む契機，触発であり，生物がもち，人間がもつ潜勢力なのである。いわば，人間がもつ生得的能力，'自然の機構' に帰ることである。

この潜勢力は経済や市場がもっている。カタラクシーがもっている「コミュニティーにいれる」もしくは「敵から味方に変わる」の機能を担っていることは明らかである。それが抽象であり，抽象はトポロジー等価やインターモーダルな関係として諸個人が担っている，と言ってもよい。

しかしながら，既述のように自生的秩序はカントの判断の哲学を必要とするのもまた事実である。次にそれを見ることにしよう。

5 機構としての抽象

既述のように，われわれにとって自生的秩序など自覚や把握の対象ではなかった。自生的秩序は「意図せざる結果」であるから，意識せずに自己利益追求に励んで活動しても自生的秩序は実現されている。この言説はそれで間

---

79) *NPP*, p.42.（「抽象の第一義性」434 頁）
80) *SO*, p.173. 8・23（『感覚秩序』195 頁 8・28）および *SO*, p.174. 8・31, 8・32（『感覚秩序』196 頁 8・31, 8・32）

違いはない。しかしながら、その自然な調和に気づいたならわれわれはより良き姿として認知し、自生的秩序を育まねばならない。なぜなら、自生的秩序は把握が不可能であるとしても、社会はわれわれ人間がつくっていることに変わりはない。何らかのルートと機構が開かれている。

オーストリア学派経済学者が、程度の差こそあれ事ある毎に批判の矛先を向けてきたのは全体主義や社会主義そして福祉国家である。これらの体制が自生的秩序を妨げる共通の理論、国家主体論をもつからである。そして、それらが歴史的事実であっただけに、自生的秩序に気づきその純粋な本来の姿を取り戻すことは重要なことである。自生的秩序は「つくられたものではないがゆえに、それは当然特定の意図をもつとはいえない。ただし、われわれがその存在に気づくことは異なる多様な目的を首尾よく追求するためにはきわめて重要である。[81]」ハイエクは言う。

> 「自生的に秩序づけられる力を利用すれば、われわれが決して知的に習得したり熟慮の上で取り決めることができないような複雑な程度をもった秩序を形成させることは可能であるが…そうした秩序の細部に対してはわれわれが小さな力しかもっていないことを意味する。自生的秩序の場合、われわれはそれを形成する諸要素の一部を決定することによってその抽象的特徴を決定しうるが、その細部については未知の諸事情に委せなければならない。[82]」

この「未知の諸事情に委せなければならない。」が今日まで理解されないできた。[83]今こそ、その意識や自覚の下に進むことが重要である、というのがハイエクの主張である。自覚するということは明らかにヒューム的よりはカント的である。いわば、ヒュームの潜勢力をカントの主観に置き換え分析的かつ綜合的に展開するところにハイエクの特徴がある。ケインジアンは経済をいかにもはっきり把握できたかのようにしてしまった経済学者達である。ケインズも誤解されるような言説を述べ、経済学者は短期の成果を重んじてきた。そして、「ケインズ以後の国家は、経済全般の運営について責任を持つこと」

---

81) *LLL1*, p.38.（『法と立法と自由Ⅰ』52頁）
82) *LLL1*, p.41.（『法と立法と自由Ⅰ』56頁）
83) 多くの経済学者はこの「未知の事情に委せなければならない。」をオーストリア経済学の弱点と見てきたのである。

となってしまった。ケインズの功績は明らかだが，しかし，ミクロ理論とマクロ理論の区別，短期と長期との区別も曖昧なままで今日まできてしまった。ケインズは隠れた体系化された哲学をもちながら背後においたままだった。これが表面化されて，経済が議論されればよかった。

そのメカニズムのカギはわれわれの知覚の下におかれることになった抽象であった。しかしながら，ハイエクの抽象が自生的秩序と個人との間の靱帯として確認されたからと言って，それがすべてではない。むしろ，自覚しなければならないことは一元論的環境なのである。ハイエクは『感覚秩序』で述べている。

> 「対象の新しい分類や定義の機会であり，そこに与る経験は，われわれが対象について学習することができるものがあり，それが新しく定義される対象についてわれわれが述べることと矛盾することがないということを経験の前提としなければならない。したがって，どの議論のレベルにも，どの議論の世界にも，経験の所産ではありながら，経験には支配され得ない知識の部分がある。それは世界を秩序づける原理を構成するものであるからであり，われわれはその原理を使って多様な対象を弁別し，その対象から秩序ができており，われわれはそうした対象を説明する。」(傍点は引用者)

---

84) Galbraith, J. K., *History of Economics-the Past as the Present-* (*Economics in Perspective-A Critical History* 1987), Reprinted in Pelican Books 1991, p.235. (鈴木哲太郎訳『経済学の歴史-いま時代と思想を見直す-』昭和63年ダイヤモンド社 336頁)

85) ケインズを単に短期理論の経済学者と理解することは間違いであった。しかし，ケインジアンの多くがケインズ理論（『一般理論』）をのしイカのように長期理論に引き延ばして，さらなるマクロ経済学を展開してきた。それは誤りであった。『一般理論は』はあくまでもイギリス国家という封鎖的かつ短期的な限定理論であった。長期に対する見通しが如何に困難かは，『確率論』を書き上げたケインズにとって百も周知のことである。長期的視野の難しさを熟知し短期理論に徹していたことが分かる。『一般理論』の背後に控える哲学は，ハイエクと同様な秩序や調和の世界を窺わせるくだりは随所にある。ケインズは長期期待が慣行に依存しているとして，次のように述べている。「市場評価の中には予想収益になんの関係もないあらゆる種類の考慮が入り込んでいるのである。それにもかかわらず，われわれが慣行（convention）の維持を頼りにすることができるかぎり，…慣行的計算方法は，われわれの事業の著しい程度の連続性および安定性と両立するであろう。」*The Collected Writings., Vol. VII* (*The General Theory*), p.152. (『一般理論』150頁) を見よ。また伊藤邦武『ケインズの哲学』102-103頁を見よ。ケインズとハイエクとは具体的経済政策では異なっていたが，背後にある哲学はほぼ同じであった。しかし，既に述べてきたように残念ながら伊藤はこのケインズの演繹的視点を看過している。伊藤邦武『ケインズの哲学』113-129頁を見よ。第2章の注の(24)を見よ。

86) *SO*, pp.169-170. (『感覚秩序』191頁)

いわば，真の個人主義と自生的秩序は直接連動する要素と構成体という関係で，一元論的な効果の下で機能しているという事実である。ドゥルーズはヒューム哲学を述べている。「関係は経験から生じないということである。換言すれば，関係とは諸連合原理の効果，すなわち経験を超出しうる主体を経験のうちで構成する人間的自然の諸原理の効果である…。」[87] これはハイエクの言説と同義である。そして，ハイエクの独創は，カントの超越論的なものが自動的に非人格的な社会的環境で機能させてみせたことにある。つまり，超越論的なものを主体におかれるよりも諸個人，社会に繋いだことにある。ハイエクはその効果のメカニズムを抽象に見出したのである。「経験には支配され得ない知識の部分がある。それは世界を秩序づける原理を構成する」と。これはドゥルーズとハイエクが軌を一にするところである。ヒューム哲学の経験的心理学と主観に焦点を当て続けたカントの分析哲学（かつ綜合哲学）に戻らねばならないことは明らかである。知識や活動は既に秩序であり，抽象はそれらの橋渡しの役を担っている。それは，カントが強調してきた背進的な方法（発見の方法）の中に包まれている。人間の活動や行為はヒュームのみならずカントの主観分析が要請されるのである。

　ハイエクは言う。

　　「抽象的秩序が結果として出現する特定の様式は，諸要素の行為を支配するルールに加えて，諸要素の初期位置とそれらのおのおのがその秩序を形成する過程で反応する直接的環境の特定の事情全てに依存する。言い換えれば，秩序とは，常に誰にもその全体がつかめない数多くの特定事実への適応なのである。」[88]

ハイエクは物理的現象に秩序を見ている。紙の上に鉄粉を置き下から磁石を近づける。磁力で鉄粉のカーブ（秩序）ができる。しかしカーブの程度，状態を具体的に予測することはできない。鉄粉一つ一つの位置，重さ，粗さ等に依存するからである。社会秩序も同じである。人間もまた特定のバラバラな要素である。しかし，その秩序はその要素に依存している。特定要素は鉄

---

87) *ES*, p.121.（『経験論と主体性』197-198 頁）
88) *LLL1*, p.40.（『法と立法と自由 I』54 頁）

粉であり，自己自律をもっている。自己自律とは判断力であり，その判断力とは「自然に対して反省を施すために自分自身に法則を指定する（自分自身に対する自律）のである」。この自然とは，『判断力批判』で展開されてきた一元論的な自然である。すなわち，「自然的所産は，有機的存在であると同時に自分自身を有機的に組織する存在者として自然目的」を有しているのである。

この「有機的に組織する存在者」とは社会や経済（市場，貨幣）を受け容れる存在者である。そして，その存在者の判断力そのものが自己自身にとって主観的かつ客観的な対象であり，また法則でもある，というのである。社会科学は一元論の世界であるから主体と客体（対象）は反転が可能である。「判断力は，この法則を自然においてアプリオリに認識するのではなくて判断力が多様な特殊的法則を，普遍法則に従属させようとする場合に，これらの普遍的法則を（『類』と『種』とに）区分することによって，我々の悟性に認識され得るような自然秩序を発見するために，これを想定するのである。」それができるのは反省的判断力である。つまり，特殊なもの相互の連関をさぐりその統一を求めるのである。反省的判断力とは悟性や理性とは別に，アプリオリな合目的性の原理を自らに想定するのである。主観の中での高い自律を求めること，つまり合目的性（すなわちハイエクの自生的秩序）を想定して，自らにその法則を課することである。ヒュームがもっていた潜勢力もまた反省が不可欠として含意されている。そして，カントの「自然的所産」はハイエクの言う「偉大な社会とそれがつくりだした文明は，人間が抽象的な思考を伝えあう能力を伸長していった所産なのであって，万人が共有するものは

---

89) *KU*, S. XXXⅦ.（『判断力批判（上）』47 頁）
90) もう一つの自然とは『純粋理性批判』における自然である。カテゴリーとは「一切の現象の総括としての自然（natura materialiter spectata 実質的〔内容的〕に見られた自然）に法則をアプリオリに指定する概念である。」いわゆる自然科学が採る形式の自然である。もとより対象としての自然を従わせる自然である。「自然（単に自然一般と見なされた）は，自然（natura formaliter spectata 形式的に見られた自然として）の必然的合法性の根源的根拠としてのカテゴリーに依存しているのである。」*KrV*, S. 163.（『純粋理性批判（上）』203 頁）および *KrV*, S. 165.（『純粋理性批判（上）』204 頁）を見よ。大切なことは，カントが主題として扱う自然は『純粋理性批判』の段階でも判断力における自然，形相的自然を含んでいる。つまり認識の仕方や様式に属する。それはまた経済学におけ経済，市場，貨幣等に通じる自然である。
91) *KU*, S. 292.（『判断力批判（下）』35 頁）
92) *KU*, S. XXXⅦ.（『判断力批判（上）』47 頁）

彼らの理性であるというとき、それは抽象的思考のための彼らの共通する能力を指す[95]。」に現れている。すなわち、「自然的所産」はハイエクが言う文明という「所産」に現れており、カントの判断力が底流に流れていることは明らかである。したがって、ハイエクの抽象的理性にはカントの直観的悟性や自己自律を含意していると理解される[96]。いわば、体系を備えたハイエクの自生的秩序はカントの判断力の対象であり、美と崇高の概念の中で求め続けられるのである。

ハイエクは述べている。「われわれは意味ある行為のこの秩序を目で見ることもできないし、他の方法で直接的に知ることもできない。できるのは、各要素間に存在する関係の跡を追って頭の中でそれを再構築することだけである。それは抽象的秩序で具体的秩序でない[97]」のである。抽象的秩序とは自生的秩序である。われわれには具体的行為しか許されない。しかし、その具体的秩序であっても秩序である限り、「各要素間の関係」の跡を追って再構築の途は開かれている。その限り、具体的秩序は抽象的秩序に何らかの貢献が可能である。構築の哲学（つまり背進的方法によれば）は具体的秩序をして抽象的秩序への途を開いている。自己の活動に基づく行為は何らかの修正が必要であるが、それは抽象的秩序の下でなされる。「われわれが頭のなかだけで再構築しうる純粋に抽象的な関係を基礎にしている[98]」。同時に、個人は諸個人の中におかれているという意識と自覚が要請される。

経験主義は構築の哲学（背進的な方法）にしてはじめて一般性や普遍への途

---

93) *THN*, p.98.（『人間本性論』122 頁）ヒュームは述べている。「人間本性の学における一つの一般的原則として、確立したい。すなわち『或る印象がわれわれに現前するとき、それは、精神を、その印象と〔自然な〕関係をもつような観念に移行させるばかりでなく、それらの観念に、それ自身の勢いと生気の一部分を伝達しもする』ということである。」カントの主体が超越論的原理に従うのに対して、ヒュームの主体は自然に従うのである。この点はドゥルーズは的確に述べている。「ヒューム哲学の整合的なパラドックスは、おのれを超出しながらそれにもかかわらず受動的である主体性を提示するところにある。主体性とは、一つの結果〔効果〕として規定されるものであり、それは反省的印象なのである。」*ES*, p.9.（『経験論と主体性』22 頁）
94) *THN*, p.273.（『人間本性論』308 頁）「Human Nature is the only science of man.（人間の自然本性が、唯一の人間の学である）」と述べるように、ヒューム哲学においては自然に従わねばならない。そこに主体性と反省がある。
95) *LLL1*, p.33.（『法と立法と自由Ⅰ』47 頁）
96) *LLL1*, p.34.（『法と立法と自由Ⅰ』47 頁）
97) *LLL1*, p.38.（『法と立法と自由Ⅰ』52 頁）
98) *LLL1*, p.38.（『法と立法と自由Ⅰ』52 頁）

が可能である。その場合，把握できぬ自生的秩序に向けた演繹的な方法とは，経験とはどこまでも棄却の対象である，ということである。「我々が事実と呼ぶものは繰り返して起こる過程であるか，あるいは持続性のある関係の複合体であるかのいずれかであり，それらは我々観察者に『与えられる』ものではなく，我々が努力して再構築し得るものなのである。」[99] 構築の哲学（背進的な綜合）は「…をしてはならない」という禁止をともなう。抽象は捨象であって棄却をともなうものである。ハイエクは述べている。「理性は，ある人の貢献が他の人々によって評価され，修正されるというような人間相互間の過程であると考えなければならないのである。」[100] いわば，自生的秩序とわれわれ個人を結ぶ靱帯とは，未知と未来に向けた背進的綜合，構築の哲学で意味をもつ。それを機能させているのが抽象（捨象）である。この棄却の哲学はカントの自己自律を含意した反省的判断力でのみ意味をもち（むしろ，ハイエクの棄却の哲学をカントの反省的判断力と解することもできよう）[101]，経済という自然の可能性を自ら反省して調和や秩序という合目的性の原理を想定するからである。ハイエクは言う。「経済学はその推論に内在するものの力によって，すべての社会科学の中心的問題に対する解答に，他のどの社会科学よりも近づいているということを，私は今でも信じている。」[102] つまり経済はフィードバック現象に満ちているからである。

　自生的秩序は個人がつくりだしている。しかし，個人が羅針盤とするものは個人の直接的利害を超えた秩序もしくは抽象的秩序であり，社会的調和である。そこには個人の直接的利益を超えたところに真の利益が存在する，それを見失ってはなるまい。換言すれば，これには長期的かつ未来に向けた全体的利害が確約されるのである。ハイエクの真の個人主義は反省的判断力，直観的悟性を含意しており目的無き合目的性におかれている。個人は利益に終始しつつも，自らが諸個人として自生的な秩序の中で多様な人々を結びつ

---

99) *IEO*, p.71.（『個人主義と経済秩序』98 頁）
100) *IEO*, p.15.（『個人主義と経済秩序』18 頁）
101) ハイエクは述べている。「社会は言うなれば，人びとが抱いている概念とか観念によって作られている。そして社会現象は人間の意識の中で反省されることによってのみ認知され意味をもちうるのである。」これはカントの反省的判断力を意識してのことではないか。*CRS*, pp.57-58.（『科学による反革命』34 頁）を見よ。
102) *IEO*, p.54.（『個人主義と経済秩序』70 頁）

ける機構であることを自覚しなければなるまい。

6　知覚と様相の概念

　なぜ，ハイエクはカントの4つのカテゴリーの中から様相（第4章5節(3)カテゴリーd)273頁）に限って論じたのであろうか。それは，ハイエクが経験論（彼の言う「社会進化の行程で個人的行為の実践」）の中に生きていたからである。その意味でモダリティー（modality「様相」）[103]はカントが言っていたように「経験的判断によって確立され得るものではない」が，しかし最も経験，所与に接したものであるからである。カントも『判断力批判』で「趣味判断の『様相』とは何か」と題して述べている。

　　「この必然性は，美学的判断において考えられる必然性であって範例的必然性ぐらいにしか呼ばれ得ないような必然性である。換言すれば，我々には説示できない普遍的規則の一例と見なされるような判断にすべての人が同意せねばならない，という必然性である。従ってこのような必然性は，一定の概念から導来せられ得るものではない，それだからまた無条件的に妥当する必然性ではないのである。ましてこの必然性は（或る種の対象の美に関する諸人の判断が完全に一致するという）経験の普遍性から推論せられ得るものでない。」[104]

ハイエクは，カントが言う「我々には説示できない普遍的規則の一例と見なされるような判断」に自生的秩序をもって応えたのではなかろうか。ハイエクはまさにその具体例を挙げて答えたのではなかろうか。
　ハイエクはモダリティー（modality，つまり様相）について，次のように述べている。

　　「さまざまな色のように，同じモダリティーに属するさまざまな質の間の相違を記述しようしてみれば，そうするためには，いい表し方を他のモダリティー

[103)　ハイエクの『感覚秩序』に出てくるモダリティー（modality）は既に純哲で使われている様相という語で訳してほしかった。そのほうが分かり易い。
[104)　*KU*, S.62f.（『判断力批判（上）』130-131頁）

6 知覚と様相の概念　441

から借りてくるのが普通であることに気づく。ある色は，他の色に比べて暖かいといったり，重いといったりし，ある音は，他の音より明るいといったり，粗いといったりする。これは，ある色や音が，ある点では他の色，他の音にそれぞれ近い関係にあるのであるが，それでも別の点では異なるモダリティーに属する質に近いかもしれないことを示している。[105]」

「二つの異なる色の違いは，二つの温度や重さの違い方と同じであるといったり，あるいは，二つの音は二つの色の感覚や二つの触の感覚と同じように異なるといったりすることも意味がある。…明らかに，インターモーダルな，あるいは，感覚間にわたる属性があり，強い，弱い，マイルド，メロウ，ぴりぴりする，鋭いなどのような，われわれが使う言葉に関していえば，それがもともとどのような感覚モダリティーに属しているのか，われわれはすぐには気づかないことがしばしばである。[106]」

ハイエクがここで述べているモダリティーを単に感覚の種類と理解してはいけない。[107]カントは，趣味判断において理論的な客観性でもなく，実践的客観性でもない，しかし第三の客観性を獲得するために，この様相という視点からその可能性，現実性，そして必然性を考えたのである。ハイエクはそれを受け，まさに経験的に感覚を導入して実在性をもって応えたのである。ハイエクは「概念的な思考が発達につれて，とくに感覚論の大きな影響の結果として，科学的な思考においては，これは後へ押しやられて，ほとんど完全に無視されるに至っている。[108]」と述べているが，この説明はカントの言う「一定の概念から導入させられ得るものではない[109]」（修正訳引用者）を背後にもっている。いわば，様相は概念に繋辞（けいじ）という機能をもって対処している。その繋辞の端緒を感覚に求めたのである。ハイエクがこの哲学的視点で様相（モダリティー）を導入していることは明らかである。（本書 274-275 頁参照）

もっと具体的に言えば，感覚は常に観念の連合で議論されるという事実である。観念に質の差があっても結びつき個人間で，さらには社会で同意され

---

105) *SO*, p.20. 1・59（『感覚秩序』29 頁 1・59）
106) *SO*, pp.20-21. 1・61（『感覚秩序』30 頁 1・61）
107) 訳者，穐山貞登はモダリティーを感覚の種類としているが，様相とすべきである。*SO*, p.20. 1・59（『感覚秩序』29 頁 1・59）を見よ。
108) *SO*, p.21. 1・62（『感覚秩序』30 頁 1・62）
109) *KU*, S. 63.（『判断力批判（上）』131 頁）

る，というものである。ハイエクは「音の明るさがライラックの匂いの明るさと同じであることを容易に見出すであろう。」と言う。われわれ日本人なら「黄色い声」という表現を採り上げられる。つまり，音と色彩，それらはまった異質でありながら結びついている。これらの結びつきは「さまざまな感覚の種類が分かれているとはいえ，この秩序に属する二つの事象は，一定の仕方で，互いに似たり，異なったりするという意味で，この秩序はやはり単一な秩序であるということである。」それは抽象において結びついている。その結びつきの必然性が問われ，分析されねばならない。既に第2章および3章で述べてきたところである。

　もちろん，これについてはヒュームの貢献が大きい。既にヒュームが個物主義に普遍代表説を据えたのも観念連合を素地としてもっていたからである。普遍代表説の抽象は観念連合の中で編み出されたのである，その役割を担っているのが様相（ヒュームでは様態 modes である）であった。社会科学の進化論は様相を含意していなければならない。様相は進化の要諦である。その進化をドイツ歴史学派の法学者・サヴィニーは知っていたし，ウィーンの人々，メンガー，マッハは継承したのであり，ハイエクはさらにそれを究めた。ここで，ヒューム哲学ではなくカント哲学が用いられたのは分析に優れていたからである。

　ハイエクは，さらに様相の内容を秩序，抽象に置き換えて科学的に分析を進める。それは次の文章に現れている。科学的ということは脳におけるインパルスであり，それが等価，般化，転移として「刺激の効果が同一」に理解されるからである。質的な区別と言うならば，「さまざまに組み合わされた刺激がさまざま効果を生み出す秩序の相違である。」

　　「つぎつぎにつながる過程の連鎖（『連合』）は，『基本的要素である』感覚の

---

110) *SO*, p.20. 1・58（『感覚秩序』29頁 1・58）
111) *SO*, p.19. 1・58（『感覚秩序』28頁 1・58）
112) 木曽好能『ヒューム『人間本性論』の理論哲学』454頁「ヒュームは，我々が事物について普遍的に考えかつ語るという事実を，観念連合に基礎づけられた普遍代表説によって説明しようとした。」
113) *THN*, p.17.（『人間本性論』28-29頁）およびドゥルーズ 211 を見よ。
114) *SO*, pp.16-17. 1・50（『感覚秩序』26-27頁 1・50）
115) *SO*, p.17. 1・51（『感覚秩序』26頁 1・51）

質（特定の一次的インパルスの生起に対応すると仮定されてきたもの）によってばかりではなく、感覚のさまざまなグループの『抽象的な』属性（形、メロディー、リズム、抽象概念のような）によっても喚起されるということは、通常、精神的な過程の生理学的説明にとっては、解きがたい難題であると見なされてきた。…そうした困難は生じない。すなわち、刺激の『似通った』複合が等価であるという問題は、同じ『基本的要素である』質に対応するさまざまなインパルスにたいして、なぜ同じ連合が結びつくようになるかという問題と原理を異にするわけではない。このどちらの場合でも、等価の問題は根本的に同じであり、同じ一般的な説明原理を適用することによって解くことができる。」[116]

なぜ、音と色彩、そして「ライラックの匂いの明るさ」のように、匂いと明るさが結びつくのか、論証的でない理由が説明される。われわれ人間は感覚を束にしてそれぞれ結びつける能力をもっている。つまり等価、般化、転移を可能にしている。これらに抽象を成り立ち秩序を編み出していくのである。ここにハイエクの秩序論の真骨頂が展開される。既述のように、カントが美学的判断力における「範例的必然性ぐらいにしか呼ばれ得ないような必然性」[117]に等しい。それは「刺激の効果が同一」であり、それが言語上では頻繁に見出されることで明確である。そして「一般的原理を適用することによって解くことができる。」の「一般的原理」とは趣味判断、美学的判断力である。ハイエクの貢献は、このカントの「範例的必然性」を脳の神経インパルスによって科学的に説明したのである。

ハイエクは続ける。

「一度、あるインパルスが他のインパルスと共通の二次的インパルスを獲得すると、それが獲得した新しい結合は、いかなるものでも、その次に来るもののインパルスと結びつけられ、したがって、その次に来るもののを分け持つ相手であるインパルスによっても喚起される。…異なるインパルスが共通にもつさまざまな質は、すべて、そうした質にとっての象徴的なインパルスによって表され、その質をもつインパルスのすべての二次的インパルスに含まれるならば、連合がそうした共通の質に結びつけられ、個々のインパルスには結びつけ

---

116)　*SO*, p.75. 3・69（『感覚秩序』90 頁 3・69）
117)　*KU*, S. 62.（『判断力批判（上）』131 頁）

444　第6章　自生的秩序

　　られないことについて，何も困難はない。学習の転移と般化の現象…は，同一の精神的な質の生理学的インパルスによって表されることの直接の結果である。」[118]

「質にとっての象徴的なインパルス」は，これまでのバークリー，ヒュームあるいはカントに通奏低音に流れてきた普遍代表説，なぜ個物がもつある抽象が代表されるのかが科学的に説明されている。つまり一つの質が形成されれば秩序が作られ市民権を得る。その精神インパルスの機能はまた社会でも機能している。秩序は個人でなければならないと同時に諸個人でなければならない。諸個人はまさに「連合がそうした共通の質に結びつけられ」はヒュームの観念連合であり，そしてまたカントの共通感[119]（Gemeinsinn）や共通感覚（sensus communis），ハイエクの共感覚（synaethesia）[120]である。

　カントが述べた「範例的必然性ぐらいにしか呼ばれ得ないような必然性である。」という消極的表現は，この観念連合，共通感や共感覚に含意されているし，貫かれている。この「範例的必然性」はどのようにして必然性を勝ち得るのであろうか。カントは述べている。共通感は「決して経験に基づいて設定され得るものではない。」「すべての人の判断は，我々の判断に一致するであろうというのではなくて，我々の判断に合致すべきである」[121]と。そして，私の趣味判断は範例的妥当性を与える。一種の主観的必然性ではあるが共通感という前提のもとに客観的必然性となるのである。ハイエクが究めた神経

---

118)　SO, p.75. 3・70（『感覚秩序』90頁3・70）（かっこの1・50とはSO, pp.16-17. 1・50（『感覚秩序』25-26頁1・50）である，引用者）
119)　KU, S. 64.（『判断力批判（上）』132頁）カントは言う。「かかる原理は共通感と見なされ得るようなものしかないだろう。」と。
120)　SO, p.22. 1・64（『感覚秩序』31頁1・64）このsynaethesiaは語源的にsynとaethesiaに分かれる。このaethesiaは感覚であるがaesthetic（美）と無縁ではないだろう。カントは『純粋理性批判』において，「ドイツ人は他国人が『趣味の批判』と呼ぶところのものに，エステティク（Ästhetik）という語を当てている唯一の国民である。」と述べている。しかし，エステティクというよりも趣味判断（Geschmacksurteil）という語のほうが適切であると言う。しかし，その趣味に焦点をあてたのは美学者・バウムガルテン（Baumgarten, A. G.）からの強い影響あってのことである。Ästhetikは確かに経験論的であり，カントは美（趣味）の批判つまりÄsthetikをGeschmacksurteilに変えて論じた。つまり，趣味判断はあくまでも超越論的かつ心理学（経験の心理学）的な意味が扱われるからであると。ここにバウムガルテンからの換骨奪胎としてカントの立場がある。ハイエクの感覚秩序は彼らを共有しているように見える。KrV, SS. 35-36.（『純粋理性批判（上）』88頁）を見よ。
121)　KU, S. 67.（『判断力批判（上）』135頁）

インパルスは社会に持ち出されて共通感，共感覚とともに客観的必然となる。端緒を開くのはあくまでも主観である。その主観は個物であって，「範例的」であると言える。ハイエクの「質にとっての象徴的なインパルス」はカントの「範例的必然性」を担っていたと言える。主観を出発点とする限り，消極的である。だが，「範例的」である限り「べし」を含意する。その「べし」の裏付けを強力に支えてきたがハイエクの精神インパルスではなかろうか。いわば，ハイエクの自生的秩序の背後に（感覚秩序はもちろんのこと），カントの趣味判断の論理があることだけは確かである。換言すれば，ハイエクの神経インパルスの抽象はカントの「範例的必然性」を支えていると言える。それがハイエクの科学性であり，抽象（むしろ捨象）と言う名の消極的選択である。この抽象が織りなす消極的選択を筆者は類概念の構造と呼んできた。

7 抽象と類概念の構造

　筆者は自生的秩序は抽象であるが，捨象と言ったほうがよいような消極的選択によって編み出されてきた，と述べてきた。ハイエクは述べている。「社会科学は自然科学と同様，その科学の研究対象について人びとが形づくって来た通俗的概念を変更して，それをより適当な概念に取り換えることを目的としているのである。[122]」それには諸規則が必要である。「'抽象的な性格' として記述されるものは，諸規則が意図された人々，グループ，場所，時代，等々特定のものにのみ適用するのではなく，ある包括的な諸要素が存在するすべての状態に同じ方法で適用することが意図されている」のである。「諸規則は個々人の特定の仕事もしくは活動の諸目的を規制するのではなくて，それは諸禁止を不可欠とするのであり，個人が諸計画によって自らの目的の達成によい機会となるべく相互に調整するほどに可能性をもち得るものである。[123]」その「諸禁止」は抽象と言うよりも捨象，すなわち消極的選択，反省的判断力が機能していなければならない。この概念から概念へという背進的プロセス

---

[122] *CRS*, p.61.（『科学による反革命』40 頁）
[123] *NPP*, p.113.

を，筆者は「…からの自由」と言ってきた。

その「抽象的な概念は，感覚の質の違いを決定する分類過程と同種で，より高次のレベルの過程での反復を行わせる。」[124]こととなる。そして，「単なる一定のパタンないし秩序の出現の説明―を洗練していくことによりその限界を部分的に突き抜けることが可能である。これを単なる原理説明や単なるパタン予測［pattern predictions］と呼ぶか，それとも高次の理論と呼ぶかどうかはたいした問題ではない。」[125]感覚秩序がおりなす秩序は概念を変えつつ高次の秩序，社会的秩序を可能にしていくというものである。その感覚秩序には既に高次の秩序概念が胚胎している。その機能をハイエクはサイバネティックス，フィードバック，そしてそれをカントは既述のように背進的な綜合（あるいは発見的な方法）と呼んできたのである。

ハイエクはこの概念を包括的にかつ長期的に見て進化概念と呼んできた。[126]もちろん，社会科学における進化概念は主役を演じるものの，生得的なものから出たのでもなく，必然的な契機を言明できるわけでもない。いわば，自然科学に解き明かせるものでもない。社会科学においては，「進化論自体は，あまりに数が多くて全体像がつかめない無数の特定の事実に結果が依存する過程を説明しているにすぎず，それゆえ，将来についての予測に至らない。その結果，われわれは『原理の説明』またはその過程がたどる抽象的パターンのみの予測に閉じ込められる。」[127]と言わざるを得ない。したがって，われわれは，原理はあくまでも自生的秩序にあり，同時にその原理（自生的秩序）を見出さねばならない，ということになる。ハイエクは言う。

　　「実り多き社会科学とは，何がどうでないかの研究に主眼をおかねばならない。つまり，代替的諸条件の一部を変えたら存在するであろう可能性の世界の仮説的モデルを構築することなのである。いくつかの条件が以前には決して見られなかった形をとったとすれば，どんな影響が出るかを主にわれわれに語ってくれる科学理論が，必要とされるのである。およそ科学的知識とは，特定事実の知識ではなく，体系的反証に耐えてきた仮説に関する知識なのである。」[128]

---

124)　*SO*, p.145. 6・47（『感覚秩序』167頁6・47）
125)　*PPE*, p.40.（『特集＝ハイエク』に所収，杉田秀一訳「複雑現象の理論」134頁，上段）
126)　*LLL1*, pp.22-23.（『法と立法と自由Ⅰ』33頁）
127)　*LLL1*, p.24.（『法と立法と自由Ⅰ』34頁）

7 抽象と類概念の構造　447

ここに「…からの自由」を再度確認することができる。換言すれば，自生的秩序は類概念の構造において常に進化を余儀なくされる，ということになる。ダーウィン（Darwin, C. R.）の二元論的な進化論とは異なるものである[129]。つまり，そこに進化の法則なるものがあるわけでもない。秩序は拡張的知識のなかで構築されねばならない。類概念を追い続ける動態的原理に科学性がある。いわば「科学は抽象でのみ扱うことができる[130]。」のである。

ある概念が他の概念を包括すれば，前者は後者に対して，類概念であると言い，後者は前者に対して種概念である。金属（類概念）は金，銀，銅，鉄に対して拡張を含意する。すなわち金属は金属の種類との関係において上位概念である[131]。外延が進めば類，性質（内包）が進めば種である。したがって，金属に「錆にくい」という徴表を加えると，外延は減少するが内包は増加する。もとより種と類は絶対的なものではない。重要なことは，この表徴を決めているのはわれわれ人間である。しかしながら，われわれが望むものはより包括的な原理であり，より一般的かつ普遍的な概念に包括されねばならない。調和や秩序を含む自生的秩序は拡張的であり，開かれた環境におかれているからである。ヒューム哲学からも抽象は開かれた集合であったことを思い出す[132]。ヒュームは個物主義，普遍代表説すなわち抽象観念に類概念の環境を感得していた。カントも（たぶん'オッカムの剃刀'に従って）言う。「『存在するものの究極の要素或は説明原理の数を必要以上に多くしてはいけない』この（有名な学間的）原則の主旨は…自然が外見上無限の差異を示すにも拘らず，我々はこの差異の背後に基本的性質による統一の存することを推定して」[133]いるからである。舞台はやはり第三批判である。

カントが『判断力批判』において展開してきたことは，最も主観的な趣味

---

128) *LLL1*, p.17.（『法と立法と自由Ⅰ』26頁）
129) *LLL1*, pp.23-24.（『法と立法と自由Ⅰ』34-35頁）ハイエクの進化論は超越論的観念論もしくは経験的な実在論であって，それは経験的な心理学もしくは脳生理学に置き換えられよう。
130) *NPP*, p.48.（「抽象の第一義性」443頁）
131) この上位概念すなわち類概念で考えねばならないのが，言語，法，経済，貨幣であり，いわば自生的秩序を考える限り類概念の構造に進まねばならない。
132) *THN*, p.637. Appendix (resemblance.)（『人間本性論』33頁の注（一）を見よ。「事情は，個々の音や味や香についても同様である。これらは，同じであるようなどんな共通点をもたずに，全体的見かけと比較しに基づいて，無限に多くの類似性を受け容れるのである。」
133) *KrV*, S. 680.（『純粋理性批判（中）』314頁）

(美)が如何にして客観的な趣味(美)すなわち普遍妥当性を獲得しうるか,ということであった。その客観は「自然の形式的合目的性の原理は判断力の超越論的原理である」という推定の方法にある。その意味で,カントは常により高い概念を希求してきたのである。「人は驚きと必要によって科学的探求へと駆り立てられてきた。このうち圧倒的に多くを生み出してきたのは驚き方であった。それには正当な理由がある。われわれは驚く場合,すでに尋ねる問いをもっている。」とハイエクも言う。彼の自生的秩序もまた常に最高の概念であった。換言すれば,ハイエクは自生的秩序という最高の概念を常に予想,もしくは要請するべく経済学を成立させてきた。したがって,ハイエクが経済には自生的秩序が機能している,と言うことと,カントが自然は体系を有し統一をなしている,と言ったこととは同義である。すなわち,彼らは類概念の環境を受け容れる論理的原理において軌を一にしている。

カントは『判断力批判』で類概念の構造を述べている。

「経験的ないわゆる諸法則を追求するために,悟性は一つのアプリオリな原理を,すなわちこうした経験的な諸法則にしたがって認識可能な一つの自然の秩序が可能であるという原理を,自然に対するすべての反省の根底に置かねばならない。次の諸命題は,こうした原理を表現している。すなわち,自然のうちにはわれわれが把握しうる類と種との従属関係が存在する。これらの類は,さらに一つの共通の原理にしたがって相互に接近し合い,こうして一つの類から他の類への移行が可能となり,それによっていっそうの高次の類への移行が可能となる。」

この自然は既に述べてきたように,個人がもつ自己自律による自然である。換言すれば,『判断力批判』で論じられた目的論的判断力の批判において描かれる自然である。この自然が類概念の構図であるというのである。ハイエクにおいても類概念の構造は意識されている。

「他人の行為を解釈する際における,厳密に経験的な要素と我々自身の考え方についての知識から我々が付け加えた部分との関係は,おそらく一つの概念の外延と

---

134) *KU*, S. XXIX.(『判断力批判(上)』39頁)
135) *PPE*, p.22.(『ハイエク=特集』に所収,「複雑現象の理論」122頁上段)
136) *KU*, S. XXXV.(牧野英二訳『判断力批判(上)』34頁)

7 抽象と類概念の構造　　449

　　その内包との区別を取り上げることによって（少しばかり不正確にではあるが）説
　明することができるであろう。特定の状況の下において私が『愛想のよい顔』と認
　めるであろうものは，概念の外延であり，主として経験に関する事柄である。しか
　し私がこれは『愛想のよい顔』であると言うときに，私が何を意味するのかという
　ことは，通常の意味における経験は教えてくれない。私が『愛想のよい顔』という
　言葉によって意味するものは，様々な具体的な事例の持つ物理的特性に依存してい
　るのではない。これらの具体的な事例は何ら共通項を持たないかもしれない。それ
　なのに私はこれらの事例を一つの同じ部類の構成要素として認めることを学んでい
　る。—そしてこれらの事例を同じ部類のものとするのは，これらの持つ物理的な特
　性の中のいずれのものでもなく，これらに帰属させられた意味なのである。」
　　「この区別の重要さは我々が自分のよく知っている環境から離れるにしたがって
　増大する。……私が『意味をもつ』行為の体系の中にうまく入り込むことができる
　のは，私が一つの事物をある物理的な特性を持つものとしてではなく，私自身の合
　目的的な行為のパターンに合致する種類のものとしてみるようになったからこそで
　ある」[137]

「愛想のよい顔」は経験的であるが，経験的に何ら共通項をもっているわけではない。それは同じ部類のものに帰属させているのである。それはある目的のもとにそうさせている。ここに類概念の構造がある。

　ハイエクの認識論の基本にはゲシュタルト的理論[138]や「多重焼き[139]」がある。「所定のクラスの刺激に対して，特定の反応ではなく，所定の種類の反応を生物にとらせる性向（もしくは傾向，性質，様相）という概念から出発すると，いちばん都合がよい。」[140]これは，「ライオンが獲物の喉をめがけてジャンプする」[141]行動の意思決定の神経構造にある。「私が『抽象の第一義性』と呼ぶものは単に所定の性質を帯びた活動の性向が出現し，ついで多数のこうした性向の多重焼きによって個々の活動が決定されることを意味している。」[142]と。つまり抽象とは「ジャンプに対する性向とともに存在する諸性向」の結果である。われわれの性向は新たな類別のために新たな抽象に包括している。新たな抽象が類別に生起しているのである。その性向とは経験とともに発達するが，それは正得的なものである。

---
137)　*IEO*, pp.65-66.（『個人主義と経済秩序』90-91 頁）
138)　*SO*, p.77. 3・73, 3・74（『感覚秩序』91-92 頁 3・73, 3・74）
139)　*NPP*, p.40.（「抽象の第一義性」430-431 頁）
140)　*NPP*, p.40.（「抽象の第一義性」430 頁）
141)　*NPP*, p.40.（「抽象の第一義性」430 頁）
142)　*NPP*, p.42.（「抽象の第一義性」442 頁）

それは類概念の構造をなしている。発見的な方法をとるには類概念の立場に立たねばならず、いわば、それは性向として生得的に備わっている。さまざまな性向のやりとりの結果が活動、行動はもとより認識、判断である。概念に基づく「活動パターンは、外界から受けるさまざまな影響を流し込む鋳型」であり、それは類概念の構造を指している。ハイエクはカントの「背進的な綜合」をリアリズムな神経インパルス、すなわち抽象を通して見ているように見える。これはマッハの影響、もしくはオーストリア学派に一貫して流れているイソモルフィズムである。そして、この類概念の環境は脳の小宇宙の世界であり、社会と同義であり、イソモルフィズムである。

　ハイエクは経済学者らしく社会的立場でかつその経験的論述を怠らない。この社会的立場とは所詮われわれには無知の自覚が必要であるという立場である。それは謙虚さになって表れねばならない。ハイエクは言う。「自生的秩序を維持する際に抽象的ルールに頼る必要性が生じるのは、無知と不確実性の結果である。」と。それはわれわれが常に有限の中に生きていることの証である。逆説的ではあるが、その結果がポパーの「開かれた社会」を可能にしそしてスミスの「偉大な社会」に現れる。この逆説の根拠は、われわれの神経インパルスにあったのである。自生的秩序をしばしば「偉大な社会」と同義においてきた理由、根拠が抽象そして秩序論にあった。したがって、ハイエクが語るように、「原理とは相対立する諸目的間の衝突を防止する手段であって、一定の固定された目標ではないのである。」まさに類概念の構造が「諸目的間の衝突を防止」しているのである。それは自己自律に基づくフィードバックであり、一元論に基づくサイバネティックスの現象である。ヒュームも述べていた。「習慣とは自然の諸原理の一つにほかならず、その力のすべてを、自然という起源から得ている。」その自然とは自然的関連の中で抽象を進める人間でありつつ、カントの反省的判断力を含意する人間である。した

---

143) *LLL2*, p.127.（『法と立法と自由 II』177 頁）
144) *IEO*, p.19.（『個人主義と経済秩序』23 頁）カントも述べている。「この原理は、確かに単なる主観的原理にすぎないが、しかし主観的-普遍的原理（すべての人にとって必然的理念）と見なされるのである。それだから相異なる判断を下す人達の間の一致について言えば、我々がこれらの判断をすべてこの原理のもとに正しく包摂しているという確信をもつ限り、客観的原理と同じく普遍的同意を要求して差し支えないわけである。」*KU*, S. 67.（『判断力批判（上）』136 頁）を見よ。

がって，その内的思惟におかれた性向は社会的に反映される。なぜなら，人間とは生得的に新たな概念を常に取り込もうとする人間である。その原点は社会的個人における無知と不確実性という無意識と自覚である。

8　自生的秩序の環境

　ハイエクは自生的秩序が展開される環境をポパーの形容した「開かれた社会」と言ってきた。同時に言うまでもないことであるが，メンガーを創始者とするオーストリア経済学を自由主義経済学とか，それを継承してきたミーゼス，ハイエク，フリードマン，M. をリバータリアニズム（libertarianism 完全自由主義，自由至上主義）と呼んできた。その自由の淵源を探ってみよう。第1章で述べてきたように，彼らの自由主義はオーストリア学派経済学が貴族主義であったことと無縁ではない。カントの「自由な遊び」が判断力に多彩な素材と思索を提供しえたように，ウィーンの貴族主義がもつ時間的余裕はカントの「自由な遊び」に共鳴したに違いない。

　ハイエクは，述べている。「自由が単にある特定の価値であるばかりでなく，大部分の道徳的価値の源泉であり，条件（condition）であることを明らかにしなくてはならない。」[146] 自生的秩序が結局われわれ人間によって作り出されるように，自由もわれわれが作り出すものである。したがって，自由は自生的秩序に含意された不可欠な条件と理解されねばならない。この見解の起源をたどることによって明らかになるのである。カント哲学から拾ってみることにしよう。

　まず，条件から述べよう。既述のように，趣味判断（美）が主観から客観へ，その普遍妥当性を勝ち得るには自己自律や背進的な綜合が機能していなければならなかった。またそれらをして「発見の方法」と呼んできた。その趣味判断の環境をカントは「自由な戯れ，自由な遊び（ein freies Spiel）」[147] と

---

[145]　*THN*, p.179.（『人間本性論』209-210 頁），*EHU*, p.44.（『人間知性の研究』69 頁），*ES*, p.62.（『経験論と主体性』106 頁）をも見よ。
[146]　*CL*, p.6.（『自由の条件Ⅰ』6 頁）

言って,『判断力批判』にとって重要な精神的余裕,環境としたのである。カントは述べている。

>「この表象(対象が与える趣味判断の普遍的な快)における心の状態は,認識一般のために,与えられた表象における表象諸力の自由な戯れ(遊び)の感情という心の状態でなければならない。ところで,ある対象がそれによって与えられる表象には,総じてその表象から認識が生じるために,直観の多様なものを合成するための構想力と,諸表象を合一する概念の統一のための悟性とが必要である。認識諸能力の自由な戯れ(遊び)のこの状態は,それによって対象が与えられる表象に際して,普遍的に伝達されることができなければならない。なぜなら,認識は,与えられた諸表象(どのような主観のうちであろうとも)が合致すべき客観の規定として,あらゆるひとに妥当する唯一の表象の仕方だからである。[148]」(かっこ内引用者)

既述のように,対象が与える趣味判断の快は自生的秩序と理解してよい。それを編み出す精神は「自由な遊び」の感情の状態であると言う。なぜ「自由な遊び」であるのか,それは,まさに「直観の多様なものを合成するための構想力と,諸表象を合一する概念の統一のための悟性とが必要である」からである。こうして,はじめて人々に普遍的に理解され伝わるからである。換言すれば,これは前節で議論してきた類概念の構造である。この「直観の多様なもの」を受け容れるには「自由な遊び」の状態がなければならない。ハイエクも述べている,「自由に賛成する議論は,まさしく予想できない自由な発展のための余地を残しておかなくてはならぬということである。[149]」そこには,基本的条件としての自由がなければならない。その自由は認識と同様に「あらゆるひとに妥当する唯一の表象の仕方」に入る。

さらに道徳について述べておかねばならない。筆者は自生的秩序を「…からの自由」と定義してきし,またそれを「経験は棄却の対象である」とも述

---

147) ein freies Spiel の訳は牧野訳「戯れ」よりも篠田訳「遊び」の方がよいように思われる。「遊び」は転じて何事に対しても時間的かつ空間的な余裕を意味し,自由の存在により結びつくからである。篠田訳と牧野訳 S. 31.(『上』99, 77 頁), S. 37.(104, 81 頁), S. 47.(115, 90 頁), S. 99.(169, 131 頁), S. 146.(221, 172 頁), S. 192.(267, 208 頁), S. 303.(『下』47, 38 頁)
148) UK, S.217.(『判断力批判(上)』篠田訳 96-97, 牧野訳 75 頁)
149) RS, p.52.(『隷従への道』67 頁)

べてきた。その棄却は個人が社会的個人であるが故に生じる何らかの制約の中でなされる。カントは述べている。

> 「『あなたの選択意志の自由な行使が，だれの自由とも，普遍的な法則に従って両立できるように，外的に行為しなさい。』という普遍的な法の法則は，確かにある拘束を私に課す法則ではある。しかしこの法則は，こうした拘束があるのだから，この条件に従うように自分の自由を自分で制限すべきだ，ということをけっして私に期待してはいないし，まして要求もしていない。理性が語っているのは，私の自由がその理念においてそのように制限されているということ，そして実際にも他人によって制限されるということ，これだけである。理性はこのことを，これ以上のどんな証明もできない一つの要請として語っている。──意図しているのが徳を教えることではなく，ただ何が正しいのかを述べることにある…。」[150]

この文章の結論は二つにまとめられる。徳は社会的なものである，そしてそれでも個人は何が正しいかを述べねばならない，ということである。カント哲学研究者・グレガーはこれに解説を加えている。「もし他人が私に強制を行い，（逆に）その他人へ反対強制が起き（私への）強制が抑制されるならば，その反対強制は対外的な自由に等しく，正当である。自由の阻止に対する阻止は強制として対外的な自由を推進する。」[151]この「反対強制」とは社会的なものである。ヒュームもまた述べている。「正義は〔人間的慣習〕から発生し，人類の自発的選択，同意または協力から生ずる」[152]が，そこには他人と協力して公益に資する行為の一般的企画または体系に導かれなければならない。そこで正義は約定ではなく慣習であると。ヒュームの言説は視点こそ異なるがカントと同義であることは明らかである。言うまでもなく，これは自生的秩序，ポパーの「開かれた社会」（「漸次的工学」もしくは「社会工学」）[153]に含意されたものである。これはハイエク経済学の精神，ポパー哲学の核心，演繹の環境として不可欠なものと言えよう。諸個人，非人格的社会には棄却として

---

150) *MSR*, S. 231.（『人倫の形而上学』カント全集 11, 岩波書店 2002 年，49-50 頁）
151) Gregor, M. J., *Law of Freedom* - A Study of Kant's Method of Applying the Categorical Imperative in the *Metaphysik der Sitten* -, Oxford Basil Blackwell, 1963. p.43.
152) *EM*, p.306.（『道徳原理の研究』181 頁）
153) *PH*, p.58.（『歴史主義の貧困』94 頁）

の強い道徳が働いていなければならない。社会にはこの自然な演繹の姿が機能していなければならない。もとより，これは倫理相対主義ではない。消極的選択を育む強い姿勢が個人に機能していなければならない。ハイエクの「自由が単にある特定の価値であるばかりでなく，大部分の道徳的価値の源泉であり」は，このカントの理性を含意していることは確かである。

かくして，ハイエクは事ある毎に社会主義国家や全体主義国家そして現代の福祉国家に厳しい批判の矛先を向けてきた。それは肥大化した国家社会の硬直化した既得権を論難するためである。それを一掃するには組織論や体制論ではなく個人主義である。要は，為政者もまた個人に帰着した「…からの自由」という強い道徳と革新の意識である。求められるものは，小さな政府である。それは個人意識から離れることのない小さなそして自由な環境である。まさに「自由は原理に従うことによってのみ維持が可能で，便宜主義に従うと破壊される[154]」のである。

それは諸個人であるよりも個人に課せられた強い道徳観である。それはハイエクが強調してきた，真の個人主義である。意思を持ちうるのは個人であって国家でもなく行政でもない。同時に，個人の意思は市場「発見手続きとしての競争[155]」を通して昇華されねばならないことを確認する。もし正義があるとするならば，それは位相論としてである[156]。したがって，あくまでも「結果の価値は，結果によってではなく，実験が行われる条件によって判断することができる。[157]」ということになる。われわれは無知で，有限であるから，「最多数の機会の発見をもっとも生み出しそうな一般的条件の結果を，最適可能

---

154) *LLL1*, pp.56-59.（『法と立法と自由Ⅰ』75-78頁）
155) *LLL3*, pp.67-70.（『法と立法と自由Ⅲ』99-101頁）
156) *ES*, p.32.（『経験論と主体性』59頁）正義が位相論として議論される基は，ヒュームの次の言説からきている。「正義の法は普遍性と絶対的不変にあるが故に，人間本性の自然から生じることは決してない。換言すれば，自然的動機ないし性向（inclination）の直接的産物であることは決してない，と結論してよいであろう。」(*THN*, pp.531-532. の筆者訳，『人性論（四）』122頁）を参照。正義（の法）は絶対性と不変におかれており，われわれが見出すことのできない境地におかれている。これは正義を受け止めるわれわれ主観的な立場からもあきらかである。カントがいみじくも述べていたように，「われわれ人間の福祉（幸福）は定義できない。」ということに表れている。したがって，ハイエクが何度となく強調してきたように，現代国家行政が所得再分配をなすにあたっての立脚点，その根拠，社会的正義は決して成り立たない。
157) *LLL3*, p.68.（『法と立法と自由Ⅲ』100頁）

なものとして受けいれなければならない[158]」のである。その条件とは自由であり道徳である。われわれはむしろ何も要らない，条件としての自由と棄却という道徳だけでよい。それは有限でありながら普遍性への途を約束してくれるからであり，そしてそれはあくまでも個人が担うものである。

ハイエクは述べている。「わたくしの立場と合理主義的な大陸の自由主義との間に，あるいはイギリスにおける功利主義者の自由主義との間でさえ，非常に大きな溝があることにますます気がつくようになってきている[159]」と。ハイエクの自由主義の核心部分は何か。それは「理性の驕り」に象徴的に語られていたように，自己の主張は一元論として非人格的世界に溶け込まねばならないところにある。その意味で，ハイエクは，個人の主張が常に「意見によって完全に支配されている[160]」ことを強調してきた。「ヒュームとヴォルテール，アダム・スミスとカントの考えが19世紀の自由主義を生み出したのに対して，他方，ヘーゲルとコント，フォイエルバッハとマルクスは20世紀の全体主義を生み出しているのである[161]」と。

類概念の構造が要請するものは個人よりは諸個人，短期的視野ではなく長期的視野，そして静態であるよりは動態である。その環境の中で，自由と道徳は個人自らの中で機能し効果となる。カントの「自由な遊び」はその環境のためのものであり，自由と道徳を編み出す源泉である。一見してパラドックスに見える，弛緩的な緊張はハイエク理論を形容するに値する。ハイエクの保守主義的改革者はこのような思想環境から生起した。ハイエクは「なぜわたくしは保守主義者ではないのか」で述べている。

「自由主義者が保守主義と異なるのは，この無知に直面して，いかにわれわれが知らないかを承認するその意識的態度にある。自由主義者は自分の理性に欠けている超自然的な知識の源の権威を主張しないのである。自由主義者がある面では根本的に懐疑主義者であることを認めなければならない[162]。」

---

158) *LLL3*, p.69.（『法と立法と自由Ⅲ』100頁）
159) *CL*, p.407.（『自由の条件Ⅲ』205頁）
160) *LLL1*, p.69., p.161. note17（『法と立法と自由Ⅰ』91頁 205頁の注17）を見よ。
161) *CRS*, p.399.（『科学による反革命』350頁）
162) *CL*, p.406.（『自由の条件Ⅲ』204頁）

大切なことは，個人も為政者の立場にある個人も，誰もが謙虚に有限を自覚し社会機構（経済，法，言語）の自生的な機構を認めることである。裏を返せば，誰もが「超自然的な知識の源の権威を主張し」えないことである。換言すれば，人間が織りなす社会機構は非人格的であり，かつ類概念の構造にあるということである。その意味で，われわれは自由に基づき，何事にも懐疑的な立場に立ち批判を受け入れなければならない。クランストン（Cranston, M.）は述べている。「イングランドの自由主義の答えはあいまいではない。『自由』というときイングランドの自由主義者は，国家のさまざまの束縛からの自由，を意味する。」と。それはイングランドの自由主義者が自由と道徳において非人格的な社会，類概念の構造を自覚していたことを意味している。それが真の個人主義である。ヒューム哲学とカント哲学は真の科学論のみならず，自由と棄却という道徳をわれわれに解いてきた。ハイエクはまさにその中に生きていたのである。

9　原理から原理へ

科学が経験科学であるということを誰も否定はしない。その場合，多くの人々が経験的対象から何か法則や規則を見出そうとする。その姿勢は明らかに誤りである。いわば，帰納的な方法のみを考えているからである。ミーゼスやポパーが述べたように，そしてこれまで詳しく述べてきたように，科学は完全に演繹的方法でなければならないのではなくて，既に演繹的なのである。あるがままの対象に法則があるのではなく，われわれがその法則を作り出しているのである。このことにはっきりと気づいたのはカントであり，「コペルニクス的転回」である。とりわけ，社会科学でこのことは重要である。それは社会科学の対象はわれわれ人間であり，われわれが作り出していることが明確だからである。経済学で言うならば，財が対象ではなく，あくまで

---

163) Cranston, M., *Freedom - A New Analysis*, Longmans, Green and Co. Ltd., London. 1953. p.48.（小松茂夫訳『自由-哲学的分析-』岩波新書 1976 年 75 頁）
164) *UFE*, p.21, p.44.（『経済科学の根底』26 頁，54 頁），*LSD*, p.52-53.（『科学的発見の論理（上）』63 頁）

もその財を操作している人間である。その思惟すべては演繹の中にあった。

　経済学はどうしても経済という全体を対象としなければならない。しかし，その全体は把握されない。しかし，経済には調和や秩序を感じ取ることができる。この調和や秩序は決して単なる財の需給における均衡というようなものではない。ここに演繹の必然的な要請がある。ハイエクは言う。

　　「経済学の形式的な均衡分析の本来の内容である同義反復が，現実社会の因果関係についての何らかの知識を我々に与えてくれる命題となり得るのは，我々がこれらの形式的命題を，いかにして知識が獲得され伝達されるかについての明瞭な叙述をもって内容付けすることができる場合においてのみであるということである。」[165]

経済は自生的秩序である，とするならば，ハイエクやポパーが何度となく強く主張してきたように，それは開いた集合でなければならない。それは真の科学におかれた絶対的な条件である。しかし，均衡分析は本来的に見て「同義反復」という閉じた集合である。ハイエクは言う。「経済学を純粋な論理学の，すなわち数学や幾何学のような，内的整合性という検証以外のどのような検証にも服しない一連の自明の諸命題からなる体系の一つにしようとする傾向が，すべての近代の均衡分析内在しているが，このような傾向に対してはいらだちと不信を持っている見ている人々が多くいると私は確信している。」[166] 自生的秩序，すなわち開いた集合と均衡分析，すなわち閉じた集合とには決定的な相違がある。ハイエクは述べている。

　　「均衡の概念それ自体と，純粋な経済分析において我々が使用する諸方法とは，その対象を一人の人間の行為の分析に限定する時にのみ，明確な意味を持つのであり，我々がこの均衡の概念を何人かの異なった諸個人間の相互作用の説明に応用する場合には，本当は我々は異なった局面に移行しているのであり，まったく異質の性格を持つ新しい要素を暗黙のうちに導入しつつあるのである…。」[167]

---

165)　*IEO*, p.33.（『個人主義と経済秩序』47 頁）
166)　*IEO*, p.35.（『個人主義と経済秩序』49 頁）
167)　*IEO*, p.35.（『個人主義と経済秩序』49 頁）

「異なった局面」(開いた集合) に要請されることは異質な要素を同質にしている機能である。それは個人から繰り出される抽象にある。その抽象は知識という豊富な場所において生起するにちがいない。同時に自由が要請される。それはカントの「自由な遊び」の環境であった。換言すれば，経済や市場は個人が持つ知識が諸個人に共有される場所でなければない。したがって，もし均衡が知識の伝達において開いた集合を含意した結果ならば，自生的秩序と同義となる。しかし，現実の均衡は財の均衡を指していることから自生的秩序とは同義にならない。「我々が同義反復の体系—我々が出発点において立てた諸想定の変形に過ぎないがゆえに必然的に真実であり，かつ均衡分析の主たる内容を構成するものである一連の諸命題—を多くの独立から成る社会の状態では多くの独立の個人から成る社会の状態に当てはめようとすると，ただちに…諸問題が起こってくる[168]」のである。これは，われわれの社会が徹頭徹尾開かれた集合で議論されねばならないことを示している。同時に，その要素はどこまでも個人が担うのである。

　自生的秩序は開いた集合におかれている。その自生的秩序は体系であり，かつ原理である。われわれはその自生的秩序に導かれて進まねばならず，同時にわれわれは自生的秩序を構築していかねばならない。そして，それは個人が担うものである。このようなハイエクの方法をカントの言説から再度確認しておくことは重要なことである。

> 「分析的な方法は，総合的な方法に対立する，前者の分析的な方法は，条件づけられ根拠づけられ始めて原理へと進んで行く (a principiatis ad principia 原理によって可能となるものから原理へと)。それに対して，後者の総合的な方法は，原理から帰結へと，あるいは単純なものから合成されたものへと進んで行く。分析的な方法は背進的な方法と名づけることもできようし，同様に総合的方法は前進的方法と名づけることもできよう。[169]」

カントはさらに付け加えている。この「分析的な方法はさらに発明の方法とも呼ばれる。通俗性という目的のためには分析的な方法が適しているが，認

---

168)　*IEO*, p.35.（『個人主義と経済秩序』49 頁）
169)　Kant, I., *Logik. Ein Handbuch zu Vorlesungen*, S.149.（カント全集 17・湯浅雅彦・井上義彦訳『イエッシェ論理学』岩波書店, 205-206 頁）

9 原理から原理へ 459

識を学問的かつ体系的に論じるという目的のためには総合的な方法が適している。」カントがニュートンの影響を強く受けていたことは今さら述べるまでもないことである。自然科学の驚異の影響下にあったカントの表現は、いかにも綜合的な方法が学問的でありかつ科学的であるかの印象を与えるところである。それに対して、分析的な方法は、通俗に適用されるもののいかにも学問的に低位置におかれる印象を与えるところである。蓋然性の低さから言って、確かに仕方のないところであろう。しかしながら、その低位置におかれざるえないが、それは社会科学に確かな方法を示してきたのである。

したがって、経済学のみならず社会科学は原理（体系）に導かれながら原理（体系）を構築するという方法を採らねばならない。もちろん、原理（体系）とは自生的秩序である。これがハイエクの世界であり、ハイエクが言う経済とは社会全般におよぶ人間の一元論の行動の世界である。それはまた開かれた知識の中、そして自由という条件をともなわねばならない。

それでは、ハイエクの場合それらの条件でつまり原理から原理への過程で何が潜勢力となるのであろうか。それは、共感覚（共通感覚）と抽象である。既述のように共通感覚は中村も述べている[170]。そして、ケインズの「否定的アナロジー」[171]とも軌を一にする。それはまた筆者が自生的秩序の概念を「…からの自由」と言ってきたことに集約される。共通感覚は、それぞれ人間がアプリオリにもつ感受性であり、人間と世界とを根源的に通路付ける働きをもっているものなのである。世界への通路が開かれている。それは古くて新しい課題であった。むしろ、人間はその自然な機能を看過してきたのである。病気を罹っている人間が自然な治癒力を忘れた感がある。それは人間の弱さ、社会的人間を忘れた傲慢でもある。理性の台頭、その驕りと言ってもよい。

自生的秩序は彼岸の世界でありつつも此岸の世界にあり、原理（体系）を内包した世界である。その根本には共通感覚、自分自身を反省の対象として他者に置き換えるというアプリオリな生得的機能が内在されていた。それは

---

170) 中村雄二郎『共通感覚論』45頁
171) Keynes, J. M., *The Collected Writings., Vol. VIII* (*A Treatise on Probability*), p.248. 既に述べてきたところであるが、ケインズの確率論は類似において認識を前提とする。認識は原理を含意しているからである。また「否定的」は抽象（捨象）とほぼ同義であろう。ハイエクの『感覚秩序』とケインズの『確率論』は多くの点で軌を一にする。

超越論的世界である。この共同主観の世界はヒュームやカントの功績である。つまり「この判定能力は，自分の反省のうちで他のあらゆるひとの表象の仕方を思想のうちで（アプリオリに）顧慮する。それはいわば総体的な人間理性と自分の判断とを照らし合わせるためであり，これによって，容易に客観的とみなされかねない主観的な個人的諸条件に基づいて，判断に不利な影響を及ぼすかもしれない錯覚から免れるためである。」[172] 大切なことは，共同主観の触発はあくまでも個人にある，同時に，それはまた諸個人の課題にしなければならない。その意味で相互主観と言い換えてもよい。

この「総体的な人間理性と自分の判断とを照らし合わせる」とは原理から原理へと進んでいることを意味している。それは活動にも現れている，生物がみずからの運動に焼き付けるきわめて一般的な性質の活動パターンは，外界から受けるさまざまな影響を流し込む鋳型として作用する。」[173] 鋳型とは既得した鋳型から新鋳型へなのである。それは脳の機能にある。もちろん，それは分析的方法を採りながら，条件と根拠を不可欠にともなう。フィードバック（サイバネティックス）であり，背進的方法である。

ハイエクが原理から原理へその主役が抽象であることを発見したことは炯眼である。それは科学が真の科学になるべく抽象でなければならないのである。その抽象には社会科学における共通感覚（sensus communis）や心理学における共感覚（synaesthesia）が貫いていなければならない。それはまた，哲学を通して社会科学と心理学とを抽象で結びつけることになる[174]。抽象の原初はインターモーダルな等価にあり，それは脳の機能の成せる技である。同時に，それはまた個物主義（普遍代表説）の個物がもつ共通感覚によって普遍化したことになる。それはマッハからの影響「新しい感性の要素」[175] の導入である。ハイエクは個物主義をもって普遍主義に途を開いたことになる。それはウィーンが抱えてきた方法論的個人主義をより闡明に説明したことになる。

---

172) *KU*, S. 167.（カント全集 8 牧野英二訳『判断力批判（上）』180 頁）
173) *NPP*, p.41.（「抽象の第一義性」432 頁）
174) SO, p. vii.（『感覚秩序』5 頁）第 4 章の冒頭で述べてきたように，「この本は最も一般的な心理学の問題に関するものなので，多くの今日の心理学にとって，これが心理学的問題よりも哲学的問題を扱っていると思われることを，私は心配している。」とは，『感覚秩序』が心理学であり，かつ社会科学の課題に答えていることを告げている。

その核心が抽象にあった。

---

175) *AE*, S. 264., S. 266.（『感覚の分析』263 頁，264-265 頁）マッハはそれぞれで述べている，「抽象概念を事実に適用するとき，事実は，新たな感性的要素を提供し，その後の思想の途ゆきを事実に合わせて規定すべき，感性的活動への単なる衝動として働くにすぎない。」また「抽象とはネガティヴな注意だと（カントに与して）いったのでは，その本質をつくせない。抽象に関しては，多くの感性的要素から注意がそらされはするが，しかしその代わりに別の新しい感性的要素に注意が向けられるのであって，この新しい感性的要素こそがまさに本質的なのである。どんな抽象も，必ず特定の感性的要素の顕在化に基づいている。」

あとがき

　私がはじめてオーストリア学派経済学に接したのは大学院修士課程の時だった。細野孝一先生の勧めで，ミーゼスの『貨幣および流通手段の理論』を原文（独語）とその英訳そして東米雄訳を通して時間をかけてじっくり読んではみたものの（その結果，英訳にはいくつか誤訳があることを発見したが），理解とはほど遠いものであった。その後『ヒューマン・アクション』を読んだときであった，「人間行為は先験的である。」というくだりに出くわした。しかし，皆目分からなかった。さらに，博士課程に入って貨幣的景気循環論ははっきり把握できたが，その背景は分からずじまいであった。どうやら哲学めいた分野を相当採り入れた学派である，ぐらいのところであった。その後，一谷藤一郎先生に出合い，ミーゼスが背景に持っている哲学を含めた質問をしに京都のご自宅にまで伺ったこともあった。しかし，先生からその哲学めいた理論に解決のめどとなるお話を頂くことはできなかった。とても簡単にいく課題ではないことに気づき，もっぱら当時流行であったケインズの『一般理論』を熟読することとなった。しかし，ケインズを読んでいくうちに『確率論』が目に入ってきたのである。生来もっている哲学への関心がまた頭をもたげてきたのである。どうやら経済学者も巨匠と呼ばれる人々は哲学に造詣が深いらしいことに気づかされたのである。それなら，もう一度，手がけたウィーン学派に戻って辛抱しようと考え直したのである。そうこうする中で，西村光夫先生から，「山﨑はオーストリア学派を研究テーマにしていたな，丁度ハイエクが来日するから会いたければ来い。」という言葉を頂いた。そして事前に先生からモンペルラン協会のことやハイエクの業績を聞くことができたのである。ミーゼス，ハイエクどちらにするかに，確固たる理由があった訳ではないが，ミーゼスからハイエクに衣替えをしたのである。

　しかし，困難はハイエクの研究についても同様であった。彼の自生的秩序とは何か，悶々とする時間が何年も過ぎ去っていったことを覚えている。相変わらずミーゼスの「人間行為は先験的である。」が頭に引っかかり「先験

的」はカントの（正確には）「超越論的」であることに違いない，と感じていたからである。しかし，それで全貌が開けたわけではなかった。なぜなら，ミーゼスの論述からそれ以上何一つ開かれるものはなかったからである。これでは衣替えしてかえって蛇蜂取らずになってしまう。どうしようか。人生の挫折を何度も経験した私は，ここでもまた挫折を味わったのである。とにかく，当時誰も教えてくれる人はいなかったのである。

　考えてみれば，オーストリア学派の思想全体が難解なのである。創始者のメンガーの『経済学の方法』も全く分からない難解の書であった。それだけに，私は哲学に関心があるのだから，これを何とか解消したいという思いに強く駆られたのである。

　一方，私は学部学生の時から哲学，とりわけカント哲学の解説書に非常な感動と興味を覚えていた。この哲学を何とか経済学に援用できないだろうか。そして，この感動を経済学に生かした，私と軌を一にした学派はないものだろうか。この望みは経済学を哲学的に解く人に出合わねば満たされないと考えていた。ハイエクの文献を紐解くようになりミーゼスよりもはるかに哲学的に解かれていることに気づいたのである。この時点ではっきりとハイエクの経済学に生涯をかけてみようと決意したのである。

　しかし，ハイエクもまた難解を極めた。特に『科学による反革命』は紙面が手あかで黒ずむほど読み直し，これ以上書き込みができないほどであった。理解するにも相当の年月を要した。愁眉を開いたのは，自生的秩序の概念を「…からの自由」や「経験は棄却の対象である」という，自分なりの形容と理解をもって確信したことである。この確信は今でも変わらない。

　オーストリア学派経済学者は，共通して何故か分からないがその理論の淵源である，哲学を開示するということが一切なさずじまいである。ウィーン学派に強い影響を与えたドイツ人・ヘルバルトの思想を読んで想像するのであるが，おそらく壮大な哲学は既に理解したもの，という獲得の意識があるのかもしれない。そして哲学というよりも，マッハが述べていたように学に境界がないのである。その壮大な学の体系は既知であり，理解されたものという前提である。その意味で，われわれ日本人にとって彼らはまことに不親切である。ミーゼスにしても哲学的背景を説明するということは皆無に等し

い。ミーゼスの薫陶を受けたただ1人の日本人研究者・村田稔雄先生の自宅で伺ってみた。「『人間行為は先験的である。』という言説は，カント哲学と密接に関係しているのではないでしょうか，これにミーゼスはどのようにお答えになりましたか？」と。村田先生曰く，「ミーゼス先生からは，『哲学的淵源を問題にするのではなく，事実そうなのである。』という答えしか返ってこなかった。」というのである。やっぱりね。失望と同時に，何故哲学を背景にもの事を言っているのに示さないのか，実にもったいぶった話であると思ったものである。未だに，哲学的背景をあらわにしなかった真の理由が実のところ私には分からないのである。

しかし，その点ハイエクただ1人が愁眉を開いてくれたのである。ミーゼスと比較して，ハイエクは確かにオーストリア学派の思想背景，哲学を少なからず紐解いてきた。しかし，われわれ日本人には厚い壁に突き当たらざるを得なかった。そもそも日本人には「学」の下地など無いに等しいのである。ハイエクを研究してきた人々の多くが途中で投げ出さざるをえなくなったことを同僚から何度となく聞かされてきたのである。ハイエクの言説もミーゼス同様に哲学的に含蓄があり今も難解であることに変わりはない。

この難攻不落をどのように攻略していくか，10年間も何も見えないところで格闘してきた。ある時，ハイエクの『法と立法と自由』を読んでいたら，「まえがき」に述べたように次の文章に出くわしたのである。

> 「私の主要関心事であるこれらの問題に関する限り，デヴィッド・ヒュームやイマヌエル・カント以降，ものの考え方はほとんど進歩しておらず，いくつかの点については，われわれの分析は彼らが筆をおいたところから再開されなければならないであろう。価値の地位を全ての合理的構築物から独立した指針的条件としてはっきり認識したのは彼らで，その後，彼らの線を越えた者はいない。」

この箇所にぶつかったときの喜びと衝撃を昨日のように覚えている。それはオーストリア経済学が一元論，演繹の世界（「価値の地位を全ての合理的構築物から独立した指針的条件としてはっきり認識」）に機能していることに気づいたからである。そこには個物主義が生きている。そして，バークリーの普遍代

表説があることが分かったのである。

　同時に，ある程度予想はしていたものの，やはりヒューム哲学とカント哲学を十分理解すること無しにハイエクを理解することはできない，ということを悟ったのである。その悟りは喜びであるものの，これまで知り得ていた予備知識では不可能な，生涯を賭けねば到底理解できないものであった。事実，多くの晦渋な文章が待ちかまえていたのである。純哲の人々でさえ，ヒューム１人に，カント１人に生涯を賭けてみるのである。それと比較して，哲学を専門に学んでいない，経済学の一駆け出し学徒がハイエク研究のために，二人の巨匠と対峙することは無謀に近いと思われた。

　しかし，幸いなことに大学の教養課程においてドイツ語教師であり哲学専攻の恩師・岩井義人先生が自宅を開放して哲学（特にカント哲学）を講じてくれていた。月に一度とはいえ，これは私にとって望外の喜びであった。そこで，カントの三批判の概要を理解することができたのである。それを契機に一つ一つ哲学用語を紐解き，カント哲学からヒューム哲学へと学んでいったのである。とは言うものの，予想通り困難を極めたことは述べるまでもない。

　それにしても，西洋の理論は実に幅が広くそして奥が深い。紀元前のソクラテスから脈々と流れる思想から絶え間ない批判的摂取，その一時も途切れない連続にはただただ圧倒されるばかりである。これはアジア，日本には決してない学的環境であるとともに，それを支える西欧学徒には共通したエートスが流れていることを思い知らされた。それに対抗していかねばならない。実に時間がかかることである。それは現在の私の年が60歳を越えたことからも明らかである。この年になって，ハイエクの自生的秩序の全体像がどうやら開けてきた。ここにきてようやく一里塚を得た境地である。そこで，この書を公にすることとなったのである。それでも思い違いや誤解をしていないだろうか，日々案ずるところである。

　多くの恩師の教えや多くの先達の業績があってはじめてこの本を完成させるに至ったこと，それら一つ一つの出合いに深く感謝申し上げる次第である。そして，実に多忙な環境からの上梓であることを述べざるをえない。大学での役職に平行し，長老派教会の小会会議をも担ってきた。その中からこの本は編み出されたのである。健康を与えられたことを含めひとえに神に感謝し

ているところである。

　また，家内（瑤子）には，全体に渡って通読し校正してもらった。表現上，多くの指摘があった。感謝である。

　この場をかりて最後に二つほど申し上げたい。一つは，この著作が学位論文であるために審査委員として，主査・亀山潔教授（国士舘大学名誉教授），副査・梅沢隆教授（同大学院研究科委員長），副査・古賀勝次郎教授（早稲田大学大学院社会科学研究科教授）の三先生に労していただいたことである。ご多忙にもかかわらず隅々まで目を通しご批判いただけたことに深く感謝申し上げる次第である。

　もう一つ，本書は「平成 18 年度国士舘大学出版助成」を頂いたことである。政経学部教授会をはじめ大学選考委員会の方々に深く感謝申し上げる次第である。

2007 年 10 月 10 日

事項索引

あ

悪 …………………… 160
遊び ………… 271, 272, 277
アダム・スミス問題
　………… 58, 126, 281
アナロジー ………… 197
アブダクション ……… 355
アプリオリ …… 9, 16, 250,
　251, 318, 383, 388, 401
アプリオリズム
　………… 388, 397, 406
アポステリオリ ……… 383
アポステリオリズム
　………………… 397, 406
アングリカン・チャーチ（英国国教会，聖公会）… 116
案出の方法 …………… 256
アンチノミー …… 10, 180,
　192, 280, 283, 358

い

閾値 …………… 242, 432
意志 ……… 153, 173, 174, 246
意志自由 ………………… 10
位相論 ………………… 454
イソモルフィズム … 34, 35,
　40, 41, 45, 46, 47, 122,
　192, 193, 194, 195, 198,
　200, 205, 375, 428, 450
偉大な社会 … 114, 251, 368,
　395, 405, 408, 450
一元論 ……… 24, 35, 63, 127,
　131, 149, 151, 155, 156,
　211, 247, 251, 363, 364,
　367, 409, 422, 436
一度で十分の原理 … 62, 63,
　64, 66, 67, 68, 69, 70, 71,
　75, 85, 88, 175, 179, 212,
　368
一般観念 …………… 185
一般均衡理論 ………… 86
意図 ………………… 166
意図せざる結果 … 1, 7, 33,
　55, 57, 58, 122, 131, 132,
　165, 256, 258, 264, 267,
　325, 347, 355, 359, 372
因果律 …… 10, 51, 53, 64, 72,
　75, 130, 142, 166, 175,
　272, 342
　自由の因果律 ……… 277
印象 ……………… 141, 205
インターモーダル
　…………… 406, 433, 460

う

ウィーン学団 …… 18, 21, 24,
　25, 28, 29, 42, 45, 51, 379
宇宙 ………………… 46
宇宙論 …… 27, 28, 29, 30, 31,
　41, 43, 48, 49, 51, 54,
　119, 122, 225, 377

え

叡智界 ……………… 31, 159
エクィティー ……… 267, 407
演繹 …… 5, 15, 43, 47, 51, 52,
　53, 54, 56, 63, 67, 75, 89,
　93, 99, 100, 120, 127,
　131, 134, 376, 377, 456
演繹主義 ……………… 26, 42
演繹的推理 ……………… 8
演繹法 ……………… 35, 41, 44
遠心性 ………………… 177

お

穏やかな決定論 …… 164, 168
オッカムの剃刀
　………… 25, 66, 212, 447

か

懐疑主義 …… 129, 130, 142
概念 ………………… 253
科学 ………………… 412
科学主義 ………………… 27
覚知 ………………… 401
格率 ………………… 315
可想的性格 ……… 294, 296
カタラクシー（catallaxy）
　………… 16, 56, 59, 60,
　82, 249, 317, 396, 427,
　429, 433
カテゴリー …… 181, 268, 348
神 …………………… 152
「…からの自由」 … 30, 33,
　107, 109, 112, 156, 162,
　166, 176, 250, 323, 361,
　368, 387, 454
慣習 ……… 10, 111, 112, 121,
　134, 147, 165, 172, 178,
　225, 324, 345, 372, 421
　⇒習慣
間主観 ……… 52, 82, 83, 107,
　131, 148, 186, 193, 258,
　384, 387, 390, 403
間主観性 ………………… 44
感情 ……… 143, 144, 146, 371
関心なき満足感
　………… 334, 335, 336, 340
感性 ………………… 164
間接情念 …………… 152, 370
間接証明 ……… 65, 378, 382

観念 …………………………141
観念連合 ……111, 120, 121,
　　197, 371, 442, 444
観念論 …………………15, 17, 184

き

帰結主義 ……………102, 160
技術 ……………82, 210, 325
規則 ……………………124
貴族主義 ………………16
帰属理論 ………………218
期待 ……………………367
規定の判断力 …266, 313, 342
機能 ……………………374
帰納 ……………43, 47, 51, 54, 89,
　　127, 376, 377
帰納主義 ………………26, 42
帰納的推理 ……………3
帰納法 …………35, 41, 44, 52
求心性 …………………177, 184
共感 ……………10, 99, 101, 103,
　　111, 112, 125, 134, 145,
　　147, 158, 165, 372
　　⇒同感
共感覚 ………215, 237, 279,
　　360, 407, 459, 460
共通感 ………124, 258, 276,
　　277, 329, 340, 359, 428,
　　444
共通感覚 ……215, 217, 258,
　　298, 341, 360, 417, 444,
　　459, 460
共同主観
　　……186, 258, 387, 390, 460
禁止 ……………………253

く

偶然 ……………………334
偶然性 …………………318
「空洞への前進」
　　……30, 107, 109, 112, 165

け

経験心理学 ……………15
　　⇒経験的心理学
経験的概念 ……………237
経験的実在論 ……150, 156,
　　248, 267, 289, 293, 364,
　　408, 413
経験的心理学
　…20, 39, 121, 212, 350, 406
経験論 …………………17
経済 ……………………156
繋辞 ……………………274, 441
形而上学
　…22, 23, 24, 25, 27, 35, 36
啓蒙 ……………………91, 92
啓蒙主義 ………………94, 98
ゲシュタルト …………393
ゲシュタルト（形態）心理学
　　………………………23, 195
決定論 …………………166
限界概念 ………………33, 394
言語 ……………………156
現実主義 ………………14, 27
謙遜 ……………………144
原理 ……93, 99, 144, 456, 459
権利問題と事実問題 ……161

こ

行為体系 ………………281, 282
高次財 …………………218
恒常的随伴 ……………138
恒常的連関 ……………172, 175
合成果 …………………3, 5, 7
構成的原理 ……………266
合成の誤謬 ……282, 330, 388
構造主義 ………………157
構想力 …………………181, 197
構築の世界 ……………183
構築の哲学 ……………438
合同法 …………………93, 116
幸福 ……………………299
合目的性 ………………80, 148

功利主義 ……101, 103, 104,
　　105, 108, 120, 125, 304,
　　327, 340
合理主義 ………………94, 96, 140
合理的心理学 ………121, 406
合理論
　　……98, 136, 142, 147, 156
個人主義 ………………13
コスモス ………………83
悟性 ………80, 234, 257, 328
個体 ……………………243
言葉 ……………………171
個物主義 ……3, 4, 17, 18, 23,
　　36, 40, 62, 72, 183, 185,
　　187, 189, 190, 207, 238,
　　242, 344, 422, 423, 425,
　　460
個別主義 ………………4
個別的観念 ……………185
コペルニクス的転回 ……37,
　　66, 85, 219, 224, 347, 456
コモンロー
　　……115, 119, 135, 267, 407
根源的獲得 ……………9

さ

最大多数の最大幸福
　　…………………………108, 109
サイバネティックス ……84,
　　245, 362, 411, 446, 450
サイバネティッシャン
　　…………………………59, 83
裂け目 …………………59
三段論法 ………………63

し

自愛 ……………109, 159, 281
思惟の経済（思惟経済）
　　……………20, 24, 25, 212
自我 ……………………147
自己 ……………148, 149, 150
自己自律 ……138, 266, 311,
　　398, 411, 421, 430, 448

470 事項索引

自己制御 …………………88
自己同一性 ………………146
自生的秩序 ……1, 3, 30, 31,
　33, 34, 41, 43, 46, 51,
　113, 125, 144, 164, 232,
　255, 256, 258, 268, 269,
　320, 332, 341, 344, 361,
　394, 412, 421, 427, 432,
　434, 459
自然 ………………………330
自然主義 ……………13, 171
自然秩序 ……………………1
自然的関係
　…………137, 139, 141, 142
自然的人間
　……101, 119, 194, 284, 349
自然哲学 …………………94
自然の合目的性 …………341
自然の斉一性 ……………62
自然の斉一性の原理 ……175
自然の法則 ………………18
自然の理法（自然な理法）
　…………2, 13, 15, 30, 114
　⇒自然理法
自然法 ………………10, 161
自然法則 ……6, 13, 60, 61, 64,
　70, 85, 259, 285, 288,
　295, 352
自然理法 ………………29, 85
　⇒自然の理法
実証主義
　………22, 23, 24, 27, 35, 36
実践理性 ……………154, 163
実用主義 …………………87
自動制御 ……83, 87, 90, 133
自発性の自由 ………166, 167
社会正義 ……………104, 300
社会的功利 ……103, 106, 165
社会的動物 ………………32
社会的な功利 ……………102
　⇒社会的功利
社会的美徳 ………………108
捨象 ………………………240

自由 ………59, 102, 126, 158,
　159, 163, 173, 174, 176,
　227, 246, 285, 288, 290,
　295, 342, 456
意志の自由
　⇒意志自由
「…からの自由」…30, 33,
　107, 109, 112, 156, 162,
　166, 176, 250, 323, 361,
　368, 387, 454
「…への自由」………162
自発性の自由 ……166, 167
無差別の自由 ……………167
自由意志 …………51, 53, 352
自由な遊び …297, 311, 361,
　430, 451, 452, 458
自由の因果律 ……………277
習慣
　…72, 99, 111, 131, 145, 158
　⇒慣習
主観主義 …………………73
趣味判断 ………52, 181, 215,
　260, 262, 265, 268, 269,
　275, 298, 306, 332, 333,
　334, 339, 341, 342, 359,
　416, 440, 443, 451
需要と供給 ………………132
循環論法 …………………133
純粋経験 …………………191
純粋悟性概念 ……………233
純粋理性 …………………117
条件 ………………………126
情緒 ……120, 137, 143, 145,
　152, 153
生得観念 …………………163
情念 ……128, 129, 144, 153, 154
自利 ………………………125
進化 ………51, 252, 362, 422
進化論 ……………………113
新古典派綜合 ……………264
心情倫理 ……………102, 164
神人同型同性説 ……102, 322
　⇒神人同性同型論

神人同性同型説
　………………222, 231, 254
　⇒神人同型同性論
信念 …………………141, 145
真の啓蒙主義 ……………130
真の功利主義 ……………107
真の個人主義 …90, 104, 119

す

数学 ………………96, 97, 386
崇高
　…71, 76, 78, 79, 80, 82, 208
図式 …34, 230, 234, 253, 291

せ

斉一性 ………………167, 170
斉一性の原理 ……………64
性格 ………………………206
正義 ………92, 102, 124, 125,
　158, 161, 163, 177, 252,
　273, 301, 302, 303, 304,
　454
性向 ……………296, 338, 449
性質 ………………………207
精神哲学 …………………94
静態 ………………………408
精密的経済学 …………57, 58
精密的法則 …………61, 259
精密的方法 ………………88
責任倫理 ……………102, 164
設計主義 ……………96, 105
先験的 ……………………9
　⇒超越論的
漸次的工学 …………27, 28, 43
漸次的社会技術 …………325
前進 …………86, 89, 396, 458
全体性 ……43, 307, 328, 332

そ

相関命題 …………………62, 64
綜合 ………………………383
綜合判断 ……………97, 384
想像力 …65, 76, 140, 141,

145, 148, 171, 175, 179, 351
相対主義 …………………169
存在 ………………………109
存在論 …………………27, 130

た

体系 …2, 123, 127, 147, 149, 459
体系の人 …………………57
体性感覚 …………………207
タクシス …………………83
多重焼き …148, 200, 203, 243
単純枚挙 …………………63

ち

知覚の束 …………………111
知性（intellēctus）……4, 34, 36, 120, 126, 128, 141, 164, 179, 216, 229, 371
秩序 ……64, 75, 76, 106, 114, 127, 147
秩序論 ……………………27
地平圏 ………………178, 184
抽象 ……183, 185, 188, 199, 204, 240, 242, 254, 262, 296, 334, 348, 407, 421, 427, 431, 432, 439, 445, 459
抽象的理性 ……208, 217, 322, 438
抽象の第一義性 …………149
超越的 ……………………170
超越論的 …………9, 221, 401
超越論的演繹 ……………3
超越論的観念論 …150, 156, 223, 248, 267, 289, 292, 293, 350, 353, 364, 408, 413
超越論的自由 ……………286
超越論的対象（X）………343
超越論的理念 ……………81
超越論的論理学 ………33, 81

超感性的基体 …309, 321, 342
超出 ………………………420
調和 …11, 64, 75, 76, 106, 114
調和論 …………………27, 54
直接情念 ……………152, 370
直観 ………………………54
直観主義 …………………98
直観的悟性 ……70, 320, 357, 424, 429

て

定言命法 …………110, 136, 160
低次財 ……………………218
哲学的関係 ………137, 139, 141

と

当為 ………………109, 126, 136
同一性 ……………………147, 148
等価 ………………428, 433, 442
統覚 ………39, 212, 298, 329
同感 …………………71, 124
⇒共感
統制的原理 ………………266
動態 ………………………408
道徳 ……110, 113, 125, 136, 163, 201
道徳学 ……………………129
道徳的世界 ………………31
道徳律 ……………………159
動物の知性 ………………123
独断のまどろみ …………130
トポロジー ……40, 195, 196

に

二元論 ……35, 63, 156, 213, 247, 293, 351, 363, 364, 367
人間的自然 ……10, 101, 119, 120, 122, 125, 127, 128, 139, 151, 155, 156, 157, 172, 194, 284, 349
認識 ………………………201

ぬ

ヌーメノン ………………245

の

能力心理学 ………………39
ノーブレス・オブリージ ………………118
ノモス ……………………272

は

パースペクティブ（遠近法） ………………180
背進 ……85, 86, 87, 89, 252, 255, 396, 411, 419, 424, 436, 438, 458
背理法 …………31, 378, 382
パターン …………………40
発見の方法 ……87, 396, 404
パロール …………………187
反合理主義 ………………94
反証 ……………65, 190, 378
反省的判断力 ……99, 228, 230, 232, 261, 265, 266, 311, 313, 314, 317, 322, 324, 325, 326, 331, 342, 357, 415, 437, 445
判断 ………………………201
判断表 ……………………236
判断力 ……257, 312, 319, 328
万有引力の法則 …………86
範例的妥当性 ……………276
範例的必然性 ……275, 335, 336, 340, 415, 443

ひ

非人格 ……………………58
非人格の信号 ……………51
非人格的世界 ……………150
非人格的な信号 …………49
必然性 ……170, 176, 415, 417
表象 ………………………213
表象心理学 ………21, 39, 40

ふ

表象理論 ……………185
開いた集合 ……………184
開かれた社会
　……251, 368, 395, 408, 450

フィードバック ……82, 84, 132, 245, 358, 396, 411, 446, 450
福祉 ……………102
福祉国家 ……………104
不定の概念
　……306, 308, 321, 341, 356
普遍 ……………415
普遍主義 ……………3, 4, 344
普遍代表説 …183, 186, 188, 239, 421, 423, 442
普遍妥当性 ……………50
普遍抽象説 ……183, 186, 423
普遍論争 ……………39
プラクシオロジー ……56, 399
プロトコル …24, 46, 47, 78, 347, 362, 368, 426, 428
プロトコル命題 ……………42
分析 ……………383
分析判断 ……………384

へ

便益 ……………101
便宜主義 ……………105
弁証論 ……………72

ほ

ホイッグ党 ……………115
法 ……………124
方法論的個人主義 ……6, 7, 57, 327, 345, 382, 383, 391, 410, 425, 460
保護された領域 ……………162
誇り ……………144

ま

マクロコスモス
　………23, 82, 187, 291, 380
マッハ協会 ……………21

み

「見えざる手」…8, 10, 11, 55, 87, 114, 127, 132, 314, 332, 344, 427
ミクロコスモス
　………23, 82, 187, 291, 380

む

無差別の自由 ……………167
無反省な結果（無反省の結果）……………226, 324

め

名辞 ……………202
名誉革命 ……………115, 117

も

目的 ……………162
目的無き合目的性 ……107, 270, 272, 305, 334, 335, 336, 340, 415, 416
目的の王国 ……………31
目的論的概念 ……………220
目的論的判断力 …263, 265, 313, 315, 320, 333, 356, 359, 448
黙約 ………10, 99, 111, 112, 124, 134, 144, 147, 158, 161, 163, 165, 178, 225, 324, 345, 372
モダリティー …40, 278, 420
モナド ……………48
物自体 …17, 22, 24, 25, 26, 34, 37, 38, 122, 198, 200, 233, 245, 246, 248, 251, 288, 289, 351, 353, 354, 394, 395

ゆ

唯一の可能な経験 …62, 67, 68, 69, 70, 75, 85, 328, 331, 333
唯名論 ……………3
有機的統一の原理 ………267

よ

要素 …39, 127, 377, 392, 409
様相 ………273, 277, 440, 441
様態 ……………209
予定調和 ……19, 21, 28, 48, 72, 119, 122, 127, 138, 139, 140, 171, 210, 283
予定調和論 ……………1, 3, 16
喜ばしい戦慄 ……………78

ら

ラプラスの魔（Laplace's demon）……………34
ラング ……………187

り

理性（ratiō）…4, 36, 91, 92, 94, 95, 96, 100, 126, 129, 131, 134, 136, 140, 145, 146, 151, 153, 154, 155, 164, 166, 179, 216, 229, 254, 257, 328
理性の争い ……………283
理性の驕り ……………104, 455
理性の事実 ……………160
理性の大胆な冒険 ………343
利他主義 ……………143
理念 ……………31
リバタリアン ……………56

る

類概念 ………143, 260, 326, 420, 445, 447, 448
類似 ……………217, 280

れ

歴史学派 ……………104
連合原理 ……………124

ろ

労働価値説 ………………263

論理学 ………………30, 129
論理実証主義
　　　………6, 21, 27, 28, 29

わ

我思うゆえに我あり ……146

人名索引

あ

アーペル（Apel, K. O.）……………………300
アーレント（Arendt, H.）……58, 59, 160, 222, 265, 341, 414, 416, 417, 418, 419, 428

い

イェッシェ（Jäsche, G. B.）………238, 239, 256
伊藤　邦武…………………………………………55
岩崎　武雄……………………………347, 355

う

ウェーバー（Weber, M.）………9, 164, 231, 316
ヴェブレン（Veblen, T. B.）……………………3
ヴォルテール（Voltaire）………………………95

え

エーレンフェルス（Ehrenfels, C. F.）……23, 195

お

大木　英夫…………………………………………94
大槻　春彦……………………………161, 167
オンケン（Oncken, A.）……………………58

か

カーライル（Carlyle, T.）……………………117
カウダー（Kauder, E.）…………13, 17, 18, 195
カフカ（Kafka, F.）………………………………59
神野　慧一郎………36, 52, 64, 93, 95, 116, 351
ガルブレイス（Galbraith, J. K.）……………435
カント（Kant, I.）……5, 6, 9, 16, 22, 33, 39, 49, 52, 56, 62, 67, 68, 69, 78, 79, 80, 81, 85, 86, 87, 104, 107, 109, 110, 138, 142, 146, 162, 163, 164, 168, 169, 170, 175, 179, 181, 184, 185, 188, 194, 200, 208, 209, 212, 229, 233, 252, 261, 270, 275, 280, 281, 283, 285, 286, 288, 289, 295, 296, 302, 304, 306, 308, 309, 312, 313, 314, 315, 318, 320, 329, 333, 338, 339, 352, 353, 361, 377, 386, 387, 396, 397, 400, 404, 414, 416, 430, 443, 444, 450

き

木曾　好能………62, 72, 184, 186, 295, 339, 373

く

九鬼　周造…………………………………397
クニース（Knies, K. G. A.）………………58, 281
クラフト（Kraft, v.）
　　　　……………18, 24, 25, 41, 42, 51, 379, 380
クランストン………………………………456
グリーン（Green, T. H.）……………………91, 92
グレイ（Gray, J.）…………125, 224, 294, 354
グレガー（Greger, M.）……………111, 227, 453

け

ケインズ（Keynes, J. M.）………9, 54, 97, 104, 197, 217, 221, 267, 268, 280, 282, 330, 332, 388, 393, 459

こ

コンドルセ（Condorcet, J. A. N. de C.）………95

さ

サヴィニー（Savigny, F. G. von, ）……………104
サミュエルソン（Samuelson, P. A.）…………264

し

ジェームズ（James, W.）………………………191
シェリング（Schelling, F. W. J. von）…………38
シャンド（Shand, A. H.）……105, 160, 387, 396
シュパン（Spann, O）……………………43, 44
シュモラー（Schmoller, G.）……………………4
シュンペーター（Schumpeter, J. A.）……6, 7, 384
ジョンストン（Johonston, W. M.）………1, 3, 4, 13, 15, 16, 17, 19, 20, 24, 25, 38, 43, 62, 344

す

杉山　精一 ……………………………………39
スティーヴン（Stephen, L.）……………92, 93
スピノザ（Spinoza, B.）……………………38, 94
スミス（Smith, A.）………32, 57, 71, 74, 76, 77,
　85, 87, 95, 149, 210, 281, 304, 310, 316

せ

西部　邁 ………………………………………54

そ

ソシュール（Saussure F. de）……………156, 187
ゾンバルト（Sombart, W.）…………………407

た

高久　清吉 ……………………………………21
高島　弘文 ……………………………………355

て

デカルト（Descartes, R.）………94, 146, 293, 422

と

ドゥルーズ（Deleuze, G.）……10, 124, 131, 132,
　139, 143, 144, 150, 151, 154, 155, 156, 158,
　228, 340, 361, 370, 371, 372, 373, 374, 375,
　382, 390, 420, 436

な

中島　義道 ……………………………372, 374, 408
中村　雄二郎 …………………182, 207, 214, 215, 352

に

西田　幾多郎 …………………………………191
西山　千明 ……………………………………49
ニュートン（Newton, I.）…………………94, 386

は

バーク（Burke, E.）………77, 79, 81, 91, 95, 133,
　208, 225, 326, 336
バークリー（Berkeley, G.）………36, 183, 186,
　187, 238, 423
パース（Peirce, C. S.）………………………354

475

ハート（Hardt, H.）…………………………157
ハイデガー（Heidegger, M.）………………414
浜田　栄夫 ……………………21, 40, 180, 202, 205

ひ

ヒューム（Hume, D.）……5, 6, 9, 10, 44, 49, 62,
　63, 65, 66, 67, 68, 71, 91, 95, 103, 107, 109,
　121, 125, 135, 137, 138, 139, 140, 142, 143,
　144, 145, 149, 152, 153, 154, 159, 162, 163,
　164, 166, 167, 168, 169, 170, 171, 172, 173,
　179, 181, 183, 184, 185, 186, 187, 188, 189,
　200, 201, 208, 209, 280, 281, 282, 283, 304,
　318, 339, 350, 353, 354, 400, 415, 430, 438, 453
ピュロン（Pyrhōn）…………………………129
廣松　渉 ………………………………………25

ふ

ファーガスン（Ferguson, A.）………………208
フィヒテ（Fichte, J. G.）……………………38
フリードマン（Friedman, M.）……………49
ブレンターノ（Brentano, F.）………………15
フロイド（Freud, S.）………………………18

へ

ヘルダー（Herder, J. G.）……………………104
ヘルバルト（Herbart, J. F.）………12, 14, 16, 20,
　34, 151, 180, 184, 185, 200, 202, 338
ベンサム（Bentham, J.）
　……………………………103, 104, 108, 109, 304

ほ

ポパー（Popper, R.）…19, 23, 25, 26, 28, 29, 31,
　42, 63, 81, 90, 323, 325, 330, 353, 355, 378,
　379
ボルツァーノ（Bolzano, B.）………………16
ホワイトヘッド（Whitehead, A. N.）………293

ま

マイネッケ（Meinecke, F.）…………………115
牧野　英二 ……………………………………180, 300
マッハ（Mach, E.）……15, 18, 20, 23, 25, 26,
　35, 36, 121, 191, 198, 200, 209, 213, 291, 294,
　335, 337, 339, 380, 390, 460

マンスフィールド卿（Mansfield, Lord）……115
マンデヴィル（Mandeville, B.）
　………………………………93, 95, 135, 149

み

ミーゼス（Mises, L.）………8, 9, 18, 19, 37, 50,
　56, 57, 58, 107, 223, 263, 330, 331, 387, 388,
　398, 401, 411
水田　洋…………………………………………57
ミル（Mill, J. S.）…………………………92, 304

む

村田　稔雄……………………………………19

め

メルロ・ポンティ（Merleau・Ponty, M.）…157
メンガー（Menger, C.）…3, 4, 7, 15, 16, 49, 51,
　53, 57, 61, 68, 71, 133, 184, 202, 218, 259, 295,
　321, 331, 332, 353, 376, 390, 409, 411

も

モスナー（Mossner, E. C.）……………………91

モロウ（Morrow, G. R.）…………48, 58, 89, 142

や

山口　祐弘………………………………………350

ら

ライプニッツ（Leibniz, G. W. von）
　………………………………1, 16, 48, 49, 50, 55, 94

れ

レヴィン（Lewin, K）……………………………195

ろ

ロック（Locke, J.）………………………183, 348, 423
ロビンズ（Robins, C. L.）………………………56

わ

ワルラス（Walras, L.）……………………86, 308

〈著者紹介〉

山﨑弘之（やまざき・ひろゆき）

1943 年	栃木県宇都宮に生まれる
1962 年	県立宇都宮高校卒
1979 年	国士舘大学政経学部卒
1985 年	日本大学大学院経済学研究科博士課程単位取得退学
1991 年	国士舘大学教授
1998 年〜99 年	ロンドン大学（LSE）Research Scholar
2006 年	経済学博士（国士舘大学）
現　在	国士舘大学副学長
論　文	『ケインズ「一般理論」における主観主義(1)〜(5)』等

ハイエク・自生的秩序の研究
経済と哲学の接点

2007 年 12 月 20 日　初　版第 1 刷発行

著　者　山　﨑　弘　之
発行者　阿　部　耕　一

〒162-0041　東京都新宿区早稲田鶴巻町514番地
発行所　株式会社　成　文　堂
電話 03 (3203) 9201 (代)　FAX 03 (3203) 9206
http://www.seibundoh.co.jp

製版・印刷　三報社印刷　　　　製本　弘伸製本
© 2007 H. Yamazaki　　Printed in Japan
☆乱丁・落丁本はおとりかえいたします☆　検印省略
ISBN 978-4-7923-6088-7　C 3010

定価（本体 6,500 円＋税）